U0492667

经贸保七
继往开来
贺教务卿
率领访问项目
成立之际

李政辉
二〇〇八

教育部哲学社会科学研究重大课题攻关项目
"十三五"国家重点出版物出版规划项目

中国与中亚地区国家关系研究

RESEARCH ON THE RELATIONS
BETWEEN CHINA
AND CENTRAL ASIA COUNTRIES

潘志平 等著

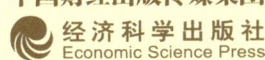

中国财经出版传媒集团
经济科学出版社
Economic Science Press

图书在版编目（CIP）数据

中国与中亚地区国家关系研究/潘志平等著.
—北京：经济科学出版社，2018.1
ISBN 978-7-5141-9055-7

Ⅰ.①中… Ⅱ.①潘… Ⅲ.①中外关系-研究-中亚
Ⅳ.①D822.336

中国版本图书馆 CIP 数据核字（2018）第 033366 号

责任编辑：武晓磊
责任校对：郑淑艳
责任印制：李　鹏

中国与中亚地区国家关系研究
潘志平　等著

经济科学出版社出版、发行　新华书店经销
社址：北京市海淀区阜成路甲 28 号　邮编：100142
总编部电话：010-88191217　发行部电话：010-88191522
网址：www.esp.com.cn
电子邮件：esp@esp.com.cn
天猫网店：经济科学出版社旗舰店
网址：http://jjkxcbs.tmall.com
北京季蜂印刷有限公司印装
787×1092　16 开　31 印张　620000 字
2018 年 1 月第 1 版　2018 年 1 月第 1 次印刷
ISBN 978-7-5141-9055-7　定价：90.00 元
（图书出现印装问题，本社负责调换。电话：010-88191510）
（版权所有　侵权必究　举报电话：010-88191586
电子邮箱：dbts@esp.com.cn）

课题组主要成员

课题主持人 潘志平
主 要 成 员 黄达远　韩　隽　艾莱提　焦一强
　　　　　　　胡红萍　李金叶　秦放鸣　文　丰
　　　　　　　阿地力江　张　昆　海力古丽

编审委员会成员

主　任　周法兴
委　员　郭兆旭　吕　萍　唐俊南　刘明晖
　　　　陈迈利　樊曙华　孙丽丽　刘　茜

总 序

哲学社会科学是人们认识世界、改造世界的重要工具,是推动历史发展和社会进步的重要力量,其发展水平反映了一个民族的思维能力、精神品格、文明素质,体现了一个国家的综合国力和国际竞争力。一个国家的发展水平,既取决于自然科学发展水平,也取决于哲学社会科学发展水平。

党和国家高度重视哲学社会科学。党的十八大提出要建设哲学社会科学创新体系,推进马克思主义中国化时代化大众化,坚持不懈用中国特色社会主义理论体系武装全党、教育人民。2016年5月17日,习近平总书记亲自主持召开哲学社会科学工作座谈会并发表重要讲话。讲话从坚持和发展中国特色社会主义事业全局的高度,深刻阐释了哲学社会科学的战略地位,全面分析了哲学社会科学面临的新形势,明确了加快构建中国特色哲学社会科学的新目标,对哲学社会科学工作者提出了新期待,体现了我们党对哲学社会科学发展规律的认识达到了一个新高度,是一篇新形势下繁荣发展我国哲学社会科学事业的纲领性文献,为哲学社会科学事业提供了强大精神动力,指明了前进方向。

高校是我国哲学社会科学事业的主力军。贯彻落实习近平总书记哲学社会科学座谈会重要讲话精神,加快构建中国特色哲学社会科学,高校应需发挥重要作用:要坚持和巩固马克思主义的指导地位,用中国化的马克思主义指导哲学社会科学;要实施以育人育才为中心的哲学社会科学整体发展战略,构筑学生、学术、学科一体的综合发展体系;要以人为本,从人抓起,积极实施人才工程,构建种类齐全、梯队衔接的高校哲学社会科学人才体系;要深化科研管理体制改革,发挥高校人才、智力和学科优势,提升学术原创能力,激发创新创造活力,建设中国特色新型高校智库;要加强组织领导、做好统筹规划、营造良好学术生态,形成统筹推进高校哲学社会科学发展新格局。

哲学社会科学研究重大课题攻关项目计划是教育部贯彻落实党中央决策部署的一项重大举措,是实施"高校哲学社会科学繁荣计划"的重要内容。重大攻关项目采取招投标的组织方式,按照"公平竞争,择优立项,严格管理,铸造精品"的要求进行,每年评审立项约40个项目。项目研究实行首席专家负责制,鼓励跨学科、跨学校、跨地区的联合研究,协同创新。重大攻关项目以解决国家现代化建设过程中重大理论和实际问题为主攻方向,以提升为党和政府咨询决策服务能力和推动哲学社会科学发展为战略目标,集合优秀研究团队和顶尖人才联合攻关。自2003年以来,项目开展取得了丰硕成果,形成了特色品牌。一大批标志性成果纷纷涌现,一大批科研名家脱颖而出,高校哲学社会科学整体实力和社会影响力快速提升。国务院副总理刘延东同志做出重要批示,指出重大攻关项目有效调动各方面的积极性,产生了一批重要成果,影响广泛,成效显著;要总结经验,再接再厉,紧密服务国家需求,更好地优化资源,突出重点,多出精品,多出人才,为经济社会发展做出新的贡献。

作为教育部社科研究项目中的拳头产品,我们始终秉持以管理创新服务学术创新的理念,坚持科学管理、民主管理、依法管理,切实增强服务意识,不断创新管理模式,健全管理制度,加强对重大攻关项目的选题遴选、评审立项、组织开题、中期检查到最终成果鉴定的全过程管理,逐渐探索并形成一套成熟有效、符合学术研究规律的管理办法,努力将重大攻关项目打造成学术精品工程。我们将项目最终成果汇编成"教育部哲学社会科学研究重大课题攻关项目成果文库"统一组织出版。经济科学出版社倾全社之力,精心组织编辑力量,努力铸造出版精品。国学大师季羡林先生为本文库题词:"经时济世 继往开来——贺教育部重大攻关项目成果出版";欧阳中石先生题写了"教育部哲学社会科学研究重大课题攻关项目"的书名,充分体现了他们对繁荣发展高校哲学社会科学的深切勉励和由衷期望。

伟大的时代呼唤伟大的理论，伟大的理论推动伟大的实践。高校哲学社会科学将不忘初心，继续前进。深入贯彻落实习近平总书记系列重要讲话精神，坚持道路自信、理论自信、制度自信、文化自信，立足中国、借鉴国外，挖掘历史、把握当代，关怀人类、面向未来，立时代之潮头、发思想之先声，为加快构建中国特色哲学社会科学，实现中华民族伟大复兴的中国梦作出新的更大贡献！

教育部社会科学司

摘　要

论及中国与中亚地区国家关系不外乎三个问题：

第一，中亚是什么？

中亚是欧亚地缘政治的枢纽，一百多年前，在中亚博弈的大国是英俄，如今，那里发生了新一轮的大博弈，最重要的主角是美俄。

中亚地区的五"斯坦"——哈萨克斯坦、乌兹别克斯坦、塔吉克斯坦、吉尔吉斯斯坦和土库曼斯坦，是中国周边最重要的一些邻国，但如学者所指出，中亚地区似乎近在咫尺，但又好像远在天边，这是一种文化心态和文明上的隔阂，亟待改变。

2013年，国家主席习近平在中亚提出共建"丝绸之路经济带"的构想，由中国西去一出国门，就是中亚国家，毋庸置疑，中亚地处这个经济带，绕不过去的枢纽地带。

第二，中亚有什么问题？

要回答这些问题，关于中国与中亚地区国家关系的全面、深入研究，非常必要。这种研究应是综合的、系统的，大视野、多层面，并有深度的。

有历史的，不是远离现实的冗长叙说和烦琐的考证，而是宏观地把握中国与中亚地区关系中对"丝绸之路"具有强烈的依赖性（第一章）。

有政治的，将中国与中亚地区国家关系，或置于多重博弈背景下的考察（第二章）；或置于中亚政局变化的考察（第三章）；或置于上海合作组织框架下的考察（第四章）。

有经济的，关于中国与中亚地区国家间的能源合作的研究（第五章）、非资源性合作研究（第六章）、金融合作研究（第七章）。

有非传统安全的，关于中国与中亚地区关系中的，民族因素研究（第八章）、打击"三股势力"合作研究（第九章）、禁毒合作研究（第十章）。

有文化的，关于中亚孔子学院及其发展研究（第十一章）。

上述研究聚焦于如下问题：

政治及其体制发展问题。中亚国家在未有民族国家的历史背景下白手起家建设一个现代国家，面对的选择是：世俗化，伊斯兰化，西式民主，威权主义？适合于中亚国情的政治体制还在探索之中。

经济及其体制发展问题。中亚国家大小不一，经济条件大不一样，发展路径也不大一样，但总的看来，中亚国家共同的问题是除了基础设施落后外，就是经济结构还存在着严重畸形，即便发展最好的哈萨克斯坦，还存在着对能源产业的高度依赖。

非传统安全和"颜色革命"。主要表现在"三股势力"、民族冲突、水资源纠纷、边界争端和毒品及跨境犯罪等非传统安全问题。所谓"颜色革命"也是中亚面对的安全问题。中亚国家独立以来，政局一般平稳，也就是吉尔吉斯斯坦曾出现两次非正常政权更迭。如果说，"颜色革命"是西方策动的"非暴力运动"，那吉尔吉斯斯坦的两次"革命"，还不是严格意义上的"颜色革命"。中亚地区，过去没有严格意义上的"颜色革命"，短期内也不会暴发"颜色革命"。

第三，我们在中亚将遇到什么问题？

中国与中亚国家关系是与周边邻国双边关系中最好的。当然，其间也存在一些问题和隐忧，主要有以下几个方面的问题：

对接与合作。美国在中亚影响已式微，而俄罗斯在中亚的影响则是非常的，近年，中俄已就"丝绸之路经济带"建设和俄罗斯主导的"欧亚经济联盟"的对接合作达成协议，但完全开放包容的"丝绸之路经济带"与明显排他的"欧亚经济联盟"具体如何顺畅对接，是摆在我们面前的一道难题。

相关国家、人民的复杂心态。"中国威胁论"特别在哈萨克斯坦、吉尔吉斯斯坦大有市场。

共建在于相互理解。比如，中吉乌铁路久拖多年未开工，原因复杂，其中各方的相互沟通理解可能是一个问题。"丝绸之路经济带"

的精髓就在于相互协商，相信中吉乌人民会取得各方都满意的合作。

  极端宗教的威胁。中亚五"斯坦"，世俗化程度较高，但至少受到两个方面的威胁：一是后撤兵时代阿富汗局势；二是西去不远的"伊斯兰国"（Islamic State，IS）还在肆虐，并向中亚强力渗透，因此，极端宗教是中亚地缘政治的重大问题，如未有明显改善，丝绸之路经济带的构建将举步维艰。

Abstract

When we talk about relations between China and Central Asia Countries, we have to answer three questions.

I. What is Central Asia?

Central Asia is Eurasian geopolitical hub. More than 100 years ago, Britain and Russia were the major players of Great Games in Central Asia. Today, the area takes place a new "Great Game", in which US and Russia are major players.

The five "stans" in Central Asia—Kazakhstan, Uzbekistan, Tajikistan, Kyrgyzstan and Turkmenistan are the most important neighbors of China. However, as what some scholars pointed out, Central Asia seems close to China, but also seems very far from China, which is a distance in culture and civilization, and this situation need to be changed urgently.

During the visit to Central Asia in 2013, Chinese President Xi Jinping came up with the initiative of jointly building Silk Road Economic Belt. Central Asia lie in right beside west of China, so they are the hub area which brooks no bypass for the economic belt.

II. What problems are faced by Central Asia?

To answer these questions, it is necessary to have inclusive and in-depth studies on relations between China and Central Asia countries. The research should be comprehensive, systematic, wide-sighted, multilevel and deep-reaching.

There is a historical study. In this dimension, the research is not lengthy narration and tedious verification, but a macro understanding of the dependence of China-Central Asia relations on Silk Road (Chapter 1).

There is also a political dimension to the research. Relations between China and Central Asia countries are under studied in the background of multiple games (Chapter 2), or studied in the political changes in Central Asia (Chapter 3); or studied under the framework of Shanghai Cooperation Organization (Chapter 4).

There is a economic dimension to the research. The research includes a study on energy cooperation between China and Central Asia countries (Chapter 5), a study on non-energy cooperation (Chapter 6) and a study on financial cooperation (Chapter 7).

Non-traditional security has its part in the research that contains studies on ethnicity factors in relations between China and Central Asia (Chapter 8), studies on the cooperation to fight "three evil forces" (Chapter 9) and on counter-narcotic cooperation (Chapter 10).

Culture dimension has its place in the research. There are studies on Confucius Institute in Central Asia and their development (Chapter 11).

The aforementioned studies focus on the following issues:

Politics and political system development. Central Asia countries, with no history of a nation, build up modern countries from nothing. They are facing options such as secularization, Islamization, Western ized democracy and authoritarianism. Therefore, Central Asia countries are still exploring political system suitable to their national conditions.

Economy and economic system development. Central Asia countries are different from each other in land size, economic condition and development approach. In general, Central Asia countries have the common issue of seriously malformed economic structure, in addition to backward infrastructure. Even Kazakhstan, the best-developing country in Central Asia, is highly dependent on energy industry.

Non-traditional security and "Color Revolution". Non-traditional security issues in Central Asia include "three evil forces", ethnic conflict, water resource disputes, border disputes, narcotics and cross-border crimes. "Color Revolution" is also a security issue faced by Central Asia countries. Since their independence, Central Asia countries have seen stable political situation except Kyrgyzstan that has undergone abnormal regime changes twice. If "Color Revolution" is "non-violent movement" stirred up by the west, then the two "revolutions" in Kyrgyzstan are not "Color Revolution" typically. Central Asia, without "Color Revolution" in the strict sense in the past, will not outbreak "Color Revolution" in short term.

III. What problems shall we encounter in Central Asia?

The relation of China and Central Asia is the best compare with other neighbors. However, there are some problems and potential issues which are summarized as follow:

Joining and cooperation. American influence on Central Asia has been declined, while Russia has significant effect on this area. In recent years, China and Russia have reached agreement on the joining and cooperation in building the Silk Road Economic Belt and Eurasian Economic Union dominated by Russia. But how to join the inclusive Silk Road Economic Belt with exclusive Eurasian Economic Union feasibly is a tough difficult in front of us.

Complicated mentalities of relevant countries and people. Arguments about "China Threat" prevail in Kazakhstan and Kyrgyzstan.

Mutual understanding is crucial. For instance, China-Kyrgyzstan-Uzbekistan Rail way construction delayed years without start up. The essence of the Silk Road Economic Belt lies in mutual consultation. It is worthy to believe that China-Kyrgyzstan-Uzbekistan will get a satisfied cooperation to each party.

Threats from extremist religion. The five "stans" in Central Asia are secularized to a high degree, but they have to face at least two threat: one is the post-withdrawal situation in Afghanistan, the other is Islamic State (IS) that wreaks havoc not far from west of Central Asia, and it is fiercely infiltrating in Central Asia. Therefore, extremist religion is a major issue in Central Asia geopolitics, and if the threats from IS are not dealt with effectively, the Silk Road Economic Belt will face serious difficulties ahead.

目 录
Contents

导论　　1

第一章 ▶ 中国与中亚地区历史关系研究　　11

 第一节　中亚地区的地理环境　　11
 第二节　从绿洲史视角看新疆与中亚分合变迁　　14
 第三节　中央王朝经营西域（中亚）的战略　　21
 第四节　近代中国与中亚地区的关系　　28
 第五节　历史关系的总结　　34

第二章 ▶ 多重博弈背景下的中国与中亚地区国家关系研究　　37

 第一节　中国与中亚国家关系沿革与现状　　37
 第二节　影响中国与中亚国家关系的外部因素　　44
 第三节　影响中国与中亚国家关系的地区性因素　　81

第三章 ▶ 中亚政局现状与发展趋势研究　　90

 第一节　中亚现代国家的构建　　90
 第二节　中亚地区政局特点　　102
 第三节　一个地区五个国家　　108
 第四节　中亚政局的发展趋势　　119

第四章 ▶ 上海合作组织框架下中国与中亚国家合作研究　　122

 第一节　上海合作组织概述　　122
 第二节　上合组织框架下的政治安全合作　　136

第三节　上合组织框架下的经济合作　148
　　第四节　上合组织框架下的人文合作　157

第五章 ▶ 中国与中亚国家能源合作研究　165

　　第一节　世界油气资源生产、需求之变化　165
　　第二节　中亚国家油气产业发展分析　169
　　第三节　中国与中亚油气领域合作　187
　　第四节　中国与中亚能源合作面临的制约因素　197

第六章 ▶ 中国与中亚非资源性合作研究　205

　　第一节　中国与中亚非资源性合作概述　205
　　第二节　中国与中亚农业合作　212
　　第三节　中国与中亚轻纺食品领域合作分析　218
　　第四节　中国与中亚机械制造业合作分析　221
　　第五节　中国与中亚国家的交通合作　228
　　第六节　中国与中亚国家通讯信息合作　231

第七章 ▶ 中国与中亚金融合作研究　237

　　第一节　国际金融合作的理论和实践　237
　　第二节　中亚各国金融体系概况　241
　　第三节　中国与中亚国家的金融往来　250
　　第四节　中国—中亚金融合作的现实基础　253
　　第五节　国际金融危机背景下中国—中亚金融合作内容　262
　　第六节　后危机时代中国—中亚金融合作的环境培育　270
　　第七节　乌鲁木齐建设中亚次区域金融中心　274

第八章 ▶ 中国与中亚国家关系中的民族因素研究　285

　　第一节　中亚地区族际关系的历史变迁　286
　　第二节　中亚的族际关系：多层利益的交织　298
　　第三节　民族因素对中国与中亚国家关系的影响　309

第九章 ▶ 中国与中亚国家共同打击"三股势力"研究　315

　　第一节　中亚地区"三股势力"的现状　316
　　第二节　中亚地区"三股势力"泛滥的主要因素　338

第三节　中国与中亚国家打击"三股势力"的合作　344

第十章 ▶ 中国与中亚国家禁毒合作研究　353

第一节　"金新月"：中国与中亚国家共同面临的威胁与挑战　353
第二节　中亚国家禁毒合作现状　369
第三节　中国与中亚国家禁毒合作现状　381

第十一章 ▶ 中亚国家孔子学院发展研究　393

第一节　中亚孔子学院概况　394
第二节　中亚孔子学院的发展　407
第三节　中亚孔子学院文化软实力解读　419

简短的结论　434

参考文献　439
后记　463

Contents

Introduction   1

Chapter 1   Research on the Historical Relations between China and Central Asia   11

    1.1   The Geographical Environment in Central Asia   11
    1.2   Research on the Changes of Xinjiang and Central Asia from the Perspective of Oasis   14
    1.3   The Strategy of Chinese Central Dynasty Managing the Western Region (Central Asia)   21
    1.4   Relations between Modern China and Central Asia   28
    1.5   A Summary of the Historical Relations between China and Central Asia Countries   34

Chapter 2   The Relations between China and Central Asia in the Background of Multiple Games   37

    2.1   The History and Status of the Relations between China and Central Asia Countries   37
    2.2   External factors affecting the Relations between China and Central Asia countries   44
    2.3   Regional Factors Affecting Relations between China and Central

Asia Countries　81

Chapter 3　Research on the Status and Development Trend of Political Situation in Central Asia　90

3.1　The Construction of Modern Countries in Central Asia　90
3.2　Characteristics of the Political Situation in Central Asia　102
3.3　A Region of Five Countries　108
3.4　The Development Trend of the Political Situation in Central Asia　119

Chapter 4　Research on Cooperation between China and Central Asia Countries under the Framework of the Shanghai Cooperation Organization　122

4.1　Shanghai Cooperation Organization Overview　122
4.2　Political Security Cooperation under the Framework of the Shanghai Cooperation Organization　136
4.3　Economic Cooperation under the Framework of the Shanghai Cooperation Organization　148
4.4　Cultural Cooperation under the Framework of the Shanghai Cooperation Organization　157

Chapter 5　Research on Energy Cooperation between China and Central Asia Countries　165

5.1　Changes in Production and Demand of Oil and Gas Resources in the World　165
5.2　Analysis of Oil and Gas Industry Development in Central Asia Countries　169
5.3　China and Central Asia Oil and Gas Cooperation　187
5.4　The Constraints Faced by Energy Cooperation between China and Central Asia　197

Chapter 6　Research on Non-resource Cooperation between China and Central Asia　205

6.1　Overview of Non-resource Cooperation between China and Central Asia　205

6.2　China and Central Asia Agricultural Cooperation　212

6.3　China and Central Asia Cooperation in Textile and Food Industry　218

6.4　China and Central Asia Machinery Manufacturing Cooperation　221

6.5　China and Central Asia Transport Cooperation　228

6.6　China and Central Asia Communication Information Cooperation　231

Chapter 7　Research on Communication and Financial Cooperation between China and Central Asia　237

7.1　Theory and Practice of International Finance Cooperation　237

7.2　Overview of the Financial System in Central Asia Countries　241

7.3　Finance Intercourse between China and Central Asia Countries　250

7.4　The Practical Basis of China-Central Asia Finance Cooperation　253

7.5　China-Central Asia Finance Cooperation in the Background of the International Financial Crisis：262

7.6　Post-Crisis Practices：China-Central Asia Finance Cooperation Environment Cultivation　270

7.7　Urumqi's Construction of Central Asia Sub-regional Financial Center　274

Chapter 8　Research on Ethnic Factors in the Relations between China and Central Asia Countries　285

8.1　Historical Changes in Ethnic Relations in Central Asia　286

8.2　Ethnic Relations in Central Asia：Intertwined Multi—Level Benefits　298

8.3　Influence of Ethnic Factors on the Relations between China and Central Asia Countries　309

Chapter 9　Research on China and Central Asia Countries Combating the "Three Evil Forces"　315

9.1　Status of "Three Evil Forces" in Central Asia　316

9.2　The Main Factors of the Flooding of the "Three Evil Forces" in Central Asia　338

9.3　Cooperation between China and Central Asia Countries in Combating "Three Evil Forces"　344

Chapter 10   Research on Anti-drug Cooperation between China and Central Asia Countries   353

    10.1　"Golden Crescent": Threats and Challenges Common to China and Central Asia Countries   353

    10.2　Status of Anti-drug Cooperation in Central Asia Countries   369

    10.3　Status of Anti-drug Cooperation between China and Central Asia Countries   381

Chapter 11   Research on the Development of Confucius Institute in Central Asia Countries   393

    11.1　Overview of Confucius Institute in Central Asia   394

    11.2　Development of Confucius Institute in Central Asia   407

    11.3　Interpretation of Cultural Soft Power in Confucius Institute in Central Asia   419

Conclusion   434

References   439

Postscript   463

导 论

本书为2010年度教育部重大攻关项目"中国与中亚地区国家关系研究"（项目批准号：10JZD0050）的最终研究成果。这是在我们十年来的中亚研究的系列研究课题①的基础上，集中了新疆大学及疆内外专门从事中亚研究并有成就的教授和科研人员，就中国与中亚地区国家关系进行的系统综合研究。

一、工作目标

我们工作的目标，如重大项目申报书所表达的：

大视野：即将中国与中亚国家地区的关系放在国际大背景下思考，特别注意美国和俄罗斯因素。

多层面：有国际、地区和本土层面；地缘政治、地缘经济基础和地缘文化层面；现状分析和中长期预测层面。

求深度：本课题研究着眼于宏观分析，不就事论事；而是着手于专题的实证研究，力求从事物发展的脉络，考量其深层次的问题。

前沿性：追踪最新事态，讨论最新问题。

---

① 这些是："2000年周边环境与新疆稳定"（新疆社会科学院2000年科研课题）；"周边环境与新疆稳定《2001年蓝皮书》"（国家社科基金项目01BGJ011）；"周边民族宗教冲突与新疆稳定"（国家社科基金特别委托项目01@ZH020）；"周边环境与新疆稳定、发展"（新疆社会科学院重点项目和自治区专家顾问团决策咨询项目）；"新疆周边形势分析蓝皮书◇2004年◇年度报告"（新疆社会科学院重点学科项目）；"新疆周边形势分析蓝皮书◇2005年◇年度报告"（新疆社会科学院重点学科项目）；"新疆周边国家事态〈2006~2007年〉"（国防科工委项目Q172006A001-4）；"2008~2009：周边环境与新疆稳定发展"（新疆社科基金2008年度重大招标课题08ZB006）。

二、中亚定义

关于"中亚",并没有统一的说法,不同政治或学术背景的人士都有不同的认识,甚至其只说地域都不大相同。目前"中亚"至少有三种定义:

1. 苏联官方定义,"中部亚洲"(Средняя Азия),大致为锡尔、阿姆两河流域,大体涵盖乌兹别克斯坦、吉尔吉斯斯坦、塔吉克斯坦、土库曼斯坦和哈萨克斯坦南部,即四个半共和国。

2. 通常现代政治地理定义,即今天的中亚五国,现在俄文文献中一般作:中央亚洲(Центральная Азия)。

3. 联合国教科文组织定义,即联合国教科文组织编撰的《中亚文明史》(History of Civilization of Central Asia)中的 Central Asia,指的是:今阿富汗、中国西部、东北伊朗、蒙古国、巴基斯坦以及前苏联诸中亚共和国境内的各个地区①。

前两种定义仅限于帕米尔以西地区,可谓"狭义"的"中亚";而第三种定义包容帕米尔东西广大地区,可谓"广义"的"中亚"。事实上,每一部有关中亚的著作都有自己的地理界定,不同的界定又体现作者对自己所研究地区的理解和期望,划定地域界限,就是确定、分析、重建,从而选择和采纳某种历史哲学。

本书所说的"中亚"为通常现代政治地理定义,指的是:哈萨克斯坦、乌兹别克斯坦、塔吉克斯坦、吉尔吉斯斯坦和土库曼斯坦五国,是中国周边最重要的一些邻国,中国与这一地区国家的关系是中国外交的重要关系。因此,中国与中亚地区国家关系的研究,既有学术意义,也有非常的现实意义。

三、分析模式

(一)考量的三大因素

中亚局势大体上是地区问题,考量的主要因素是地缘政治、地缘经济和地缘文化这三大因素。

1. 地缘政治

提起与中亚联系的地缘政治,不可忽视麦金德(Halford J. MacKinder)的著

---

① [巴基斯坦] A. H. 丹尼、[俄] V. M. 马松,芮传明译:《中亚文明史》(第一卷),北京:中国对外翻译出版公司 2002 年版,第 368 页。

名三段论：

> 谁统治了东欧，谁就主宰了心脏地带；
> 谁统治了心脏地带，谁就主宰了世界岛；
> 谁统治了世界岛，谁就主宰了全世界。①

麦金德的这一名言集中体现了"心脏地带论"（Theory Heartland）的思想，其中的"East Europe"，字面上是"东欧"，又似乎包括了"中亚"，比较多的说法是指称广阔的没有出海口的欧亚腹地。其实，我们一再强调：麦金德的"心脏地带""世界岛"说难以概括其地缘政治本质，当年的苏联既控制东欧又统治中亚的大部分，却并未能主宰世界，这是不争的事实。冷战后，这个"心脏地带"发生裂变，出现了所谓的"权力真空"，地缘政治在此的争夺方兴未艾，"心脏地带论"遂炙手可热。其中尤为引人注目的是，美国前总统国家安全顾问布热津斯基（Zbigniew Brzezinski）将这一地区称为"欧亚大陆的巴尔干"（Eurasian Balkans），地缘政治地位十分重要。因此，无论如何，地缘政治因素在本课题研究中不可漠然置之。

2. 地缘经济

不少论者把中亚五国与高加索三国联系起来讨论，甚至主张中亚包括整个高加索地区。目前，有一本较权威的国际学术期刊就名为：中亚与高加索。这种说法的理由是，它们共处欧亚大陆的结合部，东西文明和伊斯兰文化与斯拉夫文化的交汇处，是俄罗斯南缘防卫上的"软肋"，同时又是美国为首的西方势力东进的前进方向之一。2008年格俄"五天"战事，引发了冷战后，美俄间最严重的政治对抗，同时也震动了整个中亚地区。事实上，高加索与中亚最重要的联系是里海，确切地说，是环里海地带待开发的丰富的石油天然气资源。近来不断有人说，里海将是"第二个波斯湾""21世纪的世界能源的供应基地"。"第二个波斯湾"之说似有点夸张，然而，它与波斯湾最大的不同是，这是一个不通海洋的内陆地区，油气开采后的输出线路至关重要，是北引西向，还是东出南下，直接牵动各方的政治经济利益，地缘经济的憧憬与争夺，是不言而喻的。其实，新疆及其毗邻的中亚地区本是古丝绸之路的枢纽，可以说，其地缘经济的核心，就是如何启动和发展当代的丝绸之路。

3. 地缘文化

这可能还是个新概念。20多年前，美国学者亨廷顿提出"文明冲突论"，引

---

① Halford J. MacKinder, *The Geographical Pivot of History*, Geographical Journal XXIII（1904）: 421-444, *Democratic Ideals and Reality*（London, 1919）.

起广泛争议，但我们认为，撇开其固有的偏见和臆测，仅就"文化"因素引入当代国际政治学的考量之中，不无可取。事实上，民族冲突、宗教冲突，总有深层次的历史文化背景。比如，中亚地区许多民族属操突厥语族诸语言的民族，并广泛信仰伊斯兰教，这就是"双泛"（泛伊斯兰主义、泛突厥主义）流行所依托的地缘文化背景。"双泛"可以跨民族、跨国家横行，它可以从土耳其到新疆这一广大地区蛊惑人心，但它也只能在信仰伊斯兰教的操突厥语族诸语言的民族中谋取活动空间。美国国家情报委员会一份《预测全球未来》的报告称："最容易陷入冲突的国家位于一个巨大的不稳定弧形地带，这个地带从撒哈拉以南的非洲地区、北非、中东、巴尔干地区、高加索地区、南亚和中亚一直延伸到东南亚部分地区。"① 中亚地区大体就在这个"不稳定弧形地带"的东西结合地带。

（二）三个"层面"

中亚地区问题，固然大体上是区域问题，但在不断全球化进程的今天，分析区域问题，既脱离不开全球的国际大背景，也不可忽视本土的具体问题。因此，在讨论新疆周边地区问题，应从全球、区域和本土三个层面展开分析。

1. 全球层面

这一层面的重点在美国。因为，美国是当今全球唯一的超级大国，华盛顿就以为自己的国家利益遍布全世界，为捍卫这个利益，它可以干任何事，正如我们经常看到的：哪里有冲突，哪里就有美国人的身影或声音。苏联解体以后，美国有意染指中亚，但一时还无从下手。在布热津斯基看来："这个地区在地缘战略上对美国的含义十分清楚：美国相距太远而无法在欧亚大陆的这一部分成为主导力量，但美国又太强大而不能不参与这一地区的事务。"② "9·11"是个契机，以阿富汗"反恐战争"为由，美军有史以来第一次落地于吉尔吉斯斯坦，在玛纳斯机场建立了空军基地。美国政府多年来鼓吹、实施"大中东倡议"（2002）、"大中亚伙伴计划"（2005）和"新丝绸之路计划"（2010），反映了华盛顿对这一地区的认识的一步步深化。然而，两场焦头烂额的阿富汗战争和伊拉克战争，让美国深陷其中，2014年，美国为首的北约联军不得不从阿富汗撤军，显示出它对中亚事务越来越力不从心。

2. 区域层面

这一层面的重点是俄罗斯因素。这是因为俄罗斯不仅与中亚国家接壤，而且

---

① *Global Trends 2025: A Transformed World – The National Intelligence Council's 2025. Project Richard N. Haass.* http: //www.dni.gov/index.php/about/organization/national-intelligence-council-global-trends. 2008.11.

② Zbigniew Brzezinski: *The Grand Chessboard: American Primary and It's Geostrategic Imperatives.* 1997.

它的领土一部分就在欧亚腹地。哈萨克斯坦、乌兹别克斯坦、塔吉克斯坦、吉尔吉斯斯坦和土库曼斯坦五国,原为沙俄的殖民地、苏联的南部边区,现已独立20多年,但俄罗斯的影响还是隔离不断,这些国家的民族精英还是苏联时代培养出来的,虽然主体民族的语言已确定为国语,但俄罗斯语仍为最通用的族际交流语。俄罗斯人在中亚,特别是哈萨克斯坦还拥有相当数量。俄罗斯在中亚仍保持着深厚的影响,它主要通过独联体(СНГ)、独联体集体安全条约组织(СНГ, ОДКБ)和"欧亚经济联盟"(ЕАЭС)发挥作用。此外,俄罗斯还是上海合作组织中举足轻重的成员国。独联体成立于苏联解体之际,20多年来,开了无数次的元首首脑会议,通过了成千上万份文件,但凝聚力愈发小于离心力,"独联体化"某种程度上成了"无效率""空洞化"的代名词。但只要独联体还在形式上存在一天,对于俄罗斯也是有意义的,俄罗斯绝不会轻易地放弃任其消失。俄罗斯一方面着力于强化独联体集体安全条约组织,曾于2009年决定建立1.5万人快速反应部队,并签署协议,但这些协议并没有落到实处。而另一方面致力于经济一体化,却不断有所进展:俄白哈三国2010年率先成立关税联盟①,2015年1月1日以此为基础,俄罗斯主导的"欧亚经济联盟"正式运行。这被外界批评为"重建苏联"尝试,虽然"重建苏联"已不大可能,但阴影难以排除。苏联解体,在中亚是"独立"的节日,但对于俄罗斯来说,是场痛心的"悲剧"。俄罗斯政治家仍将中亚五国视为自己的"后院",特别是2008年格俄冲突后,俄罗斯高调宣称,包括中亚地区在内的独联体地区是俄罗斯的"特殊利益区"(сфера привилегированных интересов)。②"特殊利益区"概念的提出,表明俄罗斯的帝国情结还是根深蒂固的,而"重建"苏联的阴影在逼近中亚,必然引起中亚国家的不安。

伊斯兰问题是这一区域层面上的问题。这一区域的主要居民为信仰伊斯兰教的穆斯林,也就是说,它是属于伊斯兰世界的一部分。伊斯兰教起源于7世纪的西亚阿拉伯半岛,原先只是阿拉伯贝督因部的部族宗教,随着其向外传播,演变成阿拉伯民族宗教,后扩散至全球而成为世界宗教。一部伊斯兰教史就是伊斯兰教向外传播的历史。波斯及中东地区应是它的第一传播区,此时伊斯兰教即分裂为什叶与逊尼两大教派。而本书研究的这一区域应是它的第二传播区。从现实来看,这一区域的主要民族,如乌兹别克人、哈萨克人、吉尔吉斯人、土库曼人、

---

① 1995年俄、哈、白、乌、塔、吉6国签署建立关税联盟协议,并成立了欧亚经济共同体(ЕврАзЭС),但很长时间未有进展,直至2010年才出现转机,正式成立欧亚经济联盟。

② Притязания России на привилегированную сферу влияния подвергаются критике. http://iipdigital. 10 октября 2008 года; Россия заявляет о правах на свою сферу влияния в мире. http://obzor.westsib.ru/article/2569211 СЕНТЯБРЯ 2008; Дональд Дженсен: Россия и ее соседи: границы 《привилегированных интересов》Кремля. http://www.imrussia.org/ru/02 октября 2013.

普什图人等多为逊尼派，而波斯人、塔吉克人等多为什叶派。因此，缘于教派、族群及语言文化相近，塔吉克斯坦与伊朗的关系要比其他中亚国家要走得更近一些。中亚国家独立伊始对伊朗的"输出伊斯兰革命"十分警惕，但后来事实表明，伊朗的低调基本打消了中亚国家的疑虑。伊朗不仅与中亚国家和睦相处，与邻国土库曼斯坦建立能源合作，并非常积极地要求加入上海合作组织。

中亚至西亚，还有一个操突厥语族群的圈子：哈萨克人、乌兹别克人、吉尔吉斯人、土库曼人和阿塞拜疆人、土耳其人。苏联解体后，土耳其召集新出现的所谓"突厥语国家"首脑，年年会晤。在第一届会议期间，土耳其总统厄扎尔提出建立"突厥联盟"的建议，强调土耳其与中亚突厥语国家的文化和种族相似性，加强与中亚突厥语国家一体化的设想，同时试图在地区市场上占据主导地位。中亚国家本身对接受土耳其成为新"大哥"不大热衷。近年，他们也在议员大会讨论在突厥语国家之间取消关税以及建立自贸区等问题，其实，除语言外，这些国家几乎没有任何共性，反倒是冲突和矛盾层出不穷。中亚国家最终还不得不考虑：与俄罗斯的传统关系和与土耳其的民族关系，究竟哪个更重要。

3. 本土层面

这一层面的问题更为复杂。有人将中亚五国混为一谈，但实际上它们却各不相同，哈萨克斯坦和乌兹别克斯坦，一个是疆域辽阔的地区大国，一个是人烟密集的地区人口大国；前者更现代些，后者则更传统些。塔吉克斯坦和吉尔吉斯斯坦则是又小又穷。乌兹别克人、塔吉克人（除山地塔吉克人外）是中亚最传统的绿洲农夫，而哈萨克人、吉尔吉斯人则是从草原和山地走出的牧民；前者深受伊斯兰教的熏陶，宗教情节浓郁，后者接受伊斯兰教还是最近几百年的事，宗教意识相对淡漠。土库曼斯坦不大不小，在中亚通往西亚的沙漠地带，独立以来以"永久中立国"自豪，高度封闭，与他国交往较少。

中亚五国的建立是基于苏联时期的中亚五个加盟共和国，而这五个加盟共和国则是建立在20世纪20年代"识别"出的乌兹别克、塔吉克、吉尔吉斯、哈萨克、土库曼五大"主体民族"的基础之上。也就是，这五国是在从未有民族国家的历史基础上"人工"制造的。这就不可避免地存在两方面的问题：一方面，现在中亚国家间的"国界"是苏联时期的行政区界，它是力求按"民族原则"划分，而并非考虑到山川水道的自然形态与人们的经济活动，边界问题、跨界民族问题和跨界水资源纠纷，构成中亚国家间"小博弈"的重要内容。另一方面，中亚这五大民族是90多年前"识别"出来的，实际遗留的问题是，有的民族还存在"部落认同"，例如哈萨克中有三"玉兹"之分，一些地方吉尔吉斯人的部落认同还高于民族认同。事实上，这些国家内部危机的深层问题经常缘于此。比如，2005年吉尔吉斯斯坦发生"颜色革命"，究其内部因素有南北政治经济发展不平衡的问题，但深层次的问题是南北吉尔吉斯人固有的部落矛盾。

（三） 两种"博弈"

"博弈"思想源于西方的国际象棋游戏，学者将这一思想运用于模拟的对抗和冲突的分析，并由此形成现代国际关系中的"博弈论"（Game Theory）。就中亚地区而言存在两种"博弈"。

1. 大博弈（Great Game）

早在 100 多年前，这一地区就已纳入大国激烈争夺的战场。当年的"大博弈"最终以英俄在阿姆河—帕米尔一线划定了各自的势力范围而结束。苏联时期，中亚成为其南部的领地，苏联解体标志着冷战的结束，这一地区成为新一轮"大博弈"的争夺之地。当然，"大博弈"归根结底是大国间的较量，在新疆周边地区，世界大国的较量，主要是俄美之间的较量，前者要守住自己的"后院"，后者要开辟新的"势力范围"。北约和欧盟，印度和日本等大的势力也不同程度地向往此地。虽然不是 19 世纪的动刀动枪，但政治的、经济的，特别是能源的争夺也是剑拔弩张。中国的新疆与此地，山水相连，中国不追求，也不谋求什么"势力范围"，当然也谈不上与他人去"博弈"什么。但中国也有自己的国家利益：首先是安全利益，不允许这里的"三股势力"危害自己的安全；其次是经济发展利益，通过与周边国家的互利合作达到双赢。如果有的大国或大的势力出于自己的私利排斥、损害中国的利益，中国理应进行坚决抵制，这也是理所当然的。

2. 小博弈

人们比较关注大国政治，自然缘于大国政治对地区地缘政治的重大影响。我曾在文章中，提请注意"小国"作用，即"小博弈"。[①] 从积极意义上看，大国还应充分理解小国的权利和诉求。早在半个世纪前，国际关系理论研究中就提出一种有特色的理论——"小国论"（Small Power），其意义在于分析这种国家的对外行为方式及其对国际社会关系的影响。正如俄罗斯学者认为："小国因素是俄罗斯周边的世界充满了令人不安的发展趋势之一。小国造成的危害从来没有像现在这样大。几乎出现了一批从事挑衅活动的国家。它们致力于让比较强大的国家互相争斗和利用这些国家的矛盾谋取私利。"[②] 今天的中亚国家"或许还是小

[①] 潘志平：《中亚的地缘政治："大博弈"与"小博弈"》，载于《新疆社会科学》2009 年第 2 期；潘志平："'内亚'历史文化特征与中亚多国博弈态势"，载于《新疆师范大学学报》（哲学社会科学版）2009 年第 4 期。

[②] Алексей Богатуров: *Кризисный цикл в мировой политике. Финансовый кризис заслоняет кризис миросистемный-беду более общую.* Независимая газета, 18.12.2008.

国，但它们的战略地位因能源价格上涨产生的财富以及不同大国的讨好而得到加强。事实上它们正在不断地学习玩'游戏'，从而将为它们分散大国对该地区的影响力创造更多机会"。①

（四）多重"大三角"

新疆周边地区，特别是中亚国家独立以来就面对着多种多样的多边外交，其中多样的"三角"关系重叠、交叉，丰富多彩，即冯绍雷先生称为影响中亚地区的"多重三边关系"。根据冯先生的概括：

中亚地区核心三边关系：

俄罗斯—中亚国家—中国，其成果表现为上海合作组织。

中亚为基轴的欧亚区域三边关系，至少有两组：

俄罗斯—印度—中国；

俄罗斯—欧盟—中亚国家。

聚焦中亚的全球性三边关系，至少有三组：

美国—俄罗斯—中国；

美国—俄罗斯—欧洲；

美国—俄罗斯—中亚。②

所有这些"三角"关系中，"美国—俄罗斯—中国"这个大"三角"最重要。由于美国的强势打压，俄罗斯与中国走得更近一些，至少目前及以后的一段时间里，可能如此。但从美国的视角观察，俄罗斯和中国都是另类，如斯坦福大学历史和国际事务教授斯蒂芬·科特金（Stephen Kotkin）所说："虽然俄罗斯一直以横跨欧亚大陆的世界强国著称，但如今被公认势力横跨这两大洲的是中国。中国不仅将战略联盟对象由苏联转向美国，而且学会了两者兼顾。虽然俄罗斯对美国的重要性有时被夸大，但俄罗斯在欧洲的影响力以及中国越来越关注俄罗斯使美国不得不重视俄罗斯。当然，如果不超越北约，在欧洲建立一种新的安全架构，就不会有美俄关系的重启。而如果没有两国关系真正的重启，中国将继续在与俄罗斯的双边关系中占上风，而且在中俄美战略三角中占上风。"③

而站在中亚国家的角度，看法相对超然，如哈萨克斯坦资深国际问题专家康斯坦丁·瑟罗耶日金（К. Сыроежкин）所说："中亚地区已成为俄中美地缘政治博弈的主战场，俄中希望削弱美国在中亚的影响，但中国能牵制俄罗斯的'帝国

---

① ［英］伊夫琳·戈赫：《上演油气管道政治戏》，［新加坡］《海峡时报》2007年8月30日。
② 冯绍雷：《多重三边关系影响下的中亚地区》，载于《俄罗斯研究》2009年第6期。
③ Stephen Kotkin: *The Unbalanced Triangle What Chinese - Russian Relations Mean for the United States*. Foreign Affairs 88. No. 5（2009）：130 - 138. Print.

野心',俄罗斯则可以防止'中国扩张'。三个主要地缘政治玩家在中亚的互不妥协,势必给这一地区造成不少麻烦。"① 进入 21 世纪,中亚面对两件大事:一是"9·11"后,美军以反恐为名进驻中亚,标志着西方军事力量史无前例地进入中亚;二是在西方的推动下,独联体一些国家发生"颜色革命"。俄罗斯愈来愈意识到中亚这个"后院"的重要性。因此,俄美在中亚博弈不可避免,它也就成为当代中亚地缘政治的主题之一。相比之下,美国在中亚缺少施力工具,与俄博弈明显处于下风地位。

综上所述,通过三大因素的考量,从三个层面、两种"博弈"、多重"大三角"的分析,可以更深入地把握复杂多变、缤纷多彩的中亚局势。其分析的模式见图导 – 1。

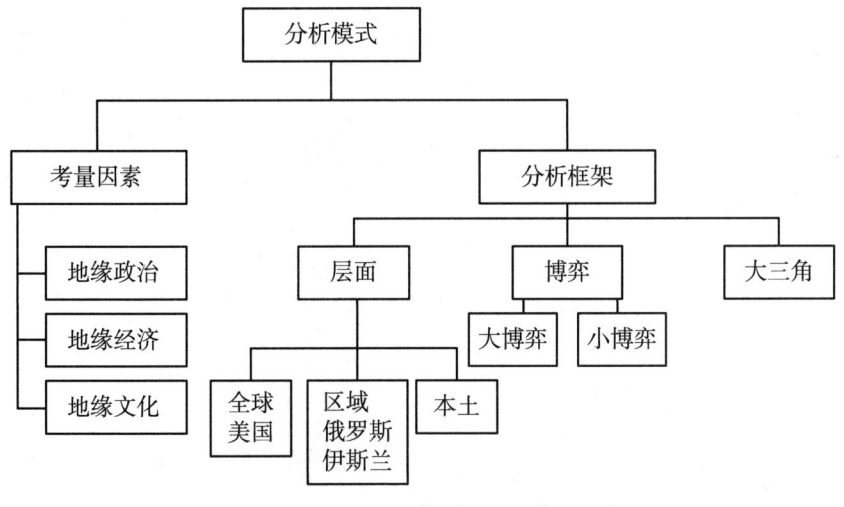

图导 –1 本书分析模式图

四、我们的工作

本书汇聚了国内中亚问题的学者,涉及历史学、政治学、经济学、法学、民族学、宗教学、文化学、教育学的各个领域,其中有的作者学术背景和先前工作的方向还主要在新疆区域内的研究,因为参加这一重大攻关项目的研究,在中亚的研究工作中得到新的充实和发展。正是本研究属于各领域的综合系统研究,为

---

① К. Сыроежкин:*Центральная Азия в треугольнике "Россия – Китай – Запад":выбор приоритетов/*lib. omgtu. ru/? base = E_OMSTU&fmt = full&id = EC&lf = 1&o = Search&query = (" I = % D0% 9C6% D0% A203/2007/10") &rc = 1.

避免拼盘式的研究，本书的作者们从工作的一开始就不断地相互交流，在课题启动之初，就在充分讨论的基础上酝酿出各章的一二三级写作大纲。我作为本书的首席专家，以及本研究三十多年的思考和工作积累，提出工作的总体框架和分析模式，而各章的撰写则由各自独立完成，这大体是依照剑桥史的工作方法进行的。在某些具体内容上或许有交叉，但那主要是研究的学科和视角的不同。

在本课题各章已基本结束之际，中国国家主席习近平提出"丝绸之路经济带"的构想，我们在已形成的报告中尽量增加这方面的内容，但真正深入研究中亚在构建"丝绸之路经济带"中的地位、作用和问题，还有待于新课题的进行。

2014年1月1日初稿
2015年1月31日送审教育部社科司
2016年3月15日修改定稿
乌鲁木齐

第一章

中国与中亚地区历史关系研究

第一节 中亚地区的地理环境

本书中的"中亚"地域范围大体上指的是现今的"中亚五国",要深入研究中国与中亚地区国家关系,首先需要了解中亚诸地理要素之间的相互关系。

一、诸要素分析

关于中亚的地理形貌,中亚研究专家潘志平曾经写道:"中亚的东部以西天山的南脉为界,南部以科佩特山脉和阿姆河的中游及其上源喷赤河为界,与中亚的自然地理界线并不吻合……它的北部已越过哈萨克草原,深入到西伯利亚南缘的额尔齐斯河流域,也不是与那里的自然地理界线吻合。唯有它的西界是天然界线,那是里海的东岸,海岸线蜿蜒,形成一些半岛、岛屿和冲积的沙嘴。在自然地理风貌上它大致为南部的荒漠、绿洲和山区与北部的草原、平原和丘陵,其界线大体在伊犁河、锡尔河的北岸到里海一线。"[①] 中亚地区的地理诸要素体现出较多的丰富性。

---

① 潘志平:《中亚的地缘政治文化》,乌鲁木齐:新疆人民出版社2003年版,第22~23页。

这一位于北纬40度到50度之间、东经50度到90度之间的"内陆亚洲"呈现出东南高、西北低的态势。东北部的帕米尔高原与天山山脉,海拔大约在4 000米到5 000米之间,西北部平原丘陵地区海拔约在100米到300米之间。在广袤的地理范围之类,分布着费尔干纳大盆地、塔什干绿洲以及咸海等。从地貌上来看,中亚地区呈现出高山、平原、盆地、荒漠、草原相间的形态;深居内陆亚洲的中亚地区在气候类型上属于典型的温带大陆性气候。全年平均降雨量不到300毫米,日照充足,蒸发量大,气候干燥,昼夜温差大,夏季与冬季温差也较大;区内多内流河、塔里木河、锡尔河、阿姆河等最为著名;石油、煤、铁等矿藏丰富。

亚洲内陆的灌溉农业与草原游牧业较为发达。塔里木河绿洲、费尔干纳盆地、塔什干绿洲等地的灌溉农业与天山北部、中亚北部地区的游牧业成为这一区域最为重要的经济形态。此外,该地区种植棉花较多,棉纺织业发达。历史上,中亚地区内部的游牧地带与绿洲地区的贸易往来与战争成为这一地区的主要历史图景之一,横贯东西的天山山脉成为区内农业文明与游牧文明互动的过渡地带,历史意义非同寻常。

二、天山山脉在中亚的特殊历史意义

作为亚洲中部最大的一座山脉,天山就是中亚南北的一道地理分界线。道光年间思想家魏源记述道:

盖新疆内地以天山为纲,南回(维吾尔)北准(准噶尔);而外地则以葱岭(帕米尔)为纲,东新疆西属国。属国中又有二:由天山北路而西北为左右哈萨克;由天山南路而西南为左右布鲁特(柯尔克孜),虽同一游牧行国,而非准非回非蒙古矣。[1]

天山作为天然地理分界线的作用被恰如其分地表达,一是天山作为内地与新疆天然分界,二是天山作为内部"南回北准"——南北的分界线。天山南部和北部各有一个地理政区名词来表达:天山南路和天山北路。乾隆时官修的《西域图志》将西域分为"安西南路""安西北路""天山南路""天山北路",而核心则是记述"天山南北路"。嘉庆年间伊犁将军松筠撰修的《西陲总统事略》,按照"新疆南路""新疆北路"来记述,徐松撰写《新疆赋》,分别由《新疆南路赋》

---

[1] 魏源:《圣武记》卷四,清道光刻本。

与《新疆北路赋》组成,实际上新疆南路即天山南路,新疆北路即天山北路。洪亮吉将流放见闻撰写为《天山客话》,有时天山就作为新疆的代名词。

天山的沙漠、绿洲、戈壁、河流、高山、草原、湖泊、冰川等形成了多样化的空间,形成巨大的地理落差。天山山脉就如一道巨大的索带将这些地理空间联系起来,天山作为新疆的地理重心,就是这幅历史画轴的"轴心",松田寿男①形象地把天山山脉比喻为"半岛","长长地浮现在沙海上的所谓'天山半岛',在其南北两岸把很多的绿洲像珠子似的串连起来。这些绿洲实在可以看作是设在'天山半岛'岸边的停泊场,看一看历史,可以说确实如此"。② 绿洲是"停泊场"和"港口",绿洲之间的道路是"航路",驼队是"沙漠之舟",天山是"半岛",一幅"陆上地中海"的商业交通景象已经被勾勒出来。清代天山沿线的城镇,常被称为"旱码头",骆驼被称为"旱龙"。不过,"陆上地中海"的繁荣主要是来自于蒙古草地上归化到天山腹地的古城商路的开辟。"燕晋商人多联结驼队,从归化城沿蒙古草地以趋古城"。③ 从归化城通往新疆的商路也有三条:北路经乌里雅苏台、科布多至古城;中路由武川、白灵庙西行,经阿拉善、额济纳草原至古城,再西行至乌鲁木齐;南路经包头、宁夏、兰州、凉州等地达古城。

三、中亚地区的三个组成部分

西域史地学者羽田亨认为,从历史地理学的视野来看中亚,中亚区域并非一个单一的中心,而是多个中心。他指出,中亚有三个较为重要的中心,即:天山北路和俄属七河省地方;葱岭以西,以锡尔、阿姆两河之间为中心的地方;第三为天山南路地方。中亚北方,是典型的游牧文明形态。麦高文根据考古与历史文献的研究表明,中亚北方游牧的塞西安人与萨尔玛西安人向欧洲与中国传播了他们的骑马术、裤子、弓箭等骑马民族的器物与技术。而其多色型艺术(即在一金板上镶嵌各种颜色的彩石,构成一幅图画)则对后世的印度、波斯和欧洲的艺术形态产生了重大影响。④ 而据俄国著名学者维·维·巴尔托里德的研究,伊犁地区的乌孙与阿姆河的大月氏(也称大月支,大小月支也被统称为吐火罗)在公元前2世纪至公元7世纪间进入中亚,考古与语言学的资料证明了他们对该区域历

---

① 松田寿男(1903~1982),日本学者,专攻中国古代中西交流史及历史地理研究家。1953年以《魏晋史书中所记载的天山各国的论证》获文学博士学位。著有《干燥亚洲文化史论》《东西亚洲的楔子》《中央亚细亚史》《亚细亚论》《中国》《东西文化的交流》《古代天山的历史地理学的研究》等。

② [日]松田寿男,陈俊谋译:《古代天山历史地理学研究》,北京:中央民族学院出版社1987年版,第22页。

③ 钟广生:《新疆志稿》(卷二:新疆实业志·商务),台湾:成文出版社1968年版。

④ [日]羽田亨,耿世明译:《中亚文明史》,中华书局2005年版,第80页。

史及其东西方文明产生的影响。①

葱岭以西，以锡尔、阿姆两河之间为中心的中亚文明受两河流域的农业文明影响颇多。除此而外，公元前4世纪亚历山大大帝的东征则为这一地区带来了希腊文明因素，"这个马其顿世界帝国，虽在亚历山大死后不久即告崩溃，然而希腊的影响，却仍成为土耳其斯坦地方最为重要的因素，如此逾两百年；至其间接影响中亚细亚之文化生活，则更多若干世纪"。② 随着亚历山大东征对古希腊与古印度文明通道的开通，古代印度文明也传入该区，佛教曾一度成为这一地区较为重要的宗教。

天山以南的中亚大抵与我国新疆南部相一致。这一区域位于欧亚大陆腹地，深居内陆，远离海洋。青藏高原、东西向的昆仑山系与横亘新疆中部的天山山脉之间，即是塔里木盆地。由于深处亚欧大陆，加之高山环绕，来自大洋的湿润的气流难以进入盆地，区内降雨较少。一方面，高山阻挡了水汽，使得其区域内成为连片的干旱区域。另一方面，高山上巨大的冰川一到夏季，涓涓融水从高山汇到山麓地带，形成一条条季节性的河流，水源充足时，它们还冲出河道，形成扇形冲积平原，形成绿洲。如日本西域史家松田寿男指出的那样，汇集无数峡谷溪水倾泻下来的众多河流，大多是流到山路在靠近山脚下的沙漠时便立即被干燥的沙粒所吸收而失去了河道，形成所谓的"没有尾巴的河流"，它在沙漠中消失的地方就形成了绿洲。这些绿洲就形成了早期人类赖以生活的基础，没有绿洲，就不可能有人类的活动。③

第二节　从绿洲史视角看新疆与中亚分合变迁

从空间环境上看，中亚与新疆主要空间形态是绿洲；从地理位置看，中亚与新疆是亚欧大陆的枢纽。天山南北以及天山自身丰富的地理要素，均给予新疆与中亚历史发展和文明演进巨大的影响。正如昝涛指出，理解中亚有两个重要坐标轴：一是地缘（空间的横轴）；二是文明（时间的纵轴）。从地缘角度说，中亚既是周边或外来政治/文明体扩展的极限与终点，又是它们相互角力之地，中国

---

① ［俄］维·维·巴尔托里德，耿世民译：《中亚简史》（外一种），北京：中华书局2005年版，第4～5页。

② ［美］W. M. 麦高文，章巽译：《中亚古国史》，北京：中华书局2004年版，第77～78页。

③ ［日］松田寿男，陈俊谋译：《古代天山历史地理学研究》，北京：中央民族学院出版社1987年版，第22页。

就是这样的政治/文明体之一;从文明的角度说,中亚的文明几经变异、转型,萨满、佛教成为历史深处的积淀,突厥化、伊斯兰化与俄罗斯化共同塑造了当代中亚。① 美国学者拉铁摩尔②指出,"徘徊于草原特性与中国特性之间。它也受到由印度、伊朗和西藏经艰苦山地侵入的次要势力的影响。"③ 这一见解十分深刻。塑造中亚与新疆的力量主要来自于外部,中原王朝或是游牧政权;其次才是西藏、伊朗、印度。从地缘关系视角下,新疆与中亚颇似一个"历史共同体";不过,正由于地缘关系的影响也最后决定了新疆与中亚归属不同。

一、中原、草原与西域的互动关系

从空间环境的视角看,新疆和中亚地区同属于一个"绿洲世界",而绿洲的分散性使中亚地区与新疆没有一个核心绿洲能承担本区域政治经济的中心地位。从中亚自身来说,历史与地缘特性决定了它是一个主体性不稳固的、依附性较强的存在。④

正如羽田亨指出,中亚三个中心之间天山南路、两河流域、天山北路与七河地区构成了"西域"历史空间。天山北路和七河地区都是草原绿洲,天山南路和两河流域是沙漠绿洲。从欧亚大陆历史上的"南北关系"看,他们分属于北部的游牧社会和南部的农耕社会的关系。这两个社会的分界线大体沿着中国的长城、天山,穿咸海、里海至遥远的欧洲。这是一条自然地理界线,农耕民为保护自己的文化区域不受到所谓"蛮族"游牧民侵扰,耗费巨资和人力沿着它修筑了防御线,这条防御线在中国就是长城,在中亚则是壕堑和墙垣。⑤ 但这种关系并非是割裂的,而是一种互动关系。

曾经考察过中国内陆边疆的美国著名学者拉铁摩尔提出了新疆历史的分析架构,新疆与其他内陆边疆地区最为不同的地理与社会空间就是"绿洲",并以此

---

①④ 昝涛:《地缘与文明:建立中国对中亚的常识性认知》,history. sohu. com/20161020/n470757803. shtml。

② [美] 欧文·拉铁摩尔(Owen Lattimore, 1900~1989)是美国中国边疆问题研究的著名学者,曾周游新疆、内蒙古和东北各地,20世纪30年代初为北平哈佛燕京社研究员。还曾访问过延安,1941年由罗斯福推荐任蒋介石的私人政治顾问,后任职于战时情报局,负责太平洋战区工作。50年代曾受麦卡锡主义的迫害,著有《中国的亚洲内陆边疆》《亚洲问题的解决》《美国与亚洲》等诸多著作。在中日战争时,立场倾向于中国。但是在美苏冷战时期,对于中国新疆的态度发生转变,认为新疆的地理自然倾向是朝向苏联和蒙古国,和早期对新疆研究的立场大相径庭。

③ [美] 拉铁摩尔,唐晓峰译:《中国的亚洲内陆边疆》,南京:江苏人民出版社2005年版,第322页。

⑤ [俄] 威廉·巴尔托里德,罗致平译:《中亚突厥史十二讲》,北京:中国社会科学出版社1984年版,第242页。

为中心来分析新疆历史,"了解了绿洲孤立的特殊性以及与中国和草原的交通可能性,就不难描绘这个中亚世界的一般历史状态。它是独立的,而不是孤立的"。① 新疆不再是一个静止的地域历史,而是在中原、绿洲、草原势力之间的冲突、交流、融合、调适等变迁中的历史。同时,拉铁摩尔将政治、历史、经济、社会、生态、文化等综合因素聚焦在古代绿洲上,并兼以一种跨区域宏大眼光,"新疆以西,俄属土耳其斯坦的部分地区、波斯、近东,有着与新疆类似的地理形态;新疆以东,甘肃、宁夏的情况也类似,这两个地区对于新疆的影响犹如内蒙古与外蒙古的关系"。②

他指出沿"长城—天山"构成了一个完整过渡地带,其标志是连接"长城—天山"商路的形成。约在公元7世纪,长城—天山沿线的游牧道路被唐王朝控制,"游牧文化为定居文明所制,实可称为一大转机",从那时起,"中国长城以内的道路,始与沿天山两侧绿洲间的道路,即从游牧者开辟的商路有相当的联络"。③ 天山既作为"长城—天山"整体形态的一个部分,又具有新疆内部游牧民与绿洲居民的"过渡地带"的双重性质,"天山北麓地区及南准噶尔区,位于阿尔泰山、天山之间,形成游牧民族与天山南麓民族的过渡地带"。④ 这对他认识新疆历史提供了新的视角。

在中原、草原和绿洲关系中,绿洲属于"侧翼势力"。"在他们(草原与中国)的侧翼是中亚绿洲地带,其间的沙漠绿洲由于精耕农业的背景,与中国的关系较深。"⑤ 侧翼战争属于正面战争和长城战争的一部分。"汉代,汉族与匈奴的战争可以称为是正面战争和长城战争,有时与它们同时,有时与之交替发生的,是新疆绿洲地区的侧翼战争。这里优势徘徊于游牧民族容易接近的草原绿洲和汉族易于接近的沙漠绿洲之间。"⑥ 在草原、中原、绿洲关系史之间,绿洲虽然也很重要,但并不在中心位置。新疆历史发展的动力主要来自于草原与中国⑦,其次才是印度、伊朗和西藏等其他地区势力的影响。历史上形成了几种不同关系的组合:一是游牧民族控制绿洲以对抗中原王朝;二是中原王朝控制绿洲以对抗游牧民族;三是在草原与中原王朝力量都不能到达绿洲时,绿洲的自我崛兴;四是"过渡地带"与草原、中原王朝、绿洲之间关系的平衡。这几种力量的相互关系构成了新疆历史剧情发展的主线。

---

① 拉铁摩尔:《亚洲腹地之商路》,收入魏长洪、何汉民编:《外国探险家西域游记》,乌鲁木齐:新疆人民出版社1994年版,第110页。
② 拉铁摩尔:《中国的亚洲内陆边疆》,第101页。
③④ 拉铁摩尔:《亚洲腹地之商路》,第130页。
⑤ 拉铁摩尔:《中国的亚洲内陆边疆》,第106页。
⑥ 拉铁摩尔:《中国的亚洲内陆边疆》,第322页。
⑦ 本文使用的"中国"是中原王朝的代名词,不是近代的民族国家的概念。

绿洲犹如"细胞组织",因为干旱地区的阻隔,无法成片发展,这使汉人无法复制内地大规模的生产与社会组织(拉铁摩尔称为"汉族环境");另一方面,这也使绿洲无法联合起来,"在他们的同一性上很难建立起一个金字塔式的政治统一体"。因此,"新疆绿洲总的历史,要受到外来势力的侵入整个绿洲地区深浅程度的左右,受到统治势力联合各个绿洲程度以及将各个绿洲之间进行联合的程度的支配"。① 中国力量在沙漠绿洲居于优势。自汉代起,"中国政治家们真正需要的,即其真正的目的,是造成一种情势,使绿洲小国们认为依附中国要比做游牧民族的附庸更有利"。中国通过丝绸、茶、瓷器与绿洲的玉石、干果、马匹之间进行交换,使得绿洲的统治者与中国之间建立一种互惠的体制,但是与普通绿洲民众的关系却不大。汉人对绿洲农业生活比较熟悉,"这种生产与习俗的相同,比语言及服装的不相同更为重要"。并采取一种类似自治的管理模式,"当地的经济性质还是照旧。当地社会的价值与法令,虽然有政治统属上的变化,但并无实质内容的改变"。游牧民族在草原绿洲上则占有优势,而他们进入草原绿洲和沙漠绿洲时,自身的机动性就会受到限制。当进入沙漠绿洲时,其社会更面临着游牧与农耕生活的取舍,不得不脱离游牧制度的规范,彻底脱离草原生活,意味着游牧民族进入绿洲,无论是对绿洲社会还是对其自身,都会面临更为激烈的矛盾,要经历一个逐渐"非游牧化"的转变。在草原边境北部绿洲中,游牧民族的迁徙与征服当然会常常压倒绿洲的农业及社会。

拉铁摩尔由此集中分析了新疆历史发展的三个特点:其一是新疆绿洲社会在草原与中原之间摆动的性质,拉铁摩尔将此称为"集权化"(Centralization)和"去集权化"(Decentralization)的循环态势,认为新疆维持社会变化是在强大帝国统治下的"集权化"和新疆内部固有的"去集权化"之间不断摆动。在"集权化"和"去集权化"的反复变化中,新疆社会呈现出一种缓慢进化的封建主义。其二是新疆历史是一部草原、中原及绿洲交替崛兴的循环历史。其原因是,"这种模式是与草原和绿洲生活之不能协调有关系的。在草原经济与汉族及绿洲农业经济之间是混合和粗耕经济。草原居民、汉族、绿洲居民都不能向这种混合经济'进化',因为这种混合经济乃是立于单纯经济制度上的'退化'"。其三是南疆与北疆具有明显的区域差异性,草原绿洲易于被游牧势力控制,生活倾向于草原,而沙漠绿洲的生活则易于被中国控制,则生活接近于农区。草原绿洲具有开放性、变动性,沙漠绿洲具有稳定性。② 这是拉铁摩尔对新疆历史特点的深刻洞见。

拉铁摩尔提出"长城—天山"过渡地带的启发性在于:第一,打破了新疆

---

① 拉铁摩尔:《中国的亚洲内陆边疆》,第321页。
② Owen Lattimore, *Pivot of Asia*, *Sinkiang and the Inner Asian Frontiers of China and Russia*. Boston. Little, Brown and Company. 1950. pp. 3–4.

(绿洲)历史的孤立性和静止性,而是放在绿洲、草原、中原的力量关系互动中去观察,也正是这种力量打通了绿洲之间彼此的联络。从地理环境看,两河流域(沙漠绿洲)与天山南路(沙漠绿洲)相似;天山北路(草原绿洲)与七河流域(草原绿洲)环境相似,可以从绿洲史的视角理解这一过程。第二,通过"过渡地带"突破了"农业中国观"和"游牧中国观",从更为广阔"长城—天山"视角解读欧亚大陆的历史特点。第三,通过天山南北的互动,解释了这一地带的"双重过渡性",从而将天山区域史的特点得以表达,它既从属于欧亚大历史的一个部分,也有内部区域历史的特色。第四,天山这一"过渡地带"人群与长城"过渡地带"人群相似,兼有定居民和游牧民的特点。不同之处是,长城下是"非汉非胡"的人群,而天山下是胡人中的"非农非牧"的人群,而他们都是奔走在四方的商人或是骆驼客。

在两河流域(沙漠绿洲)和七河地区(草原绿洲),它们同样是绿洲形态,与新疆本无具体的差别,都在中原王朝和游牧力量之间游移。但是两河流域和七河地区由于处于天山的末梢,中原力量不易到达,而游牧力量则比较容易到达。因此,这一地区的绿洲政权周旋于中原力量与游牧力量之间,从中就可以表达中亚结构性的历史:"了解了绿洲孤立的特殊性以及与中国和草原的交通可能性,就不难描绘这个中亚世界的一般历史状态。它是独立的,而不是孤立的。"[1] 汉代人对中亚不是"为征服而征服",那是一种政策考虑"或者是控制中亚的绿洲及部落,以建立对抗草原游牧民族的同盟;或是对绿洲进行防御性占领,以免游牧民族利用它们作为根据地。"中原王朝往往采取笼络的姿态,其政治目的正如拉铁摩尔一针见血地指出:"中国政治家们真正需要的,即其真正的目的,是造成一种情势,使绿洲小国们认为依附中国(中原王朝——作者注)要比做游牧民族的附庸更有利。"[2]

莫理斯·古朗在分析清朝对中亚的政策时写道:"中国的外交政策愿意对这些遥远的入贡者发号施令……它明智地满足于拥有皇朝最高权力遍及世界边缘的名声。它实际的作用,除了在浩罕比较其他所有地方更活跃外,只限于保持藩属入贡者之间的和平,要求他们尊重并保护帝国的领土"。[3] 如清朝乾隆皇帝明诏对待布鲁特的政策:"以外藩习俗,与中国异宜,不欲投诚降服,亦惟尔便。但能约束尔所部,永守边界,不生事端,朕亦不加兵骚扰。"[4]

---

[1] 拉铁摩尔书:《亚洲腹地之商路》,第110页。
[2] 拉铁摩尔书:《中国的亚洲内陆边疆》,第315页。
[3] [法]莫理斯·古朗:《17世纪和18世纪的中亚细亚:是卡尔梅克帝国还是满洲帝国》,选自《蒙古族厄鲁特历史资料译文集》(第14集)中国社会科学院民族研究所打印本,1979年。
[4] 清高宗实录卷555。

总而言之，历史时期中原王朝主要对中亚采取和平交往的政策原则：使其倒向中原而不是草原。正因为这样的原则下，中央王朝与西域之间建立了藩属关系为中心的管理制度，在中亚实行朝贡制度。

二、"十字路口"的选择：中亚与新疆的分化

西方学者认为，新疆与中亚的分化出现在 14 世纪 30 年代，"另一个主要的地缘历史分水岭出现在 14 世纪 30 年代……1333～1334 年新疆从河中分离出来，新疆已经初具其现代轮廓特征"。① 近期公布的一批波斯文史料说明，"喀什噶尔"一直是中国地理概念的一部分，"喀什噶尔属于秦斯坦，但是位于亚格玛（Yaqmā，古代称为'样磨'）、吐蕃（Tibet）、吉尔吉思（Kirghiz，古称黠嘎思）和中国的边界上。喀什噶尔的长者们古时可能是从葛逻禄（Khallukh）或者样磨来的"。在伊朗穆斯林历史学家泰伯里（Muhammad Jarīr Tabarī）写的权威历史著作《诸先知与国家史》（Tārīkh al‑Rasul va al‑mulūk）中，第一次把喀什噶尔称为进入中国之门，这本巨著在公元 11 世纪由萨曼王朝（Sāmāniyān）一位官员翻译成波斯语。② 将天山南路从"河中"分离出来，彼此有相对固定的称呼，就是说"新疆"形态何时清晰的浮现，笔者认为还需要进一步讨论。据潘志平先生考察，1679 年，西伯利亚哥萨克伊凡·佩特林经中亚出使中国，返回后向俄托波尔省政府递交了一份报告。大概，那时俄人开始将塔里木盆地一带称作"小布哈拉"，与中亚的"大布哈拉"相区别。③

2007 年美国学者米华健出版《欧亚十字路口：新疆历史》一书，④ 他指出新疆问题之所以成为一个困扰中央政府的真正关键性问题始于清朝。在康熙、雍正、乾隆朝，清廷对新疆地区（当时的准噶尔帝国区域）的军事政治行动成为当时清朝政治机构和社会改革的一个重要推动因素，而这些政治机构和社会改革又连带地对未来的清代政治军事形势产生了深远影响。清朝对"最后的草原帝

---

① ［美］弗雷得里克·斯塔尔主编：《新疆中国穆斯林聚居的边陲》第二章，本章由米华健和彼得·帕杜撰写"19 世纪末之前的新疆地区政治文化历史"，新疆社会科学院中亚研究所 2004 年铅印译本，第 46 页。
② ［伊朗］穆罕默德·巴格尔·乌苏吉撰，林喆译，王一丹校：《波斯文献中关于喀什噶尔在丝绸之路上的地位的记载》，载于《新疆师范大学学报》2012 年第 6 期。
③ 潘志平：《"东突厥斯坦独立"、"维吾尔斯坦解放"：民族分裂的黑纛》，载于《西域研究》2004 年第 3 期。
④ James A. Millward, *Eurasian Crossroads: A History of Xinjiang*. London, Hurst& Company. 2007. 米华健是美国史学界"新清史"的领军人物，现任美国乔治城大学历史系。他的另一本著作《嘉峪关外：1759～1864 年新疆的经济、民族和清帝国》是其代表作之一（*Beyond the Pass: Economy, Ethnicity, and Empire in Qing Central Asia*, Stanford University Press）。

国"——准噶尔的军事行动成为清朝一举解决西北边疆问题的关键之一。① 西部军事问题的解决，通过多次勘测西域的经纬度，对于新疆地理空间逐步清晰化了。朝贡体系掩盖下的是中央王朝处理新疆与外藩（中亚）的地缘关系原则是不相同的。

地理因素相似性——绿洲和内地灌溉农业使沙漠绿洲出现倾向于中国的特点，在前文中已经阐述。而地理的内向性对新疆走向关系重大。

塔里木盆地西高东低的地势实际上为新疆归属于中国版图提供了一个天然地理朝向优势。经过河西走廊到新疆的道路相较其他道路条件还是比较优越的。美国学者加文·汉布里也说："一条西南、东北走向的山链，将中亚地区分成两半，这条山链起于阿富汗的赫拉特附近，终止于西伯利亚的伊尔库茨克附近。除了新疆的维吾尔人和中国的东干人（回族）外，伊斯兰教的影响被限制在山链以西，而山链以东，则强烈地受到西藏佛教和汉文明的影响。"② 这一观点得到潘志平先生的认同，帕米尔高原这一天险对中亚与新疆历史走向产生了重要作用。从大清帝国的角度看，势力越过天山与昆仑山交界之处的帕米尔高原，以西抵达费尔干纳盆地还是显得有些力不从心。清帝国藩属浩罕国长期庇护大小和卓木的后裔，屡屡引兵侵入天山南路，烧杀掠夺。当清廷从万里之外调来援兵，浩罕入侵军已经远遁，清廷为此常陷于尴尬境地：当地驻军少，则被浩罕所灭；驻军多，帝国财政则不堪重负。③ 清帝国的被动局面，主要受限于财政情况，约在19世纪中期清代道光时期出现的财政危机，学者称为"道光萧条"。④ 财政问题限制了清廷远征浩罕的军事行动。

帕米尔高原成为清直接控制与间接控制的分水岭和临界点，正如清道光年间魏源指出，"盖新疆内地以天山为纲，南回北准；而外地则以葱岭为纲，东新疆西属国。"⑤ 在俄罗斯帝国进入中亚以后，采取咄咄逼人的气势，另一殖民帝国英国则从南面向新疆施加压力。而大清帝国在内忧外患面前，国力虚耗，甚至已经难以保全伊犁将军辖下的西域版图，也就更无法顾及帕米尔以西的各藩属国的利益了，最终被俄罗斯帝国的力量所吞并。

---

① 袁剑：《西人新出的一部新疆史专著——简述米华健〈欧亚十字路口：新疆历史〉》，中国社会学网，http://www.sociologyol.com/yanjiubankuai/fenleisuoyin/fenzhishehuixue/lishishehuixue/2008-08-27/5968.html。
② [法]加文·汉布里，吴玉贵译：《中亚史纲要》，北京：商务印书馆1994年版，第6页。
③ 潘志平：《长龄、那彦成与南疆之乱》，载于《中国边疆史地研究》1991年第2期。
④ 中国经济在19世纪出现重大逆转，从18世纪的长期繁荣转入19世纪中期以后的长期衰退，中国社会也出现了"19世纪的危机"。这个逆转始于道光朝，因此被称为"道光萧条"。这一概念最早由中国经济史家吴承明先生提出，对此详细进行研究的是清华大学李伯重教授。李伯重："道光萧条"与"癸未大水"——经济衰退、气候剧变及19世纪的危机在松江，载于《社会科学》2007年第6期。
⑤ 魏源：《圣武记》卷4，清道光刻本。

第三节　中央王朝经营西域（中亚）的战略

一、基本战略：通过宗藩关系建立朝贡体制

历史上，中原王朝对天山南路、天山北路、岭外各部的战略根据不同的历史情境而有所不同。一般来说，如果中原王朝与北方游牧民族政权处在战争状态之时，则其着力之处在天山南路，若处于和平时代，则试图对天山北路形成实际控制，进而统摄天山南路。但无论是在战争状态还是相对和平的年代，中原王朝对岭外地区的西域均没有实际控制，而这些地区也只有在感受到中原王朝的威仪之时，方选择内附。

汉朝的西域经略，主要取决于其与匈奴的战和关系及其力量对比，采取远交近攻的手段。联合葱岭以西与天山南路的西域诸国夹击或牵制匈奴，同时打击葱岭以东、天山北路的西域诸国，以此直接削弱匈奴的力量。其经略西域的策略方式对汉以后的不少王朝产生了较为持久的影响。

魏晋南北朝及隋朝时期，天山北路被鲜卑、柔然、突厥等草原游牧政权所占据。但即便如此，中原王朝与西域诸国在贸易、文化上的往来仍然没有中断。而其西域策略也继承汉朝之远交近攻的思路。对天山南路及葱岭以西采取联合策略，对天山北路诸国则采取打击态度。不过由于魏晋南北朝及隋诸国立朝均较短，没有建立起对西域的有效控制。曾问吾对此一阶段中原王朝对西域的经略的总结很能说明问题，兹录于下：

综观上述历朝之统一或割据政府，当其国势稍振时，必征讨北族，且常有事于西域；然必须先制山北之游牧强族，然后山南及岭外之诸国始能畅通无阻。如汉代至通西域，必先克伐匈奴之情形完全相似。然历朝建号不长，势力不充，经营时间亦暂，论其成绩无大起色也。如当时有强大持久如匈奴者雄踞于山北，吾恐历朝不能伸张其势力于西域诸国矣！①

唐朝对西域的经营及其交通所达的范围极为广阔，其政治制度与文化不仅有

---

① 曾问吾：《中国经营西域史》，乌鲁木齐：新疆地方志办公室1986年铅印本，第89页。

着北方少数民族政权的要素，也吸纳了西域诸国政治、文化的一些成分。唐朝在西域诸国中的影响也十分明显，其时中亚诸国"即以'唐家子'称中国人"。不过，与汉朝一样，唐朝也经历了一个与北方游牧政权长期斗争的过程。唐初，唐太宗在攻克东西突厥之后，又平服了天山南路的高昌、焉耆、龟兹等国，致使岭外诸国纷纷来朝。在相当一段时期，唐朝似乎实现了对天山北路、天山南路、葱岭以西的全盘经略，唐太宗也被称为"天可汗"。不过，随着突厥在天山北路重整旗鼓，青藏高原的吐蕃政权夺取天山南路部分城邦以及大食对葱岭以西的西域诸国的威胁，唐朝全盘经营西域的局面受到破坏。安史之乱后，唐虽借回纥兵稳住政权，但回纥居功自傲，骚扰不断，在内忧外患之下，唐最终失去了西域。

五代十国与辽宋夏金时期，中国处在一个战乱纷争的年代，尽管如此，中原与西域的关系也得以维系。在这段历史期间，西域主要的政权是哈喇汗王朝、高昌回鹘政权与于阗李氏政权，五代十国辽宋夏金与三者之间通过派驻官吏、册封或者朝贡等方式得以持续。

真正对中亚形成全面统治的帝国是兴起于草原的蒙古帝国。在完成蒙古草原的统一之后，成吉思汗开始着手中国北部边疆的统一征战。1218 年击败契丹首领屈出律之后，塔里木河、伊犁河、伊塞克湖、楚河和恒罗斯河流域，归并于蒙古帝国。成吉思汗死后，其后裔拔都、窝阔台、察合台、旭兀烈、忽必烈等完成了对中亚、南俄、伊朗和中原等地区的征服，建立起横跨欧亚的蒙古大帝国。在美国学者巴菲尔德看来，蒙古征服中原"是一个独一无二的事件，它打破了中原与其北疆周邻的惯常关系类型"[①]，使得传统的草原与中原的二元关系进入到一个北方草原、中原农耕与东北森林的三角结构关系。这样一来，原本与中原，草原和西域互动中完成的中国朝代循环动力就开始不同于此前的历史了。

明朝在处理边疆关系时更多的是集中在草原以及应对东北满族力量的兴起，其对西域的影响不再波及葱岭之外，而是转移到东疆哈密一带，在哈密建立卫所统辖相关地区。而与此同时，西域的吐鲁番甚至一再侵入哈密，以至于明朝在对西域采取羁縻之策的同时，也不得不处理北部关系。如有学者指出的那样，"对北方残元势力的'备御'、对其他边疆地区各民族的'抚绥'以使王朝达到'长治久安'，构成了明朝前期总的安边思想"。[②] 满族入主中原后，在西域采取了较为灵活的政策，一方面通过朝贡贸易，维系与新疆的关系，另一方面也适时出兵征服准噶尔的叛乱，同时还对厄鲁特蒙古在新疆的统治表示支持。弗莱彻认为，

---

① [美]巴菲尔德，袁剑译：《危险的边疆：游牧帝国与中国》，南京：江苏人民出版社 2011 年版，第 293 页。
② 侯丕勋：《哈密国"三立三绝"与明朝对吐鲁番的政策》，载于《中国边疆史地研究》2005 年第 4 期。

满清西域政策的这种灵活性主要表现为对传统"天朝上国"观念表达文化认同的同时,满清皇帝自己又悄悄地按照草原的对外关系惯例来处理与西域诸国的关系。

检视历代对西域经略的历史,不难发现中原王朝对西域的经营与草原游牧政权之间的关系颇多,在很大程度上,西域成为草原游牧政权与中原王朝的必争之地。若游牧政权控制了西域,则中原王朝对西域的经营常常是远交近攻,对天山北路附属于游牧力量的西域诸国采取打击,而对天山南路、岭外诸国采取联合,在从侧翼围攻游牧力量的同时,也确保了东西之间的通道。反之,在游牧力量内附或西迁的情况下,中原王朝通常试图对西域采取全盘经略,而这种全盘战略,除了保障东西贸易通道之外,主要还是防范游牧力量的回迁。中原政权对西域经营的不稳定及其策略,本质上体现的是拉铁摩尔所言的亚洲内陆作为农耕文明与草原文明的过渡地带,且在各自的王朝周期的兴衰中扮演着重要作用。但在这些政权中,兴起于草原的蒙古政权却不一样,它是先定西域而后击中原,在一定程度上,这是草原游牧力量与西域力量结合得最好的一次,同时也是草原力量第一次彻底统治中原地区。元朝以后的明清,在处理与西域关系时有所改变,起初是明朝的三元关系:中原、草原与西域,后来是清的朝贡贸易与实际控制的同步实行,中原王朝与西域的关系因为草原力量彻底征服中国之后,似乎开启了一些新变化。

总的说来,中国中央王朝对西域的基本战略是通过宗藩关系建立朝贡体制。

宗藩关系出于分封制度,本是封建社会一种最主要的政治制度。在中国,此种关系的出现可追溯到夏、商,随着服事理论、华夷观念的出现以及"以宗法制度为基础的分封制的大规模实行",宗藩制度在周朝时得以建立。秦汉之后,随着中国大一统王朝的出现,分封制只在所谓的"异族"地区执行,在所谓的"华夏"地域之内,则施行郡县制。随着王朝兴衰的历史进程,这一制度也有相应的改变,到中华帝国最后的两个王朝——明清时期,宗法制度中"藩"的内涵被扩大,超越了传统宗藩关系,宗藩关系的礼仪制度也更加严密。通过宗藩制度,中原王朝与各藩国之间建立起朝贡关系。

可以说,各藩国与中原王朝之间的朝贡关系是宗藩关系的主要内容及形式。其本质则是以中原为中心建立和维系宗主国与各藩国之间在礼仪上的等级关系。除此而外,在这一套宗藩制度下,根据各藩国对中原文明的浸染程度和礼仪遵守程度的不同,也存在内藩(也即熟藩)与外藩(也即生藩)的划分。内藩与外藩的划分,与中国人关于内服与外服的观念有紧密的关系。在传统中国的对外关系中,以朝贡制为基本形式所建立的宗藩关系成为中原王朝处理自身与周边关系的主要形式。一直到18世纪来自俄罗斯地缘政治的压力,清与西域的宗藩关系逐渐被改造为具有行省制度性质的政治制度，或直接行省化。随着新疆建省，新疆除少数地区之外，其余地区率先实现了与内地的政治一体化，新疆也因此成为清代彻底完成改制建省的藩部地区之一。

二、具体策略

中原王朝对西域的经营不仅体现在战略思想中，也有具体的制度相辅。具体而言，这些制度大概包括宗藩制度、羁縻与册封制度、通婚制度、边关贸易、人质、征伐、设关置守和以夷制夷等制度。值得注意的是，这些制度的形成是一个历史过程，不同朝代对西域的具体制度设置有不同，相同的制度在不同朝代的执行度也有不同。

（一）通婚

联姻在某些人类学家的研究中被视为人类最为普遍的一种关系，也是最基本的一种，于联姻的基础上社会得以构建。在中国历史上，王朝统治者与周边诸部落或国家的联姻似乎早在神话时代就已经存在，且通常以公主外嫁的方式与周边部落缔结婚约。但更通常的说法认为，和亲作为一种对外关系的方式出现在西汉，与朝贡体系的建立几乎是同时的，并相互配合。的确，在很多时候，通婚不仅是中原王朝与西域诸国建立的一种有效的止战方式，同时也是一种相互示好的方式。

汉初，北匈奴对刘邦构成了极大的威胁，据陈序经的研究，这个冒顿时期的北匈奴，其人口大约达到了150万以上，其中士卒估计约为30万～40万。① 刘邦初立朝时，屡屡受到来自于北方匈奴的威胁，并曾酿成"白登之围"，在"奉宗室女公主为单于能氏，岁奉匈奴絮缯酒米食物多有数，约为昆弟以和亲"的条件下，终得解围。此后，和亲作为一种中原王朝与北方草原帝国及西域诸国的一种政治和外交关系在不同时期得到应用。在隋唐两朝，和亲成为中原王朝与西域诸国之间交好和缔结朝贡关系的一种重要方式。在隋唐两朝期间，分别有隋朝的光化公主与西域的吐谷浑王、华容公主与高昌王，唐朝的弘化公主与诺曷钵、于阗王尉迟胜与唐宗室李氏等建立婚约关系。作为帝制中国对外关系的一部分，和亲政策一直延续到清朝时期。

当然，和亲不仅发生在帝制中国与草原帝国或西域诸国之间，在草原帝国或西域诸国之间，缔结婚姻联盟也是一种常态。据相关研究，古代中国和亲有三种

---

① 陈序经：《匈奴史稿》，北京：中国人民大学出版社2005年版，第189～190页。

类型：一为中央王朝处于被动地位的消极和亲；二为中央王朝处于主动地位的积极和亲；三为边疆少数民族之间的和亲。① 毫无疑问，这些婚姻关系无论是在政治经济还是文化上，都带来了较为积极的影响。

显然，无论是从神话传说时代算起，或者从和亲融入朝贡制度之后算起，中原王朝与西域诸国的通婚都有着观念与制度的相互配合。一方面，和亲被中原王朝认为是止战，建立朝贡关系，维持必要的礼仪外交的一种制度内容，另一方面，西域诸国则通过和亲获得了大量经济的回报。更为重要的是，通过通婚，中原与西方的和平有了一项制度性的保障（另外一项为质子，详见下文），东西方的商道得以维持，贸易又反过来促进了彼此的文化交流。

（二）榷关贸易

在中原与西域诸国的关系中，还有一种比较特别的关系，此即是榷关贸易。一般而言，此种贸易由敌对双方选择贸易场所，然后进行贸易，此种贸易通常多发生在草原政权与农耕政权战争频发的时期，大约始于唐末。五代十国期间，宋政权与草原的辽、夏、金等都有过较为频繁的榷关贸易。如有学者指出的那样，榷关贸易有很强的政治性，但同时又体现了南北在物资上彼此互补的内在本质。事实上，榷关贸易在一定程度上反映出草原政权与农耕政权之间彼此依赖的关系，同时也说明了东西之间贸易关系的重要性。不过，与西域的榷关贸易有所不同，这种贸易出发点是以经济利益为政治利益服务，以有效保持中原在西域的优势地位。如明朝通过与西域的朝贡贸易阻止和分化蒙古贵族与西域诸国的结盟，从而减轻明朝北部边防压力。换言之，与西域的朝贡贸易是明朝外交政策的核心内容之一，也是明朝的基本国策之一。这种性质的商业贸易实际是一种变相的外交策略。清朝继承了明代的政策，在发展与中亚的贸易关系实质上是清王朝羁縻中亚、稳定边疆之所需，因此，其政策亦多以此为出发点。这种贸易的特点是国家管制下的贸易，贸易地点主要集中在与外藩毗邻的喀什噶尔（今喀什）、叶尔羌（今莎车）和阿克苏等地，而如喀喇沙尔（今焉耆）、库车、和阗等地则是不允许的。中亚属国与清朝关系修好时，清朝则采取开放的姿态，甚至给予关税的优惠。嘉庆时，"外藩商人在回部贸易者，三十分抽一，皮币，二十分抽一。回部商人自外藩贸易者，二十分抽一。皮币，十分抽一，成为定制"。② 甚至有时还给予外藩以免税的优惠。中亚属国与清廷交恶时，清廷则停止榷关贸易，以作

---

① 朱振杰：《中国历史上和亲的类型及作用》，载于《新疆大学学报》1987年第4期。
② 中国社会科学院中国边疆史地研究中心编：《清代理藩院资料辑录》，北京：全国图书馆文献缩微复制中心1988年版，第297页。

为惩罚警示的手段。

（三）质子

关于中国古代对外关系中的人质问题，杨连陛有过精彩的研究。据杨氏的研究，人质制度"一直存在到17世纪中叶"，其大概分为以保障两国或两个集团之间友好的"交换人质"，① 以及为了"保障顺从和忠诚"的"单方人质"。而"单方人质"又分为"外部人质"与"内部人质"两种，前者为了保障属国的忠顺向其索取人质，后者则主要对驻边或远征大臣索取人质，以保其忠顺。据杨连陛的研究，中国与西域诸国之间的质子关系，无疑是属于"外部人质"这一种，而这也是中原为保障其西域属国忠诚的有效手段之一。② 有趣的是，在很多表述里，这种质子关系并不是索取，而是西域诸国"率子入质"。如向达在研究唐与西域关系时就观察到："贞观以来，边裔诸国率以子弟入质于唐，诸国人流寓长安者亦不一而足，西域文明及于长安，此辈预有力焉。"③ 可见，不管是自愿或者非自愿，质子作为中原与西域诸国之间关系的一种保障，在唐朝时已为双方所熟知，并有一定的共识。

（四）设关置守

"设关置守"是古代中国在西域统治中另外一个很重要的举措。公元前60年，为抗衡匈奴在西域的力量，汉武帝成功打通了通往西域的通道，并在西域设置都护府，以此为基地补给西征汉军。"西汉西域都护，从第一任都护开始到王莽末年李崇任都护止，连续80多年，计历任都护18人……""上述诸官负责边防，共同维护西汉在西域的统治"，"镇抚诸国，诛伐怀集之"。④ 而在唐代，则在西域同时设都护府与督抚州，分管天山南北绿洲与草原地带。在西域设关置守的传统一直延续到明清。尽管明朝对西域管辖的范围大大缩小，但其也在哈密设置卫所，而相关的研究表明，在西北边疆设置的卫所，似可成为西北城市形态的一种。真正对新疆有实际控制的关守设置出现在清朝。1755~1759年间先后平定准噶尔叛乱和大小和卓叛乱之后，"为了统治这片辽阔的疆土"，清朝于"乾隆二十七年（1762年）十月正式设立总统伊犁等处将军（简称伊犁将军），统辖从额尔齐斯河、斋桑泊以南，巴尔喀什湖以东以南，包括天山南北直至帕米尔高

---

① 杨连陛：《中国历史上的人质：中国制度史研究》，南京：江苏人民出版社1998年版，第39~40页。
② 杨连陛书：《中国历史上的人质：中国制度史研究》，第39~40页。
③ 向达：《唐代长安与西域文明》，石家庄：河北教育出版社2001年版，第6页。
④ 苏北海：《西域历史地理》，乌鲁木齐：新疆大学出版社2000年版，第48页。

原的广大地区。"① 不难看出，自汉代开始在西域设置西域都护府以来，中原王朝一直没有放弃设置统辖或管理西域的制度保障。根据历史情况的不同，这些"边关制"所对西域的实际控制也不尽相同，有清一朝，中原王朝在西域设置的机构对该地区的控制似乎达到了较高的水平。此外，值得注意的是清朝设置的边疆治所，在清末似乎演化为某种特别的边疆城市形制。

（五）以夷制夷

在中原王朝治理西域的策略中，以夷制夷也是一个较为重要的观念，此种观念无疑与传统中国的"华夷观念"关系密切。但作为一种具体策略提出来，则是在汉时朝臣讨论与如何应对匈奴时提出来的。有研究指出，以夷制夷的政策大概在秦始皇统一时就开始应用，其时始皇帝"对少数民族人民及酋领给予与内地官民不同的优待……"② 另据陈序经的研究，汉朝晁错在讨论如何抗击匈奴时，提到了利用投降的匈奴将领及其他"蛮夷"来对付匈奴，陈氏认为这应该也可以算作一种以夷制夷的办法。而在隋唐时期，根据不同的情况，中原王朝分别使用了"以夷攻夷"、"以夷制夷"以及"以夷治夷"等策略。③ 事实上，有研究者甚至认为，"历朝对边疆地区所实行的'羁縻政策'或'土司制度'，实质上就是'以夷制夷'政策"。④ 以夷制夷的策略在治边政策灵活多变的有清一朝，似乎得到了较好的发挥。举例言之，清朝在新疆哈密设置的盟旗制度，尽管看起来是褒扬地方政府的内附，但"更主要的还是根据边情边势的需要和哈密的实际社会状况来考虑如何治理哈密，使其日后成为统一新疆的稳固的桥头堡"。⑤ 显然，作为治理边疆属国的一种有效策略，"以夷制夷"得到了历朝的重视，晚清"开眼看世界"的郭嵩焘在谈及"洋人"时，也自然而然地流露出"以夷制夷"的思想，只不过"除了羁縻的老话外，在他收录自己大量诗文和奏折的文集里，似乎没有一个把洋人或外夷比成畜牲的例子"。⑥

总而言之，传统中国在处理与西域的关系时，采取了宗藩制、通婚、设关置守、贸易、人质以及"以夷制夷"等多种具体策略。但值得指出的是，这些策略大多都是在朝贡制度的逻辑或架构下展开的。此外，尽管上述策略呈现出一种延续的传统，但每一个王朝根据其所面对的具体情况采取的策略或侧重点都不尽相

---

① 上引苏北海书：《西域历史地理》，第416页。
② 李干芬：《略论历代封建王朝的"以夷制夷"政策》，载于《广西社会科学》1992年第4期。
③ 上引陈序经书：《匈奴史稿》，第215页。
④ 上引李干芬文：《略论历代封建王朝的"以夷制夷"政策》。
⑤ 黄达远：《试论清代哈密回旗》，载于《新疆大学学报》（社会科学版）2001年第2期。
⑥ 杨连陛：《从历史看中国的世界秩序》，载费正清编：《中国的世界秩序——传统中国的对外关系》，北京：中国社会科学出版社2010年版，第28页。

同。而到了明清之后,部分策略要么得到了强化(如设关置守),要么开始被废除(如清代的伯克制度改革),要么使用得更为灵活,其具体情况不一而足。

正如前文(第二节)所指出,从历史时期的中央王朝对于西域(绿洲)的态度是使其倾向于中国,而不是草原。因此,中央王朝对西域在政策上主要是以"宗藩关系""朝贡制度"展开,辅之以变相的经济利益赠送,基本上未对其文化和基层社会进行干预,采取非常宽松的治理方式,也争取了大多数时期绿洲国家倾向于中原的态度,一定程度上遏制了中央王朝的主要对手的势力。

第四节 近代中国与中亚地区的关系

在欧洲历史学界,其近代史的开端被认为始于 1500 年。而在中国史学界,近代史的开端尽管有很多争议,但一般的观念认为 1840 年中西之间从海上的接触,被认为是中国近代史的开端。这一观念实际上深受费正清的冲击——回应理论的影响。[①] 不过,即便是在以海洋交通网络为主体建立起来的欧洲主导的世界体系之后,中亚依然是东西方物质、文明与贸易往来的一个重要通道。但随着 19~20 世纪俄罗斯的北下中亚、英国从印度北上中亚,中亚地区逐渐被卷入地缘政治的角逐之中。而在差不多同时,清廷也在经历平定准噶尔盆地的叛乱以及防御和抵抗来自中亚浩汗国的威胁,并最终卷入到与由英俄支持的阿古柏的战争之中。在商讨如何平定新疆的叛乱过程中,清廷朝野上下围绕"海防"与"塞防"展开了一场大辩论。持"塞防"意见的左宗棠获得清廷的支持,左氏对于"塞防"的远见卓识实际上与道光年间流放新疆伊犁的林则徐具有渊源关系,林则徐因广东虎门销烟获罪,流放伊犁期间,对于俄罗斯的崛起已经有警觉,并对中俄关系提出了具有预见性的见解。林则徐被重新启用后在湖南湘江会晤左宗棠,将对西北大势告知左宗棠,左宗棠继承发展并实践了林则徐的"塞防"观点。通过"海防、塞防"之争,晚清皇帝及治边大臣最终发现,在"天下观"中来理解西北边疆的变局,已经有很多不融洽之处,一种地缘政治的边疆意识开始兴起。尽管有学者认为,西北的边疆危机在一定程度上使得传统的"朝贡体制"的想象得以延续,但中俄《伊犁条约》的签订以及新疆的建省,从事实上将中国与中亚的关系导向了一种地缘政治关系[②]。换句话说,在卷入英俄逐鹿中

---

① 王治来:《中亚史》,北京:人民出版社 2005 年版,第 208~225 页。
② 林孝庭:《朝贡制度与历史想像:两百年来的中国与坎巨堤(1761~1963)》,载于《近代史研究所集刊》2011 年第 74 期。

亚的过程之后，近代中国与中亚的关系已经不同于此前的朝贡关系，开启了一个地缘政治的关系格局。

一、俄国和英国在中亚的竞争与中国西北边疆危机

自深谋远虑的彼得大帝掌控俄罗斯之后，俄国一直追赶着欧洲大陆的资本主义进程，积极寻找出海口以及控制通往印度、中国的交通要道。事实上，为了控制中亚地区，确保通往印度和中国的通道，俄国在彼得大帝时期早就将夺取这一地区的控制权列入侵略扩张和夺取出海口计划的一部分，只不过在其时条件不够成熟而未付诸实践。直到 18 世纪末，为了能够较为顺畅地通往印度、中国，俄罗斯商人仍然不得不躲避游牧人的袭击与抢劫，并向这一地区的中亚汗国缴纳比穆斯林商人高 4 倍的税款。在取得波罗的海的出海口、黑海等通道之后，俄国终于把注意力集中到对中亚的争夺之上。在征服浩罕国，夺取土库曼斯坦，取得谋夫之后，沙俄基本上控制了中亚地区。

显然，俄国不是觊觎中亚的唯一帝国。早在 16 世纪葡萄牙、西班牙等国在海外扩展殖民地时，位于不列颠岛的大英国就开始谋划加入其中。在葡萄牙、西班牙等老牌帝国主义衰落的同时，英国的工业革命正如火如荼地展开，并在海上扩展的争夺中崭露头角。在战败法国，夺取海上霸权之后，维多利亚时代的大英帝国建立了"日不落帝国"，其海外殖民地分布在美洲、亚洲、非洲，横跨东西。毫无疑问，在印度建立的英国东印度公司成为大英帝国在亚洲进行殖民活动的主要机构。1757 年，东印度公司参与了对孟加拉的征服，"从征服孟加拉起，英国东印度公司就从商人组织转化为殖民政权（同时继续是商业公司），在商业体制之外，建立了一套政治统治体制，把贸易经营和政治统治结合为一。"① 不过，值得注意的是，这些在海外殖民的英国人，并不是全然的商业冒险家，他们中有不少是因为宗教的缘故参与海外冒险活动的。

随着俄国在中亚的拓展，坐镇印度的英帝国感到了威胁，为了维系其印度的北部防线，英国积极参与到了中亚的竞争中。19 世纪，英俄两国的竞争主要围绕阿富汗展开，但 20 世纪初，二者之间的竞争拓展到中国西藏。英国与俄国在亚洲的竞争主要分布在三个地区，一为西亚波斯，二为中亚五国，三为中国新疆。如果说新疆在某一地理范围上属于中亚的话，则英俄在中亚的争夺则可分为两个阶段。第一阶段，双方的竞争围绕印度北部的中亚地区展开，这一阶段的竞

---

① 林承节：《殖民统治时期的印度史》，北京：北京大学出版社 2004 年版，第 41 页；包奕诚：《从贸易到征服——论 1813 年以前英国东印度公司的殖民活动》，载于《南亚研究》1989 年第 3 期。

争主要是保卫印度的北部边境。第二阶段,则主要围绕中国新疆展开。可以说,英国与俄国在中亚地区的大角逐,正是围绕中国新疆展开的。在喀什设立了两个帝国领事馆,在一个被视为中国最边远的地带,却是地缘政治竞争的中心。正是在这样的背景下,中国西北边疆危机日益突出,并卷入到了地缘政治的漩涡之中。有研究指出,在英俄西亚的争夺中,被卷入争夺的伊朗由于在战略选择上的失策而加速了自身的衰落,而在新疆,如我们看到的那样,清廷在疲于应对西北边疆危机的同时,却逐渐把帝国想象的边疆做实。

明朝末期,天山南北的统治者均为蒙古贵族。在天山北路的统治者是厄鲁特蒙古贵族,天山南路则是察哈台系的蒙古贵族。厄鲁特蒙古贵族与察合台系蒙古贵族对新疆的统治一直持续到17世纪中叶准噶尔部族噶尔丹的兴起,天山南北的政治格局才开始有较大的变化。17世纪中叶,准噶尔部噶尔丹搞叛乱,不过在厄鲁特蒙古人及其他当地民族的支持下,乾隆帝取得了平叛战争的胜利。事实证明,在准噶尔噶尔丹的叛乱中,俄国曾从中进行了挑拨。此后,俄国加紧了对中国西北边境的威胁或直接侵略。差不多同时期,英国也加紧了对中国新疆的争夺。在中亚浩汗国的阿古柏入侵新疆之后,英国与俄国对其展开了争夺,试图借助阿古柏进入新疆。可以说,"虽然在阿古柏入侵新疆的早期,英俄双方对阿古柏的政策都不明朗,都在等待和观察,但是实际上对阿古柏的争夺却从来一点也没有放松"。[①] 阿古柏在新疆建立的政权打破了俄国在新疆已经取得的利益,而且从地缘政治的视角来看,阿古柏所统治的南疆与英国的印度之间似乎更有直接合作的可能,在这种背景下,阿古柏似乎也乐于和英国合作。1876年,当俄国情报搜集者到达南疆时发现"阿古柏利用英国人参与他的事物善自为谋,近年来大大改善了他的军队组织、装备和训练工作"。[②]

在俄国和英国的中亚博弈背景下,清政府先后与俄罗斯签订了《中俄北京条约》《中俄勘分西北界约》《中俄伊犁条约》《中俄改定条约》等不平等条约。在这一系列的条约体系中,清帝国的似乎开始进入到一个依赖"条约体系"维系的国际关系网络中,以中国为中心的东亚朝贡体系开始受到挑战、清廷不得不重新审视和调整自己对边疆的认识以及和边疆朝贡国之间的关系。19世纪末,在面对海上威胁与亚洲中国西北边疆危机时,清廷上下展开了一场大辩论。辩论的中心是要保疆卫土,但对"海防"与"塞防"孰先孰后的认识上,朝廷上下没有达成一致。与李鸿章为首的一派人士主张海防优先,而左宗棠为首的不少人则力主西北边疆的根本作用,并最终获得皇帝的支持。这场辩论的展开,多少标志着

---

① 许建英:《近代英国和中国新疆(1840~1911)》,哈尔滨:黑龙江出版社2004年版,第107页。
② [俄] A.H.库罗帕特金,中国社会科学院近代史研究所编译:《喀什噶尔》,北京:商务印书馆1982年版,第176页。

中国朝野上下对边疆的认识开始具备了一种地缘政治的眼光，尽管关于这种地缘政治的认识在清朝中后期兴起的舆地学中似乎已有所表述。这种边疆观念的兴起，与以西部朝贡体系的崩溃差不多是处于同一个历史进程之中。

二、西部朝贡体系瓦解

在传统中国的对外交往关系的观念和制度中，曾经形成一个以中国为中心的朝贡制度。这一朝贡体系不仅兼具贸易功能，也有政治功能，同时也是维系一个以中国为中心的礼仪外交体系。这一源自上古的外交制度，在清朝时显得更为具体，清政府成立了主客司和理藩院，分别负责管理东南部和西北部的朝贡国。后者初为处理蒙古纳贡的机构，后逐渐拓展到中亚诸国。在这些具体制度下，清政府使得一种原本更多是象征性的礼仪外交和贸易方式的朝贡制度更多地纳入了其宗藩制度的体系之下。事实上，相关的研究也指出，早在清代初期，朝贡制度就已经不再简单的是一种满足"天朝上国"心态的虚幻的外交制度，清政府已经开始注意其防御性的功能，使其成为维系边疆稳定和安全的制度保障。与此同时，随着清代贸易通道的正常化，朝贡体系与贸易体系之间混淆的状态有所改变，朝贡制度更多地体现出其政治功能的一面。在清末，朝贡制度开始逐渐瓦解。一方面，以天下观为观念基础的朝贡制度受到西方以国家主导的思想和外交体系的"冲击"，传统中国开始摸索加入世界之林的方式。另一方面，随着海上贸易的逐渐开放以及一个以条约体系为主导的外交体系的逐步建立，朝贡制度开始瓦解了。

不过，上述关于朝贡制度的研究瓦解，或多或少都突出了来自海上殖民帝国的影响，同时在论及朝贡体系的瓦解时，也多从考察东南或东北部的朝贡国与清朝的关系变化开始。在西部边疆，这一体系的瓦解除了受到上述整个朝贡体系瓦解的背景因素影响之外，也有其较为特殊的因素。

清政府朝野上下对西部边疆从"西域"到边疆的转变有一个系统的知识体系作为背景，此即是发轫于清初，兴盛于道光、咸丰年间的西北史地学。清廷在这些研究中已经涉及对边疆的测量、防务讨论等。除了从天下观向边疆观的认识转变之外，对西域的一系列战争也使得这西域诸国与中原诸国的宗藩关系瓦解；如上文所述，在经历海防与塞防的大辩论之后，清廷朝野上下对西部的认识无论从观念上还是从实践上都体现出很浓厚的"地缘政治"色彩。与此同时，与俄国的边疆交涉不仅是清政府最早接触到西方的条约外交的开始，甚至成为其处理海疆的经验。随着新疆建省，朝贡体系在西部基本完结。

三、"外藩尽失"与苏联对新疆的影响

在英国和俄国在中亚的大博弈转移到新疆之后,中国的新疆成为了一个"危险的边疆"。在清廷部分朝臣的认识中,新疆与中央的关系远胜于已经建立通商口岸的沿海诸地。与魏源同时代的左宗棠直接道出了这一批人的心声。在一份奏呈中,左宗棠写道:

是故重新疆者所以保蒙古,保蒙古者所以卫京师。……若新疆不固,则蒙部不安,匪特陕、甘、山西各边时虞侵轶,防不胜防,即直北关山,亦将无晏眠之日。而况今之与昔,事势攸殊。俄人拓境日广,由西向东万余里,与我北境相连,仅中段有蒙部为之遮阂。徙薪宜远,曲突宜先,尤不可不豫为绸缪者也。①

在左宗棠收复新疆之后,清政府在新疆建省。新疆建省一方面是清政府在面对西北边疆危机的一种胜利,另一方面也说明此时的清廷,在西域已经"外藩尽失"。如同有研究指出的那样,新疆建省之后,清廷基本奠定了此后中华民国的基本版图。② 在接管了清廷的帝国疆域之后,民国政府在中亚面对的不再是沙俄旧帝国,而是取而代之的社会主义国家苏联。

四、苏联中亚成为渗透中国新疆的战略桥头堡

辛亥革命爆发之后,清廷在新疆的统治也被推翻,新疆开始了其军阀当政的年代。概略来说,1912年新疆从旧制度中"解放"之后,大概经历了四个阶段,分别是杨增新统治时期(1912~1928年)、金树仁统治时期(1928~1933年)、盛世才统治时期(1933~1944年)和国民党统治时期(1944~1949年),总计37年。在这37年间,新疆周边的形势极为严峻,右面面临外蒙古的"独立",左面则是相继建立的五个苏联加盟国(分别是乌兹别克斯坦、吉尔吉斯斯坦、塔吉克斯坦、土库曼斯坦、哈萨克斯坦),其间还有来自中亚的难民流入,成为一个"孤悬塞外"的区域。社会主义国家苏联成立初期,英俄之间在新疆的博弈也被延续下来,其时英国希望在南疆建立独立于中国之外的穆斯林国家,而中亚国

---

① 左宗棠:《左文襄公全集·奏稿》卷50。
② [美]费正清等编,中国社会科学院历史研究所编译室译:《剑桥中国晚清史 1800~1911年》,北京:中国社会科学出版社2005年版。

家的一些民族主义者也试图以"泛突厥主义"与"泛伊斯兰主义"思想分裂苏联。在此种背景下，尽管苏联内部曾对是否趁机占领还是维持旧有的边界意见不一，出于务实的考虑，苏联选择了维持现状，借新疆地方势力来继续与英国的中亚博弈。在一定程度上，苏联中亚成为其向新疆渗透的桥头堡。

在杨增新统治新疆初期，疆内民族起义、秘密会社以及其他团体的武装活动此起彼伏，与此同时，沙俄在北部策动蒙古国的独立，"并于1913年9月借口中国士兵刺伤其阿勒泰领事事件，出兵1 500余进驻承化寺，继而向该地区强行移民300多户，妄图造成对阿勒泰的实际占领"。为了应对复杂的地缘政治局势，杨增新在建立政权初期选择了中立，但自1920年后开始与苏联合作，尽管杨增新对苏俄中亚政策的应对在一定程度上符合其时的情境，但它在客观上使得苏联渗透到新疆内部成为可能。金树仁登台掌管新疆之时，正值北伐战争胜利之际，金树仁不仅要处理与杨增新政权的延续性问题，也要处理与国民政府之间的关系，同时英国在阿富汗、印度以及苏联在中亚的博弈局势也未改变。在此背景下，金树仁选择了与苏联加强合作，苏联对新疆的渗透因此更为深入。与苏联的合作政策在盛世才时期也得到延续，盛氏甚至以结盟的方式来加强与苏联的关系。

1944年国民党入主新疆之后，经长期的谈判，国民政府与苏联也建立了同盟关系。不过，正如著名中苏关系史学者沈志华的研究指出，纵观1944～1950年苏联对新疆的政策趋向，时而与地方当局结好，时而同少数民族联合；时而支持独立，时而强调自治；时而主张强硬，时而倾向缓和，但其目标始终是在中苏走向同盟关系的大前提下，从政治和经济上确保苏联在新疆的优越地位和特殊影响。尽管在对华政策中，新疆对于苏联的重要性排在外蒙和东北之后，但是，苏联对新疆的控制和影响仍然是不容忽视的，而这种影响直到新中国成立10年以后才陆续消除。①

五、第二次大战中的新疆：美苏大国外交的"棋子"

第二次世界大战期间，在同盟国的阵营中，美国与苏联对新疆的渗透在很大程度上使得新疆成为二者亚洲政策中的一个外交"棋子"。美国在新疆的直接渗透始于1943年在迪化（今乌鲁木齐）建立使馆。美国领事馆建立后，其在新疆的主要活动有两个方面：一是协助运送从印度经新疆到内地的美援物资，以支持中国抗战。二是广泛结交联系新疆党政军要员和社会各族上层人士，利用驾车到

---

① 沈志华：《中苏结盟与苏联对新疆政策的变化（1944～1950）》，载于《近代史研究》1999年第3期。

南北疆各地旅行之机,搜集中国新疆,尤其是苏联中亚地区的政治、经济、军事情报。

尽管在抗战期间,美国在新疆的活动总体来说还是为了反法西斯战争的需要,但无疑会触及苏联在这一区域的经济与战略利益。1944年,三区革命爆发后,苏联展示了其在新疆长期渗透的成果及其强势的一面。对此,美国一方面表明不干预中国领土的态度,另一方面也积极派专业间谍进入新疆加强对苏联在新疆活动的情报搜集,此外还派大使到莫斯科交涉。

当然,美苏在第二次世界大战期间对新疆的重视以新疆在这次世界大战中的战略意义密切相关。新疆不仅是沟通第二次世界大战中欧亚战场的通道,也是同盟国援助中国抗战的通道,同时是苏联和中国战场的后方,其战略意义非同小可。在第二次世界大战结束后,世界进入冷战格局,美国与苏联在新疆的博弈更是体现无遗,中国也加入了这场博弈之中。在相当一段时间"新疆地区出现了三国四方博弈的局面":美国通过国民政府加强了对新疆的影响,将新疆作为搜集苏联情报的前哨基地,并在国共内战后期,国民政府势力倾颓之时,准备自行扶持西北地区少数民族武装力量建立起反苏反共的前沿阵地,其努力最终并未得逞。中共的人民解放军在解放西北的过程中,得到了出于前述多重目的特别是要壮大与美国冷战对抗阵营的苏联的协助,最终提前进入并和平解放了新疆,维护了国家对新疆的主权和领土完整。

事实上,如果我们从地缘政治的视角来看这种博弈,不难发现在新疆出现的这种三国四方博弈的局面与此前英俄在新疆的地缘政治转型有关。在第二次世界大战中,美国的迅速崛起使其成为西方资本主义阵营中举足轻重的力量,而此时英国在中亚的力量已经极大的衰落。这种情况之下,美国利用中美同盟关系进入新疆制约苏联无疑是最好的时机。在中美苏的博弈中,新疆成为中美苏三国外交中一枚重要棋子。

第五节 历史关系的总结

中国与中亚地区的关系史可大概分为"传统型"与"现代型"两个阶段。传统型关系主要指1840年前历代王朝与中亚之间的关系。在这一阶段,中国与中亚的关系主要是以和平友好的关系为主流,主要围绕建立成功贸易而展开的礼仪、经济与政治外交。而"现代型"关系则是指在中国卷入以欧洲主导的世界体系之后的地缘政治关系。在这一阶段,各国之间的政治经济利益而展开的合作与竞争关系,甚至伴随有局部战争或冲突。值得指出的是,这两种关系类型之间的关系并非断裂,而是有着内部的延续性,类型的划分只是为了更好地表达传统中国与现代民族国家中国与中亚之间关系的不同点。事实上,中国与中亚地区的关系史延续性及层次性给我们很多的启发,对其加以必要的总结显然不是徒劳。

古代中国与西域之间关系的动力来自于两个方面。一是古代中国与古代欧洲或西亚诸国之间商贸、文化交流等诸多方面的有无互补的内在需求使得一条畅通的东西交流道路成为必要;二是中原农耕文明与北方草原文明交替的拉锯使得西域诸国对草原和农耕文明都显得具有重要的战略价值,是否能获得西域诸国的支持成为中原王朝与草原政权关系的节点。对于中原王朝来说,与西域诸国建立沟通联系或者制度性的关系,其出发点是保证内地的安全与维系东西之间的通道。

在儒家思想的主导下,中国与西域诸国的关系在文化上呈现出一种以"天下观"为主导的朝贡等级制度。在这一制度下,中原与中央的关系中配套的有通婚、质子以及册封、贸易、赏赐、进贡等诸种关系。在具体策略上,儒家的外交原则是羁縻为主,打击为辅。这种朝贡关系体现出和平主义的一面,但同时也有很强的文化等级主义,它预设朝贡国在文化上的低级以及中原王朝的至高无上,视周围的"少数民族"为野蛮之人。如周伟洲所言,这种思想的"核心是以兼容并包戎狄,用夏变夷为依据,怀柔羁縻各族(四夷),这与儒家传统的'大一统'政治观是相辅相成的"。

此外,古代中国与西域诸国的关系中还有另外一个重要特点就是对西域诸国采取区别对待的政策。这种区别对待主要体现在文化与政治两个方面。在文化上,由于儒家在处理与周边诸国关系上采取五服制度来划定与周边民族之间的关系,接受汉文化多的被称为内藩,反之则称为外藩。可见,内藩与外藩之分,虽有一定的地理因素在其中,但主导的还是儒家所持的文化等级主义。与此同时,在战略上,儒家对周边民族政权采取远交近攻的策略。联合远方的国家,打击地理距离更近的国家,以此牵制和防御草原政权的发展与威胁。这种在文化上和外交策略上"内外有别"的思想,几乎成为古代中国对外关系的核心观念。

在民族国家作为主体参与的国际秩序中,国家与国家的边界成为十分敏感的线条。它一方面维系着人们对国家整体的想象,另一方面又使得这种想象的文化整体与边界框定之下的国家难以一致。地缘政治的背景下,国家边界不断被明确且加以监控,原本彼此重叠的文化边疆有时可能会被切割在界线的两端。职是之故,无论是在文化上还是在实际的交通过程中,边疆总给人一种阻碍的感觉,尽管这不是事实。事实上,如果我们考察近现代史上的中国与中亚关系的各层面时，最好的视角或许如潘志平所说的那样，应该投以一种区域史的眼光[①]，同时，在考察中亚这一地区时，应该从地缘政治、地域文化、地缘经济以及全球背景、区域背景和本土层面来考察。

通过中国与中亚地区关系史的梳理，我们不难发现，无论在古代还是近现代的历史上，中亚地区均是东西方通道的必经之地。通道的堵塞一般伴随的有地区性的战争。反之，通道的通畅，则中亚地区也就相对平静，文化、物质的交流也就频繁。在地缘政治主导中亚局势的今天，如果我们将中亚放在全球背景下来看，若这一个处在亚欧大陆腹地的区域能够处在和平状态，整个亚欧大陆的东西、南北通道的畅通将得以持续。在此基础上，中亚地区的经济、文化繁荣以及人与人之间的沟通理解也当会更加"通畅"。

---

① 潘志平：《地区史或区域史研究的考察——以中亚史为例》，载于《史学集刊》2011年第2期。

第二章

多重博弈背景下的中国与中亚地区国家关系研究

历经20多年的发展,中国与中亚五国已经形成了双边、多边并进的友好合作关系;双方关系发展始终受到已经在中亚存在多年的多种博弈权力结构的影响与制约。

第一节 中国与中亚国家关系沿革与现状

中国是首批与中亚五国建立正式外交关系的国家,自建交以来,双方在各领域合作不断深入推进,互信不断增强,是目前中国与周边邻国双边关系中发展最好、最稳定的。当然在发展进程中也不断出现各种问题,但不存在结构性矛盾。

一、双边外交关系发展进程

1991年12月25日超级大国苏联轰然解体,哈萨克斯坦、乌兹别克斯坦、吉尔吉斯斯坦、塔吉克斯坦和土库曼斯坦中亚五国先后宣布独立建国。1992年1月2~6日,中国相继与中亚五国建立了正式外交关系,成为最早与中亚五国建交的大国之一,双边友好合作由此开启。在长达20多年的"交朋友"过程中,双方不断磨合、增进理解,深化合作互信,不断探索不离共赢的最佳路径。总体

看,中国—中亚五国关系发展可以分为以下几个阶段:

(一)成功解决边界领土问题,奠定政治互信基础(1992~1996年)

1992~1996年,中国与中亚各国领导人互访频繁,先后签署一系列重要文件,为双边关系深入发展奠定了法律基础①。其政策内容包括:

——支持中亚国家为维护国家主权、独立所做的努力,并提供尽可能的帮助。

——以公认的国际法准则和和平共处五项原则为基础,开展与中亚五国的双边交往与合作。

——通过双边谈判与中亚国家共同解决历史遗留的边界问题;

——寻求相互支持对方为维护主权、国家统一和领土完整所做的努力。

中国与新独立的中亚国家没有历史积怨,没有尖锐的意识形态对立,最大的问题是苏联时期遗留的边界领土问题。国际关系史中无数案例说明边界争端往往是关系恶化的导火线,成功解决边界领土问题,是两个相邻国家之间建立政治互信和安全互信的基础。20世纪60年代,中苏关系恶化突出表现在随着边界争端,中苏双方为解决边界问题经历了漫长而无果的边界问题谈判,而随着边界对抗愈演愈烈,沿边军事对峙愈趋严重。因此,从互相提供安全保障和边界谈判入手构建睦邻友好合作之旅是明智之举。

1996年,中国与俄罗斯、哈萨克斯坦、吉尔吉斯斯坦、塔吉克斯坦五国首脑为边界问题的成功解决,聚会上海,签订了《关于在边境地区加强军事领域信任的协定》,基本扫清与中亚国家建立政治互信的最主要障碍②。在此过程中,中国政府体现出的对邻居的友好、平等相待、互谅互让的精神也为双方开展多领域合作奠定基础。

(二)双边关系深入发展(1997~2004年)

这一时期,中国与中亚国家双边关系发展主要表现在经贸和安全两个方面。

1. 经贸方面

20世纪90年代,随着对外开放程度的不断扩大,中国与中亚国家特别是哈萨克斯坦的经贸关系发展迅速。为中国,特别是新疆的向西开放做出早期贡献。早期的边贸活动主要是民间主导,存在很多问题和隐患。这一时期,中国与中亚

---

① 乌兹别克斯坦总统卡里莫夫(1992年3月和1994年10月)、塔吉克斯坦国家元首拉赫蒙(1993年3月和1996年9月)和哈萨克斯坦总统纳扎尔巴耶夫(1993年10月和1995年9月)均分别两次访问中国,吉尔吉斯斯坦总统阿卡耶夫和土库曼斯坦总统尼亚佐夫在1992年分别访问中国。

② 徐海燕:《中国与中亚国家边界演变与思考》,载于《当代世界》2010年第8期。

的经贸合作重点是能源。中国从1993年开始成为能源净进口国，但在1997年之前，能源安全还没有被看作是一个重要的非传统安全问题。2001年，中国政府正式提出能源战略的概念，并随后出台了《中国21世纪能源战略》，提出中国能源进口多元化和"走出去"的战略构想①。实际上早在1997年中国石油公司决定投资中亚能源，参与中亚能源开发，与此同时，中国政府开始考虑修建中国—哈萨克斯坦油气输管线的计划。2003年中哈石油输管线建设重新启动。中国与乌兹别克斯坦、土库曼斯坦之间的能源合作也陆续展开。能源合作的开展带动了中国与中亚国家间经贸关系的全面发展。中国与中亚国家经贸关系的发展源自于双方的需求：20世纪90年代中亚经济发展困难重重，迫切需要获得资金技术和拓展对外贸易；对中国而言，推动中国与中亚国家经贸关系的全面发展与1999年开始启动的西部大开发战略直接相关。中国政府希望通过加快沿边开放带动整个西部的发展。

2. 安全领域

20世纪90年代受周边中亚国家独立和东欧剧变的刺激，"东突"势力进入活跃期，"东突厥斯坦伊斯兰运动"（东伊运）等暴恐组织，藏身中亚国家，不断制造恐暴事件，极大威胁了我国新疆地区的安全稳定。90年代后期，"乌兹别克斯坦伊斯兰运动"（乌伊运）、"伊扎布特"（解放党）等暴恐组织在中亚渐成气候，中亚的"三股势力"与"东突"势力相勾结，不仅对中国，而且也对中亚国家安全构成威胁。在这一背景下，中国与中亚国家在打击"三股势力"维护地区安全方面的共同利益迅速增大，双方在一系列非传统安全问题上的合作日益密切。这一时期，中国与中亚国家安全领域的合作有双边，也有在"上海五国"、"上海合作组织"的多边框架内实施，关于这一点将在下一节多边合作中详谈。2001年"9·11"事件后美军进入中亚这一重大地缘政治变革导致中亚地区对中国的安全和战略意义发生重大变化，中亚地区从中国的战略后方转变为"战略前沿"区域，美国在中亚地区的影响力空前增加，中国政府不得不重新审视自己的中亚政策，大幅提升与中亚国家的关系，深化各领域合作。

（三）与中亚国家双边关系升级，各领域合作深入（2005年至今）

2005年初吉尔吉斯斯坦的"郁金香革命"对中亚各国、俄罗斯、中国都是一次"强刺激"，有关美国在中亚地区试图强势确立地区事务主导权或控制权的

---

① 中国从1993年起就成为石油进口国，随着中国经济的发展，中国对国际石油市场依存度越来越高，中国石油依存度从1994年的1.9%上升到2000年的30%，数量由1994年的290万吨上升到2000年的7 000万吨。按照这个速度计算，2010年，中国有超过40%的石油需要从国外进口，到2020年，这个比例要高达60%，到2030年，中国进口石油的比例将增加到82%。

猜测似乎在本次事件中得到印证。中亚各国纷纷开始调整自己的外交摆锤，与中国建立更加密切的双边关系，平衡域外大国在本地的影响力成为中亚国家政府的必然选择。中国积极响应了中亚的这一变化，双边关系发展驶入快车道。

1. 政治关系日趋密切

2005年5月乌兹别克斯坦总统卡里莫夫访华期间，双方签订了《中乌友好合作伙伴关系条约》。7月，中国与哈萨克斯坦两国元首共同签署《中华人民共和国和哈萨克斯坦共和国关于建立和发展战略伙伴关系的联合声明》。这是中国第一次与中亚国家建立战略伙伴关系。在此之后，中国与中亚国家高层互访频繁，签署了《中塔睦邻友好合作条约》（2007年）、《中华人民共和国和土库曼斯坦关于建立战略伙伴关系的联合宣言》（2013年）。近年，中国与哈萨克斯坦（2011年）、乌兹别克斯坦（2012年）、塔吉克斯坦（2013年）关系进一步提升为全面战略伙伴关系。尤其需要指出的是，尽管吉尔吉斯斯坦国内政权发生两度更迭，但是吉尔吉斯斯坦一直与中国保持了友好合作的关系。这也从一个侧面反映出，中国与中亚国家已经建立起了稳定的睦邻友好关系。在多边层次，上合组织针对"郁金香革命""安集延事件"、对美在中亚驻军等问题上的一致表态也在一个侧面表明，中国与中亚国家在地区事务上不断协调立场——"一致对外"。当然这其中俄罗斯因素不可忽视，中俄关系的稳定发展及俄罗斯重返中亚加紧与美博弈，对中国和中亚政治关系的发展产生了一定的积极影响。

2. 经济领域务实合作不断加强

随着中国经济的持续高速增长，中国与中亚国家的经贸合作的领域和深度都有了较大的拓展。据统计，1992年中国与中亚五国的贸易总额仅为4.6亿美元，到2011年已超过364.5亿美元，比1992年增长了78倍多①。2009年，中国首次超过俄罗斯成为中亚国家最大的贸易伙伴。中国与中亚国家的经贸关系的发展极大地带动了中国西部的沿边开放的步伐②。中国与中亚国家的经济合作朝着全方位合作拓展，合作层次不断提升。2010年11月初，中国官方宣布，新疆和中亚五国的人民币结算业务正式启动，中国与中亚五国跨境贸易、投资活动开始用人民币结算。中国与中亚国家间能源领域的合作也进入新阶段。2006年7月11日中哈石油管道正式开通，至2012年初，哈萨克斯坦已经累计向中国输送原油3 000多万吨。2006年4月，土库曼斯坦与中国签订了天然气出口和修建土库曼

---

① 李垂发：《我国与中亚国家经贸合作稳步发展》，中国经济网，2012年6月6日8：40，http://finance.sina.com.cn/roll/20120606/084012235319.shtm。

② 2011年新疆与中亚的贸易额占新疆外贸总额的75%，占中国与中亚国家贸易总额的60%以上。新疆与哈萨克斯坦进出口总额2011年首次突破了百亿美元，达到105.97亿美元，占新疆对外贸易的46.4%。同时，与吉尔吉斯斯坦进出口贸易总额2011年为3.8亿美元，与塔吉克斯坦进出口贸易额达17亿美元，与乌兹别克斯坦进出口贸易总额为7.4亿美元，与土库曼斯坦进出口贸易总额为1.18亿美元。

斯坦至中国天然气管道的协议。该管线全长1 833公里,年输气量为300亿立方米。2009年12月13日土库曼斯坦至中国的天然气管道正式开通运营。2010年10月26日,中国—中亚天然气管道B线投产通气,进一步扩大了向中国的天然气输送能力。

3. 人文交流与合作不断深入

进入21世纪,尤其是2005年之后,随着中国在中亚利益的拓展,中亚在中国的外交布局中的战略价值日益凸显。中国政府也日益重视与中亚国家间的人文交流与合作。2008年受国家汉办和教育部委托,国家汉办开始在中亚国家建设孔子学院,目前已经完成了在中亚五国孔子学院和孔子课堂的初步布局。2009年时任国家主席胡锦涛访问哈萨克斯坦时,就发展中哈关系、扩大中哈合作提出五点建议,其中就包括扩大人文合作交流。他提出要加强科技、教育、文化、体育、旅游等领域合作。中方欢迎更多哈方青年赴华留学,决定自2010年起将哈萨克斯坦赴华政府奖学金留学生名额由每年100人增加到200人。两国有关部门继续密切合作,共同办好孔子学院和文化团组互访活动①。与此同时,中国与中亚其他国家之间的人文合作与交流也有了较大的发展。双边人文合作与交流的拓展有助于增进中国与中亚国家民间交往和理解,进一步夯实中国与中亚国家友好交往的民意基础。

二、从"上海五国"到上海合作组织框架下的多边合作

中国与中亚国家都参加了诸多国际多边合作机制和组织,但是开展密切的多边关系合作始于"上海五国首脑会晤"机制的建立,顺利推进则主要依托上海合作组织。

(一)依托"上海五国"机制开展安全合作

如前所述,1996年中国与俄罗斯、哈萨克斯坦、吉尔吉斯斯坦、塔吉克斯坦五国首脑聚会上海为解决边界问题划上句号,然而五国首脑共同认为在安全等问题上还有继续深入合作的需要,因而确定每年轮流在五国定期"会晤",成为合作机制,是为"上海五国首脑会晤"机制,从此开辟了中国与中亚国家及俄罗斯的多边合作平台。1998年,"上海五国"阿拉木图首脑会议,首次提出:不接受任何形式的民族分裂主义和宗教极端主义,各国承诺将采取措施联合打击国际

---

① "国家主席胡锦涛同哈萨克斯坦总统纳扎尔巴耶夫举行会谈",来源:新华网 http://news.xinhuanet.com/world/2009-12/12/content_12637806.htm。

恐怖主义,不允许利用本国领土从事损害五国中任何一国的国家主权、安全和社会秩序的活动。并将"各方将采取措施,打击国际恐怖主义、有组织犯罪、偷运武器、贩卖毒品和麻醉品以及其他跨国犯罪活动"等内容首次写进会晤的联合公报①。此后合作打击民族分裂主义和宗教极端主义成为中国与中亚国家合作的重要领域。1999 年 8 月,"上海五国"元首在吉尔吉斯斯坦首都比什凯克举行第 4 次会晤时,提出"采取联合行动",打击民族分裂势力、宗教极端势力和暴力恐怖势力三股邪恶势力;并针对五国间若干民族跨国而居和国际恐怖势力利用多国交界地区从事反政府活动的特点,再次强调"决不允许利用本国领土从事损害五国中任何一国主权、安全及社会的行为"。2000 年 7 月,"上海五国"元首在塔吉克斯坦首都杜尚别举行第 5 次会晤时,又重申了联合打击对地区安全、稳定和发展构成主要威胁的犯罪活动的决心,并提出将签署五国间多边合作条约和协定②。

(二)上海合作组织:从安全到经济、文化领域的全面合作

2001 年 6 月 15 日在"上海五国"基础上中国、俄罗斯、哈萨克斯坦、吉尔吉斯斯坦、塔吉克斯坦和乌兹别克斯坦六国元首共同签署了《"上海合作组织"成立宣言》。2002 年 6 月 7 日,上海合作组织六国元首在俄罗斯的圣彼得堡举行会晤,签署了《上海合作组织宪章》等重要文件,这是中亚地区多边合作发展的积极成果。关于上海合作组织问题在以后的章节有专题研究,本章仅对以下两个问题略加讨论。

1. 对中国与中亚国家关系的影响

上海合作组织是中国推行中亚政策并发展与中亚国家合作关系的重要平台。综合看,上海合作组织对于推动中国与中亚国家之间的安全、经贸、人文合作不可或缺。一年一度的上合组织元首峰会上成员国元首签署了大量的文件,推动本地区内安全合作,这不仅有助于中国营造和平安宁的西部周边环境,对有效推动中国与中亚国家的安全合作至关重要。对中国而言,上海合作组织是一个平台、机制、工具和通道,借助上海合作组织,中国与中亚国家建立起了多层次、机制化的联系,极大地拓展了中国与中亚国家之间交流、沟通和开展对话合作的范围,并使得交往的频度大幅度增加,对推动中国与中亚国家之间关系的发展功不可没。

---

① 《中俄哈吉塔阿拉木图联合声明》,1998 年 7 月 3 日,《"上海五国"——上海合作组织资料汇编》(1996.4~2003.8),上海社会科学院上合组织研究中心,2003 年 8 月,第 3 页。
② "上海五国"机制的形成及特点,http://www.cnr.cn/wq/fivecountry/critique/index3-061201.htm。

2. 对中国与中亚国家开展多边合作的影响

多边合作关系的发展与双边关系的推进是相辅相成的。从这个角度说，上海合作组织已经成为中国拓展、实现其中亚利益，发展与中亚国家世代友好双边关系的一个重要平台。囿于多重因素，迄今为止，上海合作组织在推动中国与中亚国家多边合作方面的功能主要体现在安全和政治领域。而中国与中亚国家之间的经济合作、能源合作等主要还是通过双边渠道。虽然中国多次提出在上海合作组织框架下推动成员国经济发展的多边合作，但推进过程依旧比较缓慢，甚至是停滞。而目前俄罗斯推动的欧亚联盟对上海合作组织框架内的区域经济合作和一体化已经构成了一定的冲击，负面效应在 2015 年集中显现。中亚地区有很多地区合作组织和机制，中国参加的只有上海合作组织。因此，中国与中亚国家除了可以借助联合国、世界贸易组织等国际组织与中亚国家开展多边合作外，最为借重的平台就是上海合作组织。如果上海合作组织目前存在的问题不能够得到有效解决，会出现"空壳化"，这在未来极有可能"拖累"中国与中亚国家之间的多边合作推进。

三、存在的主要问题

中国与中亚国家间的关系也存在一些问题，这主要体现为，中国与中亚国家之间关系还需要在政治互信上不断深化，随着中亚国家政治转型的深入推进，国内亲西方精英的成长，双方在价值观、意识形态方面差异有拉大的可能；中亚国家普遍坚持奉行多边平衡外交，并不希望中国在中亚影响力的拓展打破这种平衡，总是存有戒备之心，民间的"恐华""排华"情绪在一些国家和地区普遍存在等。多重博弈结构中重要的两个角色对中亚国家于中国合作的掣肘、离间引发中国—中亚国家间新矛盾等，这些问题有些是历史遗留问题，还有一些是双边关系发展进程中产生的新问题。

（一）双边交往中的问题

中国与中亚国家双边交往总体态势良好，但也存在一些问题，集中体现为：

1. 双边交往中存在显著的非均衡性

目前中国与中亚国家双边交往中，安全合作成果丰硕，经济贸易合作中，能源合作一枝独秀，但是非资源型合作却没有较大进展；在双边经贸关系领域，中国与中亚五国双边贸易额增长迅速，但存在结构性非均衡特质，总体看，这体现为，国家间贸易额差异较大。从中国与中亚国家双边层面看，中国虽然多次表示平等发展与中亚五个国家的睦邻友好关系，但实质上，中国与中亚国家之间的双边关系也存在非均衡特点。

2. 双边政治互信度还存在一定的脆弱性、不确定性

目前中国与中亚国家之间并没有建立起共享价值观和意识形态的关系。中亚国家历经20余年的政治社会转轨，已经接受了西方民主价值体系的基本原则，至少从制度层面是这样的。在西方的强势推动下，各国公民社会也都有程度不等的发展，亲西方的政治社会精英正在本国主流社会中快速崭露头角，威权政治体制终究是过渡时期的产物，中国与中亚国家之间存在着非显性的意识形态和价值观冲突。考虑到中国新疆与中亚国家存在同源跨境民族，不排除随着中亚国家政治转型的深入推进，中国与个别中亚国家发生意识形态和价值观冲突的可能，冲突点很有可能是双方对解决民族问题的路径甚至具体举措的认知差异。

3. 经贸合作中存在较大的不均衡性，短期内难以改变

随着中国与中亚国家经济贸易合作快速推进，这种不均衡性已经成为引发"中国威胁论"的重要依据之一。中国的经济总量和经济发展速度使得中亚国家在开展与中国经济合作交流时，无论是贸易还是投资领域都出现"一边倒"的情况，这引发了部分中亚民众的不安和猜忌。例如，近10年间中国在中亚国家的资本扩张速度较快，导致"中国经济扩张论"在中亚各国都有出现。

4. 人文合作层次不高，途径单一，不利于深化互信

密切的人文合作，对于不同文化背景民众间逐步建立起社会心理层面的相互欣赏、相互理解的关系至关重要。但是，目前看中国与中亚国家之间的人文合作与交流并没有很好地实现上述功能。以教育交流为例，美国、土耳其、俄罗斯则都在中亚国家建设有大学或职业技术学校，截至2015年底，中国在全球134个国家地区建有500座孔子学院，但在整个中亚地区只有11座，开展的各类文化交流活动也没有能够有效推动中亚民众在心理层面接受和认可中华文化，而"中国威胁论"是目前在中亚五国都存在的一种社会心理。

（二）多边合作中的问题

中国与中亚国家开展多边合作的渠道相对比较单一。目前中国与中亚国家开展多边合作的最主要平台是上海合作组织。但上海合作组织对目前严重困扰中亚地区安全稳定和社会经济发展难题的解决机制作用有限，决议文件多于实际行动。

第二节 影响中国与中亚国家关系的外部因素

中亚地区历史上从来就是各种政治势力的交汇之地。一百多年前，沙俄和大英帝国角逐中亚,由此产生"大博弈"这一国际政治概念。苏联解体,中亚五国独立使得昔日曾经辉煌一时的"麦金德三段论"又被世人重新想起。实际上,亚欧大陆腹地的地缘政治格局的大变动不仅牵动了大国的神经,也令地区性强国对这一地区跃跃欲试。目前中亚地区已形成了较为稳定的复合权力结构,而影响中亚地区和中国与中亚关系的外部因素主要还表现在以美、俄为主角的新一轮"大博弈"。

一、美国的中亚政策及其影响

自苏联解体后,作为全球唯一的超级大国美国,也在谋略上被认为是"政治权力真空"的中亚地区,但作用影响有限。"9·11"恐怖袭击对美国本土安全是一次重大的打击,同时也给美国军事力量直接进入中亚地区提供了前所未有的机遇。随着美军进驻中亚,美国对中亚的政策逐渐积极、明晰。美国因素成为影响中亚地区安全局势变化和区域国际关系的重要外部因素。

(一) 1992~2000年美国的中亚政策

苏联解体后,美国率先承认中亚五国独立。1992年1月初美国国务卿贝克访问中亚,与中亚国家商谈在政治、经济和安全领域内建立广泛的双边关系。自此中亚国家开始进入美国的外交议程①。但"9·11"事件之前,美国在中亚的利益十分有限。这一时期美国对中亚政策的调整经历了两个阶段:

第一阶段:1993年~20世纪90年代中期。

1993年执政的克林顿政府虽然强调将加强与新独立国家的双边关系,但执政最初几年,美国在这一区域的关注点是俄罗斯,美国期望完全"西方化"的俄罗斯成为这个地区转型的"榜样"和美国的小伙伴,在中亚的投入非常有限。

这一时期美国与中亚最重要同时也是比较成功的合作是防核扩领域。1993年美国和哈萨克斯坦签署了解除苏联时期遗留下的核设施的协议。1995年4月21日哈萨克斯坦的最后的核弹头被拆除,哈萨克斯坦宣布自己成为无核国家。1999年9月美国确定,哈萨克斯坦147个发射井最终被销毁,至此,美国在中亚

---

① 1992年3月美国与中亚五国建立正式外交关系,并以最快的速度建起了美国驻五国大使馆。与此同时,在保罗·沃尔福威茨的建议下,美国利用在美驻中亚五国大使馆内设立的"防务专员办公室"开启与中亚国家建立在军事领域的交流和联系;在经贸领域,美国分别与中亚国家签订了《双边贸易协定》和《双边投资协定》以发展正式的经贸联系。美国还支持这些国家加入欧安组织和其他一些西方组织,并支持土耳其扩大在中亚的影响以应对伊朗在这些地区的影响力的扩展。

的无核化目标基本完成。① 经贸领域仅有能源领域合作比较亮眼，总体层次不高②，远不如同时期美俄贸易关系发展。③

第二阶段：1996~1999年。

1994年后，随着俄罗斯与西方蜜月期的结束，以及俄罗斯对外政策的调整，美国在将其他独联体国家与俄罗斯"剥离"问题上更加无所顾忌。1996年美国著名的中亚高加索问题专家弗雷德里克·斯塔尔在《外交》（*Foreign Affairs*）上撰文呼吁美国政府应该关注对中亚的战略性输入。1997年美国务院高级官员塔尔博特则明确表示：美国不应该再继续把独联体国家或者排除俄罗斯的独联体国家看作一个单独的政策对象，而是有意识地将中亚与高加索地区看作是一个新的地缘政治板块，并考虑制定美国在该地区的政策。美国对中亚高加索地区的兴趣有所增加。④ 1999年美国国会的《丝绸之路法案》可以说是这种政策考量的集中表现。在此过程中，美国对中亚的能源和地缘政治地位的兴趣逐渐增加，与中亚国家的双边关系发展迅速，但美国仍然没有制定明确的中亚政策，更多的是基于进一步明确的美国在中亚地区的利益基础上，发展与中亚国家的双边关系。美国对原苏联地区的援助战略可以勉强算作是美国对这个地区的总体战略。

克林顿时期，美国政府官员对乌兹别克斯坦的兴趣明显增加。⑤ 1996年6月卡里莫夫访问美国期间，美国海外私人投资公司（The Overseas Private Investment Corporation）宣布筹措4亿美元用于美国和乌兹别克斯坦合作对天然气开采进行风险投资，能源开始成为美国与中亚的双边关系中的"催化剂"。

同年10月，驻独联体国家无任所大使和特别顾问国务卿詹姆斯·柯林斯在一次公开演说中表示，美国在中亚"有新的，日益增长的利益"，这对于美国继续推进其利益的存在是"重要"的，具体说美国在中亚有6个主要目标：（1）支持中亚国家的独立和安全；（2）协助建立自由市场和民主政府；（3）整合中亚国家融入世界社会的政治和金融机构，并参与欧洲—大西洋安全对话；（4）鼓励区域合作和在国际调解下解决争端；（5）阻止贩运大规模杀伤性武器和其他跨国威

---

① Research, CRS Report *RL33458 Central Asias New States：Political Developments and Implications for U. S. Interests Updated* August 30, 2007, Jim Nichol. www. crs. gov.

② 1999年之前，基金会在中亚投资15 000万美元。该基金会的办公室覆盖了整个中亚地区。截至1999年9月30日，这个基金会据说向中亚地区的400家中型和小型企业提供11 100万美元的贷款。1993年8月美国商务部在哈萨克斯坦和乌兹别克斯坦开设负责对外商业服务的办公室，1994年中亚的美国商业中心开放。

③ 1993年根据美国与哈萨克斯坦的协议，启动了一个长达40年的田吉兹油田开发项目。

④ 实际上塔尔博特发表的题为"别了弗莱士曼"的演讲，传达的一个重要信息就是美国认为，中亚不再应该是大国角逐的竞技场，美国在这个地区有自己的利益。

⑤ 1994年11月成立美国—乌兹别克斯坦联合委员会，美国官员认为：对美国而言，乌兹别克斯坦无论是在地缘政治上，还是商业上都是一个重要国家。

胁，如恐怖主义，毒品和环境退化；（6）加强美国的商业利益和实现多样化的世界能源供应。柯林斯还指出："中亚将是下一个世纪重要的能源生产者。"并且声称美国支持私人投资在中亚能源领域的快速增长，以及建设额外的多元化的能源输出路线。① 这番讲话表明 20 世纪 90 年代中期美国对中亚地区在美国国家利益中的地位的认识有所深化，但是，这并不意味着美国已经开始考虑制定单独的中亚政策，实际上，此时的美国政府更多的是将俄罗斯、独联体内欧洲部分的国家、欧亚大陆部分的国家做了一个区分。在美国的政策考虑中，中亚与高加索被当作一个新的地缘政治板块——欧亚大陆国家。

1997 年 7 月 12 日，负责原苏联地区新独立国家事务的副国务卿塔尔博特在霍普金斯大学发表演讲，明确宣示美国决心在欧亚大陆地区长期存在并致力于更深地介入这个地区的政治经济转型和发展。他提出"在过去的岁月，我们扩大和深化了我们和这个地区每一个国家的联系。"……克林顿政府在中亚高加索地区的政策基本内容是"只要这些国家朝着政治和经济改革、民族和国际和解的方向发展，我们就和他们站在一起"……美国政府的支持包含 4 个纬度，即推动民主、建立自由市场经济、帮助本地区这些国家实现之间的和平与合作，以及支持他们融入更大的国际社会。② 当然，塔尔博特也再次重申了欧亚大陆的能源对美国及西方世界的重要性。这个演讲可以看作美国明确提出其中亚高加索政策的一个标志。

1999 年前后中亚地区连续发生的恐怖袭击令美国意识到极端主义分子的活动可能会对中亚五国世俗化政权和美国在当地的防核扩努力带来严重威胁，从而加大了对中亚地区安全局势的关注。同一年，美国国会通过"丝绸之路法案"（Silk Road Strategy Act）。该法案要求美国关注中亚和高加索国家，提高对这些国家的援助水平，援助领域包括：消除冲突、人道主义需要、经济发展、运输和通讯、边境控制、民主化、在南高加索和中亚建立市民社会。法案强调："丝绸之路国家一共掌握了 4 万亿美元的石油和天然气储备，这些国家自苏联解体以来已经经历了政治和社会骚乱，并且他们还没有被包括在其他地区性创制程序之内（地区性组织）……增加美国的援助不仅是因为该地区拥有的石油储备，也因为丝绸之路国家同这样的国家如：阿富汗、伊朗和中国接壤，这些国家可以成为民主扩张的一个起点"。③ 3 月 17 日，新独立国家无任所大使斯蒂芬·赛斯塔诺维

---

① Research Service, 93108: *Central Asia's New States: Political Developments and Implications for U.S. Interests* Updated December 19, 1996 Jim Nichol www.crs.gov.

② *A Farewell to Flashman: American Policy in the Caucasus and Central Asia*, Deputy Secretary Talbott Address at the Johns Hopkins School of Advanced International Studies Baltimore, Maryland July 21, 1997.

③ House Authorizes Expanded Aid to Countries Along Silk Road, *CQ Daily Monitor*, August 2, 1999.

奇（Steve Sestanovich）声称：美国在中亚的总体目标是确保中亚国家的主权、独立和领土完整。该目标可以通过倡导民主化（因为这是地区稳定和繁荣的长期保障）、自由市场、地区内合作（包括建设东—西油气管线、防务）及融入欧洲—大西洋社会，负责任的安全政策（包括防核扩散、打击恐怖主义、反对毒品）。他说，尽管这些国家在某些领域进步缓慢，美国政府仍然同意与他们合作。①

这个声明显示出美国对其在中亚地区的利益的认知日渐清晰，即能源、民主和安全。

伴随着美国对中亚高加索国家兴趣的增长，双边关系发展的一个徘徊不去的巨大"阴影"是——中亚的民主化问题。20世纪90年代，克林顿政府曾对中亚国家的民主化进程寄予热望并投入巨大，但屡屡受挫，以至于在2000年吉尔吉斯斯坦大选之后，美国官员公开表示对选举的失望之情，并声称，这次选举是"民主进程中的一次明显的挫折"。

从1992年到1999年，美国对中亚在其国家利益中的地位的认识是一个逐步提升的过程，美国政府也在各种文件中表达了迫切与中亚国家发展双边关系的意愿。但美国总体是说的多做的少。②

究其原因主要因为——在克林顿政府的国家安全战略中，中亚不是美国的战略关注重点。在克林顿政府执政的大部分时期，美国在原苏联地区的政策焦点是俄罗斯而非中亚。1993年克林顿在入主白宫以后，把进一步促进俄罗斯向"民主和自由市场经济"转变视为其对外政策的"重中之重"，并致力于同俄罗斯建立"战略伙伴关系"。

这一现实令美国国内对中亚的认识存在很大分歧，部分决策者认为，在历史上，美国在中亚地区的利益就很少，对美国而言，那个地区的发展仅仅涉及美国的边缘化利益。相对闭塞的环境和独特的历史文化传统意味着美国没有必要试图在一个习惯于集权文化的地方培育民主。同时，1992年爆发的塔吉克斯坦内战也使得一些朝野人士认为，美国没有必要在这个地区介入太深，因为没有必要让美国自身或美国公民处于危险之中。因此，美国在中亚的利益非常有限，虽然中亚有能源，而且与重要的国家诸如俄罗斯、中国、巴基斯坦、伊朗接壤，这一特性引起了美国的一些关注。苏联遗留的大规模杀伤性武器的处置也使得美国不得

---

① CRS Issue Brief for Congress: Central Asia's New States: Political Developments and Implications for U. S. Interests Updated May 18, 2001 Jim Nichol.

② ［美］玛莎·布瑞尔·奥卡特，李维建译：《中亚的第二次机会》，北京：时事出版社2007年版。

不加以关注,但是,中亚毕竟与美国相距遥远,并不具有重要的战略地位。① 美国学者菲安妮对此有个精辟评价:克林顿时期,美国有没有一个能够关照到整个中亚地区的政策。②

(二)"9·11"后美国中亚政策的调整

2001 年"9·11"事件爆发后,美国对塔利班政权发起军事行动,中亚在美国国家安全战略中地位急剧上升。安全问题成为美国 2001~2002 年考虑其中亚政策时的优先出发点。在此前提下,美国继续保持了对中亚经济增长、培育政治发展包括推进人权发展、促使中亚融入世界等既定的利益目标的关注。因为,在美国看来这些因素是相互关联的。2002 年 1 月底,伊丽莎白·琼斯和负责欧亚大陆事务的前副助理国防部长理查德(Mira Ricardel)共同带领一个代表团访问塔什干,参加第一次美国—乌兹别克斯坦联合安全合作磋商会(US - Uzbekistan Joint Security Cooperation Consultation),之后代表团还访问了哈萨克斯坦、吉尔吉斯斯坦、土库曼斯坦、塔吉克斯坦。美国副助理国务卿帕斯科(B. Lynn Pascoe)2002 年 6 月在国会听证会上的声明"我们大幅度地提升我们与中亚五国的关系"以阻止他们变成恐怖主义的港湾,"对美国的国家利益至关重要"。③ 为联军在阿富汗反恐行动提供各种后勤保障和支持成为美国在中亚的首要战略利益。为此,布什政府采取一系列措施,推进与中亚各国的双边关系的发展。主要表现为:

1. 积极推进双边军事安全合作

通过签署新军事合作条约,提升合作层次,确保美军在中亚的军事存在。在美国国防部的积极推动下,2002~2003 年美国与中亚国家的军事合作有了较大发展,军事交流的层次有显著提升,军事援助大幅度增加。2002 年 12 月美国和吉尔吉斯斯坦签署了为期 1 年并且可以顺延的《为美国空军及盟国提供军事基地协议》,按照协议规定:美国可以在吉尔吉斯斯坦玛纳斯空军基地部署 4 000 多名军人和 40 架军机。2002 年 9 月美吉两国总统签署声明,宣布两国将加深战略伙伴关系。美国与哈萨克斯坦之间也签署了新的军事合作协议,美军飞机获得了在哈萨克斯坦南部三个机场紧急着陆权。根据拉姆斯菲尔德与卡里莫夫签订的协议,2001 年 10 月 5 日,乌兹别克斯坦的汗阿巴德成为联军的基地。2002 年美国

---

① U. S. interests in Central Asia:policy priorities and military roles/Olga Oliker, David Shlapak. p. cm. "MG - 338." Includes bibliographical references. ISBN 0 - 8330 - 3789 - 7(pbk.)http://www. rand. org/paf.

② Fiona Hill, The Caucasus and Central Asia:How the United States and Its Allies Can Stave Off a Crisis, http://www. rrookings. edu/papers/2001/05 asia-hill. aspx.

③ U. S. Senate. Committee on Foreign Relations. Subcommittee on Central Asia and the South Caucasus. The U. S. Role in Central Asia. Testimony of B. Lynn Pascoe, Deputy Assistant Secretary for European and Eurasian Affairs, June 27, 2002.

大幅度增加给塔吉克斯坦的安全援助,用于加强其对边境的控制,同时在美国的支持下,同年2月塔吉克斯坦加入了北约"和平伙伴计划"。塔吉克斯坦有60名美军事人员在首都杜尚别机场从事加油活动。一贯坚持中立的土库曼斯坦也同意为联军在阿富汗的行动提供人道主义支持。①

2. 积极推进美国与中亚的双边经贸交流与合作

推动中亚地区经济整合。从双边层次看,美国已经成为中亚重要的投资国。②在地区层次,美国利用多层次手段积极推进在中亚地区整合。在美国看来中亚地区内部的经济合作不仅有助于地区内遗留问题的解决,而且也有助于帮助中亚避免被地区性大国或特定的外部力量重新控制。为此,2004年美国与中亚国家、阿富汗签署了《贸易和投资框架协议》。有专家认为该协议的签署多少带有遏制上合组织在本地区发展的意图。

3. 积极提升美乌关系

阿富汗战争期间,美乌关系迅速升温,乌兹别克斯坦成为美国在中亚的最重要战略伙伴。从2001年10月到2002年2月,15名美国代表访问塔什干,往年一年访问乌兹别克斯坦的美国官员不超过7人。乌兹别克斯坦因与美国亲密无间的合作而被《纽约时报》形容为中亚各国中与美国关系"最铁的国家"。

此外,不同层次和内容的非传统安全合作也在深入推进。

总的看来,这一时期,美国中亚政策近期目标是支持中亚地区实现安全稳定;长期目标是帮助中亚国家实现国内稳定、自由市场和政治民主化,构筑中亚地区预防不稳定和冲突的防波堤。这个广泛的目标服务于美国在中亚力图实现的三个核心战略目标:地区稳定、政治和经济改革以及能源开发。

(三) 2004年:加快民主改造步伐,推动"颜色革命"

随着阿富汗战争的结束,美国对中亚的态度又发生了微妙的变化。这主要表现在两个方面:一方面,美国政府对中亚的援助从2004财年开始额度持续减少;另一方面,美国国内包括政府和国会对于中亚国家政治经济改革滞后,破坏人权的批评再度增多。美国政要开始公开批评诸如乌兹别克斯坦、土库曼斯坦等"拒绝改革"或"践踏人权的国家",2003年美国国务院公开谴责乌兹别克斯坦"失败的"人权纪录。③

---

① 2002年6月时任美国国防部助理部长的克劳奇在国会作证时说"我们与中亚每一个国家的军事关系的发展成熟程度是在'9·11'之前不可想象的。"

② 从1993年以来美国就是哈萨克斯坦最大的投资伙伴,截至2003年美国对哈萨克斯坦投资已达到120亿美元,占哈国外资流入总量的一半。

③ www.state.gov/p/eur/rls/prsrl/2003/27665.htm.

这一时期，美国对待中亚态度的转变一方面是由于美国对中亚的需求度有所降低，另一方面则是与国内政治有关。① 新保守主义在美国成为主流政治思潮，体现在对外政策方面则是强调美国可以采取单边行动重新塑造后冷战时期的世界，民主价值观的输出成为该过程中不可缺少的内容和手段。对于布什政府而言，反恐和民主化、经济自由化之间存在紧密的逻辑关系，认为政治多元化、民主化会推动自由市场经济的发展，而经济的繁荣会带动社会发展，这是打击恐怖主义的治本之策。

在此背景下，进入 2004 年后，美国与中亚国家间的"蜜月"期已经结束。一个标志性的事件是美国国会在 2004 年的《对外行动拨款法案》中特别加了一项条款，规定对乌兹别克斯坦的拨款法案只有在美国国务卿认为该国已完全履行好了它在 2002 年签署的《战略合作伙伴宣言》中的规定才得以生效。该宣言中包括在乌兹别克斯坦实行多党选举制、新闻自由和司法独立等内容。

2004 年，哈萨克斯坦的民主化进程也遭到了美国的批评，但是总体看，哈萨克斯坦较开放的态度，以及其在无核化方面的高度合作等多重因素作用下，美哈关系保持了持续的发展。对美国而言，哈萨克斯坦首先是该地区巨大的能源出口国。在美国看来，中亚地区民主化进程发展最快的是吉尔吉斯斯坦，希望其能够成为中亚民主化改革的样板。

2005 年初美国总统布什在发表就职演说时提出新的口号，即美国将在世界范围内寻求终结暴政，将全球反恐战争的胜利和世界范围内推行民主战略连在了一起。2005 年 3 月美国国会通过了"2005 年推进民主法案"。在此背景下，美国调整了阿富汗战争期间对中亚民主化问题的"宽容态度"，推进中亚地区民主化转型成为小布什政府第二任期内中亚政策的重要内容。美国需要将中亚国家纳入"民主国家体系"之内，在这些国家建立自由市场经济体系和"多元民主"，"中亚民主化"就成为美国谋求的中亚秩序的基础之一。这一转变导致美国在 2005 年吉尔吉斯斯坦大选问题上采取了"反阿卡耶夫"立场，3 月，伴随总统大选结果的宣布，吉尔吉斯斯坦"郁金香革命"爆发。这场街头革命引发的后果是"灾难性的"骚乱，对这个山地国家的经济社会发展造成沉重的打击，直到 2007 年，吉尔吉斯斯坦的政局还是很脆弱，执政的巴基耶夫则表现出亲俄立场，有关

---

① 2004 年 2 月，美国一家非党派研究机构对外政策分析研究所（the Institute for Foreign Policy Analysis）发表了题为："美国战略中的中亚和行动计划：我们从哪去向何方"的报告，认为美国政府目前的政策损害了美国长远的战略利益。认为美国与集权统治者做伙伴的做法会令中亚当地人对美国仁慈的、具有自由意志的超级大国的形象大打折扣，转而相信极端伊斯兰分子描绘的刻薄、自私的强权美国形象。尽管美国在中亚进行了大规模的经济和安全援助，但是中亚人民日益认为这些钱是用来支持独裁者作为美军进驻中亚的代价。报告认为确保中亚稳定的最佳办法是布什政府要求中亚国家的统治者同意发展市民社会。

收回玛纳斯空军基地的言论时隐时现。5月乌兹别克斯坦总统对"安集延事件"的坚决举措,导致其与美国和欧盟反目。"汲取"吉尔吉斯斯坦经验教训的乌兹别克斯坦总统不仅拒绝了美国和欧盟派国际独立调查团进入安集延的要求,而且要求美军在6个月内离开K2基地,并关闭了大部分国际非政府组织在乌项目办公室,并迅速倒向俄罗斯。其他各国也对西方在本国"发动颜色革命"的可能提高警惕,这是美国始料未及的。

2005年10月11~13日,美国国务卿赖斯对吉尔吉斯斯坦、阿富汗、巴基斯坦、哈萨克斯坦和塔吉克斯坦5国进行了穿梭访问。赖斯尤其重视对吉、哈、塔3国的访问。她分别与3国总统、总理等领导人举行了会谈,着重讨论了美国与这些国家在政治、经济和军事等领域的合作问题。外界分析,赖斯之行的目的主要是:确保军事基地,推动能源合作,重申美国对推动中亚民主改革的决心。①

但美国在中亚地区强势推动"民主化"为基本内容的"颜色革命",引起了中亚各国领导人的普遍反对,2005年6月上合组织峰会通过一项声明,要求美军离开中亚。美国遭遇了进入中亚后6年来前所未有的"挫败",陷入两难——中亚是美国发起的阻止激进伊斯兰主义在世界范围内传播的运动中重要的战略区域,为了推进美国的全球武装力量的重新安排的计划,为了监控显然更加自信的俄罗斯和中国,美国需要在中亚保持长期存在。但目前美国与中亚国家之间的反恐合作也因为中亚目前的威权主义统治而达到了极限——这些中亚政府认为自身的生存才是最高利益。中亚各国对美国的提防心理和不信任感在2005年达到顶峰,美国在中亚的影响力急剧下降,其中亚政策不得不再调整。

(四) 后"颜色革命":美国对中亚政策的反思和调整

在美国国家安全战略的长期规划中,中亚始终不是最重要的战略区域,迄今为止美国政府也没有一个明确的针对中亚地区的战略规划,中亚不是和高加索地区捆在一起(克林顿时期),就是和动荡的南亚次大陆连成一片(布什时期)。但是,对于一个国家利益遍及全球的霸权国家而言,中亚特殊的地缘价值决定了美国不会放弃在本地区的经营。2006~2007年美国致力于修复与中亚各国尤其是与乌兹别克斯坦的双边关系,并进行新的政策调整。

2005年10月,美国国务院欧洲和欧亚大陆事务副国务卿丹尼尔·弗里德(Daniel Fried)将美国的中亚政策表述为三组战略利益,分别是:安全、能源和

---

① 2005年10月吉尔吉斯斯坦总统巴基耶夫在与来访的赖斯会晤后表示,美国在吉军事基地的存在期限将完全取决于阿富汗局势,在阿局势彻底稳定之前,有关基地将继续存在下去。

地区经济合作以及通过改革实现自由,三组目标不可分割、相互强化且殊途同归。① 2006年4月26日,美国国务院南亚与中亚事务局负责人理查德·鲍彻(Richard A. Boucher)在美国众议院国际关系委员会举行的听证会上作证时,将前者的表述修正为:美国对中亚的三个基本政策目标,即政治经济改革、安全合作、商业和能源利益,并说明今后美国将会有一种平衡的方式追求这三方面的利益。② 2008年4月8日,鲍彻在国会表示:美国在中亚地区的总体目标是:"支持主权得到充分发展,稳定、民主化、尊重人权的中亚国家⋯⋯依赖于三个互为整体的支柱:培育安全合作;扩展商业和经济机会;促进中亚国家内部民主、经济改革和人权保护",并提出:我们认识到这个地区的每一个国家都是不同的,我们必须对我们的方式作适当的调整以适应本土的环境。③

从2005年以来美国国务院官员对其中亚政策目标表述的变化中我们可以发现,美国对中亚地区的整体战略目标没有根本性变化,但实现这一目标的方式、途径却不断在调整,主要体现为三个基本政策目标的内容及相互关系的变化及实施手段,即,从2005年至2008年,政策目标的表述更加清晰、具体且符合中亚现实,三个目标之间的关系更加平等,在推进目标的时候更强调"平衡推进"。同时,强调在实现目标进程中与中亚国家的合作关系,虽然美方坚持中亚进行改革的重要性但措辞更加谨慎,"安集延事件"之前强势推行利益目标的咄咄逼人态势几乎不见踪影。④ 修复和发展与中亚各国的双边关系成为美国在本阶段中亚政策调整的重要内容之一,其调整主要有以下几点。

1. 发展全面的美哈关系,并将其作为美国在本地区的战略支点

与乌兹别克斯坦交恶后,美哈关系迅速升温。2006年9月,时任美国总统布什和哈萨克斯坦总统纳扎尔巴耶夫重申了两国之间的战略合作伙伴计划。2007年11月,美国副助理国务卿埃文·费根鲍姆(Evan A. Feigenbaum)在阿斯塔纳

---

① *A Strategy for Central Asia*, Daniel Fried, Assistant Secretary for European and Eurasian Affairs Statement Before the Subcommittee on the Middle East and Central Asia of the House International Relations Committee, Washington, DC, October 27, 2005.

② *U. S. Policy in Central Asia*:*Balancing Priorities(Part II)*, Richard A. Boucher, Assistant Secretary of State for South and Central Asian Affairs Statement to the House International Relations Committee Subcommittee on the Middle East and Central Asia, April 26, 2006 http://www.state.gov/p/sca/rls/rm/2006/65292.htm.

③ *Central Asia*:*An Overview*, Richard Boucher, Assistant Secretary for South and Central Asian Affairs Statement Before the House Committee on Foreign Affairs, Subcommittee on Asia, the Pacific and the Global Environment Washington, DC April 8, 2008. http://www.state.gov/p/sca/rls/2008/104042.htm.

④ 实际上,美国对2005年底至2007年底中亚三个国家陆续进行的大选都表现出了宽容和鼓励为主的态度,例如,土库曼斯坦大选后虽然欧安组织认为选举远未达到欧安组织的标准,但美国国务院却公开表明,选举意味着土库曼斯坦朝着政治变革迈出了温和的一步,并认为这是为未来土库曼斯坦举行真正公平公正的选举创造条件。在哈萨克斯坦竞争欧安组织轮值主席国的问题上也采取了以支持换取改革的柔性做法。

表示：美哈关系是一种足以引以为骄傲的、真正的多维度的关系。① 2008 年 2 月 11 日，正在哈萨克斯坦访问的美国助理国务卿鲍彻对媒体称：美哈两国关系发展非常迅速，两国将进一步加强合作。② 哈萨克斯坦成为美国在中亚的最佳合作伙伴。

2. 积极寻求与乌兹别克斯坦的关系有条件的修复

继 2006 年下半年鲍彻对乌兹别克斯坦的"破冰之旅"后，2007 年 3 月，美国副助理国务卿埃文访问乌兹别克斯坦，声称希望双边关系的"困难"时期正在结束。2008 年 6 月鲍彻访问乌兹别克斯坦时赞扬乌兹别克斯坦在尊重人权方面取得的进步，而乌兹别克斯坦总统卡里莫夫则表示，他对美乌近来双边关系方面的积极变化感到欣慰。③ 实际上近两年美乌关系的变化可以视作是美国调整其三个政策目标，推进均衡发展的集中表现。但美国在民主和人权问题上依然保持了对乌政府一定的压力，美国国会没有取消对乌兹别克斯坦援助的附加条款，双方政治互信难以真正建立。

3. 努力实现美国与土库曼斯坦关系突破性发展

长期以来，美国与土库曼斯坦的关系淡漠，在美国朝野看来土库曼斯坦是中亚最封闭、人权纪录"很差"的国家。但随着 2006 年 12 月土库曼斯坦原总统尼亚佐夫突然去世，情况发生戏剧性变化。截至 2007 年 9 月中旬，美国共派出了 18 个代表团出访土库曼斯坦。按照美国政府官员的说法，这些代表团所涉及的问题和领域覆盖了美土关系的所有领域。如此密集地访问一个中亚国家在美国还尚属首次。美土关系随即发生重大突破。④ 2007 年 9 月，美国国务院负责南亚和中亚事务的副助理国务卿埃文指出：过去的 9 个月美国致力于改善美土关系，这种努力是基于四个前提：美国历来关注土库曼斯坦并且将其视为一个独立的国家；现在美土关系不是 1991～2006 年的美土关系；美土关系、土库曼斯坦内部都存在变革的可能；美土之间存在一些合作，有改善关系的基础。⑤ 美国的努力得到了土库曼斯坦的响应，新总统表现出了较强的与美国发展关系和推进国内改

---

① The U. S. – Kazakhstan Relationship, Evan A. Feigenbaum, Deputy Assistant Secretary of State South and Central Asian Affairs Press Roundtable Astana, Kazakhstan November 20, 2007 http://www.state.gov/p/sca/rls/rm/2007/95676.htm.

② http://kazakhstan.usembassy.gov/boucher-vremya-interview-2007.html.

③ Jim Nichol: *Central Asia: Regional Developments and Implications for U. S. Interests*. Update Jun 11 2008, CRS Report for Congress, Order Code RL33458 http://italy..Usembassy.gov/pdf/RL33458.pdf.

④ 土库曼斯坦总统尼亚佐夫去世后，赖斯要求其不要轻举妄动，要多看、等待，派遣鲍彻参加尼亚佐夫总统葬礼时向新政府传递信息，表示美国准备修复与土库曼斯坦的关系。两周后，美国务院高官飞往土库曼斯坦与土外交部长进行 4 个小时的会谈。

⑤ Turning the Page-in U. S. – Turkmenistan Relations, Evan A. Feigenbaum, Deputy Assistant Secretary of State South and Central Asian Affairs Prepared Remarks The Carnegie Endowment for International Peace, Washington, DC September 17, 2007 http://www.state.gov/p/sca/rls/rm/2007/92861.htm.

革的意愿。

4. 继续推进与塔吉克斯坦和吉尔吉斯斯坦的双边关系

提供发展援助是美国在中亚推行民主化改造的重要手段和途径，也是与中亚国家示好的重要工具。根据美国政府 2009 财年预算报告，美国政府计划给予塔吉克斯坦和吉尔吉斯斯坦两个国家的非军事援助分别是 2 858.2 万美元和 2 960.8 万美元，居中亚国家首位。2008 年美国和吉尔吉斯斯坦的双边关系被美定位为"牢固的、建设性的伙伴关系"，3 月启动的美国千年挑战账户计划已决定提供价值 1 600 万美元的技术援助吉国，帮助其惩治腐败、推进司法改革。作为回应，吉尔吉斯斯坦政府与美国签署协议保证进一步推进民主化改革。[①] 在美国看来，"郁金香革命"后的吉尔吉斯斯坦是一个正在努力恢复民主和秩序的国家，美国应该在政治经济改革问题上给予吉国较多的支持和鼓励，这符合美国在中亚的根本利益。

5. 提出大中亚计划，推动区域经济合作，整合南亚中亚地缘政治板块

2006 年 4 月，美国国务院推出"大中亚计划"，将南亚和中亚五国当作一个整体区域看待，阿富汗成为新大中亚区域的中心和连接中亚和南亚的枢纽。为此，2006 年初美国国务院改组内部机构成立中南亚事务局，2007 年国际开发署将中亚事务从欧洲与欧亚大陆事务局划归亚洲局管理。初步完成为推进大中亚计划而进行的管理层面的调整。同时，"大中亚计划"的相关项目也有步骤、有层次地展开：一方面，继续以美国与中亚的贸易合作框架为依托，积极推动中亚国家与阿富汗、南亚三国的经济贸易合作机制的建立。[②] 另一方面，美国借助双边和多边援助机制，积极推动本地区交通能源等基础设施建设，为"大中亚计划"的实施创造物质基础。2007 年 7 月，在华盛顿举行的南亚中亚经济一体化的会议上，鲍彻提出 2007 年夏季开通的跨越塔阿边境的大桥是重大事件，并期望未来可以开通从阿拉木图到卡拉奇的高等级公路。[③] 同月，美国国防部长盖茨要求亚洲国家为中亚国家提供铁路和公路、电讯和发电的分配援助，以使中亚地区与亚洲连在一起；帮助中亚国家反对恐怖主义和毒品走私；提供技术顾问推动政治和经济改革；更加积极地将中亚国家整合进入亚洲安全结构。[④] 相应，美国贸易和

---

① 吉尔吉斯斯坦是千年挑战账户在中亚地区挑选的第一个参与该项目的国家。
② Third Meeting of the Central Asia Trade and Investment Framework Agreement（TIFA）Council, http://www.state.gov/p/sca/rls/fs/91384.htm.
③ 已经建成的塔阿边境大桥是迄今为止美国在塔吉克斯坦的最大一笔投资，耗资 37 100 万美元，据称，建成后的大桥日通过 1 000 辆车，此前，塔阿之间的贸易主要通过 Nizh Pyanj 渡口，每天通过 40 辆卡车的货物。美方宣称此举将减少塔对铁路运输的依赖，出口成本将大大降低。
④ Jim Nichol: Central Asia: Regional Developments and Implications for U.S. Interests. Update August 30 2007 http://assets.opencer.com/rpts/RL33458_20070830.pdf.

开发署提出了中亚基础设施整合计划,美国国际开发署制定了地区能源市场援助项目,重点包括鼓励能源、运输和通信项目,包括建设电站,中亚与阿富汗、巴基斯坦、印度分享电能等。

6. 强化美国在中亚的长期存在的合法性

美国利用双边军事合作、扩大援助等手段,积极推动中亚国家与美方的军事合作与交流,增加中亚国家在安全领域对美国的倚重。2007年11月到访的美国前中央司令部长官法伦将军与哈萨克斯坦国防部部长讨论新的为期5年美哈军事合作计划。哈军方宣布今后将在军事装备现代化、军事技术转让、人员培训、军事基础设施建设等方面开展与美方的合作。同时,美方利用提高租金、增加援助等手段安抚巴基耶夫政府,保留其在中亚的唯一的军事基地。美国还充分借助北约和平伙伴计划,利用中亚国家对阿富汗安全局势的担忧,推动北约与中亚国家的军事合作与交流,采取迂回手段强化其在中亚的军事存在。2007年底北约邀请乌兹别克斯坦总统和新当选的土库曼斯坦总统访问北约总部,参加布加勒斯特峰会,两国总统都表示要在和平伙伴计划框架下与北约开展进一步的合作。鉴于美国在北约中的特殊地位,可以想象,随着北约与中亚国家军事联系与合作的加深,即使美军不能单独驻扎中亚,也能够以北约成员国的方式得以在中亚长期存在。[①]

"安集延事件"后,美国对其中亚政策进行的反思和调整并不是战略层面上的,而主要集中在具体的政策和策略层面。其主要原因是:第一,自"9·11"后在中亚强势推行民主化的做法已经危及美国在中亚战略利益的实现。第二,中亚国家自身的发展以及美方对中亚事务复杂性的认识加深是美方调整其中亚政策的重要原因之一,正如美国学者奥尔卡特所说:在中亚"政权的更迭不一定会产生面向美国的外交政策上的转变。在吉尔吉斯斯坦,不管谁主政下届政府,他们都会再继续得到美国支持的同时,发展与俄罗斯和中国的密切关系"。[②] 第三,扭转美国在中亚的颓势,应对俄罗斯在中亚影响力的回升,因为全面接收苏联地缘政治空间是冷战后美国欧亚大陆战略的重要目标之一。[③] 第四,制约上海合作

---

① 2008年3月,北约秘书长驻南高加索和中亚代表西蒙斯宣布乌兹别克斯坦政府同意美军使用该国临近阿富汗边界前沿的铁尔梅兹军事基地向阿富汗转运美军。虽然美国政府和乌兹别克斯坦政府都否认这是美军重返乌兹别克斯坦的信号,但鉴于从战术角度美军并无在铁尔梅兹停留的必要,外界普遍认为美军重返乌兹别克斯坦是迟早的事。

② [美]玛莎·布瑞尔·奥卡特著,李维建译:《中亚的第二次机会》,第203页,北京,时事出版社2007年版。

③ 部分美国学者认为"大中亚计划"就是美国对俄罗斯势力在中亚的扩张,尤其是在能源领域的扩展的一种应对。参见 Joshua Kucera: USAID official Outlines Plan to Build Central‐South Asian Electricity *Links*, www.eurasianet.org/departments/business/articales/ear050406.shtml。

组织（中国）在本地区影响力的抬升，同时设法摆脱阿富汗困局。基于上述原因，美国政府改变作风，采用低调、迂回的方式打消中亚国家对美国的疑虑和戒备，利用援助、扩大交流、推进地区经济整合等手段拉近与中亚国家的关系势在必行。

（五）奥巴马政府的中亚外交政策：深化合作长期经营

奥巴马高举变革旗帜入主白宫后，即对美国国家安全战略进行了大幅度调整，主要表现为两方面：一方面是修正"单边主义"政策，修复与穆斯林世界的关系并注重与盟友间的合作；另一方面是推行所谓"巧实力"外交政策，进行战略收缩，重新确定防止新兴大国崛起并挑战现有国际秩序为美国国家利益的重点和面临的主要威胁。在此指导思想下，奥巴马政府急欲体面地结束在阿富汗的反恐战争。为争取主动，上台伊始的奥巴马宣布对阿富汗增兵，这种做法和当年尼克松政府的如出一辙。同时，美国积极开展与塔利班内部温和派的接触和谈判，意欲双管齐下尽快解决问题。这是奥巴马政府制定其中亚政策的背景和出发点，从 2009 年至今奥巴马政府的中亚政策经过了一个从模糊到清晰的过程，并被一些学者称为"具有前瞻性的奥巴马的中亚新战略"[①]。

1. 基调：相对温和

上任伊始的奥巴马政府采用一种相对温和、低调和灵活的方式修复着因为 2005 年一系列事件而受损的美国与中亚国家的双边关系，显示出其与小布什政府的不同外交风格，为任期内美国与中亚关系的修复与拓展打开局面。对中亚国家而言，当年与美国交恶多少有些"迫不得已"，毕竟他们需要美国平衡其他大国在中亚地区的影响力。因此奥巴马政府的"友善姿态"得到了中亚国家的积极回应。美国政、军和外交界要员频繁访问中亚，并成功说服巴基耶夫政府将美军在玛纳斯的基地改造成国际转运中心，保住了美军在中亚唯一的军事情报基地。6 月在吉尔吉斯斯坦再度发生国内动荡时，美国不再就"人权"问题说三道四，而是在审慎的观察后做出了颇具人情味的回应——美国立即安排负责中南亚事务的助理国务卿布莱克访问比什凯克，以示对临时政府的支持。在奥什骚乱发生后，美方迅速向吉提供 5 800 万美元紧急援助[②]。2010 年美国邀请奥通巴耶娃访美，美国和吉尔吉斯斯坦的关系有了新的发展。2010 年 11 月 20~21 日北约的里斯本峰会成为奥巴马政府加快政策调整步伐推出"全面的"中亚政策的直接推动

---

① *OBAMA'S NEW CENTRAL ASIAN STRATEGY AND ITS IMPEDIMENTS* By Richard Weitz (01/25/2012 issue of the CACI Analyst) http：//www.cacianalyst.org/？q = node/5700.

② *Central Asia：Regional Developments and Implications for U. S. Interests* Jim Nichol Specialist in Russian and Eurasian Affairs January 3，2012.

力。本次峰会美国决定2014年从阿富汗撤出全部北约部队。美国希望"体面地撤军"并能最大限度保留发动阿富汗战争的"战略成果"。因此,加快调整美国与中亚国家的双边关系,在撤军问题上赢得中亚国家的支持与合作,并积极推进以阿富汗为中心枢纽的大中亚地区合作,成为进入2011年后奥巴马政府中亚政策的首要目标[①]。

奥巴马政府在中亚的所作所为表明一种有别于其前任的新中亚政策正在逐步成型。根据美国国会的报告,奥巴马政府的中亚政策有以下几个原则目标:尽量扩展本地区国家的合作并将其与联军在阿富汗反恐努力相结合;增加本地区能源资源开发和输出线路的多元化;推动尊重人权和善治在本地区的最终出现;培育富有竞争力的市场经济;提升本地区国家政府的治理能力,尤其要设法阻止吉尔吉斯斯坦和塔吉克斯坦成为失败国家。[②] 总体看,奥巴马政府对中亚国家的双边政策是在寻求在实现其安全利益和推进中亚民主化之间保持一种动态平衡,这是一种多层次、多维度的双边政策,针对不同国家对美国的价值和这些国家的特点,各有侧重,策略上更加灵活和迂回。

从内容看,奥巴马中亚政策的出发点是配合撤军计划,但其战略着眼点是2014年后美国在中亚的长期存在,打造美国主导的地区合作机制,该政策有三个支撑点:"新丝绸之路愿景""北方运输网络"以及"中亚禁毒倡议"。这三个新计划与其前任的"大中亚计划""亲缘"关系显而易见。

2. "新丝绸之路愿景"

2011年7月,时任美国国务卿希拉里·克林顿在访问印度钦奈(Chennai)时提出"新丝绸之路愿景"。[③] 9月22日,美国、阿富汗和德国三国外长在纽约共同主持召开了由27个国家参加的丝绸之路部长级会议。该计划由两个互补的部分组成:第一个是能源和基础设施建设。第二个是自由贸易网络。短期看,"新丝绸之路愿景"是美国国务院配合奥巴马政府撤军计划而提出的"配套计划"。但从长远看,"新丝绸之路"是一条从欧亚大陆腹地通往印度洋的新通道,美国希望借助这条通道"帮助"沿途的国家"摆脱"昔日的俄罗斯帝国以及新兴国家的"控制"。奥巴马政府翻新了布什政府的"大中亚计划",目的依旧是打造一个既没有中国也没有俄罗斯的,美国主导的中南亚地缘经济板块,具体实施有以下两项工程。

---

① 美国国家情报总监2011年3月告诉国会:由于美国更加依赖于中亚对阿富汗军事行动的支持,因此,中亚地区的政治和社会稳定变得更加重要了。

② *Central Asia*: *Regional Developments and Implications for U. S. Interests* Jim Nichol Specialist in Russian and Eurasian Affairs January 3, 2012.

③ Fact Sheet on New Silk Road Ministerial 22 September 2011 U. S. DEPARTMENT OF STATE Office of the Spokesperson September 22, 2011 http://www.state.gov/p/sca/index.htm.

北方运输网络。自 2001 年阿富汗战争开始以来，美国的后勤供应主要是通过巴基斯坦的转运线，这个通道便捷便宜，但风险极高，是塔利班常年袭击的主要目标之一。2009 年初，美国通过与哈、塔、乌等国的协商获准开辟了进入阿富汗的新线路，称之为北方运输网①。北方运输网由多条线路构成，已建成的有北线、南线和哈吉塔线三条。北线起于拉脱维亚的里加港，经苏联时期修建的铁路，穿越俄罗斯和哈萨克斯坦到达乌兹别克斯坦，从乌兹别克斯坦的铁尔梅斯进入阿富汗。南线始于格鲁吉亚的黑海港口波季，陆运到阿塞拜疆的里海港口巴库，从巴库船运到哈萨克斯坦的阿克陶港，再经过乌兹别克斯坦进入阿富汗。哈吉塔线是从俄罗斯到哈萨克斯坦后，不经过乌兹别克斯坦而转向吉尔吉斯斯坦和塔吉克斯坦，最后进入阿富汗。2011 年 11 月巴基斯坦为抗议美军越境轰炸哨所关闭了南方运输线，北方运输线的重要性进一步凸显。美国通过支付高额运输过境费用、提供军事援助、将少量撤出物资留在中亚以及允诺在当地购买一些非军事物资获得这些国家的过境运输许可。同时，借助这些活动，美国成功地加强了与这些国家在军事安全领域的合作。2011 年 7 月美国借扩展北方运输网络投资 3 000 万美元改造"玛纳斯国际运输中心"，改造后的中心可以控制 100% 吉尔吉斯斯坦的领空，中心的军事安全功能大大提升。与此同时，美乌之间军事合作关系也迅速回暖。美国还以此为由，加快连接阿富汗和中亚国家的公路、铁路网络建设，为"新丝绸之路愿景"的实施"铺路搭桥"。

"中亚禁毒倡议"。2011 年 6 月美国国务院提出新的援助项目"中亚禁毒倡议"，主要内容包括：美国国务院提供 420 万美元的援助用于帮助中亚五国建设禁毒署；提供 1 400 万美元为中亚国家提供双边执法和法治援助项目；美国许诺在更广泛的领域内支持中亚国家打击毒品犯罪，包括：帮助中亚国家修订法律建立地区性的禁毒特种部队；为中亚国家的禁毒署提供设备和培训，帮助这些国家建设毒品调查的特种部队；帮助美国联邦毒品调查机构参与中亚地区的禁毒工作并且加强与中亚国家禁毒署和特种部队的合作；美国国防部将为中亚的禁毒项目投入 10 100 万美元，并将寻求援助与美国国防部的其他项目之间的协同增效效应；与联合国毒品和犯罪办公室、欧安组织在政策改革、边境安全、毒品控制方面开展合作。该计划（CACI）的目标包括：（1）阻止阿富汗的毒品进入中亚，打击国际贩毒组织；（2）建立政府间网络以提高对毒品走私调查、起诉和定罪的能力；（3）推动地区合作，实现跨国境的合作和联合行动；（4）建设司法调查和起诉的能力确保明确和逮捕毒品走私组织的领导者；（5）发展一支禁毒特种部

---

① 哈萨克斯坦和塔吉克斯坦 2009 年 2 月同意物资过境，乌兹别克斯坦 4 月同意过境，吉尔吉斯斯坦 7 月过境，在此之前格鲁吉亚 2005 年同意过境，俄罗斯是 2008 年，阿塞拜疆是 2009 年 3 月签署协议。

队使有意义的合作执法成为可能。①

与前任政府的中亚政策相比，奥巴马政府中亚政策的战略性、前瞻性以及实用主义色彩更突出，采取的策略更加迂回曲折，操作层面更加细致，美国对中亚国家的需求和不同的"个性"认识更加明确，这是一种在中亚实现其安全利益和民主化改革目标两方面小心翼翼保持平衡的政策。美国对中亚国家的民主化进程并不满意，南亚和中亚事务局局长布莱克曾公开强调，目前较为成熟的美国与中亚国家战略磋商机制也是美国推动中亚国家民主化的重要机制之一。②但美国对中亚五国人权问题和政治改革问题批评的声音相对柔和。

美国中亚政策调整的成效还是比较突出的。2012年中亚国家对待俄罗斯和美国的态度发生微妙变化。美国恢复了与乌兹别克斯坦的军事交流，双边关系迅速回暖，塔什干离开集体安全条约组织，这被俄罗斯学者看作是俄罗斯外交上的失败；土库曼斯坦成为美国倡导的TAPI管线的最积极参加者；美吉关系的发展找到了新的节奏，塔美关系，尤其是在军事安全领域内的合作也同样令俄罗斯忧心忡忡。③

3. 前景及存在的问题

美国曾经借地区反恐战争，重组中亚地区地缘政治格局，这种努力在2005年一度受挫。奥巴马政府目前在中亚的所作所为，似乎正在重新实现10年前野心勃勃的目标。在一定意义上，奥巴马政府正在试图将一场"灾难"（美国在阿富汗的撤军）变成一次新的机会，但左右前景的问题很多。

一是政策实施面临着重重国内掣肘。沉重的财政负担和相对下降的综合国力导致美国对外援助经费一减再减，作为非核心国家利益区的中亚地区的援助经费持续下降。④此外，国际和地区局势的急剧变化，令美国面临的外部问题迅速增加，中亚在美国政治精英的视野中日益被置于边缘化地位。因此，奥巴马中亚政策的实施最大的问题是"投入不足"。

二是美国的意图遭到俄罗斯的强烈抵制。2012年2月召开的维也纳会议上，由于俄罗斯警告在先，中亚五国没有同意签署中亚禁毒倡议。俄罗斯专家谢尔盖·米赫耶夫认为："华盛顿试图打造获取情报的网络和部署自己部队的基地。

---

① The Central Asia Counternarcotics Initiative http：//www.state.gov/j/inl/rls/fs/184295.htm.

② U. S. Engagement in Central Asia Testimony Robert O. Blake, Jr. Assistant Secretary, Bureau of South and Central Asian Affairs House Foreign Affairs Committee, Subcommittee on Europe and Eurasia Washington, DC July 24, 2012 http：//www.state.gov/p/sca/rls/rmks/2012/195500.htm.

③ 2010年底美国与塔吉克斯坦达成协议为塔吉克斯坦在杜尚别以西35公里处卡拉塔格镇修建军事训练中心。2011年美国为塔吉克斯坦的边防设施现代化改造援助160万美元，并试图租用"艾尼"军用机场。

④ 美国2010财年对中亚的非军事援助是18 620万美元，2011财年则略有下降。军事援助要多一些，但在2011财年也有所下降。

这需要在同俄罗斯进行竞争的背景中去研究它，美国试图将俄罗斯排挤出该地区。在北约驻军阿富汗期间，来自阿富汗的可卡因出口增长了几十倍。美国没有对限制毒品贸易做出任何举动，甚至还间接地促进了它的发展。现在，美国想借口打击毒品贸易进入中亚。美国的倡议带有完全显而易见的破坏性质。"① 随着俄罗斯与美国及西方世界关系的恶化，俄罗斯会加强其在中亚地区对美国影响力的对冲和抵制。

三是中亚国家的犹豫、猜疑。中亚国家内部对美国的疑虑始终存在，多边平衡外交已经成为五个国家的共同选择，因此，从自身国家需要和利益出发有选择地参与不同朝向的区域合作机制和倡议是中亚各国的明智选择。这意味着中亚国家不会"全心全意"配合或支持美国在本地区的这些计划。

4. 对中国与中亚国家关系的影响

客观分析，中亚国家欢迎美国在本地区的长期存在并保持适度影响力。美国的资金、技术、国际权势都是中亚国家期望借重的战略资源，同时，中亚国家认为，美国的存在可能会平衡本地区的权力结构，为中亚国家获得更大回旋余地和多元化的国际助力。美国在中亚的长期存在对中国西部安全稳定，以及国家战略层面的影响大于对中国与中亚国家关系的影响。

中亚国家与中国的双边关系发展是稳定和趋于成熟的，中亚国家轻易不会在中美之间做出非此即彼的选择。但是，美俄在中亚的博弈引发的地区动荡、美国支持的国际反华势力与本地区反华政治势力在本地区或明或暗的反华活动则会对中国的中亚利益和中国西部安全稳定构成一定威胁。

美国之所以重视中亚，原因之一就是其与中国相邻。随着美国亚太再平衡战略的提出和推进，美中之间的战略竞争关系已既成事实。虽然两国高层和元首采取各种努力建立新的信任关系和战略协调机制，但是美中之间存在结构性矛盾复杂难解。美国与中国在中亚发生利益碰撞甚至摩擦的可能性是存在的，美国中亚利益目标中，遏制中国也是一个必然选项。

美国在中亚的活动尤其是美国、北约与中亚国家在军事安全和情报层面的合作，在客观上已经对中国西北地区的战略安全产生了直接影响，这也对中国与中亚国家之间双边关系的发展增加新的复杂因素。一方面，美国与中亚国家之间的互动尤其是军事安全领域内的深度合作，有可能会损害中国与中亚国家之间的政治安全互信；另一方面，美国对中亚国家的"拉拢"在一定程度上会增加中国与中亚国家在同类领域内开展合作的成本。

---

① 俄罗斯之声报道：《俄罗斯和中国不会陷入对美国的"毒品依赖"》，2012年2月20日，13：44http://chinese.ruvr.ru/2012_02_20/66475518/。

二、俄罗斯的中亚政策及其影响

一些俄罗斯学者把苏联解体时期与俄罗斯17世纪初的混沌时期相类比,其相似之处在于国家政权系统崩溃,国际政治权势大幅削弱,民众和精英思想混乱甚至不知所措,民族自信心和自尊心严重受挫。后冷战时期的头十年,俄罗斯经历了与西方短暂的蜜月期和被动应对西方战略挤压的痛苦时期,进入21世纪后,随着俄罗斯对自身国家利益认识的清晰化,对其国际地位的明确,对外政策日渐清晰。在此过程中,对新建立的中亚五国,俄罗斯人情感复杂纠结,早期的疏远与目前的再一体化政策,既是俄罗斯人对待昔日小伙伴不断调整心态的过程,更是折射出西方与俄罗斯之间复杂的战略博弈关系,以及俄罗斯伴随自身实力变化不断寻找自身战略定位和明确国家利益的进程。

(一)第一阶段:"甩包袱"疏远中亚(1992~1995年)

20世纪90年代初俄罗斯追求成为西方体系的一部分,把经济社会发展相对落后的中亚看作是推进俄罗斯的经济改革,融入发达资本主义经济体系的阻碍因素。因此这一时期俄罗斯对中亚地区实施的是"甩包袱"政策。具体表现为:

1. 政治关系相对冷淡新双边及多边军事安全合作机制形式多于内容

叶利钦政府对中亚国家的独立采取了鼓励支持的立场,与中亚五国先后签署了双边友好合作条约,为俄罗斯与中亚五国确立新合作交往模式奠定了法律基础,但双边关系总体较为疏离,欧洲—大西洋方向成为俄罗斯外交政策中主要的,而且事实上是唯一的方向。1994年,俄罗斯"忽略"了哈萨克斯坦总统纳扎尔巴耶夫关于建立欧亚联盟的倡议,虽然该倡议在当时有助于推动俄罗斯与该地区国家之间,以及整个后苏联空间的重新整合。在安全领域方面:1992年俄罗斯通过在乌兹别克斯坦首都塔什干签署的"集体安全"条约使自己同中亚地区国家重新建立起一种伙伴关系,但是在相当长的时间内,独联体处于空转状态。不过,叶利钦政府与中亚国家在军事安全领域内签署了一系列双边合作协议,确保了俄罗斯在中亚的军事存在。俄罗斯在塔吉克斯坦、哈萨克斯坦的军事基地和设施得以保留,这为俄罗斯介入塔吉克斯坦内战及"重返中亚"埋下不经意的伏笔。

2. 单方面割裂传统经济联系和协作关系

叶利钦领导的俄罗斯在这一阶段还"毁掉了"统一经济空间。俄罗斯精英将中亚视为俄罗斯快速完成经济复苏和转型的"拖累"采取了被外界描述为"甩包袱"政策,主要措施包括:宣布停止对中亚五国的财政补贴并追回欠款;单方面开展"休克疗法"改革,令中亚国家措手不及蒙受巨大损失;单方面进行货币改革将中亚地区各国挤出卢布区。① 同时,主动压缩与中亚各国贸易规模。俄罗斯和中亚之间密切经济关系彻底遭到毁灭。1992~1993 年期间,俄罗斯与中亚国家的贸易量萎缩了 1/10,从约 600 亿美元降到 63 亿~67 亿美元,1994~1995 年维持在大约同样低的水平(见表 2-1)。

表 2-1　　俄罗斯与中亚国家的贸易(1991~1995 年)②　　单位:百万美元

年份	商品流通	俄罗斯出口到中亚	俄罗斯从中亚进口	俄罗斯贸易差额
1991	59 226	33 785	25 441	8 344
1992	6 360	5 767	593	5 174
1993	6 750	4 703	2 047	2 656
1994	6 143	3 771	2 372	1 399
1995	7 679	4 230	3 449	781

3. 影响

俄罗斯对中亚国家的"甩包袱"政策极大地刺激了本地区"去俄化"运动兴起,同时域外大国赢得历史机遇大举进入中亚。俄罗斯在 20 世纪 90 年代初中期实行的"摆脱"政策,令中亚五国陷入严重危机。长期以来,这些地区和国家在原苏联国民经济分工体系和资源分配体系中就处于相对附属和边缘地位,工业化程度较低,各类人才匮乏,经济社会发展水平相对较低,因此,受后苏联空间经济联系中断的影响比俄罗斯严重得多。独立之初,中亚五国普遍经济形势灾难性恶化,社会领域也退化。居民生活水平的急剧下降,社会紧张加剧,技术熟练的专家大批离开。相应的,俄罗斯在中亚的影响也随即降至最低点,直接后果就是不仅在中亚,包括在整个后苏联空间造成了所谓的地缘政治权力真空。

俄罗斯这种"冷酷无情"的做法和新独立国家在意识形态寻求构建独立国家民族主义的努力等因素作用下,中亚各国普遍出现"去俄化"运动,俄罗斯裔的

---

① 1992~1993 年在中亚地区还在使用与俄罗斯统一的支付工具——俄罗斯卢布,并希望留在卢布区。但是,盖达尔政府推行"休克疗法",单方面颁布"关于物价自由化的措施",发行新版卢布,并对中亚各国留在卢布区设置苛刻条件,导致中亚国家被迫退出卢布区,这意味着俄罗斯政府在 1993 年单方面切断中亚地区国家与卢布区的联系,使得中亚国家失去了支付工具,这导致 1993 年前存在的后苏联国家之间的商品货币交换系统事实上完全被破坏。

② Владимир Парамонов: *Внешняя политика России в Центральной Азии: взгляд из Центральной Азии*. http://viperson.ru/wind.php? ID = 588332.

中亚各国居民感到了巨大的社会心理压力,甚至被迫迁徙,俄语的官方语言地位遭到质疑和挑战,与此同时,陷入困境的中亚五国将求助的目光投向西方及伊斯兰世界,超级大国和地区性强国纷至沓来。

中亚国家总体来说对俄罗斯这一时期的新外交政策的反应很痛苦,把它看作是一种对在同一个国家内(俄罗斯帝国和苏联)发展了100多年的兄弟国家的背叛。在俄罗斯草率退出中亚地区后,中亚国家被迫加快形成新的国家间经济、政治、军事和其他关系的进程,以取代在苏联时期主要局限于与俄罗斯的关系。中亚国家开始寻找替代俄罗斯的合作伙伴。这五个国家开始积极发展与北约、欧安组织等西方多边机制的关系,积极寻求美国的支持,与中国建立正式外交关系。可以说,这一时期俄罗斯对中亚的"疏远"成就了今天中亚地区的复合权力结构。

(二) 第二阶段:"重返"中亚(1996~1999年)

20世纪90年代中期,俄罗斯与西方短暂的蜜月期戛然而止。在西方世界的不断战略挤压下,俄罗斯人逐渐对自身与西方的关系有了清醒的认知。1996~1998年担任俄罗斯外交部部长的普里马科夫认为,一些西方国家企图利用俄罗斯在世界上,其中包括后苏联空间的整体影响力削弱的事实,进一步削弱俄罗斯的国际影响力和能力。普里马科夫在一篇文章中说,"一些西方国家的领导人在活动,其目的是不允许俄罗斯在稳定前苏联共和国国内局势中发挥特殊作用,破坏这些国家与俄罗斯接近的趋势的发展。"① 他宣布"多极化"路线是俄罗斯外交政策的理论基础。从20世纪90年代中期开始,俄罗斯试图制定全新的在后苏联空间(包括中亚)的外交立场。中亚地区在俄罗斯国家优先方面体系中的重要性增加②。这一时期,除了战略层面考虑之外,现实的安全需求也迫使俄罗斯重新重视中亚。1991~1995年期间,车臣分离主义势力急剧膨胀对俄罗斯社会稳定和政治安全构成严重威胁,俄罗斯必须关注中亚地区安全,并与各国开展合作保障其南翼安全③。

---

① [俄] Е. Примаков. *Годы в большой политике.* -Москва,1999 год. -c. 133.

② [俄] Л. Арон. *Внешнеполитическая доктрина посткоммунистической России и ее внутриполитический аспект*/Журнал《США и Канада》(Россия). -Москва,№ 2,1999 год. -c. 48.

③ 20世纪90年代下半期俄罗斯开始更加重视中亚地区的稳定和安全。这主要是由于俄罗斯越来越意识到激进伊斯兰主义对自身安全的威胁。20世纪90年代末,伊斯兰激进分子实际上几乎完全控制阿富汗(在1998年北方联盟战败后)和车臣共和国(1996年俄罗斯军队撤出后)。鉴于在俄罗斯自身内部恐怖活动的增长以及同时并行的北高加索地区军事冲突的升级,俄罗斯意识到了在俄罗斯、阿富汗和个别中亚国家境内活动的破坏性力量之间有紧密联系。为此,俄罗斯介入塔吉克斯坦内战,成为卓有成效的调停人。

叶利钦政府期望借助自己的传统优势和原苏联时期的政治遗产，力图以较小的成本修复与中亚国家间的关系，逐步恢复其在中亚的影响力。但由于实力削弱和地位下降，这一时期，俄罗斯事实上并没有太多地挽回其在中亚影响力的手段和能力。

1. 政治和安全合作方面

1995 年俄罗斯出台《俄罗斯对独联体国家的战略方针》，明确与包括中亚在内的独联体国家的关系在俄罗斯对外关系中占有优先地位。同一年，独联体成员国签署了"联合防空系统协议"。不过这段时间，独联体的发展依旧是形式大于内容。

2. 经济合作方面

20 世纪 90 年代下半期俄罗斯仍和以前一样不重视发展与中亚国家的经济合作。最明显的证据是在这一时期俄罗斯—中亚的贸易总额比 20 世纪 90 年代上半期还低。1995 年的俄罗斯、白俄罗斯、哈萨克斯坦三国关税同盟，但缺乏实质性运作。双方 1996~1999 年期间，贸易额下降了约 2 倍——从 72 亿美元下降到 37 亿美元（见表 2-2）。同时由于货币赤字，俄罗斯和中亚地区国家之间的贸易在很多情况下都以易货贸易进行。

表 2-2　　俄罗斯与中亚国家的贸易（1996~1999 年）①　　单位：百万美元

年份	商品流通	俄罗斯出口到中亚	俄罗斯从中亚进口	俄罗斯贸易差额
1996	7 244	3 920	3 324	596
1997	6 833	3 402	3 431	-29
1998	5 411	3 165	2 246	919
1999	3 695	1 903	1 792	111

可以说 1992 年盖达尔政府启动的后苏联经济空间破碎的进程在 20 世纪 90 年代后半期依然持续。唯一不同的是在石油和天然气领域开始恢复某种互动，包括哈萨克斯坦石油运输到国外市场的问题和土库曼斯坦天然气运输到俄罗斯或通过俄罗斯管线的问题。但是，这种互动具有非系统性，并经常被俄罗斯作为一种政治手段来影响上述国家，当时俄罗斯对哈萨克斯坦的石油和土库曼斯坦的天然气的过境保持绝对的垄断。这导致 90 年代后半期俄罗斯与哈萨克斯坦和土库曼

---

① ［乌兹别克斯坦］Владимир Парамонов: Внешняя политика России в Центральной Азии: взгляд из Центральной Азии. http://viperson.ru/wind.php? ID =588332.

斯坦在石油和天然气领域的互动经常是相互矛盾的。一方面，俄罗斯表示要关闭对中亚的碳氢化合物供应和运输，并阻碍该地区建设绕过俄罗斯的管道，从而依靠这点加强自己在该地区的地位。另一方面，俄罗斯作为中亚碳氢化合物运输垄断者的地位使俄罗斯频频利用这一手段，尤其是在对待土库曼斯坦方面，"俄罗斯天然气工业股份公司"常常关闭土库曼斯坦的天然气过境，有时土库曼斯坦自己停止出口天然气。此外，还发生过俄罗斯对哈萨克斯坦经由其领土出口的石油实行配额化情况。

3. 影响成效非常有限

中亚国家对俄罗斯的这一调整普遍反应冷淡，并引发美国等西方势力实质性的反对，美俄中亚博弈初露端倪。1996年所有的地区国家（除土库曼斯坦外）都加入了欧安组织。1998年吉尔吉斯斯坦加入世界贸易组织。1999年，乌兹别克斯坦加入美国支持的与独联体竞争的国际组织古阿姆集团（格鲁吉亚、乌克兰、阿塞拜疆和摩尔多瓦的联盟）。许多西方专家认为，古阿姆集团成员国"在寻找方法，以提高他们的政治、经济和军事能力，使得能在一定程度上抵消俄罗斯在独联体国家的影响"①。不过，20世纪90年代后期中亚国家对俄罗斯在安全和军事合作领域的政策的反应是不一致的。例如，塔吉克斯坦欢迎俄罗斯并同意赋予俄罗斯201摩托步兵师军事基地的地位。这一时期叶利钦政府与乌兹别克斯坦的关系明显恶化，乌兹别克斯坦1998年夏天对由于塔利班军队撤退到乌兹别克—阿富汗边境俄罗斯提供的紧急军事援助造成的实际破坏活动做出了剧烈的反应。1999年，乌兹别克斯坦和阿塞拜疆、格鲁吉亚一起拒绝延长集体安全条约。总之，90年代下半期俄罗斯中亚政策调整的收效甚微，既没能加强其在中亚地区的地位，也没能填补很大程度上是由俄罗斯自己造成的所谓的地缘政治真空。

与此同时，俄罗斯试图重返中亚的企图遭到了美国等西方国家的坚决反对，并在政策层面采取一系列应对举措。发表声明强调美国在本地区的国家利益，加强对本地区转型援助力度。美国加快对后苏联空间的"肢解"，美俄中亚博弈拉开序幕。

（三）第三阶段：经营中亚（2000年至今）

2000年弗拉基米尔·普京上台执政在很大程度上成为后冷战时期俄罗斯国家发展历程中的象征性转折事件。普京政府先后通过三个重要的战略文件：《俄罗斯国家国家安全构想》《俄罗斯国家军事安全构想》《俄罗斯国家对外政策构

---

① ［乌兹别克斯坦］В. Парамонов/В. Строков: Этапы внешней политики России в ЦентрАзии. 2008 07. 18. http://www.centrasia.ru/newsA.php?st=1216360440.

想》，宣称俄罗斯的外交政策将致力于为俄罗斯国家复兴创造良好的发展环境，国家要成为现代国际关系和全球经济的中心之一。普里马科夫提出的"多极世界"理论在此基础上得以继续实践。俄罗斯将加强与中亚各国在政治、安全、军事、经济等所有领域内的合作，在多边框架下，俄罗斯致力于推进在其主导下的后苏联地缘政治经济空间的一体化进程。2008年后梅德韦杰夫执政的4年，这一主导思想继续得到贯彻，2012年普京再度担任总统，中亚成为俄罗斯的核心利益区。虽然"9·11"后美军进入中亚，影响力一度达到历史新高，但毫无疑问，俄罗斯目前是中亚地区影响力最大的域外大国。

普京政府的中亚政策灵活务实，带有强烈的个人风格，从双边和多边两个维度同时推进，改变过去重视政治安全合作轻经贸关系发展的做法，加大对中亚国家经济援助，多个领域共同推进，并针对不同国家与俄罗斯关系远近采取亲疏有别的政策；在多边层面，除了借助阿富汗因素和其他非传统安全问题深化独联体集体安全条约组织的功能，密切与中亚国家军事安全合作关系外，有效利用上合组织平台的同时，强势推进后苏联经济空间整合，借助欧亚经济联盟，推动与中亚的区域经济一体化进程。同时，对美国及西方国家在中亚地区影响力的拓展采取了灵活但坚定的"抵制"。

具有讽刺意味的是，2005年美国及西方盟友在中亚鼓动"颜色革命"，强推民主化改革迫使中亚国家加快对外政策调整并对加强与俄罗斯合作。这是普京中亚政策获得阶段性成功的重要原因之一。

1. 政治领域

俄罗斯与中亚国家元首高层互访频繁，在重大国际问题上能够协调立场，互相支持，政治互信显著增强。军事安全合作不断深入推进，俄罗斯成为中亚地区安全保障的最主要提供者。

苏联时期甚至更早的时候形成的共有记忆、地缘优势和历史形成的经济人文社会联系为俄罗斯能够经营中亚奠定了独一无二的基础。普京政府充分利用了这一优势，在政治层面，俄罗斯与中亚国家一起抵制西方向后苏联地缘空间兜售民主化改革方案。在美军彻底撤出中亚问题上，做出了更加符合俄罗斯利益的表态，在俄格冲突、乌克兰危机等一系列涉俄问题上都表达了对俄罗斯的支持。2006年，乌兹别克斯坦宣布退出古阿姆集团，参加欧亚经济共同体。俄罗斯在土库曼斯坦的成功也具有重要意义。特别是，2007年8月土库曼斯坦总统首次参加上海合作组织元首峰会，2007年11月在阿什哈巴德举行独联体国家政府首脑峰会。仅从政治层面看，哈萨克斯坦、吉尔吉斯斯坦和塔吉克斯坦与俄罗斯政治关系更加密切，其对外政策亲俄态势较为明显。

2. 安全层面

俄罗斯与中亚国家在非传统安全领域内的合作有了实质性推进。2001年8月在吉尔吉斯斯坦首都比什凯克市建立的中亚反恐怖主义中心分支机构，该机构由俄罗斯、哈萨克斯坦、吉尔吉斯斯坦和塔吉克斯坦的特种部队构成。在军事领域内，目前哈萨克斯坦、吉尔吉斯斯坦和塔吉克斯坦在军事和安全领域展开的合作最积极。2002年俄罗斯向集体安全条约组织成员国提供在俄罗斯军事院校培养军事人才，以及针对组织的分支机构按俄罗斯国内市场的价格购买俄罗斯的武器和技术的优惠条件。2003年俄罗斯在吉尔吉斯斯坦坎特市建立了空军军事基地，该基地成为集体安全条约组织框架内的集体快速反应部队的组件之一。与哈萨克斯坦的军事合作也有了进一步深化。2007年3月俄罗斯与哈萨克斯坦签署协议，明确俄罗斯可以使用哈境内军事设施，并就建立浓缩铀中心达成协议。

2004年，哈萨克斯坦、吉尔吉斯斯坦和塔吉克斯坦原则上同意由俄罗斯使其防空系统现代化，并且授权俄罗斯长期使用在其领土上的战略军事设施。其中最重要的有哈萨克斯坦的"拜科努尔"航天器发射场以及"萨雷—沙甘"反导弹地面发射场，塔吉克斯坦的空间联系综合体"窗口"，吉尔吉斯斯坦位于伊塞克湖的海军武器试验站等。2006年吉尔吉斯斯坦和俄罗斯签署了一项关于2006～2008年向吉尔吉斯斯坦提供数额超过2 700万美元的无偿军事技术援助的协议。2007年10月达成了一项在2008年俄罗斯无偿转让给塔吉克斯坦部分军事技术和军事装备以及俄罗斯第四军事基地弹药的协议，这些极大地加强了塔吉克斯坦军队的战斗潜力。从2005年开始乌兹别克斯坦也把军事和安全性领域的合作转移到俄罗斯。2005年乌兹别克斯坦通过了关于自2001年以来位于甘希附近的美军空军基地退出乌兹别克斯坦的决议，并于2006年6月加入集体安全条约组织。2012年9月19～20日普京出访吉尔吉斯斯坦，签署了俄罗斯驻吉尔吉斯斯坦联合军事基地协议，规定俄驻吉军事基地的相关协议于2017年开始生效，合同期限为15年，依需要可再延长5年。俄罗斯联合军事基地包括机场、试验基地、通信站和地震台。10月4～5日访问了塔吉克斯坦，与塔吉克斯坦两国签署协议，把俄罗斯驻塔吉克斯坦第201基地租期延长30年至2042年。俄还有权在2042年期满后要求把租期再度延长5年，且次数不限。并说明其目的是为了阻止宗教极端武装在北约部队撤离阿富汗后"北上"。这座基地由3座军营组成，分别位于杜尚别附近和南部城市库利亚布和库尔干秋别，总计驻扎俄军201摩托化步兵师大约7 000人，是俄罗斯最大的海外军事基地。俄罗斯和土库曼斯坦的军事技术合作也有所推进。与此同时，俄罗斯充分借助独联体组织、上合组织加强多边框架内与中亚的安全合作。

2002年根据俄罗斯的倡议集体安全条约转化为集体安全条约组织。同年在摩尔多瓦的基希讷乌市，俄罗斯、哈萨克斯坦、吉尔吉斯斯坦、塔吉克斯坦、白俄罗斯和亚美尼亚通过了组织宪章。2004年，集体安全条约组织在联合国大会获得了观察员的地位。2006 年，乌兹别克斯坦加入了集体安全条约组织。2007 年秋季集体安全条约组织在塔吉克斯坦杜尚别举行了国家首脑会议。从 2004 年起开始，独联体集体安全条约组织每年在中亚地区进行"边界"演习，旨在打击地区安全威胁。2007 年在杜尚别集体安全条约组织国家首脑会议上，在俄罗斯的倡议下签署了文件规范在集体安全条约组织框架内建立维和机制和扩大军事技术合作。实际上，独联体集体安全条约组织已经成为俄罗斯"经营"中亚的重要"抓手"之一。

3. 经贸文化领域

俄罗斯与中亚国家的合作已经从能源领域扩展到农业、加工业、交通运输等领域，并逐步加大对中亚国家经济援助力度。欧亚经济联盟成为俄罗斯整合后苏联经济空间的最重要机制。

与其他领域相比，俄罗斯与中亚国家间经济合作进展相对缓慢。在相当长的时期，除了石油和天然气领域，俄罗斯在中亚的投资有限，贸易额度也长期徘徊在低水平，发展极不平衡。2000~2007 年期间，中亚国家在俄罗斯的外贸额中所占份额不超过 4%，略高于 20 世纪 90 年代的水平。其中 2000~2002 年俄罗斯中亚贸易保持在 54 亿~64 亿美元范围内，大概与 20 世纪 90 年代下半期年均水平一样。贸易明显加强开始于 2003 年。2003~2007 年期间，平均年贸易额达到 107 亿美元，比 1996~1999 年期间的年均水平高 83%，比 1992~1995 年期间的水平高 57%（见表 2-3）。

表 2-3　　俄罗斯与中亚国家的贸易（2000~2007 年）[①]　　单位：百万美元

年份	商品流通	俄罗斯出口到中亚	俄罗斯从中亚进口	俄罗斯贸易差额
2000	6 469	2 730	3 739	-1 009
2001	5 924	3 517	2 407	1 110
2002	5 464	3 492	1 972	1 520
2003	7 088	4 520	2 568	1 952
2004	10 463	6 103	4 360	1 743
2005	13 227	7 525	5 702	1 823
2006	14 869	7 982	6 887	1 095
2007	21 787	13 489	8 298	5 191

① ［乌兹别克斯坦］Владимир Парамонов：Внешняя политика России в Центральной Азии: взгляд из Центральной Азии. http：//viperson. ru/wind. php？ID = 588332.

在 2003~2007 年贸易量增长最剧烈和持续时间最长的期间，俄罗斯中亚的贸易增加了差不多 3 倍，从 70 亿美元增长至 210 亿美元，但该地区在俄罗斯外贸中的份额却从 3.96% 下降到 3.76%。另外，还有一个重要的指标，大约 36% 的俄罗斯中亚贸易是石油、天然气贸易。

这种情况近些年有了一些改变，俄罗斯采取多种措施加强与中亚国家的经济联系，并加大对中亚国家的援助，尤其是欧亚经济联盟得到实质性推进后。

主要举措包括：第一，免去吉尔吉斯斯坦所欠俄罗斯总额 1.89 亿美元的债务，2016 年起 10 年内进一步免除多笔债务，总额为 3 亿美元。① 第二，达成了一项关于向塔吉克斯坦免税供应 100 万吨石油和石油产品的协议。第三，塔吉克斯坦劳工移民居留期限延长至 3 年。作为延长军事基地租期的回报，俄罗斯将放宽对塔吉克斯坦人在俄罗斯工作和居留的限制。据估计，大约 130 万塔吉克斯坦人在俄罗斯工作，2011 年寄回国内的汇款大约 30 亿美元，相当于塔吉克斯坦国内生产总值（GDP）的一半。第四，达成建设上纳伦梯级水电站和卡姆巴拉金 - 1 号水电站及建设其他若干中型水电站的协议。② 俄罗斯的能源企业获准参与吉尔吉斯斯坦两个大型水电站的重建项目。俄罗斯国家电力公司旗下的统一电力进出口公司将参与卡姆巴拉金 - 1 号水电站项目，俄罗斯水电公司将参与上纳伦梯级水电站项目。俄罗斯能源部部长亚历山大·诺瓦克预计，第一个项目投资预算在 20 亿~40 亿美元，第二个项目预算为 40 亿美元。2008~2012 年俄罗斯对中亚国家的援助超过 10 亿美元。

在多边层面，2000 年在哈萨克斯坦的首都阿斯塔纳，俄罗斯、白俄罗斯、哈萨克斯坦、吉尔吉斯斯坦和塔吉克斯坦签署了"关于建立欧亚经济共同体"的协议。欧亚经济共同体的创建显著推动了加入欧亚经济共同体的国家之间的互动。2002 年成立了下属欧亚经济共同体一体化委员会的运输政策理事会。它的主要任务是协调各国交通运输机构的活动，以确保货运和客运车辆顺利通过共同体成员国领土。2003 年欧亚经济共同体获得了联合国大会观察员地位。该组织成功运作的其中一个指标是，2006 年乌兹别克斯坦加入了欧亚经济共同体。2006~2007 年期间在推动成员国建立海关联盟方面取得了一定的成果。2007 年 10 月在塔吉克斯坦首都杜尚别，俄罗斯、白俄罗斯和哈萨克斯坦的总统签署了一系列有关建立法律框架的文件。

自 2002 年开始，哈萨克斯坦、吉尔吉斯斯坦和塔吉克斯坦与俄罗斯在欧亚

---

① 《寻求恢复影响力　俄罗斯着眼中亚"经济牌"》，新华网 http：//news.xinhuanet.com/world/2012-09/22/c_123748554.htm。

② ［哈萨克斯坦］M. шибутов：*Дипломатия Блейка против дипломатии Путина. Центральноазиатские игроки и сценарии*. 2012.10.13. http：//www.centrasia.ru/newsA.php？st = 1350115020。

经济共同体一体化委员会的运输政策委员会框架内共同运作，形成统一关税，增加货运，便利通关和建立跨国货运代理公司。2003年，在欧亚经济共同体一体化国际委员会上签署了"欧亚经济共同体成员国能源政策基础"的多边文件。在这份文件中欧亚经济共同体成员国表达了携手合作合理利用能源资源和建立欧亚经济共同体国家共同的燃料能源综合体的愿望。2005年，欧亚经济共同体成员国就建立海关联盟达成一致。到目前为止，在共同体框架内已经签署了一系列运输和通信领域的协议。而更重大的突破是乌兹别克斯坦。乌兹别克斯坦在叶利钦时期与俄罗斯关系冷淡，2004年乌兹别克斯坦与俄罗斯签署了"关于战略伙伴关系"的协议，并于2005签署了"同盟关系"协议。

2011年10月，普京在媒体撰文提出建立欧亚联盟的构想，该构想是一个试图打造包含中亚国家在内的，由俄罗斯主导的后苏联地缘经济空间的宏大计划。该计划得到了哈萨克斯坦、吉尔吉斯斯坦和坦吉克斯坦的支持，以及西方的强烈反对，2015年初欧亚经济联盟正式开始运作。显然，与独立初期相比，俄罗斯对中亚各国施加影响的方式、路径、力度都已经发生了很大的变化。相互关系正在转变为具有更多的共同利益基础上的伙伴关系，虽然这种相互依赖依旧是不对称的。

4. 前景与存在的问题

叶利钦时代俄罗斯在中亚的外交政策一直是无章可循，通过"试错"的方法被动形成。普京执掌政权后，随着俄罗斯经济实力的逐步恢复，及对其与西方世界关系的认识更加理性清晰，俄罗斯正逐步恢复其在中亚的影响力，毫无疑问，中亚对俄罗斯南部安全维护至关重要，对俄罗斯国家复兴至关重要，对反击西方对俄罗斯的地缘空间挤压至关重要。迄今为止，普京的中亚政策是行之有效的，俄罗斯已经成为本地区最具有影响力的大国，中亚国家与俄罗斯之间关系存在远近亲疏的差异，但是，没有一个国家会公开反对或真正疏远俄罗斯。目前摆在俄罗斯面前的困难是：第一，如何在自身经济危机重重的情况下继续承担对中亚国家的责任，并继续推进欧亚经济联盟的发展；第二，如何应对后苏联空间在一体化进程中，中亚各国的"去俄化"运动和中亚亲西方精英的反对。中亚国家与俄罗斯日益密切的联系在一定程度上是地缘决定的，这并不意味着，独立20余年后的中亚国家热衷于一体化，尤其是政治一体化。此外，中亚各国内部始终存在着"去俄化"运动，这一运动与本国民族主义情绪相伴相生，并在国内政治精英们开展权力斗争时，被提到台前成为打击对手的工具。这始终是一股外部势力可以借助的，与俄罗斯在中亚进行地缘政治博弈的暗流。最后，后普京时代俄罗斯是否会延续现有的内政外交而不会"另起炉灶"，还是未知之谜。

5. 对中国与中亚国家关系的影响

俄罗斯对待中亚这种先冷后热的态度转变，对中国与中亚间双边关系和多边合作的影响总体并不大。中国与中亚国家的关系是建立在和平共处五项原则的基础上的一种平等互利的关系，中国从来没有要求中亚国家"站队"。客观上，俄罗斯冷落中亚国家时，中国与中亚国家的双边关系的发展会快一点。但这也只是一种逻辑推理。实际上，经过20多年风雨的中亚国家都明白，大国平衡外交对自己国家利益的战略价值。而且中亚地区目前已经形成了一种复合权力结构，中亚国家没有必要在俄罗斯和中国之间做选择题，也没有必要仅仅与中、俄发展友好关系。但是，随着俄罗斯政府经营和控制中亚地区的目标日渐明确，双方在特定领域内影响力的此消彼长，中国与俄罗斯在中亚地区的利益交汇，甚至摩擦都有可能会增多，中俄战略合作伙伴关系的深化在中亚地区面临新的考验。中亚国家需要更多的智慧在发展与中国深度合作的同时，避免引起俄罗斯的不满。

三、地区性大国在中亚的活动及影响

除了美俄两大外部因素外，欧盟、土耳其、印度、伊朗这样的与中亚地区存在紧密地缘政治联系的地区性组织和大国，也以各种方式介入中亚事务，不仅一定程度上影响到中亚地区政局进程，也对中国与中亚国家关系构成或多或少的影响。

（一）欧盟的中亚政策及其影响

欧盟的中亚政策是欧盟共同外交和安全政策的有机组成，也是欧盟展现其作为世界政治格局中的重要力量的"舞台"。[①] 中亚国家先后宣布独立之时，正是欧盟大踏步推进一体化进程的阶段，欧盟对苏联解体和东欧剧变欢欣鼓舞，这意味着传统"威胁"的消失，欧盟版图的扩展和欧盟与欧亚大陆腹地前所未有的接近。这是踌躇满志、渴望成为"一极"的欧盟所期望的。

1. 欧盟中亚政策的制定与调整

20世纪90年代，欧盟没有将中亚五国看作一个独立的地缘政治板块，与美国"步调一致"，将其视为独联体国家的一部分。1991年欧盟推出了"独联体国家技术援助"（Technical Assistance in CIS）计划覆盖中亚国家，但对中亚国家的援助资金投入并不多，而且对中亚五国区别对待。相较而言，欧盟比较重视发展与哈萨克斯坦、吉尔吉斯斯坦和乌兹别克斯坦的双边关系，与美国保持一致。

1993年欧盟开始逐渐重视发展与高加索中亚地区国家间的关系，鼓励这些国家继续在国内推进"去俄罗斯化"进程，双方签署《伙伴关系与合作协定》。

---

① 1993年《马斯特里赫特条约》生效，该条约规定欧盟的目标之一就是在国际舞台上显示欧洲联盟的身份，中亚重要的地缘政治价值，决定了欧盟一定会关注中亚。

1994年起，欧盟委员会开始在阿拉木图设立大使级外交代表，负责欧盟与哈、吉、塔三国间关系的发展；在杜尚别和比什凯克分别设立代表处，并在塔什干设置欧盟驻中亚地区总部。由于欧盟没有在土库曼斯坦设立代表处，所以欧盟与土库曼斯坦之间的双边关系由布鲁塞尔总部负责协调。1995年6月欧盟委员会起草了题为《与中亚国家的关系——欧盟的战略》的特别报告，此举意味着，欧盟期望加快与中亚国家双边关系的发展并提高了对中亚地区的关注度。这些政策内容与同时期美国的中亚政策几乎没有差别。20世纪90年代，欧盟向中亚国家提供了大约9.4亿欧元的援助。欧盟的"慷慨解囊"为自己在中亚赢得了一定的好感。

这一阶段，欧盟在中亚的利益总体仍较有限，安全利益或许是最重要的。随着欧盟东扩进程的启动，中亚成为欧盟"近邻"，塔吉克斯坦的内战以及20世纪90年代末中亚地区的暴力恐怖主义活动的增多，有组织的暴力犯罪活动猖獗，尤其是毒品跨国走私已直接危及到了欧盟的安全①，令欧盟觉得有必要采取措施，未雨绸缪。1999年2月欧洲议会通过《欧盟发展与独立中亚国家关系的战略》的决议。该文件强调，在中亚国家实现基本的民主和人权被认为是欧盟与中亚开展合作的优先任务。

联军发动阿富汗战争后，欧盟加大了在中亚的活动力度。一方面，中亚地区的安全局势的恶化和外溢的确会对欧盟的诸多利益构成威胁；另一方面，自视为世界政治格局中重要力量的欧盟，不能对中亚地区日趋激烈的大国博弈袖手旁观。欧盟需要加强与中亚国家的合作彰显自身的影响力②。2001年哈萨克斯坦总统纳扎尔巴耶夫访问德国，成为进入21世纪后，欧盟与中亚关系迅速发展的标志性事件。2002年10月30日，欧盟通过了《关于中亚的2002~2006年战略文件暨2002~2004年指导计划》，这是中亚五国独立后，欧盟通过的第一份欧盟的中亚战略文本。文本宣称：欧盟将在未来5年内，向中亚五国提供3.66亿欧元

---

① 据统计，在流入欧盟成员国的阿富汗毒品中，大约有65%是经由中亚国家流入的。其中，英国毒品市场上的海洛因超过90%来自于阿富汗。除了毒品问题带来的直接安全威胁之外，欧盟尤为关注的另一问题是中亚地区猖獗的毒品走私对中亚地区稳定造成的严重负面影响。根据瑞典学者的研究，由于阿富汗流经中亚国家的毒品走私活动不仅仅只是一个经济活动，而且还与有组织犯罪势力、伊斯兰极端主义分子、洗钱活动、恐怖主义势力等纠结在一起，因此毒品贸易已经影响到了中亚各国的军事安全、政治安全、社会安全与生态安全四个国家安全维度，从而给中亚国家及周边国家提出了重大的挑战。参见：曾向红：《欧盟在中亚地区所面临的挑战解析——欧盟新中亚战略出台背景透视》，载于《世界经济与政治论坛》2007年第6期。

② 2003年12月21日，在欧盟负责共同外交与安全政策的高级代表索拉纳（Javier Solana）的推动下，欧盟批准通过了《一个更好世界里的安全欧洲：欧洲安全战略》战略文件提出，为了改善欧盟在"9·11"事件之后所面临的外部安全环境，欧盟将致力于缓解或消除伊斯兰极端主义势力、恐怖主义、大规模杀伤性武器的扩散、有组织犯罪、"失败国家"等给欧盟安全带来严重威胁的因素。尽管该文件并未直接关涉中亚，但鉴于这些被欧盟列为能对其维护自身安全构成挑战的因素在中亚地区或现实或潜在地存在着，因此这些因素在中亚地区的发展无疑是欧盟密切关注的内容。

的援助，并明确欧盟在中亚的战略目标是：促进中亚国家的稳定与安全，支持中亚国家实现经济繁荣发展，减少贫困。① 这份战略文件的出台，标志着欧盟已经开始将中亚五国看作是一个单独的地缘政治单位，欧盟期望通过专门的中亚地区援助计划，发展和巩固欧盟与中亚国家的关系，输出欧盟的价值观念，扩展欧盟在本地区的影响力。无独有偶，2001年，美国国际开发署推出了为期5年的美国援助中亚战略。两份战略文件在操作层面存在诸多相似之处，机构之间、援助项目间的配合度很高。

2005年"安集延事件"导致乌兹别克斯坦与欧盟的关系出现了大幅度"降温"②。中亚国家对西方国家输出民主价值观的强烈反应，令欧盟不得不对自己的中亚政策进行策略性调整。2005年7月欧盟设立了中亚事务特别代表（SRCA）。按照欧盟的规定，特别代表将致力于增进欧盟与中亚国家的政治协调，监察援助计划的实施，帮助中亚地区实现稳定，推进民主、法治建设等。③

2006年发生的俄乌天然气风波则迫使欧盟加快了政策调整步伐，同年欧盟发表的《能源战略》声称：中亚的油气资源在保障欧洲能源安全方面有重要作用，10月德国外长访问中亚五国。④ 2007年3月27日欧盟一个高级代表团，包括轮值主席国德国外交部长施泰因迈尔，欧盟负责对外关系和睦邻政策事务的委员瓦尔德纳以及欧盟中亚事务特别代表莫雷尔以"掀开新的一页"为基调出访中亚国家。6月，欧盟委员会推出了德国起草的《欧盟与中亚：新伙伴关系战略》（*The EU and CentralAsia: Strategy for a New Partnership*）强调了中亚的地缘政治地位，明确说明，欧盟在中亚的优先利益是安全和能源。此外，欧盟还通过了《2007~2013年欧盟援助中亚战略文件》和《2007~2013年中亚指导计划》作

---

① *Strategy Paper* 2002–2006 & *Indicative Programme* 2002–2004 *for Central Asia* http://eeas.europa.eu/central_asia/rsp/02_06_en.pdf.

② 欧盟决定从2005年11月开始对乌兹别克斯坦进行制裁，不但取消了根据1999年与乌所签订的伙伴关系合作协定中规定的援助项目与专家对话，从而使乌成为欧盟历史上第一个被取消该合作协定的国家；而且欧盟还决定当时全体25个成员国禁止对乌出口武器、禁止向包括乌内政部长与国防部长在内的12名政府高官访问欧盟国家颁发护照。在2006年11月，为了改变乌在此问题上的立场，欧盟与乌兹别克斯坦政府就人权问题进行了一次对话，但鉴于乌兹别克斯坦政府的强硬立场，欧盟决定将对乌的制裁延长1年。

③ http://eeas.europa.eu/background/eu-special-representatives/index_en.htm.

④ 2006年10月下旬，德国外长施泰因迈尔出访中亚地区哈萨克斯坦、乌兹别克斯坦、吉尔吉斯斯坦、塔吉克斯坦和土库曼斯坦，成为有史以来第一个同时访问中亚五国的欧盟国家外长。在对待中亚国家问题上，德国远远走在了其他欧洲国家的前面。早在2002年3月，德国就通过了专门针对中亚地区的《德国中亚政策》文件。不过德国推动欧盟出台完整的中亚战略是在2006年开始的，而2007年1~6月由德国担任欧盟轮值主席国，则为它推动欧盟出台完整的中亚战略提供了重要的契机。有分析认为，除了德国自身的政治抱负，及其在铁尔梅兹驻军因素外，德国对中亚的关注度远高于其他欧盟国家一个重要的原因就是，中亚地区生活着大量的德裔移民。德国在中亚地区有大量的安全、移民以及商业利益。

为新战略的支撑。与 2002 年的战略文本相比，2007 年的战略规划更加全面和系统，文本详细阐述了欧盟在中亚的利益、目标和手段，不再将中亚国家的民主化问题与发展援助直接挂钩，强调推进中亚民主化进程要以平等对话、透明及注重结果为指导原则；强调尊重中亚国家的立场、加强对话和协商。欧盟用这个雄心勃勃的计划向世人宣称其在中亚的利益所在，以及欧盟决心全方位拓展其在中亚地区存在的长期目标。欧盟似乎有可能成为继俄、美、中之后大中亚地区的第四个"玩家"。[①] 2009 年欧盟取消了对乌兹别克斯坦的制裁，双边交往有所增加。

这一战略已经于 2013 年到期。由于受到欧洲债务危机的影响，欧盟没能对落实战略给予关注和划拨足够的资金，目前欧盟仍然是中亚大博弈中的边缘性角色。欧盟组织专门机构对 2007 战略实施情况进行了评估，并认为有很大的改进空间。为此，2012 年 6 月，欧盟任命新的驻中亚特别代表，旨在进一步促进中亚国家与欧盟的良好关系以及加强该地区的安全、合作、民主以及对人权的尊重，尤其是要协调欧盟在中亚的行动，并监督欧盟战略的实施。2012 年 7 月，欧盟新任驻中亚事务特别代表帕特丽夏·弗洛尔先后访问土库曼斯坦、塔吉克斯坦和乌兹别克斯坦，商讨欧盟与中亚国家当前的合作问题，还讨论了当前欧盟中亚战略的实施情况以及欧盟将于 2014 年制定新战略等议题。

2. 欧盟中亚政策的特点及影响

总体看，欧盟在中亚地区的利益具有多重性，可概括为安全、能源、价值观输出、经贸利益等几个层面。其特点可概括如下：第一，欧盟对中亚政策由一系列战略文本和多边、双边合作机制构成，结构复杂，但"落地"难度较大。第二，发展援助成为欧盟中亚政策的最重要内容和主轴。第三，欧盟的中亚政策与美国中亚政策存在显著的相互配合，政策独立性受质疑。第四，欧盟的内部机制和成员国间的巨大差异决定了其对中亚政策实施受内部掣肘较多，不可能成为其共同外交政策的主要内容和方向。第五，欧盟中亚政策的成效有限，办法不多。欧盟与中亚五国在地缘上并不接壤，欧盟仍然是"大中亚博弈"中的次要功能角色。归根结底，中亚是欧盟"邻居的邻居"，欧盟在中亚地区的利益远不及美国、俄罗斯，甚至中国。不过欧盟不会放弃中亚，中亚也有足够的空间容纳更多的"博弈者"。

欧盟与中亚国家双边和多边关系的发展，客观上有利于中亚地区的繁荣与稳定，实际上，中亚正日益成为链接中国与欧洲的枢纽区域，因此，中国和中亚国家一样愿意看到欧盟在中亚地区发挥其积极影响力。

[①] Council of the European Union, "European Union and Central Asia: Strategy for a New Partnership", Oct. 2007, http://eeas.europa.eu/central_asia/docs/2010_strategy_eu_Centralasia_en.pdf.

（二）土耳其的中亚政策及其影响

由于地理、文化（宗教）优势，土耳其在苏联解体后，毫不隐瞒向中亚输出自己的物质和精神产品的战略意图，借此来增强自身实力，扩大自己的国际影响。土耳其国内有政治势力则认为中亚国家独立为再现"大突厥帝国"的辉煌提供了新的机会。土耳其的国家领导人则表示：土耳其可以与中亚国家分享民主和经济发展经验，并为他们树立一个完美的民主、世俗和自由市场模版。① 土耳其进入中亚受到其西方盟友尤其是美国的鼓励和支持。土耳其积极介入中亚事务，能够限制伊朗在该地区的力量拓展。而中亚各国都认为和土耳其有着"特殊的关系"。②

1. 土耳其中亚政策的制定和初步实施

土耳其进入中亚地区，拓展其地区影响力是具有一些先天优势的。但一段时期里土耳其国内政权更迭频繁，影响了土耳其中亚政策的延续性效率。土耳其历届政府中亚政策的基本内容主要包括：

第一，迅速建立和发展与中亚国家的双边关系。土耳其政府是首批承认中亚五国主权的国家之一③，并把发展与中亚国家间关系作为其对外政策上最优先考虑的内容。1992年10月，哈萨克斯坦、乌兹别克斯坦、吉尔吉斯斯坦和土库曼斯坦等国的总统应邀出席土耳其举行国庆活动。每年都有中亚国家的领导人访问土耳其。土耳其总统苏莱曼·德米雷尔仅在1996~1997年就对中亚地区进行了5次访问。

第二，提供经济援助以助中亚国家渡过难关，并积极发展经贸合作。1992年土耳其向中亚国家总共提供了约15亿美元的贷款，其中6.5亿美元用于购买食品，6亿美元为贷款和贸易担保款，④ 并与中亚国家签署了大量的经济贸易合作协定，涉及能源、交通、采矿、通信、食品、皮革和建筑等诸领域。1992年9月土耳其总理德米雷尔提议建立突厥语国家共同市场和突厥语国家贸易与开发银行。⑤ 至1995年6月，土耳其向哈萨克斯坦投资的大型项目即达34个，1998年

---

① Nasuh Uslu. *Turkish Foreign Policy In The Post - Cold War Period*, Nova Science Pubish, Inc. 2003.
② 1991年12月卡里莫夫访问安卡拉，在此期间土耳其政府表示承认乌兹别克斯坦的独立，卡里莫夫还声明他将土耳其看作是乌兹别克斯坦尊敬的兄长。卡里莫夫还强调乌兹别克斯坦和其他新独立的国家还有很多地方需要向土耳其学习，他还补充说，乌兹别克斯坦在经济、政治和文化方面都迫切需要土耳其的帮助。
③ 孙壮志：《中亚五国对外关系》，北京：当代世界出版社1999年版，第113~115页。
④ ［美］胡曼·佩马尼，王振西译：《虎视中亚》，北京：新华出版社2002年版，第165页。
⑤ G. M. Winrow, *Turkey and Central Asia*, in edited by R. Allision and L. Jonson, Central Asia Security, The New International Context, Washiongton, 2001, P. 201.

在哈的2 200家外国公司中来自土耳其的有319家；1992~1996年土耳其向土库曼斯坦的投资达到15亿美元，合资项目超过60个。但是由于投资能力有限，土耳其的投资主要集中于贸易和中小型项目。

第三，帮助中亚国家尽快融入土耳其主导或参与的多边合作机制。土耳其还积极推动中亚国家加入或参与，由土耳其主导或能够发挥重要影响力的多边合作机制，拓展土耳其与中亚合作的平台和途径，其中最重要的是1992年成立的突厥语国家首脑会议。此外，土耳其积极帮助中亚国家加入"欧安会"，力促阿塞拜疆、土库曼斯坦、乌兹别克斯坦、吉尔吉斯斯坦参加由土耳其、伊朗、巴基斯坦组成的"经济合作组织"。同时，尽力把一些中亚国家纳入由它倡导的"黑海经济合作"计划之中。

第四，积极推进与中亚国家人文合作交流。中亚国家中四个属于突厥语族国家，这使得这些国家与土耳其在语言、民族心理上有一定的亲近感，同时，土耳其作为成功的世俗化穆斯林国家，其现代化进程对中亚的知识精英和年轻人具有一定吸引力。借助这一"先天优势"，土耳其尤其注重强化与中亚国家的人文合作交流。其投资1 000多万美元修建了一个卫星传播系统①，每天向中亚地区通过卫星无偿的向中亚国家传输土耳其语的电视节目。土耳其还出资1 700万美元帮助哈萨克斯坦维修著名的亚萨维陵墓和建设清真寺。向中亚国家赠送了大量的教科书，以及拉丁文字的打字机。土耳其向每个中亚国家提供了数千名上大学的名额和数百名高中生的名额，帮助中亚国家建立"中亚技术大学"，并与中亚国家联合办学。土吉两国于1995年在吉尔吉斯斯坦成立了玛纳斯大学，出资6 500万美元帮助哈萨克斯坦建立亚萨维大学，接受来自中亚和其他突厥语国家的学生。

第五，加强与中亚国家的安全合作关系。土耳其还力图在中亚的稳定与发展方面发挥作用。土耳其对哈萨克斯坦总统纳扎尔巴耶夫提出的亚信会议和乌兹别克斯坦领导人提出中亚安全与合作论坛的倡议都表示支持，与中亚国家签署了反对恐怖活动、非法扩散武器和麻醉品的协议，但是它在这方面的作用有限。土耳其与中亚国家的军事合作很少，基本仅限于土耳其为后者培训少量的军官等。技术上的原因是中亚国家使用的俄式军事装备，与土耳其不匹配。地缘政治上的原因是，土耳其没有能力同俄罗斯竞争，而与中亚国家互不接壤这一现实使土耳其难以直接参与中亚地区安全事务。

总体看，这一时期土耳其的中亚政策的推行效果有些差强人意，虽然中亚国家欢迎土耳其在中亚地区事务上的发挥作用，并欢迎土耳其对中亚的投资和援助，但是土耳其在中亚地区的政治影响力远低于外界和自身的预期。

---

① 黄维民：《中东国家通史·土耳其卷》，北京：商务印书馆2007年版，第351页。

2. 正义与发展党执政后土耳其中亚政策的调整①

2000年土耳其大选中正义发展党获胜执政。新任总理埃尔多安公开表示：该政府对中亚国家政策的主要原则是促进与土耳其有着共同的语言，历史和文化的中亚国家在各个领域的关系发展迅速，并保证在互惠互利的基础上与这些国家进行合作。② 其中亚地区政策的特征是：支持中亚国家的政治和经济稳定，加强中亚国家的民主价值观，帮助中亚国家融入国际社会合作，并通过采用各项政策，使土耳其成为中亚国家重要的合作伙伴。

2009年土耳其与哈萨克斯坦签署《战略合作伙伴关系条约》。土耳其与该地区的第一个议会制国家吉尔吉斯斯坦建立了高级别战略合作委员会，并在吉尔吉斯斯坦首都比什凯克建立了玛纳斯大学，从而将两国间的关系与合作带入了一个更高阶段。埃尔多安政府显然与其前任一样将中亚地区视为土耳其可以拓展国际影响力，获取新的能源资源的重要区域。

3. 评估：有影响但实际作用有限

土耳其的中亚政策对其发展与中亚国家合作关系，扩大地区影响力发挥了一定作用，但作为一个地区性强国，其在中亚的实际影响力主要集中在经济文化领域，在政治安全领域内作用十分有限。

4. 土耳其中亚政策对中国与中亚国家关系的影响

中国与土耳其在中亚地区是可以实现与中亚国家的多赢格局的。中国希望建设新丝绸之路经济带，打通中国西部通往欧洲的陆路通道，在这个广袤的区域，土耳其被视为关键的枢纽地区，此外，在确保自身周边安全稳定这一点上，中国与土耳其存在一致利益。

（三）伊朗的中亚政策及影响

伊朗对独立的中亚五国表现出了极大的热情并迅速伸出友谊之手。1992年伊朗在中亚五国都建成了大使馆。对中亚国家而言，与伊朗发展双边友好关系是获得资金、技术、新的能源出口通道和出海口的好机会。因此，中亚国家对伊朗的友好姿态都做出了积极回应。

1. 伊朗中亚政策的制定及其基本内容

自1979年伊斯兰革命之后，随着伊朗与美国双边关系的恶化，伊朗一直承受着来自美国及其西方盟友的制裁，进入20世纪80年代，伊斯兰世界内部来自逊尼派国家的压力也与日俱增。基于此，维护国家安全、扩展国际活动空间一直

---

① 该党执政后提出了一系列新的外交政策，并开启了全方位外交的新战略。
② http://www.mfa.gov.tr/turkey_s-relations-with-central-asian-republics.en.mfa.

是伊朗对外政策的首要目标。独立后的中亚五国被伊朗视为"第一邻居",历届伊朗政府都高度重视对中亚外交,尤其是在美国加紧对伊朗的制裁、伊核危机进一步升级之后。

总体看,伊朗在中亚地区的战略性利益包括:积极发展政治关系,扩大对中亚国家的贸易投资,加强与中亚地区经济联系;确保能源运输通道畅通,推动与中亚国家的能源工业发展合作,使中亚成为其国内工业的有益补充而非竞争对手;广交朋友,扩大地区影响,防止国际孤立①。其具体政策包括:

第一,依托传统联系,强化与中亚国家间文化、宗教交流,拓展在中亚的软实力。伊朗与中亚国家之间存在着悠久的历史文化联系,这在伊朗看来是发展与中亚国家建立紧密关系的先天优势。伊朗对中亚国家独立之初的伊斯兰复兴浪潮予以大力支持,伊朗为中亚国家提供资金帮助修建清真寺,并派遣神职人员,捐赠《古兰经》;伊朗尤其重视帮助中亚国家复兴波斯语教育,为此伊朗出资帮助在中亚地区建立波斯语协会,为塔吉克斯坦印刷波斯语教材,帮助开通波斯语广播等,这些做法与土耳其在中亚的做法类似,所不同的是,土耳其重点是突厥语族,伊朗的重点是波斯语族。在伊朗的不懈推动下,以波斯文化为依托,伊朗、阿富汗和塔吉克斯坦三国合作进一步紧密,并在经贸、政治领域也有所发展。同时,在伊朗的推动下,其与中亚国家民众共有的传统节日"诺鲁孜节"成为伊朗与中亚地区重要的国际庆典活动,这无疑有助于强化伊朗与中亚国家共有的文化纽带和历史记忆,这些举措对伊朗拓展其在中亚的文化软实力,抵消美国在中亚地区对伊朗的"压迫感"大有助益。

第二,积极发展双边政治关系,推动安全合作。1991年11月,时任伊朗外长维拉亚提就开展对中亚五国穿梭访问。此后伊朗与中亚国家之间高层互访频繁,政治关系发展平稳。伊朗积极介入塔吉克斯坦内战,成功促成各交战派别放下武器,斡旋成绩斐然。1992年哈萨克斯坦总统纳扎尔巴耶夫访问伊朗,双方签署《哈伊相互理解和合作宣言》;1993年10月伊朗总统拉夫桑贾尼访问哈萨克斯坦,双方签署《哈伊相互关系与合作备忘录》等9项文件。1994年又签署了进一步发展合作备忘录。在密切政治关系的同时,伊朗与中亚国家还开展了一系列军事安全合作,这一领域内合作的范围和深度在美国发动阿富汗战争后有所拓展。鉴于伊朗与阿富汗和中亚国家之间的特殊地缘关系,中亚地区的安全与伊朗北部的安全息息相关,而伊朗在解决阿富汗问题、维护中西亚稳定方面具有特殊作用。2012年4月2日,伊朗宣布将在2013年与中亚国家签署安全协定,协

---

① Abbas Maleki: *Iran and Central Asia Iran, Central Asia, and Afghanistan: Recent evelopments* April 5, 2006 http://www.caspianstudies.com/Foreignpolicy/my%20new%20article/IranandCentralAsia.pdf.

定的内容涉及一系列对该地区各种安全威胁。伊朗在很多地区问题和国际热点问题上的看法与中亚国家比较接近，彼此对对方的政治立场也颇多理解支持。在伊朗核危机问题上，哈萨克斯坦愿意充当调节者，而塔吉克斯坦总统拉赫蒙则公开表示不支持对伊朗的经济制裁。相较而言，中亚五国中，伊朗与塔吉克斯坦和土库曼斯坦的政治关系更为密切，但是伊朗也十分注重发展与其他三个国家的合作关系。

第三，借助双边、多边合作机制强化与中亚国家经贸联系。伊朗政府曾经多次向处在独立之初经济社会困境中的中亚国家提供援助。目前在经贸领域，伊朗与中亚国家之间在能源开发、交通运输、水电开发、通信等领域都开展了大量的合作，大量的伊朗公司在中亚国家设立分公司或者办事机构。伊朗与中亚国家签署了大量的双边经贸合作协议，伊朗是塔吉克斯坦最主要的贸易伙伴与投资国之一；2012年塔、伊两国贸易额达2.1亿美元。伊朗是继俄罗斯与中国之后塔国的第三大贸易国，在塔吉克斯坦有150多家伊朗公司，伊朗对塔吉克斯坦的投资呈上升趋势。截至2010年伊朗和土库曼斯坦之间的经贸额是每年30亿美元左右，两国之间的第二条天然气管线也已经开工建设，第三条线路也在建设之中。2012年哈萨克斯坦、土库曼斯坦以及伊朗之间的铁路建成，并在2013年开始试运营。除了积极开展双边合作外，伊朗还借助多边经济合作机制，进一步强化与中亚国家之间的经济联系。1992年哈萨克斯坦、乌兹别克斯坦、吉尔吉斯斯坦、土库曼斯坦都参加了在德黑兰召开的中西亚国家经合组织首脑会议，在多边框架下开展与伊朗的合作。该组织成员在1993年签署了关于合作建设成员国之间的运输网络的"阿拉木图计划"，中亚由此获得了经过伊朗到波斯湾的机会。历经数十年建设，已经建成了连接波斯湾与中亚国家甚至直抵中国连云港的陆路通道。中亚国家都是内陆国家，尤其是乌兹别克斯坦是双内陆国家，伊朗则是连接波斯湾与欧亚大陆腹地的走廊与通道，因此，伊朗积极倡导并参与的上述协议和建设规划受到了中亚国家的欢迎和积极响应，这是伊朗的高明之处。2005年伊朗成为上海合作组织观察员国；2007年在伊朗举行的第二届里海沿岸国家首脑峰会上，伊朗提议建立里海国家经济合作组织，并建议建设环里海铁路交通网，这些区域合作组织也成为伊朗加强与中亚国家间合作关系的多边平台。

2. 影响评估：受多重因素制约，在本地区内影响力有限

地区主义是伊朗对外政策中的优先选项。四个"集团"成为伊朗对外政策的优先区域：伊朗周边国家、穆斯林世界、第三世界、能够给予伊朗政治经济军事支持的国家。中亚地区显然是伊朗发展对外关系的重点区域，历届伊朗政府也十分重视对中亚国家的外交。伊朗与中亚国家存在深厚渊源，在文化、语言上存在共性，共享丰富的文化遗产和历史记忆，这些都是伊朗拓展其中亚地区影响力的

先天优势。但是，总体看，伊朗的中亚政策成效并不尽如人意。

伊朗拓展其在中亚的影响力，借助丝绸之路计划，大力建设联接中亚与伊朗的陆路交通网络和油气管线，强化伊朗与中亚的经济政治联系，其主要意图就是打破美国对伊朗的"围堵"，这一点世人皆知。美国力主修建的巴库—杰伊汉管线便是对伊朗这一意图的"破局"。虽然伊核问题的僵局已破解，但美国与伊朗之间的双边关系并不能从根本上消除敌对状态，伊朗与美国在中亚地区的博弈将会持续，中亚国家也会谨慎小心的与双方都发展合作关系，伊朗在中亚难有太大的作为。

3. 对中国与中亚国家之间关系的影响

伊朗是西亚地区的重要国家，发展潜力巨大。中国与伊朗的双边关系发展态势良好，中国乐于见到伊朗对维护中亚地区的繁荣稳定发挥积极作用，同意接纳伊朗为上合组织观察员国就是最好的体现。实际上，伊朗是连接中亚南亚与中东和波斯湾的枢纽国家，而且与这些国家之间存在很深的历史文化联系，本地区相当多热点问题的解决离不开伊朗的支持或者积极斡旋。目前伊朗已经成为上合组织观察员国，未来中国与伊朗在上合组织框架下的合作也不是不可预期。更重要的是，中国可以选择与中亚国家、伊朗合作共同建设丝绸之路经济带，连接连云港和波斯湾之间的陆路通道已经打通，随着西方世界对伊朗国际制裁的逐步解除，乐观预期，欧亚大陆上出现一条从连云港到波斯湾的繁荣商路指日可待。

除了上述国家外，近10年间，印度、海湾国家、日本、韩国在中亚区域也非常活跃，日本与中亚国家还建立起了1+5对话机制，印度在积极谋求加入上合组织的同时，借助美国打造新丝绸之路愿景，加强其与中亚国家的联系，海湾国家充分发挥了自身优势谋求扩大在中亚地区的影响力。但这些力量都不足以成为影响中亚的独立域外因素。

独立25年后，中亚从昔日苏联偏远的边疆成为今日欧亚大陆上热闹非常的地缘政治角逐场。

第三节 影响中国与中亚国家关系的地区性因素

中国与中亚国家的友好合作是中亚国家长期坚持的多边平衡外交理念的应有之意，同时，也受制于这一理念。此外，中亚五国并不是一个"整体"，随着国家转型进程的推进，中亚国家之间的差异更加显著，彼此间存在诸多历史遗留问题和纷争,这些地区内部问题在未来的激化一方面有可能令中国陷入麻烦,或者在两个中亚朋友面前左右为难,进而影响中国与中亚国家友好合作关系的发展,另一方面,这导致中亚国家对来自于外部的区域合作倡议保持了高度开放态度,客观上有利于中国与中亚国家的合作。

一、中亚国家的多边平衡外交确立与实践

对于中亚国家而言,制定对外政策并且在国际舞台上以独立的国际社会行为主体的姿态开展活动都是历史上第一次[①]。但是诸多因素共同作用下,虽然缺乏外交经验,但五国拓展外交关系和踏足国际舞台的进程总体比较顺利。

美国和西方世界迅速承认中亚五国的独立并许诺了巨额援助,后者对这一"善意"投桃报李——中亚五国元首纷纷出访美国,以能够与美国总统举行会晤感到"荣幸",并加入欧安组织、参加北约和平伙伴,疏远俄罗斯,接受西方在国家转型问题上的援助和"建议"。但中亚国家与西方的交往并非一帆风顺,西方的支持和援助往往是口惠而实不至,并附带有诸多甚至苛刻的政治条件。中亚国家的领袖们及其政府饱受西方政客、媒体的批评与指责。中亚国家与西方的短暂"蜜月期"的终结,令中亚国家开始思考自身的国际定位和外交方针,1995年12月12日土库曼斯坦成为历史上首个经过联大表决确立的永久中立国;乌兹别克斯坦保持了与俄罗斯相对密切的关系,吉尔吉斯斯坦、哈萨克斯坦则成为中亚五国中与西方关系最好的国家,受内战拖累的塔吉克斯坦在外交上甚少作为。

进入21世纪,尤其是"9·11"恐怖袭击后,在俄罗斯的默许下,中亚国家全力支持美国的阿富汗战争。五国与美国的关系再度进入"蜜月期",乌兹别克斯坦与美国关系迅速升温。

2005年的"郁金香革命"和"安集延事件"成为转折点,中亚国家除了土库曼斯坦外,纷纷倒向俄罗斯,尤其是乌兹别克斯坦。此后,随着美国对中亚政策的调整,中亚国家再度调整自己的立场,并试图在美俄博弈中两边获利,吉尔吉斯斯坦的巴基耶夫政府在玛纳斯美军基地去留问题上的左右摇摆彻底激怒了俄罗斯,并引发一场灾难。大国在中亚地缘政治博弈中的翻云覆雨使得中亚国家越来越清楚地认识到坚持独立自主的多边平衡外交的战略意义。四个中亚国家政府

---

① 据现代国际关系学院许涛研究员的观点,直到20世纪90年代苏联解体前,中亚各民族均未经历过真正意义上的国家建设实践。其面临的主要任务首先就是"完成与苏联历史交割,迎合主流国际社会的普世价值观,拒绝伊斯兰宗教极端主义势力进入国家政权,最大限度地被世界接纳,为未来争取广大的外部空间。"参见许涛:《中亚地缘政治变化与地区安全趋势》,载于《现代国际关系》2012年第1期。

明确宣称自己将奉行多边平衡外交，拒绝在大国争夺中"选边站"，对外部力量的介入持开放态度。不过由于中亚各国在国家利益、历史演进、民族特性等层面的差异，其大国平衡外交的具体内容存在差异。2009年以来，乌兹别克斯坦重新与美国走到了一起，吉尔吉斯斯坦、塔吉克斯坦、哈萨克斯坦亲俄态势明显，但是，多边平衡外交的基本原则并没有改变。

相对中亚国家与美国、俄罗斯双边关系发展的"大起大落"，中亚国家与中国之间的双边关系发展非常平稳，并持续向好。这一方面是因为中国坚持在和平共处五项原则基础上平等的发展与一切国家之间的友好合作关系，不谋求主导中亚事务，不划分势力范围。另一方面，中亚国家需要引入正在崛起的中国，平衡其他外部势力。

但是这一原则也决定了，中亚国家会习惯性的在中、美、俄三国在中亚地区影响力的此消彼长中采取平衡立场，例如，中国的经济影响力在中亚出现压倒性优势的时候，中亚国家或许会与域外其他大国一起合作制衡。此外，这意味着，特定时期，中国与中亚国家合作的成本有增长的可能。

在历经20年的外交实践后，中亚国家在外交层面日趋谨慎，小心翼翼的在大国之间维持着一种"等距离"外交，避免做出非此即彼的选择。总体分析，中亚国家自建国以来一直在努力寻求一种最大限度实现国家利益的对外政策和国际交往模式，并不约而同地选择了一种平衡战略，这是处于地缘政治斗争权力场的国家无奈却明智的选择。但是由于五国的国情不同对自身国家利益的认知和综合实力都存在较大差别，因此形成了各有特点的平衡战略。这是一种多维度、多变的外交平衡术，具体操作起来，难度极大，变化往往令外界始料未及。

二、中亚国家间的"小博弈"

独立后，中亚国家均将发展与其他四个中亚国家的关系置于优先地位。纳扎尔巴耶夫曾经指出：同中亚国家保持密切友好关系对我们来说非常重要。乌兹别克斯坦总统卡里莫夫也曾表示：乌兹别克斯坦"优先考虑的外交方针是加强同中亚主权共和国和哈萨克斯坦的友好兄弟关系"。作为中亚地区两个最重要的国家的这一表态一方面说明了中亚国家对发展彼此间关系的重视，另一方面也点明了一个事实——中亚国家山水相连，彼此存在着无法割断的历史和现实联系，友好和平相处并发展互助合作是一种现实和明智的选择。不过，事实往往与理想存在差距，一方面中亚国家热衷于宣示加强彼此联系与合作的意愿，并在独立之初就提出了一体化的构想，但另一方面，各国纷纷强化对边界管理并在诸多领域内争吵不休，相互指责，甚至发生武装冲突。迄今为止，在本地区影响较大的一体化进程和区域性组织没有一个是中亚国家主导发起或创建的。中亚地区区域一体化的内在动力严重不足，而中亚国家之间双边关系的这种两重性，致使中亚国家没有办法用一个声音说话，并为大国和地区性强国介入中亚地区事务提供了更多的机会。

中亚国家之间非零和"小博弈"成为影响中国与中亚国家间关系的重要因素。

（一）中亚国家间合作

独立之初的中亚五国之间依旧保持着苏联时期的相对紧密关系，各国领导人彼此非常熟悉，并有共同的安全和经济发展需求，因此，还是比较重视发展彼此间友好合作关系。这主要表现为：

1. 高层互动频繁并签署双边合作条约

1992~1993年期间，中亚各国领导人互访和会晤频繁，多次举行双边或多边会晤。相对而言，哈萨克斯坦、乌兹别克斯坦和吉尔吉斯斯坦三国领导人互动较多，土库曼斯坦对此类活动不是非常热衷。塔吉克斯坦由于国内因素参与此类活动也不太多。哈乌、哈吉、乌吉之间签订了《友好合作互助条约》，哈土、乌土、吉土签署了《友好合作条约》。1997年哈、吉、乌三国总统在比什凯克签署三国永久友好与合作条约，规定将以和平友好的方式解决任何双边和多边问题。

2. 积极推动彼此间经贸合作，共度难关

苏联时期，五个中亚国家被划分为两个不同的经济功能区，工业发展水平较低，都属于原料和农产品输出区，产业结构具有较高的相似性，但也存在一些互补。在独立之初，哈、吉、乌三国就采取了一些换购和相互给予优惠价格等措施，互相帮助共度难关。1994年三国签署了《建立统一经济空间条约》，商定三国在商品、劳务、资本和劳动力方面可以自由流动，并约定要协调信贷、结算、预算、价格、税收、关税和货币等领域内政策。为此，三国还签署了一系列文件并建立起多个协调委员会、磋商机制及经济合作发展银行。这些举措对恢复和发展中亚地区经济、稳定人心都起到了一定的作用。

3. 合作应对地区内各种挑战，共同维护地区安全

中亚国家都面临极端主义和暴力恐怖主义的威胁，在维护地区安全领域有着较多的共同利益，面对塔吉克斯坦内战，中亚国家就采取了合作解决的立场，哈、乌、吉三国在帮助塔吉克斯坦结束内战，稳定局势方面发挥了重要的作用。在此之后，中亚国家在独联体集体安全条约框架和上合组织框架内都开展了一些有效合作。2005年"安集延事件"爆发后，中亚国家都站在了卡里莫夫一边，支持乌政府采取的强硬措施；在吉尔吉斯斯坦发生严重的骚乱后，中亚各国也对吉国伸出援手。此外，在应对咸海生态危机、合作打击毒品犯罪等方面，中亚国家也开展了一些合作。

（二）中亚国家间的"斗争"

中亚国家在地区问题及涉及各自国家的国家利益上存在摩擦，甚至一定程度的冲突，对于各国关系健康发展是消极的，主要有以下几个方面。

1. 边界领土争端阻碍中亚国家进一步深化政治互信

自独立以来，围绕着因苏联解体而出现的边界领土争端，中亚国家间已经发生多次小规模冲突和摩擦。主要涉及：哈萨克斯坦与乌兹别克斯坦关于哈乌边界地区的哈萨克斯坦州的萨拉哈什归属之争；哈萨克斯坦与吉尔吉斯斯坦关于阿拉木图、塔尔迪库尔干州、伊塞克湖州之间的边界划分问题；吉尔吉斯斯坦与乌兹别克斯坦奥什州之争；乌兹别克斯坦和塔吉克斯坦关于撒马尔罕和布哈拉之争；乌兹别克斯坦和塔吉克斯坦、吉尔吉斯斯坦的飞地之争。吉尔吉斯斯坦境内有7个邻国少数民族的飞地，其中5个与乌兹别克斯坦有联系，另外两个与塔吉克斯坦有联系。① 中亚国家在独立之初，纷纷采取各种措施强化主体民族意识、民族情感，而对民族国家认同感的强化，不可避免地增加了解决边界领土争端的难度。领土是构成民族国家的基本要素，领土边界问题自然成为中亚国家的核心利益问题，并直接影响到中亚国家之间政治互信的建立，并成为影响双边关系良性发展的关键性因素之一。经过20多年的努力，仅仅吉哈边界谈判接近尾声。

2. 水资源争端成为引发中亚国家间冲突的"导火线"

中亚各国在地区内跨界河流的开发与利用问题上分歧巨大，由于缺乏有效协调水资源分配的地区多边机制，水资源纠纷已经成为极易引爆中亚国家间矛盾和冲突的导火线。特别是上游国家塔吉克斯坦、吉尔吉斯斯坦和下游国家乌兹别克斯坦之间的矛盾，长期难以化解。1992年，因跨界河流纠纷，乌兹别克斯坦兵临吉国边界，而两国边境地区的居民也因为水资源纠纷多次发生冲突。进入21世纪后，围绕着水资源的开发和分配问题，中亚国家之间的紧张关系有所加剧，并使得在本地活动的大国陷入了两难境地。②

---

① 面积最大的索赫面积320平方公里，居住着4万多人，大部分都是乌孜别克族。这些生活在飞地上的乌孜别克族中的相当一部分人将自己视为乌兹别克斯坦公民，使用的国旗、货币甚至时间都是乌兹别克斯坦的。

② 2009年初，时任俄罗斯总统的梅德韦杰夫出访乌兹别克斯坦时对乌方关于反对在中亚跨界河上修建大型水电站所持立场发表了相应的声明，随后塔方把梅德韦杰夫的讲话解读为对乌立场的支持，由此引发了一场俄塔外交冲突，差点儿使拉赫蒙总统取消访俄日程。胡梅兴：《中亚水资源纠纷由来与现状》，载于《国际资料信息》2009年第9期。

3. 民族宗教矛盾成为长期影响中亚国家间深入合作的重要因素

苏联时期，几乎没有民众将加盟共和国之间的边界视为不可逾越的边界。这主要是苏联时期将哈萨克斯坦单独划为一个经济区，而将其他四个加盟共和国划作一个中亚经济区，为了经济建设的需要，出现了大量的移民潮，除了大量的俄罗斯人移入中亚地区，中亚地区民众相互移动也较为频繁。苏联解体后，各加盟共和国成立了自己的民族国家，为了强化国家认同和民族国家身份，五国都是依据国内主体民族成分确立国家名称，并通过一系列立法确立主体民族语言为国语，并确保主体民族在政治生活中的主导地位。这一系列的变化首先就给生活在中亚地区的俄罗斯人带来了严重的冲击，并导致大量的俄罗斯人离开中亚地区。中亚五国都不是单一民族国家，邻国的主体民族往往是本国第二大或主要的少数民族群体。中亚五国建国之初强化本国主体民族地位的一系列举措，不可避免地对相关中亚国家之间的双边关系造成持续的负面影响。此外，中亚国家在政治发展模式、地区内劳务移民问题、与大国间的关系问题、区域一体化走向等问题上都存在着较大的分歧。

三、对中国与中亚国家间关系的影响

无论中亚国家间关系如何发展，中亚国家都奉行了对华友好政策。这主要是因为中国政府坚持奉行和平共处五项原则，坚持互不干涉内政，对中亚地区内冲突和各国之间的矛盾采取了劝和、不介入的谨慎立场，避免卷入纷争并被迫在中亚国家之间"选边站"。

（一）对中国与中亚国家双边合作的影响

随着中国在中亚地区各类利益的拓展，中国与中亚国家之间的交流合作的深入推进，中国不可避免地会进入中国与中亚国家间关系的敏感区、深水区。例如中资企业对塔吉克斯坦、吉尔吉斯斯坦水电发展战略的参与，中国在中亚国家存在领土争议地区的矿产开采、建厂等工作，中国与中亚国家合作修建跨国铁路等，都有可能触发一些中亚国家敏感的神经。

甚至有学者担心中亚国家在诸如劳务移民问题、跨境河流等问题上发生纠纷的时候，一些中亚国家为了减轻自身的压力，将矛头转向中国，这是没有根据的。中国与哈萨克斯坦共享额尔齐斯河和伊犁河，也存在跨界河流水资源分享问题。不过由于两国政府在这些问题上都采取了理性和克制的态度，迄今为止这些问题并没有对中国与中亚国家之间的关系造成较大的或实质性影响，但如果出现别有用心的挑拨，小问题可能会演变成"大麻烦"。

同时，为了获得更多的外部支持，中亚国家选择与特定的大国或国际组织建立起更加紧密的盟友关系，并默许外部势力进入中亚。大国和地区性强国利用中亚国家这种心理，进驻中亚并开始介入中亚地区内部事务。例如在中亚水资源纠纷领域、咸海环境保护问题领域，美国、欧盟等西方势力就非常活跃。而中亚的民族宗教问题也成为西方国际非政府组织在中亚活动的重要理由。越来越多的外部势力进入中亚使得中亚地区的地缘政治博弈更加复杂，大国和地区性强国进入中亚并不仅仅是为了拓展势力范围，觊觎中亚的资源，还因为中亚特殊的地缘政治价值。中国必须警惕一些乘机进入中亚的国家借助中亚国家彼此间关系的问题，挑拨中亚国家与中国之间的双边关系良性发展。

（二）对中国与中亚国家多边合作的影响

从多边合作层面分析，目前中亚国家关系中的这种两重性，已经影响到了中国与中亚国家之间的多边合作。目前中国与中亚国家开展多边合作最主要的机制就是上海合作组织，而中亚国家目前这种"渐行渐远"的态势和不断出现的摩擦已经影响了上合组织框架内中国与中亚国家之间的合作。这主要表现为：

1. 矛盾和纷争带入上合组织内部

这势必增加上合组织内部利益协调难度。比如，吉尔吉斯斯坦和塔吉克斯坦希望能够借助上合这样的地区性组织帮助他们解决与乌兹别克斯坦之间的问题，例如水资源纠纷。而乌兹别克斯坦一直坚持反对第三国介入本地区内水资源纠纷。一旦这种矛盾被带入上合组织内部，并在峰会上作为议题提出，势必会引发成员国之间的争吵，这将极大损害上合组织保持其内部团结、凝聚力[①]。

2. 矛盾纷争对上合组织今后的发展提出现实挑战

多边合作有自身的优点和吸引力，地区内国家参与多边合作，往往能够获得更多的利益、保障。一旦发生矛盾纷争，当事双方都期望上海合作组织能出面"主持公道"。但是上海合作组织并不具有凌驾各成员国之上的裁判权，唯有持避免直接介入的态度，这不免令上合组织内的小国感到失望。

3. 矛盾纷争已经影响了上合组织的效率

"大小国平等，协商一致"是上海合作组织最为骄傲的"上海精神"之所在。但正是这种"协商一致"原则，只要有一国不同意，就不可行。矛盾纷争如在上海合作组织内部持续发酵，那就什么事也做不成，最终影响到上海合作组织的效率。目前，中亚国家对上合组织规划的一些大项目积极性不高，态度较消极。在自身经济发展缓慢，民生和社会问题尖锐的情况下，因上合组织在涉及民

---

① 赵华胜：《中国的中亚外交》，北京：时事出版社2008年版，第421~423页。

生的救灾、农业、水利和基础建设上的合作成果不彰，中亚国家尚未感受到合作带来的实惠，反倒对区域经济合作中可能被边缘化保持警惕，疑虑增加，限制了其参与经济合作的积极性。[①]

上海合作组织是没有美国参与的、唯一地区合作组织，中国在上合组织的建立和发展过程中发挥了独立、重要的作用。而上合组织也是中国与中亚国家发展多边合作最有效的机制，上合组织健康有效的运作符合中国的国家利益，中国必须采取有效措施，排除干扰和不利因素，推动上合组织成为一个富有效率、具有较高地区威望和吸引力的区域合作机制。这需要中国能够审时度势，推出更加有效的、具有战略性的中国与中亚国家关系发展战略，规避风险，应对挑战。

外部势力进入中亚地区并成为影响中亚地区安全稳定的长效重要因素之一，这已经是不争的事实。美、俄、中三国在中亚地区及合作有竞争的关系构成了中亚地区最主要的权力结构，此外，地区性强国、中亚国家内部的权力关系，构成了中亚地区复杂的复合权力结构。处于不同层级的国家对地区、地区内国家和其他参与者的影响千差万别。中亚成为多种外部势力交汇之地，利益关系空前复杂。这一复合权力结构既是中亚国家发展对外关系实现其国家利益的"环境"，也在一定程度上成为中亚国家对外交往行为和内容的有机组成。中国在发展与中亚国家间关系时，对此应该有清醒的认知。

中国在中亚地区有明确和重大的国家利益，可概括为安全、能源、经贸。中国无意通过霸权方式谋求单方面获利，而是始终坚持深化与中亚五国之间的友好合作，借助构筑利益共同体化解矛盾，增加互信，实现地区和平与稳定。

近年来，中国与中亚国家间的双边关系进展顺利，多边合作有序开展。中国对中亚地区的发展与稳定做出了自己的贡献，也赢得了中亚国家的信任。但是，随着中国在中亚地区利益的进一步拓展，中国与中亚国家关系中的一些不和谐因素也有所浮现。不可否认，中国在中亚地区影响力的快速拓展已经引发了地区内部和外部的议论与疑虑，对于别有用心的"挑拨"中国无须在意，并应该理直气壮地维护自身的合法利益，但是，不能忽视这些"挑拨"对地区内民众的负面影响。因此中国应该改变既有的模糊战略思维，明确地宣示自己在本地区内的利益所在，明确实现这些利益的基本途径和手段，并勇于承担相应的地区责任，这样做可以尽可能令外界明了中国在中亚地区的意图，消除误会，同时，也令中国不同部门在参与实现中国国家利益之时，更能有章法，消减内耗，富有效率，避免给外界留下混乱的印象。

---

① 石泽：《中亚"逆一体化"给上合带来挑战》，载于《环球时报》2013年5月9日。

维护发展中国与中亚国家关系中,亟待制定基于总体战略调整背景下的更加明晰的中亚战略,并在坚持和平共处五项原则的基础上,奉行更加积极、灵活的外交方式,破解中国"强必称霸"的难题,打造中国与中亚国家"利益共同体"。

第三章

中亚政局现状与发展趋势研究[①]

第一节 中亚现代国家的构建

1991年苏联解体，中亚五国独立，开始了它们现代国家体系的构建。中亚国家虽然在苏联时期都是加盟共和国，各自拥有着一套完整的政治制度和行政管理体制，但政治权力却集中在苏共中央和部长会议手中，上述两者是决策者，加盟共和国的相应政治主体则是执行者，相当于中国共产党和中央政府的省一级组织。70余年来业已形成习惯的政治运行环境在1991年彻底地改变了。中亚各国的党政精英们突然从"执行者"变成了"决策者"，被赋予的"主权权力"一度让他们手足无措，他们纷纷望向有一定执政经验的"俄罗斯老大哥"，期望获得指点，然而叶利钦却"转过身去"与欧洲国家打得火热，生硬地回绝了中亚国家的请求。在这种环境下，中亚的政治精英们开始了独立自主的建国历程，改革各自的政治体制，探索经济复苏之路，构建国家意识形态是中亚各国独立以来一直努力的三大方向。

---

① 新疆社会科学院中亚研究所文丰副研究员为本章修改做出贡献。

一、政治体制的转型[①]

中亚国家的独立是伴随着苏联的解体而来的，在未有民族国家的历史背景下白手起家建设一个现代国家，其探索之艰难，是不言而喻的。建设怎样的国家，或者说确立什么样的国家政治体制，这是中亚各国人民必须面对的重大课题。

（一）三权分立与民主化

独立之初，中亚国家普遍放弃了苏联时期高度集权的政治体制，以西方的民主模式为样板，实施选举制、总统制、多党制的政治制度，相继颁布宪法，按照西方民主制的三权分立原则确立了国家制度和政治体制。"三权分立"的民主共和制、总统制、多党政治是中亚五国的共同选择。总统亲自或提名总理进行组阁，行使行政权，最高法院行使司法权，议会行使立法权，相互制衡、相互协作。中亚国家由于独立初期的复杂的国内外形势，均赋予首任总统很大的权力。总统作为国家元首、内阁主席、武装部队最高统帅，主要履行立法、外交、军事、人事任免、赦免、荣典等职权。中亚国家在强势总统的监护下，不断地进行民主改革和制度建设，建立一系列的民主政治制度。总统超然于政党政治，凌驾于整个国家机器之上，对国家政治方向和政治改革进行指导和监督。由于至今为止，中亚各国并未完全形成"真正的三权分立"，一度被西方诟病为"威权体制"。

历经多次总统选举、议会选举的实践，中亚各国的选举制度已经初步成型，运转正常（除吉尔吉斯斯坦两次推翻总统的"革命"）。哈、乌、塔、土四国的民主选举至少在程序上得到了国际社会的认可，虽然四国政府仍面临着竞选舞弊、腐败、贿买等指控。吉尔吉斯斯坦2005年和2010年发生的两次街头革命，赶走了共和国的首位和第二位总统，其政治精英深感总统制的弊病必须通过议会制改革才能得以救治。在阿坦巴耶夫总统的支持下，吉尔吉斯斯坦成为中亚首个实施议会制的国家，目前看来，这是吉尔吉斯人民的正确选择，利益博弈由暴力方式转化为议会内的争吵和谈判。

美国中亚问题专家玛莎·布瑞克·奥卡特（Martha Brill Olcott）在前些年写的一本书《中亚的第二次机会》（*Central Asia's Second Chance*）中认为，中亚国家独立以来已经失去了二次"民主化"的机会——这应属于悲观论。按照她的说法，"中亚国家的总统也因此普遍缺乏从领导国家独立斗争中获得政治合法性"，

[①] 本节大量使用潘志平关于这一问题的研究，参见：《中亚国家政治体制的选择》，载于《俄罗斯东欧中亚研究》2011年第1期。

"中亚没有一个国家发展民主制度"。① 1993 年"自由之家"(Freedom House)年刊中对后苏联及东欧国家进行民主量化评分,其量化仅简单地取"政治权利"和"公民自由"两个指标,采用 7 分制,1 分表示权利和自由程度最高,7 分为最低。以权利低于 2 分,自由低于 3 分为民主的临界之上的"高";以权利达到或超过 4 分,自由达到或超过 5 分为民主临界之下的"低";而在这两者之间为"齐平"。如表 3 - 1 所示,西方对中亚五国的民主评价是非常之低的。

表 3 - 1　　　　　　　　对中亚国家的民主评价②

	政治权利	公民自由	民主临界分数 "高""低""齐平"
吉尔吉斯斯坦	5	3	8　低
哈萨克斯坦	6	4	10　低
乌兹别克斯坦	6	6	12　低
塔吉克斯坦	7	7	14　低
土库曼斯坦	7	7	14　低

对此,中亚国家很不以为然。例如,土库曼斯坦总统尼亚佐夫 1993 年 8 月 16 日答美国和比利时记者问时说:"还是请你们看一下自己国家的历史。你们的过渡时期长达 30 多年。为什么你们要求我们在独立的第二年就建成民主社会?这种情况是不会有的。不可能在一夜之间就建成民主社会。不管西方说我们什么,我们走自己的路,通向民主,通向文明社会。"③

(二) 政党政治:执政党独大

在中亚各国政治发展水平低下,政党功能普遍弱化。在野各政党除在《政党法》《结社法》允许范围内从事有限活动外,往往都远离政治中心,极少有机会干预国家政务,对各国政治生活的作用有限。除吉尔吉斯斯坦外,各国的执政党独大。

中亚各国执政党一般分为两类:一类是在原苏共的地方组织基础上发展起来

---

①　[美] 玛莎·布瑞克·奥卡特,李建伟译:《中亚的第二次机会》,北京:时事出版社 2007 年中译版,第 3 页、第 54 页。
②　[英] 阿尔弗雷德·斯特潘:《后共产主义的欧洲》,载 [日] 猪口孝等主编,林猛等译:《变动中的民主》,长春:吉林人民出版社 1999 年中译版,第 238 ~ 241 页。
③　[土库曼斯坦] 萨·阿·尼亚佐夫,赵常庆等译:《永久中立,世代安宁》,北京:东方出版社 1996 年中译版,第 107 页。

的政党，如乌兹别克斯坦的人民民主党和土库曼斯坦的民主党；另一类是因选举需要而新组建的政党，如哈萨克斯坦的祖国之光党、塔吉克斯坦的人民民主党等，其最大特点是政党主席也由现任总统直接担任或受其领导。执政党独大现象在中亚颇具普遍性。2016年8月，哈萨克斯坦议会下院选举中，祖国之光党独领风骚，赢得选民82.2%的高票支持，囊括议会下院98个议席中的84席。乌兹别克斯坦人民民主党为首五大政党在2014年议会选举，获取议会下院140个席位中的128个，且都是现任总统的坚定支持者，2015年3月塔吉克斯坦议会下院选举中，塔吉克斯坦人民民主党65.2%得票轻松胜出，赢得议会22个议席中的16个席位，一举夺取议会的话语权，而塔吉克斯坦共产党和伊斯兰复兴党则只能以参政党的身份进入议会。土库曼斯坦的民主党是土库曼斯坦主要的合法政党，始终控制着土库曼斯坦议会。

中亚各国执政党作为总统掌控议会、争取社会支持的工具，不仅承担着推动本国政治现代化的重任，还需要具备维持政治稳定的功能。它们通常在总统直接领导下或依靠总统支持，参与议会选举，通过竞选获胜的方式，最终达到控制议会的目的。中亚各国执政党独大格局的形成，标志着中亚政党政治进入常态化运作时代。这种状况从政治程序上确保了政权党的正统地位。

在野党作为反对威权统治的政治力量，代表着具有不同政治诉求的一部分公民的愿望，通过参与议会选举过程，可以催化、疏通和调整政治行动。可以认为，它们的存在为中亚政治提供了一种可靠的"安全阀门"，也体现"可控民主"治下中亚政党政治的多元化选择。中亚各国政府也已开始认识到在野党制衡和监督的重要性，并主动采取措施提高各在野党作用，为它们参政议政扫清障碍。

（三）世俗还是伊斯兰化？

可以说，中亚国家的独立，无论是各当事国还是外界都几乎没有任何思想准备。中亚国家在放弃了共产主义理想和告别了苏维埃社会主义制度后，极端主义、民族主义、无政府主义、虚无主义泛滥，选择什么样的国体和政体，是摆在各国人民面前的首要问题。

须看到，中亚国家都是多民族国家，其居民大多数是穆斯林，西亚的沙特、土耳其、伊朗以及南亚的巴基斯坦、阿富汗等伊斯兰国家在中亚有着不小的影响力。新独立的中亚国家面临两种国家前途选择，一是世俗，二是伊斯兰。历史表明：它们都不例外地、坚定地选择了前者，即世俗宪政体制。

哈萨克斯坦宪法规定：哈萨克斯坦是民主的、世俗的、法制社会的国家。乌兹别克斯坦宪法规定：乌兹别克斯坦是主权的民主共和国，以发展人道、民主和法制为宗旨。吉尔吉斯斯坦宪法规定：吉尔吉斯斯坦是按照法制和世俗原则建立起来的民主共和国。塔吉克斯坦宪法规定：塔吉克斯坦是主权的、民主的、法制的单一制国家。土库曼斯坦宪法规定：土库曼斯坦是民主的、法制的世俗国家。①

中亚地区是一个伊斯兰教广泛传播的地区。但是伊斯兰教在中亚各民族的影响是不平衡的。绿洲平原的塔吉克、乌兹别克农民的宗教情结本来就比草原和山地的哈萨克、吉尔吉斯牧民要浓重得多。新独立的塔吉克斯坦和乌兹别克斯坦首先面对的是伊斯兰极端势力的挑战。乌兹别克斯坦的政治精英坚定地拒绝宗教极端主义。卡里莫夫总统承认："宗教是人类的可靠伴侣，是人类生活中的一部分。通过伊斯兰教——我们祖辈的宗教例子，我们有理由确信这一点。"同时他还坚定地主张："我们任何时候也不允许，让宗教口号成为夺权的旗帜"。② 而世俗与极端宗教的斗争在塔吉克斯坦更是非常激烈：国家陷入长达5年的内战，反对派伊斯兰复兴党武装一度占领首都杜尚别，接管政权，后又在阿富汗成立流亡政府。1997年塔吉克斯坦政府与反对派达成和解，伊斯兰复兴党参加联合政府并取得合法地位，但派别斗争仍很尖锐，贩毒等社会问题日益严重。经过5年的内战，塔吉克斯坦最终没有走政教合一道路，维持着民主世俗政体，但还是中亚最不稳定的国家之一。

（四）总统"集权制"（Авторитарный режим）：威权主义？

中亚国家虽然获得独立，在政治、经济、文化上与俄罗斯有着割舍不断的联系。20世纪90年代，中亚各国的政局也与俄罗斯非常相似。在政治转型最初的时期，在试图效仿西方民主政治的同时，却面对着总统与议会激烈争斗，并引发的大面积政治动荡。1993年，俄罗斯总统下令攻打与之叫板的白宫（议会大厦）。结果是，俄罗斯确立了总统"集权制"（Авторитарный режим）。其实，中亚国家中乌兹别克斯坦和土库曼斯坦两国总统权力比较大。乌兹别克斯坦总统一直兼共和国内阁主席，"总统权力的垂直系统，它集中了作为国家元首和行政权力首脑的总统权力，系新乌兹别克斯坦国家制度的大厦的承重结构"。③ 土库曼斯坦总统集国家元首和政府首脑一身，并有效控制国家立法权和司法权。1993年炮打白宫（议会大厦）事件后，哈萨克斯坦和吉尔吉斯斯坦通过修宪强化总统的权力。其特点是：总统"集权"，即"强总统、弱议会、小政府"的政治格局。实际上，中亚国家实行的总统"集权制"，在具体内容上还是有一定差别。吉尔吉斯斯坦在民主道路上走得最快，号称"中亚的瑞士"；哈萨克斯坦和塔吉

---

① 赵常庆：《十年巨变 中亚高加索卷》，北京：东方出版社2008年版，第77页。
② ［乌兹别克斯坦］伊斯拉姆·卡里莫夫，王英杰译：《临近21世纪的乌兹别克斯坦》，北京：国际文化出版公司1997年版，第27页、第31页。
③ ［乌兹别克斯坦］伊斯拉姆·卡里莫夫，王英杰等译：《临近21世纪的乌兹别克斯坦》，北京：国际文化出版公司1997年版，第123页。

克斯坦有了一些多党政治的雏形。中亚国家政治体制的转轨，是从苏联传统的苏维埃社会主义政治模式向西方民主政治模式的转变过程，是社会制度的根本转变，而总统"集权制"实质上是一种具有俄罗斯—中亚特色的仿西方的政治模式。①

然而，在西方看来，这种总统"集权制"是民主进程的严重倒退。按照美国政治学家亨廷顿（Huntington，Samuel P.）的说法：不民主的政体中有极权主义（Totalitarianism）和威权主义（Authoritarianism）的分野。前者的特征是：单一的政党，通常由一人来领导，一支无所不在的和权利庞大的秘密警察，一套高度发达的意识形态以提出一个理想社会，如绝对的君主专制、法西斯主义政权、共产主义政权等；后者则是：一个领袖或一个领袖小集团，没有政党或只有一个领袖小集团，没有政党或只有一个脆弱的政党，没有群众动员，可能有一种思想意识，但没有意识形态，只有一个有限的政府，而且不试图去重造社会和人性。亨廷顿强调："明确极权主义（Totalitarianism）和威权主义（Authoritarianism）之间这一分野，对理解 20 世纪的政治至关重要。"问题是，他还是将"威权主义"（Authoritarianism）来指称所谓的"不民主体制"，即：一党体制、极权体制、个人独裁、军人政权，以及其他类似的政权。② 按照西方政治家和学者的这一观念，实行总统"集权制"的中亚国家，都是属于不民主或半民主的威权政权。这当然引起中亚国家的普遍不满。哈萨克斯坦总统纳扎尔巴耶夫 1997 年著书写道："目前，我们不能按照西方标准把哈萨克斯坦评定为民主的抑或权威主义的国家。这种或那种评定，都没有充分的社会的、政治的、制度的和其他的根据。因此，任何人都不能对我们的改革的民主方向提出异议。"③ 事实上，中亚政治体制不是极权主义的，各国有着程度不同的总统"集权"及不同程度的"民主"色彩。

二、经济体制转轨

（一）启动："休克疗法"和渐进式改革④

中亚国家在独立之后都明白要进行改革，改革的目标方向基本已经确定，但

---

① 杨恕：《转型中的中亚和中国》，北京：北京大学出版社 2005 年版，第 92 页。
② [美]亨廷顿，刘军宁译：《第三波》，上海：上海三联书店 1998 年中译版，第 10～12 页。
③ [哈萨克斯坦]努·纳扎尔巴耶夫，陆兵等译：《站在 21 世纪门槛上》，北京：时事出版社 1997 年中译版，第 113 页。
④ 伊尔纳扎罗夫：《哈萨克斯坦和乌兹别克斯坦独立以来的转型战略：悖论和前景》，载于《俄罗斯研究》2009 年第 4 期。

进行改革的方式方法却有很多，总结起来，主要有两种，即"休克疗法"和渐进式改革。中亚国家既有选择"休克疗法"的，也有选择渐进式改革的。所谓"休克疗法"是指改革过程中的硬着陆，是经济体制由原来的计划经济突然转变为市场经济，试图一夜之间消除旧体制，建立新体制。由于这种改革措施具有很强的冲击性，经济社会会受到极大的震荡，甚至处于"休克状态"，故将俄罗斯尽快实现经济体制转轨的改革称为"休克疗法"。休克式经济转轨，是美国哈佛大学教授杰弗里·萨克斯（Jeffrey Sachs）为俄罗斯政府开出的改革"药方"。根据"休克疗法"，没有一个自由的价格体系，经济结构调整就不会发生，货币不可自由兑换就不会有自由的价格体系，没有竞争货币就不可自由兑换，而没有经济结构调整，竞争就不会有效。支持"休克疗法"的人声称，维持扭曲的价格将导致对自然资源的低效率开发、寻租和腐败。反对"休克疗法"的人或叫做渐进主义者争辩说，"休克疗法"充满着导致诸如经济不稳定、社会不公和前景无法预测等悲惨后果的风险，因为迅速地改革经济将不可避免地打破现存的经济和社会体制。

根据渐进主义者的观点，"自由化应该有序推进，其速度应该和市场机制及市场化进程的演进相平行"。所以，可以看出，渐进主义者偏好"等等看"的经济改革方式，而"休克疗法"主义者更喜欢在合理合宜之时立即进行改革。俄罗斯作为苏联的继承国选择了"休克疗法"，自然会对中亚国家的改革造成影响。总体来讲，哈萨克斯坦和吉尔吉斯斯坦选择了模仿俄罗斯的"休克疗法"，而乌兹别克斯坦和土库曼斯坦选择了渐进式改革路径，塔吉克斯坦介于两者之间。

（二）市场经济模式的探索①

中亚五国独立之后，在经济结构调整和改革方面面临的首要问题是实现由原来的计划经济模式向市场经济模式的转变。在这一点上，五国领导人取得了一致共识：认为只有建立起市场经济体制，才能最后抛弃原苏联模式的束缚，推动经济发展，使国家渡过难关。但是，在建立什么样的市场经济问题上，它们实际走上了两条发展道路，采取了两种发展模式。一种是自由竞争模式，一种是政府主导模式。前者是指对发展中国家进行经济援助的问题上，由国际金融机构，如世界银行、国际货币基金组织等分析家所拟定的、旨在对被援助国的改革措施和过程及实施效果进行量化评估的一套参数标准，核心是民主化、市场化和私有化。后者则强调国家干预和控制。前者强调以产权明晰化、市场自由化为手段，以政府改革为必要的先决条件，减少政府预算和补贴，对先前的国有部门实行私有

---

① 常庆：《中亚五国经济体制与发展模式探讨》，载于《新疆社会科学》2001年第1期。

化，提高利息，对外开放国内市场，扩大原材料和劳动密集型产品的出口。后者则强调采取有步骤的改革措施，逐步调整产业结构，而不是先对资源实行重新配置，避免现存不完善的市场体系造成不合理的资源配置。在实施改革的过程中，强调激励机制的选择和政府的全程指导。由此看来，两种不同模式的目标是一致的，即履行政府政策上的责任、控制通货膨胀、自由定价、自由贸易、稳定货币以及吸引国外投资。但两者之间在具体方式和实施速度上有不同之处。哈萨克斯坦和吉尔吉斯斯坦表现出自由竞争模式，乌兹别克斯坦和土库曼斯坦则表现出国家指导下的改革模式，塔吉克斯坦的发展道路介于两种模式之间。

中亚国家的经济改革工作基本上是从所有制改革开始的。事实上，中亚国家的所有制改革在苏联解体前即已开始。哈萨克斯坦从1991年中期即已开始这项工作，独立后在经济真正自主的情况下，加大了改革工作的力度。该国先后通过了三个《国家非国有化和私有化纲领》，对各类国营企业进行非国有化和私有化。在所有制方面，这是一个从量到质的变化。在各经济部门中除工业、交通、邮电外，在其余行业中私有制企业皆占多数。私营部门产值占国内生产总值的比重已超过50%。

吉尔吉斯斯坦前总统阿卡耶夫这样说明私有化在本国经济改造中的位置："吉尔吉斯斯坦私有化计划是经济改革的最主要的优先方向之一。"他还以赞赏的语气引用诺贝尔奖得主米尔顿·弗里德曼的一句话："通往自由社会大门的钥匙只有三句话：第一，私有化；第二，私有化；第三，还是私有化。"正是在这一思想指导下，吉尔吉斯斯坦所有制改革取得较大进展。截至1997年，该国工业中非国有制企业已占74.3%，国有制企业只占25.7%。

中亚各国对作为市场经济机制重要组成部门的价格机制也都进行了改革，只是在改革的时间和步骤上有较大的不同。哈萨克斯坦于1992年1月6日放开绝大部分商品价格。当时该国并不具备采取这一措施的条件，而是在俄罗斯1月2日放开价格后被迫采取的行动。不管哈萨克斯坦政府如何看待或是否准备采用"休克疗法"，事实上它已经被迫跟随俄罗斯采用了这种方法。一步放开价格对哈萨克斯坦经济产生了灾难性的后果。很短时间内该国就出现了物价飞涨、通货膨胀、经济混乱、人民生活恶化的现象。哈萨克斯坦学者说，这种方法给哈萨克斯坦带来的是生产的"休克"，但却没有"疗法"。哈萨克斯坦政府于1994~1995年又进一步放开了能源和粮食的价格，基本上实现了价格自由化。与哈萨克斯坦情况类似的还有吉尔吉斯斯坦。

乌兹别克斯坦和土库曼斯坦则没有跟随俄罗斯全面放开价格，在改革价格问题上采取谨慎的做法。乌兹别克斯坦总统卡里莫夫作为经济学家，清楚地认识到："放开物价是改革经济的关键问题，改革将朝什么方向发展，产生什么样的社会经济后果,都完全取决于这个问题的解决。"① 说乌兹别克斯坦反对价格改革是站不住脚的。只是该国不赞同俄罗斯等国采用的"休克疗法",而是主张价格改革应该"逐步地和分阶段地进行"。在该国逐渐解决了粮食和能源的自给以后,从 1995 年起该国也逐步放开了包括粮食和能源在内的几乎所有商品的价格。乌兹别克斯坦与哈萨克斯坦、吉尔吉斯斯坦采取不同的方式达到了市场经济所要求的价格自由化的目的,但该国蒙受的损失明显要小于哈萨克斯坦和吉尔吉斯斯坦两国。

在市场经济模式的探索中,中亚国家积极建立和完善适应市场经济需要的基础设施,包括商品交易所、职业介绍所、商业银行、保险公司、证券市场等,并改革了会计制度。特别是大小商业银行如雨后春笋般建立起来。不过,这类机构在有些国家的建立带有自发性。哈萨克斯坦学者指出,在哈萨克斯坦开始建立的金融机构不是为了发展生产,而是为了追逐高额利润,具有投机倾向,导致后来哈政府对银行业的整顿。

反对垄断、提倡竞争,这个问题在中亚国家也相当重要,而且非常尖锐,因为在苏联时期兴建的企业有许多是大型和特大型企业,它们本身就具有垄断性,对市场进行垄断已习以为常。为解决反垄断问题,中亚国家先后制定了反垄断法,在乌兹别克斯坦等国建立了反垄断与价格总局等政府反垄断机构,该国 648 家大型企业成为被监控的对象。尽管如此,反垄断问题在中亚国家仍然任重而道远。经过独立后 20 年的努力,中亚国家向市场经济体制过渡取得如下成果:第一,人们的观念发生了重大变化,从改革之初的不理解到逐步理解和适应;第二,初步形成了为市场经济服务的法规,市场经济基础设施也已基本上建立起来;第三,所有制发生重大变化;第四,经济管理权限呈现分散化,由过去集中在中央而转向地方或部门,特别是企业作为经营主体在市场中开始发挥作用;第五,已奠定开放型经济的基础,与世界各国进行广泛的合作;第六,经济结构改造和经济活动已开始以市场需求为导向,经济工作的重心转向财政货币领域和外贸工作。

三、文化意识构建

正是因为中亚国家是在没有民族国家历史背景下建国的,所以在民族国家的建设中,历史文化的构建非常必要。

---

① [乌兹别克斯坦]伊·卡里莫夫:《乌兹别克斯坦沿着深化经济改革的道路前进》,北京:国际文化出版社公司 1996 年版,第 58 页。

（一）历史文化的塑造

1. 哈萨克斯坦：阿布赉可汗

苏联时代，在科学研究和历史文化教科书中唯有俄罗斯的伟大人物和伟大事迹，哈萨克历史几乎是空白。哈萨克斯坦独立后重新从哈萨克人的视角重新编写了哈萨克史。哈萨克的可汗、文化名人被发掘出来，阿拉木图的大街进行了系统的更名，以这些历史名人命名。其中最突出的是哈萨克汗国中玉兹阿布赉汗（Абылай хан，1711~1781年），其最为称道的是与准噶尔的殊死斗争，挽救了哈萨克民族。2005年哈萨克斯坦聘请好莱坞专家拍摄了一部电影大片《游牧战神》，演义他的生平。阿布赉汗成了哈萨克英勇搏斗的传世民族英雄和哈萨克民族精神的象征。

2. 乌兹别克斯坦：帖木儿大帝

如果说哈萨克斯坦找到了自己伟大的可汗阿布赉，那么乌兹别克斯坦找到了当年威震中亚的帖木儿大帝。帖木儿（Timur，1336~1405年）从1370年到1402年间征服了中亚、中东和从印度河到地中海的广大地区。但有点问题的是，帖木儿本人是蒙古人，所建的王朝是蒙古王朝。此外，帖木儿以残暴闻名于世。但他所构建帝国的首都就在今天乌兹别克斯坦的撒马尔罕，有了这点就足够了。

3. 吉尔吉斯斯坦：玛纳斯

如果说阿布赉可汗、帖木儿是历史上确有其人，那么吉尔吉斯斯坦寻找的却是英雄史诗人物玛纳斯。在吉尔吉斯民间一直传唱着《玛纳斯》，主要讲述吉尔吉斯人民不畏艰险、奋勇拼搏、创造美好生活、歌颂伟大爱情的故事。史诗中的玛纳斯力大无比，从小就对外来的掠夺者充满了仇恨，他立志要为本民族报仇雪耻。他长大后敬重长者，信任贤能，团结了四面八方的勇士，统一了被分散的吉尔吉斯各部落，联合邻近被压迫的民族，南征北战，使各族人民过上了欢乐富裕的生活。

4. 塔吉克斯坦：雅利安

按一般说法，雅利安人（Arya）发源于南俄—中亚草原，公元前2000年初开始，一支雅利安部落从里海东岸分批南下进入伊朗高原，波斯人因此为伊朗雅利安人。公元前1200年左右越过阿富汗兴都库什山脉来到印度河流域，由此有印度雅利安人。1935年，波斯改国名为伊朗（Iran），Iran就是Arya，以此表示对雅利安精神的崇敬。塔吉克人操印欧语东伊朗语，与波斯人在种族文化上有亲缘关系，独立后的塔吉克斯坦在文化上打起雅利安的旗帜也是顺理成章的。这里也有点问题，当年德国纳粹曾借用"雅利安"，宣扬金发碧眼的日耳曼人是高贵的雅利安人，作为统治"劣等人种"的种族主义理论。

(二) 东方的部族主义[①]

俄罗斯入侵之前，中亚还滞后于古代东方社会。俄罗斯统治及苏维埃时代，历史积淀下的部落文化总体式微，但并未绝迹。随着中亚国家文化的构筑，东方的部族主义开始复燃，也是中亚政局的一道新的风景线。

1. 哈萨克斯坦——松散的部族关系

哈萨克历史上有过三大部族联盟，即大玉兹、中玉兹和小玉兹。三玉兹间保持着相对松散的联盟关系，并拥有各自较为稳定的势力范围。其中大玉兹地位显赫，一直保持着对其他部族传统的影响力。苏联时期，维持哈萨克各部落之间传统的力量平衡。哈萨克斯坦独立后，开始注重部落主义。纳扎尔巴耶夫总统就认为，"哈萨克人知道了自己的民族属性、自己的七个分支，并通过他们了解自己的氏族和玉兹。这样，在故土的任何地方都能感觉到自己是同一个大家庭的成员。""七个支系原则天然地保障着整个哈萨克人民的民族生物学上的整体性、民族文化的整体性和民族精神的整体性。"[②] 在实践方面，来自大玉兹的干部占据从总统到各级权力机关的主要领导职位。哈萨克各部族精英也难以以地域为单位进行联合，因此，还未曾出现过足以挑战现政权的地方精英势力。尽管在哈萨克斯坦存在一些以部族为依托的精英政治矛盾，但部族因素在其中并不起主导作用，而主要是新旧精英之间的利益冲突与情绪对立。在哈萨克斯坦政治转型过程中，以新生代企业家为代表的小玉兹部落在政权中的势力呈上升趋势。但总的看来，在政治转型的过程中，哈萨克斯坦并没有因部族政治文化引发地方分立主义的干扰，相反，部族文化与民族文化传统，在某种程度上成为政府用来加强哈萨克斯坦民族凝聚力的重要手段之一。

2. 吉尔吉斯斯坦——南北对峙的部族政治

历史上，吉尔吉斯各部落之间主要以军事联合为基础形成了传统的部族和部落联盟。吉尔吉斯人部落观念要强得多，一定程度上，对部落的认同甚至高于吉尔吉斯民族认同，这突出地表现在南部（奥什—贾拉拉巴德）和北部（楚河—塔拉斯）部落的对峙。苏联时期，为了维持部族间的势力平衡，苏共中央在吉尔吉斯斯坦实行了南北部族间的领导干部轮换制。吉尔吉斯斯坦独立后也出现了同一个部族代表长期当政的局面。政府高官基本上被以阿卡耶夫为代表的北方部族势力所把持，从而引起了南部部族精英的不满。在国家权力结构体系中，南北部

[①] 包毅：《简析中亚国家政治转型中的部族政治文化因素》，载于《俄罗斯中亚东欧研究》2009年第5期。
[②] ［哈萨克斯坦］纳扎尔巴耶夫，李庆永译：《在历史的长河中》，北京：民族出版社2005年版，第24页。

族之间的对立与矛盾还经常表现为总统与议会之间的矛盾上。2005 年 "3·24" 事件中，以巴基耶夫为代表的南部精英推翻了阿卡耶夫的北方精英政权，改变了南北精英在政权中的力量格局。执行权力机关内部形成了以南方精英巴基耶夫为总统和以北方精英库洛夫为总理的权力均势，从而实现了南北方部族精英之间暂时的力量平衡。但随着 2007 年初库洛夫的离任，南北部族的力量均势再度被打破。由于吉尔吉斯斯坦缺乏平衡各部族之间利益与权力分配的政治权威以及正常的政权轮换机制与政治妥协机制，因而，时至今日，由南北部族长期对立而引发的矛盾和冲突仍是影响吉尔吉斯斯坦政权稳定的主要隐患。

3. 土库曼斯坦——不平衡的部族格局

土库曼人有众多部族，更多的部落，几乎每个部落在政权上层均有自己的代言人。尼亚佐夫当选总统以后，其所属的阿哈尔—捷金人部落的代表占据了国家政权的多数领导职位。尼亚佐夫去世后，同属于该部族的别尔德穆哈梅多夫依靠这种政治资源优势，接任了总统职务，从而延续了该部落在国家政权中的核心地位。在土库曼斯坦的 9 个部落中，总统所属的阿哈尔—捷金人部落是土库曼斯坦人口最多、影响最大的部族，其所占面积超过全国总面积的 60%。目前，阿哈尔—捷金人部落的势力已经控制了政府 3/4 的职位，包括政府各部部长，检察院和法院内的多个重要岗位。部族势力通过国家权力体系得以加强，而总统权力也获得了有力的以部落为依托的政权基础。与其他中亚国家不同，在土库曼斯坦的众部族中，阿哈尔—捷金人部族势力最大，拥有着支持总统的大量选民群体和各种政治、经济优势，从而成为维护总统权威和政权稳定的重要保障。部族与地域情结在很大程度上破坏了国家政府体系的运行规则，诱发了国家政权中裙带关系和腐败的滋生，进而对政治发展产生了消极影响。为了保障土库曼斯坦社会政治的稳定、保持部落之间的力量平衡，前总统尼亚佐夫曾一再声称，作为总统，他将坚持"部落中立"立场，不允许某一部族代表长期占据政府关键职位。但事实上，以部族为基础的任用制至今仍是影响土库曼斯坦政治发展的主要因素。

4. 乌兹别克斯坦与塔吉克斯坦——绿洲文化中的派系斗争

乌兹别克人一直是绿洲定居民，尽管不时有北部南下的游牧民进入，但明显的农耕地缘关系总是占主导地位。其部族属性也基本上以其所在地域属性为特征。塔吉克人主要是传统的绿洲定居民，是为平原塔吉克人，只有少数山地塔吉克人以血缘关系作为其氏族属性的划分依据。总体而言，由于长期的定居生活，乌兹别克斯坦和塔吉克斯坦部分地区的部族逐渐发展为以一定自然区域为核心的相对自给自足的绿洲文化群体。这种绿洲文化重视地域边界的划分与邻里关系，带有较为浓郁的农耕文化特征，即具有相对的保守性与封闭性。因此，在乌兹别克斯坦和塔吉克斯坦都形成了势力强大的以地域为核心的地方政治帮派。中亚各国的领导人往往具有浓厚的同乡情结和地域观念。

总统上任后，除了给予所属地区的发展以倾斜的国家优惠政策外，一般还会提拔和重用本部族的人进入政权。以文化、宗教为依托的地方精英势力同中央世俗政权的对立在乌兹别克斯坦和塔吉克斯坦也尤为突出。其中乌兹别克斯坦南部费尔干纳地区的政治精英凭借其经济上的优势和文化上的优越感，一直是该国较有影响力的地方势力。加之该地区具有浓厚的伊斯兰教文化传统，极易受到伊斯兰极端主义势力的影响，因而表现出对中央世俗政权的不满情绪。莫斯科卡内基研究中心中亚问题专家 A. 马拉申柯认为，2005 年发生的"安集延事件"是乌兹别克斯坦精英之间，即塔什干中央精英和费尔干纳地方精英之间矛盾激化所致。同时各地政治派别矛盾不仅表现为地方政治精英之间的对立，而且也表现为政权内部的部门利益之争。据一些中亚问题专家分析，2005 年"安集延事件"发展为暴力骚乱的一个主要原因，就是政权内部不同派别之间矛盾激化的结果。俄罗斯观察家 M. 季加尔指出，在"安集延事件"中，执行权力机关表现出来的指挥无序、行动迟缓等现象，就是各政治派别之间，即以内务部长阿马托夫为代表的撒马尔罕派和以安全局长 P. 伊诺亚托夫为代表的塔什干派之间权力争斗的现实反映。

第二节　中亚地区政局特点

中亚国家政局有地区性特点，表现在政治、安全、外交和经济发展几个方面。

一、政治方面

2011 年中亚国家相继迎来独立 20 周年。20 年来中亚国家在建国、转制的过程中，以求稳定、促发展为目标逐渐探索出适合本国国情的发展道路。多数国家的安全形势趋于稳定，政府治理能力、经济发展水平和居民生活水平与独立初期相比都有了很大的提升。各国的共性与个性也愈加清晰。一是威权政治制度继续发展。哈萨克斯坦、乌兹别克斯坦、土库曼斯坦和塔吉克斯坦四国继续实行总统制，在加强总统权力、维护政权稳定的同时，适当、小幅度地采取一些政治改革举措，以缓解面临的国内外压力。吉尔吉斯斯坦的情况有所不同。继 2010 年该国举行全民公决由总统制转成议会制后，2011 年吉尔吉斯斯坦顺利举行了总统选举，标志着议会制改革结束。由于各国政治都遇到了一些问题，所以本年度中亚国家的政治稳定仍具有脆弱性，但都看不到短期内可能发生大的变动的苗头。二是中亚地区的大国竞争继续加剧。俄罗斯强势整合独联体，提出"欧亚联盟"构想。美国改变策略，提出"新丝绸之路"倡议，力图弱化中亚与俄罗斯和中国的联系，继续把中亚引向南亚。中国与中亚国家间的关系进一步密切，前景看好。中亚国家之间的矛盾继续发酵，地区碎片化趋势明显。①

二、安全方面

安全方面主要有以下几个方面的问题。

1. 影响中亚地区安全的内部问题没有得到有效解决

2011年中亚国家突出的内部问题包括：国家之间的矛盾、宗教问题、恐怖主义、民族矛盾（乌孜别克族与吉尔吉斯族、乌孜别克族与塔吉克族）、犯罪问题、人口（包括移民问题）、就业、通胀、贫困问题等。阿富汗局势、全球经济形势、北非中东局势等外部环境恶化使得上述问题更加严重。

2. 中亚国家之间的矛盾有发展也有缓和

中亚国家之间主要矛盾体现在上下游国家在水资源纠纷，未定边界的争端，跨国运输、矿产开发等方面的利益纠纷。其中，有些矛盾在发展中，比如，2017年吉尔吉斯斯坦大选本是吉国内政，但却影响到吉尔吉斯斯坦与哈萨克斯坦的关系。而另一方面，随着乌兹别克斯坦新总统新政推行，乌兹别克斯坦与其邻国关系得到改善。

3. 中亚的宗教极端主义、恐怖主义、贩毒等问题

因阿富汗形势恶化而更加棘手。2011年美国和北约开始从阿富汗撤军。未来塔利班将以某种形式参与到阿富汗的政治安排中，必然鼓舞中亚地区的宗教极端势力。2011年乌兹别克斯坦伊斯兰运动组织和"伊扎布特"（伊斯兰解放党）等宗教极端组织在中亚积极扩张势力，在农村地区的影响不断扩大。中亚的宗教极端主义往往与恐怖主义结合在一起。2011年，极少发生恐怖事件的哈萨克斯坦发生多起暴力事件。从暴力事件中使用的武器来看，这些事件极有可能与恐怖组织有关。2010~2011年塔吉克斯坦和哈萨克斯坦均出台法律和法令，对宗教活动进行限制。中亚其他国家政府也采取类似措施，导致政府与宗教团体之间的关系、政府与社会之间的关系紧张。

4. 塔吉克斯坦和吉尔吉斯斯坦的政治伊斯兰

2010年下半年从巴基斯坦和阿富汗流窜到塔吉克斯坦的伊斯兰非法武装在

---

① 赵会荣：《2011年中亚国家形势述评》，中国社科院俄罗斯东欧中亚研究所，2012年2月。

塔东部拉什特地区作乱，袭击政府军。2011年塔吉克斯坦通过国际合作加强了对该地区的控制，情况略有好转。吉尔吉斯斯坦南部地区的一些政治势力与宗教极端组织和毒品犯罪团伙有密切的接触，对中央政府形成一定牵制。

5. 社会不满情绪

2011年哈萨克斯坦西部地区发生罢工示威活动。12月16日哈萨克斯坦西部城市扎瑙津举行的独立20周年庆祝活动演变成骚乱，造成15人死亡，近百人受伤。17日哈萨克斯坦政府宣布在当地实施紧急状态。哈萨克斯坦政府称，事件是因全球经济衰退和金融危机导致的，是外部力量制造的有预谋的破坏活动，参与骚乱的年轻人得到了资助。哈方有记者称，西方在事件中扮演了重要角色。据吉尔吉斯斯坦内务部透露，2011年1~9月吉尔吉斯斯坦发生1 013起示威抗议活动，表明该国社会情绪的极端化，民众对于政府不信任，动辄选择通过街头运动达到自身目的。

6. 国际合作机制对于维护中亚稳定表现乏力

无论是中亚国家之间，还是大国之间以及国际组织之间，对于维护中亚稳定、制止动荡没有形成有效的合作机制。大国的中亚政策各有侧重，活跃在中亚的国际合作机制功能重叠，相互之间缺乏协调，发挥作用有限。

三、外交方面

2011年中亚地区国际关系主要沿着两条线索展开：一条是地区外部力量在中亚的竞争与合作，另一条是地区内部力量——中亚国家的多元平衡外交。2011年中亚地区外交形势的总体特点是：俄罗斯强势整合独联体地区，试图加强与中亚国家之间的经济和军事联系。美国提出"新丝绸之路"倡议，力图促进中亚与南亚之间的交通、能源等领域一体化。美国还试图将驻阿富汗军事力量向中亚地区转移，加强对中亚国家的渗透。中国在中亚地区的影响增长，经济投入受到中亚国家欢迎，但也遇到一定阻力。未来，中国与中亚国家之间的关系将全方位、多层次发展。中亚国家欢迎大国对于中亚的关注与投入，对于大国的意图保持警惕，反应不一。中亚国家之间的矛盾继续发酵，地区碎片化日趋明显。

（一）大国在中亚地区的争夺更加激烈

2011年俄罗斯加强了独联体外交，关税同盟进展顺利，已同意吉尔吉斯斯坦加入该组织。俄罗斯促进独联体地区经济一体化的努力取得一定成效。2011年10月4日俄罗斯总理普京在俄《消息报》上提出建立欧亚联盟的战略构想。

考虑到俄罗斯经济实力复苏的背景,2011年俄罗斯寻求加强在中亚地区军事存在的现实,以及对于中国与中亚国家关系进展的敏感反应,未来俄罗斯整合独联体地区的强劲态势将继续。"9·11"事件后,中亚主要是因为阿富汗战争而受到美国青睐。受到国内问题的牵制,美国欲从阿富汗收缩力量,向中亚地区转移。因此,在美国的战略中,中亚的角色从战时运输线转变为战后力量接收地。中亚作为辐射周边地区关键国家(俄罗斯、中国、伊朗、阿富汗、巴基斯坦)的要点,将服务于美国的全球战略。北非和中东地区动荡后,美国大肆鼓噪"中亚革命论",在民主和人权问题上向中亚国家施加更大的压力,迫使中亚国家接受美国的条件。美国大力扶持中亚国家的反对派,借助非政府组织和媒体影响中亚国家的社会思潮,令中亚国家政府紧张。美国还变换军事合作的形式,不再提建立军事基地,而是致力于在中亚建立训练中心、加强军事交流、提供培训机会等多种形式的军事渗透。美国还提出要参与中亚资源开发、基础设施建设等经济领域的国际竞争,吊足中亚国家的胃口。美国提出的"新丝绸之路"倡议受到中亚国家欢迎,美国在中亚地区的影响日益增强。值得关注的是,梅德韦杰夫时代,美俄关系有所改善,双方在中亚问题上的协调增多。2010~2011年美国对于俄罗斯干预吉尔吉斯斯坦局势采取了默认的态度。美俄之间在阿富汗问题、反毒问题上的协调加深。2012年俄罗斯总统选举结束后,美俄在中亚的关系可能还会发生变化。2011年欧盟的纳布科管道计划仍阻力重重。9月欧盟、土库曼斯坦和阿塞拜疆就修建里海海底天然气管道达成一致,但遭到俄罗斯和伊朗反对。哈萨克斯坦石油天然气部长表示,哈拒绝加入该计划。随着中国与中亚国家之间关系的不断密切,各方对于中国的关注增多。欧美国家鼓噪"中国威胁论",挑拨中俄关系,俄罗斯和中亚国内都有声音附和。未来,中俄之间的协调也会增强。

(二) 中亚国家开展多元外交,各有特色

1. 哈萨克斯坦继续寻求与各方的合作

继2010年在独联体国家中首先担任欧安组织轮值主席国后,2011年哈萨克斯坦担任伊斯兰合作组织轮值主席国。哈萨克斯坦认为自身的发展经验可供其他伊斯兰国家参考,是推动伊斯兰世界与西方对话的桥梁。哈萨克斯坦还自荐担任2017~2018年联合国安理会非常任理事国候选国。2011年6月哈萨克斯坦作为上海合作组织轮值主席国举办了阿斯塔纳元首峰会。哈强调,纳扎尔巴耶夫是欧亚联盟倡议的首倡者,在加入关税同盟后哈与俄罗斯的关系进一步密切。哈萨克斯坦准备单独申请加入世界贸易组织。哈萨克斯坦比较重视与中国的关系,认为两国在水资源问题上的合作有重要意义,认为2011年6月13日中哈关系提升至

全面战略伙伴关系是历史性成就，两国领导人提出的 2015 年贸易额达到 400 亿美元的目标可提前一年完成。

2. 乌兹别克斯坦与俄美关系摇摆

乌兹别克斯坦一直对俄罗斯有疑虑，在参加集安组织，甚至上合组织活动上比较消极。2005 年"安集延事件"后与美国关系闹僵才与俄罗斯靠拢，但不久又与美欧恢复关系，与此同时与俄罗斯拉开距离。2011 年希拉里·克林顿等美国官员频繁访问乌兹别克斯坦、美国国会同意向乌兹别克斯坦提供军事援助等事件是很好的例证。乌美关系升温的主要原因是乌兹别克斯坦被美国认为是服务于阿富汗战事、可替代巴基斯坦的中亚地区最理想国家。尽管欧美都认为乌兹别克斯坦的民主人权状况非常差，仍旧不进口乌兹别克斯坦的棉花，但欧美都没有放弃与乌当局接触的努力。乌兹别克斯坦与俄罗斯的关系仍处于欲热还冷的状态。乌兹别克斯坦反对俄罗斯加强在中亚地区的军事存在，尤其反对俄罗斯在吉尔吉斯斯坦南部奥什市建立第二个军事基地。此外，乌兹别克斯坦对于俄罗斯在乌塔水资源纠纷问题上立场含糊不定表示不满。乌兹别克斯坦希望中国增加对乌投资，希望中资企业在纳沃依自由工业经济区建厂，促进乌对外交通、基础设施和加工业的发展。

3. 塔吉克斯坦外部环境艰难

2011 年俄罗斯和美国积极与塔接触，希望加强在塔军事存在。塔吉克斯坦与俄罗斯的关系继续恶化，波折不断。2011 年 4 月俄塔边境合作协议到期，上半年两国就俄边防军返塔和俄租用"埃尼"军用机场问题举行了三轮磋商。2011 年 6 月 29 日俄国防部长谢尔久科夫和总统办公厅主任纳雷什金访塔。7 月 13 日独联体集体安全条约组织秘书长博尔久扎访塔。这两次访问的主要议题都是俄在塔军事存在问题。俄方称，2011 年 9 月 5 日俄总统梅德韦杰夫访塔时双方将签署边境合作协议和 2011~2014 年经济合作纲要，俄将租用塔"埃尼"军用机场。塔方的态度与俄方的乐观形成鲜明对比，塔外长扎里菲和塔军方负责人都表示，塔有能力独自承担边防任务，塔的土地不可能无偿让别人使用，双方的谈判没有结束。结果，两国签署了关于加强在塔吉克斯坦与阿富汗边境地区防务合作的协议、联合声明以及政府间经济合作纲要。2011 年 3 月两名俄罗斯航空公司的飞行员在塔吉克斯坦被诉走私和非法越境而获刑入狱，11 月塔方迫于俄方压力释放了两名飞行员。反过来，大批在俄罗斯务工的塔吉克斯坦公民因签证过期等各种原因被俄方驱逐出境，俄罗斯还表示可能禁止进口塔吉克斯坦的植物产品。此外，塔吉克斯坦积极寻求美国的经济和军事援助。2011 年美新上任的中央司令部司令马蒂斯、国务卿希拉里·克林顿、助理国务卿布莱克、新上任的负责阿富汗和巴基斯坦事务的特别代表格罗斯曼、北约秘书长中亚和高加索事务特别代表詹姆斯·阿帕苏莱伊、美国国务院负责毒品事务和法律实施的助理国务卿威廉·布朗菲尔德相继访塔。美塔双方会谈的主要议题是加强两国在军事领域的合作，美帮助塔培训军事力量，维护塔边界安全，打击毒品走私和有组织犯罪，发展塔与阿富汗、巴基斯坦等南亚国家的联系，参与塔基础设施、能源和矿产开发等。虽然美国内有呼声投资塔罗贡水电站建设和发展双边经贸关系，但投资塔经济从来都不是美国的关注点。2011 年 7 月，美国投资 1 000 万美元在塔吉克斯坦首都杜尚别以西约 40 公里的卡拉达克开始建设特种力量训练中心，预计 2012 年将建成包括射击场、训练营等设施在内的综合训练中心。美国否认将在塔吉克斯坦建立军事基地，但承认美国教官将负责培训塔吉克斯坦军事力量，这意味着美国从阿富汗撤出的部分军事力量有可能转移到塔吉克斯坦。

4. 吉尔吉斯斯坦与俄罗斯外交关系加强

2011 年 10 月 30 日阿坦巴耶夫在总统选举中获胜。此前，他在担任总理期间曾访问俄罗斯，表示 2014 年不再与美国续签租借玛纳斯军事基地的合同。他还表示吉尔吉斯斯坦希望加入关税同盟。他的获胜表明，俄罗斯仍然是吉尔吉斯斯坦最重要的经济和安全伙伴，未来俄罗斯在吉尔吉斯斯坦的影响将增强。

5. 土库曼斯坦继续推行天然气外交

2009 年土库曼斯坦与俄罗斯天然气交易遭遇挫折，这促使别尔德穆哈梅托夫把外交重点转向天然气出口多元化。土库曼斯坦把中国看作有潜力的天然气出口市场。2011 年 11 月 23 日土总统访华，双方签署《关于土库曼斯坦向中国增供天然气的协议》，未来每年出口中国天然气数量增加到 650 亿立方米。土库曼斯坦还看重伊朗市场和欧洲市场。土库曼斯坦总统多次与欧洲外交官会晤，表示愿意加入纳布科管道计划。不过，土库曼斯坦表态谨慎，主要原因是顾及纳布科管道计划前途不明以及俄罗斯的反应。此外，别尔德穆哈梅多夫还继续呼吁建设土库曼斯坦—阿富汗—巴基斯坦—印度天然气管道。该项目由于阿富汗和巴基斯坦国内形势不稳尚未得到资金支持。

四、经济方面

中亚国家的经济状况差异较大，总体上都处于金融危机后的经济恢复阶段。2011 年前 9 个月，各国 GDP 增长情况如下：哈萨克斯坦 7%，乌兹别克斯坦 8.2%，塔吉克斯坦 6.5%，吉尔吉斯斯坦 7.5%，土库曼斯坦 10%。哈萨克斯坦和乌兹别克斯坦财税领域将保持强势。塔吉克斯坦和吉尔吉斯斯坦财政赤字扩大。英国"经济学人情报部"（以下简称 EIU）预计，哈萨克斯坦财政赤字占 GDP 比例将从 2010 年的 2.5% 缩减到 2011 年的 2.3%，2012～2013 年乌兹别克斯坦财政赤字占 GDP 比例为 0.3~0.4%。[1] 截至 2011 年 9 月底哈萨克斯坦外汇储备 725 亿美元。[2] 2011 年 11 月哈萨克斯坦与俄白两国签署包括"欧亚经济一体化宣言""欧亚经济委员会条约"以及"欧亚经济委员会章程"等有关一体化新阶段的系列文件。吉尔吉斯斯坦和塔吉克斯坦均表示有意加入关税同盟。关税同盟表示同意吉尔吉斯斯坦加入该组织。乌兹别克斯坦总统卡里莫夫多次公开表示怀疑关税同盟和欧亚联盟背后有政治目的。[3] 哈萨克斯坦 2015 年 7 月 27 日加入世贸组织。塔吉克斯坦 2013 年 3 月 2 日加入世贸组织。2011 年 1~9 月哈萨克斯坦外贸额增长 41.3%，乌兹别克斯坦增长 21.6%。中亚国家经济总量超过了危机前水平。各国经济普遍向好，增幅较大。五国政府都选择主要通过增加投资促进经济总量增长的途径。各国对外部市场的依赖度仍很高，国别之间的经济发展差距逐渐拉开。

第三节 一个地区五个国家

人们通常笼统地论及中亚五国，尽管这五个国家同处中亚，在历史文化上的联系相当密切，但随着时间的推移，它们在各自的发展道路上渐行渐远，各显其不同的个性和特点。

一、乌兹别克斯坦：历史的荣耀与面临的挑战

历史往往能够勾起一个民族的记忆，尤其是那些曾经拥有辉煌历史的民族更是对自己的过去念念不忘，总想有朝一日复兴那种辉煌。乌兹别克斯坦就是这种历史回忆的典型。乌兹别克斯坦是位于欧亚大陆中心的世界上仅有的两个双重内陆国家之一。国土面积 44.74 万平方公里，人口超过 3 200 万，是中亚人口最多的国家。乌兹别克斯坦有着悠久的历史和灿烂的文化，曾经是丝绸之路上重要的交通枢纽和贸易中心。首都塔什干是原苏联的第四大城市，也是中亚最大的城

---

[1] 阿赫迈德·拉什德，兰州军区政治部联络部译：《中亚的复兴》，1997 年。
[2] 《吉尔吉斯旗帜报》1991 年 3 月 14 日。（缺少作者名，文章名）。
[3] 格劳迪亚·麦克艾尔洛伊：《吉尔吉斯斯坦的乌兹别克人》，载于《基督教科学箴言报》，1998 年 4 月，转引自《新疆国际问题研究编译组资料汇编》（2000 年）。

市。乌兹别克斯坦还拥有中亚地区最强的军事实力。①

现代乌兹别克人的前身是 15 世纪在中亚出现的"月即别"。到 16 世纪时"月即别"人大量进入阿姆河和锡尔河流域，逐渐脱离了原来的游牧生活方式，接受了定居的农业生活方式，乌兹别克民族逐渐形成。从 16 世纪开始，乌兹别克人建立了布哈拉汗国、希瓦汗国和浩罕汗国。在这 3 个汗国时期，具有中亚特色的伊斯兰文明高度发展，留下了撒马尔罕、布哈拉等著名历史古城。历史上曾经辉煌了几个世纪的古丝绸之路，也成为古代中亚文明史上的骄傲。如历史文化古城撒马尔罕已有 2 500 多年的历史，在古阿拉伯文献中被称为"东方璀璨的明珠"，在历史上曾是中亚地区重要的政治、科学、宗教、文化中心，也是古丝绸之路上的枢纽之一。乌兹别克斯坦历史上著名的帖木儿帝国（14~15 世纪）就曾建都于此。

2010 年 9 月 20 日，卡里莫夫总统在联合国千年发展目标大会上发言时说："19 年来乌兹别克斯坦从一个经济结构单一、生产和社会基础设施简陋、人均消费水平很低的国家变成了如今国家面貌焕然一新、国际地位全面提升的主权国家。国内生产总值增长了 2.5 倍，人均国内生产总值增长了 1.5 倍，平均工资增长了 13 倍。国家投入社会发展和社会保障领域的资金增长了 4 倍，每年用于社会发展领域的资金超过国家预算的 50% 以上。82.5% 的居民能喝到干净的饮用水，83.5% 的居民用上天然气。卫生保健工作得到加强，重大疾病和传染病大大减少。母亲死亡率下降了 50%，儿童死亡率减少了 65%。居民的平均寿命从过去的 67 岁提高到了 73 岁，妇女的平均寿命达到 75 岁。在世界金融危机的严重冲击下，乌兹别克斯坦仍保持了经济稳定增长。2008~2009 年，经济增长速度分别达到 9% 和 8.1%，国家外债不超过国内生产总值的 10%"。②

独立后的乌兹别克斯坦的确取得了不少进步，但作为中亚地区的一个大国，乌兹别克斯坦也面临着诸多问题。

第一，观念转变问题。独立以来政府虽然一直在倡导向市场经济转轨和建设民主社会的目标，但是商品经济意识、风险意识、管理理念、法制观念还非常淡

---

① 乌兹别克斯坦 2002 年武装力量员额约为 5.5 万人。国民卫队总兵力为 1 000 人。属于内务部内卫军总人数为 1.9 万人。陆军人数约 4 万人、防空军约 1.5 万人，空军约 4 000 人，编有 4 个战斗机团、1 个直升机团、1 个运输直升机团、2 个运输机团、3 个防空火箭团。空军装备有各型作战飞机 108 架，运输机 50 架，各型直升机 118 架，地空导弹 45 枚。苏联解体后，乌兹别克斯坦收编了苏军第 15 特种旅、第 459 独立特种连和一个特种兵教导团，并在此基础上组建了自己的特种部队。2001 年国防预算为 2.07 亿美元。塔吉克斯坦总兵力约 2 万人。内务部内卫军总兵力达 1.5 万人，装备有 15 架战斗直升机，边防军有大约 1 200 人，紧急情况部约有 2 500 名战斗人员，控制着塔吉和塔乌边界的关键地段。2000 年的军费开支为 820 万美元。资料来源：陈建民主编：《俄联邦军事基本情况》，北京：军事科学出版社 2004 年版。中国军控与裁军协会编：《SIPRI 年鉴：2003 年军备、裁军和国际安全》，北京：世界知识出版社 2004 年版。

② 《卡里莫夫在联大发言：乌独立 19 年取得巨大成就》，中国经济网，2010 年 9 月 27 日。

薄。比如对于外国人在当地投资建厂或者从事贸易活动，政府和官员的顾虑很多，鼓励外商的投资政策总是反反复复，让投资者没有信心。很多人不愿意正视目前贫困状态。据说卡里莫夫在政府官员面前经常强调改变观念的重要性。米尔济约夫总统上台后，经济政策呈现一定开放迹象，积极吸引外资，建立自由经济区，鼓励和支持中小企业发展。

第二，经济转型问题。乌兹别克斯坦推行渐进式的改革，独立以来在实现能源和粮食自给方面取得了很大成绩。汽车出口也有大幅增加。但是计划经济体制并没有彻底打破。农业方面，土地租赁制推行得不顺利。农业机械、化肥、种子以及农产品仍然是国家统购统销，农民无权以市场价格出售自己的产品，生产积极性自然不是很高。负责统购统销的政府官员手中权力过大，也过于集中，使贪污腐败有可乘之机。人口增长过快，国家试图引导经济结构从原料生产转向出口导向型经济，但是缺乏资金、技术、人才。

第三，宗教极端势力、毒品和武器走私等问题。经济方面的困难为宗教极端主义的孕育和发展提供了土壤。乌兹别克斯坦与阿富汗相邻，使乌兹别克斯坦境内的宗教极端组织与阿富汗的基地组织相互勾结，难以彻底根除。另外，来自阿富汗的毒品和武器经乌兹别克斯坦过境，一方面危及乌兹别克斯坦的社会稳定，另一方面也使乌兹别克斯坦境内的宗教极端组织获得了资金来源。乌兹别克斯坦为了打击宗教极端主义，不得不把大量的资金用到安全领域。长期作乱中亚的"乌伊运"、以推翻现政权为主要目标的"伊扎布特"和制造"安集延事件"的宗教极端组织"阿克罗米亚"随时可能出来搞破坏活动。虽然他们在2005年的"安集延事件"中受到重创，但仍有一定的社会基础，随时有死灰复燃之势。

二、哈萨克斯坦：崛起与发展的软肋

哈萨克斯坦是中亚五国中面积最大的国家，国土面积为271.73万平方公里，是其余四国面积总和的两倍还多，哈萨克斯坦是中亚地区第二人口大国，人口为1 667.54万人（2012年1月1日）。①

哈萨克斯坦拥有丰富的石油资源，是世界第十大石油储藏国，也是独联体地区第二大石油储藏国与生产国。哈萨克斯坦的石油储量约为50多亿吨，占世界总探明储量的3.2%，是俄罗斯石油储量的一半，可供继续开采60~70年。美国

---

① 中国驻哈萨克斯坦经商参赞处：《哈萨克斯坦人口状况》，2012年3月21日。

《油气杂志》认为,哈萨克斯坦 2010 年剩余探明储量 41.1 亿吨。① 英国 BP 公司认为,2010 年哈萨克斯坦探明石油储量达 39.8 亿桶,约合 55 亿吨,占世界总储量的 2.9%。②

哈萨克斯坦天然气储量在独联体国家仅次于俄罗斯和土库曼斯坦。2010 年哈萨克斯坦探明天然气储量 1.8 万亿立方米,占世界总储的 1.5%。据美国《油气杂志》预计,哈国天然气储量估计为 8.5 万亿立方米。哈国天然气储量绝大多数位于该国西部,其中 50% 多在卡拉恰干那克油气区,据报道该油气区的天然气储量为 4.8 万亿立方米。

哈萨克斯坦自独立以来,在近 20 年的时间里,共开采原油和凝析油 9 亿多吨。哈国的石油开采量增长较快,独立前,年均采油量为 2 500 万吨,2010 年的原油产量已达到约 8 000 万吨,同比增长 4.2%。

2011 年 9 月哈萨克斯坦石油与天然气部对外发布,2012 年计划开采石油 8 300 万吨,2014 年和 2015 年石油产量分别预计为 8 500 万吨和 9 500 万吨,2016 年则突破 1 亿吨,达 1.02 亿吨③。哈萨克斯坦人口稀少,石油消费量较低,2010 年哈萨克斯坦石油消费 1 250 万吨,只占到当年产出的 15%。所以,哈萨克斯坦有望成为世界 5 大石油出口国之一④。2011 年哈萨克国内生产总额达 273 006 亿坚戈,约合 1 862 亿美元,比 2010 年增长 7.5%,人均 GDP 为 11 167 美元。无论是经济增长率还是人均国民生产总值在中亚国家中都处于最前列。2003~2011 年除了受世界金融危机的影响外,其余年份哈萨克斯坦的经济增长率都保持在 7% 以上(如表 3-2 所示)。

表 3-2　　　　　　2003~2015 年哈萨克斯坦 GDP 增长情况表⑤

年份	名义 GDP 总额(亿美元)	实际同比增长(%)
2003	308	9.3
2004	432	9.6
2005	571	9.7
2006	810	10.7

---

① 萧芦:《2010 年世界石油探明储量、产量及在产油井数》,载于《国际石油经济》2011 年第 1~2 期。
② BP Statistical Review of World Energy, June 2011, P.6.
③ 《哈萨克斯坦计划五年内将石油产量提升至 1 亿吨》,国际能源网,2011 年 9 月 13 日。
④ 哈萨克斯坦国际文传电讯社,阿拉木图,2011 年 5 月 25 日。
⑤ 中国驻哈萨克斯坦使馆经商参赞处:《2003~2011 年哈萨克 GDP 增长情况》,2012 年 2 月 28 日。哈萨克斯坦国家统计署,2016 年 3 月 29 日 www.360doc.com/content/16/0329/20/5024864_546356472.shtml。

续表

年份	名义GDP总额（亿美元）	实际同比增长（%）
2007	1 049	8.9
2008	1 334	3.3
2009	1 153	1.2
2010	1 460	7
2011	1 862	7.5
2012	2 159	4.6
2013	2 437	5.8
2014	2 275	4.1
2015	1 834	1.2

2000~2010年期间哈萨克斯坦经济年均增长率为8%，已成为世界上发展最快的三大经济体（中国、印度、哈萨克斯坦）之一。世界经济论坛（WEF）在《2011~2012年全球竞争力报告》中，在142个参评的国家中，哈萨克斯坦排名72位，[①] 高于参评的塔吉克斯坦与吉尔吉斯斯坦。塔吉克斯坦排名105位，吉尔吉斯斯坦排名126位。

哈萨克斯坦取得的成就举世瞩目，但也有不可忽视的诸多短板，成为制约其崛起的障碍。

第一，经济结构单一。在高度集中的中央计划经济体制下，苏联中央政府曾利用哈萨克斯坦丰富的自然资源大力发展与原材料开采、初级加工相关的重工业（钢铁工业、有色金属工业、石油天然气工业等），而哈萨克斯坦所需的日用消费品则由苏联中央政府统一调拨。也就是说，哈萨克斯坦加工工业落后，大部分生产资料和生活资料以及70%的日用消费品靠其他共和国提供，这不仅使哈萨克斯坦成为苏联的原材料供应基地，而且使哈萨克斯坦的经济结构单一——重工业发达而加工业十分薄弱。独立后，由于资金严重匮乏，哈萨克斯坦政府逐渐调整单一的经济结构和产业。能源是哈萨克斯坦崛起的基础，可谓是一把"双刃剑"。在短期内，哈萨克斯坦通过出口油气资源获取大量外汇，国家财政收入大幅度提高，各项社会事业蓬勃发展。但这种"原料经济"容易受国际大环境的影响，2008~2009年受世界金融危机的影响，世界对石油的消费出现下降，石油价格大幅度下探，导致哈萨克斯坦的经济增长快速放缓，国家财政收入急剧下降，居民

---

① 2011 World Economic Forum, *The Global Competitiveness Index* 2011-2012 *rankings*. www.weforum.org/gcr.

收入出现下滑。

第二，市场经济体系尚不完善。通过"半激进式"转轨可在短期内彻底打破过去中央计划经济体制，但市场经济体制的建立并非是一朝一夕的事情。到目前为止，哈萨克斯坦所建立起来的市场经济体制仍处于初级阶段，其相关法律法规尚不完善。市场经济观念和理念尚未完全树立，市场经济意识较为薄弱，一定程度上制约国内经济的发展。

第三，政治体制改革相对滞后。独立十多年来，哈萨克斯坦进行了一系列的经济体制改革，并取得了一定的成效，但其政治体制改革相对滞后。目前，哈萨克斯坦国内的民主与法制氛围与其市场经济的要求难以吻合。这成为哈萨克斯坦未来经济体制改革进一步深化及实现经济腾飞的"瓶颈"。

第四，社会领域问题。独立后，哈萨克斯坦面临着众多的社会问题。犯罪问题、失业问题、民族宗教问题、两极分化问题、人口问题、贫困问题、环境污染问题和"三股势力"等。与此同时，体制转轨也带来了一系列的社会危机，如信仰危机、道德危机。这些迫在眉睫的问题给哈萨克斯坦政府提出了严峻的挑战。在媒体方面，哈萨克斯坦当局关闭了独立报纸《塔斯扎尔干》，关闭了ART电视台。2009年7月纳扎尔巴耶夫签署了《互联网法》，将所有网络资源视为媒体。[①]上述问题的妥善解决将为哈萨克斯坦经济发展奠定一个良好的社会基础，反之则成为其经济发展的桎梏。

哈萨克斯坦早就意识到自身存在的问题，转变发展方式，吸引外资向非资源领域的投资，改变过度依赖资源的格局，取得一定积极成效，但哈萨克斯坦目前资源领域在国家经济中依然占据主导地位，这种局面在短期内也是无法改变的。因此，哈萨克斯坦提出要进入世界竞争力前50名之列还任重而道远。

三、塔吉克斯坦：世俗政府面临与原教旨主义的渗透

在塔吉克斯坦，伊斯兰教是传统上占主导地位的宗教。90%以上的居民信仰该教，其日常生活的许多方面都同伊斯兰教交织在一起。甚至于苏联时期频繁开展的无神论的宣传攻势，都没有能够将伊斯兰准则完全排挤出人们的意识形态。这里的普通百姓至今仍遵循着伊斯兰教规，并把它看作是本民族固有的习俗。

塔吉克斯坦不仅民间宗教氛围浓厚，也是中亚五国中唯一允许宗教性政党存在的国家，塔吉克斯坦伊斯兰复兴党作为内战的参与者之一，在民族和解中成为政府的合法成员之一。2015年9月该党被取缔。

---

① 上引 Сергей Расов 文：Центральная Азия：итоги года。

塔吉克斯坦与阿富汗接壤，受阿富汗极端主义思想的影响很深，塔阿边界防守力量薄弱，① 很容易渗透，阿富汗不仅通过塔吉克斯坦输出毒品，而且还向塔吉克斯坦输出极端思想，在这种情况下，塔吉克斯坦面临着强大的国内外原教旨主义势力。

近年来，塔吉克斯坦原教旨主义思潮日益泛滥，极端势力影响不断上升。塔吉克斯坦地处费尔干纳谷地，与阿富汗相邻，长期受恐怖主义和极端势力的威胁，一直是中亚地区极端恐怖势力活动的重灾区。自2009年"乌伊运"回流中亚以来，塔国内治安形势再趋紧张。2010年从监狱集体出逃的25名在押犯与"乌伊运"有关联。

塔吉克斯坦反对派力量虽然在2006年议会、总统选举之后发生分化，势力严重削弱，但是国内各种政治力量并未完全统一到现政权控制之下，反对派在国内外势力的支持下有复兴趋向。2008年8月27日主要反对派政党伊斯兰复兴党通过"伊斯兰复兴党2008~2015年任务与目标"文件，该党虽遭取缔，但是其浓厚的宗教背景在塔吉克斯坦仍具有一定的发展空间。此外，"萨拉菲派"（瓦哈比）的活动也逐渐引起政府的担忧和警惕。在2008年2月1日杜尚别市政府大楼附近发生一起恐怖爆炸案，加尔姆、巴达赫尚和库里亚布等地还相继发生政府军与反对派交火事件。这些极端事件表明，塔吉克斯坦社会政治稳定仍具有一定脆弱性。

此外，塔吉克斯坦社会蕴藏着一些社会矛盾尚待解决，如贫困问题、地区发展不平衡问题、部族矛盾问题、贫富差距拉大问题等，这些问题产生的根源极其复杂，有的属于历史遗留原因造成，有的则由社会政治与经济转轨中难以避免的结构性矛盾引起，也有的问题则是社会福利制度不够完善所导致。这些矛盾和问题如果不认真对待和解决，极容易引发民众不满情绪，激发更多的社会矛盾，从而最终导致社会动荡，也容易成为"三股势力"兴风作浪的有利环境。

经济困境是塔吉克斯坦最大的问题。2009年塔吉克斯坦确定了自己的国家宗旨——尽快建成罗贡水电站。罗贡水电站装机容量达360万千瓦，它对于塔吉克斯坦具有重大经济利益。但问题是，由于可能造成阿姆河水量减少，而遭到下游国乌兹别克斯坦的强烈反对。此外，由于工程浩大而将耗费巨额资金，塔吉克斯坦也明白，仅依靠自己的力量一千年也建不成。唯有求助于国际合作。② 最新

---

① 塔吉克斯坦总兵力约2万人。内务部内卫军总兵力达1.5万人，装备有15架战斗直升机，边防军有大约1 200人，紧急情况部约有2 500名战斗人员，控制着塔吉和塔乌边界的关键地段。2000年的军费开支为820万美元。陈建民主编：《俄联邦军事基本情况》，北京：军事科学出版社2000年版。中国军控与裁军协会编：《SIPRI年鉴：2003年军备、裁军和国际安全》，北京：世界知识出版社2004年版。
② 《塔吉克斯坦依靠自己力量无法建成罗汞水电站》，www.yaou.cn.2015年6月5日。

消息是一家意大利公司愿意承担该工程①，能否克服下游国家的干扰而顺利开建，且拭目以待。

2010年下半年塔吉克斯坦安全形势一度恶化，政府军与伊斯兰武装多次交火。2011年形势略有好转。不过，由于国内存在通货膨胀率居高不下、财政赤字、能源短缺等问题，民众对于政府的不满情绪可能上升。阿富汗局势不稳，来自阿富汗的毒品和非法武装仍是威胁塔吉克斯坦社会稳定的重要问题。

四、吉尔吉斯斯坦：主体民族内部的部族问题

吉尔吉斯族是吉尔吉斯斯坦主体民族，自古就是游牧民族，以部落传统和思想观念为基础的部落主义文化在很大程度上可以说是受其千百年来游牧生活方式熏陶和影响的结果。② 直至19世纪下半叶并入俄国之前，吉尔吉斯人依然保持着古老部落社会的原始风貌和游牧生活方式。吉尔吉斯族有部落议事会（Елкенеш），它处理部落内部和部落之间的重大事务。部落首领一般由德高望重的长老或英勇将领担任或选举产生。部落内有长期形成的规则和惯例，有各种权利和义务。历史上，几个部落首领有时还代表整个部落联盟或民族前往合作国处理民族事务：清朝时期新疆境内的车里克部落头人到北京朝觐；伊塞克一带的布库部落头人代表北部部落向俄国女皇表示归附；由于部落之间或外族之间经常发生战争或冲突，再者吉尔吉斯族原始的游牧生产方式继续保留，吉尔吉斯部落仍然保持古老的氏族部落组织形式和思想意识，如果不依靠部落牧民难以生存。

部落主义在吉尔吉斯斯坦有着极其顽强的生命力，并入俄国尽管对其有所遏制，但并未彻底将它消灭。苏联时期为了塑造统一的"苏维埃人"形象，政府虽说同部落主义进行了70多年的坚决斗争，然而基于部落血缘共同体认同的部落主义思想与观念几千年来已深深印在每个吉尔吉斯人的脑海中，绝非短短的几十年就能根除而退出历史舞台的。苏联解体吉尔吉斯斯坦获得独立后，部落主义思想重新抬头。其盛行主要是基于以下缘由：一是为了建构民族国家，民族传统的复兴为部落主义的死灰复燃提供了生存沃土。二是鉴于转型期国家秩序的混乱和人民生活遭遇的困苦，人们开始重新按血缘关系来寻求部落的保护，由此导致部落主义大行其道。

---

① 《意大利公司与塔吉克斯坦签署承建罗贡水电站》，中国新闻网，2016年7月3日。
② 参见焦一强：《影响吉尔吉斯斯坦政治转型的部族主义因素分析》，载于《俄罗斯中亚东欧研究》2010年第3期。

吉尔吉斯斯坦部落主义的基本思想原则主要体现在以下几个方面[①]：一是全部落人共同关心维护本部落的完整、独立和自主。二是共同关心本部落人员的增加和实力的发展壮大。三是物质福利主要是以血缘—部落共同体来确定分配。四是全部落人共同关心维护部落内部的稳定、团结和互助。五是维护和提高部落的威望。六是调节生产、财产、家庭、群体及个人之间关系。七是担负有行为能力的一代人的教化任务。八是保护部落及其财产免遭外来侵犯。上述原则表明，就其本质而言，部落主义是吉尔吉斯人传统社会自我组织制度的真实反映和写照，该原则规定是构成吉尔吉斯人社会组织、管理、经济、教育、防务以及司法等活动的基础。不难发现，该原则同时也折射出了十分鲜明的部落利己主义色彩。

吉尔吉斯族在政治舞台上分南北两大派系。早在苏联时期，为平衡吉尔吉斯斯坦南北政治势力，中央政府采取了南北轮流坐庄的方式在一定程度上缓解了双方的政治矛盾。1991年吉尔吉斯斯坦独立后以阿卡耶夫总统为代表的北方派长期执政，令南方势力极为不满，2005年的"郁金香革命"就是南方派系推翻北方势力的一种表现。吉尔吉斯斯坦南北两大派系的矛盾不是短时期能够化解的，如果没有一种能包容两大派系的政治体制，南北之间的政治斗争就永远不会停止。[②]

吉尔吉斯族南方部族主要分布在巴特肯州、贾拉拉巴德州、奥什州。北方部族主要分布在楚河州、伊塞克湖州、纳伦州、塔拉斯州和比什凯克市。吉尔吉斯南部人口数量略多于北部，在南部地区吉尔吉斯族与乌孜别克族占主要地位，在北部吉尔吉斯族和俄罗斯族占主要地位。

2009年7月巴基耶夫第二次连任总统。在6名候选人中，他的主要竞争对手是北方人社会民主党领袖阿坦巴耶夫。巴基耶夫做得最多的就是以发布总统令的方式解除一批北部高级官员的职务，并成立了总统秘书处。10月撤销了自己的办公厅和安全委员会，解散了内阁。成立了新的总统直属机构取代总统办公厅，该机构包括总统机关、机关秘书处、中央局以及总统国家安全顾问和外长。同时他的小儿子成为国家发展投资和创新局的局长，这违反了国家公务法，其中规定总统亲属不能在总统直属部门任职。总统所属的各机关、政府和议会都精减了人员。巴基耶夫政府将电费提高1倍，供暖费和热水费提高了4~10倍。

2011年10月30日吉尔吉斯斯坦举行总统选举，代表北方势力的临时政府总理阿坦巴耶夫首轮即获得62.52%的选票，顺利当选。阿坦巴耶夫获胜的主要原

[①] 参见焦一强：《影响吉尔吉斯斯坦政治转型的部族主义因素分析》，载于《俄罗斯中亚东欧研究》2010年第3期。

[②] 徐晓天：《"民主孤岛"的悲剧——吉尔吉斯斯坦政局动荡原因分析》，载于《和平与发展》2010年第4期。

因包括：一是他基本上履行了担任临时政府总理时的承诺，恢复经济，降低能源价格，提高教师和医务人员的工资，促进政党之间的关系和谐；二是阿坦巴耶夫获得俄罗斯的支持；三是北方选民认为阿坦巴耶夫能够代表北方人的利益，反对代表南方势力的马杜马罗夫和塔西耶夫当选；四是南方选民以乌孜别克族居多，阿坦巴耶夫在选举前访问邻国乌兹别克斯坦，获得卡里莫夫总统的支持，也取得了南方乌孜别克族选民的好感；五是马杜马罗夫和塔西耶夫均代表南方势力，两人的竞争分散了南方选民的选票。而且，两人均被一些选民看作是巴基耶夫政策的继承者，不受欢迎。作为总理的阿坦巴耶夫参加总统选举的原因是，尽管吉尔吉斯斯坦2010年修改宪法实行议会制，但仍规定总统有很大的权力，包括提名总理、任命国防部长、决定外交政策等。未来，阿坦巴耶夫面临着协调各派政治力量、南北矛盾、民族矛盾、促进经济增长等一系列挑战。

　　中国学者赵常庆认为，吉尔吉斯斯坦存在的影响国内稳定的民族问题，与其说是各民族间的问题，不如说是主体民族内部的部族问题。① 部族问题在吉尔吉斯斯坦2005年"3·24事件"前是影响政权稳定的重要因素，在阿卡耶夫政权倒台、巴基耶夫执政后继续成为国内形势不稳的动因之一。最危险的是，这个部落因素随时可以被政客所利用。吉尔吉斯人更多的是效忠于部族，而非效忠于国家，这就产生了矛盾，一旦部族的权力分配出现问题，国家必然陷入混乱，吉尔吉斯斯坦一再发生的政权更迭就是明显的例证。如何使得民众超越部族主义是吉尔吉斯斯坦必须要面对的问题。

五、土库曼斯坦：永久中立与相对的封闭

　　1995年12月12日，联合国大会在185个成员国一致赞同下，通过了《关于土库曼斯坦永久中立的决议》。土库曼斯坦成为世界上第一个正式记录在案，并得到联合国承认的中立国。土库曼斯坦独立后虽参加了独联体，但未签署独联体章程。土库曼斯坦对参加独联体内的政治、经济和军事一体化毫无兴趣，始终未加入俄罗斯主导的欧亚经济共同体和集体安全条约组织。在2005年8月召开的独联体峰会上，土库曼斯坦宣布放弃独联体正式成员国资格，改为独联体联系国，成为原苏联第一个退出独联体的国家。尼亚佐夫在致独联体元首的公开信中说：土库曼斯坦参加独联体的立场将以其作为长期中立国的对外方针为基础。根据国际义务，土库曼斯坦不会参加军事联盟和规定成员国集体责任的国家间组

---

① 赵常庆主编：《"颜色革命"在中亚——兼论与执政能力的关系》，北京：社会科学文献出版社2011年版，第97~98页。

织，也不会允许在自己的领土上建立外国军事基地。

2006年尼亚佐夫突然病逝，别尔德穆哈梅多夫继任总统。别尔德穆哈梅多夫开始逐渐改变土库曼斯坦封闭的外交政策。别尔德穆哈梅多夫在新内阁首次会议上把对外政策放在第一位，宣布继续保持中立立场，奉行更加灵活的外交政策。别尔德穆哈梅多夫上任后一年内相继访问了沙特阿拉伯、俄罗斯、哈萨克斯坦、伊朗、中国、意大利等国。除乌兹别克斯坦外，别尔德穆哈梅多夫走遍了上合组织所有国家。2007年6月别尔德穆哈梅多夫出席了在圣彼得堡召开的独联体国家元首非正式会晤；8月别尔德穆哈梅多夫还作为嘉宾出席了上合组织比什凯克峰会；9月参加了联合国大会并访问了美国；11月访问了欧盟总部布鲁塞尔。这些外事活动突出反映了土新政府开始奉行积极的"开放外交"。与此同时，随着土对外开放，外国政要和官员也络绎访土。2007年11月13日数百名外国官员和大公司的代表出席在阿什哈巴德举行的"土库曼斯坦石油和天然气—2007"国际会议。土库曼斯坦对外开放最积极的举措是其多元化的能源外交。

石油和天然气产业是土库曼斯坦的支柱产业。据预测，土库曼斯坦80%的国土面积都蕴藏有天然气。据统计，土库曼斯坦目前天然气远景储量为22.8万亿立方米，石油储量为120亿吨，天然气储量居世界第四位，是中亚地区最大的天然气出口国。

土库曼斯坦2003年通过《关于在2020年免费向居民供应天然气、饮用水、电和盐的命令》，并把高福利、高补贴政策作为一项长期国策加以落实，将国家财政支出的近70%用于社会保障、医疗保险制度等。近年，原来免费提供水、电、气、盐的政策也发生变化。

2009年初总统别尔德穆哈梅多夫批准了《独立而中立的土库曼斯坦的军事学说》，该总统令指示要裁军，要改为合同兵制，军队要装备最新式武器。文件还规定了土库曼斯坦不加入任何军事联盟，不结盟，禁止境内有外国军事基地，禁止购买生产和扩散核武器和其他大规模杀伤性武器，不介入地区冲突。①

2009年总统宣布了开放政策，本国货币马纳特改值，新币面值为旧币面值的1/5 000。现在最大票面金额为500马纳特，相当于177美元。土库曼斯坦批准了音像和电影制品的许可证条例，开放了最近几年被关闭的电影院，恢复了电影、歌剧和马戏，但芭蕾舞仍被禁止，因为它不符合"土库曼精神"。从2010年1月1日起土库曼斯坦增加工资、退休金、国家补贴和大学生助学金。各种单位职工的最低月工资折合成卢布计算，不能够低于6 260卢布（1美元约合31卢布）。② 2011年土库曼斯坦GDP为240亿美元，同比增长9.9%，人均GDP达到

---

①② 上引 Сергей Расов 文：Центральная Азия: итоги года。

7 500美元。2012年2月12日土库曼斯坦举行独立以来的第四届总统选举，现任总统别尔德穆哈梅多夫以97.14%的绝对优势蝉联总统。别尔德穆哈梅多夫之所以获得如此高的支持率，因为他自2007年2月上任以来推行了一系列改革措施，在政治、经济、社会人文和外交等领域都实施了更加开放的政策。这不仅增强了土库曼斯坦国力，改善了民生，同时还使土库曼斯坦的国际地位日益提升。近几年来，得益于丰富的天然气等能源储备，土库曼斯坦一直保持10%以上的经济增速，进一步增强本国的经济实力，提高人民生活水平。

在土库曼斯坦，"国家服务于人民"的惠民政策赢得民众普遍支持。近年来，土库曼斯坦政府不断提高居民工资和退休金水平，人民生活条件得到了极大改善。舆论认为，别尔德穆哈梅多夫连任将使土的永久中立政策成为维护中亚地区乃至全球和平、安全与稳定的重要积极因素。近年来，土库曼斯坦不仅保持自身中立国地位，还就全球和地区问题提出了一系列建设性倡议，不仅使土库曼斯坦国际声誉日益提升，同时也为其自身的发展与进步营造了良好的国际和周边环境。

第四节 中亚政局的发展趋势

2010年以来，中亚地缘政治局势可用以下关键词概括：平稳、平淡。经过20多年的民族国家建设，中亚国家的治理已相对成熟，社会矛盾也不是特别尖锐。中东北非动乱曾引起某些专家的担忧，而事实上是多虑了。总的情况，中亚地区相对稳定，但是，暗流涌动，其中既有内部问题，也有外部因素作用。

一、区域内的隐忧

（一）吉尔吉斯斯坦："颜色革命"

一度被西方称为中亚"民主岛"的吉尔吉斯斯坦从2005年开始成为中亚最为动荡的国家，究其原因是因为吉尔吉斯斯坦存在着很多长期难以解决的难题。如果这些问题无法得到有效化解，动乱就有可能再次发生。

1. 如何缓和南北矛盾

吉尔吉斯人南北两大部族集团的长期不睦是2005年和2010年的两次"颜色革命"的背景板。2010年北方人阿坦巴耶夫获得63.24%的得票率当选为总统，但代表南部势力的吉尔吉斯斯坦前任内务部官员努尔别克说:"有迹象表明,南部吉尔吉斯人 2012 年春季想把阿坦巴耶夫总统赶下台。因为不只是南方人,反对派正在秘密调查他与中国签订的有关开矿合作协议。"吉尔吉斯斯坦南北两大派系的矛盾很难短时期被化解,如果没有一种能包容两大派系的政治体制,南北之间的政治斗争就永远不会停止。

2. 如何在俄美矛盾中求生存

吉尔吉斯斯坦处于俄美在中亚的利益冲突焦点,两个大国分别在吉尔吉斯斯坦设有空军军事基地,双方的影响力也是势均力敌。吉尔吉斯斯坦只是俄美两大国博弈的一面棋盘,吉尔吉斯斯坦得罪其中哪一个都不行,玛纳斯空军基地问题将再次成为焦点,吉尔吉斯斯坦现总统阿坦巴耶夫并不具备平衡两大国利益的高超能力。

3. 如何确保新的国家政治体制正常运转并适应本土

吉尔吉斯斯坦从独立之初先是盲目照搬西方民主,接着实行总统集权制,2010 年以来实行被西方最看好的议会制。在两次"革命"、政变后,吉尔吉斯斯坦社会深陷无政府状态,在这种状态下最难操作的议会制,政治风险过大,一不小心就要翻船。

4. 能否处理好民族关系至关重要

2010 年奥什爆发骚乱的阴影还在,8 万乌兹别克人逃离吉尔吉斯斯坦,是极大的政治隐患。近年来,吉尔吉斯斯坦进行民族复兴运动过分提倡吉尔吉斯民族的"民族主义",也不是好现象。在无政府状态下吉、乌两个民族间的冲突,随时可能再度爆发。

(二)哈萨克斯坦和乌兹别克斯坦:最高权力的过渡

哈萨克斯坦和乌兹别克斯坦分别是中亚的地理大国和人口大国。独立建国以来总体上政局稳定,经济发展也很有成绩,特别是哈萨克斯坦的人均 GDP 已超过 1.2 万美元,这与这两个国家各有一位很有能力的总统纳扎尔巴耶夫、卡里莫夫有很大关系。这两位总统都是苏联时代仅存的领导人,执政已 20 多年,都已经进入古稀之年,最高权力的过渡是迟早之事,如何平稳过渡,这是两个国家面临的重大问题,在本书发印之际,乌兹别克斯坦总统卡里莫夫过世,至少,目前看来,权力交接还未出什么问题。

(三)塔吉克斯坦:伊斯兰化的危险

塔吉克斯坦是中亚地区唯一经历过内战的贫困国家。内战结束后开启了民族和解进程,但伊斯兰因素在该国的政治生活中的分量越来越重。塔吉克斯坦与阿富汗和巴基斯坦这两个世界极端宗教势力强大的国家为邻,历史上就深受他们的影响，伊斯兰极端主义者利用穆斯林大众的心理，不断强化宗教意识，宗教氛围越来越浓厚。特别是费尔干纳谷地，一直是中亚地区极端势力活动的重灾区。此外民生问题很严重，截至2009年，塔吉克斯坦贫困人口达到45%。塔吉克斯坦居民名义工资不超过348索莫尼（约合79美元），实际最低工资仅80索莫尼（约合18美元）；人均食品消费116索莫尼/月（约合50美元）。塔吉克斯坦的基尼系数居高不下，民众生活质量难以提高。此外，塔吉克斯坦水污染较为严重，全国约40%的居民无洁净生活用水，国民健康受到直接威胁。[①]

二、大国干涉

（一）美俄操控吉尔吉斯斯坦局势

美国是在"9·11"后以反恐军事打击阿富汗塔利班政权为借口进驻中亚的（当时五国中除了土库曼斯坦外，其余四国或者向美国开放领空领土，或者允许美国在其国土设立军事基地），并长期赖在吉尔吉斯斯坦不愿退出，直至美军大部队从阿富汗撤出之后才放弃了在吉尔吉斯斯坦的玛纳斯基地。我们认为，美国在吉尔吉斯斯坦军事存在的意图是对付中国。俄罗斯与吉尔吉斯斯坦不接壤，两国中间隔有广阔的哈萨克斯坦，但俄罗斯却选择在吉尔吉斯斯坦建立军事基地。

（二）美军撤出阿富汗？

奥巴马政府早已宣布，美军、北约部队于2014年撤出阿富汗。这要打个大问号。问题是撤出后留的尾巴有多长？另一方面的问题是，当美军大部队撤走后，阿富汗政府军与塔利班谁战胜谁的问题？

（三）俄罗斯主导的欧亚联盟问题

2010年俄罗斯高调启动俄白哈关税联盟，吉尔吉斯斯坦和塔吉克斯坦也心向往之。按照普京的说法，俄白哈联盟的目标是仿照欧盟的样式打造超国家的欧亚联盟，保守的说法是旨在独联体经济一体化，而更直白地说，是重构后苏联空间。2015年1月1日，在俄白哈关税联盟的基础上欧亚经济联盟正式启动，2016年5月，吉尔吉斯斯坦加入。无论如何，这将对中亚地缘政治格局产生重大影响，当然也会对中亚国家政局产生重大影响。

---

① 胡梅兴：《当前塔吉克斯坦面临的困局及前景》，载于《国际资料信息》2011年第8期。

第四章

上海合作组织框架下中国与中亚国家合作研究[①]

上海合作组织是中国、俄罗斯与中亚国家于21世纪创立的一个新型的区域性的国际组织。它虽然还非常年轻，但其发展势头良好。在这组织框架下的政治安全、经济发展和人文交流领域的合作，不断取得丰硕成果，对于促进中国与中亚地区国家关系起着重要的积极作用，这正是本章讨论的中心内容。

第一节 上海合作组织概述

上海合作组织（英文缩写：SCO；俄文缩写：ШОС；以下简称"上合组织"）是中国首倡成立的第一个区域性多边国际组织。冷战结束后，不断深入发展的经济全球化与区域一体化并行不悖，代表了当今世界发展的两种基本趋势，和平、发展、合作成为不可抗拒的历史潮流，与此同时非传统安全因素的影响及危害正在日趋扩大。在此背景下，为了维护地区安全与稳定，促进国家间合作，中国、俄罗斯、哈萨克斯坦、吉尔吉斯斯坦、塔吉克斯坦、乌兹别克斯坦六个国家在"上海五国"机制的基础上于2001年6月15日在中国上海宣布成立一个崭新的地区性政府间国际组织——上海合作组织。自成立以来，上海合作组织已经成为解决欧亚地区安全、政治、军事、经济等各种问题的一个重要的国际组织，

[①] 新疆大学马克思主义学院2015级博士生再米娜为本章的修改做出了贡献。

并将进一步推动国际社会做出共同努力，以应对尤其是中亚地区所面临的诸多挑战和各种复杂国际问题。中亚是上合组织活动的重要区域及开展外交活动的重大舞台。中亚五国当中的四国（哈、吉、塔、乌）为上合组织正式成员国，其对上合组织的支撑作用不言而喻。中国与中亚地区相毗邻，与其中三国（哈、吉、塔）有三千多公里共同边界，加之跨界民族及相似的文化与生活习俗等因素，使得加强上海合作组织框架下中国与中亚国家的合作对于维护中国西北边陲安全、实施西部大开发战略等具有极其重要的地缘政治和地缘经济意义。

一、成立的背景

（一）冷战后的中国周边安全环境

中国是上海合作组织的发起国之一，对上合组织的产生起到了巨大的推动作用。中国发起并创立上合组织的一个重要目的在于改善冷战后自身危机重重的周边环境，维护中国周边地区的安全和稳定。要探究上海合作组织成立的深层动因，首先了解冷战后中国周边的安全环境是极其必要的。

苏联解体、冷战终结，极大地改变了国际政治格局。在独立自主的和平外交政策指导下，中国逐渐改善了原有的不利的周边安全环境，其主要体现在以下方面：同中亚各国的建交；与日本东盟在经济贸易上的发展；同俄罗斯战略协作伙伴关系的确立；与巴基斯坦关系的巩固等。尽管如此，冷战后中国周边的安全环境仍然不容乐观，中国与周边邻国之间依然存在着诸多矛盾甚或是潜在的冲突，中国在非传统安全上同样面临着很多威胁，除此之外还有美国等西方大国对中国的敌视和干预。特别是最近几年，中国周边地区的问题屡屡爆发，虽然中国奉行和平外交政策，主张合作共赢，但是有些矛盾仍然得不到彻底解决，反而有激化之趋势，中国外部安全环境面临的挑战依然十分严峻。

1. 冷战后中国与邻国的矛盾与争端

中国的邻国有20个，其中海上邻国有6个，许多邻国与中国有很深的历史渊源。中国与邻国的关系直接关系到中国的周边安全环境，冷战结束后中国与邻国在许多方面存在的问题与矛盾十分尖锐，这些矛盾对于中国的周边安全环境造成了不同程度的影响，其中影响最大的当属领土争端和资源争端。其中有的争端已得到解决，但还有一些争端至今依然存在严重争议，依然没有得到解决。

在领土争端方面，主要有中俄边界问题、中国与中亚国家的边界问题、中印边界问题、中日钓鱼岛争端和中国南海问题等。其中，冷战结束后不久中国通过

"上海五国机制"成功解决了中俄西段边界问题及中国与中亚各国的边界问题。但是,在中印边界的东西两段即阿克赛钦地区和藏南地区,中国仍然同印度存在着大面积的领土争议;在东海南部的钓鱼岛,中日仍然为该岛的主权归属持续发生纠纷;在南海,名义上归中国管辖的南海诸岛多数被东南亚国家占领,并且这些国家还加紧开采着南海海底的石油。这些边界问题不但对中国与邻国关系的发展造成了障碍,而且直接威胁到中国的领土安全和军事安全。

在资源争端方面,主要是南海石油资源争端、春晓油气田争端。南海石油资源的争端源于中国与东南亚部分国家对于南海岛礁主权和海域管辖权的争议。中国本着"主权归我,搁置争议,共同开发"的态度,对其他国家开采南海石油采取宽容的态度,但是南海周边的其他国家却得寸进尺,占领南海上的岛屿并将周围的资源占为己有。由于东南亚多数国家的石油供给来源于南海,因此它们一直不肯做出让步。春晓油气田问题是中日之间的矛盾,日本主张对春晓油田的开发权,而中国则认为春晓油气田全部归中国,双方产生争议。此外还有与中亚国家的水资源问题、油气资源问题等。中国目前经济发展对资源的依赖已经达到十分严重的程度,未来中国经济发展对资源需求必将加剧。因此,解决同周边国家的资源争端同样是构筑中国周边安全环境的一个重要方面。

2. 中亚地区的威胁:"三股势力"

中亚五国与中国西北地区相邻而居,是联络中国自西北向南亚、西亚乃至欧洲的重要枢纽,对我国西部安全具有重要的战略意义。苏联解体、冷战结束不但极大地改变了欧亚大陆地缘政治的版图,而且给中亚的安全格局带来了巨大的冲击,使中亚成为全球安全的脆弱地带之一,尤其是非传统安全面临着极为严峻的挑战,在此尤为一提的是所谓的"三股势力"。20世纪80年代末90年代初伴随着苏联解体民族主义浪潮在中亚地区急剧复兴,使得民族分离主义情绪在中亚时有发生;与此同时,来自西亚和南亚伊斯兰原教旨主义的渗透和影响,加之本土宗教狂热分子推波助澜的非法活动,使得伊斯兰宗教极端势力在中亚大行其道,甚嚣尘上;到了世纪之交,随着恐怖主义在阿富汗的兴起与猖獗活动,中亚曾一度成为受国际恐怖主义危害的重灾区。民族分离主义、宗教极端主义和国际恐怖主义的"三股势力"三位一体,相互勾结与合流,成为冷战后困扰与危害中亚地区安全的社会毒瘤,并严重威胁到我国西北地区的安全和稳定。

在国际政治学中民族分离主义有时亦称民族分裂主义,是民族主义极端性的产物。民族分离主义是发生在以民族国家为基本政治单位的现代世界体系中的一种政治诉求,是要求民族边界与国家边界完全一致的民族主义理念的特殊表现,它既对现有国家格局和国际秩序构成严峻挑战,同时也对地区安全和社会稳定构成严重威胁。① 中亚是世界上民族成分最复杂的地区之一，地区五国均系多民族国家，民族最多的达 100 多个，较少的也有几十个。其中哈萨克斯坦民族数量最多，共有 120 多个大小民族；乌兹别克斯坦有 112 个民族；吉尔吉斯斯坦有 80 多个民族；塔吉克斯坦有 86 个民族；土库曼斯坦也是多民族国家。除哈萨克人、乌兹别克人、吉尔吉斯人、塔吉克人和土库曼人 5 个主体民族外，俄罗斯人在中亚各国总人口中也占有相当大的比重。② 中亚五国独立之后，为了突出主体民族的地位，各国宪法均把国体定义为单一制主体民族国家，主体民族享有特殊地位和权益。除此之外，为了摆脱前苏联遗留下的影响，刻意强调民族意识，中亚各国十分注重从历史文化根源寻求其新的国家认同。众所周知，中亚五国除塔吉克斯坦外，其余四国主体民族均属突厥语族。在冷战结束后的国际背景下，"双泛"，即泛突厥主义与泛伊斯兰主义的急剧兴起对中亚地区的民族主义起到了推波助澜的作用。中亚地区民族主义的政治诉求主要体现在以下方面：

其一，要求本民族地区独立或扩大本民族的自治权。例如，乌兹别克斯坦境内"自由卡拉卡尔帕克民国家分裂族复兴党"领导的卡拉卡尔帕克人要求的独立运动便属于此种情况。鉴于中亚国家的多民族特性，虽说民族分离主义不同程度地在各国流行，但其危害和影响则十分有限，尽管吉尔吉斯斯坦两次"革命"险些将国家推向分裂的边缘。

其二，民族主义倾向在一些国家地区出现，且产生了一定的后果。这主要体现在中亚各国主体民族与非主体民族的矛盾加剧上，尤以俄罗斯族因与各中亚国家主体民族矛盾加深要求脱离居住国加入其母国俄罗斯为甚。在 1992~1994 年间，有 60 万俄罗斯人从哈萨克斯坦迁出，1993 年 12 月，哈萨克斯坦巴甫洛达市还发生了哈、俄两族的流血械斗。1999 年 11 月，东哈萨克斯坦州的俄罗斯人要求成立"俄罗斯家园"共和国，以争取该州回归俄罗斯。对此，哈总统纳扎尔巴耶夫强调说：哈萨克斯坦是在多民族、多宗教的复杂背景下获得国家独立的，民族分离主义势力一度威胁到国家的统一和完整。因此，反对民族极端主义，保持民族关系和谐是国家今后一项长期任务。③

其三，建立"泛民族国家"活动是中亚民族主义又一特殊表现形式。尽管它目的不是将某一地区从所在国分离出去，而是将所谓的"泛民族地区"合并为一个主权国家，但其本质同属分裂国家的严重行为。环顾当今世界，尽管"泛民族"其实并不存在或者早已从历史上消失，但泛民族主义运动者还是别有用心地臆造一个所谓的"泛民族"以期达到分裂国家的政治目的。在这方面，泛突厥主

---

① 王建娥：《民族分离主义的解读与治理》，载于《民族研究》2010 年第 2 期。
② 刘庚岑：《中亚国家的民族状况与民族政策》，载于《俄罗斯东欧中亚研究》1995 年第 6 期。
③ 陈联璧：《三个"极端主义"与中亚安全》，载于《俄罗斯东欧中亚研究》2002 年第 5 期。

义和泛伊斯兰主义的表现活动尤明显，它们组织多，势力大，危害严重，目标是建立中亚大伊斯兰帝国或大突厥帝国，其中最具代表性的便是"乌兹别克斯坦伊斯兰运动"和"东突厥斯坦"民族分裂主义势力。他们在吉尔吉斯斯坦、塔吉克斯坦等中亚国家，甚至是中国新疆等地活动，制造爆炸、暗杀等恐怖事件，对中亚乃至中国西北边疆地区的安全与稳定构成严重威胁。

中亚地处东西方文明交汇的十字路口，伊斯兰教、基督教、东正教等诸多宗教在此交相辉映。苏联解体后，伴随着伊斯兰教在中亚的复兴，宗教极端主义亦随之泛滥盛行。在中亚社会转型的特定历史条件下，宗教活动往往与社会的政治、道德、文化紧密交织在一起，成为影响国家和社会稳定的重要因素。① 宗教极端主义往往是打着宗教旗号来实施其政治目标，其中包括像建立政教合一国家这样的政治诉求。为实现其政治目的，宗教极端主义常常与恐怖主义紧密相连，对颠覆国家政权和社会安宁危害极其巨大。造成巨大流血牺牲的"塔吉克内战"就与伊斯兰宗教极端主义息息相关；造成吉尔吉斯斯坦独立来的两次"革命"不能说与宗教极端势力不无关系。甚至有中亚学者认为，20世纪90年代末期一些反对派领袖曾与极端分子的领导人会面商讨吉尔吉斯斯坦的局势，他们希望利用伊斯兰极端分子作为"冲锤"来反对阿卡耶夫体制。② 正是由于看到宗教极端势力的危害，中亚国家独立后均以立法的形式对宗教职能和世俗职能加以严格区分，且对任何宗教极端主义采取严厉打击态度。诚如前乌总统卡里莫夫所言："我们主张，宗教要继续起作用，使居民掌握高尚的精神财富，继承历史遗产和文化遗产。但我们任何时候也不允许让宗教口号成为夺权的旗帜，成为干涉政治、经济和法律的借口，因为我们把这视为对我国安全和稳定的潜在威胁。"③

冷战结束后，非传统安全急剧凸显，进入21世纪恐怖主义已成为国际政治研究领域的热门议题。当代各种类型的恐怖主义组织有一个共同的特征，即政治目标的极端性和实现途径的暴力化。④ 中亚地区由于特殊的地缘政治环境一度成为恐怖主义重灾区。在此尤为指出的是，因与阿富汗比邻，国际恐怖主义势力时常渗透到中亚，严重威胁到了地区安全，最典型的就是巴特肯事件。1999年8月，大约有1 000名伊斯兰极端主义者和恐怖分子由阿富汗经塔吉克斯坦窜入吉尔吉斯斯坦与乌兹别克斯坦接壤的巴特肯区和琼阿拉区，占据5个居民点，并劫

---

① 郑羽主编：《独联体十年——现状·问题·前景》（下卷），北京：世界知识出版社2002年版，第533页。

② Зураб Тодуа Кыргызстан: причины, уроки, возможные последствия падения режима Аскара Акаева, Центральная Азия и Кавказ. No3. 2005 г.

③ ［乌兹别克斯坦］伊斯拉姆·卡里莫夫：《临近21世纪的乌兹别克斯坦：安全的威胁、进步的条件和保障》，北京：国际文化出版社1997年版，第34页。

④ 郝时远：《民族分裂主义与恐怖主义》，载于《民族研究》2002年第1期。

持20名人质，其中包括吉尔吉斯斯坦内卫部队司令沙姆克耶夫和4名日本地质考察人员。① 鉴于吉尔吉斯斯坦军力有限，后经哈、乌、俄等国参与历时两个多月才最终平息了该恶性事件。就其影响力来看，中亚地区目前最大的国际恐怖主义组织是"乌兹别克斯坦伊斯兰运动"，该组织曾在乌制造多起包括暗杀总统在内的暴力恐怖袭击案件。

总之，鉴于"三股势力"日益猖獗及其产生的巨大危害，故上海合作组织成立伊始便对"三股势力"进行了严格认定，并把严厉打击"三股势力"作为各成员国安全合作领域的重要内容。

3. 影响中国周边安全环境的美国因素

从地理位置看，美国显然算不上中国的周边国家，但在地缘政治上，美国在中国周边安全环境中的影响却又无时不在，而且与其他周边国家相比，美国因素一个明显的特征就是它的影响的多方向性和多层次性。② 苏联解体后，美国成了世界唯一的超级大国。冷战虽然早已结束，但美国就某种意义而言仍没有摆脱冷战思维。为了进一步巩固其世界霸权地位，美国凭借其超强的军事力量和经济实力，打着自由、民主、人权、反恐等诸多名号在全球四处扩张，特别是对填补苏联遗留下的地缘政治真空表现的尤为积极与活跃，对不断崛起的中国形成包围态势，从而恶化了中国周边的安全环境。在亚洲美国的传统势力范围是东南亚。自伊拉克战争结束以来，美国的战略重心明显东移，开始重返东南亚。中国近年与东南亚一些国家关系骤然紧张，在很大程度上与美国从中作梗不无关系。

中亚是美国全球战略中的重要一环。以美国为首的西方虽说对中亚的觊觎由来已久，但因历史原因一直被排除在中亚地缘政治版图之外。苏联解体、中亚五国独立为西方进入中亚提供了难得的历史机遇。中亚急剧凸显的地缘战略意义以及丰富的油气资源早已引起美国的高度关注。20世纪90年代初苏联刚一解体美国就立即承认了中亚五国的独立，并与之建立了外交关系。美国会1992年即刻以立法的形式通过了《自由援助法》，旨在促进包括中亚在内的前苏联地区15个独立国家建立开放的市场、发展民主、建立公民社会等。③ 1993年，美国谢夫隆石油公司的进入标志着美国开始从经济上渗入中亚地区、对中亚地区自然资源开发的开始。④ 1994年，在以美国为主导的北约东扩计划正式启动后，开始将中亚纳入其战略视野。当年，除塔吉克斯坦外，中亚其余四国均加入了北约的"和平

---

① 陈联璧等：《中亚民族与宗教问题》，北京：中央民族大学出版社2002年版，第324页。
② 朱昕昌主编：《中国周边安全环境与安全战略》，北京：时事出版社2002年版，第67页。
③ Ч. Э. Зиглер. Стратегия США в Центральной Азии и Шанхайская организация сомрудничества. Мировая экономика и международные отношения. №4. 2005г.
④ 葛腾飞：《美国与俄罗斯的中亚角逐》，载于《国际论坛》2002年第6期。

伙伴关系计划"（土库曼斯坦后因中立而退出），从此美国开始加紧同中亚国家在政治、经济、军事等方面的联系与合作。1995 年美国又帮助哈、乌、吉三国组建"中亚维和营"。1997 年 7 月，美国的新中亚战略正式出台，具体目标是："促进民主，创建市场经济，保证中亚各国内部以及国家间的和平与合作"，"支持这一地区国家对俄的独立倾向；解决这一地区冲突与开发石油资源同时进行，使该地区成为美国 21 世纪的战略能源基地，遏制并削弱俄罗斯和伊朗在这一地区的影响。"[①] 新世纪开始不久所爆发的"9·11"事件为美国进入中亚提供了契机。美国打着反恐的旗号堂而皇之地驻军中亚，从根本上改变了该地区地缘政治格局的力量对比。据称，这是自公元前 334 年亚历山大大帝征服该地区以来西方国家军队首次进入中亚。[②] 紧接着美国先后在乌、吉两国分别设立了汗阿巴德（2005 年"安集延事件"之后被迫撤出）和玛纳斯军事基地（2014 年后随着美军大部队撤出阿富汗，该基地也关闭）。美国在中亚地区军事力量的存在不仅严重威胁到中国的国家安全，而且对上合组织在中亚的活动同样构成严峻挑战和影响。

综上所述，上海合作组织的成立是在冷战后中国周边安全环境日趋复杂和严峻的背景下实践中国新安全观与安全战略的一项重大举措。安全合作一直是上合组织的主旋律，为中国实施向西开放战略，加强与扩大在该框架下与中亚国家的合作与交流提供了重要保障。

（二）从"上海五国机制"到"上海合作组织"

上海合作组织的前身是"上海五国机制"。该机制的源头最早可追溯到 20 世纪 80 年代中期戈尔巴乔夫上台后中苏关系正常化过程中的中苏边界会谈。中苏关系交恶时，苏联在中苏边界陈兵百万，双方剑拔弩张，根本没有条件解决这一问题，不得不维持一支庞大的军队以维护自己的安全。戈尔巴乔夫上台后提出要改善中苏关系，中国就很快做出了回应。[③] 1989 年中苏双方开始了关于裁减边境地区军事力量和保持边境安宁的谈判，"上海五国机制"的雏形由此酝酿形成。此后不久苏联解体，中亚地区五个加盟共和国宣告独立。中国开始就边界和军事安全问题同俄、哈、吉、塔展开会谈。正是在这些谈判与会晤中孕育和诞生了"上海五国机制"。"上海五国"机制的产生和发展大致经历了三个阶段：

---

① 李淑云：《中亚未来：谁主沉浮》，载于《俄罗斯中亚东欧研究》2004 年第 6 期。
② 赵龙庚：《试析美国驻军中亚后的战略态势及其对我国的安全利益的影响》，载于《俄罗斯中亚东欧研究》2004 年第 2 期。
③ 《邓小平文选》（第三卷），北京：人民出版社 1993 年版，第 167～168 页。

1. 中苏边境谈判阶段（1989 年 5 月~1991 年 12 月）

1989 年 5 月戈尔巴乔夫访华标志着中苏关系实现正常化。访问期间中苏双方草签了《中苏东段边界协定》，确定了中苏两国东段边界的基本走向。同年 11 月，中苏两国开始了关于边境地区相互裁减军事力量和加强军事领域信任的谈判，并取得极大进展。戈尔巴乔夫访华及双方关于边界与边境地区军事信任问题的谈判为此后的中、俄、哈、吉、塔边界谈判奠定了坚实的基础，同时也为以边界和地区安全合作为主要内容的"上海五国"机制的产生创造了良好的条件。1990 年 4 月，中苏两国政府签署了《关于在边境地区相互裁减军事力量和加强军事领域信任的指导原则的协议》，这成为后来中国同俄、哈、吉、塔谈判的依据。

2. "上海五国机制"的准备与形成阶段（1991 年 12 月~1996 年 4 月）

1991 年底苏联彻底解体，俄罗斯及中亚五个加盟共和国宣告独立，使中国与苏联一国边界领土争端变为与俄、哈、吉、塔四国边界争端。与此同时，西方势力开始加紧填补后苏联中亚地区地缘政治的真空。俄罗斯独立后曾一度奉行向西方"一边倒"外交政策，不但没有进入民主派所期冀的西方文明国家的行列，反而因西方力量不断渗透而致使其中亚"后院"面临严重安全威胁。因此，中国和俄罗斯都迫切希望将中亚国家通过一定机制联合起来，以便更好地应对西方外来势力及各种非传统安全因素的挑战，维护地区安全和稳定。为此，相关前苏联遗留下的领土边界、边境地区军事力量裁减及军事互信等便成为中、俄、哈、吉、塔五国所要面对的首要问题。通过解决上述问题，将这一阶段谈判与会晤制度化、体系化，在此基础上寻找建立新的地区合作机制。

自 1992 年 10 月起，在中苏谈判已定原则和已达成协议的基础上，中国继续与上述四国就边界问题进行谈判，这时五国形成了"4 + 1"（俄、哈、吉、塔和中国）的新谈判机制。① 与此同时，五国还就边境地区相互削减武装力量、加强军事领域互信等问题进行联合谈判。1992 年 3 月，中、俄互换《中俄东段边界协定》批准书；1993 年 3 月，中、塔签署了《中塔两国关系基本原则的联合声明》；1994 年 4 月，中、哈签署了《中华人民共和国和哈萨克斯坦共和国关于中哈国界的协定》；1994 年 4 月李鹏总理应邀访吉，两国领导人在会晤中表示将共同推动边界问题的解决；1994 年 9 月，中、俄签署了《中俄两国西段协定》；1995 年 11 月，中、俄、哈、吉、塔五国根据 1990 年 4 月中苏《关于在边境地区相互裁减军事力量和加强军事领域信任的指导原则的协定》，签署了《关于在边境地区加强军事领域信任的协定》；1996 年 4 月中、俄两国元首在北京会晤，将两国关系升格为战略协作伙伴关系。正是由于相关边界和加强边境地区军事互信

---

① 姜毅：《中俄边界问题的由来及其解决的重大意义》，载于《欧洲研究》2006 年第 2 期。

等问题一系列重大谈判所取得的丰硕成果，才使得中、俄、哈、吉、塔五国国家关系日益紧密，开始了不断寻求建立和发展新型多边关系的努力，同时也为"上海五国"机制的形成做出了充分的准备。

3. "上海五国"机制确立与发展阶段（1996年4月~2001年6月）

1996年4月26日，中、俄、哈、吉、塔五国元首在上海举行首次会晤，签署了《关于在边境地区加强军事领域信任的协定》，标志着"上海五国"机制的正式确立。"上海五国"机制的诞生对于彻底解决中国同俄、哈、吉、塔四国7 000多公里共同边界、加强边境地区军事互信，维护边境地区安全与稳定具有极其深远的意义。该机制形成后，继续在解决五国间历史遗留下来的边界问题和军事安全问题上做出不懈努力，同时还在不断加深和推进五国间的合作，尤其是致力于以打击"三股势力"为核心内容的非传统安全领域的合作。

1997年4月24日，"上海五国"元首在莫斯科举行第二次会晤，签署了《关于在边境地区相互裁减军事力量的协定》，使此前五国签署的关于加强边境地区军事互信的协定具体化并落到实处，为深化在地区事务方面的合作建立了相互信任的前提。

1998年7月3日，"上海五国"元首会聚哈萨克斯坦阿拉木图市，会谈后共同发表了《阿拉木图声明》。《阿拉木图声明》为"上海五国"机制增添了新的内容：从原来的传统安全合作扩大到非传统安全合作，首次明确提出共同打击"三股势力"、武器走私、贩毒等地区公害这一议题。

1999年8月25日，"上海五国"元首在比什凯克举行第四次会晤，签署了《比什凯克声明》，就地区安全、区域合作等诸多问题达成共识。本次元首会晤再次强调要将"打击国际恐怖主义、有组织犯罪、偷运武器、贩卖毒品、非法移民等跨国犯罪活动"的任务职能化，同时规定将举行不定期的国家元首、政府首脑以及外长、国防部长、经济和文化等部门负责人的会晤。同年12月比什凯克举行了五国执法部门负责人安全合作与协作会议，成立"比什凯克小组"，形成了"上海五国"机制下首个由各国职能部门共同合作组建的专门协调机构。

2000年3月30日，"上海五国"国防部长第一次会议在阿斯塔纳举行；2000年7月4日，"上海五国"外长首次举行会晤，会议决定正式建立五国外长会晤机制等。

2000年7月5日，"上海五国"元首在杜尚别举行第五次会晤，发表了《杜尚别声明》。此次会晤对21世纪"上海五国"机制的发展前景做出了新的规划，五国元首一致认为，在新的国际大环境和地区局势下，有必要将现有的会晤机制升级为一个正式的地区性国际组织。在2000年的杜尚别会晤中，时任乌总统卡里莫夫以观察员身份参加了会晤，为"上海五国"机制向上海合作组织过渡创造了条件。通过回顾总结"上海五国"的发展历程，为探索新型区域合作模式提供了重要经验，同时也为上海合作组织的成立奠定了坚实的制度基础。

二、发展现状

（一）上海合作组织的成立

2001年1月中亚人口大国乌兹别克斯坦正式提出加入"上海五国"的要求。在"上海五国"机制多年发展和准备的基础上，为了巩固该机制业已取得的辉煌成果并推动其进一步迈向纵深发展，2001年6月15日，中、俄、哈、吉、塔、乌六国元首在上海举行历史性会晤，发表了《上海合作组织成立宣言》，标志着欧亚大陆最大的区域性国际组织——上海合作组织的正式诞生。《上海合作组织成立宣言》旗帜鲜明地规定该组织的宗旨：加强各成员国之间的互相信任与睦邻友好；鼓励各成员国在政治、经贸、科技、文化、教育、能源、交通、环保及其他领域的有效合作；共同致力于维护和保障地区的和平、安全与稳定；建立民主、公正、合理的国际政治经济新秩序。①

此外，六国元首还签署了《打击恐怖主义、分裂主义和极端主义上海公约》，对政治安全合作进行了明确的规定，尤其是突出了反恐的主题。该公约对于维护中亚和我国西北边疆安全与稳定，联合打击"三股势力"奠定了法律基础。

在此尤为值得一提的是，上合组织成立宣言对"上海精神"给予了高度的评价。宣言指出，"上海五国"进程中形成的以"互信、互利、平等、协商、尊重多样文明、谋求共同发展"为基本内容的"上海精神"，是本地区国家几年来合作中积累的宝贵财富，应继续发扬光大，使之成为21世纪"上海合作组织"成员国之间相互关系的准则。② 上海合作组织对"上海精神"的秉承与发扬光大真正体现了结伴而不结盟、合作而不谋求霸权、开放而不排他的新兴国家关系与区域合作模式，这一理念受到国际社会普遍赞誉并被视作是国际关系理性化与合理化的典范。2002年6月上合组织圣彼得堡峰会签署了《上海合作组织宪章》，对该组织的宗旨、原则、组织结构、运作形式等重要内容作了明确的规定，标志着上合组织从国际法意义上得以真正建立。

（二）机制建设的发展与完善

上海合作组织自成立以来，不断加强自身组织与机制的发展和完善，建立了

---

①② 《上海合作组织成立宣言》，载于《人民日报》2001年6月16日。

严密、高效的组织合作协调机构，为成员国间的合作提供了更多便利。上海合作组织的机制建设主要是通过以下途径逐步发展和完善起来的。

1. 召开元首峰会，颁布纲领性文件

上海合作组织自成立以来，迄今为止共计召开过 17 次元首峰会。每次峰会都在及时总结成员国所面临的发展形势的同时，还就未来工作的规划及诸多领域的合作达成一定共识。更为重要的是，每次峰会都要发表成员国元首宣言将会谈结果巩固下来。与此同时，在历届峰会上还发表了诸如《上海合作组织成立宣言》《上海合作组织宪章》《关于地区反恐怖机构协定》等一系列重要法律文件，对于上合组织的制度化建设具有非同寻常的重要意义。例如，在 2004 年 6 月 17 日的上合组织塔什干峰会上，六国元首正式启动上海合作组织地区反恐怖机构；签署批准《塔什干宣言》、禁毒合作协议等多份重要文件；决定建立成员国外交部门间协作机制等一系列新举措。塔什干峰会标志着经过 3 年努力上合组织初创阶段正式结束，进入了全面发展的新时期。对此，正如在 2004 年上合组织北京秘书处成立大会上俄罗斯外长所指出的那样，上合组织形成过程中的组织阶段基本宣告结束，它将作为一个拥有自己工作机构、职员和预算的名副其实的国际组织机构而开始发挥作用。① 通过 17 次元首峰会不仅加深了成员国间的交往，扩大了合作范围，巩固了成员国元首定期会晤机制这一重要制度保障，而且历次峰会所发布的宣言及颁布的纲领性文件使上合组织在机制化建设道路上愈益制度化、规范化。

2. 组织机构的设立与完善

组织机构的设立与完善是上合组织正常运作的基本保障。自 2002 年《上海合作组织宪章》发表以来，为了实现该组织宪章中规定的基本宗旨和任务，上合组织先后设立了元首、总理、高检、高法、安全会议秘书、外交、国防、经贸、文化、卫生、教育、交通、紧急救灾、科技、农业、司法、国家协调员等会议机制。除此之外，为了更好地协调各组织机构的运作和具体落实成员国在安全领域的合作，还设置了秘书处和地区反恐怖机构两个常设组织机构。上合组织完备的组织架构设置对于实现其宗旨、原则，机制功能的正常发挥，乃至制度化建设具有积极的推进作用。

3. 扩员

在从"上海五国"机制到上海合作组织 20 多年的短暂发展历程中，上海合作组织这一年轻的区域性国际组织以其独特的魅力和所取得的辉煌成就，在欧亚大陆乃至全球赢得了普遍的信誉，影响力亦在急剧扩大，从而吸引了越来越多的

---

① Институт Дальнего Востока РАН. *Проблемы становления Шанхайской организации сотрудничества и взаимодействия России и Китая в Центральной Азии.* Москва. 2005г. с. 5.

国家对加入该组织产生浓厚兴趣，使得该组织对外交往机制日臻完善。上海合作组织自成立初期仅有6个正式成员国，在其成长和发展历程中为了更好地体现该组织开放性的国际形象，加强同组织外的周边其他国家合作，吸收有利组织发展的正能量，进一步提升组织在国际社会，尤其是欧亚大陆的影响力，上合组织成立后便积极酝酿扩员机制。

2002年11月23日，在莫斯科上合组织成员国外长会议上签署了《上海合作组织与其他国际组织及国家关系临时方案》，表明了该组织希望与其他国家交流合作的意愿；在2004年6月的塔什干峰会上，上合组织六国元首签署通过了《上海合作组织观察员条例》，对观察员国的法律地位、权利和义务作了明确的规定，标志着上合组织观察员机制的正式启动并拉开了扩员的序幕。当年蒙古国成为上合组织的第一位观察员国；在2005年7月的上合组织阿斯塔纳峰会上给予巴基斯坦、伊朗和印度观察员地位。为了探索上合组织与其他国家新的合作机制，2008年8月上合组织杜尚别峰会签署了《上海合作组织对话伙伴条例》，次年叶卡捷琳堡峰会斯里兰卡和白俄罗斯正式获得上合组织对话伙伴地位。

2010年上合组织就扩容原则达成共识。对此，时任上合组织秘书长努尔加利耶夫指出："我们将继续研究扩容文件，希望有关接纳新正式成员国的部分文件能在2010年出台。扩容是不可避免的过程。我们希望扩容能够进一步加强上海合作组织的力量。"① 2010年6月塔什干峰会批准了《上海合作组织接收新成员条例》。该条例是上合组织吸收新成员的最终法律文件，同时也是上合组织扩员的法律基石。2012年6月，上合组织北京峰会确认了阿富汗的观察员国身份，同时接收土耳其为上合组织对话伙伴国。至此，上海合作组织已发展成拥有成员国、观察员国和对话伙伴国的横跨亚欧大陆的区域性国际组织。

2015年7月10日，上海合作组织成员国元首理事会第十五次会议在俄罗斯乌法举行，乌法峰会通过关于启动接收印度、巴基斯坦加入上合组织程序的决议，上合组织扩员的大门正式打开。在此还需特别指出的是，鉴于阿富汗是上合组织成员国的重要邻国及其国家危机与中亚安全密切关联，建立联络小组是上合组织与一个国家或组织之间特殊关系和密切合作的制度安排。2005年11月4日，上合组织与阿富汗签署了关于建立"上海合作组织—阿富汗联络小组"的议定书，体现了对阿富汗问题的关注和责任意识，充分展示了上合组织积极破解地区安全困境的勇气和决心。②

---

① 博拉特·努尔加利耶夫：《明年将决定扩容问题》，http：//rusnews.cn/guojiyaowen/guoji-sco/20091224/42667788.html。

② 徐晓天：《开放、包容、合作——上海合作组织对外交往回顾与展望》，载于《国际观察》2011年第3期。

2017年6月8日，上海合作组织成员国元首理事会第十七次会议在哈萨克斯坦阿斯塔纳举行，印度、巴基斯坦成为上合组织成员。

（三）主要成就

2001年6月，一个新型区域性国际组织——上海合作组织在欧亚大陆宣告诞生成为备受全球关注的重大事件。十多年来，上海合作组织经历了国际风云的变幻，持续稳定地不断向前迈进，国际影响日益扩大，辉煌成就有目共睹，为推动欧亚地区跨国政治经济与安全合作做出了杰出的贡献。

第一，机制建设与组织功能的完善是保障上海合作组织正常和顺利运作的基础。对任何一个国际组织而言，机制和制度建设是其存在和永葆生命力的基础和关键之所在。在完成从"上海五国机制"到上海合作组织的历史性跨越之后，如前所述，上海合作组织积极致力于作为一个年轻国际组织的制度化建设。通过无数次的各级领导人会晤及所签署的诸多条约，为上合组织成员国增进互信和确保安定提供了非常重要的政治与法律保证；构建了相当丰富多样的组织框架和机制，为成员国、观察员国和对话伙伴国之间发展合作提供了重要的制度框架。[①]在经历了第一个十余年发展之后，上合组织相关机制建设基本完成，组织功能日臻完善，目前正处于迈向纵深发展的第二个十年的关键时期。这些组织架构与机制建设的完善为增进上合组织成员国间战略与政治互信提供了重要保障。

第二，在解决苏联历史遗留的边界领土问题以及维护地区安全稳定方面成就尤为突出和显著。不可否认，上海合作组织及其前身最杰出的贡献之一就是彻底成功地解决了中国与相关成员国的传统安全问题——前苏联遗留下的边界领土问题。安全合作既是上合组织合作的起点，也是取得成效最大的领域，且时至今日依然是合作的亮点。2001年6月，上海合作组织成立的当天便签署了打击"三股势力"的上海公约，同时还就打击毒品走私、武器贩运和非法移民等跨国犯罪行为以及公安司法领域的合作签署了一系列协议。所有这些为后苏联欧亚地区的和平与安宁，尤其是我国西北边境地区的安全与稳定做出了不可磨灭的贡献。

第三，推动上合组织框架下区域经济合作的深入发展。冷战终结后经济因素越来越成为决定国际关系的首要因素，依托区域经济合作来巩固和发展国家关系已成为国际社会普遍认可的共识。继安全与反恐合作之后，经济合作愈益成为上合组织的重要基础和主要方向，被视为与安全合作同等重要的推动该组织不断向前发展的"两个轮子"之一。早在上合组织成立不久的2001年9月，六国总理

---

① 冯绍雷：《十年后的展望——关于上海合作组织未来定位与空间的思考》，载于《俄罗斯研究》2011年第2期。

便签署了《上海合作组织成员国政府间关于区域经济合作的基本目标和方向及启动贸易和投资便利化进程的备忘录》，标志着上海合作组织区域经济合作的正式启动；2003年5月莫斯科峰会期间，六国政府首脑签署了《上海合作组织多边经贸合作纲要》，标志着上海合作组织区域经济合作开始步入机制化轨道。① 十多年来，上合组织国家间经济合作范围不断扩展，贸易规模空前扩大。据不完全统计，成员国之间的相互投资已超过150亿美元，各方在油气、交通、电信、电力、化工、建材、承包工程、农业和农产品加工等领域的一批经济合作项目已开始实施。跨境合作领域不断拓展、层次不断深化，进一步推动了区域经济的融合与发展。一批基础设施领域项目的启动实施，使得连接本地区的能源、交通、电信等网络已初显轮廓。② 在此特别值得一提的是，上合组织框架下的能源合作同样十分引人瞩目，随着中国与俄罗斯及中亚国家油气管道的开通，对于中国构筑多元化能源进口战略，确保能源安全发挥了极其重要的作用。目前，上合组织成员国已就未来经济合作重点和发展方向基本达成共识，提出到2020年逐步实现货物、资本、服务和技术的自由流动，力争达到建立自由贸易区的目标。

第四，人文合作不断向前迈进，成为未来新的合作亮点及重点领域。依照上合组织宪章有关人文合作规定，通过举行成员国文化部长会议签署的诸多文件，使上合组织框架下的人文合作取得了长足的进步。2002年，上合组织文化部长首次举行会晤，签署了《上海合作组织成员国文化部长联合声明》；2012年6月北京文化部长会晤期间发表了《上海合作组织成员国文化部长会晤北京宣言》，成为首个上合组织成员国文化部长宣言文件，为未来文化领域的合作指明了方向。自成立以来，上合组织成员国本着"尊重多样文明"的"上海精神"积极展开了形式多样、内容丰富的人文交流活动，为增进不同文明之间人民的相互理解和友谊，促进上合组织全面深入发展奠定了坚实的文化基础。诸如文化节、艺术节、城市日、国家年、语言年、艺术展等各种文化活动的举办，成为联结中国、俄罗斯和其他上海合作组织成员国友谊的桥梁和纽带。③ 除此之外，教育合作也是上海合作组织人文合作领域的一项重要内容。十多年来成员国之间在教育交流、互派留学生等方面取得了突出的成就，尤其是在相关成员国举办孔子学院使其了解中国传统文化无疑具有重大意义。

文化是凝聚人类社会的基础。上海合作组织成员国大多地处广袤的欧亚大陆腹地，历史文化复杂多样。相对于安全与经济，人文合作起步较晚，是一个薄弱

---

① 须同凯主编：《上海合作组织区域经济合作——发展历程与前景展望》，北京：人民出版社2009年版，第9页。
② 孙壮志等：《上海合作组织的经济合作：成就与前景》，载于《国际观察》2011年第3期。
③ 焦一强：《人文合作：连接上合组织成员国的纽带》，载于《文汇报》2006年6月12日。

的领域。就一定意义而言，上合组织在某些合作领域因成员国矛盾与意见分歧而陷入困境，甚至在目标定位上困惑重重，其深层动因在于成员国之间缺乏足够的理解与互信，而要达到真正的理解与互信，就必须倚重人文合作来化解隔阂，增进了解。故上合组织已认识到并赋予了继安全与经济之后人文合作的重大意义。

第二节 上合组织框架下的政治安全合作

中国与中亚地区的往来历史源远流长。苏联解体后，中国即刻承认并与中亚五个新独立国家建立了外交关系。在此之后，中国在"上海五国"框架下通过与中亚国家边界领土和边境地区军事互信的谈判，最终成功解决了与中亚相关国家的传统安全问题——边界领土问题，此后中国与中亚国家在全面合作的基础上成立上海合作组织，并在这一组织框架下多领域的合作，为中国与中亚国家的深入交往和政治互信奠定了坚实的基础。

一、政治互信：合作的基础

（一）建立政治互信的合作机制

由于历史上各国之间民族发展进程存在差异，客观上存在着长期的文化隔阂。在中国和中亚五国之间，虽然地理位置上比邻而居，但是古代中国和中亚民族之间在社会生产方式和生活上差别比较大，除了中国"朝贡体制"时期和丝绸之路上的"茶马贸易"，中国和中亚之间的关系多表现为战争和隔离的历史。在政治交往中相互之间的信任问题显得尤为重要，以此可打消彼此间的疑虑。一旦有了政治互信双方存在的各种问题就容易解决。在和平、发展、合作的时代主体指引下，国内社会发展稳定，周边环境和平安全是国家发展对外关系的首要前提，各国在此背景下展开对话，实现合作就比较顺利。

政治认同是任何一个国家合法性的基础及其国内政治运转的重要前提。情同此理，政治认同对于构建良好的国际秩序具有十分积极的意义。国际关系领域的政治认同是国家间取得政治互信的重要基础，是国际机制建立并且得以正常运作的极其重要的理念支撑。上海合作组织正是促进并实现中国与中亚国家政治互信的基础平台。

上海合作组织成立伊始便确立了国家元首、政府首脑、有关部长及部门领导人的定期会晤机制。这不但是确保中国与中亚国家在上合组织框架下加强政治互信的重要举措，而且为上述国家间的全面合作构筑了坚实的基础。十多年来，正是在经历了从上合组织成员国国家元首到各级部长及相关部门领导人的一次次会晤，才使得标志政治互信的领导人会晤制度不断完善，成为一项常态化的实效机制。中国与中亚国家十多年来之所以在诸多合作领域取得了辉煌成就，其根本原因就在于上合组织为其所构筑的良好的政治互信基础。以下是上海合作组织历次峰会的主要内容及其所取得的重要成果与意义（见表4-1）。

表4-1　　　　　　　　上海合作组织历次峰会情况

时间与地点	内容	成果和意义
2001年 上海	签署《上海合作组织成立宣言》《打击恐怖主义、分裂主义和极端主义上海公约》	六国决定在"上海五国"机制基础上成立上海合作组织；为联合打击"三股势力"奠定了法律基础
2002年 圣彼得堡	签署《上海合作组织宪章》《关于地区反恐怖机构的协定》和《上海合作组织成员国元首宣言》	《上海合作组织宪章》的签署，标志着上海合作组织从国际法意义上得以真正建立
2003年 莫斯科	签署《上海合作组织成员国元首宣言》；分别在北京和比什凯克设立秘书处和地区反恐怖机构	总结上海合作组织一年来的发展状况及当前国际和地区形势，规划和部署上海合作组织未来走向、下一阶段的任务和工作
2004年 塔什干	胡锦涛主席发表了题为《加强务实合作共谋和平发展》的重要讲话。六国元首签署了《上海合作组织成员国元首塔什干宣言》等文件	塔什干上海合作组织地区反恐机构正式启动
2005年 阿斯塔纳	签署《上海合作组织成员国元首宣言》等重要文件；决定给予巴基斯坦、伊朗、印度观察员地位	六个成员国元首决定继续采取一系列加强团结、合作反恐、发展经济的具体步骤
2006年 上海	签署《上海合作组织五周年宣言》，批准《上合组织成员国打击恐怖主义、分裂主义和极端主义2007年至2009年合作纲要》	打击恐怖主义、分裂主义、极端主义的威胁和非法贩运毒品，仍是本组织的优先工作

续表

时间与地点	内容	成果和意义
2007年 比什凯克	签署《上海合作组织成员国长期睦邻友好合作条约》等重要文件，发表了《联合公报》和《比什凯克宣言》	各成员国元首认为《上海合作组织成员国长期睦邻友好合作条约》是上海精神的充分体现，有力推动本组织各领域合作深入发展
2008年 杜尚别	签署《上海合作组织成员国元首杜尚别宣言》等重要文件，会议发表了《上海合作组织成员国元首理事会会议联合公报》	批准《上海合作组织对话伙伴条例》，并决定成立特别专家组，综合研究本组织扩员问题
2009年 叶卡捷琳堡	签署了《上海合作组织成员国元首叶卡捷琳堡宣言》和《联合公报》	落实《上海合作组织成员国长期睦邻友好合作条约》；联合应对金融危机带来的不利影响，促进地区经济发展，巩固地区安全稳定
2010年 塔什干	签署《上海合作组织接收新成员条例》《上海合作组织程序规则》《上海合作组织成员国政府间农业合作协定》和《上海合作组织成员国政府间合作打击犯罪协定》	共同落实好《上海合作组织反恐怖主义公约》、《打击恐怖主义、分裂主义和极端主义2010年至2012年合作纲要》等本组织框架内签署的相关文件
2011年 阿斯塔纳	签署《2011～2016年上海合作组织成员国禁毒战略》及其《落实行动计划》等	总结上合组织成立十周年的工作经验和成果
2012年 北京	签署《上合组织成员国元首关于构建持久和平、共同繁荣地区的宣言》《上海合作组织关于应对威胁本地区和平、安全与稳定事态的政治外交措施及机制条例》以及打击"三股势力"的《2013年至2015年合作纲要》	强调地区安全的重要作用，支持各国为维护国家安全稳定做出努力；加强经济领域的合作，发展铁路、公路、航空、电信、电网、能源管道互通工程；为古老的"丝绸之路"赋予了新的内涵
2013年 比什凯克	签署了《上海合作组织成员国元首比什凯克宣言》。会议批准《长期睦邻友好合作条约实施纲要》	

续表

时间与地点	内容	成果和意义
2014年杜尚别	签署并发表了《杜尚别宣言》，签署了《上海合作组织成员国政府间国际道路运输便利化协定》，批准《给予上海合作组织成员国地位程序》和《关于申请国加入上海合作组织义务的备忘录范本》修订案	与会各方围绕进一步完善上海合作组织工作，发展上海合作组织域内长期睦邻友好关系、维护地区安全、加强务实合作以及当前重大国际和地区问题交换意见。国家主席习近平发表《凝心聚力 精诚协作 推动上海合作组织再上新台阶》的讲话，提出四点主张
2015年乌法	共同签署并发表了《乌法宣言》。批准包括《上合组织至2025年发展战略》在内的一系列文件，签署《上合组织成员国边防合作协定》，通过关于启动接收印度、巴基斯坦加入上合组织程序等决议，发表成员国元首关于世界反法西斯战争胜利70周年的声明、关于应对毒品问题的声明以及会议《新闻公报》	会议的主题是规划组织未来发展，就本组织发展重大问题及国际和地区重要问题协调立场，东道国俄罗斯总统普京主持会议。国家主席习近平发表题为《团结互助—共迎挑战—推动上海合作组织实现新跨越》的重要讲话

资料来源：根据上海合作组织历次峰会发表的联合公报或宣言整理。

（二）成效及其评价

上海合作组织成员国在人文历史、社会制度、价值观念等方面存在着巨大差异。只有在政治上相互尊重多样文明，才能夯实各成员国间合作的基础。兼容并蓄、共同繁荣、不同文明间的合作与相互促进对于维护地区和平具有十分积极的意义。此外，提倡文明对话、谋求共同发展也体现了一种新的发展模式，这在中国奉行的"富邻、睦邻、善邻、助邻"政策中得到了充分的反映。诚如胡锦涛主席在上合组织成员国元首理事会第六次会议上讲话时所指出的那样："上合组织正努力把中亚地区建设成为一个持久和平、共同繁荣的和谐地区"[①]；平等、协商的精神使成员国无论大小均可平等地讨论和协商组织内部的所有问题，所有决议需成员国一致通过方可生效。上合组织成立是历史上首次将中国、俄罗斯、中

---

① 胡锦涛：《共创上海合作组织更加美好的明天》，http://news.xinhuanet.com/newscenter/2006-06/15/content_4701974.htm。

亚结合在一个利益共同体内，使各成员国在框架内最大限度地缩小分歧，最大限度地扩大和巩固共同利益。① 正因为如此，各成员国政治互信才得以不断巩固，政治合作日趋加深。概括起来，中国与中亚国家在"上海精神"指引及上合组织框架下政治合作的成效主要体现在以下方面。

第一，在重大国际与地区问题上相互理解、相互支持、取得重要共识。在全球化背景下，世界的发展离不开中国，中国的发展也离不开世界。秉承"上海精神"，各成员国就世界多极化、国际关系民主化、经济全球化、多边主义、文明多样性、建立国际政治经济新秩序、人权等重大国际问题看法一致；同时在地区热点问题上也能取得一致共识，相互理解与支持，用一个声音说话。2004年6月，塔什干峰会通过《上海合作组织成员国外交部协作议定书》，规定成员国外交部就重大国际和地区问题开展各种形式的磋商和协调。例如，在联合国安理会改革问题上，阿斯塔纳峰会宣言坚持强调改革应遵循最广泛协商一致的原则，不应为改革设立时限和强行表决尚有重大分歧的方案；在对待阿富汗、伊拉克、巴以冲突、朝核危机等重大问题上成员国多次阐述了共同的立场和观点；在2005年乌"安集延事件"及2008年中国西藏"3·14"事件上对两国政府的支持可谓是对上述表决的充分反映和体现。可见，对重大问题的共识是上合组织政治合作得以展开的重要保证。

第二，成功解决了中国与中亚国家历史遗留的边界领土问题。边界领土问题虽然属于传统安全问题，但中国与中亚相关国家之间的边界领土问题不是依靠武力，而是通过政治谈判途径得以彻底解决的。中亚自古就是中国开展周边外交的重要场所。中国和中亚国家之间的边界安全是决定双方政治互信与合作的关键因素。边界问题的最终解决消弭了双边关系中的障碍，为成员国之间政治互信及进一步开展政治合作创造了基础性的条件。2002年中国分别与哈萨克斯坦和吉尔吉斯斯坦两国签署了睦邻友好合作条约；2005年中哈之间的友好关系又被提升到了战略伙伴关系新的高度；当年中国和乌兹别克斯坦正式签署了《中乌睦邻友好合作条约》；2007年中国和塔吉克斯坦签署了《中塔睦邻友好合作条约》。这些条约的签署标志着中国和中亚国家在上合组织框架下国家间政治关系上升到新的平台，进一步夯实了国家间政治互信的基础。

第三，在强有力的政治合作推动下，中国与中亚国家上合组织框架下的安全、经济、人文等合作领域不断加深，成效显著。究其实质，任何其他形式的合作都是建立在良好的政治互信及政治合作的基础之上。中亚是上合组织合作的主要区域。正是在上合组织及其前身通过政治互信与合作所搭建的平台上中国与中

---

① 潘光：《走进第二个十年：上海合作组织面临的挑战和机遇》，载于《国际观察》2011年第3期。

亚国家的合作领域才得以不断扩展，安全、经济、人文合作所取得的辉煌成就无不是政治合作的真实体现。相关安全合作本章在后文将有详细分析，在此尤为一提的是中国与中亚国家的经济能源合作。近年来中国与中亚国家经济合作发展迅速，据中国海关统计数据显示，2003 年的贸易总额为 41 亿美元，2007 年增长到了 196 亿美元，2010 年中国与中亚各国的贸易总额达到了 300.93 亿美元。① 其中，哈成为中国在中亚的第一大贸易伙伴。能源合作是中国与中亚国家经济合作的亮点。目前，连接中国和中亚的油气管道已经开通，其中石油管道西起哈阿特劳港口，东至新疆阿拉山口，全长约 3 000 公里，是连接里海油田和中国内陆的重要能源通道；中国—中亚天然气管道全长 1 800 多公里，已完成 ABC 线铺设，截至 2015 年底已累计向中国输气 1 300 亿标方，该管道西起土库曼斯坦和乌兹别克斯坦边境，途经乌兹别克斯坦、哈萨克斯坦到达中国的霍尔果斯。目前土库曼斯坦的天然气已经到达广东省。为了增进政治互信，巩固业已取得的合作成果，人文合作已引起了相关成员国的高度重视，并逐渐成为未来合作的重点领域之一。

中国与中亚国家在诸多领域取得的显著成效是建立在双方在"上海精神"不断推动及上合组织框架下日益加深的政治互信与合作的基础之上。正是由于上合组织把其合作的重点区域——后苏联中亚地区不同政治制度、宗教文化、经济水平的国家连接在一起，才为中国和各中亚国家领导人处理国家关系和地区事务等重大问题提供了极其重要的平台，也与各成员国之间双边或多边政治关系迅速发展相适应。就一定程度上讲，上合组织在政治互信与合作方面所取得的最大成就之一莫过于赢得中亚国家的信任。上合组织在经历了十多年发展与挑战的艰难历程之后，在政治合作领域所取得的一系列重要共识及所构筑的互信，使中亚国家对该组织的正向认知日趋加强，这是支撑中国与中亚国家拓展并加深合作领域的宝贵财富与动力源泉。中亚国家对上合组织正面认知从下述情况得以充分体现和反映。2005 年"安集延事件"后乌领导人逐渐视上合组织是一个对其国家安全十分重要的组织；吉前总统巴基耶夫则指出，吉尔吉斯斯坦正在把上合组织视作在应对跨国挑战、安全威胁以及全面加深经贸和人文互惠合作等方面具有整合地区国家力量的，唯一有效机制的多边组织。② 哈前驻华大使穆拉特·阿乌埃佐夫曾说："中国是一个很好的邻居，我们从中国得到了许多的利益，但是我们会做好应对机制，不管中国会采取什么行动。但最好的应对机制就是加强中亚各共和国的联系与国内稳定。我们和邻国之间都曾经有或者现在还有的边界问题和水资源问题等，为保护国家安全，我们应该站在一起共同建立一个有效机制发展邻国

---

① 《中华人民共和国海关统计》，2010．No12．
② Леонит Гусев. Страны 《среднеазиатской тройки》 активизируют свою работу в ШОС. http：//analitika. org/1336 – 20060915230650945. html.

之间的关系。"① 就上合组织政治合作及互信所释放的正能量而言，在未来相当一段时期其对中亚国家仍有较强的吸引力，这对于深化上合组织框架下中国与中亚国家的合作无疑具有十分积极的意义。

二、安全合作：合作的亮点

安全利益、政治利益、经济利益对任何一个国家来说都是不可或缺的三种最为重要的国家利益。其中安全利益是基础，它是指一国国家主权、独立、领土完整和国民生存不受侵犯。国家安全本质上包括两个方面：一是现实对象；二是现实环境。② 不同国家不同时期有着不同的安全观。传统安全与军事高度关联，也就是说国家安全目标的实现是以避免战争或者发动战争来实现的。冷战结束后，随着全球化使国家间相互渗透与依存日益紧密，国际社会对安全观也有了新的诠释。上海合作组织是中国顺应时代潮流，为实践"相互安全、综合安全、合作安全、共同安全、普遍安全"这一新的安全观而首倡的新型多边区域性国际组织。因而，安全合作自始至终被视为上合组织合作的重点领域，且一直以来都是合作的亮点。近日召开的中国共产党第十九次全国代表大会通过划时代意义的中共政治宣言和行动纲领。习近平在会上郑重重申："坚持正确的义利观，树立共同、综合、合作、可持续的新安全观。"上合组织及其前身"上海五国机制"以各成员国间安全合作为起点，从解决相关成员国边界地区军事互信、联合军演到成立反恐机构、开展禁毒合作、联合执法，为组织框架内成员国间安全及其他领域的合作提供了极其重要的战略平台。

（一）传统安全领域的合作：以边界领土为例

中国与上合组织三个中亚成员国哈、吉、塔有3 300多公里共同边界。在中苏交恶期间，这三千多公里的边境线上曾发生过无数起边界纠纷与冲突事件，对中国西北地区安全构成了巨大威胁。苏联解体后，基于种种缘由使中国与俄罗斯及三个中亚邻国解决苏联遗留下的边界问题出现新的转机。中国及时抓住了难得的历史机遇，超越冷战思维方式，1996年率先倡导新的"安全观"理念，摒弃以对抗求安全的思想，倡导一种超越意识形态和社会制度的合作关系，以合作的方式谋求共同利益和解决冲突，目的在于达到共同安全。1996年《中、俄、哈、吉、塔五国关于在边界地区加强军事领域信任的协定》和1997年《中、俄、哈、

---

① Remakant Dwivedi. *Interview with Murat Auezov in Almaty*. Kazakhstan. June 6. 2006.
② 刘跃进主编：《国家安全学》，北京：中国政法大学出版社2004年版，第278页。

吉、塔五国关于在边境地区相互裁减军事力量的协定》两个重要文件的签署和相应措施的实施，使中国与俄罗斯、哈萨克斯坦、吉尔吉斯斯坦、塔吉克斯坦四国间 7 500 多公里的边界地区形成了一条漫长而广阔的友好与信任地带，这不仅标志着五国之间军事对峙历史的彻底结束，而且也为五国间进一步建立睦邻友好、互利合作关系奠定了可靠的政治和军事信任基础。① 中国与吉尔吉斯斯坦两国于 1996 年和 1999 年分别签署了《中、吉国界协定》和《中吉国界补充协定》，两国间 1 100 公里的边界问题得以解决；2002 年中哈两国外长签署了《中华人民共和国政府和哈萨克斯坦共和国政府关于中哈国界线的勘界议定书》，两国全长 1 782.75 公里的边界得到了全面彻底的解决；1999 年和 2002 年中塔两国分别签订了《中塔国界协定》和《中国和塔吉克斯坦关于中塔国界补充协定》批准书，至此两国 400 多公里的边界问题得以解决。边界问题的解决为成员国间政治互信的增强及其他领域的合作开辟了新的道路。对此，吉前总统阿卡耶夫直言不讳地指出："边境地区加强信任和相互裁减军事协定的签订，无疑是对加强地区安全的重大贡献。五国间达成的、旨在保持和发展长期睦邻友好关系的协定没有先例。而五国进一步扩大和加强经贸合作是保障地区稳定与安全的基本前提"。②

（二）反恐合作

冷战结束后，非传统安全的影响急剧凸显，尤其是恐怖主义被公认为是危害国际社会的一大毒瘤。苏联解体导致中亚地缘政治真空的形成使包括恐怖主义在内的"三股势力"肆意猖獗，成为地区安全与稳定的最大威胁。中国与中亚国家比邻而居，众多跨界民族及其相似的宗教文化与生活习俗为中亚各种恐怖势力向我国西北边疆渗透提供了有利的地缘政治环境，同时也使中亚成为"东突"分子藏匿与活动的主要场所。如前所述，中亚"三股势力"三位一体，互为合流。其中"乌兹别克斯坦伊斯兰运动"（简称"乌伊运"）和"伊斯兰解放党"（即"伊扎布特"）等宗教极端组织是对中亚安全构成最大威胁的恐怖主义组织，其中颠覆中亚国家世俗民主政权是其恐怖活动最重要的政治目标之一。对此吉尔吉斯斯坦前总统阿卡耶夫曾指出："中亚目前正处在国际恐怖活动威胁的风口浪尖上。尤其危险的是，恐怖主义加上了宗教极端主义的口号，且后者的目标是使民主过程倒转和推翻该地区的世俗政权。看来，国际恐怖活动的头目，把前不久刚

---

① 许涛等主编：《上海合作组织——新安全观与新机制》，北京：时事出版社 2002 年版，第 140 页。
② 许涛等主编：《上海合作组织——新安全观与新机制》，北京：时事出版社 2002 年版，第 143 页。

走上主权发展道路、在艰难的条件下开展加强国家工作的中亚国家视为薄弱环节"。① 自 20 世纪 90 年代末以来,中亚地区接连不断地发生恐怖事件。1999 年 2 月"乌伊运"在塔什干制造了针对乌前总统卡里莫夫的系列爆炸案,致使 13 人死亡,128 人受伤;同年 8 月,上千名恐怖分子越过塔吉边界,在吉南部奥什州占领居民点 5 个,劫持人质 20 多名,制造耸人听闻的"巴特肯事件";2004 年 3 月,乌首都塔什干及布哈拉州又接连数天发生多起自杀式恐怖爆炸事件,凡此等等,不一而终。由于恐怖主义带来的巨大危害,中亚各国都通过立法的形式对恐怖主义采取严打,且在反恐立场上各国意见一致,行动上积极携手合作。2000 年 4 月,哈、吉、塔、乌四国领导人签署了共同打击恐怖主义和宗教极端主义的地区安全条约。与此同时,各中亚国家还进行了数次反恐联合军事演习。

在后冷战时代国际政治气候的影响下,中国也是深受恐怖主义危害的国家之一,尤其是与中亚毗邻的新疆地区可谓是中国遭受恐怖袭击的重灾区。以"东突厥斯坦伊斯兰运动"(简称"东伊运")为首的恐怖主义组织对中国的国家安全构成了极大的威胁与挑战。据不完全统计,自 1990 ~ 2001 年,针对新疆的境内外"三股势力"在新疆制造了至少 200 余起暴力恐怖事件,造成各民族群众、基层干部、宗教人士等 162 人丧生 440 余人受伤。② 其中尤以震惊中外的 2009 年"7·5 事件"最为惨痛。鉴于恐怖主义对国家安全及人民生命财产所造成的严重后果,中国政府对反恐工作一直持高度重视态度。不但依靠国内力量严打恐怖势力,而且十分注重在反恐领域进行跨国合作。继边界安全之后,反恐是上合组织及其前身合作成效最为显著的一个领域及合作的亮点。早在 1998 年 7 月,上海五国元首阿拉木图会晤时便将安全合作纳入会谈的主要议题,并把打击国际恐怖主义及其他跨国犯罪活动的倡议首次写进共同声明;在 2001 年 6 月 15 日上海合作组织成立的当日六国元首便共同签署了关于打击"三股势力"的上海公约,与此同时六国国防部长也在上海签署了联合公报;2002 年 6 月,上合圣彼得堡峰签署了《上海合作组织成员国关于地区反恐怖机构的协定》,为打击"三股势力"制定了明确的法律框架;2004 年上合组织地区反恐怖机构正式在塔什干成立运营,使中国与中亚国家的多边反恐安全合作进入实质性阶段。鉴于当代恐怖主义活动的跨国性及势力的规模性,要对其进行彻底打击必要时就必须借助军事实力实行跨国联合行动。因而,联合反恐军演是中国与中亚国家在上合组织框架下务实合作的一项重要内容,它对于威慑恐怖势力具有十分积极的意义。以下是中国

---

① А. Акаев. Центральная Азия не взорвется, новый век принес новые вызовы, Независимая газета. 13 марта 2001 г.

② 张运德:《打击"三股势力"是保障地区安全与稳定的共同选择——浅析中亚及俄罗斯与我国合作打击"三股势力"的态势》,载于《新疆社会科学》2002 年第 2 期。

与中亚及俄罗斯等相关国家在上合组织框架下历次反恐联合军演的情况（见表 4-2）。

表 4-2　　上海合作组织框架下展开的历次联合反恐演习①

演习名称	演习时间	演习地点	参演人员
"演习-01"中吉联合反恐军事演习	2002 年 10 月 10~11 日	中吉陆路口岸两侧边境地区	中吉两国边防部队和特种部队
"联合-2003"上合组织联合反恐军事演习	2003 年 8 月 6~12 日	新疆伊宁地区和哈萨克斯坦乌洽拉尔市	中、哈、吉、俄、塔五国参演军官联合部队 800 人，包括吉特种分队
"东方—反恐 2006"	2006 年 3 月	塔什干州的 2 个重要国家基础设施	中、俄、哈、吉、塔成员国特种部队和各强力部门的武装部队
"天山-1 号"反恐演习	2006 年 8 月 24 日	哈萨克斯坦阿拉木图州、中国新疆维吾尔自治区伊宁市	中国和哈萨克斯坦两国边防部队
"协作-2006"中塔联合反恐演习	2006 年 9 月 21~23 日	塔吉克斯坦哈特隆州穆米拉克训练场	约 500 多人，包括中方 1 个特战连和塔方 1 个摩步连、1 个特战连和 1 个炮兵营约 300 人参演
"和平使命-2007"上合组织武装力量联合反恐军事演习	2007 年 8 月 9~17 日	中国乌鲁木齐和俄罗斯车里雅宾斯克	中、哈、吉、俄、塔、乌六国武装力量，中方参演兵力 1 600 人
"和平使命-2010"上合组织联合反恐军事演习	2010 年 9 月 10~25 日	哈萨克斯坦阿拉木图市和马特布拉克训练场	中、俄、哈、吉、塔五国 3 000 余人参演；出动坦克 230 辆、飞机 10 架以及步兵战车、运输车辆等
"天山-2 号"反恐演习	2011 年 5 月 6 日	新疆喀什	中、吉、塔三国边防部队，中国派出雪豹突击队参加

---

① 资料来源：根据相关新闻资料综合整理。

续表

演习名称	演习时间	演习地点	参演人员
"和平使命－2012" 上海合作组织联合反恐军事演习	2012年6月14日	塔吉克斯坦胡占德市郊外的"乔鲁赫—代龙"靶场	中、哈、吉、俄、塔吉共2 000多名官兵参加
"和平使命－2014" 联合反恐演习	2014年8月24～29日	中国内蒙古朱日和基地	哈、中、吉、俄、塔等五国,共7 000人

(三) 打击毒品走私领域的合作

目前国内外学界有一种普遍的共识,即阿富汗位居中亚安全影响因素的核心地位。国家战乱、政局不稳、暴力恐怖、毒品走私、难民流动等"阿富汗综合症"已成为备受国际社会关注的热点。鉴于与中亚独特的地缘政治关系,继恐怖主义之后,阿富汗毒品问题早已日趋国际化,成为对中亚乃至中国危害极其巨大的又一非传统安全因素,并且成为上合组织安全合作领域关注的重点对象之一。

阿富汗是当今世界最大的毒品生产和输出国。阿富汗毒品与苏联入侵高度关联,1979年苏军占领阿富汗后,该国鸦片种植面积曾一度猛增,最终成为世界上最大的鸦片生产国,全球约87%的鸦片便产于此。[①] 据2008年联合国毒品控制与犯罪预防办公室(UNODC)发布的世界毒品报告显示,2007年阿富汗鸦片生产较前一年大约增长了50%,所占世界市场份额从2000年的70%增至92%。[②] 截至2010年阿富汗鸦片总种植面积依旧保持在123 000公顷上下,与2009年持平,且98%的鸦片种植依然集中在阿西南部。据统计,2010年总的鸦片收购金额为60 400万美元,比2009年增长了38%,占GDP总值的5%(2009年占4%)。[③] 阿富汗毒品问题之所以如此严峻是与其国家危机状况紧密相连在一起的:毒品是基地组织及各派战乱势力武装补给的主要来源;种植鸦片则是老百姓维持生计的基本支撑。就一定意义上讲,毒品已成为加剧阿富汗国内矛盾和危机的主要因素。国际社会目前普遍认为,阿富汗已日益沦为一个"毒品—恐怖主义国家"。

中亚具有种植鸦片的悠久历史。十月革命后在苏维埃政权的严厉打击下,中

---

① 张霄:《中亚形势和上海合作组织发展态势》,载于《国际观察》2005年第5期。
② Executive Summary, *World Drug Report* 2008, UNODC. p. 3. http://www.unodc.org/documents/wdr/WDR_2008/Executive%20Summary.pdf.
③ 杨恕等:《阿富汗鸦片种植及毒品问题现状》,载于《兰州大学学报》2011年第3期。

亚地区鸦片生产和加工曾一度销声匿迹。苏联解体后，鉴于转型期中亚复杂的局势以及各国政府控制力低下，中亚鸦片种植再度死灰复燃。中亚鸦片种植主要在塔吉克斯坦的潘齐肯特盆地、土库曼斯坦沿伊朗边境的埃克哈尔地区、马瑞地区和勒巴帕北部地区；此外，哈萨克斯坦的野生大麻生长面积超过 40 万公顷。① 相对于本地区毒品生产而言，阿富汗是中亚毒品的源头之所在。中亚由于与阿富汗相接壤的特殊地理位置，使其成为深受阿富汗毒品危害的重灾区及阿富汗毒品向外扩散和输出的枢纽和大通道。阿富汗毒品主要是经过巴基斯坦、伊朗和中亚国家三条路线向外输出的，其中经过中亚输出的毒品占阿富汗所产毒品的一半以上。据相关数据表明，阿富汗海洛因生产占世界产量的 75%，其中 65% 是经中亚走向国际市场的；另据联合国相关官员透露，阿富汗的毒品有 65%～70% 是经独联体南部国家运出的，塔吉克斯坦、土库曼斯坦和乌兹别克斯坦则是阿富汗毒品"出口"的转运国，每年阿富汗生产的一半以上的毒品经由这 3 个国家运出。②

毒品问题不仅给中亚各国政治稳定与经济发展造成巨大冲击，而且带来了严重的社会问题。毒品的泛滥使中亚各国吸毒人员急剧增加，尤以青少年为重。据统计，1998 年哈约有 20 万吸毒者，平均每千人占 12.3 人；土约有 5 万吸毒者，平均每千人占 10 人；乌约有 20 万吸毒者，平均每千人占 8.2 人；吉约有 5 万吸毒者，平均每千人占 11 人。③ 与吸毒相伴随的是诸如艾滋病等传染性疾病的泛滥，严重危害到了人们的身心健康。此外，高额的利润刺激了毒品走私与贩卖，从而加剧了社会犯罪活动的发生。

中国与中亚有 3 300 多公里边界线，有 17 个一类开放口岸，这在某种程度上为中亚国家毒品犯罪分子利用我国改革开放政策向我国走私毒品提供了便利条件。据相关资料显示，从 20 世纪 90 年代初至今，我国警方在向中亚开放的口岸累计查获海洛因 913 千克、鸦片 79 千克、大麻 32 千克，并截获流向境外的醋酸酐 66 吨、安非拉酮 60.6 万片。④ 总而言之，由于紧邻阿富汗，加之独立后国家贫困、社会不稳、边界管理松散等致使中亚成为毒品泛滥的重灾区，与此同时，中亚毒品也严重祸及中国。

在冷战后对世界产生重大影响的各种非传统安全因素中，毒品无疑是对人类

---

① 许勤华：《解析毒品与毒品走私对中亚地区安全的影响》，载于《俄罗斯中亚东欧研究》2007 年第 2 期。
② 阿地力江·阿不来提：《中亚毒品问题的国际化及其对我国地区稳定的影响》，载于《中国人民公安大学学报》2010 年第 2 期。
③ 傅菊辉等：《中亚毒品贸易及其对我国的影响》，载于《新疆大学学报》2006 年第 6 期。
④ 阿地力江·阿不来提：《中亚毒品问题的国际化及其对我国地区税后的影响》，载于《中国人民公安大学学报》2010 年第 2 期。

生存和发展带来全球性灾难的最为严重的公害之一。与国际社会所有国家一样，中国与中亚国家因受毒品危害甚深，故对打击毒品犯罪活动的决心从未动摇。鉴于毒品走私活动具有跨国性，尤其是中亚国家独立后处于国家转型期，社会控制能力低下，各项制度安排尚不健全，经济能力有限，致使在打击毒品走私活动上力不从心，收效不是十分明显，为此各国热切希望联手合作打击跨国毒品犯罪活动。早在1996年4月，哈、吉、乌3国便签署了联合打击毒品走私的协议；1996年5月，中亚各国政府共同签署了《打击非法走私、滥用麻醉和精神药品的共识与合作》备忘录，为各国打击毒品犯罪提供了法律依据。除重视地区国家合作外，中亚国家还十分看重与国际组织进行合作。上海合作组织的成立为中国与中亚国家联合打击跨国毒品犯罪活动提供了重要的框架基础。继边界与反恐之后，打击毒品犯罪是上合组织安全合作的一项重要任务。上合组织成立宣言中就明确规定了："为遏制非法贩卖武器、毒品、非法移民和其他犯罪活动，将制定相应的多边合作文件"；上合组织宪章在第1条关于该组织宗旨和任务的规定中旗帜鲜明地提出了："共同打击一切形式的恐怖主义、分裂主义和极端主义，打击非法贩卖毒品、武器和其他跨国犯罪活动，以及非法移民"。2004年6月塔什干峰会六国签署了《上海合作组织成员国关于合作打击非法贩运麻醉药物、精神药品及其前体的协定》。该文件表明，上合组织开始把反毒作为安全合作的重要内容；2011年阿斯塔纳峰会通过了《2011～2016年上海合作组织成员国禁毒战略》及《落实行动计划》，对于提高各成员国在本组织区域共同应对毒品威胁的能力具有重大意义。目前，中国与中亚国家依托上合组织打击跨国毒品犯罪活动的相关制度和法律基础已基本构建，且在实践中对地区毒品泛滥及跨国毒品走私态势起到了一定的遏制作用。但同时还应看到，相对于反恐，中国与中亚国家在打击毒品犯罪领域的合作仍有巨大的发展空间，可谓任重而道远。

第三节　上合组织框架下的经济合作

自第二次世界大战结束以来，国际区域经济一体化理论日渐成熟并被广泛应用。到冷战结束后，在全球化背景下国际区域经济合作正在以前所未有的态势急剧发展，成为推动区域一体化的重要动力。世界经验表明，在经济因素日益成为决定国际关系首要因素的各国之间相互渗透不断加深的当今时代，对任何一个区域性国际组织而言离开经济合作的支撑其发展前景将是难以想象的。上海合作组织作为一个年轻的区域性国际组织，虽然始于安全合作，但组织向来十分注重经济合作,且目前经济与安全已成为驱动组织前行的两只轮子。鉴于上合组织六个正式成员国中中亚五国就占据四个,加之苏联解体后中亚特殊复杂的地缘战略环境,故中亚地区是上合组织在所有合作领域开展活动的重要舞台。加强上合组织框架下与中亚国家的经济合作,对于确保中国能源安全及西部大开发战略的实施具有非常重要的现实意义。

一、地缘经济意义

中国与中亚交往的历史源远流长,古老丝绸之路便是中国与中亚经济联系的见证。由于种种原因,中亚长期隐藏于历史的幕后而鲜为人知。苏联解体后,中亚的地缘政治与地缘经济意义急剧凸显,使得中亚地区成为各种外部势力竞相角逐的名利场。

(一)能源安全的战略意义

中亚对于中国的地缘经济意义首先在于其丰富的自然资源;其次中亚国家独立后经济转型期的巨大潜力与中国经济发展的互补性对于中国实施西部大开发战略具有强劲的拉动作用。据美国能源信息署数据,哈萨克斯坦石油储量138.4亿~165.8亿吨,占世界储量的3.4%~4.1%。乌兹别克斯坦黄金储量世界第四位,石油储量5.84亿吨,选景储量11.7亿吨。土库曼斯坦天然气地质储量29万亿立方米,已探明储量约5万亿立方米。吉尔吉斯斯坦和塔吉克斯坦蕴含丰富的水资源和畜牧资源。① 除自然资源禀赋外,中国与中亚国家具有较强的互补性,这在产业结构方面表现的尤为明显。苏联解体使中亚国家原有的经济联系纽带被割裂,产业结构短时间内难以调整,独立二十多年来几乎没有发生实质性的改观。工业基础薄弱以及水平低下是中亚国家难以生产出满足本国需求的日常消费产品,大量商品需要进口。而中国经济经过近40年改革开放已发展成为一个工业门类齐全的经济贸易大国,这正好可以弥补中亚国家生产能力的不足。

中国与中亚国家在资源禀赋、产业结构互补和地缘上的相邻为中国与中亚国家在上合组织框架下的经济合作提供了现实基础,同时中国与中亚五国为促进经济合作而建立的制度框架给这种经济合作提供了制度保障,中国与中亚国家以上合组织为依托开展经济合作对彼此均有巨大现实意义。

首先,石油储量和产量不足与国内需求不断扩大的供需矛盾是影响中国能源安全的结构性因素。其次,能源结构不断调整与转型加大了中国能源对外依存

---

① 张宁:《中亚能源与大国博弈》,长春:长春出版社2009年版,第26、42、62、120、105页。

度。最后，能源进口渠道过分集中单一，当前进口石油大部分来自中东和非洲。与此同时，中国石油运输路线缺少选择性，85%以上要经过印度洋—马六甲海峡—南中国海航线，极易遭到封锁和控制。①

有鉴于此，一个友好合作的中亚地区，对于确保中国能源安全具有十分重要的战略意义。通过能源合作可以进一步夯实并巩固中国与中亚国家的政治关系，反过来良好的政治互信关系又可深化双方在能源领域的合作；能源合作本身就包含在经济合作之中，它对于扩大经济合作领域具有积极的带动作用。尽管大国外来势力的介入对中国在中亚的能源地缘政治环境和能源地缘经济环境构成巨大挑战，但中国与中亚国家在上合组织框架下能源合作的实践及成就证明了该合作在促进上述地缘政治与经济环境改善方面所释放的正能量。

（二）推动"丝绸之路经济带"建设

中亚是中国西北的近邻，绵延数千公里的共同边界使中国西北边疆与中亚紧密地连接在一起。这种优越的地缘条件决定了中亚对我国西部获取外部动力支持的刚性基础。中亚丰富的自然资源以及苏联解体后国家经济转轨过程中巨大的市场潜力对我国西部大开发战略的实施具有十分重要的拉动作用。在此尤为一提的是，西北边陲省份新疆地处向西开放的前沿地带，对我国西部大开发战略具有特殊战略意义。众所周知，改革开放近40年使中国经济腾飞起来，但同时也出现了东西部差距与日俱增的不均衡现象。特别是新疆与全国发展的差距经过多年努力不是在缩小，反而越拉越大，而中亚邻国哈萨克斯坦近年GDP正在以年均8%左右的速度增长，至2007年人均GDP已达6 728美元，达到世界中等偏上收入水平，差不多是新疆的3倍。② 显然，新疆所面临的国内外双重压力不单是社会经济问题，而且是涉及我国西北安全与稳定的严峻的政治问题。因此，借助西部大开发，依托中亚推动新疆经济发展意义非同寻常。

众所周知，特殊的地缘关系决定了新疆是中国开展与中亚国家区域经济合作的主要承担区和受惠区。在目前国家确定的新疆境内的所有口岸中绝大多数是针对中亚国家的。此外，国家基础设施建设的一些大型重点项目均由新疆将中国与整个中亚连接起来，如西气东送油气管线、中国与中亚国家的铁路、公路建设等，这些重大设施给新疆带来了巨大的实惠，特别是西部大开发的政策优惠更是为推动新疆加强与中亚国家的合作提供了难得的历史机遇和重要保证。

中亚国家与新疆在各领域杰出的合作成效从另一个侧面反映了其对我国西部

---

① 刁秀华：《中国能源安全：现状、特点与对策》，载于《东北财经大学学报》2009年第3期。
② 秦放鸣：《中国与中亚国家区域经济合作研究》，北京：科学出版社2010年版，第157页。

大开发强劲的拉动作用,其中尤以经济为甚。充分利用"桥头堡"地缘优势,新疆把"走出去"和"向西开放"紧密结合,积极开展与中亚国家经济合作,成效显著。1991~1997年,新疆与中亚国家边境贸易以年均43.76%的速度递增;2004年双方进出口贸易额达48.8亿美元;2005年,全区接待境外游客33.11万人次,国际旅游外汇收入1亿美元。① 目前,新疆与中亚国家已互为主要贸易伙伴。2007年新疆外贸进出口总额达137亿美元,列全国各省市区第15位,增长50.7%,增幅为全国第二位,增幅超过全国平均水平27个百分点;新疆与中亚五国贸易额占我国与其贸易额总额的76%;新疆与中亚五国贸易总额占新疆进出口总额的82%;我国与中亚国家贸易的2/3是由新疆完成的。②

当然,在面向中亚开放过程中新疆举足轻重的作用毋庸置疑,但其他西部省份,乃至中东部在货源供给、交通便利的配合等方面基于新疆的支持也不容忽视。另外,中亚之于中国西部大开发的拉动作用也是互赢的,对于其各国转型期困难的经济同样具有积极的作用。总之,通过与中亚国家经济合作对于提高新疆总体实力和改善民生的正面作用值得充分肯定,其深远意义还在于,新疆的发展对于稳定边疆和防止外来势力影响具有更高层次的战略意义,也进一步推动"丝绸之路经济带"这一伟大战略构想,也推动丝绸之路经济带与欧亚经济联盟对接。

二、上合组织框架下的经济合作

上海合作组织是中国与中亚国家开展经济合作的重要平台,同时与中亚国家良好的经济合作关系及合作成效反过来对于保障上合组织正常运作并巩固其进一步发展的基础具有十分积极的作用。上海合作组织框架下中国与中亚国家的经济合作其实早在"上海五国"时期就已酝酿并启动。上合组织成立后,依托该组织中国与中亚国家的经贸合作取得了长足的进步,但同时也面临诸多问题与挑战。

(一)成就与现状

总体上讲,中国与中亚国家秉承"上海精神"在过去十余年间经济合作取得了辉煌成就,其主要体现在经济合作机制建设逐渐趋于成熟、贸易额不断扩大、投资持续增长以及能源合作不断深化等方面。

---

① 顾华祥:《新疆与中亚国家加强经济合作的战略思考》,载于《新疆社会科学》2006年第3期。
② 孙兰凤等:《新疆与中亚区域经济合作问题研究》,载于《开发研究》2008年第4期。

首先，经济合作机制日臻成熟和完善，为上海合作组织框架下中国与中亚国家的经济合作奠定了坚实的法律基础和制度保障。制度是达成目的的工具。为了保障经济合作顺利进行，中国自从与中亚新独立国家建交后便把经济合作提上议事日程，首批与它们签订的文件就包括有经济合作文件，如《中乌经济贸易合作协定》《中塔政府贸易协定》《中吉政府经济贸易协定》等。① 此后，随着"上海五国机制"的确立，中国与中亚国家的经贸活动更加紧密。1999 年五国元首在《比什凯克联合声明》中再次重申将根据平等互利原则开展经贸活动；2000年的《杜尚别声明》规定："五国框架内理顺和发展经贸伙伴关系，包括改善本国投资和贸易环境"，同时就建立五国政府首脑会晤机制及成立联合专家小组的准备事宜达成共识；2001 年 9 月《上海合作组织成员国政府间关于区域经济合作的基本目标和方向及启动贸易和投资便利化进程的备忘录》的签订确定了上合组织经济合作的基本目标，即从贸易投资便利化，降低成本、消除障碍着手，大力开展经济合作，争取到 2020 年逐步实现货物、资本、服务和技术的自由流动，标志着上合组织区域经济合作的正式启动；2003 年 5 月签订的《上海合作组织多边经贸合作纲要》明确了经济合作的优先领域、现阶段的主要任务和长远发展的战略目标，标志着上合组织区域经济合作开始步入机制化轨道；2005 年正式成立上海合作组织实业家委员会，标志着成员国之间的经济合作获得了金融领域合作的支持；2006 年银联体制订了《上海合作组织银行联合体成员关于支持区域经济合作的行动纲要》。除上合组织框架下的多边经济合作协议外，中国还与一些中亚国家签署了双边经贸合作协议，如《中哈 21 世纪合作战略》《中吉 2004～2014 年合作纲要》等。在经历了第一个十余年的发展历程之后，上海合作组织成员国在上合组织框架下建立了从包括政府首脑、经贸部长会议等官方合作机制到包括实业家委员会、银行联合体、上海合作组织论坛等在内的民间合作机制，为中国与中亚国家开展区域经济合作铺平了道路。

其次，贸易规模的不断增长既充分反映了中国与中亚国家经济务实合作的内容，也为双方彼此提供了广阔的市场前景。贸易合作是经济合作的主要形式之一。随着经济合作机制的逐渐完善以及区域内贸易环境的不断改善，中国与中亚国家之间的贸易规模不断扩大，贸易额逐年快速增长。据相关统计资料，1992年中国与中亚五国的贸易额仅为 5.27 亿美元，而 2008 年已提高到 308.2 亿美元，是 1992 年贸易额的 60 倍，比 2007 年增长 57%，创历史最高水平。② 有关中国与中亚各国贸易额总体状况与详情见表 4-3。

---

① 赵常庆：《中国与中亚国家合作析论》，北京：社会科学文献出版社 2012 年版，第 103 页。
② 上引须同凯书，第 93 页。

表4-3　　　　1992~2010年中国与中亚国家贸易额①　　　单位：亿美元

年份	哈萨克斯坦	吉尔吉斯斯坦	乌兹别克斯坦	塔吉克斯坦	土库曼斯坦	合计
1992	3.68	0.35	0.53	0.03	0.05	4.64
1993	4.35	1.02	0.54	0.12	0.05	6.08
1994	3.04	1.05	1.24	0.03	0.11	5.47
1995	3.91	2.31	1.19	0.24	0.18	7.82
1996	4.60	1.05	1.90	0.12	0.11	7.78
1997	5.27	1.07	2.03	0.20	0.15	8.72
1998	6.36	1.98	0.90	0.19	0.13	9.56
1999	11.39	1.35	0.40	0.08	0.09	13.32
2000	15.57	1.78	0.51	0.17	0.16	18.19
2001	12.88	1.19	0.58	0.11	0.33	15.09
2002	19.55	2.02	1.32	0.12	0.88	23.88
2003	32.92	3.14	3.47	0.39	0.83	40.75
2004	44.98	6.02	5.76	0.69	0.98	58.43
2005	68.06	9.72	6.81	1.58	1.10	87.27
2006	83.58	22.26	9.72	3.24	1.79	120.58
2007	138.78	37.79	11.28	5.24	3.53	196.62
2008	175.50	93.33	16.07	15.00	8.30	308.21
2009	141.29	53.30	19.21	14.10	9.57	237.47
2010	204.10	42.00	24.82	14.33	15.70	300.95

再次，日益扩大的投资是上合组织框架下中国与中亚国家经济合作取得的又一重大成效。随着贸易规模的不断扩大，中国与中亚国家的投资速度也在与日俱增，投资活动日趋活跃。以哈萨克斯坦为例，截至2010年底，中国向哈直接投资50.3亿美元，对哈累计直接投资排名从上年的第九位上升至第七位，其中2010年直接投资12.2亿美元，同比增长72.4%，占哈引进外国直接投资总额的7%。② 与此同时，中国还是乌兹别克斯坦第一大投资伙伴。从2003年开始，中国对中亚五国的直接投资呈现逐步上升的态势，详情见表4-4。总而言之，由

---

① 资料来源：中国统计年鉴（1994~2010）。
② 中国驻哈萨克斯坦大使馆经济商务参赞处数据，http://kz.mofcom.gov.cn/aarticle/zxhz/zzjg/201105/20110507573947.html?995477944=1848581430。

于中国和中亚国家同属转型国家，受自身经济实力所限，尽管在投资领域增幅较快，但总体投资规模仍稍显不足。

表 4–4　　　　2003～2010 年中国对中亚五国的对外直接投资　　　单位：亿美元

年份	国别	哈萨克斯坦	吉尔吉斯斯坦	塔吉克斯坦	土库曼斯坦	乌兹别克斯坦
2003	存量	0.197	0.158	0.051	0.002	0.033
	流量	0.029	0.024	—	—	0.007
2004	存量	0.248	0.193	0.215	0.002	0.042
	流量	0.023	0.053	0.050	—	0.011
2005	存量	2.452	0.451	0.228	0.002	0.120
	流量	0.949	0.137	0.008	—	0.001
2006	存量	2.762	1.248	0.303	0.002	0.150
	流量	0.460	0.276	0.070	0.000	0.011
2007	存量	6.099	1.398	0.990	0.014	0.308
	流量	2.799	0.150	0.679	0.013	0.132
2008	存量	14.020	1.468	2.272	0.881	0.776
	流量	4.964	0.071	0.266	0.876	0.394
2009	存量	15.162	2.837	1.628	2.080	0.582
	流量	0.668	1.369	0.167	1.197	0.049
2010	存量	15.905	3.943	1.916	6.585	0.83
	流量	0.361	0.825	0.154	4.505	-0.046

资料来源：商务部、国家统计局、国家外汇管理局：《2010 年度中国对外直接投资统计公报》。

最后，能源合作是中国与中亚国家在上合组织框架下经济合作的亮点。以石油和天然气为核心内容的能源合作既是中国与中亚国家开展区域经济合作的最大亮点，也是上合组织框架下双方经济合作取得辉煌成就的重要体现。中国与中亚国家能源合作取得的丰硕成果在一定程度上与中国的"走出去"和中亚国家的"能源兴国"战略契合不无关系。为确保能源安全，中国实施"走出去"和"引进来"的能源发展战略，而中亚国家为克服转型期经济困难则大多奉行"能源兴国战略"。例如，哈在中亚最早就确立了走"资源立国"发展道路，土则长期奉行"能源领先"发展战略。中国与中亚国家在经济发展领域对能源的巨大需求和亟须出口能源的战略契合使得双方在上合组织指引下走上互利互惠的能源合作道路。

1997年6月，中国石油天然气公司与哈方签订了购买其阿克纠宾斯克油气股份公司60.3%股权的协议，同年9月中哈两国签署能源合作协议，规定中国承包阿克纠宾斯克油田和乌津油田，并修建从乌津到阿拉山口3 000多公里的输油管道；2004年5月，哈总统纳扎尔巴耶夫访华时两国签署了关于哈阿塔苏至中国阿拉山口原油管道建设基本原则协议，该管道设计年输油能力为2 000万吨，拉开了中哈管道项目正式启动和实施的序幕；2005年12月阿塔苏至阿拉山口段原油管道竣工投产，意味着中国首条跨国原油管道建成，次年5月该管道正式对中国输油，标志着中国首次以管道方式从境外进口原油的开端。除哈国外，中国还积极开展了与乌、土两国的能源合作。在2004年6月胡锦涛主席访乌期间，乌油气公司与中石油签署了合作协议；2005年5月乌总统卡里莫夫访华期间，中石油与乌国家石油天然气公司签署了建设投资总额6亿美元的合作协议；中、土之间主要是天然气合作，土地处中国—中亚天然气管道的源头。为了加强与土天然气合作，2006年4月中土两国签署了《天然气管道项目和土库曼斯坦向中国出售天然气的总协议》，2007年7月，双方又在北京签署了《中土天然气购销协议》和《土库曼斯坦阿姆河右岸天然气产品成分合同》，协议规定从2009年起未来30年中国每年从土购买天然气300亿立方米。在此尤为一提的是被誉为"当代丝绸之路"的中国—中亚天然气管道，这是我国首条陆上引进境外天然气资源的战略管道。该管道西起土库曼斯坦和乌兹别克斯坦边境，穿越乌兹别克斯坦中部和哈萨克斯坦南部地区，在新疆霍尔果斯入境，全长1 833公里，入境后与西气东输二线管道相连后运至上海、广州以及其他十多个省市和地区，全长约7 000公里。2009年12月14日，中国—中亚天然气管道单线开通，中、哈、乌、土四国元首出席通气仪式并致辞。中国—中亚天然气管道现已开通ABC三线，D线正在建设中。截至2017年11月29日，中国—中亚天然气管道已累计输入2 000亿立方米。①

（二）存在的问题及挑战

上述情况表明，中国与中亚五个新独立国家二十余年来在经济合作领域取得了显著的成效，但同时也应该看到双方在区域经济合作领域所面临的挑战与问题。这主要体现在以下几个方面。

第一，中亚地区脆弱的地缘政治环境是影响中国与中亚国家经济合作潜在的不确定因素。中亚国家独立后政治转型经过二十余年的历程，塔独立后历经多年的内战；吉独立不到二十年先后两次发生所谓的"革命"。中亚国家内政是影响

---

① 《中亚天然气管道累计向中国输气超2 000亿立方》，中国新闻网，2017年11月29日。

中国与之进行经济合作的潜在威胁。吉两次"革命"中中国商铺遭抢或焚烧的现实情况就充分说明了这一点。

第二，大国外部势力在中亚相互竞争与博弈使中国与中亚国家的经济合作同样面临艰难的挑战。苏联解体后，随着外部势力的介入中亚成为外来大国利益角逐的舞台，这给中亚国家提供了更多的选择机会。由于中亚国家独立后大多都奉行多元平衡外交，除上合组织外，大多国家还是其他次区域经济合作组织的参与者。在此值得关注的是，2010年俄、白、哈三国重启关税同盟并积极活动拉吉、塔两国也加入该组织，这势必对上合组织区域经济合作造成冲击和危害。

第三，中亚国家自身问题是影响上合组织框架下中国与中亚国家经济合作的重大因素。中亚国家尽管经历了二十余年的经济转轨，但各国经济发展水平至今差距较大。2007年吉、塔、乌三国人均GDP不足1 000美元。[①] 据世行1995年划分发达国家和发展中国家的标准，上合组织成员国均属发展中国家，故上合组织区域经济合作是南南合作，因成员国投入到合作中的资源较少，需要面对的困难和障碍较多，因而成功范例较少。[②] 由于各成员国经济发展水平参差不一，各自对区域经济合作的要求和期望值也不同，从而致使各国对上合组织框架下经济合作的认识与定位不一，达成共识艰难。

第四，中亚地区国家相互关系不和睦是影响上合组织框架下区域经济合作的又一重要缘由。中亚国家历史上关系就不和睦，独立后因各国转型模式及绩效的差异，又因历史遗留问题与现实利益相交织，使中亚国家围绕边界领土、水资源、交通网络等时常龃龉不断，争端频发，由此导致各国关系更加不和。于是，中亚国家时常把一些双边内部问题带到上合峰会去讨论，寄希望于上合组织做出裁决，但会对上合组织本身产生消极作用，同时也会潜移默化地间接对该组织框架下的区域经济合作产生不良影响。

第五，中亚国家腐败严重、法制不健全、犯罪活动猖獗等一系列社会问题是影响中国与中亚国家经济合作不容忽视的重要因素。中亚国家在转型过程中由于经济落后加之国家管理水平有限，致使腐败滋生蔓延，犯罪活动较为严重。除此之外，中亚国家独立后首部宪法均把建立民主法治国家置于醒目位置，但至今法制建设仍显滞后，司法腐败严重。以吉国为例，据社会调查表明，仅有10%的被调查者认为法院是按照立法秉公办事的；21%的人认为打官司要托熟人关系；60%的被调查者认为打官司要靠贿赂。[③] 对此，吉前总统阿卡耶夫在2001年5月

---

① 上引秦放鸣书，第73页。
② 肖德：《上海合作组织区域经济合作问题研究》，北京：人民出版社2009年版，第143页。
③ Кыргызстан 2000: взгляд и избирателя: Результаты четвертого этапа опроса общественного мнения. Бишкек, 2000 г. С. 8 – 9.

22 日召开的共和国第四次法官大会上曾严厉地指出:"……大众意识当中一种普遍的观点是,人权和自由的司法保护仍处于很低的水平,甚至是没有成效的,而法院系统在很大程度上可以说是已经被收买了。"① 投资是经济合作非常重要的一种形式,中亚国家上述社会问题严重影响了中国在中亚的投资环境,从而制约了双方的经济合作。就一定意义上讲,中国在中亚投资规模不大不能说与其令人堪忧的社会投资环境不无关系。

总之,我们在看到中国与中亚国家在经济合作上取得丰硕成果的同时也要看到所面临的各种问题和挑战。相信只要双方继续秉持"上海精神",通过友好协商做出决定,切实保障各成员国的平等权益,发挥互补优势、走共同繁荣之路,中国与中亚国家的经济合作之路将会越走越宽。

第四节 上合组织框架下的人文合作

上海合作组织地处欧亚大陆,六个创始成员国 3 000 多万平方公里的面积几乎覆盖了欧亚大陆 3/5 的辽阔区域以及 15 亿之多的人口占据了世界人口总数的 1/4。长期以来,安全与经济"两只轮子"驱动上合组织不断迈向前进,并且取得了举世瞩目的成就。但与此同时,我们还需看到,上合组织在经历了第一个十年发展之后迈向第二个十年深化发展的关键时期依然困难不少。尽管上合组织框架下中国与中亚国家的合作取得长足进步与辉煌成就,但该组织在深化发展过程中所面临的诸多挑战与困境同样值得深思。究其实质,困扰和影响上合组织迈向纵深发展及其合作成效的深层动因在于人文合作,尤其是中国文化在中亚缺乏一定的认同度。② 显然,为了巩固加深上合组织政治互信的基础以及不断扩大区域经济合作,人文合作意义重大,是上合组织未来发展亟须加强的一个重点合作领域。

显而易见,上海合作组织成员国彼此树立良好的国际形象不但会加强彼此之间的睦邻友好关系,而且对于助推成员国间的各项合作无疑具有十分积极的影响。鉴于文化与国际关系具有较高的相关性,开展以文化为核心的上合组织框架下的人文合作对于"增信释疑",促进该组织持续深化发展具有深远的战略意义。

---

① 焦一强:《从"民主岛"到"郁金香革命"》,兰州:兰州大学出版社 2010 年版,第 91~92 页。
② 焦一强:《中国文化走向中亚障碍因素分析》,载于《新疆大学学报》2013 年第 1 期。

一、人文合作的动因

中国与中亚国家开展人文合作的动因主要体现在以下方面：

第一，开展人文合作符合中国提出的"和谐世界"国际体系理念，有助于消弭中亚版的"中国威胁论"。冷战结束后，国际格局与形势发生深刻变化，在和平与发展的时代主流之下，依然暗藏着诸如强权政治、文化帝国主义、国际恐怖主义等对世界和平与稳定构成重大威胁的不安全因素。与此同时，中国的崛起引发了国际社会的疑虑，各种版本的"中国威胁论"此起彼伏。为了体现对国际社会发展方向的战略思考以及对"中国威胁论"的有力回应，中国 2005 年正式提出了"和谐世界"的国际体系理念，表明了中国愿"把自身的发展与人类共同进步联系在一起，既充分利用世界和平发展带来的机遇发展自己，又以自身的发展更好地维护世界和平，促进共同发展"的坚定信念。致力于构建"和谐世界"赋予了中国外交新的内涵，它不仅能够促进合理公正的国际秩序的建立，而且有助于国际关系民主化，对中国改革开放谋求良好外部环境意义尤为深远。尽管中亚国家与中国关系总体态势良好，但在历史和现实因素交互影响下，尤其是受外部世界的蛊惑加之缺乏对中国的了解，"中国威胁论"在中亚同样时有流行。以哈萨克斯坦为例，2009 年 11 月俄罗斯《共青团真理报》特约记者曾撰文说"中国将开始并吞前苏联国家哈萨克斯坦"就曾一度在哈国引起网民关于中国威胁的强烈回应。① 在 2012 年 4 月哈萨克斯坦 16 个城市进行的一项题为"您是如何看待进一步深化哈中政治与经济关系"的民意调查中，超过 1/4 的被调查者对发展哈中合作关系持否定态度，另有 27.7% 的被调查者认为必须将同中国的关系降至最低程度，原因在于中国是哈国的威胁。② 尽管"中国威胁论"在中亚主流社会十分微弱，但这种消极因素如不加以关注而任其流传下去，势必会严重影响中国与中亚国家的睦邻友好关系。

第二，与中亚国家开展人文合作是顺应了中国的睦邻友好外交政策，有助于加强了解，增进友谊。众所周知，和平共处五项基本原则是指导中国外交的基本原则，其中"和"文化是该外交思想与原则的重要理论渊源之一。中国是一个传统文化积淀十分深厚的国家，其中"和"文化占据中国传统文化的内核，并已内化为中华民族的精神与性格。受此影响，追求和平是中华民族最基本的价值取

---

① Дарья Асламова. *Китай начнет поглощать бывший СССР с Казахстана*. http：//www.diapazon.kz/kazakhstan/21872-kitajj-nachnet-pogloshhat-byvshijj-sssr-s.html.

② К развитию сотрудничества между Казахстаном и Китаем более четверти казахстанцев относится отрицательно. http：//www.zakon.kz/kazakhstan/4492500-k-razvitiju-sotrudnichestva-mezhdu.html.

向。"协和万邦""亲仁善邻"等理念早已为中国古代思想家所提出,甚至中国俗语也常说,远亲不如近邻。中国是一个拥有众多周边国家的大国,自新中国成立以来我国一直十分重视与周边国家的关系。目前,和谐周边政策是中国外交的核心。中亚是中国西部的近邻,通过上合组织框架下的人文合作既能体现并实践中国的"睦邻""友邻""善邻"以及"富邻"外交政策,同时又能增进与中亚各国家人民的友谊,从而为中国与中亚国家的合作排除不利影响,提供精神动力支持。

第三,开展人文合作是体现并践行"上海精神"的重大举措。上海合作组织的宗旨和原则集中体现于"上海精神",即"互信、互利、平等、协商、尊重多样文明、谋求共同发展",这是上合组织永葆生命力的源泉,同时也是对上合组织框架下人文合作重大作用的最好诠释。

第四,人文合作是适应上合组织深化发展需要并化解其所面临障碍因素的最为有效的方式和手段之一。国际组织,尤其是区域国际组织运作的实践表明,造成组织运作艰难及深化发展的最大障碍是成员国之间因缺乏了解和互信而产生的矛盾与纷争。例如,欧盟与亚太经合组织的正反经验就充分说明了这一点。如前所述,中亚是上合组织主要的活动区域,区域内成员国关系多有不和,加之又是多种文化力量集散地,难免会使中亚国家对与中国的合作产生负面想法,从而影响了上合组织的持续发展。就上合组织目前所处的状况而言,急需继续加强人文合作以消除疑虑,弥合分歧,这无疑是解决组织发展困境的最佳途径之一。

二、人文合作的成就

中国与中亚国家的人文合作与交流始于 20 世纪 90 年代初各国独立之后。上合组织成立后,人文合作步伐大大加快,成为继政治安全与经济合作之后的一个备受关注的具有广阔前景的合作领域。概括起来,中国与中亚国家人文合作的成就主要体现如下:

(一) 构建了较为完善的相关人文合作的制度安排与机制

制度安排是任何合作的基本保障。文化部长会晤机制与教育部长会晤机制是上合组织人文合作重要的制度保障。中国在中亚国家独立不久便先后与其签署了相关文化、教育等人文合作协议。1992 年 2 月中哈签署了《中哈文化合作协定》,1994 年 10 月两国教育部门又签署了《教育合作协定》;1992 年 3 月和 10 月,中乌两国分别签署了《文化、教育、卫生、旅游和体育合作协定》和《中国广播电影电视部与乌兹别克斯坦国家广播电影公司合作协定》;1993 年 12 月中塔签署了《中塔文化合作协定》；1994年4月中吉签署了《中吉政府文化合作协定》。① 随后，根据形势的变化这些协定被不断补充和续签。2002年4月12日，上合组织成员国文化部长首次汇聚北京，会后发表了《上海合作组织成员国文化部长联合声明》，标志着上合组织文化部长会议这一重要机制正式启动与运作。上海合作组织文化合作的会议机制是以文化部长会议为核心的多个层次的会议机制。在文化部长会议之上是元首和总理会议，文化部长会议下设专业工作组。自2005年以来，随着每年一度成员国文化部长会议的召开和各种合作计划的实施，上海合作组织的文化合作已进入稳步发展的轨道。除每次例会签署的《联合声明》《年度合作计划》等文件以外，还签署了2005~2006年度、2007~2008年度、2009~2011年度3个多边文化合作计划。② 在2007年8月比什凯克峰会上签订的《上海合作组织成员国政府间文化合作协定》为成员国间开展文化合作奠定了法律基础。文件规定了文化合作的范围、机制、方式和争议的解决等。根据这一协定，文化合作的范围主要包括四个领域：文化艺术活动、人员和信息交流、文化科研领域和打击文化领域的违法犯罪活动。③ 除文化部外，教育部、科技部、民政部、卫计委等职能部门均参与了上合组织框架下的人文合作，对深化该领域的合作及机制建设的完善发挥了重大作用。

（二）形式多样、内容丰富的文化合作

人是一种文化的存在。文化具有民族性，文化差异既给我们展现了一个丰富多彩的世界，同时又给人们的思想表达与交流造成一定的困难和障碍。诚如美国19世纪哲学家和心理学家威廉·詹姆斯所言，世间永恒的藩篱存在于人与人的思想之间。④ 跨文化交流不但可以丰富和增强不同民族文化的品格，而且对不同民族文化之间人们的相互理解、国家之间的互信友好搭建一座沟通的桥梁。文化交流是人文合作最基本、最普遍的通用方式之一。中国与中亚国家的人文合作亦不例外。诸如文化节、艺术节、城市日、国家年、艺术展、巡回演出等各种形式文化活动的举办，成为联结中国与中亚国家友谊的桥梁和纽带。尤其是文化节，它是一个民族宝贵的精神财富，正因为如此，上合组织首届文化部长会议便确立了以文化节为契机来开展人文合作。例如，2006年9月，中国在哈举办"中国文化节"演出；2007年10月哈在中国举办"哈萨克斯坦文化节"活动；2007年5月，塔在中国举办"塔吉克斯坦文化日"活动；2008年8月，中国艺术代表团

---

① 上引赵常庆书，第172页。
② 邢广程等：《上海合作组织研究》，长春：长春出版社2007年版，第132页。
③ 邢广程主编：《上海合作组织发展报告》，第138页。
④ 陆彦：《跨文化交流探究》，载于《东北农业大学学报》2010年第1期。

在塔举办"上海合作组织文化艺术节"和"中国文化日"演出活动；凡此等等，不一而终。在此值得一提的是，自 2005 年阿斯塔纳峰会起，每年元首峰会期间都要举办上合组织成员国艺术节。除文化节，中国与中亚国家还彼此举办了巡回演出、绘画展览等多种形式的文化交流活动。上述跨文化交流形式为民众喜闻乐见，对中国与中亚国家在民间层面的形象构建具有十分积极的意义，同时也为国家间的互信与交往奠定了一定的民众基础。

（三）突出的教育与科技合作

教育是上合组织人文合作的重要领域，同时也是影响比较广泛的人文合作的支点。2005 年 6 月，上海合作组织教育专家工作组首次会议在北京举行，各国专家就开展教育领域的合作问题展开了讨论，建议创建各成员国相互承认学历及学位证书机制，建立上海合作组织成员国联合教学形式和机制以及扩大大学生、研究生和专家的交流等。2006 年 10 月上海合作组织首次教育部长会议在北京举行，由此确立了上合组织成员国教育部长会议机制。在 2008 年 10 月阿斯塔纳第二次成员国教育部长会议上，通过了《上海合作组织教育部长宣言》，同年"上海合作组织大学"成功创办，在区域学、IT 技术、能源、生态等领域依托某些研究型大学为成员国学生提供了一个广阔的网络教育空间。截至 2010 年，上合组织 5 个成员国的 53 所大学先后加盟上海合作组织大学。①

科技合作也体现了人文合作的重要内容。中国与中亚国家建交不久就成立了经贸科技合作委员会，其科技合作被纳入了这一国家间合作磋商与协调机制。随着成员国科技部门高官不断互访及大量相关科技合作文件的签署，构建了成员国科技合作的法律基础。人员往来与交流是科技合作的重要表现。通过参加国际学术会议、各种学术论坛和沙龙等形式，中国与中亚国家的科技人员及人文学科专家的交流十分活跃；通过举办"科技日"等活动也是增进了解各国科技状况的一个重要方面。例如，2002 年 1 月中国科技部副部长吴忠泽访乌兹别克斯坦，并出席了在乌举行的"中国科技日"活动；2006 年 9 月，中国商务部在乌兹别克斯坦举办了"中国工程和技术展览会"等等。这些科技会展对于吸引中亚留学生来中国学习起到了十分积极的作用。

中国同中亚各国除了在文化、教育和科技等领域的合作取得重大成就外，还在医疗、体育、旅游、环保和紧急救灾等领域不断加强人文合作与交流。总而言之，我们既要看到中国与中亚国家人文合作所取得的成就，同时对其所面临的困境与挑战也要有清醒的认识。

---

① Шанхайская организация сотрудничества. http://ru.wikipedia.org/wiki/.

三、未来亟须加强合作的重点领域

众所周知，相对于安全和经济而言，上合组织框架下的人文合作起步要晚，是一个相对薄弱的环节。如上所述，尽管人文合作取得了长足的进步和绩效，但上合组织成员国各国学界至今依然流行着一种说法，即人文合作落后于经济合作，经济合作落后于安全合作。况且人们也逐渐认识到，上合组织在政治安全和经济合作领域遭遇诸多困境的深层根源在于人文合作的深度不够。因而，为了加强中国与中亚国家的人文合作，首先必须了解双方人文合作的不足之处，尤其是对中国文化在中亚缺乏认同度及其走向中亚的障碍因素，要有足够的认识。

中亚地处多种文明的交汇地。冷战结束后，伴随着大国外部势力的介入，多种文化力量在此竞争更加激烈，这是导致中国文化在中亚缺乏应有的认同的结构性障碍因素。伊斯兰文明和俄罗斯文明因历史传承在中亚有着深厚的积淀，且认同优势非其他文明所能比拟；以美国为首的西方文化则因引领全球化潮流及对中亚国家转型目标具有参照系作用，虽说进入中亚相对较晚，但却大有君临天下之势，在中亚保持着较高的认同度。以俄罗斯和美国为例，俄前驻吉大使什马金（Шмагин）曾说："目前吉不仅是我们在独联体内部一个最要好的朋友、盟友和伙伴，而且是一个说起'俄罗斯'一词时具有特别渴望的国家。……大凡从莫斯科来的人感到惊奇的是，在俄罗斯之外还有这么一个生活中俄语随处可见并充满着俄罗斯味的国家，俄罗斯精神像从前一样依然在此受到尊重……大部分广告上写的是俄语，办学标准与俄罗斯如出一辙。"① 西方在中亚虽说缺少传统影响力，但中亚国家独立后民主化政治转型的价值取向与终极目标和以自由市场为导向的经济转轨的参照系却是以美国为首的西方。中亚"民主岛"前总统阿卡耶夫曾十分喜欢引用诺贝尔经济学奖得主弗里德曼的一句名言就是："通往自由社会大门的钥匙只有三句话：第一，私有化；第二，私有化；第三，还是只有私有化。"② 中国虽说与中亚交往历史悠久，张骞出使西域、丝绸之路贯穿中亚等一系列重大历史事实与源远流长的友好交往对于构建中国与中亚睦邻友好关系及增进双方互信与了解具有积极作用。但我们必须看到，中亚由于古代历史上频频遭受外来帝国征服，王朝更替频仍，未曾建立过真正的民族国家，现代中亚各个民族的基本特征是在16世纪时期才形成的。据著名中亚问题专家潘志平等学者观点："十月

---

① Омаров М. Н. *Русский с кыргызом братья навек: об исторических предпосылках стратегического партнерства Кыргызстана и России.* http://www.easttime.ru/analitic/2/4/530.html.

② Акаев А. *Откровенный разговор.* Москва. 1998г. С. 99.

革命前夕,中亚各民族间的界线还模糊得连学者都弄不大清楚。直到1924年苏维埃政权才将哈萨克、吉尔吉斯、乌兹别克、塔吉克、土库曼'民族识别'出来。可悲的是,吉尔吉斯族至今还没完全达到自己民族的整体认同,他还在某种程度上滞后于部落认同。"① 显而易见,中国与中亚历史悠久的交往是发生在中亚民族身份标识确立和民族国家建立之前,且不说文化底蕴浅薄的成吉思汗元朝对中亚的统治,即便是曾辉煌过几个世纪的丝绸之路到16世纪也因西方殖民者地理大发现改行海道而日渐式微并湮没于历史的尘烟之中。由于中亚历史的严重断代及其民族国家生成较晚,当代中亚居民对中国传统文化的历史记忆应该说是相当模糊,甚或缺失。于是,中华文明的底蕴及其影响力在中亚究竟有多大,中国和中亚对该问题的认知存在着一定的心理偏差。相信下列例证无疑会对我们产生深刻的警醒作用。2008年吉尔吉斯斯坦就"您最希望扩大哪个国家未来在吉以下领域的影响"这一问题的民意调查回答结果是:在经济领域俄罗斯76.7%、美国35.6%、中国14.8%;在军事领域俄罗斯86.8%、美国30.0%、中国6.5%;在人文合作领域俄罗斯56.7%、美国35.5%、中国6.9%。而相关"外来势力会对吉尔吉斯斯坦文化产生正面影响"的回答结果是:俄罗斯85.4%、美国31.5%、中国30.6%。②

  此外,中亚孔子学院运作过程中存在的问题也值得关注。我们不否认孔子学院对开展中国与中亚国家人文合作的载体作用。然而据笔者了解,中亚孔子学院绝大多数学生学习汉语的动机在于就业,摆脱经济困境,希望能在中国公司打工做翻译,对国学及中国传统文化的精神实质则很少有人真正关心,这种学习汉语的心理动机是影响中国文化精神传播的深层动因。人类的经济活动与文化有着密切的关联。就一定意义而言,"人类的经济本质上是一种文化过程,文化过程贯穿于经济过程的始终"。③ 苏联解体后,中亚国家转型期经济普遍落后困顿,这给中国人在中亚从事经贸活动创造了巨大的商机,使一些中国劣质商品流入中亚市场。客观而言,价格低廉的中国商品对于缓解中亚国家百姓经济困难不无积极作用,但随着中亚国家经济转轨近20年发展及人们生活水平的提高,加之西方高档产品不断进入中亚,使中国商品在中亚面临巨大竞争压力,中亚居民对中国商品质量的质疑怨言和负面评价也日益增多。受此影响,中国商人在中亚的诚信危机不但严重影响了其商业经营,而且因中国商人在中亚的形象放大了一些中亚国家居民对中国公民形象乃至整个国家形象的负向认知。在2010年哈萨克斯坦多个城市和州的民意调查中,75.5%的被调查者对中国人的印象是"狡猾",

---

① 潘志平等:《民主与"革命"——"颜色革命"后的思考》,载于《新疆社会科学》2007年第2期。
② Омаров М. Н. Там же.
③ 徐彦等:《经济文化与文化经济》,载于《中国集体经济》2001年第1期。

仅次于"狡猾"的是 30.6% 的被调查者认为中国人"奸诈",而在个别地区这一比率更高,如在哈西南部的阿特劳州(Атырауская область)该比率分别高达93.9% 和 62.1%,而与此相关,对中国持正面看法的被调查者仅占 51.8%,而对俄罗斯持正面看法的比率则高达 73.1%。① 该项民意调查在某种程度上反映了哈公民对中国文化所传承的诸如"仁慈、善良"等美德认知的缺失,同时也是中亚民众对中国文化接受心理的深层放映。

总而言之,通过以上中国文化在中亚传播所面临的挑战与困难的分析表明了我国与中亚国家开展人文合作可谓是任重道远,尤其是要加大人文合作的力度和深度。因为合作缘于信任,而信任又缘于了解。尽管上合组织框架下的人文合作面临不少困难,但好在该问题已引起我国领导人的高度重视。自 2004 年以来,中国领导人在上合组织历次峰会的讲话中都把人文合作作为上海合作组织今后发展的重点方向之一。诚如胡锦涛主席在 2006 年 6 月上合组织成员国元首理事会第六次会议讲话所指出的那样:"我们应该积极开展形式多样的文化、教育、科技、体育、旅游、救灾、青年和新闻等领域的交流合作。尽快启动地方特别是边境地区的合作,使各成员国的相互边界真正成为和平、友好、繁荣的纽带。我们应该认真落实本次峰会通过的教育合作协定,加大联合培养人才的力度,保证各成员国人民的友谊世代相传。"②

---

① Мухамеджнов Б. Г и другие. *Казахстан в оценках жителей и экспертов*. Алматы. 2011 г. ,с. 173 – 176.

② 《胡锦涛在上合组织成员国元首理事会第六次会议上的讲话》,http://news.xinhuanet.com/news-center/2006 – 06/15/content_4701974.htm.

第五章

中国与中亚国家能源合作研究

第一节 世界油气资源生产、需求之变化

目前,世界能源行业正在发生着较大的结构性变化,但石油仍然占据着主导地位,约占全球能源消费的1/3,其主要原因是石油的能量密度较大,便于运输(与天然气和煤炭相比)和作为交通运输能源的广泛使用等。石油在今后几十年内的状况如何,是否会保持对石油的旺盛需求,世界石油储量能否满足这一需求,石油价格走势如何等均为世人关注的重点所在。

一、世界油气储量和生产

(一)世界石油储量

根据世界最大的石油和石化集团公司之一的英国BP公司2013年6月发布的《2013年度世界能源统计年鉴》,截至2012年末世界已经探明石油储量为2 358亿吨,16 689亿桶,储采比为52.9年。

根据该报告,委内瑞拉已探明石油储量为2 976亿桶(465亿吨),占全球17.8%,成为世界最大石油储存国。世界排名第二位的是沙特,为2 659亿桶

（365亿吨），占全球15.9%。占第三位的是加拿大，为1 739亿桶（280亿吨），占10.4%。不过有专家认为，委内瑞拉的部分石油储量并不像沙特那样容易开采。同样，加拿大的油砂开采难度也较大。

中东的石油资源得天独厚，具有储量大、埋藏浅、出油多、油质好等特点。中东石油的储量约占世界总储量的六成，产量约占世界石油总产量的1/3，是目前世界上最重要的石油产区。

中东地区各产油国探明石油储量的排名依次为：沙特、伊朗（1 570亿桶）、伊拉克（1 500亿桶）、科威特（1 015亿桶）、阿联酋（978亿桶）、卡塔尔（239亿桶）、阿曼（55亿桶）、也门（30亿桶）、叙利亚（25亿桶）。

波斯湾地区的石油储量极为丰富，在该地区分布100多个油田平均每个油田储量高达3.7亿吨。现在，全世界20个特大油田中，波斯湾有14个。其中科威特的布尔甘油田和沙特阿拉伯的加瓦尔油田的累计储量各达100亿吨，这两个油田相当于美国几万个油田的累计总储量。波斯湾众多的油井为自喷井。沙特阿拉伯和科威特全部为自喷井，伊朗、伊拉克98%为自喷井，而美国自喷井只有6%，中国的自喷井只有10%。不仅储油量丰富，而且波斯湾地区的油田，除伊拉克北部外，大都分布在海滨或海底，便于装船出口。

中东生产的石油90%以上供输出，这里的石油输出量占世界石油总输出量的60%，输出的石油，一部分通过输油管道输送到地中海沿岸，再用油船运往西欧和美国。而大部分则由波斯湾的港口直接装船出霍尔木兹海峡、阿拉伯海经马六甲海峡运往日本，或经好望角，或经苏伊士运河（25万吨以下）运往西欧和美国。

目前，世界最大的产油国为沙特、俄罗斯、美国、中国、伊朗、加拿大、科威特，哈萨克斯坦居第17位。2035年，沙特仍将位居榜首，此后为美国、俄罗斯、伊拉克、伊朗、加拿大、巴西，预计，哈萨克斯坦将进入前10位。上述国家的产油量将占全球石油需求量的近一半。由于页岩油气等非常规能源的大规模开发和水力压裂技术的日臻成熟和推广应用，美国从饱含碳氢化合物的页岩中大规模开采出油气资源，到2020年左右美国将超过沙特阿拉伯成为世界最大的石油生产国，2030年前后北美地区有望成为石油净出口地区。届时，目前能源进口约占能源消费需求20%左右的美国将几近成为能源自给自足的国家。

（二）世界天然气储量

根据英国BP公司发布的2013年《世界能源统计年鉴》，2012年世界天然气剩余可采储量达187.3万亿立方米，可供采55.7年。

2012年天然气剩余可采储量世界排名没有改变，依次为伊朗、俄罗斯、卡塔尔、土库曼斯坦和美国。这五个国家天然气剩余可采储量之和，占世界总量的62.8%。

根据英国 BP 公司发布的 2013 年《世界能源统计年鉴》提供的数据，2012 年俄罗斯已探明天然气总储量由 2011 年的 44.6 万亿立方米下调至 32.9 万亿立方米，同时伊朗以 33.6 万亿立方米已探明储量超过了俄罗斯，成为世界上已探明天然气储量最多的国家。英国 BP 公司不仅调低了对俄罗斯天然气探明的储量，对全球已探明天然气储量的评估也从 208.4 万亿立方米下降至 187.3 万亿立方米，这是 BP 记录该数据以来的首次下降。此外，对独联体国家中主要能源生产国的天然气储量评估也出现"普降"，其中土库曼斯坦的天然气储量从 24.3 万亿立方米下调至 17.5 万亿立方米，哈萨克斯坦天然气储量从 1.9 万亿立方米下调至 1.3 万亿立方米。

长期以来，俄罗斯天然气储量一直稳居世界第一位，英国 BP 公司对俄罗斯已探明天然气储量的评估并没有得到俄罗斯方面的认同。据俄罗斯公布的数据，2012 年俄罗斯油气储量持续增长，其中新增 6.81 亿吨石油和 8 160 亿立方米天然气探明储量。自 2012 年以来，俄罗斯加快了在北极地区的能源勘探开发进程，据俄天然气工业股份公司估计，俄罗斯北极大陆架可能拥有 1 000 亿吨石油当量的能源储量，其中大约 80% 是天然气。此外俄罗斯境内页岩油气资源十分丰富，美国能源信息管理局在公布的最新报告显示，俄罗斯页岩油储量达 750 亿桶居世界第一位，页岩气储量达 8 万亿立方米居世界第九位。

随着液化天然气、页岩天然气的兴起，世界天然气供应和消费格局正发生着巨大变化，自 2012 年以来俄罗斯天然气价格和出口量"双降"的趋势不断持续，这也提醒俄罗斯需加速调整能源战略和企业转型发展，以做好应对世界天然气市场新变化的准备。

此外根据英国 BP 公司的报告，2012 年经合组织成员国和欧盟国家的天然气可采总储量较 1992 年有不同程度的下降，而非经合组织和前苏联地区的可采储量则有明显增加，增幅分别为 65% 和 59%，其中原苏联地区的储采比高达 71 年，说明前苏联地区仍是世界天然气富集区和主要产区。详细见表 5-1。

表 5-1　　　　　　　　2012 年世界天然气剩余可采储量①

	1992 年底（万亿立方米）	2002 年底（万亿立方米）	2011 年底（万亿立方米）	2012 年底		
				可采量（万亿立方米）	占总量（%）	储采比/年
世界总量	117.6	154.9	187.8	187.3	100.0	55.7
经合组织	15.2	15.4	19.0	18.6	10.0	15.4

---

① 资料来源：《BP 世界能源统计年鉴》(2013)

续表

	1992年底 （万亿立方米）	2002年底 （万亿立方米）	2011年底 （万亿立方米）	2012年底		
				可采量 （万亿立方米）	占总量 （％）	储采比/年
非经合组织	102.4	139.5	168.8	168.6	90.0	78.4
欧盟	3.8	3.4	1.8	1.7	0.9	11.7
前苏联	34.3	36.4	54.5	54.5	29.1	71

随着页岩气开采技术的突破，近年来，美国天然气生产急剧扩大，预计到2017年美国天然气产量达7 690亿立方米，超过俄罗斯成为全球天然气最大产出国。不过，目前美国能否持续开发页岩气存在两个制约因素：

一是美国国内天然气价格非常低廉，这将难以产生足够的生产动力。2011年5月的数据显示，美国的天然气钻井平台在一年内减少了30％，而且随着页岩气开采技术的突飞猛进，效率得到提高，天然气价格还将进一步下滑。

二是页岩气开采用到的水力压裂法将会对环境尤其是水源造成污染，而且开发页岩的过程可能比开发传统能源制造更多的温室气体，这些情况已经受到美国舆论和一些非政府组织的高度关注。

二、世界对油气资源的需求

（一）世界对石油需求

世界主要分析评估机构对全球的能源需求做出了不同的预测。

国际能源署认为，2010～2035年，对能源的需求将增加35％，或每年平均增加1.2％。

能源需求增加的主要因素有以下两个方面：

1. 人口数量的增加

据联合国的材料，20年后全球人口数量将达到90亿。

2. 需求随之扩大

以中国、印度和巴西为代表的发展中国家经济的快速增长。随着对能源需求的整体增加，对石油的需求也随之扩大。

目前全球的石油产量为8 600万桶/天（根据石油的不同密度，1吨约合7.2～7.6桶不等），2035年石油产量将增加到9 970万桶/天（国际能源署预测）

或 1.073 亿桶/天（据欧佩克资料）。据预测，经济合作和发展组织国家（由 34 个国家组成，其中大部分为欧盟国家）对石油的需求将逐步减少，而以中国和印度为代表的发展中国家的需求则相对增加，在世界需求中所占的比重将由 40% 增加到 60%。

在研究石油需求增加时，必须考虑石油产品需求结构这一关键因素。包括道路运输、空运和海运在内的运输行业在对石油产品的需求中占有主导地位，远远超过工业、农业和电力行业对石油产品的需求，未来运输行业的需求将占全球石油消费的近 2/3。如果考虑到全球人口增长、发展中国家生活水平提高和居民对交通方式需求的日益增加等因素，运输行业对石油产品消费增加的预测将是不足为奇的。

据估计，目前全球汽车保有量已超过 10 亿辆，未来 20 年内将会增加一倍。石油产品（汽油、柴油）在近 20 年内仍将占全球汽车燃料总量的 3/4。由于发达国家实施减少温室气体排放的政策，许多石油进口国尽量减小对石油的依赖、发展新技术和可替代能源等，世界对石油的需求虽然呈现出增长趋势，但长期内石油在整个能源消费结构中的占比将减少 5%～7%。

（二）世界对天然气需求

美国埃克森石油公司预测，2025 年世界能源需求情况将呈现天然气超过煤炭仅次于石油的格局。随着世界人口增加，经济持续增长，2040 年的世界能源需求将比 2010 年增长 32%。发达国家增长缓慢的情况下，致力于生活水平不断提高的新兴工业国的能源需求增长率将达 57%，印度、非洲等国的增长将尤其显著。2010 年天然气需求量已占全部能源的 22%，2025 年将达 25%，2040 年达 27%。2010 年，曾占能源比重 26% 的煤炭，2025 年将降为 23%，2040 年降至 19%。核电会由 2010 年的 5% 升至 2025 年的 6%，2040 年升至 8%。该公司认为煤炭需求下降，是世界产业革命以来第一次，主要原因还在于世界性削减二氧化碳排放的运动促进了能源需求向天然气的转移。

第二节 中亚国家油气产业发展分析

一、中亚油气资源开发

中亚石油资源量为 154.61 亿吨，占世界石油资源量的 3.06%；石油探明储量为41亿吨，占世界探明储量2 343亿吨的1.75%。天然气资源量为35.76万亿立方米，占世界天然气资源量7.28%；天然气探明储量为27.8万亿立方米，占世界探明储量208.4万亿立方米的13.34%。

中亚地区油气资源主要集中在哈萨克斯坦、土库曼斯坦和乌兹别克斯坦三国，这三国石油、天然气资源量之和分别占中亚总量的95.67%和99.3%，而探储量几乎占100%；东部的塔吉克斯坦和吉尔吉斯斯坦油气资源量极少。

根据BP能源统计数据，2014年中亚五国油气产量分别为9 816万吨和1 360亿立方米，油气消费量分别为2 350万吨和789亿立方米。油气出口规模持续增长，2014年油气出口量分别为7 466万吨和571亿立方米。按照各国发展规划，2020年中亚地区石油产量有望达到1.4亿～1.5亿吨，哈萨克斯坦占产量增量的80%以上；天然气产量有望达到2 955亿立方米，土库曼斯坦占产量增量的70%以上。

（一）石油

1. 储量

根据英国BP公司公布的2015年"世界能源统计年鉴"，截至2014年底，哈萨克斯坦石油蕴藏量300亿桶（39亿吨），列全球第12位，占全球总储量的1.8%，在欧洲及欧亚地区国家中仅次于俄罗斯。乌兹别克斯坦为6亿桶（1亿吨），土库曼斯坦为6亿桶（1亿吨）。哈、乌、吉三国石油总蕴藏量为41亿吨，占世界总储量约1.7%。见表5-2。

表5-2　　　　　　哈、乌、土三国石油探明储量变化[①]

	1994年末 （10亿桶）	2004年末 （10亿桶）	2014年末		
			10亿桶	占总量百分比（%）	储采比/年
哈萨克斯坦	5.3	9.0	30	1.8	48.3
乌兹别克斯坦	0.3	0.6	0.6	—	24.3
土库曼斯坦	0.5	0.5	0.6		6.9
俄罗斯	115.1	105.5	103.2	6.1	26.1
世界总储量	1 118.0	1 366.2	1 700.1	100	52.5

哈萨克斯坦是中亚石油资源最为丰富的国家。从表5-2储采比可以看出，

---

① 资料来源：《BP世界能源统计年鉴》（2015），http://www.bp.com/zh-cn/china/reports-and-publications/_bp_2015.html。

哈萨克斯坦现有石油资源可供开采近50年。

哈境内共有15个含油气盆地，实现工业开采的仅有5块，分别为：滨里海盆地、曼格斯套盆地、乌斯秋尔特盆地、南图尔盖斯克盆地和楚—萨雷苏克盆地。目前，正在开发的油气田有100多个，据哈国家统计，哈萨克斯坦目前90%以上的石油集中在15个最大的油田，分别是：田吉兹油田、卡沙甘油田、卡拉恰干纳克油田、乌津油田、卡拉列夫油田、热德巴依油田、扎纳若尔油田、卡拉姆卡斯油田、肯基亚克油田、卡拉让巴斯油田、北布扎奇油田、阿里别克摩尔油田、中部和北部泊拉尔瓦油田、肯巴依油田等。这其中田吉兹和卡沙甘两大巨型油气田的储量就占了其中的69%。

田吉兹油田是哈萨克斯坦目前最大的油田之一，可采储量为7.5亿~12亿吨（60亿~90亿桶），日产量为50万桶/天，改建后产量可比目前提高46%，年开采量将达到2 500万~3 600万吨。田吉兹油田发现于1979年，是目前世界上最深和最大的油田之一，总储量为30亿吨（260亿桶）。田吉兹雪佛龙公司根据哈萨克斯坦和雪佛龙公司的协议组建于1993年4月，股东为雪佛龙公司（50%股份）；哈国家石油天然气公司（20%股份）；艾亨公司（25%股份），卢克石油公司（5%股份）。

卡沙甘油田是哈萨克斯坦又一超大型油田，可采储量为110亿吨，2013年9月11日开始开采，但9月24日就发现天然气管道漏气，经修复后该油田恢复工作，然而10月9日却再次因天然气管道漏气停产。因需要更换泄露天然气的200公里管道，卡沙甘油田恢复开采可能会在2015年底或2016年初。卡沙甘油田发现于2000年，由卡沙甘、卡拉姆卡斯、阿克托德和卡伊兰四个区块组成，被认为是1968年在阿拉斯加发现"普鲁特赫本"油田之后世界上最大的油田。油田位于哈萨克斯坦里海沿岸。现有石油地质储量350亿桶，预计未来最高开采量150万桶/日，大规模开采后，卡沙甘油田的日产量可满足整个欧洲日消费量的10%。卡沙甘油田还拥有巨大的天然气储量。

乌兹别克斯坦约60%的土地下埋藏着石油和天然气资源。乌兹别克斯坦油气资源产地主要分布在5大区域："布哈拉—希瓦"油气区、乌斯秋尔特油气区、吉萨尔西南部油气区、苏尔汉河油气区、费尔干纳油气区。其中，油气田主要分布在乌兹别克斯坦东部和东南部，天然气主要分布在西部，特别是与土库曼斯坦接壤的卡拉库姆沙漠地区。

土库曼斯坦石油产地主要分布西部沿里海地区，主要油田有科图尔捷佩和巴尔萨克尔梅兹等。

2. 石油产量

根据英国BP公司公布的《世界能源统计年鉴》，截至2014年底，哈萨克斯坦石油产量为 8 080 万吨，同比减少 1.2%，占世界总产量 1.9%。近年来，乌兹别克斯坦原油开采量呈下降趋势，2014 年乌兹别克斯坦石油产量为 310 万吨，同比减少 1.8%。土库曼斯坦为 1 180 万吨，同比增加 3.8%。2014 年哈、乌、土三国石油总产量为 9 570 万吨，约占世界总产量 2.27%。2005～2014 年哈、乌、土三国石油产量变化见表 5 – 3、图 5 – 1。

表 5 – 3　　　　2005～2014 年哈、乌、土三国石油产量变化[①]　　单位：百万吨

年份	2005	2006	2007	2008	2009	2010	2011	2012	2013	2014
哈萨克斯坦	62.6	66.1	68.4	72	78.2	81.6	82.4	81.3	81.8	80.8
乌兹别克斯坦	5.4	5.4	4.9	4.8	4.5	3.6	3.6	3.2	3.2	3.1
土库曼斯坦	9.5	9.2	9.8	10.3	10.4	10.7	10.7	11	11.4	11.8

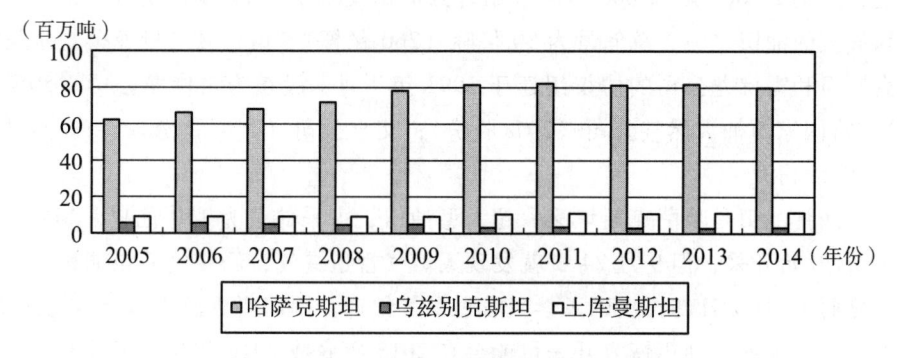

图 5 – 1　哈、乌、土三国石油产量变化

哈萨克斯坦经济主要依赖石油，进入 2000 年后，随着国际油价的不断上涨，哈石油产量出现大幅增加，2012 年石油产量是 2002 年的 1.68 倍。近两年国际石油价格虽然大幅下跌，但哈萨克斯坦石油产量仍稳定在 8 000 万吨左右。据哈萨克斯坦石油和天然气部预测，2020 年哈萨克斯坦石油产量将达到 1.3 亿吨（或 250 万桶/天），哈萨克斯坦将进入世界产油国前 10 位。国际能源署预计，哈萨克斯坦 2035 年石油产量将达到 370 万桶/天，比目前增加 1 倍多。哈萨克斯坦石油产量大规模增加将主要依赖田吉兹油田和卡沙甘油田，这两个油田的产量将占预计产量的一半以上。

乌兹别克斯坦境内 5 个石油天然气区块中，已开发出 211 个石油和天然气田，其中天然气田占 108 个，油田为 103 个。目前 50% 的油气田已经进入开采，35% 的油气田准备开发，15% 正在勘探之中。乌兹别克斯坦主要油田有舒尔坦、

① 资料来源：英国 BP 公司 2015 年《世界能源统计年鉴》。

泽瓦尔德、科克杜马拉克、阿兰和阿达姆塔什等。包括巴拉克、舒尔坦、加兹里、帕姆克和哈乌扎克在内的 12 个气田占本国天然气产量的 95% 以上。目前，乌兹别克斯坦已开采的油气资源占该国总储量的 20%。

独立后，土库曼斯坦的石油产量不断提高，现在每年产量保持在 1 000 万吨。土库曼斯坦国家石油集团生产的石油约占开采总量的 80%，剩余部分由土国家天然气集团和国家地质集团开采。

3. 消费量

根据英国 BP 公司 2015 年公布的《世界能源统计年鉴》，2014 年哈萨克斯坦石油消费量为 1 300 万吨，同比增加 0.5%，占世界总消费量 0.3%。乌兹别克斯坦石油消费量为 310 万吨，同比增加 0.8%，与本国石油产量持平，勉强保障国内石油消费，仍需进口。土库曼斯坦石油消费量为 640 万吨，同比增加 2%，占世界石油消费总量 0.2%。2002~2014 年哈、乌、土三国石油消费量变化见表 5-4。

表 5-4　　2002~2014 年哈、乌、土三国石油消费量变化①　　单位：百万吨

年份	2002	2005	2006	2007	2008	2009	2010	2011	2012	2013	2014
哈萨克斯坦	8.3	9.8	10.3	11.3	11	8.9	9.3	12.3	13.0	12.9	13.0
乌兹别克斯坦	6.6	5.0	5.0	4.6	4.5	4.3	3.6	3.4	3.0	3.0	3.1
土库曼斯坦	3.9	5.1	5.0	5.2	5.4	5.2	5.7	6.0	6.2	6.2	6.4

哈萨克斯坦自 2000 年以来国内石油开采量不断增长，而本国石油需求量一直变化不大，基本保持在 1 000 万~1 300 万吨之间，年产量保持在 8 000 多万吨，有近 7 000 万吨可供出口，出口潜力巨大。

4. 石油加工

哈萨克斯坦油气领域的大部分资产实际被外国公司控制，本国企业只占少部分。根据 1994 年哈萨克斯坦政府与外国石油投资公司签署的《产品分配协议》，外国石油公司分得约 4/5 的石油，余下的 1/5 归哈萨克斯坦所有。外国石油公司将所属原油大部分运回本国，或者直接出口，只有少部分留给哈萨克斯坦炼油厂进行深加工。

哈萨克斯坦目前有三大炼油企业，分别为阿特劳炼油厂、奇姆肯特炼油厂和巴甫洛达尔炼油厂，三大炼油厂分别位于哈西部、南部和东北部。2012 年，哈萨克斯坦三大炼油厂共加工原油 1 420 万吨，同比增长 3.6%。哈萨克斯坦全国

---

① 资料来源：英国 BP 公司 2015 年《世界能源统计年鉴》。

油气消费需求量年均在 800 万~1 000 万吨，由于国内炼厂加工能力不足，成品油市场约 40% 汽油、20% 柴油和 40% 航空煤油依靠进口。

乌兹别克斯坦的原油都是在本国炼制，但目前乌原油开采量已不能满足其国内炼油厂的需求。乌兹别克斯坦共有三个石油加工厂，每年可初级加工共 1 120 万吨石油。这三个石油加工厂分别是：费尔干纳石油加工厂，年加工能力 550 万吨，主要生产燃油；阿尔特—阿雷石油加工厂，年加工能力 320 万吨，主要生产燃油；布哈拉石油加工厂年加工能力 250 万吨，主要生产燃料。

乌兹别克斯坦由于石油开采量下降，每年需要进口原油以满足本国需求。乌兹别克斯坦每年从哈萨克斯坦进口原油的数量达 50 万吨。乌自 2003 年起开始用铁路运输进口南哈萨克斯坦库姆科尔产地的石油供费尔干纳石油加工厂使用。由于该产地开采量下降，加之哈本国巴甫洛达尔炼油厂对该产地石油需求增大，乌兹别克斯坦不得不增加从土库曼斯坦和俄罗斯的石油进口，以满足本国炼厂的需求。

土库曼斯坦的油气设计年加工能力总量约 1 800 万吨，实际加工量约 600 万吨，主要加工企业有谢津炼油厂、土库曼巴希市石油加工综合体、巴尔坎纳巴特炼油厂、切列肯炼油厂等。

5. 出口

哈萨克斯坦本国消费原油仅占一小部分，85% 以上的原油用于出口。石油主要出口到独联体国家、欧洲市场和中国等亚洲市场。

目前哈萨克斯坦绝大部分石油出口是从俄罗斯经里海石油管线运至欧洲市场。2012 年从里海石油管道出口的石油占哈出口总量近 41%，从阿特劳—萨马拉管线出口的石油占总量 22%。除去从中哈石油管道出口的原油（占哈萨克斯坦出口总量近 15.2%），2012 年哈石油出口基本上是经北上俄罗斯方向运出。

2012 年哈萨克斯坦从各渠道出口石油凝析气情况见表 5-5。

表 5-5　　2012 年哈萨克斯坦各渠道出口石油凝析气情况

	出口额（万吨）	同比（%）
阿特劳—萨马拉管线	1 540	持平
里海石油管线	2 790	-3.7
阿塔苏—阿拉山口管线	1 040	-2.8
阿克套海港出口	706	-12
铁路运输出口	697	-8.9
向奥伦堡天然气处理厂出口凝析气	83.8	-31.9

资料来源：哈萨克斯坦统计委员会。

乌兹别克斯坦2012年能源和成品油出口同比增长81%，占出口总额的比重由2011年的19.8%增长至35.5%。

6. 外资情况①

哈萨克斯坦是中亚国家中吸引外资最多的国家。哈独立后至2012年共吸引外资1 700多亿美元，其中大部分外资流向油气领域。油气领域目前有来自美国、荷兰、英国、法国、意大利、加拿大、中国、日本、俄罗斯、瑞士和利比里亚等世界45个国家的大企业对哈萨克斯坦地下资源综合体进行投资开发，其中70%的投资都流入油田开发领域。哈萨克斯坦2000～2011年在油气领域共投资1 256亿美元（其中外资占75%～80%），期间投资额翻了5番，其中160亿美元用于地质勘探。

2012年，大国在哈萨克斯坦石油生产领域的份额比重大体是：

哈萨克斯坦国家油气公司共分得份额油2 610万吨，占哈石油开采总量的33%。其中直属的油气勘探开发公司共采油780万吨，其他参股企业1 830万吨（有哈国家油气集团参股的企业共产油4 451万吨，哈国家油气集团共分得其中的41%）。

中国企业（包括中石油、中石化、MIE、振华石油等）约采油1 685万吨，占哈石油开采总量的21.27%。

美国雪佛龙和埃克森美孚两家石油巨头在田吉兹和卡拉恰甘纳克两家企业的产油量达2 002万吨，占哈石油开采总量的25%。

欧洲石油巨头BP、埃尼、马士基国际集团、奥地利国际石油集团（OVM）4家公司以及其他在欧洲国家注册的石油企业（不包括离岸公司）共产油818万吨，约占哈石油开采总量的10%。

俄罗斯在哈石油开采主要是卢克石油公司，共产油488万吨，占哈石油开采总量的6%。截至2012年，卢克石油在哈累计投资47亿美元。

乌兹别克斯坦为了加快油气勘探开发工作，出台多项政策吸引外商投资。目前，共有41个外国公司进入乌油气田勘探开发领域。其中有17个在乌斯秋尔特地区，11个在布哈拉—希瓦地区，5个在苏尔汉河地区，6个在费尔干纳地区，1个在吉萨尔地区，1个在霍勒兹姆（Хорезм）绿洲。这些外国公司包括俄罗斯卢克石油公司（LUKOIL）、中国石油天然气集团公司（CNPC）、瑞士Zeromax GmbH公司、马来西亚国家石油公司（Petronas）和阿拉尔国际公司等。

---

① http://blog.sina.com.cn/s/blog-42a087e2010/cs8f.html.

（二）天然气

1. 储量

中亚地区已经成为世界上天然气储量最丰富的地区之一，据英国BP公司2015年《世界能源统计年鉴》数据显示，2014年中亚地区天然气探明储量为30.1万亿立方米。

土库曼斯坦拥有丰富的油气资源，其天然气储量占世界第12位，独联体仅次于俄罗斯占第二位。根据2015年英国BP公司数据，至2014年土库曼斯坦的天然气可采储量为17.5万亿立方米，占世界总储量9.3%。哈萨克斯坦天然气可采储量为1.5万亿立方米，乌兹别克斯坦为1.1万亿立方米。哈、土、乌三国天然气可采储量变化见表5-6。

表5-6　　2002～2014年哈、土、乌天然气探明储量[①]

	2002年（万亿立方米）	2011年（万亿立方米）	2014年 探明储量（万亿立方米）	2014年 占总量（%）	2014年 储采比/年
哈萨克斯坦	1.3	1.3	1.5	0.8	78.2
土库曼斯坦	2.3	17.5	17.5	9.3	>100
乌兹别克斯坦	1.2	1.1	1.1	0.6	19.0

土库曼斯坦是世界上天然气资源最丰富的国家之一，拥有中亚地区最大的天然气田。从表5-6储采比可以看出，土库曼斯坦储采比/年大于100年，哈萨克斯坦也高达78年，不仅说明土库曼斯坦和哈萨克斯坦天然气资源丰富，而且仍将在以后相当长时期内是世界天然气主要产区。

土库曼斯坦东南部有达夫列塔巴德（Давлетобад）和沙特里克（Шатлик）油气田以及阿穆尔右岸的萨曼杰列（Саман-теле）油气田，其中萨曼杰列油气田天然气储量超过1 000亿立方米，这三个油气田主要向中国和里海出口天然气。西部地区天然气储量大约为1 800亿立方米，主要对伊朗出口。西北部天然气预测储量则多达5.5万亿立方米，探明可开采天然气储量约为4 000亿立方米，但此前这一地区，包括里海大陆架，一直受伴生气影响，天然气产量有限。

乌兹别克斯坦拥有丰富的天然气资源，该国大多数天然气集中分别在乌斯秋

---

① 资料来源：英国BP公司2015年《世界能源统计年鉴》，http：//www.bp.com/zh-cn/china/reports-and-publications/_bp_2015.html。

尔特、布哈拉—希瓦、西南吉萨尔、苏尔汗河盆地及费尔干纳地区。主要油田有舒尔坦、泽瓦尔德、科克杜马拉克、阿兰和阿达姆塔什等，其中巴拉克、舒尔坦、加兹里、帕姆克和哈乌扎克在内的12个气田占乌本国天然气产量的95%以上。

哈萨克斯坦天然气储量相当可观，主要集中在田吉兹、卡沙甘、科罗列夫斯科耶（阿特劳州）、卡拉恰甘纳克（西哈州）、让纳若尔、乌里赫套（阿克纠宾斯克州）等气田，其中卡拉恰甘纳克和田吉兹气田占天然气储量60%以上。

2. 天然气生产

据英国2015年BP公司统计数据，2014年土库曼斯坦共开采天然气693亿立方米，同比增11.1%；乌兹别克斯坦为573亿立方米，同比增长0.7%；哈萨克斯坦为193亿立方米，同比增长3.4%。

2002~2014年哈、乌、土三国天然气产量变化见表5-7、图5-2。

表5-7　　　　2002~2014年哈、乌、土天然气产量① 　　　单位：十亿立方米

年份	2002	2005	2006	2007	2008	2009	2010	2011	2012	2013	2014
哈萨克斯坦	9.1	13.5	13.9	16.7	18.7	17.8	17.6	19.3	18.4	18.6	19.3
乌兹别克斯坦	51.9	54	54.5	59.1	62.2	60	59.6	57	56.9	56.9	57.3
土库曼斯坦	48.4	57	60.4	65.4	66.1	36.4	42.4	59.5	62.3	62.3	69.3

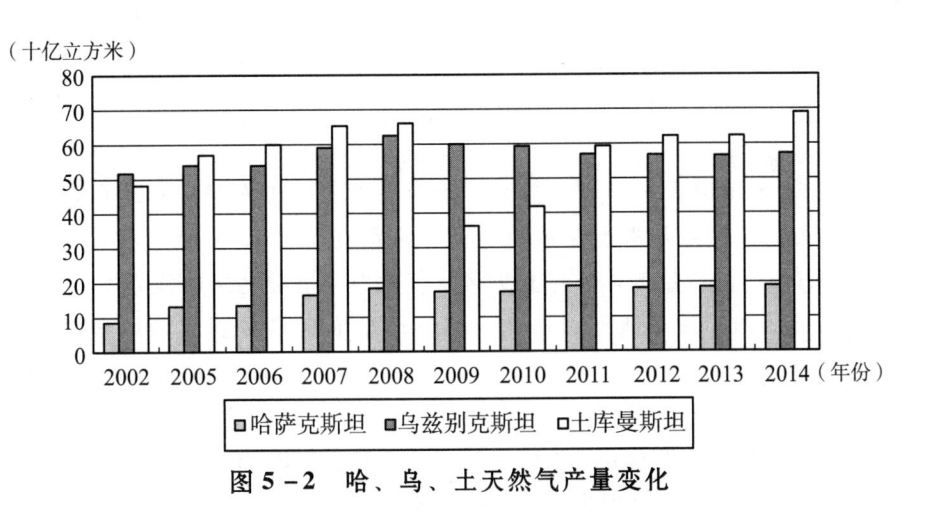

图5-2　哈、乌、土天然气产量变化

从表5-7可以看出，近年哈萨克斯坦天然气产量增加明显，这主要得益于里海油气田的开发。

土库曼斯坦2009年天然气产量出现大幅下降，主要原因是受中亚—中央天

---

① 资料来源：英国BP公司2015年《世界能源统计年鉴》。

然气管道的事故导致该管道长达9个月的停输,其直接后果是造成土库曼斯坦当年天然气产量下降了近一半,使土国收入减少70亿~100亿美元,约为该国国内生产总值的1/4。2009年12月底,土俄两国就恢复供气问题和合同价格进行谈判,并最终达成新的协议,规定每年的供气量为300亿立方米。加之2009年后土库曼斯坦开始向中国供应天然气,天然气产量也随之恢复增长。

乌兹别克斯坦2015~2016年天然气产量有望达到680亿立方米,预计2013年投产的萨曼杰帕、吉尔桑、泰伊里亚克气田到2017~2018年前产量预计达35亿立方米。

3. 消费量

根据英国BP公司2015年公布的数据,截至2014年底,哈萨克斯坦天然气消费量为56亿立方米,同比增加23.9%,占世界总消费量的0.2%。乌兹别克斯坦天然气消费量为479亿立方米,同比减少2.8%,占世界总消费量的1.4%,在三国中居首。土库曼斯坦为277亿立方米,同比增加21.1%,占世界总消费量的0.8%。

表5-8　　　　2004~2014年哈、乌、土天然气消费量[①]　　十亿立方米

年份	2004	2005	2006	2007	2008	2009	2010	2011	2012	2013	2014
哈萨克斯坦	5.7	5.4	9.5	8.1	10.5	5.9	7.1	8.4	6.8	4.6	5.6
乌兹别克斯坦	43.4	42.7	41.9	45.9	48.7	39.9	40.8	47.6	47.2	46.8	48.8
土库曼斯坦	15	16.1	18.4	21.3	21.4	19.7	22.6	23.5	26.3	22.9	27.7

从表5-8可以看出,近十年来,哈萨克斯坦、土库曼斯坦、乌兹别克斯坦本国天然气消费量基本上保持稳定。乌兹别克斯坦2014年天然气开采量为573亿立方米,消费量为488亿立方米,仅从数字上看乌出口能力不足90亿立方米,因此找到并开采新气田增加天然气产量成为乌兹别克斯坦面临的紧迫任务。

4. 出口

土库曼斯坦是中亚地区最大的天然气出口国。2009年之前该国天然气主要向俄罗斯、乌克兰以及伊朗出口。2009年俄罗斯天然气工业股份有限公司同土库曼斯坦签署合同,在2028年前购买300亿立方米天然气,但该合同从未充分履行。乌克兰曾经是土库曼斯坦天然气重要买家,20世纪90年代乌克兰每年向土库曼斯坦购买350亿立方米天然气,但从2009年开始,由于乌克兰只进口俄

---

① 资料来源:英国BP公司2015年《世界能源统计年鉴》。

罗斯天然气，土乌天然气贸易量急剧萎缩。

2009年之后土对华天然气出口开始显著增加。根据中土两国协议，土库曼斯坦自2009年起的30年内，每年将通过中国—中亚天然气管道向中国输送300亿立方米天然气，约占其天然气产量的一半。2014年土库曼斯坦通过管道出口天然气416亿立方米，其中255亿立方米输往中国，占出口总量的61.3%，2015年呈增长趋势。

乌兹别克斯坦是重要的天然气出口国。在中国—中亚天然气管道修建成功之前，乌兹别克斯坦90%的天然气出口到俄罗斯。但近年来随着中国—中亚天然气管道通气，乌兹别克斯坦也开始每年向中国供应天然气，乌对俄天然气出口量有所下滑，如2010年乌兹别克斯坦开采135.6亿立方米天然气，对俄出口103.2亿立方米，而2012年仅出口87亿立方米，2013年乌俄双边达成出口75亿立方米天然气协议。

从2012年8月开始，乌兹别克斯坦开始向中国供气，2016年前供气量拟达到每年100亿立方米。此外，乌兹别克斯坦还向塔吉克斯坦供气，作为过境使用列宁纳巴德州天然气管道的补偿。

哈萨克斯坦天然气一直以来是纯进口，但自2005年起实现出口。2012年哈萨克斯坦天然气出口量达88亿立方米（同比增长3.7%）。哈萨克斯坦作为重要的过境国，还承担着965亿立方米天然气的输送任务。2013年哈萨克斯坦计划完成"贝内乌—奇姆肯特"中哈天然气管道二期工程建设，该工程年输送量为100亿立方米，长1 480米，对于保障哈萨克斯坦向本国南部和中国供应天然气具有重大的战略意义。

（三）未来油气发展规划和政策

油气产业是中亚经济发展的支柱产业，因此中亚油气生产国对未来油气产业的发展高度重视。

哈萨克斯坦政府2013年8月28日通过《2014～2018年哈萨克斯坦经济社会发展的预测》报告，其中哈萨克斯坦石油天然气行业发展的政策是：保证国内市场对石油产品和天然气的需求，铺设新管线，扩大石油天然气出口，实现出口线路的多元化，开发新油田增加储量将促进石油天然气行业的进一步发展。石油开采与加工方面，2018年，石油开采量将比2012年增长38.8%，增加3 080万吨。通过实现现有石油加工能力的现代化，计划将石油加工厂的石油加工量增加到1 505万吨/年和相应扩大石油产品的生产。完成阿德劳石油加工厂的石油深加工综合体建设，改造和实现奇姆肯特、巴甫拉达尔炼油厂的现代化。实现炼油厂的改造和现代化，减少对环境的有害副作用，保障对汽油和航空油的需求。天然气开采方面，为保证对国内市场天然气的供给，计划在西哈萨克斯坦州建设卡拉恰甘纳克（Карачаганак）天然气加工厂，铺设"卡尔达雷—托波尔—科克舍达乌（Карталы - Тобол - Кокшетау）"天然气管线，以实现阿斯塔纳市和北部地区的天然气化。

根据乌兹别克斯坦2005~2020年油气勘探开发战略规划，乌兹别克斯坦的烃类资源探明储量将增长11.5亿吨油当量，其中天然气储量增加1万多亿立方米，原油储量增加近7亿吨，凝析气储量增加6 600万吨。

土库曼斯坦《2030年前战略》制定了未来油气产业发展目标，预计2020年前石油和凝析油年产量为5 000万吨、天然气1 750亿立方米。土库曼斯坦原油年加工能力2020年前达到3 200万吨。土库曼斯坦计划在阿哈尔州和马雷州建造两座年加工能力1 400万吨的炼油厂，在加扎贾克建造年加工35亿立方米天然气和生产30万吨聚乙烯的天然气化工综合体，在西部和东北部的油气田和凝析气田建设若干小型液化气生产企业，加工暂未出售的伴生气，争取2020年前将液化气年生产能力提高到200万吨。

二、中亚油气出口路线

原苏联时期，中亚油气的出口路线只有北上方向。中亚东部实行"北油南输"，即从西西伯利亚南部的鄂木斯克经哈萨克斯坦东部巴甫洛达尔、奇姆肯特到乌土边界的朱尔查，由以上各点的炼油厂向各国输送油品。西部则实行"油气北上"，即沿里海东西两岸管线把油气输到俄罗斯，除供给俄炼油、石化中心外，还经俄管道向西输送。

中亚国家独立后，实行多元化能源合作战略，改变了单纯经俄罗斯一个方向出口，油气出口通道变为东、南、西、北四个方向。

（一）北向路线

已有经俄方向的阿特劳—萨马拉石油管道和中亚—中央天然气管道，并计划修建输送能力为300亿立方米/年的沿里海天然气管道（土库曼斯坦—哈萨克斯坦—俄罗斯）。

1. 阿特劳—萨马拉输油管道

阿特劳—萨马拉管道是一条经哈萨克斯坦北部边境连接俄罗斯国家石油管道运输公司（Transneft）管网的管道。该管线初建于苏联时期，1978年投入运营，管线总长695公里。在苏联时期，哈萨克斯坦外输原油几乎全部由该管线运送。该管线设计输量31万桶/日，经过改造后现输送能力达到近60万桶/日。2002年

6月，俄哈签署了一份为期15年的运输协议。根据协议，哈萨克斯坦每年有义务过境俄罗斯向波罗的海、黑海、东欧以及白俄罗斯市场出口不少于1 500万吨石油。据哈萨克斯坦油气部称，2012年阿特劳—萨马拉石油管道石油和凝析气运量为1 540万吨（与2011年运量相等）。2013年哈萨克斯坦通过阿特劳—萨马拉石油管道过境俄罗斯运输的石油将不少于1 500万吨。

2. 中亚—中央天然气管道（Central Asia Centre Pipeline，简称CACP）

苏联时期，中亚地区天然气主要外运途径是"中亚—中央"天然气管道（即"布哈拉—乌拉尔"天然气管道），该管道将乌兹别克斯坦和土库曼斯坦天然气源源不断输往俄罗斯、乌克兰和高加索地区。该管线从土库曼斯坦经乌兹别克斯坦、哈萨克斯坦、俄罗斯至乌克兰等国。主要由三条直径为1 220毫米、两条直径为1 420毫米的输气管道组成，设计压力为5.5兆帕，原设计输量600亿立方米/年，近年来输量为400亿~600亿立方米/年。该管线输送土库曼斯坦、乌兹别克斯坦、哈萨克斯坦三国出口的天然气，其中乌、哈两国的天然气所占份额不到该管线输量的1/3。该管道系统建设于1966~1985年，设备年久失修，技术落后，特别是沿里海岸边的中亚—中央Ⅲ线，目前年输量不到5亿立方米。目前中亚—中央管道正在维修改造，以使最大输气能力达到800亿立方米/年。

3. 沿里海天然气管道（Caspian Coastal Pipeline，又称 Prekaspiysky Pipeline）

拟建中的沿里海天然气管道全长约1 700公里，走向基本沿现有的中亚—中央Ⅲ线。在里海沿岸铺设的这条新管道途经土库曼斯坦境内360公里，哈萨克斯坦境内约150公里，然后与哈俄边境现有的中亚至俄中部管道连接在一起。根据2007年5月俄罗斯天然气公司、哈萨克斯坦石油公司与土库曼斯坦天然气公司签署的协议，该管线的初始运输能力为200亿立方米，哈萨克斯坦和土库曼斯坦天然气各占一半。

（二）向西线路

除原有的里海石油管道（哈萨克斯坦田吉兹—俄罗斯新罗西克港），以及现有的土库曼斯坦以船运方式将石油跨里海运到阿塞拜疆巴库，进入巴库—第比利斯—杰伊汉（阿塞拜疆—格鲁吉亚—土耳其，简称巴杰）管道（此流向占土库曼斯坦石油出口60%）外，拟建哈属里海石油管道（哈萨克斯坦叶斯科涅—哈萨克斯坦库雷克—阿塞拜疆巴库）与巴杰管道接通；拟建跨里海天然气管道与（拟建的）纳布科管道（阿塞拜疆—欧洲）接通。

1. 里海石油管道（CPC）

该管线是在原里海沿岸输油管线基础上，与新建的共青城至新罗西斯克管线连接而成，由俄罗斯、哈萨克斯坦、阿曼以及美国等国家的 8 家企业的共 11 个股东共同投资兴建。该管线总长 1 500 多公里，2001 年建成。2010 年 12 月里海管道财团通过关于里海管道财团管道扩建项目的最终投资决定，2011 年 7 月初在阿特劳召开了管道扩建施工仪式。项目将分三阶段进行，管道扩充项目完工后，西哈萨克斯坦至里海的石油输送能力将从每年 2 820 万吨提高到 6 700 万吨。运能将于 2012～2015 年逐步增长，最终达到 140 万桶/天。

2. 哈属里海石油管道（BTC）

近年来，为确保北部里海项目全面开发卡沙甘油气田，将田吉兹油田及卡拉恰甘纳克油田生产的高质量石油大规模向国际市场出口，哈萨克斯坦政府一直谋求通过"巴库—第比利斯—杰伊汉"管线或其他石油管线系统，将哈萨克石油经里海运往西方国际市场。

哈属里海输油管道的两个组成部分是：叶斯科涅—库雷克管线和跨里海管线项目，该系统最初的石油运输能力将为每年 2 300 万吨，逐步增加到每年 3 500 万吨和 5 600 万吨。铺设叶斯科涅—库雷克管线是哈属里海输油体系的一个重要环节，是与"巴库—第比利斯—杰伊汉"管线对接的一项重要工程。哈萨克斯坦石油将通过叶斯科涅—库雷克管线输送至码头，然后用油轮沿里海送至巴库，从而实现将石油转运至"巴库—第比利斯—杰伊汉"管线。叶斯科涅—库雷克全长 765 公里，年输油能力 5 600 万～8 000 万吨。

哈属里海输油系统的建设，除在哈萨克斯坦境内铺设叶斯肯涅—库雷克石油管线，还要建设跨里海运输系统，这一系统包括库雷克地区的管线端口、运油船、巴库地区的管线端口以及接入"巴库—第比利斯—杰伊汉"管线的分管线。

3. 跨里海天然气管道（简称 TCGP）

欧洲方向的跨里海天然气管线 1998 年由美国最先提出，穿越里海海底，与已建成的巴库—第比利斯—埃尔祖鲁姆天然气管道相连。但在里海铺设天然气管道将遭遇复杂的法律难题。该管道另一可选择的路线为土库曼斯坦—伊朗—土耳其。该方向管道长 1 470 公里，其中土库曼斯坦境内 140 公里，伊朗境内 1 330 公里。此方案能否实施很大程度上取决于美国与伊朗关系的演变。两条线路最终均通过拟建的纳布科（Nabucco）管道向欧洲的保加利亚、罗马尼亚、匈牙利、奥地利和德国供气。跨里海天然气管道规划一期输气量为 100 亿立方米/年，远期为 310 亿立方米/年。该方案遭到里海沿岸其他国家，特别是伊朗和俄罗斯的反对。阿塞拜疆与土库曼斯坦都希望向欧洲输送天然气，并于 2012 年 3 月就跨里海天然气管道建设达成协议。但俄罗斯方面表示了明确反对。根据欧盟的计划，到 2020 年南部走廊将满足欧盟 10%～20% 的天然气需求。

（三）东出路线

中哈石油管道（哈萨克斯坦—中国）一期 1 000 万吨/年已于 2006 年投产，二期增输 1 000 万吨/年也于 2009 年 7 月建成。

中亚天然气管道 A、B 线（土库曼斯坦—乌兹别克斯坦—哈萨克斯坦—中国）设计输气能力 300 亿立方米/年，已于 2009 年底投产。C 线（土库曼斯坦—乌兹别克斯坦—哈萨克斯坦—中国）设计输气能力 250 亿立方米/年，2014 年 6 月开始向中国供气。

D 线以土库曼斯坦复兴气田为气源，途经乌兹别克斯坦、塔吉克斯坦、吉尔吉斯斯坦进入中国，止于新疆乌恰的末站。全长 1 000 公里，其中境外段 840 公里，设计年输气量 300 亿立方米，投资总额约 67 亿美元。预计中亚天然气管道 D 线将于 2020 年底全线完工，实现每年 300 亿立方米的输气能力，从而使中国—中亚天然气管道的整体输气能力达到 850 亿立方米。按照 2020 年我国天然气消费将达到 4 000 亿～4 200 亿立方米来计算，可满足国内超过 20% 的天然气需求。

（四）南下路线

原有土库曼斯坦—伊朗西部（科尔佩杰—库尔特—库伊）天然气管道（土库曼斯坦—伊朗），年输送 70 亿～80 亿立方米；土伊东部（多夫列塔巴德—萨拉克斯罕格兰）天然气管道（土库曼斯坦—伊朗）已于 2010 年投产；拟建输送能力为 330 亿立方米/年的 TAPI 管道（土库曼斯坦—阿富汗—巴基斯坦—印度）。

1. 科尔佩杰—库尔特—库伊天然气管道

从土库曼斯坦科尔佩杰到伊朗北部库伊的天然气管道。伊朗油气资源丰富，但多集中在南部地区。该管道可以解决伊朗北部地区的天然气供应问题。管道全长 150 公里，于 1997 年底投入运营，输气能力 70 亿～80 亿立方米/年。由于加压站数量不足，实际运行中该管道输量低于 65 亿立方米/年。伊朗南部地区每年开采的天然气超过 1 000 亿立方米，很大一部分用于出口。伊朗一直试图成为中亚天然气出口的中转站，计划将土气和哈气置换后出口到欧盟和东南亚国家。

2. 多夫列塔巴德—萨拉克斯罕格兰天然气管道

土库曼斯坦到伊朗的第一条管线是从土西部科尔别哲（Корпедже）气田到伊境内古尔特古依（Гуртгуи），该管道全长约 200 公里，土国境内 140 公里，年输气量为 80 亿立方米，设计最大年输气量为 280 亿立方米。多夫列塔巴德—萨拉克斯罕格兰天然气管道为第二条土伊输气管线，长 30.5 公里，于 2010 年 1 月通气，设计输量 60 亿立方米/年，计划增输到 200 亿立方米/年。

3. 土库曼斯坦—阿富汗—巴基斯坦—印度管道（简称 TAPI）

土库曼斯坦—阿富汗—巴基斯坦—印度管道起始于土库曼斯坦的多夫列塔巴德气田，终点为印巴边境的印度城市法季尔卡，全长 1 735 公里，其中土库曼斯坦境内 200 多公里，阿富汗 735 公里，巴基斯坦 800 公里，抵达巴印边界。规划输气能力为 330 亿立方米/年。受阿富汗境内政治军事局势动荡、印度同巴基斯坦的关系时好时坏以及其他经济原因的影响，该项目进展并不顺利。TAPI 管道土库曼斯坦境内段于 2015 年 12 月中旬开工。按照项目计划，土境内段 214 公里长管道已经平整了 8 公里地面，铺设了 6 公里管道。土库曼斯坦油气建设康采恩为该项目土境内段工程承包商，并负责解决管道物质技术保障的所有问题。

（五）中亚—中心管道

上述管线为中亚油气向外出口管线，中亚国家内部间还有一条重要的天然气输送管道，即从乌兹别克斯坦出发至吉尔吉斯斯坦、哈萨克斯坦和塔吉克斯坦的"中亚—中心"管道。"中亚—中心"管道有两条线，一线通向东吉尔吉斯斯坦方向，另一线通向东南塔吉克斯坦。

1. "布哈拉—塔什干—比什凯克—阿拉木图"输气管道

该管道把乌兹别克斯坦的天然气送到吉尔吉斯斯坦北部和哈萨克斯坦南部。吉尔吉斯斯坦原油、天然气和石化制品需要依靠进口。天然气每年从乌兹别克斯坦进口 7.5 亿~8.5 亿立方米，石油从哈萨克斯坦进口，年均进口量为 200 万吨，除用于国内炼厂外，进口油气还用于冬季枯水期的热电厂发电和热力。吉尔吉斯斯坦则向哈萨克斯坦提供电力、淡水和其他资源以换取石油。

2. "舒尔坦—谢拉巴德—杜尚别"输气管道

该管道年输气量 30 亿立方米，长度约 193 公里，可将乌兹别克斯坦天然气输送到南部地区卡什卡河州和苏尔汉河州（以前需要经过土库曼斯坦）及塔吉克斯坦，并向阿富汗出口。塔吉克斯坦从此管道进口的乌兹别克斯坦天然气占总进口量 95%。该管线于 2003 年 9 月建成后替代了原先的"穆巴列克—杰里夫—杜尚别"天然气管道。

三、中亚油气产业发展特点

（一）中亚油气资源丰富，但分布不均

中亚油气资源最大的一个特点是分布不均，这是由其地形地势及地质构造所

决定的。中亚地区地形东南高、西北低。西北地区尤其在里海低地聚集了极为丰富的油气资源。在中亚国家中哈萨克斯坦、土库曼斯坦和乌兹别克斯坦油气资源丰富,而塔吉克斯坦和吉尔吉斯斯坦油气资源匮乏,均需要从邻国进口石油和天然气以满足本国需求。同时,在中亚主要三个产油国中,油气储量也表现出较大的差异。哈萨克斯坦领土面积大,石油储量最多。土库曼斯坦天然气储量最为丰富。乌兹别克斯坦相比哈、土两国油气储量较少,因此,各国开发的侧重点也不同,哈萨克斯坦以开发石油为主,土库曼斯坦主要是开发天然气,乌兹别克斯坦则油气并重。

(二) 中亚油气生产国经济严重依赖油气产业发展

中亚产油大国哈萨克斯坦和主要产气国土库曼斯坦经济均严重依赖能源出口。哈萨克斯坦原油出口占该国出口总额的60%以上,土库曼斯坦的天然气出口更是占其外汇收入的70%。

哈萨克斯坦2014年石油产量世界排名第15位,80%的所产石油用于出口,国内生产总值严重依赖于石油。国际评级机构在预测哈萨克斯坦GDP增长率时首先考虑的是其石油行业的发展前景和石油市场的价格情况。哈萨克斯坦政府所确定的社会纲要和工业化创新计划的实施都直接取决于石油开采工业的发展状况,而石油开采工业的发展又取决于国际市场对石油的需求和哈萨克斯坦扩大石油开采量、出口能力的推展和实现出口多元化的能力等。只要对石油有需求,市场价格高于油田的开采成本,外国投资者会继续扩大生产,同时,哈萨克斯坦政府如何在开采者和国家利益(增加本地含量、引进技术、培养石油行业的本国干部和保护环境)间找到令人满意的平衡点也将会对哈萨克斯坦油气工业的发展产生影响。

(三) 国际市场价格走势成为影响中亚油气国经济发展的重要制约因素

国际市场油气价格的升降直接影响哈、土、乌三国财政收入,尤其是哈萨克斯坦影响最为明显。

哈萨克斯坦国内生产总值、汇率的波动、贸易收支平衡及未来经济发展目标的确定等都与国际市场石油价格的波动密切相关,根据国际油价做出调整和预测。进入2000年后,随着国际油价的不断攀升,哈萨克斯坦经济出现高速增长。2008年国际市场油价从149美元/桶跌落至40多美元/桶,哈萨克斯坦国内生产总值9年连续保持近10%的增速被中止,2008年年增仅为3%。受国际金融危机的影响,国际油价大跌,2009年哈原油出口虽比2008年增长11%,而收入却减少了近40%。

近年受国际油价低迷,国际对哈萨克斯坦主要出口商品的需求增速变缓等因素的影响,哈萨克斯坦2015年国内生产总值仅增长1.2%。同时,哈萨克斯坦经济与预算规划部将2015~2019年经济增速调整为5.0%~6.8%,人均名义GDP的增速为10.7%,相比较2014~2018年目标都有不同程度的下调。

(四) 外资投入是中亚油气产业快速发展的主要动力

哈萨克斯坦石油工业基础较为薄弱,随着油气勘探程度提高,新油气田埋藏深,开发难度大,哈萨克斯坦国家油气公司不论从资金,还是从经验和技术设备上都不具备完全独立作业的能力。因此,哈必须引进外国投资者来完成勘探和钻井采油工作,这为外国投资者提供了一定的合作空间。

哈萨克斯坦是中亚国家中引进外资最多的国家。2005~2014年间哈萨克斯坦共吸引外资2 076亿美元。进入哈萨克斯坦的外国投资大多流向该国油气领域。哈萨克斯坦产业结构一直面临不合理难题,外资过度集中更是加大了经济模式转型的难度。从2010年哈萨克斯坦政府开始实施加速推进工业创新计划以来,外国资本在哈萨克斯坦经济中的投资结构已发生变化。目前哈萨克斯坦加工业吸引的外资已占其吸引外资总额的40%。

(五) 推行"多元化"能源出口战略,但能源管网出口仍以俄罗斯方向为主

中亚油气生产国积极推行多元化务实的能源出口战略,以期削弱俄罗斯能源出口的控制,降低市场波动风险。哈萨克斯坦借开发里海石油之机,大力发展与美、欧、土耳其、中国和日本的能源合作关系,积极参加美欧主导的欧亚能源峰会,探讨经里海、阿塞拜疆向欧洲输出能源的可能性。土库曼斯坦通过《能源宪章条约》,改变传统单一的对俄罗斯能源输出模式,积极转向与土耳其、伊朗、中国、巴基斯坦和美国的天然气输出合作。乌兹别克斯坦也在积极发展与中国、美国、日本和其他发达国家在能源领域的多边合作。

目前,中亚已形成除俄罗斯外多方出口油气的能源管网格局,但由于俄罗斯与中亚地区油气贸易体系在苏联时期就已经形成,原有的能源基础设施布局使俄罗斯与中亚地区油气资源的开采、运输、加工、使用连为一体,加之俄罗斯一直力图从生产、输出等环节控制中亚国家的油气资源,因此,就目前而言,中亚国家能源输出的主要方向仍然是俄罗斯。

第三节 中国与中亚油气领域合作

能源不仅是经济增长的关键,而且也是社会发展和国家安全的基础。近年来,能源问题愈来愈成为中国经济发展和社会进步的"瓶颈",找到稳定的能源供应地,实现能源安全保障已成为国家对外能源合作的重要方向。中国与中亚毗邻,地缘优势将中国与中亚地区的经济合作密切联系在一起,这其中能源合作成为中国与中亚合作的重中之重。

中亚国家丰富的油气资源对缓解中国能源紧张、促进经济社会可持续发展是一个有利条件。为此,中国应积极利用地缘优势,开拓俄罗斯及中亚国家的能源市场,建立与俄罗斯与中亚国家交流的长效机制,保障能源长期供给安全。

一、中国油气能源需求

随着中国经济的高速增长以及工业化、城市化、汽车化、国际化进程的快速发展,对能源产生了巨大的需求,特别是石油和天然气。

(一)石油需求

1993 年中国成为石油净进口国之后,1996 年又成为原油净进口国。2002 年,中国石油消费超越日本成世界上仅次于美国的第二大石油消费国。中国自产石油每年保持在 2 亿吨左右,石油消费保持中低速增长。2015 年中国石油对外依存度首次突破 60%,达到 60.6%,成品油净出口量连续三年大幅递增。

据中国石油天然气集团统计,2020 年中国石油需求量为 5.88 亿吨,到 2030 年则达到 7 亿吨;2020 年前中国计划将原油战略储备增加到 6 亿桶(8 000 万吨)。

表 5-9 中,2020 年、2030 年国内石油产量为保守估算。可以看出,到 2030 年中国对石油进口依赖度将高达 70% 以上。寻求稳定的石油供应,成为中国保障经济稳定发展的重大任务。

表5-9　　　　　　　2003~2020年中国石油需求变化①

年份	2003	2010	2012	2020	2030
国内需求（亿吨）	2.67	3.4	4.93	5.88	7
国内产量（亿吨）	1.7	1.8	2.05	约2	约2
缺口（亿吨）	0.97	1.6	2.88	3.88	5
对外依存度（%）	36	47	58.4	66	71.4

（二）天然气需求

经过多年的快速增长，中国已经成为仅次于美国和俄罗斯的世界第三大天然气消费国，但主要天然气消费指标仍处于相对偏低水平。据统计，2014年中国人均天然气消费量135立方米，天然气占能源消费总量的比重约为6%，而全球平均水平分别为467立方米和23.7%。

目前中国天然气进口价格高于国内价格，制约着中国天然气的发展。中国必须通过输气管或以液化气的形式从周边国家进口天然气以确保需求。根据中石油经济技术研究院2015年天然气报告，2015年中国天然气消费增速创十年新低，供应总体过剩，淡季压产冬季供应紧张；气价改革持续推进。2015年，天然气估计全年表观消费量1910亿立方米，增长3.7%。成品油价格下调和环保趋严将拉动天然气需求的增速回升，预计中国2016年天然气消费量将增长7.3%，达2050亿立方米，天然气进口预计增长10.6%，至690亿立方米。

（三）自有油气资源

中国自身而言能源资源都相对匮乏。中国已探明的石油储量占世界的2.1%，天然气占1%，由于中国人口占世界人口20%，人均石油资源为世界平均值的11.1%，人均天然气资源为世界平均值的4.3%。

中国现有能源面临分布不均、勘探难度大、能源质量低、优质能源缺乏、能源储量结构和消费结构不合理等问题。

受上述这些因素的影响，中国面临的能源问题已成为影响中国未来经济发展和经济安全的重要战略性问题。因此，中国迫切需要建立稳定的海外能源供应体系，在现有能源进口来源的基础上，积极利用地缘优势，开拓中亚能源（包括俄罗斯）市场，开展与中亚国家的能源合作，增加从中亚国家的能源进口量，保证中国的能源安全供应。

---

① 资料来源：根据中国海关2013年统计资料整理。

二、中国与中亚国家能源合作的重要意义

中国与中亚国家能源合作无论对中国还是对中亚国家，以及对地区经济的发展都具有极为重要的意义。从能源供应角度考虑，中亚丰富的能源资源是中国经济未来发展的重要的战略能源和资源供应基地之一，中国已成为中亚国家最大的稳定的能源消费市场。中亚国家油气资源潜力巨大，包括哈萨克斯坦、乌兹别克斯坦和土库曼斯坦在内的中亚里海地区被誉为世界"第二个波斯湾"。要实现中国未来的能源安全，除了应继续从中东地区进口石油外，还必须尽可能实现能源来源多元化。中亚国家，包括里海沿岸国家油气资源储量都极为丰富，加之中亚国家中有三国与中国接壤，有着便利的交通运输条件，因此，无论是从扩大中国的海外油气进口来源来说，还是从中国进口能源的多元化战略来说，这些国家都是中国未来能源需求最重要而又最现实的供应方。

从中国能源进口安全角度出发，与中亚国家及俄罗斯能源合作，是中国突破能源运输"瓶颈"的最佳选择之一。近几年，中国原油进口地主要为中东、非洲、欧洲和亚太地区。中国目前四个油气进口方向中，西南主要为新开通的中缅天然气管道，但目前输送能力有限，为120亿立方米/年。东北主要是从俄罗斯进口，中俄石油管道虽然最终建成，但双方近年来油气合作无论是在线路走向，还是在价格方面，都出现过反复，这其中既有第三国干预的原因，也有俄罗斯自身的因素。再有就是海上通道，目前经海上通道从中东进口石油仍是中国进口石油的主要来源。虽然中国原油进口来源趋于多元化，但是中国原油进口还是依赖于中东地区和非洲地区。2014年中国进口原油十大来源国见表5–10。

表5–10　　　　　　　　2014年中国原油主要进口来源国[①]

	原油进口额（万吨）	占比（%）
沙特	4 966.5	16.11
安哥拉	4 064.9	13.18
俄罗斯	3 310.6	10.74
阿曼	2 974.3	9.65
伊拉克	2 857.8	9.27
伊朗	2 746.2	8.91

---

① 资料来源：根据中国海关2013年统计资料整理。

续表

	原油进口额（万吨）	占比（%）
委内瑞拉	1 378.6	4.47
阿联酋	1 165.2	3.78
科威特	1 061.88	3.44
刚果（布）	705	2.29
巴西	701.9	2.28
南苏丹	644.4	2.09
哈萨克斯坦	568.6	1.84

从表5-10中可以看出，2014年中国进口原油的主要国家依次是沙特阿拉伯、安哥拉、俄罗斯、阿曼、伊拉克、伊朗六个国家，占进口总量的68%。中国从中东国家进口原油占进口总量一半左右。在整个石油运输体系中，90%的石油依赖于海上运输。中国船队虽然总吨位居全球第四，但是船型结构不合理，油轮普遍存在吨位小、船龄长的严重问题，不适合规模运输的进口原油运输，海洋运输能力受限。目前中国85%左右的进口原油是依靠国外船队运输进来的。另一方面，来自中东和非洲的石油必须经过马六甲海峡，中国的石油安全随时面临来自竞争对手的威胁。相比较途经马六甲海峡进口的非洲、西亚油气，俄罗斯及中亚油气更具备油源的稳定性和运输的安全性优势。以中哈石油管线为例，从里海沿岸城市阿特劳到新疆的独山子，整个输油管道都在中哈两国国境之内，安全系数高，大大降低了运输过程中外部势力的威胁。

三、中国与中亚能源合作

1997年，中国石油成功收购阿克纠宾油田开发项目，拉开了中国与中亚能源合作的序幕。截至2012年底，中国石油在中亚地区投资执行着17个项目，业务范围涵盖油气勘探、开发、管道、炼油和销售等领域，横贯中国与中亚三国的重要油气合作区和管廊带初步形成。而中亚油气合作区从当初的一个项目，已经逐步成长为一个以能源合作为纽带的经济合作体，成为跨国间区域合作的成功典范。

（一）油气勘探开发

1. 石油勘探开发项目

中国对中亚石油开发领域的投资主要集中在石油资源丰富的哈萨克斯坦。哈萨克斯坦已成为中国在海外第三大投资目的地国,中国对哈萨克斯坦直接投资超过200亿美元,这其中很多是投向能源开发领域。中国对哈萨克斯坦各类形式的金融信贷超过300亿美元,在哈萨克斯坦注册的各类企业达3 000家。中国目前进入中亚油气勘探开发领域的企业主要有中国石油天然气集团公司、中国石化集团公司、中国海洋石油总公司等。

据哈萨克斯坦《石油和天然气》杂志统计的数据,截至2012年,中国占哈萨克斯坦石油开采领域的份额为21%,其他占比大体是:美国企业产油量约占25%,欧洲企业约占10%,俄罗斯约占6%,"哈国家油气集团"约占33%,其余5%属于哈籍自然人注册的或在欧美海外属地等地注册的企业所有。

中国石油天然气集团公司下属中国石油哈萨克斯坦公司在哈萨克斯坦的收购项目最多。中国石油哈萨克斯坦公司成立于2008年9月,隶属于中国石油天然气集团公司,主要负责哈萨克斯坦境内各项目的油气勘探开发、炼油化工、油气运输和销售,以及与之配套的服务业务。公司在哈萨克斯坦的油气投资业务主要包括阿克纠宾油气项目、北布扎奇油田项目、PK石油公司项目、KAM、ADM五个油田开发项目和两个勘探项目。同时,在哈萨克斯坦承建并与哈方合资运营中哈原油管道、肯基亚克—阿特劳管道等油气储运项目。

阿克纠宾项目。1997年6月,中国石油天然气勘探开发公司(中国石油天然气集团公司的子公司)购买了阿克纠宾油气公司60.3%股份。阿克纠宾油气股份公司是哈萨克斯坦第四大石油公司,拥有阿克托别州的肯基亚克—盐上、肯基亚克—盐下、扎纳若尔以及开发滨里海盆地东缘中区块的许可证。

2000年3月中国石油天然气勘探开发公司更名为中油阿克纠宾油气股份公司(CNPC - Aktobemunaygas),总部设在阿克托别市,在阿拉木图市设有办事处。目前,中石油拥有中油阿克纠宾股份有限公司85.42%的股份。

PK项目。2005年8月中石油子公司"中油国际"宣布以总价约41.8亿美元收购哈萨克斯坦石油公司(Petrokazakhstan,简称哈石油、PK石油)。2006年7月,为保持国家对矿产资源开发活动的战略控制,哈国家油气集团与中油国际签订股权转让协议,以约14亿美元价格获得PK公司33%的股权,同时获得在对等条件下联合管理PK公司奇姆肯特炼油厂和成品油的权力(双方各占50%股份)。2006年8月23日,中石油旗下的上市公司"中国石油股份"宣布出资27.35亿美元,通过与母公司合资成立的中油勘探开发有限公司(简称"中油勘探")收购母公司在PK公司中所拥有的67%股权。PK公司是在加拿大注册的国际石油公司,在加拿大、美国、英国、德国和哈萨克斯坦证券交易所上市,其油气田、炼油厂等资产全部在哈萨克斯坦境内,年原油生产能力超过700万吨。PK在哈拥有12个油田的权益、6个区块的勘探许可证,具有较大的勘探潜力,总资产 12.69 亿美元。PK 公司是哈第二大外国石油生产商，也是最大的石油成品油供货商，日产油量约 15 万桶，已证实和可能的原油储量约 5.5 亿桶。

北布扎奇项目。北布扎奇油田位于曼格斯套州阿克套市以北约 250 公里，可采储量为 8 000 万吨。1999 年由美国德士古公司和沙特尼米尔公司的合资企业"德士古—北布扎奇"公司开发，双方各占 65% 和 35% 的股份。2005 年 8 月中石油从尼米尔公司收购 35% 股份，10 月从德士古公司收购 65% 股份，从而取得北布扎奇公司 100% 股权。

ADM 项目。2005 年 4 月中油勘探公司收购哈萨克斯坦"Ai – Dan – Munai"股份公司 (ADM)。该公司主要开发阿雷斯油田及布里诺夫油田，前者位于克孜勒奥尔达市以东 120 公里，库姆科尔以南 80 公里；后者位于阿雷斯油田西北 18 公里。2006 年原油产量为 45.3 万吨。

KAM 项目。2004 年 12 月，中石油旗下中油勘探公司和北方工业公司的全资子公司"振华石油控股有限公司"合作收购了 KAM 公司 50% 的股份。KAM 公司是哈萨克斯坦 Kuat 公司与英国 Amlon 公司为开发克孜勒奥尔达州南图尔盖的克尼斯油田和贝克塔斯油田于 1994 年成立的 Kuat Amlon Muani 合资公司。克尼斯油田探明石油储量为 2 954 万吨，天然气 46 亿立方米；贝克塔斯油田已探明原油储量为 195 万吨，天然气 18 亿立方米。2006 年公司原油产量为 47.2 万吨。

卡沙甘油田项目。2013 年 9 月国家主席习近平访问哈萨克斯坦期间，中国与哈萨克斯坦宣布就中石油购买里海大陆架"卡沙甘"（Kazakh）油田项目股份达成协议。中石油以约 50 亿美元收购哈萨克斯坦国家石油和天然气公司所持的卡沙甘油田权益。交易完成后，中石油将持有该油田 8.33% 的权益。此外，中石油还将付出 30 亿美元承担卡沙甘油田第二阶段（可能将从 2020 年开始）发展所需要的一半投资。卡沙甘油田由哈萨克斯坦石油天然气公司（拥有 16.81% 股权，其中中国持有 8.33% 的权益）、意大利埃尼石油公司（16.81%）、美国埃克森美孚公司（16.81%）、英荷壳牌公司（16.81%）、法国道达尔公司（16.81%）、日本国际石油开发株式会社（7.56%）等大型跨国企业组成的合资公司北部里海作业公司负责投资和开采。由于石油开采工作一再推迟，卡沙甘油田的投资成本也不断攀升，已由最初估计的 100 亿美元飙升至 400 亿美元。

除中石油外，其他中国企业在哈萨克斯坦的较大的油田收购项目还有：

中国中信集团公司 2006 年 12 月以 19.1 亿美元收购在加拿大注册的内森斯石油公司（根据收购协议，哈萨克斯坦国家油气公司 2007 年 6 月回购了 50% 股份，其余 50% 股份被中信集团以 9.95 亿美元的价格转让给旗下在香港的上市公司"中信资源"），获得对卡拉赞巴斯油气田的控制权和作业权以及有效期至 2020 年的开采合同。1974 年被发现的卡拉赞巴斯油田位于哈萨克斯坦西部，探明储量逾3.4亿桶，日产量超过5万桶。中信集团此次收购还包括内森斯公司拥有的哈萨克斯坦的两家子公司，这两家公司分别为内森斯的油田开采提供运输服务和钻井、维修、培训服务。

中信国安集团与新天国际经贸股份有限公司共同组建的中新资源有限公司2007年7月以2.5亿美元收购哈萨克斯坦东部的莫尔图克油田，该油田位于阿克纠宾市以南250公里，已探明储量约为6 800万吨。

新疆广汇石油有限公司2009年完成对哈萨克斯坦TMB公司49%股权的收购，拥有斋桑油气田开采权。斋桑油气田勘探项目地理位置紧邻新疆吉木乃县，稠油储量11.639亿吨，天然气1 254亿立方米。预计斋桑项目将在2013年开始正式投产，计划当年产量目标是原油50万吨，天然气5亿立方米；规划2015年原油产量200万吨，天然气产量10亿立方米。2012年10月广汇石油有限公司又出资2亿美元收购哈萨克斯坦南依玛谢夫油气区块51%的权益。南伊马谢夫合同区块，总面积为1 272.6平方公里，位于哈萨克斯坦阿特劳州，合同区南部位于伏尔加河三角洲，区块地质上位于世界上储量最丰富的油气盆地之一的滨里海盆地。

2. 天然气开采

中国与中亚国家天然气勘探开发合作主要集中在天然气资源丰富的土库曼斯坦。

2007年7月17日，中国石油天然气集团公司与土库曼斯坦政府及其国家天然气集团在北京签署了《土库曼斯坦阿姆河右岸天然气产品分成合同》和《中土天然气购销协议》，中石油获得世界最大天然气田——土库曼斯坦阿姆河右岸巨型气田钻探权。阿姆河右岸天然气勘探开发项目是中土两国在能源领域合作的一个重大项目，也是中国石油迄今为止境外陆上最大规模的天然气勘探开发合作项目。该项目所生产的天然气和外购气是西气东输二线的主供气源。2007年9月中国石油（土库曼斯坦）阿姆河天然气公司CNPCI（Turkmenistan）成立，主要负责土库曼斯坦阿姆河右岸天然气勘探开发项目的组织与实施工作。

（二）能源管道建设

目前从中亚直接进入中国的能源管道线路主要有三条，一是中哈输油管道，二是中国—中亚天然气管道，三是中哈拉布雷克—吉木乃天然气管道。

1. 中哈输油管道

中哈原油管道起于哈萨克斯坦西部阿特劳，途经肯基亚克、库姆科尔、卡拉科因、阿塔苏，终点位于我国阿拉山口市，全程共4段管道，总长2 834公里。其中阿塔苏—阿拉山口管道和肯基亚克—库姆科尔管道由中哈原油管道项目公司负责运营。阿塔苏—阿拉山口管道全长965.1公里，设计输量2 000万吨/年，主要用于向中国出口原油；肯基亚克—库姆科尔管道全长794.1公里，设计输量1 000万吨/年，担负着向中国出口原油及向哈国炼厂供油的双重责任。

2004年7月，中国石油天然气勘探开发公司（CNODC）和哈萨克斯坦国家石油运输股份公司（KTO）各自参股50%成立了"中哈管道有限责任公司"（KCP），负责中哈原油管道的项目投资、工程建设、管道运营管理等业务。

投入商业运营以来，中哈原油管道进口原油量以年均20%的速度递增，成为名副其实的"中国西部能源大动脉"。根据乌鲁木齐海关统计，自2006年7月投产至2015年底，中哈原油管道作为我国第一条陆路跨国原油通道，已累计向国内输送原油8 724万吨。

中哈石油管道是一条陆路管线，而且不经过第三国，所经过的地区政治稳定，是一条稳定、安全、持续的石油供应路线。同时中哈石油管道通过中亚国家内部的石油管网不断的延伸和拓展，能够将中东、里海和俄罗斯这三个世界能源战略枢纽地区连接起来，其输油潜能可成倍增长，对中国未来能源安全具有重大意义。

2. 中国—中亚天然气管道

中国—中亚天然气管道西起土库曼斯坦和乌兹别克斯坦交界的格达伊姆，穿越乌兹别克斯坦中部和哈萨克斯坦南部地区，在新疆霍尔果斯入境，全长1 833公里，入境后与西气东输二线管道相连。

中国中亚天然气管道最初分A、B双线，A、B线并行。中亚天然气管道A线建设始于2008年6月30日，于2009年12月15日投入运行。B线于2010年10月20日投产。到2012年6月，A、B两线输气能力升至300亿立方米/年。

2011年4月19日，在乌兹别克斯坦总统访华期间，中石油与"乌兹别克油气"国家控股公司签订了"中国—乌兹别克斯坦天然气管道建设协议"。该管线是"中国—中亚"天然气管线A、B线之后的第三条管线（C线），设计输气能力为250亿立方米/年，2014年6月投产运营。

2013年9月在习近平主席访问土库曼斯坦期间，双方决定推动D线建设。D线以土库曼斯坦复兴气田为气源，途经乌兹别克斯坦、塔吉克斯坦、吉尔吉斯斯坦进入中国。全长1 000公里，其中境外段840公里，设计年输气量300亿立方米，投资总额约67亿美元。

中国—中亚天然气管道投入使用极大缓和了中国紧张的天然气需求，并对稳定中国整体能源供应起到积极的作用。对于土库曼斯坦而言，该管道使其能源出口实现多元化。

3. 中哈拉布雷克—吉木乃天然气管道

中哈拉布雷克—吉木乃天然气管道全长约115公里，在中国境内长约25公里，预计年输气量达 5 亿立方米，日输气能力 150 万立方米。吉木乃广汇液化天然气（LNG）厂是其配套项目之一。该项目主要是加工从哈萨克斯坦进口的天然气，产品销往新疆阿勒泰地区，以及伊犁河谷、北疆沿天山经济带等地。2013 年 6 月管道正式通气。

中哈拉布雷克—吉木乃天然气管道是中国首条民营天然气管道。2009 年，新疆广汇实业投资（集团）有限责任公司耗资 4 052 万美元从哈萨克斯坦 TBM 公司获得斋桑油田区块 49% 的股份，共同开发 8 300 平方公里斋桑油田区。斋桑油田位于哈萨克斯坦东哈萨克斯坦州，距离中国吉木乃县边境不到 100 公里。目前，该区块已经探明的稠油储量为 1 亿吨，天然气储量为 127.7 亿立方米。

（三）中亚与中国油气贸易合作

1. 哈萨克斯坦对中国油气出口现状及出口潜力

哈萨克斯坦独立初期的 1992 年原油产量为 2 750 万吨，进入 2000 年后，随着国际能源和原材料价格的不断上涨，哈萨克斯坦石油开采量也不断增加。2010 年以来，哈萨克斯坦的石油产量（含凝析油）基本维持在 8 000 万吨水平。目前，哈萨克斯坦已成为中国西部石油进口的重要供给国。2015 年中哈原油管道（阿塔苏—阿拉山口）向国内输送原油 1 080.5 万吨；"十二五"期间连续 5 年输油量超过 1 000 万吨，累计输油 5 680 万吨。近年来，哈萨克斯坦炼厂原油加工量逐年提高，加之 2014~2015 年俄罗斯中止了对哈萨克斯坦炼厂的免税原油供应，导致哈萨克斯坦可供出口的原油量出现紧张。2015 年，伴随着国际原油价格持续走低及中哈原油管道主供油田产量普遍下降等不利因素的相继出现，中哈原油管道完成全年输油任务面临较大风险。哈萨克斯坦公司和中哈原油管道项目公司努力拓展新油源，成功将管道供油商数量由 2011 年的 10 家增至 2015 年的 17 家，最大程度上保障了增供中哈原油管道的哈国原油资源。

2013 年 9 月习近平主席访哈期间，中哈两国元首签署了《中华人民共和国和哈萨克斯坦共和国关于进一步深化全面战略伙伴关系的联合宣言》。宣言称，双方将本着互利共赢原则继续扩大和深化能源合作，确保油气田勘探开发生产、油气运输等共同项目长期安全稳定运营，努力做好中哈原油管道扩建和投入运营工作，使其达到双边协议约定的 2 000 万吨/年的输油能力。双方鼓励和支持两国企业在油气田勘探开发、原油加工和扩大对华能源出口等新项目上开展合作。

2014 年哈萨克斯坦计划将阿塔苏—阿拉山口石油管道年输送能力从 1 200 万吨增加到 2 000 万吨，而未来新增对华石油出口可通过多斯特克—阿拉山口和阿尔滕科利—霍尔果斯来运输。2018~2020 年，按照中哈能源管道运输能力哈可对华出口原油 2 400 万~2 600 万吨。

2. 中亚对中国天然气出口现状及潜力

中国—中亚天然气管道建成极大地推动了中亚国家向中国的油气出口。中国与土库曼斯坦的能源合作从 2007 年开始，目前土库曼斯坦已成为中国最大的海外天然气进口国。2013 年 9 月，中国石油天然气集团公司与土库曼斯坦天然气康采恩签署年增供 250 亿立方米的天然气购销协议。据统计数据显示，中国 2015 年通过中亚天然气管道输入天然气 305.7 亿标方，同比增长 5%；日均输气量达 8 400 万标方；其中 A、B 两线共输气 235.4 亿标方，C 线输气 70.3 亿标方。有 92.6% 的天然气来自土库曼斯坦，这部分气源占管道天然气进口量的 82.6%，占天然气进口总量的 46%。

据预测，到 2020 年，土库曼斯坦或能实现出口天然气 820 亿~860 亿立方米，土库曼斯坦在现有供气基础上将继续增加向中国的供气量。其中向俄罗斯出口 90 亿~110 亿立方米，向伊朗出口 80 亿~100 亿立方米，向中国出口 650 亿立方米，占土总出口量的 76.5%~79.3%。对摆脱俄罗斯对天然气绝对控制的土库曼斯坦来说，并不希望天然气出口市场越来越依赖中国。对于中国而言，未来由于中俄东线天然气管道、新的液化天然气接收站等设施的相继建成，天然气市场将逐渐形成进口多元化的格局，对土库曼斯坦的天然气依赖度将逐步下降。目前，受全球经济增速放缓等影响，中国天然气需求增速明显放缓。有机构认为印度将在未来 10~20 年内取代中国成为全球经济增长的引擎。土库曼斯坦为了增加天然气输送路线，减少对中国的依赖，即使面对庞大资金投入、地缘安全等问题仍坚持建设通往印度的 TAPI 管道。

乌兹别克斯坦是中亚地区第二大天然气生产国，也是重要的天然气出口国。乌兹别克斯坦国家石油天然气公司与中国石油天然气集团 2010 年 6 月签署关于经过土库曼斯坦—中国天然气管道对华输送 100 亿立方米天然气的框架协议。从 2012 年 8 月开始，乌兹别克斯坦开始向中国大规模供气，2016 年前供气量拟达到 100 亿立方米/年。此外，乌兹别克斯坦还向塔吉克斯坦供气，作为过境使用列宁纳巴德州天然气管道的补偿。

中国公司在哈萨克斯坦让纳若尔、热特巴伊、卡拉姆卡斯、南热特巴伊、乌里赫套天然气田拥有开采权，其中让纳若尔和乌里赫套将是中哈天然气管线 C 线气源。哈萨克斯坦天然气出口前景取决于卡沙甘项目进展情况，该项目 2015 年前天然气产量预计能达到 800 亿立方米。然而，由于伴生气的问题，实际产能可能只有 315 亿~360 亿立方米。因此，哈萨克斯坦天然气出口量增加的问题关键在于该国能否在天然气开采过程中采用更现代化的技术手段。据哈萨克斯坦海关统计数据，2014 年，哈向中国出口天然气 4.254 亿立方米，价格为 120 美元/千立方米，总值 5 100 万美元，与 2013 年相比增长 4.9 倍。中国成为哈天然气第四大进口国。

第四节　中国与中亚能源合作面临的制约因素

虽然中国与中亚能源合作取得了很大的进展，但在里海地区的大国能源角逐不断深化的背景下，中国在推进与这些国家的能源合作中，遇到了除双边合作以外的、越来越复杂的制约因素，主要表现为：

一、大国博弈层面

中亚国家自独立以来因其丰富的能源资源和战略地位成为世界大国博弈的热点地区。大国在中亚里海地区能源角逐的尖锐化，必然会给中国开展与这一地区国家的油气合作增加更多的变数。

（一）美国因素

一直以来，美国的全球能源战略兼有"内保安全"和"外谋霸权"的双重功能，主要体现在以维护石油美元霸权体系为核心，控制能源产地和能源通道，实现国际石油战略和地缘战略密切结合、国际石油战略和谋求霸权密切结合的格局。美国从其全球战略角度出发，十分重视中亚里海地区的政治与经济战略地位，制定有清晰的控制中亚里海地区的新战略。该战略的主旨是：支持该地区国家对俄罗斯的独立倾向，把该地区纳入西方体系；解决该地区冲突与开发其石油资源并举，使该地区成为美国 21 世纪的战略能源基地；遏制并削弱俄罗斯和伊朗的影响，逐步把该地区变成"美国的战略利益地区"。美国根据自身的优势，采取了一系列措施来实现上述战略目标：

1. 积极抢占中亚里海油气资源开发领域份额

在美国政府支持下，1993 年美国雪佛龙石油公司获得哈萨克斯坦田吉兹油田的开采权，成为最早进入中亚能源市场的外国公司之一，美国也成为参加与哈政府 1994 年签署哈能源产品分配协议国家之一。1997 年 11 月，美国和哈萨克斯坦签订价值 260 亿美元共同开发里海海底资源和卡拉恰甘纳克油气田的合同。美国是哈萨克斯坦投资最多的国家，投资额达 300 多亿美元，投资主要流向哈油气开发领域。据俄罗斯国防部机关报《红星报》2003 年 9 月 9 日报道，美国公司获得里海16%的石油资源和11.4%的天然气资源的控制权，如果加上美英合资公司在该地区的影响，美英两国已控制里海27%的石油资源和40%的天然气资源。2012年美国雪佛龙和埃克森美孚两家石油巨头在田吉兹和卡拉恰甘纳克两家企业的产油量达2 002万吨，占哈石油开采总量的25%。

2. 打破俄罗斯里海油气输出垄断地位，控制中亚里海油气管线走向

中亚新建油管走向，不仅涉及油气出口权的控制，而且涉及地缘政治平衡问题。美国早在20世纪90年代就在中亚推行"管道政治"，多方游说。2005年5月美国力主建设的巴库—杰伊汉管线贯通。承载着美国重大地缘战略利益的"巴库—杰伊汉"管线的贯通被认为是西方打开中亚里海能源宝藏的一把金钥匙。

目前美国又在试图说服中亚国家铺设一条穿越里海海底的油气管线，使之与"巴杰"管线和"巴库—第比利斯—埃尔祖鲁姆"管道相连接，令油气资源避开俄直接输往欧洲。俄方对此表示了明确反对，俄、哈均表示要先确定里海的法律地位及权益划分后再行讨论。美俄围绕里海油气输出路线的争夺必将对这一地区油气资源开发前景产生影响。

3. 打压中国在中亚生存的空间

美国视中国与这一地区的能源合作是对美能源战略，尤其是对其全球战略的威胁。美国一直将中国看做是美国的潜在对手，中亚地区是中国"利益攸关的大后方"，美国进入中亚，既可防止中国扩大在中亚地区的影响，也可形成对中国由东到西的包抄之势，便于有效地遏制中国的崛起。在美国的大力支持下，土库曼斯坦天然气通往印度的TAPI管道的建设在国际油气价格低迷状态下已于2015年末动工。TAPI管道建设不仅符合美国在中亚和南亚的战略意图，而且未来在气源供应量尤其是在天然气定价方面势必对中国形成压力。

4. 以反恐、经济援助等各种方式扩大在中亚里海地区的影响力

美国以提供经济援助为诱饵积极拉拢中亚国家，积极促使他们接受西方的政治经济模式，在扩大其经济合作的同时扩大美国在中亚里海地区的影响力；另一方面，美国又以阿富汗反恐名义军事进入中亚，在确保其能源利益的同时，扩大美国在中亚里海地区的影响力。

中亚国家希望借助美国发展本国经济，维护本国独立、主权与安全，并视美国为抵消俄罗斯影响的筹码。但美国等西方国家频频在中亚策划"颜色革命"，也引起中亚国家的不安和戒备。

（二）俄罗斯因素

俄罗斯希望借助能源优势推行能源外交，以此促进国家经济复苏，参与世界经济体系，维护地缘政治影响，改善国际环境，重塑大国地位。在此战略背景下，影响并控制中亚里海地区的油气资源的开发与运输成为俄罗斯重大的战略方向之一。为实现控制中亚的目的，俄罗斯主要采取的措施有：

1. 凭借传统优势力控在中亚能源上的主导权

俄罗斯作为苏联遗产的继承者，控制中亚油气出口的主要通道，实际形成了对中亚天然气出口的"天然垄断"。中亚国家的大部分石油出口，基本上需要借助俄罗斯在黑海沿岸的港口，对俄罗斯来讲，中亚里海地区是其传统的势力范围，也是其南部边界的天然安全屏障。

2. 加快与中亚国家一体化进程，以实现重返中亚

近年来，俄罗斯与中亚国家一体化进程加快，尤其是俄白哈关税同盟的建立使俄罗斯与中亚合作上升到一个新的高度。2011年10月普京提出建立欧亚联盟的设想。2013年11月俄罗斯与哈萨克斯坦签署《21世纪睦邻友好同盟条约》，建立了更为紧密的同盟关系。2015年1月1日欧亚经济联盟正式成立。

能源合作是欧亚经济联盟成员国合作的重要内容之一。早在关税同盟建立期间，同盟成员国在统一经济空间框架内发展石油与天然气合作就通过了两项协议，即《白俄罗斯、哈萨克斯坦和俄罗斯联邦原油和石油产品共同市场组织、管理、运营及发展协议》和《关于接入输气系统天然气运输自然垄断服务的规则（包括定价及税率政策的基础）》。《白俄罗斯、哈萨克斯坦和俄罗斯联邦原油和石油产品共同市场组织、管理、运营及发展协议》确定了统一经济空间原油和石油产品总体市场的概念及其构成规则，规定了运输原油和石油产品的非歧视性定价原则，即，其他统一经济空间国家企业的原油和石油产品运输价格等同于该国企业在其境内原油和石油产品的运价。根据协议，俄罗斯石油运输公司统一了通过俄罗斯管线的哈萨克斯坦石油的运价，自2012年1月1日起，哈萨克斯坦承运人按照俄罗斯公司的运价支付款项。统一经济空间将实现成员国在现有运输系统内原油及石油产品长期运输并获得其他成员国原油及石油产品运输管线使用权限。《关于接入输气系统天然气运输自然垄断服务的规则（包括定价及税率政策的基础）》确定了统一经济空间成员国获得使用统一经济空间成员国天然气运输系统的平等可能性，总的条件类似于石油管道。

2015年10月在第十届《欧亚经济一体化》国际会议上俄罗斯方宣称，欧亚经济联盟成员国2018年将签署设立共同能源市场的国际条约。

（三）其他国家和地区的介入

欧盟石油公司以及土耳其、印度、日本等国都在积极开拓中亚能源市场，都对中国进入中亚进行能源开发与合作构成潜在影响。

总之，中亚地区是美国和俄罗斯两国政治对抗和经济利益争夺的核心地区之一。大国对中亚油气资源的争夺加大了该地区各国政治走向和政策制定的不确定性，同时也加大了中国与中亚能源合作的风险。

二、油气合作中面临的现实问题

（一）油气供应保障

由于石油需求不断增长、战略石油储备增加，而且国家不断提高炼油和成品油出口能力，推进能源进口多元化，中国对哈萨克斯坦石油的需求从长期来看仍将呈现增长趋势。根据中国宏观经济运行情况和全球石油市场情况，2020 年前中国对哈萨克斯坦石油的需求量将会达到 3 000 万 ~ 4 000 万吨/年。

目前，中哈油气管道是中国唯一一条石油运输管道，此管道按最初年设计能力应为 2 000 万吨，目前运力为 1 000 万吨左右。中国由于进入哈萨克斯坦油气领域相对美国等西方国家要晚，里海地区很多优质油田已被西方油企瓜分，中国收购的油田大多为产油量低的旧油田。2006 中国在哈萨克斯坦石油投资企业产油量达到峰值 600 万吨，后逐年呈下降趋势。虽然 2013 年中国参股卡沙甘油田有望实现对华出口，但短期内该油田受各种因素制约还难以投入规模化生产。另外，在目前供油合同框架下，哈萨克斯坦已没有多余原油可供出口中国。尽管中哈输油基础设施增加，但如果不考虑俄罗斯过境石油的话，近几年哈萨克斯坦大幅增加对华供油的可能性不大。因此，寻求合适的供油来源成为中哈石油合作中需考虑的一个现实问题。

俄罗斯是中国近邻和世界上最大的石油生产国之一。根据中俄两国间协议，从 2010 年到 2030 年，俄罗斯石油公司同俄罗斯石油管道运输公司将通过中俄原油管道每年向中国供应 1 500 万吨原油。

俄罗斯天然气工业石油公司、俄罗斯秋明—英国石油控股公司曾通过阿塔苏—阿拉山口石油管道向中国出口石油，但 2010 年后已没有俄罗斯公司通过该管道向中国出口石油。2014 年 6 月哈议会批准关于俄罗斯通过哈萨克斯坦境内向中国出口石油的合作协议。在该协议框架下，俄罗斯指定企业可通过哈境内鄂木斯克（俄罗斯）—阿塔苏（哈萨克斯坦）—阿拉山口（中国）石油管道向中国出口 700 万吨石油。在双方能力许可的情况下，今后俄罗斯有可能通过该管道将其出口中国的石油增加至每年 1 000 万吨，但俄哈双方另需签署附加协议。根据协议，哈萨克斯坦有权对经过其境内管道向中国出口的俄罗斯石油征收过境费用。对中方来说，吸引俄方借道哈萨克斯坦对华输油，不仅能解决从哈进口石油不足的问题，而且还能解决油品质量不高（哈原油含硫量和石蜡含量较高，目前油品质量相对较低）以及阿塔苏—阿拉山口管道没有实现满负荷运转的问题。对于哈萨克斯坦而言，吸引俄罗斯石油过境可收取过境运输税，这也符合哈萨克斯坦的长期商业利益。

（二）新能源管道建设

目前，与中国新疆相邻的俄罗斯新西伯利亚、里海、哈萨克斯坦、伊朗、土库曼斯坦等已经形成了中国周边的"月牙形"能源带。这一能源带对保障中国石油天然气的需求具有十分重要的战略意义。

中国目前规划的四大油气能源进口通道，除东北通道外，其余三条通道，包括西北（中国—中亚）通道、西南（中—缅）通道和海上通道都是油气兼备通道，海上通道包括经马六甲海峡、中国南海运往中国的原油和液化天然气（LNG）海运通道，西北通道包括中国中亚天然气管道和中哈原油管道，西南则包括中缅原油和天然气管道。中俄东北通道，除2010年投产的原油管道外，天然气管道建设也在积极推进中。

2006年3月俄罗斯天然气工业股份公司和中国石油天然气集团签署天然气供应备忘录，按计划，俄罗斯天然气工业股份公司将铺设分别从西西伯利亚（西线）和东西伯利亚（东线）出发至中国的两条天然气管道，俄罗斯每年将向中国输送约700亿立方米天然气。

2014年5月，中俄双方签署了《中俄东线天然气合作项目备忘录》，根据协议，从2018年起，俄罗斯开始通过中俄天然气管道东线向中国供气，输气量逐年增长，最终达到每年380亿立方米，合同期30年，总价为4 000亿美元。东线方案管道铺设方向是从萨哈林到符拉迪沃斯克最后到中国东北黑龙江省。中俄东线天然气管道中国境内段2015年6月29日正式开工，2014年9月1日俄境内段管道也举行了开工仪式。

2014年11月9日，俄总统普京和中国国家主席习近平签署了铺设中俄"西线"天然气管道的框架性协议。西线也称为"阿尔泰"管道，经俄罗斯克拉斯诺雅尔斯克→新西伯利亚→新库兹涅茨克天然气管道和戈尔诺—阿尔泰斯克，到达中国新疆乌鲁木齐最终与西气东输管线相连接。管道设计全长2 800公里，项目估值约230亿美元，年输气量为300亿立方米，为期30年，预计2019年开始供气。

除中俄天然气管道，途经乌兹别克斯坦、塔吉克斯坦和吉尔吉斯斯坦三国从新疆南部的乌恰县入境的中国—中亚天然气管道D线塔吉克斯坦境内段在2014年9月13日举行了开工仪式。

（三）开发新的合作渠道

中国"一带一路"倡议对扩大运输基础设施的需求也在相应提高。目前哈萨克斯坦2/3的出口石油通过俄罗斯进行，最终用户主要是欧洲市场，然而目前欧洲国家对石油的需求正在不断减少，亚洲方向的需求增加明显。其中中国和印度的需求将分别增加1.5倍和1.8倍，分别达到1 230万桶/天和690万桶/天。

（四）中亚国家对油气的资源控制力度加强

中亚国家，特别是哈萨克斯坦近年来就提出能源油气开发中的"哈萨克斯坦含量"的政策，加大了对油气开发的控制。苏联解体时，哈萨克斯坦经济陷入困境。为吸引外资参与本国能源开发合作，哈萨克斯坦制定了非常优惠的政策，包括签署《产品分配协议》以吸引外资，协议有效期为40年。中国企业因进入哈油气市场相对较晚，没能签署协议。此协议内容一直没有公开，但据哈萨克斯坦著名学者康斯坦丁·瑟罗耶什金称，此协议包括"在外资投入成本收回前将不向哈萨克斯坦上交任何利税"，"现在很多参与此协议的外资企业以各种方式增加成本，以规避税"。近年来，随着油气收益的迅速增加，哈萨克斯坦已不满足于当初的利益分配方案。2000～2011年投入哈萨克斯坦油气领域的投资总额超过1 250亿美元，其中75%～80%为外资，同期石油出口的总收入为4 300亿美元，是投资额的2.5倍。其中大部分收入都流入跨国公司手中。为维护国家作为资源持有者的利益，哈萨克斯坦开始修改相关法律，明确政府优先权，推行政策以扩大国家在油气项目中的参与比例，如将卡沙甘项目的国有份额从8%提升到16.8%，增加先前协议没有的特许权使用费等。随着国际油价的持续走高，哈萨克斯坦的经济实力持续增强，其控制资源的意愿与能力也大大增强。同时，随着油气领域勘探难度加大，哈萨克斯坦本国企业在技术、设备、经验、资金等方面还无法完全独立作业，仍需要借助外国投资者的资金、技术等优势资源，因此如何实现投资者和哈萨克斯坦本国利益的均衡将会是所有在哈油气领域发展企业所要面临的问题。

三、非传统安全因素影响

（一）中亚政局发展存在不确定因素

稳定的政治局势是中国发展与中亚国家合作的前提。总体看，中亚国家目前还不会出现大的动荡，但不排除局部不稳定的可能，这对中国与中亚国家能源开发合作构成潜在的威胁。

（二）美国在阿富汗撤军可能引发的地区安全问题

美国从阿富汗撤军曾一度成为影响中亚稳定的热点问题之一，引起中亚国家普遍的不安和担忧。依照美国的撤军计划，驻阿美军 2015 年底减至约 5 500 人，2016 年底减至约 1 000 人。然而，随着极端恐怖组织"伊斯兰国"的兴起，阿富汗局势不稳，美国也一再放缓撤军计划。2015 年 10 月奥巴马宣布，将在 2016 年后在阿富汗驻留 5 500 名美军士兵。美国延缓撤军计划在一定程度上有利于维护阿富汗和中亚地区的安全和稳定，但中亚仍面临来自外部的极端主义和恐怖主义的安全威胁和压力。

（三）地区内各国间矛盾

中亚国家受自然地理条件的影响，有水的国家如吉尔吉斯斯坦和塔吉克斯坦却缺少油气资源，油气资源丰富的国家如哈萨克斯坦、乌兹别克斯坦和土库曼斯坦却缺少水资源。中亚国家间围绕跨界水资源问题一直争吵不休，尤其是吉尔吉斯斯坦和塔吉克斯坦与下游的乌兹别克斯坦围绕水资源问题冲突不断。曾有学者称，中亚水资源问题如果处理不好，有引发中亚国家间发生战争的可能。

（四）"三股势力"等问题

"三股势力"及毒品犯罪、跨国有组织犯罪等问题与受国际金融危机影响引发的失业、贫困问题交织在一起，这些都成为威胁本地区安全稳定的不确定因素。

四、中国企业投资中亚面临的问题

1. 投资环境

中亚国家投资环境虽不断完善，但仍不理想，法规政策多变，有法不依，执法随意性大。中亚国家独立后积极致力于法制社会建设，哈萨克斯坦的法律法规设计基本是参照国际法通用的形式，法律法规政策相对完善。但是问题在于这些政策法规在执行过程中人为干扰因素多，执法随意性大，执法不严、有法不依，这常会给投资者造成不必要的困扰和损失。

2. 贪污腐败问题

政府机构工作效率低，原苏联时期形成的官僚主义现象仍很盛行。总体看，中亚腐败现象严重，尽管各国都将反腐败作为重要任务并出台多项措施，但收效并不明显，也因此招致民众的不满，成为引发社会不稳定的根源。

3. "中国威胁论"

"中国威胁论"在中亚仍有一定的市场，对中资企业普遍存在的戒备心理成为制约中资企业进入中亚市场的潜在的阻力。

4. 其他问题

如办理劳工卡问题。为限制外国劳工的流入，中亚国家尤其是哈萨克斯坦实行严格的劳务配额制度，办劳动卡困难已成为在哈投资的中资企业面临的最现实和最难解决的问题之一。哈萨克斯坦为保障和增加本国就业，实行严格的国外劳动力在哈就业的劳务配额制度。据有关数据显示，哈萨克斯坦从2005年至2013年使用外国劳务配额从0.32%（2.5万人）提高至1.2%（10.8万人），虽然配额在增加，但实际使用外国劳务数量却在不断减少，从2007年的5.9万人减少至2013年的2.17万人。截至2012年11月1日在哈萨克斯坦的外国劳务用人单位2 918家，拥有哈本国劳动力40.18万人，外国劳务2.21万人，平均到每家外国用人单位不到8人。在哈中资企业每年面临办理劳务卡的大难题，包括在哈的中石油的企业中层管理人才有时因不能及时申请到劳务卡而不得不回国等待，这在很大程度上影响了在外企业业务的正常开展。

此外，还有中资企业自身发展中存在的问题。中资企业的总体竞争力不强，抗风险能力弱；国际化经营的经验不足，管理水平有待提高；缺乏熟悉国际规则、具备国际化经营管理的人才和高水平的外语人才；企业缺乏整体的长期发展战略等。

第六章

中国与中亚非资源性合作研究

第一节 中国与中亚非资源性合作概述

一、资源性合作与非资源性合作特征及关系

产业活动的发展离不开资源。"资源性产业"是依赖自然资源的消耗来实现增长的产业类型。资源性产业具有以下几个特征：（1）所消耗资源主要为不可再生资源，而且大多是具有一定战略地位，涉及国家安全，关系国计民生，如矿产资源、能源资源等。（2）产业发展受国家和地区政策影响较大，受到国家和地区政策支持的产业往往发展较快；相反则发展较慢。（3）增长方式粗放，对环境破坏较大。投资规模大，要求固定资产投资保持较高增长。（4）产业结构比较单一，集群效应差、发展弹性小，抵抗市场风险的能力有限。

"非资源性产业"是相对资源性产业而言的，是指以产品加工为特征、不依赖资源消耗的产业。非资源产业具有以下几个特征：（1）加工程度高，技术含量高，因此，对技术和人才素质要求较高；（2）对环境的污染较小，甚至可以改善环境；（3）产业内就业岗位多，有助于促进就业。

非资源性产业和资源性产业并不是分割、对立的关系，也不是简单的前者替

代后者的关系。特别是在资源型产业经济向非资源型产业经济过渡的阶段，它们是一种互为促进、互为依赖的关系。非资源性产业是在资源性产业的基础上发展起来的，部分非资源性产业是现有资源性产业链的进一步延伸，如传统资源性产业的深加工，因此，部分资源性产业可以通过技术提升或创新或产业链的延伸转化为非资源性产业。非资源性产业为资源性产业的发展提供服务，如非资源性产业中的新兴服务业。非资源性产业和资源性产业互为补充，二者共同促进一个国家或地区的经济发展。

二、中国与中亚各国非资源性合作的重要性与可行性

（一）资源依赖型经济发展模式有其局限性

中国与中亚国家的合作大多侧重于资源、能源领域，但是，资源性合作有其固有约束：由于加工程度较低，资源型产业的发展往往难以带动整个地区经济的发展；受市场经济波动的影响，资源型产业价格波动较大，产业发展不稳定。苏联时期，中亚国家是作为苏联整体社会分工一部分存在的，以各国自然资源为基础确定其在分工中地位，但是中亚各国在独立后二十多年的发展中原有产业格局没有发生根本变化，资源型工业结构反而得到了强化。

中国是经济大国也是贸易大国，中国工业门类齐全，出口产品以工业制成品为主。因此，中国与中亚国家具有良好的经济互补性，具有在国际分工基础上进行产业合作的物质基础。

（二）中亚国家对中国的矛盾心态

首先，希望富裕起来的中国能在经济上给予帮助。这种经济帮助除扩大贸易外，更希望中国能到本国投资，前去修建一些生产性项目，最好能帮助解决它们渴望解决的问题。其次，希望中国能帮助它们走向世界，参与解决与它们有关的国际和地区性的问题；希望中国能对它们自身安全和中亚地区安全提供保证。

同时，它们对中国的日益强大也感到不安，存在担心：担心逐渐强大的中国会威胁自己，"中国威胁论"在中亚国家也有一定的市场；担心中国"经济扩张"，使自己成为中国的"经济附庸"；担心中国经济发展带来生态变化，影响邻国；担心中国大量非法移民进入；担心中国一旦与美国、俄罗斯交恶会殃及自身。

（三）中亚国家关注各自能源及安全，迫切希望加强非资源领域合作

中亚国家是以农业和原料工业为发展重点的产业结构，工业门类并不完整，需从外部大量进口生活资料，中亚国家迫切希望尽快改变能源、原材料为主的经济发展模式，大力发展非能源领域经济，中亚各国均希望通过壮大民族工业，改善人民生活水平，维护主权提高国际地位。与中国合作的关注点转向非资源领域，中亚国家希望中国帮助其改善经济结构、发展基础设施和制造业的愿望更加迫切。中亚五国支柱产业情况见表6-1。

表6-1　　　　　　　　　　中亚五国支柱产业

国别	支柱产业
哈萨克斯坦	石油、天然气的开采加工；金属开采和冶炼、运输
乌兹别克斯坦	棉花种植；石油、天然气、铀矿开采；黄金等有色金属的开采和冶炼
吉尔吉斯斯坦	农业；有色金属的采掘和加工；电力工业；食品加工
塔吉克斯坦	铝锭生产和加工（非本地原材料）；棉花种植及加工；食品工业
土库曼斯坦	石油、天然气的开采加工；棉花种植和棉纺织

（四）潜力巨大的市场优势

中亚五国均将加快经济发展、提高人民生活水平作为巩固现政权的重要措施。中亚各国已步入市场经济轨道，商品市场、资本市场和劳动力市场逐步开放。从市场结构看，中亚五国的工业以采矿业和初加工工业为主，矿产品大量出口；中亚五国消费品市场基本属于对外依赖型的市场结构，原材料市场大都属于外部需求型的市场结构。其具体表现为：对本国的原料利用率很低，大都面向国外市场；机电、家电和汽车需求较旺盛，市场潜力很大；轻纺工业发展滞后，产品无法满足本国需要。从市场特征分析看，中亚五国市场规模较大，市场发育程度较低，消费潜力颇大，地缘优势和经济强势的互补关系，使中亚五国的经济合作对中国有很强的依赖性。

三、中国与中亚各国合作现状

近年来，中国与中亚国家非资源合作有所发展。中国与中亚国家发挥各自优

势,已从最初的纯资源贸易和产品初级加工逐步扩展到劳务输出、原料加工、专利转让、大型基础设施承包、农业生产和土壤改良等诸领域、多层次的立体交叉合作模式。

(一) 中国与哈萨克斯坦合作现状

目前,哈萨克斯坦是中国在中亚地区最主要的贸易合作伙伴,中哈间的铁路和公路也承载着中国与中亚各国的大部分贸易往来。中国是哈萨克斯坦第四大贸易伙伴(仅次于俄罗斯、意大利和德国)和第四大投资伙伴(仅次于美国、韩国、英国),哈萨克斯坦是中国在独联体内的第二大贸易伙伴(次于俄罗斯),2012年,中哈双边贸易额为199亿美元。在双边经济合作中,主要投资领域是石油、农副产品加工、皮革加工和餐饮。中国对哈萨克斯坦的经济合作中,石油合作占据重要位置,中国石油天然气总公司先后购买了哈萨克斯坦阿克纠宾油田85.42%的股份、卡布扎奇油田100%的股份,成功收购哈萨克斯坦PK石油公司,以及在里海盆地东缘中区的石油勘探项目等。

(二) 中国与乌兹别克斯坦合作现状

2012年,中乌双边贸易额为28.75亿美元,同比增长32.75%(中国首次成为乌兹别克斯坦第二大贸易伙伴),其中对乌出口17.84亿美元,同比增长31.27%;进口10.91亿美元,同比增长35.26%[①]。

(三) 中国与吉尔吉斯斯坦合作现状

2012年,中吉双边贸易额为51.6亿美元,同比增长3.7%(中国稳居吉尔吉斯斯坦第二大贸易伙伴国和第二大进口来源国),2012年对吉出口50.7亿美元,同比增长4%;进口0.9亿美元,同比下降9.4%[②]。

(四) 中国与塔吉克斯坦合作现状

2012年中塔双边贸易额为6.18亿美元,同比增长0.1%(2013年1月,中国成为塔吉克斯坦第二大贸易伙伴),其中,塔对我出口1.78亿美元,同比下降25.8%,占塔出口总额的14.3%,塔自我进口4.4亿美元,同比增长15.8%,

---

① 中国海关总署统计数据,见《海关统计快讯》,2013年2月21日。
② 中国海关总署统计数据,见《海关统计快讯》,2013年1月24日。

占塔进口总额的 12.9%①。

四、市场需求的比较优势

随着中国与中亚国家经济的快速发展,居民收入显著增加,消费水平也相应提高。我们主要是从经济发展水平、人口增长和市场规模等方面来说明中国与中亚国家的市场需求互补性。

(一)中亚国家的市场潜力

市场潜力可以用一个国家的经济发展水平和速度来反映。2005 年以来,中亚国家的经济发展虽有起伏,但以增长为主,尤其是哈萨克斯坦和土库曼斯坦,见表 6-2。

表 6-2　　　　　　　　中亚国家国内生产总值同比变化

年份 国家	2005	2006	2007	2008	2009	2010	2011	2012	2013	2014	2015
哈萨克斯坦	9.7	10.7	8.9	3.3	1.2	7.3	7.5	5	6	4.3	1.2
吉尔吉斯斯坦	-0.2	3.1	8.5	8.4	2.9	-0.5	5.7	-0.9	10.5	3.6	3.5
塔吉克斯坦	6.7	7	7.8	7.9	3.9	6.5	7.4	7.5	7.4	6.7	6
土库曼斯坦	13.3		11	14.7	6.1	9.2	14.7	11.1	10.2	10.3	6.7
乌兹别克斯坦	7	7.5	9.5	9	8.1	8.5	8.3	8.1	8	8.1	8

注:按不变价格,与上年同比,根据中亚各国统计公告计算。

哈萨克斯坦经济保持较快发展,受国际金融危机影响,哈萨克斯坦 2012 年国内生产总值为 30.0725 万亿坚戈(约合 1 998.6 亿美元),增长率为 5%②。由于哈开放程度高,在中亚国家中受国际经济危机的影响最大,但因其经济基础较好,加之石油经济特征,国际能源价格走高对其经济拉动作用明显;且政府采取各种应对危机的措施,故其经济恢复也较快。

土库曼斯坦国内生产总值的增长速度在中亚国家中一直领先,2012 年土国内生产总值增长稳定,比 2011 年增长 11.1%,是中亚经济增速最快的国家。

---

① 中国海关总署统计数据,见《海关统计快讯》,2013 年 2 月 10 日。
② 哈萨克斯坦国家统计署:2012 年哈萨克斯坦发展公报,哈萨克斯坦《实业周报》(一版),2013 年 2 月 15 日,以下哈国未标明来源数据均来自于此公告。

2012年土库曼斯坦共建设和投入使用397个大型项目，总价值超过50亿美元。各经济领域投资额与上年相比增加了38%①。

在过去的六年里，乌兹别克斯坦国内生产总值增长率一直保持在8%以上，增长率比较平稳，最高达到2010年的8.5%，最低达到2012年的8.2%。乌兹别克斯坦是受国际金融危机影响较小的中亚国家，乌独有的宏观经济发展模式显著降低了国际金融危机对乌经济和金融体系的消极影响，保证了宏观经济的发展②。

（二）中亚国家的市场容量

一个国家的人口数量是衡量该国市场容量和规模的一个基本指标。在不考虑人均收入和消费水平的条件下，一个国家的人口数量越多，该国的市场容量就越大；一个国家的人口增长速度越快，市场潜力就越大。从人口数量看，2010年，中亚国家人口数量为6 146.1万人，其中乌兹别克斯坦人口最多，达到2 858万人（见表6-3）。

表6-3　　　　　　　　中亚国家人口数量　　　　　　单位：千人

年份 国家	2000	2005	2010	2015
哈萨克斯坦	1 495.4	1 521.1	1 515.9	1 695.1
塔吉克斯坦	617.3	655.0	706.2	836.1
乌兹别克斯坦	2 472.4	2 659.3	2 858.0	3 044.1
土库曼斯坦	450.2	483.3	516.3	836.1
吉尔吉斯斯坦	494.6	520.4	549.7	579.8

（三）中亚国家的市场规模

购买力是直接影响市场规模的重要因素。购买力往往取决于收入、消费和储蓄等因素。其中收入最能反映消费水平和层次，收入越高，消费水平和消费层次就越高。工资水平和社会商品零售额是反映一国收入水平和消费水平最重要的两个指标。从消费水平和结构来看，苏联解体前，中亚各国普遍达到了中等偏上的水平。近年来，随着中亚各国经济的快速发展，以及居民收入的快速增长，他们

---

① 土库曼斯坦国家统计委员会：2012年土库曼斯坦统计公报，《土库曼中立报》（一版），2013年1月15日（以下土库曼斯坦未标明来源的数据均来自于此）。
② 王海燕：《后金融危机时期中亚国家综合经济形势——跌宕起伏》，载于《俄罗斯中亚东欧市场》2012年10月。

的消费结构发生了显著的变化，消费需求向较高层次迈进，逐渐从普通的日用消费品领域转向注重品质的较高层次的消费品领域。如果再考虑到人口因素、经济发展因素和人口素质等因素，中亚国家的市场潜力更是不可估量的，市场前景非常广阔。

五、中国与中亚各国非资源性合作的主要领域选择

（一）第一产业合作领域选择

中国与中亚国家在农产品贸易和农业技术方面具有很大的合作潜力。中国与中亚国家在加强农产品贸易同时，重点应在农业技术方面开展合作。种植业方面，中国与中亚国家在农作物育种、节水灌溉、合作种植等方面具有巨大技术合作空间。在农业育种方面，中国与中亚国家各有技术优势，在棉花、甜菜、玉米、水稻、葡萄、瓜类以及饲料作物育种方面可以开展合作，优势互补，提高农业生产水平；节水灌溉方面，中亚国家有着悠久的灌溉农业历史，尤其是棉田灌溉的技术较为先进和成熟，而中国的膜下滴灌技术在中亚国家很有市场，双方可以互相借鉴；中亚拥有发展农业的广袤土地，但由于劳动力和资金有限，没有得到开发，中国利用资金、技术以及劳动力优势，与中亚国家开展种植合作。中国与中亚国家在畜牧业方面也有很大的技术合作空间。中亚国家是传统的畜牧业生产区，具有丰富畜牧养殖经验。中国与中亚国家可在牲畜品种的培养和改良、家畜集约规模化生产等方面开展合作。

（二）第二产业合作领域选择

第二产业合作是中国与中亚国家产业合作的重点领域，中亚国家制造业基础薄弱，加工能力弱，因此独立后中亚各国普遍把日用消费品生产以及最终产品生产作为制造业发展的重点，成为中亚国家重点吸引外资的领域。基于中国与中亚国家的资源和技术优势，中国与中亚国家主要可在以下产业领域开展合作。

1. 农业机械制造

农业在中亚国家中占有重要地位，但目前中亚国家农业机械普遍超期服务，老化严重、噪音大、高耗油，配件停产，因此中亚国家的农业机械亟待更新换代。中国农业机械价格适中、种类丰富，运输和配件购买方便，颇受当地农民欢迎。中亚国家资金有限，设备进口能力有限，因此积极吸引外资在本地建设合资企业生产农业机械。

2. 纺织业

纺织业在中亚国家产业中具有重要地位，哈萨克斯坦和乌兹别克斯坦都将纺织业作为主导产业。但目前中亚国家纺织设备老化、产品单一，不能满足国内需要，目前急需吸引外资建立合资企业，提高加工能力，丰富产品种类。中亚各国将纺织业作为重点吸引外资行业，制定各方面优惠政策吸引外资。中国纺织业十分成熟，设备和技术具有很强的竞争优势。

3. 民用工业

民用工业指家用电器、日用百货、电信设备及办公用品的生产。民工工业是中亚国家工业体系最薄弱、市场空白点最多的行业，是中亚国家亟待发展的领域。目前在中亚国家开展家电生产的主要是韩国企业，中国家电主要出现在零售渠道。电信设备在中亚国家已经占领了一定市场份额。民用工业技术和资金要求相对较低，因此进入门槛相对较低，因此极易得到发展，各国在这一领域的竞争也极为激烈。中国企业应抓住中亚国家亟待建立民用工业体系的有利时机，与中亚国家开展合作。

（三）第三产业合作领域选择

中亚国家服务业发展很快，但发展水平不高，新兴服务业以及为生产服务的行业发展相对落后，如电信业、金融业等。交通运输领域和电信领域的合作是中国与中亚国家大规模开展产业合作的物质基础，具有重要的意义。尽管合作已经取得了积极成果，但仍有很大发展空间。

第二节 中国与中亚农业合作

一、中亚五国农业生产及贸易现状

（一）中亚五国农产品生产现状

中亚五国农业生产以种植业和畜牧业为主。种植业方面，主要以粮食（小麦、玉米和水稻）、油料和棉花这三类土地密集型产品为主，畜牧业为人们的日常生活提供肉、皮毛和鲜奶。

中亚五国普遍都重视粮食生产，强调粮食自给。按照联合国粮农组织提出的

95%的安全标准,哈萨克斯坦、乌兹别克斯坦、土库曼斯坦粮食基本能自给,尤其是哈萨克斯坦,粮食自给率达到148%,而吉尔吉斯斯坦粮食不能完全自给,每年需进口5%的谷物,土库曼斯坦粮食自给率最低,仅为62%,存在严重的粮食安全隐患。水果和蔬菜是中亚国家比较短缺的农产品,只有乌兹别克斯坦能够为周边邻国和俄罗斯提供水果和蔬菜。油料作物主要是油菜、葵花,中亚五国油料基本不能自给,每年都需要从国外大量进口以弥补国内生产的不足。经济作物以棉花、甜菜和烟叶为主,其中棉花是最突出的经济作物,棉花是乌兹别克斯坦、土库曼斯坦和塔吉克斯坦农业的支柱产业;乌兹别克斯坦是世界第五大产棉国、第二大出口国。

(二) 中亚五国农产品贸易现状

中亚五国农产品出口种类比较单一,纺织纤维(包括棉花、羊毛、蚕丝)和小麦是其主要的具有世界影响力的出口农产品,其中尤以哈萨克斯坦的小麦出口和乌兹别克斯坦的棉花出口最具特色。进口的农产品主要是粮食、植物油、糖、肉、瓜果蔬菜等。

在中亚五国中哈萨克斯坦的农产品进出口规模最大,2010年,哈萨克斯坦农产品进出口贸易总额达到40.78亿美元,几乎占中亚五国农产品进出口总额六成。小麦及其制品是哈萨克斯坦最主要出口的农产品。乌兹别克斯坦在中亚五国农产品贸易规模中居第二位,棉花是其最重要的出口农产品,2011年乌兹别克斯坦出口皮棉40.52亿美元,占其所有农产品出口总额的74.5%。吉尔吉斯斯坦能够大规模出口食糖和蜂蜜。塔吉克斯坦和土库曼斯坦最重要的农产品出口是棉花。中亚五国最为紧缺的就是食品、水果、蔬菜、糖、植物油等农产品,每年都需要从国外大量进口,以满足国内生产的不足。

从农产品贸易对象来看,中亚五国最主要的贸易伙伴是俄罗斯。同俄罗斯进出口额一般都占各国的30%左右。其他重要的贸易伙伴贸易国主要有瑞士、英国、德国、意大利、法国、韩国、伊朗、土耳其和中国。

二、中亚国家农业发展存在的问题

中亚国家农业发展迄今仍未改变靠天农业的状态,农业技术落后,抵御自然灾害能力低。

(一) 农作物单产低,农业技术落后

中亚国家农作物单产较低。例如,粮食生产大国哈萨克斯坦粮食亩产量很

低，2007年虽粮食大丰收，折合亩产仅87公斤。而在与哈萨克斯坦毗邻且地理气候土壤条件类似的中国新疆，小麦单产在2004年就已达到每亩120公斤。中亚棉花生产大国乌兹别克斯坦的棉花单产也低于中国新疆；乌最好的棉花"布拉哈——6号"相当于中国新疆二级棉水平；中国新疆棉花单产和总产分别比乌兹别克斯坦高30%~50%和30%以上。

（二）农业机械陈旧

中亚国家延续苏联时期建立的集体农庄经营模式，土地集中平坦，非常适合农业机械化技术的推广。但中亚国家农业机械普遍老化，急需更新换代。

（三）灌溉设施不足

中亚地区地表水分布极不均衡，主要灌溉水源是锡尔河和阿姆河，地处两河上游的塔吉克斯坦和吉尔吉斯斯坦占了2/3的水资源，而地处下游的哈萨克斯坦、乌兹别克斯坦和土库曼斯坦三国地表水资源总和才接近1/3。一方面是水资源有限，另一方面是灌溉系统缺乏。中亚国家无力投资以改善灌溉体系，目前主要依靠世界银行等国际机构有限的援助和贷款实施水利规划和建设。

三、中国与中亚国家农业合作现状

（一）农产品贸易合作

1. 贸易规模

中国与中亚五国在农产品贸易领域形成了较好的历史基础，自2000年以来，中国与中亚五国的农产品贸易进入了一个快速发展的新时期，见表6-4。

表6-4　　　　　　中国与中亚五国的农产品贸易额[①]

年份	哈萨克斯坦（百万美元）	吉尔吉斯斯坦（百万美元）	塔吉克斯坦（百万美元）	土库曼斯坦（百万美元）	乌兹别克斯坦（百万美元）	中亚五国合计（百万美元）	占中国农产品贸易额比重（%）
2000	60.79	10.13	3.70	5.80	20.60	101.02	0.28
2001	65.77	16.60	2.63	3.59	14.67	103.27	0.05

---

① 数据来源：UNCOMTRADE，中国驻中亚五国参赞处统计数据计算。

续表

年份	哈萨克斯坦（百万美元）	吉尔吉斯斯坦（百万美元）	塔吉克斯坦（百万美元）	土库曼斯坦（百万美元）	乌兹别克斯坦（百万美元）	中亚五国 合计（百万美元）	中亚五国 占中国农产品贸易额比重（%）
2002	46.60	8.64	1.91	2.84	36.43	96.43	0.24
2003	82.86	14.64	17.72	4.99	173.01	293.20	0.56
2004	82.04	21.36	5.63	11.57	354.86	475.46	0.72
2005	96.73	39.64	7.87	19.97	405.36	569.55	0.78
2006	115.57	88.91	11.20	11.20	528.20	755.08	0.90
2007	120.41	108.97	8.13	24.07	344.96	606.54	0.58
2008	150.34	133.43	13.05	31.44	331.17	659.43	0.55
2009	146.35	104.51	15.40	33.96	223.63	523.86	0.45
2010	175.56	141.52	19.28	49.45	756.54	1 142.35	0.95
2011	208	186	22		344		
2012	242	206	23		201		

根据贸易规模,中国与中亚国家的农产品贸易可分为三个层次。

第一个层次是乌兹别克斯坦。在中亚五国中,乌兹别克斯坦是中国最大的农产品贸易伙伴。中乌农产品贸易额分别占中国与中亚五国农产品贸易总额的一半以上。

第二个层次是哈萨克斯坦与吉尔吉斯斯坦。哈萨克斯坦是中国在中亚地区的第二大农产品贸易伙伴,仅次于乌兹别克斯坦;但中国与吉尔吉斯斯坦农产品贸易增长十分迅速。

第三个层次是塔吉克斯坦和土库曼斯坦。塔土两国与中国的农产品贸易额很小,在中国与中亚国家农产品贸易总额中仅占1%左右。

总体而言,近年来中国与中亚国家双边农产品贸易额增长虽然很快,但农产品贸易规模依然很小,双边农产品贸易发展空间很大。中国与中亚国家农产品贸易额在中国与中亚国家贸易总额中所占比重不高,2006~2010年的比重分别为4.47%、3.15%、6.31%、6.55%和6.75%。同样,中国与中亚国家农产品贸易额在中国农产品贸易总额中所占比重也非常低,2005~2010年分别为1.08%、1.02%、1.21%、0.82%、1.04%和0.65%。

2. 贸易结构

从贸易产品结构来看,中国对中亚国家主要出口食物及活动物这类劳动密集型产品，如苹果、梨等林果产品，马铃薯、葱、蒜等蔬菜，羊肉、禽肉、禽蛋等畜产品，番茄酱、葡萄酒、果蔬罐头等加工农产品，占出口总额的95%，其中林果产品所占比重最大，占出口到中亚国家农产品总额的45%以上。中亚国家对中国主要出口非食用原料（燃料除外），占出口总额的99.3%，其中主要是纺织纤维和未加工动植物原料等农产品，包括棉花及短绒棉和生皮及皮革等土地密集型产品，其中比重最大的是棉花及短绒棉，占从中亚国家进口的农产品的50%以上；生皮及皮革是中国从中亚国家进口的第二大农产品，近5年的进口额从2 981万美元增至4 922万美元，所占比重从29.97%增至33.87%，见表6-5。

表6-5　　　　　　　中国与中亚农产品贸易结构

国家	向中亚国家出口	从中亚国家进口
哈萨克斯坦	奶产品和蛋类、鱼及鱼制品、谷物及谷物制品、蔬菜及水果和混合食物制品	生皮及皮革、纺织纤维和未加工动植物原料
吉尔吉斯斯坦	肉及肉制品、谷物及谷物制品、蔬菜及水果和混合食物制品	生皮及皮革和纺织纤维
塔吉克斯坦	谷物及谷物制品和混合食物原料	生皮及皮革
土库曼斯坦	咖啡、茶、可可粉及香料	纺织纤维和未加工动植物原料
乌兹别克斯坦	咖啡、茶、可可粉及香料	纺织纤维和未加工动植物原料

可以看出中国与中亚国家的农产品贸易结构中，出口结构较多元化，而进口结构呈现单一化。

（二）农业科技合作现状

中国与中亚国家农业科技合作涵盖了种植业、养殖业、农产品加工业以及农业机械产品的生产技术等诸多领域。

在种植业方面，双方存在着很大的互补性，且取得了一定成效。如中国新疆农业科学院与中亚五国的同行开展了小麦、棉花、瓜果等农作物的育种材料、优良品种的交换、专家互访、试种良种等方面的科技合作。

在畜牧业合作方面，中国新疆尤其重视与中亚国家开展科技交流与合作，先后与哈萨克斯坦农业科学院养羊研究所、饲料与草场研究所等机构开展了牛羊饲养、牧草选育、草场改良、畜病防治等方面的合作研究，交换了牧草与家畜的优良品种以及相关的技术资料。

在农产品加工领域合作方面，主要体现在番茄制品加工贸易方面的合作。

中亚国家对中国农业技术需求旺盛。温室大棚技术、膜下滴灌技术和农产品改良技术在中亚国家尚处于起步阶段，中亚国家也希望通过农业技术合作提高农产品产量和品质。中国新疆天业集团在塔吉克斯坦注册了独资企业——友谊农业开发公司，负责推行中国政府援助的棉花膜下滴灌技术。这一技术在塔吉克斯坦应用非常成功，使塔这个干旱缺水的农业国看到了农业增收的希望。

（三）农业投资合作

从双方投资合作企业经营范围来看，中国与中亚国家农业投资的领域主要有：农副产品生产与加工、食品加工与销售、畜禽养殖等。然而，在农业领域投资合作的规模还较小，质量和层次还较低，合作不够稳定，资本、技术密集型合作项目和高新技术合作企业还很少。

中国与中亚国家农业合作有以下两个特点：第一，中国与中亚国家农业具有明显的互补性，合作潜力巨大。但目前，中国与中亚国家农业合作尚未充分展开，农产品贸易规模较小，农业技术交流有限。第二，在中国与中亚国家农业合作中，中国提供了市场、资金和技术，并发挥着主导作用。因此，深化中国与中亚国家农业合作，重点要提高贸易、投资和技术合作水平，其中贸易合作是手段，投资合作是基础，技术合作是关键。

四、中国与中亚农业合作存在的问题

（一）农业区域合作机制不健全

当前，中国与中亚国家全面、深入开展农业合作最大问题就在于中国与中亚国家没有建立持续长效的农业合作机制。上海合作组织给中国与中亚国家经贸合作提供了良好的合作平台，但中国与中亚国家至今尚未签订与农业合作、贸易与投资相关的框架协议，也没有建立涉及农业合作以及农产品贸易的高层对话机制，仅个别地区签订了地区性合作协议。由于没有建立有效的农产品产销对接机制，没有农产品贸易信息交流和共享平台，导致农产品贸易信息严重不足，企业更是缺少获取准确市场信息的渠道。农业科技合作也因缺乏农业人力资源和技术交流机制而使得双方的合作具有很大的随意性，合作的方式也只是大多局限于政府、科研团体之间的互访、考察、交换科研资料等。在农业投资领域，由于没有建立起风险防范机制和贸易争端解决机制而使农业投资合作进展缓慢。

（二）农产品贸易结构不合理

首先，产品结构单一化。在出口方面，林果产品占出口到中亚国家农产品总额的45%以上，且出口的农产品绝大部分为初级产品，种类少，产品档次低，附加值低，技术含量低，精深加工和高技术含量农产品出口所占比重也很低；在进口方面，主要集中在棉花和短绒棉，占从中亚国家进口农产品的50%以上。其次，对中亚国家出口市场过于集中，中国对中亚国家的农产品出口主要集中在哈萨克斯坦和吉尔吉斯斯坦两个国家，对这两个国家的农产品出口占到对中亚国家农产品出口总额的90%以上，如此集中的出口市场抑制了市场的伸缩弹性，导致农产品出口市场风险加大，容易受到进口国国内政治、经济波动及农产品贸易保护主义措施的冲击。最后，农产品贸易方式比较单一，以边境小额贸易方式为主。

（三）与中亚合作企业实力偏弱

中国农业"走出去"企业的实力偏弱，从而中国企业在中亚市场上面临着资金缺乏、规模小、竞争力弱等问题；且企业之间未形成差异化竞争，同质化程度较高，恶性竞争较多。严重制约着中国企业在中亚市场上的生存和发展。

（四）农业投资合作制度不完善

缺乏对中亚市场投资的战略性目标和总体规划，双方的投资合作规模还比较小，真正大型的、技术含量高、效益好的项目还太少。中国缺乏对企业的投资引导，加上双方信息不对称，导致企业不了解对方市场需求、投资需求，具有合作意向的企业苦于找不到合适的合作伙伴，错失了很多良机。缺乏完善的政策保险制度，农业项目投资大、回收慢等自身特点，决定了开展农业投资合作具有较大风险。

第三节　中国与中亚轻纺食品领域合作分析

一、纺织行业合作

（一）中国纺织工业发展现状及优势

纺织工业是中国传统支柱产业，在中国国民经济发展中一直占据着重要地位,棉纱、棉布、呢绒、丝织品、化纤、服装等产量均居世界第一位,截至2011年,纺织行业企业数量为22 484家,其中大型企业163家,占行业比重0.72%;中型企业3 168家,占行业比重的14.09%;小型企业19 153家,占行业比重的85.19%,见表6-6。

表6-6　　　　　　　　　中国纺织工业发展情况

年份	纺织工业总产值(亿元)	增长率(%)
2007	16 900.91	21.46
2008	19 383.77	15.19
2009	20 678.12	9.46
2010	25 735.55	27.16
2011	33 516.88	25.96
2012	57 810	12.00
2013	62 839	8.7

(二) 中亚诸国纺织工业发展现状及优势

中亚国家的轻纺工业中纺织、缝纫、制鞋、皮草所占的比重较大,并能利用合成纤维和人造纤维生产出质量较好的呢绒织品、西服面料、大衣面料等毛织品和针织内衣、长短袜等针织品,还能生产出结实耐磨的鞋类、皮革类、毡筒类制品及具有浓郁民族特色的地毯、壁挂等产品。

1. 哈萨克斯坦

轻纺工业曾是哈萨克斯坦的重要工业部门之一,包括轧棉、羊毛初加工、棉纺、毛纺、缝纫、制革、制鞋、裘皮加工等生产部门,其产值约占轻纺工业总产值的50%左右。但由于设备老化、工艺落后,哈的轻纺产品普遍缺乏竞争力。且主要出口原材料,制成品的出口几乎为零。

制约哈萨克斯坦纺织业发展的主要障碍和问题包括:生产设备损耗率高、资金消耗大、产品竞争力低、劳动力成本高、缺少投资积极性等。目前,哈萨克斯坦纺织企业生产设备的人为和物理损耗率为60%~80%,设备老化严重。在国外产品竞争力日益加大的形势下,哈萨克斯坦纺织业无论在资源,还是在技术方面的落后地位越来越突出。

2. 土库曼斯坦

土库曼斯坦政府非常重视发展本国的纺织业。纺织业是该国工业的重要组成部分,目前,土纺织工业包括轧棉、棉纺、毛纺、丝织、织毯、缝纫、制革、制鞋等部门，90%的产品用于出口，大部分产品已达到国际标准。

3. 吉尔吉斯斯坦

纺织业是吉尔吉斯斯坦重要的轻工部门，国内拥有各种纺织企业 70 多家。主要产品有棉纱、毛料和棉布、生丝线和混纺丝绸面料、毡毯类制品、无纺面料、地毯及其制品、针织品和袜子类制品。由于吉多数纺织企业生产工艺落后、设备陈旧、原料不足，导致纺织品的花色、款式及质量均不能满足国内市场需求。目前，吉国内市场销售的面料中有 90% 以上都是从中国、韩国、土耳其及欧洲国家进口。

4. 乌兹别克斯坦

乌兹别克斯坦是世界第五大产棉国和第二大棉花出口国，年均产籽棉 350 万 ~ 370 万吨，可加工皮棉 100 万 ~ 120 万吨，乌兹别克现有 863 家纺织厂和 1 043 家服装企业。棉花和生丝是乌纺织业的主要原料，因此乌纺织业分为棉纺织业和丝绸业，主要产品有长绒皮棉、棉纱、棉布、毛料布、丝绸、针织品、地毯及其制品、服装等。虽然乌的棉花、生丝、卡拉库尔羊羔皮、蚕茧等原料十分丰富，但加工能力有限。乌企业的产品无论是在质量、款式、品种和营销策略等方面都缺乏竞争力，无法抵抗进口服装造成的冲击。

5. 塔吉克斯坦

塔吉克斯坦是畜牧业为主产业、农业为副产业的典型的山区国家之一。由于苏联时期形成的重视畜牧业发展，忽视轻工业发展的经济发展格局，造成塔吉克斯坦轻工业发展的长期落后。苏联解体后，塔吉克斯坦纺织服装业更急剧衰败，年产值低，只能满足国内市场需求的 10% ~ 15%。

二、食品加工业

（一）中国食品加工业发展现状及优势

中国食品行业运行状况良好，消费升级、政策推动、标准重建以及外资涌入、内资合并等诸多因素的影响，使得中国食品行业传统的低集中度现状加速改变。

（二）中亚诸国食品加工业发展现状及优势

中亚五国食品工业历史较为悠久，主要包括肠衣业、乳品业、制糖业、磨粉碾米业、榨油业、水果蔬菜加工业、罐头业、酿酒业、盐业、渔业、烟草工业等部门。食品工业是中亚诸国工业中少有的发展水平相当、门类较齐全、优势较明显的领域之一。

1. 哈萨克斯坦

哈萨克斯坦食品加工业主要分为肉类加工业、奶油干酪和乳品加工业、制糖业、水果蔬菜罐头加工业、磨粉碾米业、榨油业、盐业、渔业、烟草业、面包糖果生产加工业、通心粉生产加工业等。但目前由于原料供应不足以及加工设备日趋陈旧,致使产品加工质量下降,国内产品销售出现困难,不得不大量从国外进口。

2. 土库曼斯坦

土库曼斯坦现有200余家食品加工企业,主要产品有面粉、面包及其制品、通心粉、糖果、蔬菜和肉罐头、葡萄酒、白酒、乳制品等,土食品加工企业发展水平较低,多为中小型企业。

3. 吉尔吉斯斯坦

吉尔吉斯斯坦食品加工业主要有制糖、糕点和糖果加工、粮食和饲料加工、啤酒和非酒精饮料酿造、乳制品加工、肉制品加工、果蔬加工和烟草加工等,吉尔吉斯斯坦的食品深加工能力较弱,缺少优质产品。

4. 乌兹别克斯坦

乌兹别克斯坦有300余家大中型食品加工企业,主要产品有面包及其制品、通心粉、糖果、蔬菜和水果罐头、葡萄酒、白酒、乳制品、烟草制品等。

5. 塔吉克斯坦

塔吉克斯坦目前基本无蔬菜、水果等食品加工企业,其本国食品工业发展水平较低,产品品种和质量尚无法满足国内市场需求,食品进口有不断增长的趋势。

第四节 中国与中亚机械制造业合作分析

机械制造业在任何一个国家或地区都是十分重要的经济部门之一。该行业的发展和良好运作在某种程度上决定着经济的耗能和耗材量、劳动生产率,甚至是经济安全。

近年来,随着中亚国家经济全面复苏和加快发展,普遍存在着对进口机电产品的旺盛需求,机电产业成为这些国家鼓励发展的重点行业。而这些国家工业体系多不完善,满足不了快速增长的市场需求。积极开发机电产品出口业务,抢占中亚国家机电市场，成为各国拓展与中亚合作空间的一项现实选择。在中国机电产品出口中，农机产品是中亚国家普遍急需的产品。中亚国家农机制造工业基础比较薄弱，现有的农机工厂均为苏联时期的，而且目前都相继破产，使用的农机具也都是那个时期生产的，已经到了更新换代的时候。而中亚国家基本是以农牧业为主的经济结构，对农机的需求十分迫切，业主都希望买到经济实用的农机产品。这对于拥有技术优势、人才优势、地域优势、价格优势的中国农机企业来说是一个机遇。

一、中亚机械制造业生产及贸易情况

（一）哈萨克斯坦

1. 生产现状

哈萨克斯坦不仅拥有丰富的自然资源，而且还有相当发达的工业基础，在 GDP 总量中，工业占 32.2%，其中，加工业占 18.5%，矿山开采业占 11.5%，机械制造业在哈工业产值中所占比重仅为 3.2%（2011 年）。在哈机械业构成中，电机制造、重型机器制造和农机制造占主导地位。哈以矿业开发为导向的机械工业具有明显优势，在勘探设备、矿山机械和冶炼设备生产方面均居中亚国家前列，但其机械电子工业的整体发展水平还较为落后。全国从事机械制造的企业不超过 150 家，其中只有 50 家能生产油气机械，而且所有机械制造企业中只有 6%~8% 的企业能够生产最终产品，能为大型油气田开发项目生产设备的厂家屈指可数。设备老化、工艺技术落后使得哈机械制造企业连年亏损，面临较大的竞争压力。

近年来，机械制造业是哈发展最快的行业。2009 年哈政府将机械制造业列入国家工业创新名单，制定相关的财政办法支持机械制造领域的发展，该举措同时带动了运输设备制造业、铁路机车、设备和车厢生产业、小汽车制造业、油气机械制造业和农业机械制造业等领域发展。哈机械制造业发展规划确定了 2015 年前产值达到 5 880 亿坚戈的目标，而 2010 年哈机械制造业总值 3 000 亿坚戈，2012 年机械制造业总产值达 6 570 亿坚戈，比 2010 年增长 1 倍多，也提前完成了规划定制的目标；2012 年机械产品生产同比增加 12.8%，其中，汽车、挂车和半挂车增加 92.6%。2013 年哈萨克斯坦机械制造业产值目标定为 8 000 亿坚戈，且哈有信心于 2015 年前机械制造业总值超过 1 万亿坚戈。如此显著的产值增长主要是源于电脑、电子产品、光学仪器、交通工具等设备产量的提高，以及机械、设备的维修和安装量增加。

2. 贸易现状

哈国内对机械产品的需求主要依靠进口，是机械设备产品的纯进口国，进口占哈国内机械产品消费总量的92.1%。

对于与中国的贸易关系，机电产品正在成为中哈贸易中最具成长力的经济增长点。哈国政府早已计划更换公交车，而同样的车型，中国产品仅是欧洲产品价格的1/10，中国客车目前占哈国进口客车量已超过80%，哈国已决定要进一步加大与中国企业的联系。2010年哈萨克斯坦自中国进口机电产品总额为2.75亿美元，占到进口总金额的16%，与2005年相比增幅212.5%（见表6-7）。中国出口至哈萨克斯坦的工程机械设备主要包括装载机、挖掘机、推土机、起重机、平地机、压路机、碎石设备、混凝土泵、混凝土搅拌机、混凝土搅拌车、工程自卸车、散装水泥车等十余种工程设备，贸易方式为一般贸易和边境小额贸易出口。随着经济的快速发展，哈对机械设备产品的需求量也将随之增加，但国内生产量不大，难以满足市场需求。而由于投资量太大，组织大规模的进口替代型国内生产是不现实的。因此中国应抓好该机会进一步加大与中亚国家机电产品的贸易及技术合作。

表6-7　　2005~2010年哈萨克自中国进口机电产品情况

年份	数量（万件）	金额（亿美元）	金额占比（%）	增幅（%）
2005	2.52	0.88	4.1	
2006	14.8	1.9	6.1	115.9
2007	13.5	5.48	11.33	188.4
2008	25.7	2.48	7.07	-54.7
2009	14.7	2.51	7.14	-39
2010	29.4	2.75	16	82.1

（二）乌兹别克斯坦

1. 生产现状

乌兹别克斯坦在苏联时期虽然建立了较为齐全的工业体系，但偏重于原料生产。独立后建立了一系列新的工业部门，目前主要工业部门包括：采矿业、机器制造业、冶金和化学工业、轻工业和食品工业、电力工业、建材业。乌兹别克斯坦有300多家机械制造企业，其中大型机械厂94家。该行业的从业人员占全国工业就业总人数的25%左右。机械制造业主要集中在塔什干、撒马尔罕、安集延等城市。中亚地区2/3的机器制造产品是在乌兹别克斯坦生产的，乌兹别克斯坦也是中亚地区唯一生产丝织和纺纱机械的国家。乌兹别克斯坦生产的机电产品主要有：电力设备、电子机械、重型机械、大中型马力拖拉机、棉花种植、采收和加工机械、果蔬加工设备。2012年乌兹别克斯坦工业产值253亿美元，同比增长7.7%，其中机械制造和金属加工占比17%，同比增长0.8%。

2. 贸易现状

乌兹别克斯坦主要外贸伙伴为：俄罗斯（占乌外贸总额的29%）、中国（12.3%）、哈萨克斯坦（10.2%）、韩国（8.8%），2012年，中国首次成为乌第二大贸易伙伴。乌兹别克斯坦很看好中国的小型机械设备，2012年乌自中国进口的小型设备主要有专用汽车、推土机、碎石机、砖厂设备、塑料制品生产设备、牙科及其他医用设备、通心粉生产线、建筑机械等。2012年中国对乌出口17.8亿美元，同比增长31.3%，机电产品占出口总额的约50%，其中机械器具及零件、电机、电气、音像设备及其零附件、车辆及其零附件出口均保持较快增长（单项增幅34%~80%），见表6-8。

表6-8 2012年我对乌出口前十大货品类别

名称	出口金额（万美元）	占比（%）	同比（%）
核反应堆、锅炉、机械器具及零件	46 920	26.3	80.2
电机、电气、音像设备及其零附件	24 614	13.8	33.6
钢铁制品	20 786	11.6	61.3
塑料及其制品	11 821	6.6	10
钢铁	9 677	5.4	12.3
车辆及其零附件，但铁道车辆除外	9 407	5.3	48.5
橡胶及其制品	8 841	5	49.6
咖啡、茶、马黛茶及调味香料	5 114	2.9	60.7
光学、照相、医疗等设备及零部件	4 684	2.6	20.8
家具、寝具等、灯具、活动房	3 647	2	59.4

（三）土库曼斯坦

土库曼斯坦的产业结构比较单一，石油天然气工业是其支柱产业，机械制造等产业则是空白。大部分机电产品包括机械设备、运输工具及所需农机具均需从国外进口。目前，机械制造和金属加工工业是土库曼斯坦一个正在发展的部门。土主要生产的产品为通风器、油气设备配件和各类泵等小型机电产品，其他大部分需进口。

（四）吉尔吉斯斯坦

吉尔吉斯斯坦工业基础较薄弱，加工能力差，燃料、设备、工业品和日用消费品大多依靠进口。主要工业部门有矿山开采、发电、化工、有色金属冶炼、机器制造、农产品和食品加工等。吉机械电子产品基本依赖进口，产品主要来自欧洲国家、日本、韩国、中国及阿联酋。俄罗斯、中国、哈萨克斯坦、瑞士、美国为吉前五大贸易伙伴国，占比分别为 27.6%、17.5%、12.7%、7.7% 和 3.5%。

（五）塔吉克斯坦

塔工业基础薄弱，生产能力严重不足，商品多以进口为主，且种类繁多。天然气、电力为其主要进口商品。近年来中国对塔出口的机电产品中，具有较高技术含量和附加值的机电产品正在逐渐增加，汽车、彩电以及各种用于农副产品加工和建材生产的小型成套设备纷纷进入塔国市场。若要进一步拓展机电产品对塔的市场份额，就要进军塔国的中高档机电产品市场，具有较高技术含量和附加值的机电产品是未来几年中国对塔国最有潜力的出口产品。

二、中国与中亚国家机械制造业重点合作领域分析

机械工业主要包括农业机械、汽车工业、石化通用机械和基础件等在内的机械工业。

中亚国家机械工业发展较早，其电机制造业、重型机器制造业和大型农机制造业占主要地位，机床、仪表、工具等制造企业也得到了优先发展，但以钻机等为主的石油机械设备、一些大型机械成套设备和特种大型设备、客货机动车制造业、小型农业机械制造业相当薄弱，需大量依赖进口。中亚国家因沿袭原苏联的农庄体制，生产规模仍然较大，普遍使用的是大中型农机具。较有优势的农业机械是以悬耕、耙地、犁地为主的耕整机械和以插秧、犁栽、收获等为主的种植

机械。

改革开放以来，中国机电工业发展突飞猛进，特别是农机生产水平要比欧美更具优势，而这些正是中亚市场极为缺乏的产品。当前中国企业在中亚市场上主打的机械产品包括工程机械车（包括水泥搅拌车、自卸车、牵引车、挂车等）、各种客货电梯、观光电梯、大小型客货车、小型农机具（包括小四轮拖拉机、小型联合收割机、制砖机、水管快装锅炉、旋转割草机、剪羊毛机组、小型骨肉粉加工成套设备）、果蔬、饮料（包括葡萄等精加工和果汁成套设备）等农产品加工包装设备。国内机械制造企业应积极研究中亚市场需求，开拓中亚这一潜力巨大的市场，相对而言，如下领域合作潜力较大。

（一）建筑工程机械

目前，随着中亚国家经济持续稳定增长，各个国家对固定资产的投资增长，一系列基础设施建设，包括道路交通网建设、市政建设、港口建设、矿产开发项目和天然气工程项目建设等逐步展开，对建筑工程机械设备的需求不断增加。中国出口的工程建设机械设备产品质量过硬，适销对路，价格有竞争力，适用于基础设施建设用的土石方工程施工机械和某些建筑施工机械等，其性能价格比在中亚国家极具吸引力。中亚国家经济发展与资金短缺是突出的共性矛盾，设备采购经费承受能力有限，因此对中国价廉物美的工程建设机械寄予较大期望，中国工程建设机械出口中亚市场大有潜力。工程机械成为新贸易增长点。

（二）农业机械

中亚国家经济的复苏带动了农业的快速发展，但由于当地机械制造业生产速度与市场需求之间还有明显差距，中亚国家关注来自中国的农业机械。中国的农机，不但价格适中、机型较多，而且运输和配件购买方便，颇受当地农民欢迎。

（三）能源勘探与开采机械

中亚国家拥有丰富的矿产资源，目前，有一半的矿业开采、加工和冶炼企业设备老化过时，需要大量维修，而自己的矿山机械制造业发展薄弱，主要从俄罗斯进口。中国在地质勘探和矿产开采冶炼技术设备方面有比较优势，加强与中亚国家在这方面的合作，可以为中国地质勘探、矿产开采冶炼技术设备出口提供广阔的市场空间。

三、中国与中亚国家机械制造业合作存在的问题

(一) 中亚国家机械制造存在的问题

目前该行业存在着许多体系性问题,主要是:①缺少类似于组装线的备件生产基地。如哈铁路总公司每年需要 2 800 多种各种配件,但国内生产只能满足 500 种。②缺乏资金。居民生活水平的提高增加市场对汽车等耐用机械产品的需求,刺激相应机械制造行业的发展,但由于资金缺乏,机械制造业企业无法扩大和改造现有的生产规模,导致技术落后和生产效率低下。③运输费用、能耗和固定资产磨损率高,工业和设备老化等,降低了产品的价格竞争力和盈利水平。

(二) 中国机械制造存在的问题

30 多年来,中国制造业有了显著的发展,无论制造业总量还是制造业技术水平都有很大的提高,但具有独立自主知识产权的品牌产品却不多。面对 21 世纪世界经济全球化的挑战,中国机械制造业存在着不少问题。主要表现为:①跨国企业的蚕食。改革开放尤其是近几年的招商引资,中国大量引进技术和技术装备,使机械制造业有了长足的发展,但也给人们带来了许多担忧。外国投资者的经营策略是:基本前提是对华投资活动中必须保持其控制权,当前跨国企业特别热衷于并购中国高成长性行业中的优势企业。②核心技术缺失。中国机械行业存在一个巨大的技术"黑洞",最突出的表现是对外技术依存度高。近几年来,中国每年用于固定资产的上万亿元设备投资中 60% 以上是引进的。作为窗口的国家高新技术产业开发区,也有 57% 的技术源自国外。

(三) 中国与中亚国家机械制造合作中存在的问题

一方面,中国与中亚国家经贸合作的总体水平不高,规模不大,在机电产品的出口上市场份额亟待扩大,中亚国家机电产品市场 90% 以上由中国以外的制造商占领。另一方面,中国的机械制造企业生产的产品在质量上赶不上国外进口产品,产品技术水平低,技术含量亟待提高,企业开拓市场的能力不强。此外,中国对国际市场认识分析不到位,不能够根据市场需求及时调整产品。一些外贸公司在代理机电产品出口中,一直是在单打独斗而且相互竞争,没有形成合力。丢失了一些市场。

第五节 中国与中亚国家的交通合作

中亚地处亚欧大陆腹地,是连接亚洲和欧洲,太平洋和大西洋陆路交通的要地,交通运输合作是其他领域合作的设施保障。所以,与中亚国家在交通领域的合作就显得尤为重要。

一、欧盟、美国、俄国与中亚交通合作

中亚由于其丰富的尤其资源,以及重要的地缘政治,美国,欧盟以及俄国在该地区形成了大博弈状态。

(一)欧盟与中亚的交通合作

欧盟地区交通运输的基本政策是通过多元化渠道获得原材料资源,并逐步实现中亚和高加索的运输通道同欧盟各国的运输网络一体化。欧盟在中亚采取了积极的政策,在交通技术援助以及能源运输方面以项目作支撑进行合作。欧盟对中亚国家的政策在 TACIS 框架下,"欧亚走廊交通项目"始于 1993 年,旨在推动欧洲、高加索和亚洲走廊的贸易与交通,以重振"丝绸之路"。TACIS 最终被纳入《中亚地区战略文件》(2002~2006 年),显示欧盟委员会试图通过该文件使其对中亚五国的援助形成完整的战略框架。

TRACECA 和"欧洲跨国石油与天然气运输"项目(Interstate Oil and Gas Transport to Europe, INOGATE)的框架下发展并扩大能源、运输和贸易等领域的基础设施建设。由于 TRACECA 和 INOGATE 项目覆盖了中亚五国和其他独联体国家,因此欧盟新中亚政策强调在中亚五国范围内的基础设施建设,说明其力度将比以前更强。目前,欧盟大力支持长达 3 300 公里,从土耳其经保加利亚、罗马尼亚和匈牙利至奥地利的纳布科管道,以期直接得到来自波斯湾和里海沿岸的天然气供应。这条管道的计划建设时间是从 2008 年至 2011 年,预计供应能力在 2020 年达到每年 300 亿立方米。

(二)美国与中亚的交通合作

美国在中亚的战略更加的坦白,为弱化俄罗斯对中亚能源输出的控制,尽可

能鼓励在东南西北建设多条能源出口线路。美国在中亚更多的是注重管道的建设。一是向西的巴库—第比利斯—杰伊汉（BTC）管道，又被称为欧亚走廊（The Eurasian Corridor），被美国视为"泛中亚地区"的油气输送摆脱了俄罗斯控制，这将使地区能源产销对俄的依赖降到最小化。该项目自1997年9月5日提出，2002年9月开始动工，已经于2004年第四季度建成并于2005年输油。二是向南的管道。最终到达巴基斯坦沿海港口的石油线路估计全长为1 040公里左右，输送能力可达每天100万桶石油，可以将土库曼斯坦、乌兹别克斯坦、哈萨克斯坦和俄罗斯等国家的部分石油输送到亚洲。三是通往北部或西北部的管道。中亚国家独立后，很快就修建了两条通往西北的新管道，其中一条从阿塞拜疆的巴库延伸到俄罗斯的新罗西斯克港，另外一条是从巴库到格鲁吉亚的苏普拉，这两条管道的输送能力加起来为每天21.5万桶左右。

（三）俄罗斯与中亚的交通合作

俄罗斯的基本目标是保持中亚为俄罗斯的"后院"，它的传统地位不受挑战。俄罗斯现在的问题是，要建立一个限制新独立国家的新关系网并保持俄罗斯在地缘政治和经济上的主导地位。与中亚的交通合作是俄国的重点，俄国尤其重视与中亚的管道建设方面，其想要完全掌控中亚的天然气，这与其他大国，尤其与美国的利益相违背，同时也与中亚国家的利益相悖，所以中亚各国还是在积极地寻找其他的输出合作国。

二、中国与中亚的交通合作现状

中国与中亚各国在地理距离上相近，具有一定优势，并且中国新疆与中亚国家相邻，随着中国国力的增强以及中亚各国的发展，中国与中亚各国的贸易逐年升温，由此，对于中国与中亚各国交通运输的要求越来越高，各国的合作也更加普遍。

（一）公路、铁路和航空口岸同步发展，通道逐年增多

在口岸数量增加的同时，口岸交通设施也在不断改善。公路口岸开放初期仅有低等级公路，经过10多年的建设改造，现有5个口岸公路等级达到二级以上，其他为三级或四级。公路口岸的场站设施也得到了很大改善。"双西公路"作为一大亮点，对中国是一种考验，"双西"通道会促进我西部地区——尤其是新疆的物流。铁路口岸的开放相对较成熟，跨国铁路现阶段也在快速的

发展。目前，中国与哈萨克斯坦的铁路已有两条实现对接，这是该领域的很大一步跨越。

（二）管道运输情况稳步前进

中国第一条跨国输油管线的中国—哈萨克斯坦石油管道于 2003 年启动。中国—中亚天然气管道于 2009 年 12 月 14 日正式全线通气，使中国天然气的一次能源消费比例由 3.5% 提高到 5% 以上。2012 年 7 月 28 日，中哈两国又一个能源合作项目——中亚天然气管道南线工程开始建设，中亚天然气管道南线工程是哈萨克斯坦"十大优先重点工程"之一。由此可看到中国与中亚国家管道建设的稳步推进。

三、中国与中亚交通合作领域发展存在的主要问题

（一）铁路轨道技术标准不统一，基础设施落后

中亚五国由于在苏联解体前属于一个整体，其交通路线也是一体的，自苏联解体之后，中亚区域内各自的线路不合理，中亚五国的交通运输不畅与低效。这主要是属于历史遗留问题，只能在发展过程中逐步的改善。同时，由于技术标准不一，中国与中亚国家的铁路轨道的宽度不一致，这种情况导致货物运输出境必须车皮换装或者换轮，使得货物运输的效率大大降低，严重地影响了两国贸易的进程，制约了贸易的物流效率。

（二）协调机制难以发挥，已签运输协议难以真正落实

上海合作组织国家间交通运输协调机制的作用难以发挥，长途跨境运输协调困难，运输便利协定的执行情况不理想。在中国与上合国家的跨境运输中，线路开通长度，运输车辆标准和运输承担者的选择等方面尚存在不少的争议和不对等现象，致使签订的运输协议难以真正的落实。

（三）通道和口岸能力制约

亚欧之间的贸易额已经超过 1 万亿美元，但目前通过中亚运输的贸易额尚不到 1%，与中国相接的哈、吉、塔口岸通过能力低。突出表现在各国通关手续繁杂、效率低。同时，口岸收费部门多、环节多、项目多、收费没有标准。

第六节 中国与中亚国家通讯信息合作

一、中国与中亚国家进行通讯合作的必要性

（一）通讯信息技术成为经济发展的推动力

随着世界经济的发展，人类社会已经入信息时代，经济在很大程度上依赖于技术创新，信息通讯技术现在已成为经济发展的必备条件。信息技术的快速进步在很多领域产生深远影响，成为经济发展的重要推动力。

（二）中亚国家通讯信息技术发展潜力巨大

经济发展与通讯信息业发展相辅相成，中亚五国的通讯信息技术发展相对滞后，是当今世界上有较大潜力的通讯市场。世界经济的快速发展必然推动通讯信息业的发展，而通讯业的发展也必将为经济发展注入新的活力。对于中国五国来说，大力发展通讯信息技术能够促进其国内生产总值的增长，中国与中亚五国进行通讯信息领域的合作有着很大的潜力市场。

二、中亚五国通讯信息技术整体发展概况

中亚五国经济的发展带动了其通讯信息产业的高速发展。中亚五国的通讯信息业呈增长趋势。然而，由于中亚五国通讯信息产业底子薄，有些国家增长缓慢。中亚五国在财政上的捉襟见肘需要引进外资来发展本国的通讯信息产业，一大批外国企业得以进驻中亚，取得了不菲业绩。但随着中亚五国不断关注本国的自身通讯技术以及国防安全，中亚开始逐渐注重发展本国企业，和外国企业摩擦不断。

（一）哈萨克斯坦通讯信息产业发展概况

哈萨克斯坦国民经济为其通讯信息业的高速发展提供了支持，大规模基础设施建设和老旧设备的更新换代使哈萨克斯坦电信业登上了新的台阶。

1. 现代通讯技术

移动电话市场是哈萨克斯坦电信业发展最快的领域，哈萨克斯坦手机用户数约与全国人口数相等，达到 1 560 多万部。哈移动通讯业的快速发展得益于两个因素：移动运营商之间的竞争降低了资费和运营商之间的网络互联减少了运营费用。哈萨克斯坦通讯事业快速的发展带来了大量的新用户，同时，加大了各运营商之间的竞争。哈萨克斯坦有三大 GSM 标准移动电话运营商，分别为：哈萨克斯坦电信公司，主要股东为芬兰、瑞典、土耳其的 "FinTur" 公司和哈萨克电信公司，运营商标为 "Kcen"，手机号以 701 或 702 打头；"Кар‑Тел" 公司，由俄罗斯的 "ВыIМ. ne oMoM" 公司控股，运营商标为 "Вым‑пелкомом"，手机号以 777 打头；移动电信服务公司（Mobile Telecom Serviee），运营商标为 "Neo"，手机号以 707 打头。

2. 互联网

互联网是国家世界竞争力的重要衡量指标之一，发展快速的网络成为哈萨克斯坦的优先任务，哈萨克斯坦通讯与信息化部、教育与科学部、财政部、萨姆鲁克—卡泽纳国家福利基金和哈萨克斯坦电信公司制定了相关方案，使哈萨克斯坦的宽带网具有世界领先水平。

1998 年哈萨克斯坦每百人中互联网用户为 0.1327（即互联网渗透率为 0.1327），2010 年哈萨克斯坦每百人中互联网用户为 17.91，2011 年哈萨克斯坦每百人中互联网用户则增长至 44。随着哈萨克斯坦电信业的饱和，用户将逐渐享受到个性化、多样化和价廉质优的电信服务，这对哈萨克斯坦电信业者是一个必然的挑战。

3. 电子政务

哈萨克斯坦于 2005 年开始发展电子政务，2005～2008 年是哈萨克斯坦发展电子政务的初始阶段，2008～2012 年，主要任务是完善"电子政府"体系和建设信息化社会。2012 年哈萨克斯坦交通通讯部积极计划实施电子政府，60% 的社会服务已通过电子方式成功开展。通过电子方式发放的许可证，将逐步扩大到其他许可文件上（其中 80% 将通过在线模式发放）。

4. 数字电视广播发展情况

哈萨克斯坦于 2011 年开始实施国家数字卫星和电视广播规划，第一阶段：建设 DVB‑S2 标准电视广播数字卫星网络，并于 2011 年 1 月 18 日投入使用，第二阶段：建设 DVB‑T2 标准电视广播数字网络，时间为 2011～2015 年。

5. 哈萨克斯坦通讯信息业发展中存在的问题

哈萨克斯坦的互联网发展极为不平衡：一是网络用户城市集中度较高，年龄段分布均衡率较低，哈萨克斯坦网络用户主要集中在阿拉木图和塔拉兹这些大城市里，城市居民中，经常上网的人数仅占 6.2%（约 50 万人）。二是工作地点上网率高，家中上网率低。40% 的人在工作单位上网，28% 的人从家中上网，从网吧上网的人占 12%。三是网上资源的利用主要以娱乐为主。四是本国域名利用率低。据统计，以 KZ. 国内域名注册的网站共有 2.6 万个，实际运行中的不到 6 000 个。一些公司和机构选择使用架设在俄罗斯或美国的服务器。五是哈国的互联网收费相对来说较高。

（二） 吉尔吉斯斯坦通讯信息产业发展概况

吉尔吉斯斯坦加入世界贸易组织较早，为实现与国际接轨，吉尔吉斯斯坦非常重视发展通讯业，与中亚其他国家相比，其发展速度、规模和总体状况均处于相对先进水平，在国民经济中占有相当重要的位置。据吉尔吉斯斯坦官方统计，截至 2010 年 4 月，有线电话用户为 50 万；移动电话用户 446 万，渗透率高达 83.2%；因特网用户 220 万，为国家人口总数的 40%[①]。

截至 2010 年 4 月，在吉尔吉斯斯坦从事通讯业务的国内外运营商共计 260 家，经营范围包括固网、移动、声音传输、因特网、卫星电视、有线电视等通讯业务。其中有 8 家电信公司拥有吉政府颁发的移动电话经营许可证，7 家公司已经开始从事移动通讯业务；拥有固网运营许可证的运营商有 50 家，其中 13 家正在提供服务，其余固网运营商尚处于起步阶段。但吉尔吉斯斯坦通讯信息产业发展起来以后，吉尔吉斯斯坦开始关注本国家的信息安全，排斥外国企业。吉尔吉斯斯坦主要电信公司见表 6-9。

表 6-9　　　　　　　　吉尔吉斯斯坦主要电信公司

序号	公司名称	公司所属	主营业务	用户数	市场占有率
1	Skymobile 第一大 GSM 移动运营商	Crowmwell 公司 100% 控股	移动话务 3GUMTS 网络建设	180 万	46%
2	Alfatelecom 第二大 GSM 移动运营商	吉本国股东 100% 控股	GSM 移动 UMTS 3G 网络	160 万	41%
3	Kyrgyztelecom 第一大固网运营商	吉国有电信运营企业	固网提供固定电话 CDMA 电话 Internet 业务	固化激活用户 50 万 CDMA 激活用户 1.2 万宽带用户 1 万左右	

---

① 2008 年吉通讯与信息产业产值占 GDP 比例为 7.6% [DB/OL]，新浪财经，2009 年 2 月 12 日，http://finance.sina.com.cn/roll/20090212/13572670833.shtml。

(三) 塔吉克斯坦通讯信息业发展概况

苏联解体以后，塔吉克斯坦便爆发了内战，通讯信息产业更是停滞不前，遭到严重的破坏。内战结束后，塔吉克斯坦认识到通讯信息产业的重要性，出台了一系列的法律法规，加快通讯信息基础设备设施的更新换代，提高本国的信息化网络化水平。由于缺乏充足的财政支援，塔吉克斯坦积极引进外资企业和发展私营企业。

近年来随着塔吉克斯坦国内经济的恢复，通讯产业得到了一定的发展，目前在塔吉克斯坦共有9家移动电话运营商，其中较有实力的有最大私营通讯公司Babilon－Mobile、塔俄合资的MLT Mobile、塔美合资的Indigo，以及中塔合资的TK Mobile。塔吉克斯坦移动电话网络基本形成，信号已能覆盖全国各大中城市、主要交通干线及其邻近地区和居民点，移动服务已不仅限于拨打国内国际电话，还可提供因特网、可视电话和远程教育等高端服务。在塔吉克斯坦经营移动通讯业务主要有GMS网5家：MLT Mobile、Babilon－Mobile、Indigo、TajikeTel以及Somoncom，CDMA网4家：TK Mobile（CDMA800）、M－TEKO（CDMA450）、Maytex（CDMA450）、TELIKOM－MOBILE（CDMA1900）。

(四) 土库曼斯坦信息通讯产业发展概况

2000年起，随着土库曼斯坦国家经济实力的提升，有了财政资金的保障，土政府加大了对通讯行业的投入，通过引进国际先进技术和设备对原有电信网进行改造，通讯业进入稳定发展期。

经过一定时期的发展，土库曼斯坦已逐步形成以固话、移动和互联网为三大主线的通讯业发展格局，行业水平较独立初期有了很大提高，但总体上仍处于起步阶段，与现代化通讯的要求还有明显差距，属通讯欠发达国家。

(五) 乌兹别克斯坦通讯信息产业发展概况

乌兹别克斯坦通讯信息产业相对落后，总体科技水平较低。目前，全国没有电信设备制造企业，研发和生产能力基本为零。除了利用进口零件组装计算机的小型企业之外，乌兹别克斯坦没有本国的信息通讯设备制造企业。原因之一是该国信息通讯技术发展落后，人才极为缺乏；二是资金短缺；三是国家对发展信息产业没有富于吸引力的引资政策；四是市场容量有限。

三、中亚国家的信息领域国际合作

（一）世界通讯业大国与中亚的合作

美国积极参与中亚地区通讯领域的合作，美国与中亚国家通讯信息领域的合作多按照美国公司直接组建子公司或与当地运营商合作进行控股的模式进行。

俄罗斯与中亚国家通讯信息领域投资的特点是由俄罗斯电信大企业进行直接投资，控股、参股电信运营企业，特别是移动电话公司。获得控制权后，再投资建设拓展业务所必需的网络基础设施。

芬兰与中亚国家通讯信息领域的合作主要是以诺基亚公司为代表的。诺基亚公司于2006年12月初在哈萨克斯坦阿拉木图举行的新闻发布会上宣布了拓展独联体南部市场的营销战略。2007年，诺基亚开始在哈萨克斯坦、塔吉克斯坦、乌兹别克斯坦、吉尔吉斯斯坦和土库曼斯坦销售这些国家母语菜单手机。

日本对中亚国家通讯信息行业投资的特点是提供大笔政府贷款。例如为乌兹别克斯坦修建电信骨干网和传输基础设施。

韩国公司较早进入了中亚国家，韩国独资企业"Daewoo Unitel"1996年4月在乌创立，1997年9月开业，目前，拥有手机用户9万多人，市场占有率为25%，在乌排名第二。该公司拥有专业技术人员200多人，公司总部设在塔什干，各地区还有18个分部。2003年，该公司率先推出了手机全球通业务。

（二）中国与中亚国家的通讯信息合作

中国在上合组织框架内积极推行通讯信息合作。由上海合作组织电信工作组发起并由中方出资和组建的第一个信息领域的合作项目，即上海合作组织区域经济合作网站于2004年9月23日开通，产生了良好的反响。上海合作组织电信工作组还在努力推动成员国之间广泛的电信合作，内容主要为：制定和实施关于培养信息和电信技术人员（包括程序开发人员）的项目；研究成员国电信机构间开展合作的有关问题（包括在电视广播领域采用先进技术等问题）；交流各自建立工业和科技中心（园区）的经验，进一步推动成员国在信息通讯技术及通讯程序设计方面的合作；提出在电子政务、远程教育和电视门诊等方面的合作项目。

中国公司在中亚积极开拓市场，促进通讯信息领域合作。自1998年以来，已成功进入中亚市场的中国企业有"华为""中兴""上海贝尔—阿尔卡特"和"中国移动"4家电信企业。

总的来说,在稳步发展与中亚地区国家资源性合作的同时,开展非资源性的合作,也十分重要。目前,已在一些领域取得丰硕成果。在共建丝绸之路经济带的背景下,中国与中亚地区国家的非资源性合作,前景广阔。

第七章

中国与中亚金融合作研究

第一节 国际金融合作的理论和实践

国际金融合作的理论和实践是伴随着国际贸易和投资的不断扩张，防御全球金融动荡的客观需要下产生的。与全球金融动荡在客观上促进区域内相关国家进行本区域内的政策协调与合作的观点相并行，理论界对于区域金融合作的相关问题也作了卓有成效的探讨。同时，现行国际货币体系中的某些安排，如大国间的政策协调与监督，及区域性金融体系的合作与融合，如欧元区的建立和拉美国家的美元化，在某种程度上体现了与理论的发展共生共进的某些特性。也就是说，区域金融合作发展至今已不是新生事物，在理论和实践中已达到了相当高的层次。[①]

一、国际金融合作的理论

国际金融合作的相关理论可以概括为两大主流线索，第一是金融政策的外部效应，第二是最优货币区理论，又以后者的研究居多。

---

① 李维刚：《东亚区域经济合作之研究》，上海：复旦大学出版社2009年版，第32页。

（一）金融政策的外部性①

一国金融政策的制定或改变会通过某种变量直接或间接影响到周围与之相关的国家和地区，这就是政策的外部性或政策的溢出效应。金融政策的溢出效应主要通过货币政策溢出和资本市场溢出两种渠道。基于"货币政策溢出"的国际货币合作理论的代表人物之一 R. Copper（1968）认为：在开放经济下如果不考虑货币合作，则一国政策效能将大为削弱。② 此后 D. Currie，P. Levine 和 N. Vidalis 等（1987）、J. Frankel（1988）等均主张通过货币合作来降低整体福利损失③。基于"资本市场溢出"的国际货币合作理论的代表人物有 R. Mundell（1963）、A. Ghosh（1986）、S. Khan 和 C. Reinhart（1995）等人，主要观点是通过采取恰当的合作方式和合作水平，国际货币合作可以降低市场和汇率的不确定性。

（二）最优货币区理论

从 20 世纪 60 年代开始，基于固定汇率和浮动汇率的争论，美国经济学家罗伯特·蒙代尔（Robea A. Mundell）提出了"最适货币区"理论。该理论研究了一组国家在具备一定条件的基础上可以组成货币区，在经济趋同的基础上实行单一货币④。蒙代尔的最适度货币区理论提出后，学术界首先对如何确定最适度货币区的标准展开讨论。蒙代尔提出生产要素流动性标准，认为内部生产要素充分流动，而在其他区域之间不能流动时，具有要素流动性的区域就构成一个货币区。这样的区域可以采用单一货币或者将区域内各地区的货币汇率固定，从而组成最适度货币区。美国经济学家罗纳德·麦金农（Ronald Mckinnon, 1963）提出经济开放性标准，认为浮动汇率对开放经济并不是最有利的选择。一些相互间贸易关系密切的开放经济形成一个相对封闭的货币区，对外实行共同浮动的汇率安排，对于宏观经济目标的实现更为有利。⑤ 此后，彼得·凯南（Peater Kenen, 1969）、詹姆斯·因格拉姆（Janes Ingrain, 1973）、爱德华·托尔

---

① 李维刚：《东亚区域经济合作之研究》，上海：复旦大学出版社 2009 年版，第 33 页。
② 尚勇、周好文：《开放经济下的货币合作理论与东亚货币合作》，载于《云南财贸学院学报》2003 年第 6 期。
③ 袁露露：《美国量化宽松货币政策对中国溢出效应研究》，中国海洋大学学位论文，2012 年，第 3 页。
④ 黄梅波：《最优货币区理论与东亚货币合作的可能性分析》，载于《世界经济》2001 年第 10 期。
⑤ 姜波克、罗得志：《最优货币区理论综述兼述欧元、亚元问题》，载于《世界经济文汇》2002 年第 1 期。

(Edward Tower) 等学者对最优（最适度）货币区进行了深入讨论并提出自己的标准。从20世纪90年代起，随着宏观经济学理论、博弈理论等的发展，对最适度货币区理论的研究开始转向对加入货币区的收益和成本的分析上。

二、国际金融合作的实践

（一）布雷顿森林体系

布雷顿森林体系是"二战"以后以固定汇率制度安排为核心的全球性金融合作的一次尝试。主要内容是美元与黄金挂钩，其他国家采取盯住美元的汇率制度，美元成为全球的结算货币、存储货币和衡量国际大宗商品价格的尺度。应该说这种全球意义的金融安排对"二战"以后创造一个稳定的国际汇率环境，促进全球贸易的大发展起到了积极的作用。布雷顿森林体系实行时期，世界经济发展迅速，国际贸易和投资都有很大的发展。世界贸易额迅速上升，而欧洲和日本也很快恢复并超过了第二次世界大战前的最高水平，不仅如此，它们的经济增长率在50~60年代末大多数时间内都大大超过了美国的经济增长率。[1] 但是随着国际贸易金融的发展，"特里芬悖论"（Triffin Dilemma）和调节机制失灵的问题不断凸显，该体系最终垮台崩塌。

（二）欧盟统一货币的形成

欧洲的货币一体化是金融合作的最高形式，其进程与欧洲的一体化进程的历史几乎一样长。自1969年欧共体举行的首脑会议上提出建立欧洲货币联盟的概念，到1992年标志性文件《马斯特里赫特条约》的签署，到1998年欧洲中央银行的成立，最后2002年1月欧元成为欧洲统一的法定货币，其他货币逐渐退出流通市场，欧盟为各国金融合作提供了一个典型案例。

欧盟的金融合作最典型的特点是：欧元区参与国主动放弃了货币主权，由欧盟统一行使；设有法定的管理机构（欧洲中央银行）；有共同遵守的法律和约束性的制度安排；全方位的深度融合，包括金融政策、金融市场等。

（三）东亚金融合作

1997年亚洲金融危机发生后，东亚各国普遍意识到金融合作的重要性，各

---

[1] 祝小兵：《东亚金融合作——可行性、路径与中国的战略研究》，上海：上海财经大学出版社2006年版，第68页。

国开始寻求区域性的金融合作安排。在官方政府和学术界不懈努力下，提出了各种地区合作倡议和构筑亚洲金融合作框架的设想，目前已经在一些领域有了实质性的进展。其中最重要的合作：第一清迈倡议（Chiang Mai Initiative）和货币互换机制的运行；第二各层次的政策对话机制的建立；第三亚洲债券基金（Asian Bond Fund）的设立。

其中清迈倡议的内容集中反映了东亚金融合作的方式和运行机制，在"清迈倡议"框架下，"10+3"各国之间已签订16个货币互换双边协议，涉及800多亿美元的外汇储备。2008年5月4日，经各国财长同意，为筹建中的共同外汇储备基金出资至少800亿美元，以帮助参与国抵御可能发生的金融危机。中日韩3国分担80%的出资额，东盟国家负担20%。同时，各方承诺进一步加快工作进度，以便就包括借款的具体条件以及借款协议条款的具体内容等所有要素达成共识。2009年2月22日，东盟和中国、日本和韩国（"东盟+3"）特别财长会议联合公布了《亚洲经济金融稳定行动计划》（简称《行动计划》）。根据《行动计划》，清迈倡议多边机制（Chiang Mai Initiative Multilateralization）将共同储备基金扩大到1200亿美元。与此同时，为保证共同储备基金的有效管理和使用，提议建立独立的区域监控实体。在上述两项措施实施之后，共同储备基金启动与国际货币基金组织的条件性贷款的挂钩比例将从目前的80%进一步降低。①

（四）美洲美元区的形成

美元化包括三层含义：事实美元化、过程美元化和政策美元化。事实美元化是指作为一种事实，美元在世界各地已经扮演了重要角色；过程美元化是指作为一种过程，美元在美国境外的货币金融活动中无论是深度还是广度，都将发挥越来越重要的作用；政策美元化是指作为一种政策，一国或经济体的政府让美元取代自己的货币并最终自动放弃货币或金融主权的行动。②

事实美元化和过程美元化的国家在全球数量众多分布广泛，如阿根廷、阿塞拜疆、白俄罗斯、玻利维亚、柬埔寨、哥斯达黎加、克罗地亚、格鲁吉亚、几内亚比绍、老挝、拉脱维亚、莫桑比克、尼加拉瓜、秘鲁、圣多美和普林西比、塔吉克斯坦、土耳其和乌拉圭等18个国家的外汇存款超过广义货币存量的30%以上，被称为高度美元化的国家。

除了以上列举的对全球金融体系曾经或现在仍具有较大影响的金融合作以外，还有不少特定区域的国家也成立了具有区域金融合作性质的组织，如西非货

---

① 根据百度百科整理，http://baike.baidu.com/view/934835.htm。
② 张宇燕：《美元化、现实、理论及政策含义》，载于《世界经济》1999年第9期。

币联盟、阿拉伯货币基金组织和安第斯储备基金组织等。这些组织金融合作的层次较低，加上区域本身的经济规模和实力有限，对国际金融体系影响不大。

第二节 中亚各国金融体系概况

从一般性意义上看，金融体系是一个经济体中资金流动的基本框架，它是资金流动的工具（金融资产）、市场参与者（中介机构）和交易方式（市场）等各金融要素构成的综合体，同时，由于金融活动具有很强的外部性，在一定程度上可以视为准公共产品，因此，政府的管制框架也是金融体系中一个密不可分的组成部分。从内容上讲，金融体系包括金融企业体系（组织体系）、金融市场体系、金融调控体系、金融监管体系、金融环境体系五个方面。

一、哈萨克斯坦的金融体系

（一）金融企业体系

哈萨克斯坦银行系统由中央银行、政策银行、二级银行、非银行金融机构（典当行、信贷公司、审计机构等）构成。国家银行是国家的中央银行，是一级银行，履行货币发行、金融管理等职能。二级银行即哈萨克斯坦商业银行。截至 2011 年 3 月，哈萨克斯坦全国共有 39 家二级银行，有 1 家政策性银行，即哈萨克开发银行。中国银行和中国工商银行在阿拉木图市设有分行。

（二）金融市场体系

1. 货币市场

哈萨克斯坦的货币为坚戈。2011 年坚戈对美元平均汇率为 146.62∶1，近两年受石油油价下跌和俄罗斯卢布贬值影响，坚戈大幅贬值，2016 年 1 月 21 日对美元汇率已跌至 393∶1。

2. 信贷市场

哈萨克斯坦银行信贷市场发展较快。企业和个人可以不动产或其他实物提供抵押融资，贷款金额一般为抵押物价值的 50%~60%。除"抵押"这一首要条件外，银行还要求借款人提供税务局出具的纳税证明、其他银行出具的信用证明

（曾和其他银行有过业务往来的）等，银行还需调查企业的资金来源、产品销路等经营情况，进行融资风险评估。总之，在履行完银行要求的必要手续后，企业一般可以正常获得银行贷款。

3. 证券市场

哈萨克斯坦的金融工具市场（证券交易所，KASE）由四个部分构成：外汇市场、国家有价证券市场（包括国际有价证券）、债券市场和衍生金融工具市场。哈萨克斯坦交易所的会员几乎囊括了哈萨克斯坦所有较大的银行和一系列从事经纪代理活动的公司。截至2011年4月1日，哈萨克斯坦共有证券公司80多家，注册上市公司2 200多家，成分指数公司7家（哈萨克斯坦商业银行、中央贷款银行、人民银行、哈萨克斯坦电信、哈油气公司勘探开采公司、欧亚自然资源公司、哈萨克斯坦铜业公司）。

（三）金融调控体系

起初，哈萨克斯坦实行自由浮动汇率，2010年哈央行制定并实施了外汇走廊机制，规定美元兑坚戈的平均汇率为1∶150，同时确定了上浮不超过15坚戈（10%）和下滑不超过22.5坚戈（15%）的走廊宽度。2011年2月28日，开始实施有管理的浮动汇率机制，此前实行的汇率走廊机制就此终止。①

（四）金融监管体系

哈萨克斯坦实行统一金融监管体制，由国家银行对各家银行和保险经营活动实施调控与监督，旨在维持货币信贷体制的稳定，保护银行债权人、存款人和客户的利益。2004年成立的金融市场监督管理协调机构——哈萨克斯坦金融市场及金融机构协调与监督局，是金融领域的国家调控全权机构，其职责是监督整个金融体制，对投资者利益及权利提供配套保护。

（五）金融环境体系

衡量金融环境的主要内容是金融法律体系建设的完备程度。哈萨克斯坦近几年连续出台、修正了《税收法》（2002年1月开始实施）、《投资法》（2003年1月起实施）、《外汇管理和外汇监督法》（2005年6月13日起实施）、《国家对直接投资保护法》、《有价证券市场法》（2003年7月2日起实施）、《银行和银行业务法》、《外汇业务的条例》、《融资租赁法》、《金融市场及金融机构监管法》、

---

① 驻哈萨克斯坦使馆经商参处：《哈萨克斯坦于2月28日开始实施有管理的浮动汇率机制》，http://kz.mofcom.gov.cn/aarticle/ddfg/whzhch/201103/20110307426165.html。

《股份公司法》（2003年5月13日起实施）、《投资基金法》（2004年7月7日起实施）以及20多部与之相配套的关于发展经济、保护投资者利益的法规，以规范金融企业的经营活动和促进金融市场的有序发展。

二、乌兹别克斯坦的金融体系

（一）金融企业体系

银行业是乌兹别克斯坦的金融企业主体，实行的是中央银行和商业银行（二级银行）制度。据乌兹别克斯坦中央银行统计，乌兹别克斯坦现有商业银行数量达31家。

（二）金融市场体系

1. 货币市场

乌兹别克斯坦货币为苏姆。苏姆与其他外币可自由兑换。2013年3月人民币兑苏姆的汇率是1∶326.98。

2. 信贷市场

乌兹别克斯坦商业银行资产规模小、贷款利率高（商业银行贷款年利率约17%～24%），因此，外资企业一般不选择乌兹别克斯坦银行融资。

3. 证券市场

乌兹别克斯坦唯一的证券交易所是1994年建立的塔什干共和国证券交易所，在该国各州设有分部。交易所业务包括上市、预上市和未上市股份的交易；企业私有化股份交易；企业债券交易和回购系统；用可自由兑换货币进行交易的股票交易平台。

（三）金融调控体系

2003年乌兹别克斯坦政府宣布经常项目下货币自由兑换，但在实践中外汇管制较为严格。外国企业难以将乌兹别克斯坦企业以当地货币（苏姆）支付的货款或利润及时兑换成美元汇，"调汇"时间长、换汇额度经常亏空；乌兹别克斯坦政府维持"强行结汇"制度，即对入账的外汇仅允许50%提现，另50%必须卖给国家（换成苏姆），且不得随意提取。①

---

① http://uz.mofcom.gov.cn/aarticle/ddgk/zwjingji/201007/20100707025214.html.

(四) 金融监管体系

乌兹别克斯坦实行统一监管体制,中央银行通过商业银行提供金融服务,拥有发行货币、制定国家货币政策等权力。所有商业银行的活动都由中央银行根据法律,通过对其规定经济指标并监督这些指标的执行情况来加以调节。

(五) 金融环境体系

乌兹别克斯坦近几年比较成型的经济法律法规有《货币调节法》(2003年12月10日)、《保险法》(2006年8月25日)、《外资法》、《外国投资者保障及保护措施法》等,2008年1月乌对国内税收项目进行了部分调整,实行新税法。

三、吉尔吉斯斯坦的金融体系

(一) 金融企业体系

吉尔吉斯斯坦独立以来,金融业有了长足的发展,建立了以 National Bank of Kyrgyzstan(简称NBKR,也叫"国家银行")为中央银行、各种经济成分并存的银行体系。此外,吉还有538家非银行系统金融贷款机构。

(二) 金融市场体系

1. 货币市场

1993年5月7日起发行本国货币索姆(сом)。货币由吉尔吉斯斯坦中央银行以硬币和纸币的形式分发。索姆可自由兑换。2004年美元兑索姆的平均汇率为1∶42.67;2005年美元兑索姆的平均汇率为1∶40.85;2006年为1∶40.16;2007年为1∶37.31;2008年为1∶36.57;2011年为1∶46.14。人民币与当地货币不能直接结算。①

2. 证券市场

吉尔吉斯斯坦股票交易市场规模较小,只有吉尔吉斯斯坦电信、玛纳斯国际机场、吉工业建筑银行等14家企业的股票在交易,2007年总交易额为37亿索姆(约合1亿美元)。2013年1月土耳其资本市场理事会代表团访问吉尔吉斯斯坦,并拟与吉尔吉斯斯坦国家金融监管局在吉—土经贸合作委员会框架下签署"合作

---

① http://fx-currencies.ru/kgs/.

与技术援助纲要",包括协助吉方发展与调整资本市场、建立贵金属交易中心、提高国民金融意识等。此外,土方专家还提议利用存托凭证吸引集体投资者,以在吉尔吉斯斯坦推行伊斯兰证券和伊斯兰保险等。①

3. 信贷市场

吉尔吉斯斯坦银行规模小,且贷款利率高,信贷市场不发达。截至2006年2月,吉尔吉斯斯坦共有597个非银行金融信贷组织,拥有资金约38亿索姆(约合1亿美元)。②

4. 保险市场

吉尔吉斯斯坦保险业务主要的法律依据是《吉尔吉斯共和国保险法》。截至2015年初全国共有17家保险公司,真正运行的有6家。吉尔吉斯斯坦保险业市场对外完全放开,外国保险公司在吉境内既可独资也可合资经营。吉尔吉斯斯坦法律对外资保险公司实行国民待遇,对其在吉尔吉斯斯坦经营险种和费率等没有限制。

(三)金融调控体系

吉尔吉斯斯坦外汇管理的主要法律依据是《吉尔吉斯共和国外汇交易法》,以及吉政府与国际货币基金组织签署的有关规定。吉尔吉斯斯坦实行浮动汇率制度,本国货币索姆在国内实行完全可兑换。在吉尔吉斯斯坦注册的商业银行可在吉尔吉斯斯坦境内和境外自由买进或卖出外汇。任何个人、机构、团体都可在商业银行、金融机构以及兑换点将索姆与美元进行自由兑换,无须任何手续,不受额度限制。

吉尔吉斯斯坦《外汇交易法》还规定,吉尔吉斯斯坦本国公民和外国人均可自由携带自由兑换货币出、入境,或将其汇出、入境,外资企业和商人可自由地将经营所得利润通过银行汇往国内或第三国,手续简便。吉多数商业银行都是国际 SWIFT 协会成员,可通过电子支付方式进行国际汇款业务。目前,中吉两国商业银行之间汇路通畅,一些驻吉中资企业和商人已经利用吉的银行服务进行跨国汇款(汇进、汇出)业务,提高了支付的安全性及人身安全保障。

(四)金融监管体系

吉尔吉斯斯坦实行中央银行统一监管模式。吉尔吉斯斯坦共和国国家银行

---

① 驻吉尔吉斯斯坦共和国大使馆经济商务参赞处:《土耳其拟协助吉尔吉斯发展资本市场》,http://kg.mofcom.gov.cn/article/ddgk/zwjingji/201301/20130100006169.shtml。

② 驻吉尔吉斯斯坦共和国大使馆经济商务参赞处:《银行、外汇、保险》,http://kg.mofcom.gov.cn/article/ddfg/whzhch/200706/20070604804320.shtml。

(National Bank of the Kyrgyz Republic)是吉尔吉斯斯坦中央银行,根据《吉尔吉斯斯坦共和国银行法》的规定,中央银行负责制定和实施国家货币政策,履行货币发行、金融管理等职能。

(五)金融环境体系

吉尔吉斯斯坦银行业务的主要法律依据是《吉尔吉斯斯坦共和国银行及银行业务法》,外汇政策主要法律依据是《吉尔吉斯斯坦共和国外汇交易法》,以及吉政府与国际货币基金组织签署的有关协定,保险业务的主要法律依据是《吉尔吉斯斯坦共和国保险法》。此外还有《吉尔吉斯斯坦融资租赁法》(1998年11月29日)、《吉尔吉斯斯坦投资法》(2003年2月7日)等。

四、塔吉克斯坦的金融体系

(一)金融企业体系

依照塔吉克斯坦1998年5月23日通过的《银行和银行活动法》规定,塔吉克斯坦银行系统实行二级管理体制:民族银行及商业银行。民族银行也称为国家银行,履行中央银行的职责:协调借贷关系,刺激信贷业务发展,发行货币,调整银行的外经活动。商业银行利用自有或筹集的资金进行资产和负债业务,可在央行账户上保存自由资金,独立决定吸收和使用资金的程序。[①]

截至2014年初,塔吉克斯坦商业银行共计16家,其分支机构299家,非银行金融机构1家及120家小型信用机构。国家没有政策性银行,也不对任何银行补贴。国家资本对银行业没有控制力,股份化和民营化是塔吉克斯坦金融业发展趋势。

(二)金融市场体系

货币市场。1995年5月10日发行本国货币——塔吉克卢布,2001年产生了一个新的塔吉克斯坦货币——索莫尼。2013年2月末,美元兑塔货币索莫尼汇率已跌至1美元兑换4.85索莫尼,塔国民银行表示,2013年美元兑索莫尼汇率将达到1∶5。人民币与索莫尼不能直接结算。

---

① 驻塔吉克斯坦大使馆经济商务参赞处:《塔吉克斯坦共和国银行现状》,http://tj.mofcom.gov.cn/article/ztdy/200208/20020800035094.shtml。

证券市场。目前塔吉克斯坦无证券交易机构。国家每年发行少量国债,发行对象是机构投资人。

(三) 金融调控体系

塔吉克斯坦于 1995 年 11 月 4 日颁布了《外汇调节和外汇管制法》,规定塔卢布同美元可自由兑换,居民和非居民可在塔国内外汇市场按照外汇调节和管制机关规定的办法进行自由的外汇买卖。居民和非居民可以在指定银行中设立外汇账户,居民在塔境内进行经常项目的外汇业务不受限制,并可按国家银行规定的办法进行资本流出、带出和转寄出在塔境内根据塔法律合法获得的外汇。外汇买卖通过授权银行和其他授权信贷机构及其兑换点、法人和自然人兑换点以及外汇交易所进行;外汇资本流动业务根据塔国家银行规定执行。塔有外汇业务权的授权银行能与英国、德国、美国、瑞士、荷兰、阿联酋、日本等国的银行进行包括转汇在内的外汇业务。中塔两国银行没有直接的业务结算关系,通常通过第三国银行实行外汇的转汇及信用证等业务。①

根据塔吉克斯坦最新颁布的《投资法》规定,投资者完税后有权将塔本国货币自由兑换成其他货币,同样可认购其他外币用于支付境外业务。投资者和外国工作人员有权将合法投资和经营中所得外币收入和工资汇出境外,无须缴纳特别税金,携带现金出入境需要申报,数额规定是 3 000 美元以上。

(四) 金融监管体系

塔吉克斯坦《民族银行法》赋予央行很高地位,其职能作用远在塔财政部之上。央行独立行事,任何国家机关不得干涉其活动。塔央行不仅行使管理职能,而且承办各种具体银行业务,这一点有别于我国人民银行。央行不仅承办各种外汇业务,还可作为国家外汇调整和检查者,依照塔国外汇调节和外汇监督法行使对外汇业务的管理职能。在有关外汇业务方面,塔央行既是执法者,同时又以最大的经营外汇业务的商业银行面目出现,这必定造成管理上的漏洞和缺陷。

(五) 金融环境体系

塔吉克斯坦金融体系的法律依据主要有《塔吉克斯坦外汇调节与监督法》(2003 年)、《塔吉克斯坦融资租赁法》(1998 年)、《塔吉克斯坦银行法》

---

① http://news.tj/ru/news/v-tadzhikistane-nablyudaetsya-povyshenie-kursa-inostrannoi-valyuty.

(1990年)、《塔吉克斯坦保险法》(2001年)等。

五、土库曼斯坦的金融体系

(一) 金融企业体系

土库曼斯坦中央银行是银行主管机构。主要商业银行有：土库曼斯坦对外经济活动银行、土库曼斯坦农业银行、土库曼斯坦元首银行、土库曼斯坦银行、工业银行、"黑沙"国际银行和卡拉库姆银行等。土库曼斯坦当地外资银行有：巴基斯坦银行、土耳其—土库曼斯坦合资银行等。土库曼斯坦无中资银行。

(二) 金融市场体系

1. 货币市场

土库曼斯坦货币为马纳特，于1993年11月开始流通。马纳特可自由兑换，在土库曼斯坦的任何金融机构和兑换点，马纳特和美元可以随时互相兑换。人民币与马纳特不可直接兑换。

2. 信贷市场

土库曼斯坦银行规模小，贷款利率高，尤其是外资企业在土库曼斯坦很难融资。主要原因是：贷款审查极其严格，而且时间长。贷款利率高，平均年利率约10%。

3. 证券市场

土库曼斯坦2014年通过证券市场法，2016年计划在阿什哈巴德建证券市场，但建设具体情况不明。

4. 保险市场

土库曼斯坦独立近20年来，由于受到国家高层领导的重视，保险业在土库曼斯坦成为发展较快的一个新兴行业。目前，土库曼斯坦国内保险行业中的主要经营机构是国有的"土库曼斯坦国家保险公司"，该公司在全国各地拥有40家独立的子公司，垄断了几乎全部的保险业务量。据有关部门统计，2009年土国家公司筹集的财产险保费总金额约合1.086亿美元。

(三) 金融调控体系

土库曼斯坦实行严格的外汇管理体制，国家成立了外汇委员会，由总统直接领导。为稳定本国货币，成立了外汇交易所，外汇牌价由中央银行确定，所有外汇业务必须经过有外汇业务经营权的委托银行进行，机关、企业所需外汇要通过委托银行在外汇交易市场购买。内阁有权优先在中央银行或委托银行获得外汇。企业出口所得外汇须卖给国家，企业所需外汇必须经外汇委员会审批后才能获得。携带现金出入境时应向海关申报。从土库曼斯坦授权银行支取的外汇及入境时携带的外汇出境时不受限制。携带外汇入境不受限制。

（四）金融监管体系

土库曼斯坦实行中央银行统一监管模式。土库曼斯坦《中央银行法》，规定了央行活动的法律、组织和经济基础，与政府管理机构和地方政府机构以及信贷机构的关系等，旨在发展强化土银行系统。① 其中规定，央行有权调整利率、存款准备金率，以及根据土法律规定进行外汇干预、控制货币供应量等，央行还可根据土法律规定进行外汇市场调节和监督，央行将掌管国家外汇储备，有责任将国家外汇储备保持在适合的水平，以保证国家实施有效的货币信贷政策、外汇政策，及时进行国际支付清算。还规定，如果国家外汇储备水平下降，对实施有效的货币信贷政策和及时进行国际支付清算产生影响，央行有责任向总统报告原因，并提出改进建议。此外，央行还有责任就如何调整国家外汇储备结构及其投资经营向总统提出建议。

（五）金融环境体系

土库曼斯坦金融体系的法律依据主要有《中央银行法》（2011年4月）、《土库曼斯坦外国投资法》（2008年10月16日）、《货币调节法》（2003年12月10日）、《货币单位法》（1993年9月10日）、《抵押法》（1993年10月1日）等。

中亚五国独立后，对原有的金融体系进行了改革和重建，初步建立了符合国际惯例的金融标准和规则，完善了金融法律体系，但仍然存在一些薄弱的环节。

其一，金融企业体系不健全，中亚五国金融机构的种类、业务品种比较单一。商业银行分布过于集中，中小银行比重大，商业银行对经济活动的参与能力弱，主要从事流通领域的短期贷款中亚五国融资模式以银行为主导，经济发展对金融机构的依赖程度较高，中亚五国的金融机构市场竞争力较弱，贷款风险高，金融机构整体市场竞争力较弱。

其二，金融市场规模很小，且集中度高，政府干预、体制僵化、融资效率低问题明显。资本市场发展缓慢。

其三，金融调控体系不健全，调控手段以直接的行政手段为主，金融调控的

---

① 凤凰网：《土库曼斯坦颁布"央行法"》，http://finance.ifeng.com/roll/20110420/3905573.shtml。

市场性、灵活性、独立性、有效性不强。

其四，金融监管面临着巨大的挑战。由于对商业银行统一监管，中央银行基本采取行政手段，是典型的统一监管模式，监管体系不健全。

其五，金融法律体系相对完备，但在执法环节上，有法不依的现象时有发生。

第三节 中国与中亚国家的金融往来

一、中国与中亚国家区域金融合作现状

中国与中亚国家的金融合作，主要是指上海合作组织（简称"上合组织"）框架内中国与中亚国家开展的多边和双边金融合作。

（一）上合组织框架下的区域金融多边合作

中国与中亚国家的区域金融合作始于区域反恐融资和反洗钱合作。经济和金融全球化的不断发展，使得打击洗钱和恐怖融资的斗争没有国界之分。实践证明，有效的国际合作是反洗钱和反恐融资取得成功的重要前提条件。2004年10月6日，中国与俄、哈、塔、吉、白俄罗斯作为创始成员国在莫斯科成立了"欧亚反洗钱与反恐融资小组（EAG）"。同时接纳一些国家和国际组织为该组织观察员，其中包括乌兹别克斯坦和上海合作组织，EAG是目前世界上覆盖面积最大、涉及人口最多的地区性反洗钱和反恐融资组织。当年12月，EAG在莫斯科举行了第一次全会，标志着该组织在反洗钱和反恐融资的合作进入实质性阶段。

2005年10月26日上合组织成员国在总理会议期间签署了《上海合作组织银行联合体（合作）协议》，旨在建立一个对上合组织各成员国政府支持的项目提供融资及相关金融服务的良好机制。上合组织银联体是中国与上合组织其他成员国发起成立的第一个多边金融合作机制，目前包括中国国家开发银行、哈萨克斯坦开发银行、吉尔吉斯斯坦共和国结算储蓄公司、俄罗斯对外经济银行、塔吉克斯坦国民银行、乌兹别克斯坦共和国国家对外经济银行。上合组织银联体是俱乐部式的合作机构，不设法律实体，由成员各国指定的开发性或商业性银行组成。银联体的基本合作方向是：为成员国的基础设施、基础产业、高科技领域、扩大

出口、社会领域及其他区域性合作项目提供融资支持；按照国际惯例提供、吸收银团贷款，提供出口信贷，交流客户和项目信息，在人员培训、互访和业务考察等领域以及其他各方感兴趣的方面开展全面积极的合作。

为了增强区域合作能力建设、资助举办贸易投资促进活动和项目前期费用，中国政府倡议由成员国各方财政共同出资建立"上海合作组织"发展基金，这一倡议已经在成员国之间取得了共识，目前处于积极协商和筹备阶段。

（二）上合组织框架下的区域金融双边合作

上合组织成员国对区域金融合作的态度都很积极，政府、中央银行、商业银行、政策性银行之间都展开了合作，金融合作初具形态。上合组织框架内，中国与俄罗斯的金融合作最为突出，中国与中亚国家的金融合作落后于中俄金融合作。

哈萨克斯坦是我国在中亚的第一大贸易伙伴，同时也在建设中亚的金融中心。在政府层面上，中国与哈萨克斯坦政府签订了《银行合作协定》，成立了中哈银行合作分委会；两国商业银行互设代表处和分行：中国银行和中国工商银行在哈萨克斯坦设立了全资子银行，哈萨克斯坦人民储蓄银行公开股份公司在北京设立了代表处，哈图兰·阿列姆银行股份公司在上海设立了代表处。为进一步加强双边金融合作，便利两国贸易和投资，2011年6月中国人民银行与哈萨克斯坦共和国国家银行签署了金额70亿元人民币的双边本币互换协议，协议有效期三年，并且在双方同意下可以续延。①

吉尔吉斯斯坦是我国在中亚的第二大贸易伙伴。2005年，吉尔吉斯斯坦结算储蓄公司代表吉尔吉斯斯坦加入上合组织银联体。中国银监会与吉尔吉斯斯坦签署了双边监管合作谅解备忘录。内容包括信息交换、市场准入和现场检查中的合作，人员交流和培训、监管信息保密、监管工作会谈等，但这些仅是形式上的合作，中吉实质性的金融监管合作步骤还有待推进。2007年2月2日，中国国家开发银行与吉结算储蓄公司正式签署合作协议，以加强两国的金融合作和促进地区经济发展。双方将成立联合办公室，以发挥各自优势，积极开发项目，为促进两国经济发展做贡献。

2006年11月，乌兹别克斯坦复兴和开发基金会与中国国家开发银行签署合作协定，其内容包括由中国国家开发银行参与乌兹别克斯坦基础经济领域的投资项目，双方在所实施的合作项目框架内相互提供两国的市场、公司和银行的信

---

① 路透社：《中国与哈萨克斯坦签署70亿元人民币双边本币互换协议》，http://cn.reuters.com/article/cnMktNews/idCNnCN109625220110614。

以及通过交流软件规划和技术术语来提高相关人员的职业技能[①]。2011年4月19日中国人民银行与乌兹别克斯坦共和国中央银行在北京签署了金额为7亿元人民币的双边本币互换协议，协议有效期三年，经双方同意可以展期。[②]

自1992年中国和塔吉克斯坦共和国两国政府签订经济贸易协定以来，就随着两国之间合作的逐年增长，从2005年起中国开始进入塔吉克斯坦三大对外经济伙伴，目前中国是塔吉克斯坦经济最大的投资者。中国进出口银行给塔吉克斯坦提供6亿多美元的贷款投资三个大型项目：建造南北输电线、建造洛拉佐尔—哈特隆输电线和改建杜尚别—胡占德—卡纳克公路，2010年初塔吉克斯坦主要的债权人是中国进出口银行，共欠银行63 090万美元债务[③]。2010年塔外经银行《TAJIK SODIROT BANK》开始为中国银联支付卡《Cup》提供服务，中国银联支付卡可以在该银行全国26个自动取款机上提现和查询余额。[④] 2010年11月，塔吉克斯坦国家储蓄银行开始与中国农业银行就汇款业务达成共识，此举将巩固投资，扩大双方业务和联系，减少企业经营风险，降低成本，从根本上改变银行系统滞后企业发展的状况，目前经过该系统汇款可在中国国内农业银行的22 000个网点上收到汇款。

二、中国与中亚国家区域金融合作的评价

从上海合作组织成员国之间已经开展的各项金融合作来看，双边合作居多，多边合作较少；签订的合作协议居多，建立的合作实体较少；政策性的项目开发较多，商业性的项目开发较少；非约束型的合作平台居多，紧密型的合作平台较少。究其原因，主要有以下几点：

1. 中亚国家的金融体系仍然存在薄弱环节

独立后，中亚各国都进行了金融改革，但改革取得的成效不同，中亚国家尚未形成完善的金融市场，开放程度低，普遍存在进入壁垒。整体来看，中亚国家的金融体系有如下特点：金融机构单一，银行是绝对主体；金融监管以中央银行的行政监管为主要手段，政府色彩浓重，缺少市场工具或法律制约；融资模式以银行的间接融资为主，政府干预强、融资效率低、融资成本高；金融法律体系不

---

① 上海合作组织区域经济合作网，http://www.sco-ec.gov.cn，2006-11-23。
② 中国与乌兹别克斯坦签署双边本币互换协议，http://news.stockstar.com/wiki/topic/SS，20110419，00004232.xhtml。
③ 亚心中亚网，http://www.xjjjb.com/html/news/2010/6/57593.html。
④ 凤凰网，《塔吉克斯坦外经银行自动取款机开始为中国银联卡提供服务》，http://finance.ifeng.com/.oll/20101025/r2765097.shtml。

健全，或者有法不依；资本市场基本空白。中亚国家落后、封闭的金融管理模式阻碍我国与其金融合作的深化，要实现区域金融合作的深化，加大中亚各国金融市场开放是必要前提。目前，我国与中亚国家的金融合作主要是银行结算，各类融资合作发展模式尚未提上议程；其他金融领域的合作尚未开展，如货币市场、证券市场的合作。

2. 我国与中亚国家的金融合作受到西方大国和俄罗斯的影响

中亚各国均是资金缺乏的国家，不具备资本输出的能力或资本输出的能力弱，他们更希望通过金融合作推动本国的发展或改善贫穷的状况。俄罗斯为加强与中亚国家的经济联系，保持其在中亚地区的影响，2006年1月由俄罗斯和哈萨克斯坦成立了欧亚开发银行（ЕАБР），旨在促进成员国市场经济发展和扩大双边经贸联系。银行注册资本金15亿美元。欧亚开发银行已进入实质性运作。根据哈萨克斯坦国际文传电讯社2008年3月27日的报道，欧亚开发银行（ЕАБР）已与哈中央信贷银行（БЦК）签署了总额为7 000万美元的贷款协议，贷款期限为5年。① 这笔资金将用于促进哈萨克斯坦和俄罗斯私人企业的发展，包括向中小型商业企业项目提供资金；扩大欧亚开发银行成员国间的经贸与投资；鼓励哈俄两国在非资源领域生产高附加值的、有竞争力的产品等。

3. 区域金融中心尚未形成

金融中心的本质在于构建发达的融资和投资体系，形成有效的融资和投资转化机制，从而推动经济增长。金融中心承担了金融中介的功能，是金融机构和金融中介集中交易的场所，是"中介的中介"，是合理、高效配置金融资源的场所。区域金融中心在为周边国家、城市融通资金、提供有效金融服务的同时，还将稳定所在区域的金融秩序、完善金融市场，扩大金融开放程度，融入区域经济一体化的进程中，使得区域内金融合作实现良性互动。目前整个中亚区域，还缺乏能够承担起该地区金融中心职能的城市。

第四节 中国—中亚金融合作的现实基础

相互依赖是产生合作需求的前提。"相互依赖指的是国家之间或者不同国家中行为体之间相互影响的情形"，"当交往活动产生彼此都付出代价的后果时，就

---

① 中国驻哈大使馆经济商务参赞处网站：《欧亚银行向哈中央信贷银行提供7 000万美元贷款》，http://kz.mofcom.gov.cn/aarticle/ddgk/zwshoudu/200804/20080405457921.html。

存在相互依赖"。由于各国在资源禀赋、经济规模和经济发展水平等方面的差异，这种依赖通常存在不对称性，这种不对称性造成交往方谈判能力的差别。两国相互依赖性合作产生共同利益的同时，由于不对称性的存在，也会使利益的分配呈现向强者倾斜的特征。

金融合作是经济合作的一种高级形式，经济合作的不断深入是产生金融合作需求的前提条件，金融合作的开展又反作用于经贸领域，促进经贸合作的进一步发展。所以金融合作根植于经贸合作当中。中国与中亚国家之间合作的基本特征是不对称性相互依赖。本节出于数据的可得性及中亚国家相对重要性的不同，以中国与哈萨克斯坦为例来说明这种不对称性相互依赖。

一、中国与哈萨克斯坦贸易不对称性相互依赖

中国与哈萨克斯坦的贸易发展迅速，由1999年进出口总额5.496亿美元增加到2010年的140.9亿美元，年均增幅37.29%，其中进口在2000~2010年年均增长47.07%，出口年均增长35.46%，中国与哈萨克斯坦贸易上的相互依赖在不断加深。这种依赖不断强化的同时，不对称性也越来越明显，见表7-1。

表7-1　　　　1999~2010年哈萨克斯坦与中国双边贸易统计[①]

年份	出口			进口			进出口总额		贸易差额（亿美元）
	金额（亿美元）	金额占比（%）	增幅（%）	金额（亿美元）	金额占比（%）	增幅（%）	金额（亿美元）	增幅（%）	
1999	4.698	8.0		0.798	2.2		5.496		+3.9
2000	6.737	7.6	43.4	1.51	3.0	89.2	8.247	50.0	+5.227
2001	6.596	7.6	-2.1	1.72	2.7	13.9	8.316	0.84	+4.876
2002	10.23	10.6	55.1	3.13	4.7	82.0	13.36	60.7	+7.1
2003	16.531	12.8	61.6	5.237	6.2	67.3	21.768	62.3	+11.294
2004	19.673	9.8	19.0	7.582	5.9	44.8	27.255	25.2	+12.091

---

① 数据为哈萨克斯坦统计，原始数据来源于哈萨克斯坦统计署2003~2009年统计年鉴、月度经济与社会发展报告；2008~2011年哈萨克斯坦海关统计。转引自哈萨克斯坦商务参赞网：http://kz.mofcom.gov.cn/aarticle/zxhz/hzjj/201102/20110207388771.html，http：//kz.mofcom.gov.cn/accessory/201003/1267724477551.pdf。

续表

年份	出口			进口			进出口总额		贸易差额 (亿美元)
	金额 (亿美元)	金额占比 (%)	增幅 (%)	金额 (亿美元)	金额占比 (%)	增幅 (%)	金额 (亿美元)	增幅 (%)	
2005	24.239	8.7	23.2	12.518	7.2	65.1	36.757	34.9	+11.721
2006	35.925	9.4	48.2	19.249	8.1	53.8	55.174	50.1	+16.676
2007	56.396	11.8	57.0	35.073	10.7	82.2	91.469	65.8	+21.323
2008	76.766	10.8	36.1	45.65	12.0	30.3	122.42	33.8	+31.12
2009	58.89	13.6	-23.3	35.7	12.6	-21.8	94.59	-22.7	+23.2
2010	101.2	17.7	71.9	39.6	16.5	11	140.9	48.9	+61.6
2000~2010年平均增幅		35.46			47.07			37.26	

（一）贸易依存度的不对称性相互依赖

1. 规模上的不对称性依赖

2010 年中国成为哈萨克斯坦第一大出口国和第二大进口国，进出口总额紧随俄罗斯之后，为哈萨克斯坦第二大贸易伙伴，① 中哈贸易对于哈萨克斯坦来讲具有举足轻重的地位。从贸易依存度上讲，2010 年中国与哈萨克斯坦的出口占到哈萨克斯坦总出口的 17.1%，占到总进口的 21.54%。② 相比而言，中哈贸易在中国总的对外经贸关系中的地位要弱于在哈萨克斯坦中的地位。在中国全球贸易伙伴排行中，哈萨克斯坦在中国进出口总额中排名第 33 位，出口中排名第 32 位，进口中排名第 26 位③。在 2010 年对哈萨克斯坦的出口只占到中国出口总额的 0.59%，对哈萨克斯坦的进口只占到 0.8%。中国对哈国的进出口总额占中国 GDP 的 0.35%，哈萨克斯坦则达到 13.72%。从两国贸易规模和贸易依存度的比较上分析，中哈贸易对哈方的重要性要高于我国。具体数据见表 7-2。

---

① 俄罗斯与哈萨克斯坦的进出口总额为 158.2 亿美元，中国为 140.9 亿美元。但哈萨克斯坦以从俄方进口为主，进口金额 110 亿美元，以对我国出口为主，为 101.2 亿美元。俄哈白关税同盟正式运作以后，哈萨克斯坦海关将不再统计与俄罗斯的进出口总额，从哈海关数据观察中国将成为哈第一贸易伙伴。哈统计署仍然公布与俄罗斯的进出口数据。

② 这里采用的是《中国统计年鉴》上的统计数据，与哈方统计的贸易额有所差别，并且对哈出口方面（从中方角度）的数据与哈方统计的绝对差距较大，原因需要进一步研究。但是从趋势上分析，中方和哈方的差别不大。

③ 数据来源：中国驻哈大使馆经济商务参赞处。

表7-2　　　　　　中国与哈萨克斯坦贸易依存度① 　　　　　单位：%

项目＼年份	2000	2001	2002	2003	2004	2005	2006	2007	2008	2009	2010
中国对哈出口占中国总出口的比重	0.24	0.12	0.18	0.36	0.37	0.51	0.49	0.61	0.69	0.65	0.59
中国对哈出口占中国GDP的比重	0.05	0.02	0.04	0.10	0.11	0.17	0.18	0.21	0.22	0.16	0.16
中国对哈进口占中国总进口的比重	0.43	0.39	0.46	0.42	0.41	0.44	0.46	0.67	0.68	0.63	0.80
中国对哈进口占中国GDP的比重	0.08	0.07	0.09	0.10	0.12	0.13	0.13	0.18	0.17	0.13	0.19
哈对中国出口占哈总出口的比重	9.27	9.43	11.71	11.51	10.11	9.53	8.68	12.39	10.12	13.07	17.10
哈对中国出口占哈GDP的比重	5.24	4.34	5.50	5.58	5.30	5.09	4.45	6.13	5.79	5.46	7.47
哈对中国进口占哈总进口的比重	6.67	3.15	5.18	11.84	11.69	15.30	14.45	16.55	19.82	20.09	21.54
哈对中国进口占哈GDP的比重	3.27	1.48	2.44	5.10	5.13	6.82	5.86	7.10	7.36	6.79	6.25

2. 发展趋势上的不对称性依赖

从图7-1可以看出，贸易依存度不管用哪个比重表示，均呈明显上升趋势，说明中哈之间的依赖呈全面加强不断深化的态势。中国对哈出口比重由2000年的0.24%上升到0.59%，说明随着哈萨克斯坦经济恢复和社会发展，哈萨克斯坦逐渐成为中国重要的国际市场之一，虽然对哈出口在总出口中的比重不高，但是基于两方面的原因，哈萨克斯坦市场非常重要。第一，我国对哈萨克斯坦出口的省份主要集中在新疆，哈萨克斯坦的市场状况对新疆的外贸以至经济发展起着关键作用，直接影响到新疆跨越式发展的实现问题。2011年新疆同哈萨克斯坦的进出口贸易额为106亿美元，占到新疆进出口总额的46.5%，哈是新疆的第一大贸易伙伴；新疆对哈贸易额占到全国对哈贸易额的42.5%。② 新疆对哈贸易的

---

① 数据说明：原始数据中的中国与哈萨克斯坦的贸易额按中方统计，数据来源于相应年份的《中国统计年鉴》。哈方GDP来源于世界银行统计数据库。中国GDP来源于历年《中国统计年鉴》。

② 原始数据来源于中国海关统计，转引自中国驻哈商务参赞处：http://kz.mofcom.gov.cn/aarticle/zxhz/hzjj/201202/20120207968453.html。

重要性可见一斑。第二，随着关税同盟的建立，进入哈萨克斯坦市场，就意味着进入俄、哈、白三个国家的市场。哈萨克斯坦传统上是以农牧业和资源采掘业为主的国家，轻工产品和机械制造产品仍然贫乏。该国成立之初，亟须基本的生活资料，中国当时廉价的劳动密集型产品满足了这种需求，随着哈萨克斯坦大规模的基础设施建设，中国的建材、机电等产品在哈萨克斯坦市场也受到欢迎。所以在对外依存度指标中，哈方对我国产品的进口占哈国进口的比重上升最快，由2000年的6.67%，上升到2010年的21.54%。

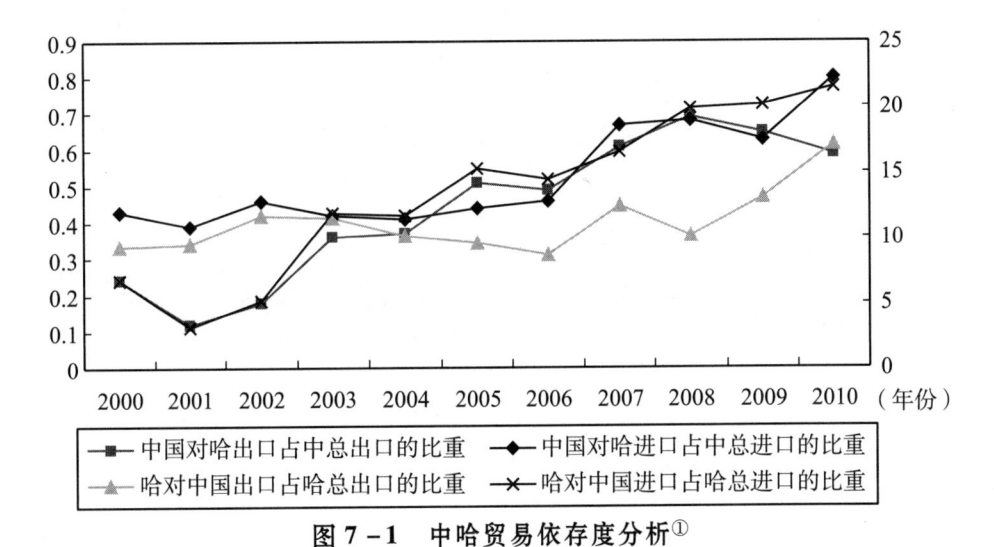

图7-1 中哈贸易依存度分析①

不过这种依赖程度的加深仍具有非对称性特征。在2000~2010年间，哈对中国出口占哈总出口的比重上升近8个百分点，哈对中国进口占哈总进口比重上升近15个百分点；相比之下，中国的这两个数据均提高不到0.4个百分点。说明在影响力的变动上，我国对哈萨克斯坦影响力的增加快于哈方对我国影响力的增加。

（二）中哈贸易结构的非对称性相互依赖

中国对哈萨克斯坦的出口商品结构自1993年以来经历了以劳动密集型为主，资本密集型为辅，到劳动密集型和资本密集型并重，再到资本密集型为主，劳动密集型和技术密集型为辅的这样一个演变过程。并且对哈商品出口集中度在不断下降。而中国从哈萨克斯坦进口商品的结构几乎没有变化，常年以能源矿产资源

---

① 数据说明：根据表7-2绘制，中国的外贸依存度按主Y轴（左侧）刻度，哈方外贸依存度按次Y轴刻度。

类和金属初级加工品为主，其中原油进口占有最大比重。2010年原油进口973万吨，占中国进口总额的53.1%。这种演变过程和现状反映了两国比较优势的变化和经济发展阶段的差异。

表7-3体现了中哈贸易强烈的互补性，中哈贸易的相互依赖正是体现在两国这种强烈的互补性上。中方是经济发展迅速的大国，对能源的需求是持续增加的，其支付能力是有足够保证的；哈方希望自己的丰裕资源能够实现多元化的出口，降低出口风险，获得稳定的外汇收入。中方的机电产品和鞋帽等生活用品在全球具有比较优势，这正是哈方目前的弱势产业。所以中哈贸易契合了各自的比较优势和国内需求，双方均能获得较高的贸易收益。

表7-3　　　2010年哈萨克斯坦与中国进出口商品结构对比①

	哈自中进口商品			哈对中出口商品		
	名称	金额（亿美元）	占比（%）	名称	金额（亿美元）	占比（%）
1	电话等通讯，数据交换设备（件）	1.843	4.65	石油原油	53.74	53.1
2	钢管	1.842	4.65	精炼铜及铜合金	11.1	10.97
3	自动数据处理设备及其部件（件）	1.66	4.19	天然铀及化合物	9.34	9.23
4	推土机、平路机、铲运机、挖土机等工程机械	1.08	2.7	铁矿石及其精矿	6.8	6.74
5	碳电极、碳刷等石墨或精碳制品	0.97	2.45	铜矿砂及其精矿	4.74	4.69
6	钻探机械、打桩机、扫雪机等	0.81	2.04	铁合金	4.34	4.29
7	铁道电力机车	0.71	1.79	石油及从沥青中提取的油类，但原油除外	1.6	1.58
8	龙头、旋塞、阀门等装置	0.69	1.74	生铝	1.58	1.56

① 数据来源：中国驻哈商务参赞处网站整理：http://kz.mofcom.gov.cn/static/column/zxhz/hzjj.html/1。

续表

	哈自中进口商品			哈对中出口商品		
	名称	金额（亿美元）	占比（%）	名称	金额（亿美元）	占比（%）
9	货运机动车辆	0.66	1.66	铜丝	1.47	1.45
10	矿石筛选、搅拌器、成型器等	0.59	1.49	未锻轧锌	1.46	1.44
	进口前十位合计	10.86	27.36	出口前十位合计	96.17	95

从进出口商品的层次看，似乎中国的出口品要比哈方的高级化，在不对称性上，中国具有强势地位。实际上在这一层面上，中国处于劣势。根据理查德·库珀的观点①，国际贸易中相互依赖的程度并不完全取决于贸易的规模（贸易依存度）的大小，也不完全取决于进出口商品的类型和层次。中断经济交往关系的经济成本是需要考虑的一个关键因素。中断经济交往需要相应的调整成本，影响调整成本的关键因素是进口商品的替代程度，进口商品的替代程度越小，则中断经济交往时所引起的国民收入水平的损失越大，同时对国民经济的调节余地也越小，这说明进口国对出口国的依赖越大。反之，如果进口替代程度高的话，无论进口规模的大小如何，进口国都不会对出口国形成真正意义上的依赖。在国际市场上，资源性产品的替代性，尤其是原油的替代性远小于劳动密集型和资本密集型产品，从这种意义上讲中国对哈方的依赖程度要高于哈方对中方的依赖程度。像哈萨克斯坦这种具有丰富石油储量和开采量，又可以通过陆路石油管道直接输送到我国境内的供油国对我国的重要性是不言而喻的，而哈方从中方进口的多为竞争性产品，可以相对较容易地被别国替代。

二、中国与哈萨克斯坦投资的不对称性相互依赖

中方对哈萨克斯坦的直接投资规模由1993年的累计投资0.05亿美元增加到2010年的50.23亿美元，年均增长50%，增长速度比较快。不过对哈直接投资占中国对外投资总额比重仍较低，近年来维持在1.2%~2%之间。但中方投资已经成为哈萨克斯坦的重要的FDI来源国，2010年累计对哈直接投资排名第7位，占到当年引资额的7%，详见表7-4。

---

① 雷达、赵勇：《中美经济相互依存关系中的非对称性与对称性》，载于《国际经济评论》2008年第4期。

表 7-4 中哈直接对外投资情况

项目 \ 年份	2000	2001	2002	2003	2004	2005	2006	2007	2008	2009	2010
中国引进 FDI 总额[①]（当年美元，亿美元）	407.148	468.776	527.429	535.05	606.3	603.25	630.21	747.68	923.95	900.33	1 057.35
中国引进哈国 FDI[②]（当年美元，万美元）	73	33	276	70	196	233	333	159	663	2 240	155
中国引进哈国占其引进总额比重（‰）	1.79	0.70	5.23	1.31	3.23	3.86	5.28	2.13	7.18	24.9	1.47
中国对外投资总额[②]（万美元）	—	—	—	285 465	549 799	1 226 117	1 763 397	2 650 609	5 590 717	5 652 899	6 881 131
中国对哈 FDI 投资总额[③]（当年，亿美元，哈方统计）	0.901	2.119	0.647	2.468	3.878	2.161	3.629	3.582	6.925	7.087	12.22
中国对哈投资占其对外 FDI 总额比重（%）	—	—	—	8.65	7.05	1.76	2.06	1.35	1.24	1.25	1.78
哈国引进 FDI 总额[③]（亿美元，哈方统计）	27.812	45.566	41.064	46.245	83.173	66.186	106.236	184.53	197.6	196.69	173.53
哈国引进中国 FDI 占总额的比重（%）	3.24	4.65	1.58	5.34	4.66	3.27	3.42	1.94	3.50	3.60	7.04

续表

年份 项目	2000	2001	2002	2003	2004	2005	2006	2007	2008	2009	2010
哈国对外FDI总额（百万美元，当年美元）④	4	-26	426	-121	-1 279	-146	-385	3 153	1 204	3 159	7 837
哈国对中FDI占总额比重（%）	16.73	-1.28	0.65	-0.58	-0.15	-1.60	-0.87	0.05	0.55	0.72	0.02

资料来源：①数据来源于中国驻哈商务处网站：http://kz.mofcom.gov.cn/zxhz/zxhz.html。②源于历年《中国统计年鉴》。③据中国驻哈商务参赞处网站数据整理。④源于：http://unctad.org/en/Pages/Statistics.aspx（流量数据，根据存量的差值计算，所以有可能为负值）。

哈萨克斯坦作为一个发展中国家，目前正处于大量吸引外资阶段，对外投资规模很小且不稳定。哈萨克斯坦对我国的直接投资占我国引进 FDI 总额的比重 10 年间（2000~2010 年）平均值仅为 5‰，哈萨克斯坦对我国的直接投资占其对外投资总额的比重也不到 1/100。总之，目前哈萨克斯坦对中方的直接投资对双方都影响不大，几乎构不成相互依赖关系。

另外考虑到除了直接投资外，哈萨克斯坦对中国的金融性投资几乎为零，而中国对哈萨克斯坦的金融性投资截至 2010 年 12 月底总计达 124.69 亿美元，已经成为哈萨克斯坦第三大债权国，远高于累计直接投资总额 50.23 亿美元。说明从投资角度分析，中哈间存在明显的不对称性相互依赖。从规模上看哈方更倚重我国。不过从进入的领域看，我国的资金主要是投向能源资源开发项目中，这些是受哈萨克斯坦政府严格监管和控制的项目和行业，政治风险较大。

贸易和投资是两国经济交往的主要渠道，这两项是相辅相成的，同时又具有一定的替代性。目前对于中国，能源进口贸易具有更现实和迫切的意义，而对于哈萨克斯坦，吸引外资到本国，实现本地资源的深加工，使产业结构全面优化是他们更迫切的愿望。从中方角度考虑，能源矿产资源稳定的进口需要中方积极参与到哈方能源矿产资源开发中，以投资的扩大保证能源进口的稳定，这是金融危机发生后我国对哈贸易和投资都已较大幅度增加的主要动因。

从目前情况看，贸易与投资的不对称性，即我国对哈贸易和对哈投资相比，中方已经成为哈第二大贸易伙伴，但是投资只排在第七位，与贸易发展水平相比，投资发展程度滞后，这既有大国在哈萨克斯坦博弈造成的原因，也与中哈金融合作滞后具有很大关系。因为对能源矿产资源的前期投资规模巨大，投资风险很高，如果没有金融合作和金融支持，多数企业面临无法承受的资金链压力和投资风险。

第五节　国际金融危机背景下中国—中亚金融合作内容

在中国与中亚国家的区域经济合作中，金融合作是一个非常重要的基础性的然而又是一个长期发展滞后的领域。众多学者对此研究达成的基本共识是：中国与中亚国家区域金融合作还处在初级阶段。我们认为，国际金融危机在中亚的蔓延和加深，对其区域金融合作的深化提供了新的机遇。

国际金融危机并没有改变中亚对我国的重大战略价值和战略地位。中亚仍然是中国和平崛起和中国新疆稳定发展的直接战略屏障和外部战略依托；是中国获取油气等战略性资源的重要来源地;是中国扩大开放的西大门,是中国通往西亚与欧洲的陆路通道;是中国实施"外贸多元化"和"走出去"战略应重点开拓的新兴市场。同时,随着国际金融危机引发世界政治、经济格局的新变化,中亚对于我国的战略价值和战略地位还会进一步得到提升。

近年,中国南海和周边发生的一系列争端事件已经表明,中国在亚洲的经济实力还未能和其战略利益达成一致。在中亚我国同样存在经济和政策工具不能够和战略利益达成一致的问题。在国际关系的很多方面,金融和经济往往是最有效的武器。中国如果在中亚不能拥有强大的经济渗透力,那么不仅经济利益得不到保障,而且其战略利益也会受到威胁。

在国际金融危机冲击的严峻条件下,如何尽快地摆脱经济危机,走向恢复性增长,是摆在中亚各国政府和中国政府面前的首要任务。因此,当前深化中国与中亚国家的区域经济合作,必然要和携手共同抵御金融危机联系在一起。在国际金融危机持续恶化的艰难条件下双方携手共克时艰肯定是符合其共同利益的。加强经济合作肯定也有助于共同克服危机,共渡难关。此时,中国作为最有可能最早摆脱金融危机影响的新兴经济体,应以更高、更远的战略眼光看待与中亚国家的区域经济合作,应捕捉机遇,注重实效,夯实与区域经济合作的基础,特别是在一些基础性的合作领域,如金融和能源合作领域取得新突破,以提高我国对中亚经济的渗透力和影响力,保障我国在中亚战略利益的最大实现。为此,我们对后危机时代中国与中亚国家开展金融合作的五个重点领域进行分析探讨。

一、构建便利的贸易结算体系

我们认为人民币已逐渐具备了国际货币的一般职能。一是人民币的发行国——中国的经济实力不断增长。2010年我国GDP总量超过日本跃居世界第二,再加上我国作为联合国常任理事国之一的政治大国地位和少数几个拥有核武器国家之一的军事大国地位构成了人民币强大的物质支撑。二是人民币内在价值稳定。从1997年开始,人民币的对外价值、对内价值都很稳定。特别是1997年爆发亚洲金融危机时,我国政府承诺人民币不贬值,在周边国家的货币集体贬值的情况下,我国政府没有违背诺言,坚持了人民币不贬值,使得人民币的国际信誉迅速上升,人民币的内在稳定性极大地提高了境外居民对人民币的信心。三是较灵活的汇率制度。1994年我国开始放弃复汇率制度,实行以市场供求为基础的单一的和有管理的浮动汇率制度。1997年爆发的亚洲金融危机打断了这种管理浮动汇率制度,此后逐渐转向了盯住美元的汇率制度。2005年,我国重新恢复实行有管理的浮动汇率制度,人民币对美元的波动幅度不变,但人民币对非美元货币的波动幅度扩大为上下3%，人民币汇率制度正朝着更富有弹性的方向渐进式改革。

从制度上看，中国与中亚国家政府对人民币跨境流动采取了较为宽松的政策。在与中亚国家的贸易份额中，占比较大的是哈萨克斯坦。在《上海合作组织成员国元首宣言》关于经贸合作的大框架下，2004年、2005年中哈两国政府和两国中央银行分别签订了关于《建立霍尔果斯国际边境合作中心的框架协议》和《中国人民银行与哈萨克斯坦国家银行关于边境地区贸易银行结算协议》。其中，《边境地区贸易银行结算协议》对于边境地区的贸易、资金结算等方面的内容做出了明确的规定，可使用中华人民共和国的货币（人民币元）和哈萨克斯坦共和国的货币（坚戈）进行结算；双边商业银行可互开对方国家的货币账户或协议（合同）规定的其他可自由兑换货币账户，以用于两国边境地区的商品和服务贸易结算。边贸结算的差额可用两国商业银行协商接受的货币进行清算，即可根据两国现有的法律规定设立货币兑换点。同时，对现钞出入境、防止并打击洗钱和使用假币等方面均做出了法律界定。

当前，我们应以开展中哈跨境贸易人民币计价结算试点工作为主要目标和突破口，尽快完善人民币计价结算的政策措施，积极争取相关方面的政策支持，逐步稳妥地扩大人民币计价结算范围，从而进一步扩大与中亚各国边境贸易人民币计价结算规模。在中央新疆工作座谈会召开、全国19个省市对口援疆全面启动、新疆经济社会面临跨越式发展的历史机遇下，我们应以喀什、霍尔果斯成立特殊经济开发区为切入点，在当前尤其应以中哈霍尔果斯国际边境合作中心封关运行为有利契机，以点带面，积极开展人民币计价结算试点工作。

二、建立面向中亚的能源专项发展基金

中亚国家的能源资源尤其是油气资源十分丰富，被誉为第二个波斯湾，对未来我国的能源需求至关重要，某种程度上是我国打破"马六甲困局"、确保能源安全的必然选择。从现代金融体系的视角来审视国家利益和产业提升层次的能源金融，建立面向中亚的国家能源专项发展基金就显得非常必要，它能够有效地促进能源产业和金融资本的对接，其资金来源是国家万亿外汇储备构成的、由国家投资公司运营的主权基金或动用国家外汇额度特批的外资转为国家定向投资的基金。国家能源专项发展基金包括海外并购基金、产业开发基金和风险投资基金三部分。

(一) 能源海外并购基金

到海外收购资源型企业，是中国实施"走出去"战略、融入资源全球化的必经过程。2008年中国跨国并购活动实现了51%的年增长率，交易总额达780亿美元，仅次于德国。其中，能源行业的并购金额达78.17亿美元，创历史最高水平。[①] 2012年12月12日，中石油以16.3亿美元收购澳大利亚天然气资产，这是中国石油2012年最大的一笔海外资源收购。中石化以约15亿美元交易价格收购加拿大塔利斯曼能源公司英国子公司49%股份项目，12月18日正式交割。2013年2月26日中海油成功收购加拿大尼克森公司，以151亿美元的交易金额创下了中国企业海外收购的纪录，对2013年全球并购市场而言，这笔大单也堪称一桩"超级交易"，这成为中国企业"走出去"的典型案例。这几起狂飙突进式重大收购，使中国能源在国际市场的布局形成新的突破。专家分析称，至少在2013年，央企仍将保持在海外资源收购方面的强势，尤其是欧洲市场的油气资源，将出现更多中石油、中海油、中石化"三桶油"的收购身影。中海油成功收购尼克森，极大提升了中国企业"走出去"的信心。然而，不可忽视的是，当前中国民营企业的海外投资环境并不乐观，在复杂的国际环境及地缘政治背景下，企业海外投资面临更大不确定性和风险性。

目前，在实施海外能源投资并购过程中，大型国有企业无疑是主力军，但是民营企业也应积极发挥作用。其实民营企业有其特有的优势，主要是产权清晰、机制灵活、交往广泛、信息通畅、决策迅速等；但是民营企业的劣势也是明显的，如资本较弱、人才缺乏、经验不足。故国家也应考虑针对民营企业海外能源投资并购时给予相应的基金资助。

我国能源企业以国企身份出海并购很容易遭受地缘政治压力（力拓和五矿并购受阻就是实例），这种情况在对中亚国家的并购入股过程中也已出现。而基金就没有这种所有制因素带来的压力，因此可以通过设立并购基金的操作来规避地缘政治风险，推动油气资源获取的多元化，包括研究从外汇储备中提取一定比例设立海外能源勘探开发专项基金，用于支持石油企业获取海外资源。

(二) 能源产业开发基金

能源产业开发基金的主要目的是为建立风险勘探、油田开采权的收购、精细化工的投资、重大项目评估等提供专项基金，为大企业、大集团的长远发展提供重大项目的启动资金；它力争以控制和获得油源等高附加值的项目为主，为中长

---

① 张茉楠：《构建新型能源金融体系的"战略图谱"》，载于《发展研究》2009年第4期。

远战略做基础性铺垫。

对于能源资源开发的资金短缺问题，可以通过设立能源产业投资基金来解决。产业投资基金是一种通过发行基金受益凭证，将投资者的资金集中，主要对未上市企业进行投资组合，投资收益按资分成，风险有投资者共担的投融资制度。其特点是"集合投资，专家理财，分散经营，收益稳定"，能有效克服财政、信贷渠道融资的不足。对中亚而言，一方面大量的能源未开发利用，另一方面经济落后，生活水平低下。基于这样的背景，发展能源产业投资基金对其具有紧迫性。通过发展中国与中亚合作能源产业的投资基金不仅培育了新型的投融资体制，还可以解决中亚国家经济发展中存在的一些现实问题。为中国与中亚国家长期的能源合作打下基础。

中亚地区国家的能源资源丰富，尤其是哈萨克斯坦、土库曼斯坦和乌兹别克斯坦三国的石油、天然气储量丰富；哈、乌两国还拥有丰富的铀矿资源。苏联解体后，中亚各国纷纷独立，能源部门和能源出口就成为其加速国家经济发展的重点。中亚各国积极与各能源需求大国展开能源合作。中国作为第二大石油进口国，再加上地缘上与中亚比邻的优势，也尤其重视和中亚及俄罗斯的能源合作。但中亚地区的石油资源分布并不均匀：哈萨克斯坦储量丰富，除少量自用外，其余大部分出口。乌兹别克斯坦和土库曼斯坦基本可以自给。相比之下，吉尔吉斯斯坦和塔吉克斯坦的油气储量较少，而且多位于山区，开采难度极大。中国一直积极争取中亚的能源开采权，特别是在哈萨克斯坦和土库曼斯坦两国，为保障能源安全供给，对维护中亚能源开采权，金融支持是必不可少的，建立面向中亚的能源产业开发基金是具有重要意义的。

建立能源产业开发基金需要注意以下方面：（1）建立相关监督机制，设立能源产业开发基金的同时，可以相应出台关于该基金及其管理办法条例，达到法律监督的目的。（2）发挥政府应有的职能作用，中国的产业开发基金全部是由政府牵头发起设立的，这与中国国情有关。但是，产业投资基金在具体运作过程中，政府应明确职能定位，要起到应有的作用，不能只从主观因素出发考虑问题，使产业投资基金与政府关系模糊不清。

（三）能源风险投资基金

根据国际上大能源公司的运作经验，能源风险投资涵盖了能源资源勘探和开发的风险、能源期货市场的套期保值和各类能源市场上能源金融工具的投机风险。能源风险投资基金以中短期营利为目的，它主要是为能源基金投资者带来高额的中短期投资收益和资本积累等；由专业投资机构利用各种手段在国际能源期货市场、能源期货期权市场、国际货币市场以及与能源相关的证券市场上进行能源实物、期货、期权、债券、汇率、利率和股票等操作，赚取价格波动差价，为"能源金融"操作起到保驾护航的作用；同时可以赋予参与期货市场交易的主体以较灵活的海外融资权限，并为国际能源期货市场上的风险操作提供战略性的后备金融授信额度。

2010年4月1日起施行《可再生能源法修正案》，确定了国家实行对可再生能源发电全额保障性收购制度以及国家设立可再生能源发展基金等制度。2011年财政部、发改委、能源局发布《可再生能源发展基金征收使用管理暂行办法》表示，可再生能源发展基金由两部分组成，包括可再生能源发展专项资金和可再生能源电价附加收入。可再生能源发展专项资金主要由中央财政从年度公共预算中予以安排，但不含国务院投资主管部门安排的中央预算内基本建设专项资金，而可再生能源电价附加则依法向电力用户征收。

三、探索面向中亚的资源期货——石油期货

资源期货具体到与中亚国家的金融合作方面主要是指石油金融衍生品市场即石油期货，这是规避油价波动风险的有力手段。中国是全球第二大石油消费国和第三大石油进口国，由于在国际石油市场上缺乏相应的议价定价能力，我国在日益高涨的国际原油价格面前已经付出了沉重代价。同时，在动荡的国内外金融环境下，与石油相关的中国企业大都面临着石油金融市场价格波动的风险，如油价风险、外汇风险、利率风险等（中航油事件就是一个惨痛教训）。这些企业很少有参与衍生金融市场的意识、经验、能力，也缺乏制度支持。随着石油定价机制市场化改革的深入，国内企业将越来越多地受到国际油价波动的影响，油价剧烈波动对我国的产业经济安全乃至宏观经济稳定的冲击将会越来越明显。

石油定价权与应对油价波动风险并非两个孤立的问题。在国内建立全面的石油期货市场，给国内外企业提供套期保值、投机套利、跨市对冲的机会与场所是解决这两个问题的共同前提。随着交投活跃程度的提高以及价格对国内市场供求关系的充分反映，我国的石油期货市场将会逐步拥有一定程度的石油定价权。以康菲、雪佛龙、壳牌和BP为代表的大型国际石油公司都是石油期货市场与其他衍生金融市场的积极参与者，它们的经验为我国提供了借鉴和参考。

1993年初，中国原上海石油交易所推出了石油期货交易，后来，原华南商品交易所、原北京石油交易所、原北京商品交易所等也相继推出了石油期货合约。其中原上海石油交易所交易量最大，运作相对规范，占据全国石油期货市场份额的70%左右。它推出的标准期货合约主要有大庆原油、90#汽油、0#柴油、250#燃料油四种。到1994年初，原上海石油交易所的日平均交易量已经超过世

界第三大能源期货市场——新加坡国际金融交易所,在国内外产生了重大的影响,但是很快由于实行石油政府统一定价而暂停交易。在之后的十年里,中国的石油期货市场一直处于空白阶段。2004年8月25日,燃料油期货重新在上海期货交易所挂牌上市,这成为中国重启石油期货的一个重要里程碑。有关数据表明,中国目前的石油进口量占世界石油供应的2%,但是在影响石油定价的权重上却不到0.1%,甚至还不如印度尼西亚和韩国,[1] 这种石油消费量与石油定价权严重错位的局面必须彻底改变。

我国应进一步开发石油期货品种,增强我国石油市场在国际石油价格体系中的作用,改善中国企业在国际石油贸易中的地位。同时,加强相关政策和法律的制定和调整,有步骤地推动石油远期交易市场等其他石油衍生品市场的建设和发展。建立国内石油期货市场不可能一步到位,在目前的条件下,国家应当鼓励有实力的金融贸易公司进入国际石油期货市场进行风险采购,间接地帮助国内石油企业规避国际油价剧烈波动带来的风险。

目前我国能源金融衍生品市场的发展依然处于起步阶段,还存在市场规模较小、交易品种单一、规范性较差等诸多问题,因此制约了市场很多经济功能的发挥,也使得企业和政府不能充分识别风险,从而进行有效的风险管理活动。中国能源金融衍生品的交易者在市场风险面前依然显得弱小而无奈,尤其是在参与中亚能源合作的过程中,这一问题尤为凸显。在上合组织框架下,要想真正加强与中亚国家的能源、金融合作,就应当尽快建立面向中亚国家的石油期货市场,开发多款适合于中亚国家交易的石油期货品种。

四、开展面向中亚的能源金融

能源和金融是经济发展中的两大核心问题。能源是经济运行的基本动力,金融则全面渗透到经济生活的各个领域。因此,研究将两者结合起来的"能源金融(energy finance)"问题具有重要的现实意义。国外对能源金融的研究主要集中在金融支持产业的路径,尤其是"项目融资"上,而国内研究对能源金融的研究主要集中在某种特定能源与金融产业的结合,讨论较多的是"石油金融"与"煤炭金融"。

能源的"准金融属性"已日益凸显,中国能源金融问题要提升到国家战略层面上来加以认识。为防止美元贬值和全球金融泡沫对我国外汇储备收益的影响,应该将庞大的外汇储备通过购买能源矿产资源或建立战略储备库的方式,变成实

---

[1] 钱瑞梅:《能源金融衍生品市场的发展与风险特征研究》,载于《特区经济》2007年第5期。

物资源储备。对中国而言，探索建立新型"能源金融一体化"体系迫在眉睫。在美国，能源金融，或者说能源美元，是美国乃至世界货币金融体系的原动力，是美国国家利益的有力武器和国家竞争力的体现。为此，中国也应该建立有关能源的货币金融政策、建立能源产业发展基金、成立能源储备银行，推进能源贸易融资、加强国际能源金融合作等。

（一）要制定"能源金融一体化"政策

中国海外能源战略面临着洲际资源战略合作、地缘政治资源利益、国际金融秩序、全球产业链、资源勘探开发等方面的诸多风险，需要制定有针对性的能源金融一体化政策。"能源金融一体化"，就是指借助金融的支持，使得能源企业可以实现产业资本和金融资本的融通，更好地帮助能源企业在国际市场上实现套期保值、价格锁定和规避经营风险。制定有关能源金融一体化政策的思路之一是把金融安全与能源安全合并考虑，把单纯的货币储备和外汇储备与能源等资源的实物储备和期货储备密切结合起来。利用外汇储备在国际能源期货市场上建立能源仓单，利用国际期货市场到期交割的交易制度，将外汇储备转化为原油资产。这种做法的优点是：既规避了外汇储备资产受外汇市场汇率波动的冲击，又有效地通过国际期货市场获取了原油资源，增加了国际能源的战略储备，同时又规避了与跨国公司因能源资源而发生直接冲突。

（二）应建立能源投资银行和能源储备银行

根据国际能源署（IEA）预测，2030年中国能源部门的投资需要2.3万亿美元[①]。因此，仅依靠一般的政策性银行如国家开发银行或中国进出口银行的贷款很难从根本上满足能源企业对资金的巨大需求，必须考虑建立专门支持能源产业的能源投资和能源储备银行。能源投资和能源储备银行应成为中国的国家政策性储备银行体系，高于一般的国有商业银行，是国家能源发展战略的重要环节。

一方面，通过成立能源投资银行，建立资金融通的长效机制。能源投资银行可以包括四个方面：（1）某些专业银行或综合银行创新业务服务，如同巴克莱银行、法国兴业银行、德意志银行一样，向中国能源相关企业推销风险治理方案，设计能源场外衍生品给终端用户或炼油商。（2）大型商业银行为能源石化企业海外发展的贷款担保政策，在油价行情出现波动，引起大型能源石化企业出现大型项目融资及生产资金困难问题时，国家能源领导部门应协调大型金融机构对能源石化的贷款担保项目，向国内能源天然气企业提供中长期低息或

---

① 张茉楠：《构建新型能源金融体系的"战略图谱"》，载于《发展研究》2009年第4期。

无息贷款，切实解决资金"瓶颈"问题。（3）在某个政策性银行，如国家开发银行或中国进出口银行，建立专门从事境外投资保险业务的机构，并责令该机构借鉴国际惯例制定我国境外直接投资的保险办法。国家应明确规定，凡海外能源投资项目，其国内母体应根据出资情况和投资所在国或地区的风险情况向该机构申办保险。（4）配合国家能源储备实施能源储备银行政策。英国、德国、韩国等国在建立能源储备的过程中，实行"储备成本在全国进行分配"或贴息贷款等鼓励储备的政策。能源储备银行是动员各方面力量参与并保障国家能源安全的重大举措之一。

另一方面，利用能源储备银行，建立能源战略储备。根据测算，2010年中国的石油消费量约为2.9亿~3亿吨；2020年估计为3.8亿~4亿吨。如今，石油在能源结构中的比例为22%左右，估计未来石油在能源结构中所占的比例将提高到30%左右[①]。因此要未雨绸缪加快能源战略储备体系的构建，协调外汇储备机构、能源企业、商业银行或政策性银行、投资基金等，设计一系列激励与约束制度，鼓励和支持能源企业或金融机构出资建立能源战略储备银行并允许它们在能源战略储备的物质基础上发行证券，这些证券可以作为资本金，也可以作为抵押贷款的标的物，甚至可以在资本市场上进行交易。这一机制必须坚持的原则是：不经国家批准不得动用能源战略储备的现货，政府有权在特定条件下回购或征用能源战略储备现货。

第六节　后危机时代中国—中亚金融合作的环境培育

一、进一步发挥上合组织银联体的作用

我国与中亚各国中央银行、金融监管机构的对口交流比较少，对中亚各国金融政策、金融市场、金融机构的了解不多，对中亚国家宣传介绍我国货币政策、监管法规、金融市场发展、金融机构经营情况的力度也不大。政府机构应提升上合组织银联体的桥梁作用，促进开展更多实质性的多边金融业务，使其成为增进了解的窗口和协调国家政策的平台。

中国国家开发银行、哈萨克斯坦开发银行、吉尔吉斯斯坦结算储蓄银行、俄

---

① 张茉楠：《构建新型能源金融体系的"战略图谱"》，载于《发展研究》2009年第4期。

罗斯开发与外经银行、塔吉克斯坦国家储蓄银行、乌兹别克斯坦对外经济活动银行等 6 家成员行应加强密切合作为成员国经济社会可持续发展做出新的贡献。一是根据各国经济社会现实及需求发展自身的融资机制，继续探索符合各自国家特点的可持续发展方式；二是继续促进上合组织成员国经济社会发展，融资支持促进本地区经济发展、社会进步及生态和谐的大型合作项目；三是优先支持工业、基础设施（包括建筑、交通、能源等）、农业、民生及环保等领域的项目和企业；四是继续在能源领域紧密合作，致力于实现可持续能源保障；五是加强在经济欠发达地区、偏远地区居民和中小企业金融普惠方面的合作；六是重视"绿色经济"对于实现可持续发展，特别是调整经济结构、应对气候变化及提高居民生活质量的重要意义，并将其作为成员行合作的优先方向；七是共同遵循企业社会责任领域的相关国际协定和准则，参照国际标准并结合本国特点，完善企业社会责任管理体系，更积极地参与该领域的知识分享。

二、政府推动，加强民间组织和金融机构的协调

中亚国家政策透明度不高、连续性差、政策执行中人为因素大、法律缺陷多、政府行政效率低，给我国与中亚开展贸易、投资带来极大不便。我国政府应联合中亚国家政府推动成立企业协会等民间组织，建立政府机构与民间组织开展经常性对话的机制，促进中亚国家提高政策和市场信息透明度、保持政策连续性和稳定性、提升金融监管能力、加强金融基础设施建设。应进一步强化中资支持项目的政府背景和国家影响力，减少中亚合作方的违约行为。同时应就鼓励中亚企业加入国内的准政府组织或民间组织，国内企业加入中亚的准政府组织或民间组织，积极开展政府间的协调。

三、针对西部地区和中亚国家经济发展的薄弱环节提供融资支持

西部大开发和向西开放是我国发展战略中相辅相成的两个组成部分，西部地区尤其是新疆是我国向西开放的桥头堡。因此，应加大对西部地区、中亚地区基础设施建设的融资支持力度，支持弱势产业的开发，支持向西开放的"走出去"战略。中亚经济能否实现持续健康发展，除政治因素外，经济方面取决于是否具备完善的基础设施、活跃的国际贸易、农业产业链的成熟发展。应进一步联合中亚国家银行面向中亚地区基础设施、弱势产业、特色产业开展融资业务，帮助中亚国家进行市场建设和制度建设，提升我国与中亚国家开展金融合作的层次，表

明我国支持中亚各国经济建设的决心和态度。西部地区和中亚地区人民币信贷规模和人民币金融债券发行规模，不应占用中国人民银行下达的信贷规模和金融债券发行规模计划。此外，国家应从每年对西部地区的转移支付中安排一部分资金专项用于西部基础设施融资的财政贴息，从营业税、所得税中返还一部分资金专项用于西部地区和中亚地区基础设施融资的财政贴息。

四、采取政府主导与市场手段并重的方式促进金融合作

中亚国家金融业所面临的主要问题：一是因人口少、经济规模小而造成金融市场容量小，难以给金融资本带来规模效应；二是资本稀缺，中亚国家的企业资金容易出现断链从而给金融机构带来信用风险；三是政府的管理效率低，监管能力和手段难以适应现代金融的需要。而我国国内流动性过剩，开展境外投资是缓解流动性过剩的途径之一。但由于西方国家的常年援助，在经营理念、管理技术、产品研发、风险防范、国际化视野、高端人才方面，我国的金融机构没有竞争优势。因此，为引导国内金融机构开展中亚地区业务，抢占市场先机，有必要利用财政、行政的手段加以引导。中资金融机构应该顺应国际化经营的潮流、配合国家的"走出去"战略，积极稳妥地开展中亚地区业务。通过兼并、合并、换股等多种方式成立中亚地区的分支机构或子公司，针对中资企业、中资机构的贸易往来开展贸易融资、套期保值业务；针对中资企业、中资机构的境外投资项目、工程建设项目开展项目融资、离岸业务、投标保函、财产险、工程险业务；针对中亚国家高风险、高回报、资本短缺、基础设施落后的特点开展基金投资、信托业务。同时，以中资项目为出发点和依托，向下、向外延伸服务网络，以资本为纽带实现我国金融业在中亚地区的本土化经营。

五、以中央财政为出资主体设立境外投资风险准备金

境外投资面临着较高的国别风险、信用风险、市场风险，而"走出去"战略是我国维护国家能源安全、经济安全、"睦邻、安邻、富邻"的重要战略部署。因此，我们建议国家从每年的财政增收部分中提取一定比例的资金、辅以从其他渠道筹集的资金作为境外投资风险准备金，针对各类企业所面临的风险以及国家发展重点，对投资损失按一定比例予以弥补，成立专门的机构筹集、管理风险准备金，审批境外投资的风险补贴。

六、积极推进人民币在中亚地区的国际化

据统计,人民币在境外的总量大体应在150亿~200亿元之间,其中中亚地区占有相当大的比例。为适应人民币的区域化、国际化发展,我国金融机构应重视在周边国家和地区的分支机构建设。除自建分行、子行方式外,还可通过并购重组等方式拓展海外业务,推出更多品种的人民币业务,促进人民币在海外流通,为当地居民持有人民币资产提供便利,鼓励开展人民币跨境流通业务。

目前,中亚金融机构通过伦敦金融市场获取附属资本的比例较高,欧美金融市场深受债务危机的困扰,通过欧美市场进一步提高附属资本比例的空间不大。在中亚国家资本市场不发达、核心资本融资成本较高且融资额度有限的情况下,增加附属资本的比例来提升中亚金融机构的资本充足率水平,应该是中亚金融机构提高盈利能力、获取流动性的首要途径。由于香港金融市场具备良好的体制和监管架构,这次金融危机并没有对香港金融市场造成系统性损害。香港企业债券市场仍十分活跃,流动性很高。据统计,截至2011年底,非公债类别的港元发债额逾2 030亿港元(262亿美元),较2010年飙升26%,已恢复至2008年金融海啸爆发前的水平。在中亚金融机构目前的附属资本中,各种风险准备的比例较大,而次级债务和混合资本工具等主动负债较少,因此应该在香港市场大力发行次级债券以及可转债等混合资本工具,在补充资本充足率的同时,有效缓解由商业银行负债的外生性造成的经营被动性,提高商业银行的经营管理水平。同时,应在香港债券市场积极推进中亚金融机构次级债券上市流通。次级债券的期限较长,一般都在五年以上,持债人的资金流动性风险很大。如果仅靠转让而不上市流通,则会给债券的持有人带来很大的交易成本,从而影响债券的进一步融资能力。

七、通过与中亚国家金融资本融合引导实业投资

联合哈萨克斯坦、土库曼斯坦等相对富裕的中亚国家发起成立"中亚区域经济合作基金",吸引跨国企业、民间资本投资入股。针对中亚地区具有资源优势的采矿业、石油开采和加工业及发展滞后、实力相对薄弱的交通运输、电信、纺织、印染、服装加工、食品加工和轻工业进行实业投资,帮助中亚地区形成门类比较齐全、生活必需品基本自给自足的产业体系,促进与中亚经济一体化的物流、运输体系的形成。

同时,在与中亚国家的金融合作过程中,尤其要发挥中国新疆的区位优势,

各经济体可借助区域合作的机会,加快经济体金融市场的建设,改善金融环境,提高金融市场开放程度,融入到区域经济一体化的进程中,使区域内各经济体的金融市场之间实现良性互动。中国新疆与中亚国家区域内金融机构之间可以通过相互联动来提供整体性的跨区域金融服务,使区域内客户在经济活动中的需求获得更有效的满足;涉及区域内大型项目的资金支持时,多个金融机构可以通过银团贷款、打包贷款、委托贷款等方式进行合作;在对区域内企业的重组过程中,可以同时引入多个机构战略投资者。

八、通过金融创新加强中国与中亚国家金融合作

一是创新石油期货衍生产品。即在建立面向中亚国家石油期货市场的同时,在风险可控的基础上,需要开发出品种多样、操作便捷的适合与中亚国家交易的石油期货衍生产品。

二是创新贸易融资工具。即创新能源企业"走出去"的贸易融资工具。除了外储和政策性金融支持的融资方式外,还可以采用可转换贷款、次级贷款、票据融资、股票融资、长短期债券融资等方式,形成多层次的贸易融资体系。

三是创新金融机构合作。即在创新金融机构合作方面可以采取多种方式,如互设分支机构或代表处、加强人员交流和培训、签署双边监管合作备忘录等。

四是创新次区域金融中心。即可考虑与哈萨克斯坦共同构建"双峰型"中亚金融中心,或在上合组织框架下,将乌鲁木齐建设成为中亚区域次金融中心。这部分内容在本书第五章有更详细的论述。

第七节 乌鲁木齐建设中亚次区域金融中心

一、金融中心与金融中心城市的一般要求

(一)金融中心的含义及分类

对于金融中心的定义,学者有不同的看法。较多使用的一种定义是金德尔伯格(Kinderberg,1974)指出的:金融中心聚集着银行、证券发行者和交易商,

是承担资金交易中介和跨地区价值贮藏功能的中心区,它不仅对个人和企业的储蓄及投资进行跨时结算,将资金从储蓄者手中转移到投资者手中,还会影响不同地区间的资金交付和转移。该定义是从金融中心所具备的功能角度定义的,它表明,作为一个金融中心城市,应该金融机构集中、金融市场发达、金融信息灵敏、金融设备先进、金融服务高效,能对较大范围内的资金配置产生重要影响。

金融中心可从不同角度去分类,我们主要从金融中心影响力的角度进行分类①。

第一,国际金融中心。根据其金融业务辐射的范围,又可以分为全球性国际金融中心和区域性国际金融中心。前者的金融业务辐射全球,目前公认的全球性国际金融中心只有伦敦和纽约。后者的金融业务辐射洲际地区,如东京、香港、巴黎、法兰克福、新加坡等。

第二,全国金融中心。这种金融中心是一国金融市场的枢纽,其交易活动覆盖全国,与各个地区金融市场有经常性密切的业务往来,如我国的北京、上海。

第三,区域金融中心。在国内一定区域发挥金融辐射作用的金融中心,这个区域可以是一国之内跨省或省内跨地区。目前国内许多城市提出的建设区域性金融中心,就是属于这种类型。

(二) 金融中心城市的一般要求

通过考察不同等级的金融中心的形成过程,我们认为一个金融中心城市的形成,需要满足以下条件:

一是优越的地理位置。国际知名的金融中心城市一般建设在国际交通要道上,是著名的海港或交通要道。如全球性金融中心纽约和伦敦,区域性国际金融中心如香港、巴黎、新加坡等16个城市中15个为海港城市。

二是稳定透明的政治法律环境。金融中心城市的建成不是一朝一夕的,但社会动荡或政局不稳,会使该金融中心城市毁于一旦。包括社会治安状况良好,政府廉洁高效,能够对经济的外部冲击及时做出反应;各项经济金融法律制度健全,执行严格透明。

三是宽广的经济腹地。金融是为经济发展服务的,金融虽然是虚拟经济,但最终要靠实体经济的支撑。如果所在城市处于经济规模较大,经济持续增长,发展前景良好的区域,对金融会产生持久和强烈的需求;同时所在区域经济繁荣,生活富足,储蓄水平高,会使金融中心的资金供应充足,这样实体经济与金融活动之间才会相互促进,共同发展。

---

① 李嘉晓:《我国区域金融中心发展研究》,西北农林科技大学,2007年,第46页。

四是开放的经济体制。主要指经济市场化运作，政府不干涉经济主体的正常经营活动，生产要素和产品自由流动，市场规则与国际接轨，外汇管制宽松。

五是完善的基础设施。城市建设布局合理，金融区地位突出，交通通讯设施先进、健全，尤其是网络通讯技术，应运行安全稳定，与国际标准一致。

六是发达的金融体系。包括金融机构多元化，银行、证券、保险、财务公司等金融机构云集；金融机构来源广泛，不仅有国内金融机构还要有国外金融机构；金融市场多样化，货币市场、资本市场、外汇市场、保险市场、票据市场、期货市场、黄金市场和衍生金融工具市场等，形成金融交易和服务的集聚效应和规模效应；能够对国际金融资源配置和金融产品定价产生重要影响。

二、乌鲁木齐建设中亚次区域金融中心必要性分析

（一）乌鲁木齐中亚次区域金融中心概念的提出

这里所讲的次区域金融中心既不同于上面所讲的区域性国际金融中心，又与一国内跨若干省份的国内区域性金融中心存在差别。从现有的城市建设基础来看，乌鲁木齐远没有像新加坡、香港等区域性国际金融中心那样能够辐射整个亚太地区的能力和要件，也不具有像深圳在华南、大连在东北等那样，能够影响我国若干省份的金融实力。即使在我国西部地区城市当中，乌鲁木齐与成都、重庆、西安等城市相比，在各种经济社会指标中都不占优势。新疆处于西部边疆，远离中国经济核心区，距离乌鲁木齐最近的目前有铁路可以直接通达的省会城市兰州仍有1 892公里。所以，乌鲁木齐很难建成完全意义上的国内区域金融中心城市，尤其在我国众多城市都积极争建区域金融中心的竞争格局下，乌鲁木齐很难通过向东影响其他省份而成为区域金融中心。

我们所说的乌鲁木齐中亚次区域金融中心，是指该中心所影响的区域有特定的范围：主要是指我国的整个新疆、与新疆接壤的周边区域，包括哈萨克斯坦东部地区、塔吉克斯坦和吉尔吉斯斯坦两个国家。当然，随着中心的扩大，该中心辐射的范围有可能向西涵盖土库曼斯坦和乌兹别克斯坦及里海地区，及向南亚次大陆地区延伸，但是该中心的主体辐射区应该是该文提到的区域。在这一区域，乌鲁木齐有其他城市无法替代的独特优势。

（二）乌鲁木齐建设中亚次区域金融中心的必要性

从我国国内的角度分析，新疆处于我国西部边疆，特殊的地理区位和自然

环境，造成新疆远离中国核心经济区，离内地最近的城市带关中—天水城市仍有 2 600 公里①，受中国人民银行西北分行所在地西安的影响也微弱。新疆全区 160 万平方公里，占我国 1/6 的面积，由于与内地交通的不方便，新疆与我国中东部地区省份的经济联系存在天然障碍，不太紧密②，新疆经济具有自循环的特点。但是从我国构建向西开放新格局的战略高度，新疆又是我国向西开放的桥头堡，近些年新疆承担了我国与中亚经贸往来 50% 左右的份额，新疆的众多口岸，成为我国沟通中亚各国的门户。乌鲁木齐地处新疆天山北坡经济带，是新疆的首府城市。在新疆，乌鲁木齐市的政治、经济、金融等资源和各种基础设施远高于疆内其他城市，目前作为全疆的政治、经济、科技、文化、金融中心城市，已经具有了良好的基础，有条件再进一步将金融服务辐射的范围向西拓展，构建中亚次区域金融中心。目前新疆处于跨越式发展时期，受到全国 19 个省市的对口支援，中央政府对新疆的发展也高度重视，这也要求新疆提升对外开放的水平，而突破口之一就是将乌鲁木齐建成在中亚区域有重要影响力的经济中心城市，而构建中亚次区域金融中心可以明显增强乌鲁木齐在中亚地区的影响力。

从新疆周边国家的情况分析，中亚次区域整体上处于发展中国家和地区，整体经济社会实力较弱，金融体系比较落后，能与乌鲁木齐实力相当的城市只有哈萨克斯坦的阿拉木图。但受金融危机影响，阿拉木图金融业发展进程受到严重冲击。所以，在中亚地区也需要一个能专门面向中亚的区域金融中心，能为中亚区域贸易和投资便利化提供强有力的金融支持。

金融中心的建设不是短期内能够实现的，需要十几年、几十年或上百年的历程，同时金融中心的形成存在路径依赖的特征，一旦某个城市在某一方面抢到先机，就存在自加强机制。所以，乌鲁木齐作为中国向西开放的门户城市，应该尽早筹划创建中亚次区域金融中心城市的进程，争夺中亚地区经济金融制高点，以与中国不断崛起的大国地位相称，开创我国向西开放的新格局。

三、乌鲁木齐建设中亚次区域金融中心的可行性分析

（一）困难与机遇

目前，乌鲁木齐建设中亚次区域金融中心仍存在很多困难。

---

① 按关中—天水城市带的核心城市西安与乌鲁木齐的铁路距离计算。
② 长期以来，新疆担当的是我国能源和原材料供应地的角色，是从政府战略角度从事的国家行为，按照市场经济往来的活动较少。

从国外周边环境看，因为中亚区域整体仍处于发展中国家水平，大部分国家经济发展程度不高，有些国家发展还很困难，当前各国间相互贸易量和投资额还不大，对金融服务的需求有限。另外，"中国威胁论"在中亚有些国家还存在一定市场，很可能对乌鲁木齐建设次区域金融中心持消极态度，这样资金在中亚区域的流动就可能受到限制。新疆周边国家和新疆面临宗教极端势力、分裂主义和国际恐怖势力，使该区域经济社会发展的稳定度受到潜在威胁。

从国内来看，国内的经济金融政策对金融中心的建设还存在许多阻碍作用。从其他地区金融中心的建设经验看，本国货币的可自由兑换是一个重要条件，我国目前基本实现了贸易项目的可自由兑换，对于资本项目下的可自由兑换，我国金融管理当局现在还没有提出明确的日程表。我国的金融监管水平还很有限，为了金融安全，对金融业务的监管非常严格，金融自由度和市场化水平都不高。

我国的中央银行和商业银行实行的是总行—分行—支行—营业部等垂直管理体系，政策的制定和执行、规模机构的调整、营业网点的布局等都由上级行决定。在乌鲁木齐的中央银行只是支行级别，对我国货币政策的影响很微弱。商业银行中，只有本地银行——乌鲁木齐市商业银行总部设在乌鲁木齐，其他银行仅到分行级别。证券公司只有宏源证券一家本土的，其他证券公司和保险机构只是设立的营业部。金融中心应是金融政策信息比较集中的区域，乌鲁木齐近一个时期很难做到这一点。

外资银行云集是金融中心的一个典型特征。乌鲁木齐现在只有香港的一家外资银行——东亚银行。中亚国家在乌鲁木齐还没有一个分行或代理处，这非常不利于整合中亚的金融资源。

建设国际性的金融中心，需要精通国际金融方面的高端人才，也需要众多懂得金融专业知识的从业者，乌鲁木齐目前在这方面还很薄弱。另外新疆作为一个欠发达地区，对金融中心的经济支持力度有限。

尽管面临很多困难，但正如前所论述的，建设次区域金融中心非常有必要，而且，我们认为当前也是实施这一战略规划的有利时机。

首先，是在中亚区域经历了国际金融危机后，中亚各国的经济受到不同程度的冲击，暴露出金融体系的漏洞和金融行业的缺陷，阿拉木图也受到严重冲击。乌鲁木齐在中亚城市中的地位和实力相对提高，乌鲁木齐应抓住这样一个机遇。

其次，新疆正实施跨越式发展战略，有我国中东部19个省市的对口支援，包括金融大省北京、上海和深圳市的支援。上海正在创建区域国际性金融中心，是上海合作组织的总部所在地，目前上海国际性金融业务主要面对的是亚太地区，尤其是东北亚、东南亚等，乌鲁木齐可以与上海合作，推进我国的金融服务在中亚的影响力。

最后，随着中国在全球经济地位的上升，我国政府在政策层面开始支持人民币走向国际化，外汇管制在逐渐放松，乌鲁木齐担当我国向西开放重任的优势会进一步显现。另外鉴于新疆西部边疆少数民族区域的特殊区情，实行特殊的金融政策对其他区域的影响不大，在新疆跨越式发展的背景下，可以向中央政府争取有针对性和差别化的金融扶持政策。

总之，建设中亚次区域金融中心是个长期战略，我们不能坐等所有的要件都具备的时候才筹划，应提前做准备，早打基础，边建设边探索经验，边积累优势，许多不具备的条件和环境也会不断改善和创造出来。

（二）建设步骤和举措

1. 目标定位

立足新疆，面向中亚，为我国与中亚各国的经济合作提供金融支持，以此推动我国向西开放新格局，为中亚区域间的贸易和投资提供金融服务，为中亚地区提供若干特色专业服务的次区域金融中心。

构建乌鲁木齐次区域金融中心的目的是通过该中心的构建，促进新疆经济的发展，深化我国与中亚各国的经济合作。根据现实基础和周边环境，乌鲁木齐建成完整意义上的国际金融中心的可能性非常小，应从实际出发，根据我国与中亚国家的经济发展水平和产业发展状况，以及中亚区域贸易和投资的特点，提供能够满足中亚次区域金融需求的金融工具、金融产品和金融服务，无须将满足国际金融中心的所有要件作为追求目标。

2. 指导思想和构建模式

综合考虑，乌鲁木齐中亚次区域金融中心的建设应采取政府推动，市场主导，打牢基础，稳步推进的建设模式。

国际上金融中心的形成，总体来说分两种，自然形成型和政府推动形成型。如19世纪的伦敦，20世纪至今的纽约，均主要靠所在国强大的经济实力为后盾，本国大量的海外贸易、本国货币作为国际通用货币的地位、优越的地理区位和不断完善的基础设施和法律制度，形成了全球金融中心。另外一种区域国际金融中心并不是处于全球的经济中心，主要是通过政府的强力推动，提供较低的管理费用和运营成本、非常少的国家干预和自由的外汇管理制度所形成。新加坡是典型的通过政府的主动设计，首先开辟亚洲美元市场，形成目前影响整个亚太地区的区域性金融中心的。当然不管是哪种模式形成的金融中心，要想维持持久的影响力，经济基础和政府推动都不可或缺，只不过经济实力在自然形成模式中起主要作用，在政府推动模式中起的是间接作用。

乌鲁木齐中亚次区域金融中心的建设已经落在阿拉木图的后面，根据乌鲁木齐现有的经济实力，靠自然形成不太现实，只能通过国家建设型。但是，在借鉴阿拉木图的建设经验时，我们应吸取其"激进、冒进"的教训，避免急功近利的思想，前期要靠政府出台的各种优惠政策铺路，出台各种适宜金融机构集聚、金融市场不断发展完善的政策，改善金融生态环境，打牢基础。在金融中心的规划上可以适度超前，但不能严重脱离实体经济的实际发展水平不切实际的盲目超前。在着眼点上应主要关注中亚的需求，做成有特色的次区域金融中心。

在推进乌鲁木齐面向中亚的次区域金融中心建设过程中，靠乌鲁木齐乃至新疆的金融资源是远远不够的，必须要充分利用中东部的金融资源作为支撑。前面已经分析，乌鲁木齐区域金融中心与中国内地省份的区域金融中心竞争关系不大，寻求我国其他金融资源丰富的省份支持时阻力较小。目前北京、上海、广东等金融大省对新疆有直接的对口支援工作，可以利用对口支援的平台，引进这些省份的优质金融资源和金融方面的优秀干部援疆。尤其上海市，是上海合作组织的总部，是世界排名前列的国际金融中心，将乌鲁木齐中亚次区域金融中心看作是上海国际金融中心在中亚发挥影响力，提升在上海合作组织中的地位的一个具体实施方案，同时发挥乌鲁木齐与中亚经济联系紧密的优势，从这个意义上讲上海提供丰富的金融资源和较为先进的金融制度支援乌鲁木齐中亚次区域金融中心的建设，既有必要性也具备可行性。

没有经济实体支撑的金融中心具有天然的脆弱性，可以形成一时的繁荣，但也容易陷入衰败的陷阱，迪拜就是这样一个例子，乌鲁木齐应吸取迪拜的教训。鉴于中国的国情，避税港型离岸金融中心不是乌鲁木齐的参考模式，这种中心一般设在较小的经济体，经营者在该类中心的主要目的就是逃避税收和管制，并没有在当地开展实际的金融业务。乌鲁木齐中亚次区域金融中心的建设目标并不是单纯发展金融业，而是为深化我国与中亚的经济合作提供针对性的金融服务，所以一定要有实体经济的依托。乌鲁木齐中亚次区域金融中心的建设应该促成新疆经济形成这样一种良性循环：金融中心的建设不断推进——满足新疆经济主体的资金需求——新疆经济规模不断扩大，经济结构不断优化——金融中心实力不断增强。外向型经济的扩展是国际金融服务增加的内在根据，这就需要继续推进乌鲁木齐国际商贸中心的建设，增加招商引资的力度，推进乌鲁木齐出口加工区的建设，提高新疆和乌鲁木齐实体经济在中亚区域的影响力。

3. 步骤措施

第一步，从政府层面和金融界认识到建立该中心的必要性，聘请专家队伍对该中心建设的优劣势和条件等进行充分论证，在对比国际其他金融中心发展的历史经验和周边经济金融发展状况基础上，提出可供选择的模式。第二步，政府出台各种优惠政策，逐步建立若干针对中亚区域的特色金融市场，或者为建立这些市场做好前期各项准备工作。第三步，不断推出新的金融工具，形成金融中心自我良性驱动的市场机制。在第三阶段时，应实现政府金融监管比较完善，金融干预逐渐退出，市场成为主导力量这样一种状态。

我国目前的金融监管比较严格，利率不能随资金市场供求浮动，外汇还不能自由兑换，人民币不是国际货币。在这样一种状况下乌鲁木齐中亚次区域金融中心的规划不能过度超前，否则劳而无功，但同时应本着早做准备、打牢基础的发展思路，随着我国金融体制改革的不断深化，人民币国际化的不断推进，新疆和我国经济实力的提升，使乌鲁木齐中亚次区域金融中心的建设扎实推进。

四、乌鲁木齐中亚次区域金融中心需着重建设的领域

乌鲁木齐中亚次区域金融中心建设的主要目标不是追求完善的国际金融中心的功能，而是立足我国和中亚区域的发展现状，提供有针对性的金融服务。本书认为乌鲁木齐中亚次区域金融中心应重点开拓以下几方面的功能：

（一）人民币跨境结算中心

2008年的国际金融危机暴露了原国际货币体系的缺陷，在危机中人民币币值稳定且稳步上升，极大地提高了人民币在国际货币中的地位。在进出口企业及海外投资者对人民币用于国际结算有强烈需求的情况下，经国务院批准，2009年7月，我国开始开展跨境贸易人民币结算试点工作，迈出了人民币走向国际化的重要一步。2010年6月，新疆被选入第二批试点地区，2011年8月，新疆等边境省份对外开展跨境贸易的境外地域范围由原来的毗邻国家扩展到境外所有国家和地区。目前新疆已有超过15家银行具备办理跨境人民币业务资格，跨境人民币结算业务的境外服务区域已拓展到包括中亚五国在内的18个国家和地区，结算业务量达188.69亿元，吉尔吉斯斯坦、巴基斯坦、塔吉克斯坦等国13家银行在新疆辖区银行开立了人民币同业往来账户。目前，新疆是中国唯一允许开展人民币外商直接投资试点省区[①]。人民币产品业务种类包括信用证、托收、电汇、保函等多种形式，结算方式涵盖代理行、清算行和NRA账户等多种模式。随着人民币跨境结算政策的不断完善，人民币在周边国家贸易中使用会越来越多，特别是在旅游购物、对外援助、涉外采购、跨境投资等方面，将会有更多的企业愿

---

① 马德伦：《中国和亚欧金融合作前景广阔》，载于《新疆日报》（财富周刊）2011年9月7日。

意选择人民币作为计价和结算货币①。

乌鲁木齐作为与中亚经贸合作的桥头堡,应该在现有的人民币跨境结算基础上,与上海国际金融中心加强合作,在中亚区域作为上海金融合作中心的一个分支中心,探索边境地区人民币现钞出入境、人民币兑换及进一步完善人民币出入境结算出口享受的退税政策等,使人民币逐渐成为中国与中亚贸易投资等经济活动中普遍被接受的货币,使乌鲁木齐成为中亚区域人民币交易和结算中心。

(二) 能源期货市场

目前,哈萨克斯坦证券交易所开通了两种期货:美元对坚戈的汇率期货,哈萨克斯坦证券市场指数期货。我国目前有三个商品期货交易所:上海期货交易所、大连商品交易所、郑州商品交易所。大连商品交易所推出的期货品种有玉米、黄大豆1号、黄大豆2号、豆粕、豆油、棕榈油、聚乙烯、聚氯乙烯。郑州商品交易所主要是粮食类期货,如小麦、棉花、白砂糖、绿豆、早籼稻等。上海期货交易所推出的期货品种偏重金属类品种如铜、铝、锌、黄金、螺纹钢、线材等。2006年9月上海成立中国金融期货交易所,主要对金融衍生品的上市交易、结算和交割进行管理,2010年该所推出沪深300股指期货合约。我国期货市场主要在中东部地区,期货市场一般都依附于活跃的现货交易市场。

从我国和中亚整体期货市场发展状况来看,还缺乏立足本区域丰富的能源矿产资源推出的能源品种。新疆是我国重要的能源矿产资源基地,2009年新疆石油保有储量为4.67亿吨,仅次于黑龙江的保有储量,全国排第二位;天然气保有储量为8 354亿立方米,全国排第一位,占全国总储量的23%。新疆石油、天然气预测资源量占全国陆上资源量的30%和34%以上,天然气远景预测资源量达13万亿立方米,居全国之冠。新疆煤炭已探明储量1 008亿吨,占全国10%,预测储量2.19万亿吨,占全国40%以上。中亚地区同样具有丰富的能源储量,据美国国际能源局2004年统计,中亚五国合计石油已探明储量为39.4亿吨,潜在储量为260亿~270亿吨;天然气探明储量为8.7万亿~9.7万亿立方米,潜在储量为37万亿~39万亿立方米②。新疆又是我国重要的能源矿产资源国际大通道,中国—土库曼斯坦天然气管道、中国—哈萨克斯坦石油管道等,都在新疆中转。

---

① 《新疆15家银行具备办理跨境人民币业务资格》,载于《都市消费晨报》2011年8月17日B1版。
② 孙庆刚:《新疆经济跨越式发展研究》,新疆大学,2011年。

在新疆乌鲁木齐成立能源交易所，推出适当的能源期货品种，可以优化我国期货市场的布局，丰富我国和中亚地区期货品种。通过套期保值使能源的供应方和需求方都能够规避价格风险，同时给投资机构提供新的期货交易品种。

（三）产业投资基金

产业投资基金是产业资本和金融资本的直接融合，是在我国严格的金融监管下，地区募集发展资金的一种有效的金融工具。2006年11月，为配合天津滨海新区的大开发国家批准设立第一个渤海产业投资基金开始，目前国家已批准三批次10只大型产业投资基金，包括第二批的山西能源基金产业投资基金、上海金融产业投资基金、主要支持苏州开发区建设的中新高科产业投资基金等，及第三批的天津船舶、重庆基础设施产业投资基金、东北装备工业等产业投资基金。除了国家试点批准的10家外，全国各省还有很多已经运作的产业投资基金，如湖南的湘江产业基金，这些产业投资基金，为重点地区和重点产业的发展提供了强有力的资金支持。

新疆处于跨越式发展时期，"十二五"时期，新疆全社会固定资产投资预期目标为3.6万亿元，中央投资、对口援疆资金、央企等各类投资约7 880亿元，存在较大的资金缺口。但同时，新疆是资金净流出省份，资金外流严重①。目前新疆有比较优势的产业如煤化工产业、新能源行业等多数仍是资本密集型产业，新疆在一个很长时期仍会是资本拉动型经济。中亚地区的能源产业投资所需资金量大、风险高，这些都阻碍了新疆本土企业"走出去"融入中亚经济的步伐。产业基金作为顺应产业成长要求而产生的一种金融创新，能有效地为这些产业和企业实体提供金融支持，实现政府资源、金融资本和产业资本的融合。新疆通过设立产业投资基金，正好可以满足现代产业发展对股权投融资的多样化需求。

乌鲁木齐将产业投资基金做大以后，可以为乌鲁木齐产权交易所提供更广阔的市场空间，产权交易所提供的股权交易和转让服务，为产业基金提供了退出机制，便于产业基金的保值增值。

（四）外汇交易中心

2011年6月28日，中国银行新疆分行正式挂牌人民币与哈萨克斯坦货币坚

---

① 孙庆刚、秦放鸣：《"资源诅咒"在我国省际层面传导机制：理论与经验》，载于《石河子大学学报》2011年第2期。

戈的现汇交易价格①，这意味着人民币和坚戈间不再需要美元作为中介货币进行套算，可以直接进行人民币和坚戈间的兑换。考虑到目前中国与中亚贸易往来仍然以美元为主，乌鲁木齐金融机构应为企业在汇兑美元方面提供便捷的金融服务，完善乌鲁木齐外汇交易功能。另外乌鲁木齐可以探索"中亚美元市场"业务，允许金融机构开展美元欧元离岸业务，为新疆周边国家提供外币投融资场所和金融工具。

---

① 马德伦：《中国和亚欧金融合作前景广阔》，载于《新疆日报》（财富周刊，2011年9月3日）。

第八章

中国与中亚国家关系中的民族因素研究

中国新疆与中亚地区在历史和文化上可以称为"一衣带水",在古代曾被称为西域。在中国与中亚国家的相互交往中,众多跨界民族的存在为中国发展同中亚国家关系提供了机遇,同时也带来了挑战。在我国新疆世居的13个少数民族中,哈萨克族、维吾尔族、乌孜别克族、柯尔克孜族、回族、蒙古族、塔吉克族、俄罗斯族在中亚国家均有分布。随着我国改革开放政策的出台,这些跨界民族的民间交往日益增多、联系日益紧密。

2011年是中亚国家独立20周年的庆典之年。在这20年里,中亚国家在大国的"大博弈"和地区"小博弈"的情势下,均面临着国家和民族构建的艰巨任务。区内各国的发展差距不断拉大,发展不平衡促进了各国间的人员流动,同时也伴随着当地人与外来人口之间的矛盾,从不同的角度激发着"民族主义"。

20年对于国家的成长而言,还处于幼年阶段,中亚人民对新国家的认同尚未成型,全社会也没有形成统合民众的价值和目标。对于中亚国家而言,国家身份的认同(national identity)则基于民族/种族认同(ethnic identity),而民族认同由人们对自己的民族、宗教、语言、出生地以及社会地位的认知构成,对于统一的民族国家认同的构建而言是一种破坏性的力量。

为了锻造一个新的国家认同,中亚五国的政治精英们决定实施以主体民族为基础的国家认同建设政策,即民族—国家主义。民族—国家主义的优势在于,它可以在一个(中亚)国家主要民族/部族内部围绕"族源"形成一条带有普遍意义的有力纽带。

为了增强人民对这些"新的""民族特性"的认同,一些有吸引力的、可强化族群特性的神秘传说被人为强化。中亚五国在创造本国的民族神话方面具有高度的一致性。为了展示其主要族群目前的地域特征和历史上的紧密联系，中亚国家不约而同地选择一个著名的历史人物（或传说人物），围绕他/她的事迹重写历史，以激发主体族群的民族自豪感。目前，乌兹别克斯坦强调自己是历史上著名的帖木儿帝国的直接继承者；而吉尔吉斯斯坦则不断强化传说中的英雄玛纳斯的形象和历史功绩；塔吉克斯坦正在重新发掘本国与萨曼帝国的历史联系；哈萨克斯坦则致力于推动游牧文化与传统的复兴；土库曼斯坦则将注意力放在了土库曼人的精神领袖马赫杜木库里·费拉吉（Magtymguly Pyragy, 1733 – 1797）身上。在构建民族—国家认同的进程中，"民族"这个在苏联时期高度政治化的词汇再次占据了中亚政治舞台的中心位置，中亚地区的民族主义思潮空前强化，不仅成为影响各国国内政治的重要因素，而且不可避免地影响到各国的对外政策，包括对中国的政策。

第一节　中亚地区族际关系的历史变迁

　　史前中亚地区就有人类活动。考古和人类学家研究认为，中亚最早的居民是古欧罗巴人种，或者称雅利安种，操印欧语，具体地说是一种东伊朗语。一般认为，塔吉克的先祖是中亚最早的土著。

　　中亚的另一个基本民族成分是操突厥语的诸民族。公元 6 世纪突厥部兴起于阿尔泰山西南麓，初属柔然，不久吞并铁勒，剿灭柔然，建突厥汗国，其疆域最广时东起辽水，西抵里海，6 世纪末分裂为东西突厥，此时中亚落入西突厥统治之下。唐末东西突厥衰败，相继并于唐王朝，最后退出历史舞台，没有形成现代民族。实际上所谓的"突厥人"指的是说突厥语的人们。阿拉伯人提到中古时期很多部族说着和突厥人同样的语言，他们开始把这一切人都泛称作"突厥人"。操突厥语的部族虽然来到中亚要比操东伊朗语的塔吉克土著晚些，但由于突厥诸部族迁徙，并与此相联系的突厥语化进程，最终取代塔吉克土著而成为中亚更占优势的民族成分。

　　中亚历史上南北关系的突出特点是：北方游牧部族不断南下，给中亚居民注入了蒙古血统。一方面，南下的游牧部族在当地自然地理环境和文化氛围之下，大部转入定居农耕，接受当地的文化；另一方面，操印欧语的塔吉克土著，不是被挤向更南方，就是失去自己的语言，成为操突厥语的"突厥人"。13 世纪蒙古的入侵大大改变了中亚的民族构成，原先的操突厥语诸部族消失了，而乌兹别克、哈萨克、吉尔吉斯等现代民族开始萌发。这实际上是民族、部族分解和重新组合的过程。蒙古入侵并未改变中亚民族突厥化的进程。来到这里的蒙古部族不仅走向定居，而且也逐渐被突厥化。随着操突厥语诸部族在中亚的活动，于是就有突厥斯坦（Turkestan）之说，其意为"突厥地"。历史上"突厥斯坦"这一概念的外延是由"突厥人"活动地域所决定的。19世纪沙俄在中亚建立起"突厥斯坦总督府"，这一文化地理概念开始变为政治地理概念。

一、中亚地区各民族的形成及历史变迁

（一）哈萨克族

13世纪上半叶，成吉思汗把其缔造的蒙古帝国分封给了自己的四个儿子。长子术赤分得钦察草原，建立金帐汗国。15世纪20年代，在金帐汗国东部出现了乌兹别克汗国，以锡尔河下游为中心，北至托波尔河，东北至额尔齐斯河，土地辽阔，人口众多，汗王阿布尔海尔对外大肆推行侵略扩张政策，对内凶狠残暴，进行野蛮统治，从而激起了统治集团内部矛盾。该汗国的克烈赫加尼别克对阿布尔海尔汗王的不满越来越强烈，甚至达到公开对抗的程度。1456年，克烈赫加尼别克带着自己的部落向东逃入亦力把里统属的地区，亦力把里主把楚河、塔拉斯河流域西七河区让给他们游牧，以增强自己的实力。这部分脱离乌兹别克汗国的人被称为哈萨克人。到15世纪末，一个有共同名称、共同语言、共同地域、共同经济生活和表现于共同文化上的共同心理素质的稳定的哈萨克民族最终形成，16世纪末，哈萨克人及其分布地区已区分为三个玉兹（血缘的部落联盟）：大、中、小玉兹，即清文献中的右、左、西三部。其中的中玉兹（哈萨克斯坦中部地区）和大玉兹（七河流域）臣服于准噶尔部。而小玉兹（西哈萨克斯坦）则于1731年被沙俄吞并。哈萨克族跨中国、哈萨克斯坦、乌兹别克斯坦、吉尔吉斯斯坦、塔吉克斯坦、蒙古国、俄罗斯而居。哈萨克人是中亚地区的第二大民族，人口约有1 700万，65%以上（约1 100万）的哈萨克人居住在哈萨克斯坦，是该国的主体民族。其余500多万哈萨克人分布在中亚其他四国、俄罗斯、中国、阿富汗等国家。

（二）吉尔吉斯族（柯尔克孜族）

吉尔吉斯族是古老的游牧民族，其先民原居漠北的叶尼塞河上游流域，在漫长历史中，逐渐向西迁徙，进入中亚地区，天山山区和帕米尔高原。《史记》中

称为"鬲昆"。两汉时期称"坚昆",魏晋至隋朝称"结骨""契骨""纥骨""护骨"。唐朝时根据汉语的音译通称为"黠戛斯"。宋、辽、金时又称"纥里迄斯",元朝时称"吉利吉斯"等,这些名称其实都是吉尔吉斯先民各时期不同的音译。吉尔吉斯族是中亚地区的第六大民族,人口约有400万,90%以上(380万)的吉尔吉斯人居住在吉尔吉斯斯坦,是该国的主体民族。还有几十万吉尔吉斯人(柯尔克孜人)分布在乌、哈、塔、俄罗斯、中国、阿富汗、土耳其等国家。

(三) 乌孜别克族

乌孜别克族是中亚地区的第一大民族,人口约有3 000万,80%以上的乌兹别克人居住在乌兹别克斯坦,是该国的主体民族。还有500多万乌兹别克人分布在吉尔吉斯斯坦、塔吉克斯坦、阿富汗、俄罗斯等国家。

乌兹别克人的先民由属印欧语系的伊兰人和南下的蒙古—突厥昔班尼汗国牧民混合而成。古代伊兰人主要生活在中亚细亚的锡尔河和阿姆河流域以及泽拉夫尚河流域,也称为河中地区。公元5世纪,突厥诸部落开始陆续进入中亚细亚地区。随着交往的加深,当地土著的伊兰人部落受其影响,逐渐演变成操突厥语的人群。

乌孜别克族的名称,最早来源于公元14世纪时蒙古帝国四大汗国之一的金帐汗国(钦察汗国)的统治者苏丹·穆罕默德·乌兹别克汗,即《元史》上的"月即别"。乌孜别克族的族源与哈萨克族大致相同。16世纪以后,随着生活的变化和分布地域的不同,才逐渐分别形成两个完全不同的民族。

月即别汗国建立于1428年,年方17岁的阿布海尔被拥戴为汗王;15世纪中叶,昔班家族鼎盛期的疆域向南延伸到锡尔河。在东部却遭到大举向西扩张的西蒙古卫拉特人的痛击;在阿布海尔的权威大为削弱时,一部分牧民东迁到楚河流域,在东察合台汗国的支持下,建立了独立的哈萨克汗国;1468年,阿布海尔在一次清剿哈萨克—吉尔吉斯人的决战中被杀,三年后(1471年),东察合台汗国羽努斯汗驱散了中亚的最后一批月即别人,此后,仍留在阿布海尔汗国旧地的游牧人称为月即别人,从阿布海尔汗国分离出去的称为哈萨克人。阿布海尔时期的汗国又称阿布海尔汗国,从1428年阿布海尔被拥立为汗王,到1468年阿布海尔被杀,历时40年。

1500年,昔班家族后裔昔班尼汗率部南下中亚,建昔班尼王朝,整个16世纪,昔班尼王朝牢牢控制着河中地区,彻底击碎了跛子帖木儿后裔巴布尔的复国之梦。随着昔班尼汗进攻河中地区与呼罗珊地区的进程,月即别人大规模的迁徙到中亚绿洲和巴克特里亚地区,开始定居,从事农业,并与当地居民通婚混血,终于发展成为一个不同于游牧为生的哈萨克族的、近代乌孜别克族。

(四) 塔吉克族

塔吉克人是中亚最古老的土著人，是塔吉克斯坦的主体民族。除塔吉克斯坦外，阿富汗、乌兹别克斯坦、伊朗、中国还居住有塔吉克人。

据考古发现，在公元前若干世纪，这些操东部伊朗语的部落，就已分布在我国新疆南部地区，其中分布在帕米尔高原东部的部分，就是塔吉克族的先民。公元前2世纪，张骞出使西域，西汉王朝设西域都护管辖。塔什库尔干地区属于交通要道，"丝绸之路"的咽喉。公元2~3世纪，在塔什库尔干一带出现了揭盘陀国，揭盘陀人是中国塔吉克族的远祖。在3~4世纪，他们已发展了灌溉农业，过半农半牧生活。公元8世纪，揭盘陀国消亡。公元9~16世纪，塔什库尔干地区先后受吐蕃、喀拉汗王朝、西辽、蒙古元朝和察合台汗国的管辖。特别是从10世纪开始传入喀拉汗王朝境内的伊斯兰教，对塔吉克人的影响强烈，以至后来成为全民族信仰的宗教。明朝后期，在色勒库尔的中心地带已有一批塔吉克族小村落。从17世纪后期到19世纪，帕米尔西部和南部的什克南、瓦罕等地的许多塔吉克人迁入色勒库尔，逐渐成为中国的塔吉克族。

二、汗国时代：杂居与冲突

昔班尼的征战将原来生活在钦察草原（哈萨克草原）上的月即别人带到了中亚，在中亚定居，相继建立了希瓦、布哈拉、浩罕乌兹别克三个汗国，经济生活由游牧、畜牧业转为定居和农业。在中亚地区，乌兹别克人在长达300余年的历史上长期居于统治地位，在中亚史上有着深远的影响。

(一) 希瓦汗国

希瓦汗国所在的地区古代为花剌子模的领土，后花剌子模先后被蒙古帝国、帖木儿帝国和波斯帝国征服。1512年花剌子模绿洲居民发动起义，摆脱波斯统治，拥立乌兹别克王族伊尔巴尔斯（1512~1525年在位）为汗，建立独立的国家，即希瓦汗国。首都最初在乌尔根奇，16世纪末迁至希瓦（今咸海南之基发）。1537年和1597年曾两度被邻国布哈拉汗国占领。1740年，希瓦被伊朗纳迪尔沙征服。纳迪尔沙死后，希瓦摆脱伊朗的控制，但内乱日甚。穆罕默德·拉希姆汗时期（1806~1825年）汗国实现政治统一，国势日益强盛。17世纪至19世纪早期，希瓦汗国多次陷入内乱，导致经济和文化衰落。

1873 年，希瓦汗国被沙俄征服，成为其附属国，隶属突厥斯坦总督府。1920 年苏俄红军攻入希瓦汗国，推翻阿布德·阿拉汗的统治，在其领土上建立花剌子模苏维埃人民共和国，1924 年，苏维埃政府撤花剌子模苏维埃人民共和国，其领地分别并入乌兹别克和土库曼两个苏维埃社会主义共和国。

（二）布哈拉汗国

布哈拉汗国共分为三个王朝：昔班尼王朝（1500～1598 年）、阿斯特拉罕王朝（1599～1753 年）和曼吉特王朝（1758～1920 年）。

1500 年，乌兹别克首领昔班尼率部推翻帖木儿后裔在中亚的统治，建立昔班尼王朝。该王朝原定都于撒马尔罕，1561 年迁都布哈拉，遂称布哈拉汗国。

1598 年，汗国发生内乱，阿斯特拉罕家族夺取汗位再建汗国，史称布哈拉阿斯特拉罕王朝。该朝伊玛目·库里在位时，加强中央集权，以伊斯兰教法治国，政治经济相对稳定，商业繁荣。其后乌兹别克各氏族割据势力日渐强大，王族内讧加剧，印度莫卧儿王朝和希瓦汗国也乘机频繁入侵。苏布罕·库里在抵御外部入侵和平定内乱中取得一定成就，但汗国日趋衰落和陷于分裂。1753 年，布哈拉汗国大臣穆罕默德·拉希姆夺取汗位，建立曼吉特王朝。在曼吉特王朝第三任统治者沙·穆拉德执政时，采用"埃米尔"称号，他实行行政和财政方面的改革，兴修水利，发展农业，加强了布哈拉汗国的中央政权。纳斯尔·阿拉赫·巴哈杜尔统治时期，加强军队建设，不断扩张领土，力图称霸河中地区。

1868 年，在穆扎法尔丁·巴哈杜尔统治时期，布哈拉汗国沦为沙皇俄国的附属国，隶属突厥斯坦总督府。1920 年 9 月，当地人民和苏俄红军推翻曼吉特王朝，建立布哈拉苏维埃人民共和国。1924 年，苏维埃政府撤布哈拉苏维埃人民共和国，其地并入新建的乌兹别克苏维埃社会主义共和国。

（三）浩罕汗国

浩罕汗国的核心地区在包括浩罕、安集延、马尔吉兰、纳曼干等城的费尔干纳盆地，原为布哈拉汗国的领地。大约 1710 年乌兹别克明格部首领沙鲁克开始摆脱了布哈拉汗国的统治，以浩罕为都，建立了浩罕汗国。随着其不断扩张，到 19 世纪早期，浩罕已经完全控制了今乌兹别克斯坦东部，吉尔吉斯斯坦南部和塔吉克斯坦。鼎盛时期的浩罕东接中国、南隔阿姆河和阿富汗相邻、西接布哈拉、希瓦两汗国，主要居民为乌兹别克人，其次为塔吉克人、吉尔吉斯人和哈萨克人。

清乾隆二十四年（1759 年），清朝平定了准噶尔部和小和卓之乱，统一了新疆。浩罕汗额尔德尼臣服清朝，成为清朝的边外附属国。19 世纪上半叶，浩罕走向鼎盛，占据了塔什干及锡尔河至咸海一带。浩罕强盛之后，不仅摆脱清朝藩属地位，还一再支持新疆和卓叛乱集团反抗清朝。1826年，浩罕悍然出兵支持其子张格尔和卓入疆骚乱"建国"。1842年，首都浩罕被布哈拉攻破，后又面对沙俄入侵，完全走向衰落。1876年，俄国军队占领浩罕城，灭浩罕汗国，置其地为费尔干纳州，隶属俄突厥斯坦总督府。十月革命后，则隶属突厥斯坦苏维埃社会主义自治共和国。1924年苏联建立，费尔干纳大部并入乌兹别克苏维埃社会主义共和国，盆地周边和帕米尔山区分别并入吉尔吉斯和塔吉克苏维埃社会主义共和国。

三、苏维埃时代："民族识别"与民族共和国划界

历史上中亚地区曾出现过一些王朝、汗国，但从来没有形成过一个大一统的国家。至19世纪下半叶，这里成为沙俄帝国新征服的领地。在苏维埃政权成立不久，中亚地区实行了史无前例的"民族识别""民族共和国划界"，并迅速组建成5个民族加盟共和国，这是中亚历史上最重要的历史事件，没有这5个民族加盟共和国，就没有今天的中亚五国。

十月革命胜利后，1918年4月，突厥斯坦苏维埃社会主义自治共和国宣告成立，成立《章程》规定突厥斯坦社会主义自治共和国有自治权，但承认并且和俄罗斯苏维埃联邦中央政府协调行动。"这个自治共和国成立在原沙俄突厥斯坦总督管区，亦由原先的锡尔河州、撒马尔罕州、七河州、费尔干纳州、外里海州构成。这个在俄罗斯联邦社会主义共和国领土上建立的苏维埃自治共和国，是地方自治政权，而不是民族自治政权"①。

1917年2月革命后，鞑靼激进的民族主义者甚至主张在俄国实现伏尔加—乌拉尔国家的领土独立。十月革命后，在布尔什维克党内也有建立一个包括伏尔加—乌拉尔河和中亚地区的大突厥国家的意愿。为了破除拥有2000万人口庞大的"突厥国"的迷梦，1924年俄共开始在中亚"识别"出乌兹别克、土库曼、哈萨克、吉尔吉斯和塔吉克五大民族，随后乌兹别克苏维埃社会主义共和国、土库曼苏维埃社会主义共和国、哈萨克苏维埃社会主义共和国、吉尔吉斯苏维埃社会主义共和国和塔吉克苏维埃社会主义共和国先后成立并加入了苏联。

中亚"民族划界"及民族共和国建立使这一地区获得了暂时的稳定，但依然存在着一些民族交错居住的区域，这就使一些民族问题无法得到有效的解决，成为这一地区后来各种矛盾和冲突的根源。随着中亚各民族加盟共和国、自治共和

---

① 王智娟：《中亚民族共和国的组建》，载于《东欧中亚研究》1998年第2期。

国和自治州的建立，中亚各共和国内部因行政区划而产生了主体民族和少数民族的差别，有了主次之分。因此，一部分居民虽然继续在自己祖先生存过的土地上生活和劳动，但按官方的规定却变成了少数民族。这不能不在他们的意识中留下相应的痕迹，使他们因深感自己的权利遭到了损害而产生不满，这不仅为中亚各行政实体内民族关系的健康发展埋下了"定时炸弹"，而且也影响到中亚民族—国家的构建。1924~1936年中亚的民族识别和民族共和国划界，当今的中亚学者普遍认为是政府通过行政方式在办公室里人为地制造的，是按上面的指令实行的。希林·阿金纳（Shirin Akiner）则认为，苏联在这些方面的学术准备是充分的，收集和分析了以前中亚人口普查中关于民族语言使用方面的数据。①

四、后遗症：民族—国家认同基础薄弱

苏联初期，作为掌管联盟民族事务的负责人，斯大林认为在中亚地区创造一些民族认同能够使当局的统治更为容易，并且可以帮助这一地区的人们加速现代化进程。一个现代民族，包含四个必要条件：领土统一、语言统一、文化的统一和经济统一。领土统一通过联盟的划界政策得以创造实现，将中亚分为五个"斯坦"。语言的统一和文化的统一，则通过语言规划政策和历史编纂来实现。苏联"构建民族"政策中最突出的一步是划定边界，为五个"斯坦"共和国的建立铺平道路。

20世纪30年代，苏联的国家认同政策发生了改变，政策重点从"共和国"认同转移到了苏联认同，在加盟共和国内建立现代民族国家的目标转化为在全苏联范围内实现民族团结统一。因此，民族的语言和历史不再是人们关注的焦点。苏联还实施了一项全新的语言政策，以促进全体苏联人民使用单一的统一语言——俄语，强力推动俄语普及导致其他民族的语言被逐步边缘化。在重建民族历史方面，苏联历史成为新焦点，将整个人民团结在这个广阔的多民族的国家——苏联成为新的目标，各共和国民族之间的区分已不再重要。在新出版的历史教科书里，民族之间内部的矛盾和冲突细节被省略，而强调苏联民族之间的合作关系。历史学家穆斯塔法耶夫写道："苏联人民与俄罗斯人民的友谊有着深厚的历史根源和非凡的历史。"②

众所周知，语言是一种把人们团结起来强有力的认同符号。中亚民族共和国

---

① Akiner, Shirin. Melting Pot, Salad Bowl - Cauldron? Manipulation and Mobilization of Ethnic and Religious identities in Central Asia. Ethnic and Racial Studies 20 (2): 103.

② Tillet, Lowell. 1970. The great friendship: Soviet historians on the non - Russian nationalities. The Annals of the American Academy of Political and Social Science 392 (1): 224.

建立后，苏联政府曾鼓励各共和国采用单一语言，即主体民族的语言，其目的是团结各共和国人民。这种方式实践起来困难极大，因为各中亚民族由于长期的交往，彼此会说对方语言的人数众多。此外，为了使语言统一成为现实，联盟中央政府专注于在中亚提高当地人极低的识字率，大量兴建扫盲学校和小学，努力使普通大众拥有阅读和写作能力。这些政策事后看来十分有效。苏联在中亚实现语言统一的目的基本实现。

近代以前，中亚人缺乏足够的关于自身起源、社会政治发展的历史知识。现有中亚历史书籍主要关注于伊斯兰教及各个历史朝代，而且历史书籍很少出版，当地人也很难看到。苏联通过编写关于民族的起源，重要事件和每个国家的历史人物的新历史教材，重塑中亚史，以改变这种状况。苏联的目标是巩固中亚共和国国内的团结，但又使它们彼此区分。每个国家的历史，成为激励人心的故事，以激发民族团结和自豪的感情。历史教材由苏共中央审核批准，并通过学校系统广为普及，确保每一个人知道其国家/民族早期的历史。

苏联时期，联盟政府对构建中亚民族的国家认同的努力着实不少。这种国家认同分两个层面：第一层是苏维埃国家认同；第二层为中亚共和国认同。苏维埃国家认同被置于优先地位，主导着第二层次的认同，甚至挤压和弱化共和国认同。其结果就是每个中亚人首先认为自己是苏联公民，其次才是某个民族共和国的成员。

五、中亚国家的国家认同建设

苏联解体后，中亚国家独立，开始了十分艰难的现代民族国家的建设。

（一）哈萨克斯坦：游牧传统的感召

苏联解体后，哈萨克斯坦对于国家认同基础的探索是复杂而又曲折的，因为哈萨克斯坦有100多个民族。1989年，在哈萨克斯坦，哈萨克人占总人口的40%，俄罗斯人约占38%，20世纪90年代的俄罗斯人数量显著减少，但在哈萨克斯坦，俄罗斯族今天依然是最大的少数民族群体，约占24%。①

苏联时期，哈萨克族在经济和社会上处于劣势地位。俄语比哈萨克语更强势。俄罗斯族普遍住在城市，并享有良好的就业和教育机会，而哈萨克人大多居住在农村地区，并难以获得行政、教育、金融等行业的高级职位。随着哈萨克斯坦的独立，哈萨克人获得了政治权力，并掌控着"锻造"国家认同的权力，有条

---

① Republic of Kazakhstan Statistical Agency. 2009. Census for the Republic of Kazakhstan. Astana.

件去宣泄过去数十年积累下来的种种不满，提升哈萨克人在该国的地位。

哈萨克斯坦国家建设是以振兴民族传统为出发点的。这种做法首先体现在哈萨克斯坦的语言政策上。独立后，哈萨克斯坦正式宣布哈萨克语为国家语言，俄语从官方语言降格为族际沟通语言。哈萨克语使用范围日益扩大。官方背景的强化哈萨克语的活动发展迅速，与国民教育的语言改革同步进行。申请所有官方职位的人员必须经过哈萨克语测试，方可入选，对于不会哈萨克语的人来说，机会为零。以"强化哈萨克语地位""重建哈萨克人尊严"为目的的语言政策被人为地赋予了许多政治含义。正如爱德华·沙茨（Schatz Edward）所说的那样，"国家努力塑造语言的使用模式、重写历史、改变人口构成比例、晋升民族干部，这是增强国家稳定性的合理措施"。① 但在现实中，这些努力通常会被认为是在试图加强哈萨克族的地位。哈萨克斯坦的国家建设的另一重点是，对苏维埃时期就存在的游牧传统的重塑和宣传。哈萨克民族被描绘成一个骄傲和自由的游牧民族，他的祖地就是哈萨克斯坦辽阔的草原。哈萨克斯坦还从国家预算拨出专项资金，用于对游牧传统的宣传和普及。2005 年，一部名为"游牧战神"（Nomad）的史诗电影全球公映。哈萨克斯坦政府拨出 4 000 万美元用于电影拍摄，成为有史以来最昂贵的哈萨克电影。这部电影的历史背景为 18 世纪的哈萨克草原，讲述了一个名叫 Nomad 的年轻人，为团结全国三大敌对部落而奋斗的故事。游牧文化重塑的另一个例子就是 2010 年在哈萨克斯坦首都阿斯塔纳的沙提尔汗（Khan Shatyr）超级购物中心开业。该购物中心外形类似草原上传统的蒙古包，被称为"哈萨克历史上传统游牧民族建筑形式的代表作"。这一建筑耗资近 3 亿美元，由哈政府出资设计建设。

哈萨克斯坦政治学者叶夫吉尼·左夫提斯（Yevgeniy Zhovtis）坦陈，独立以来进行的所有社会学调查均显示出一个明显的趋势，在国内的非哈萨克族群均感到被排除于国家建设进程之外："哈萨克人改变了对其他民族的看法，哈萨克族已经意识到他们在这个国家中的重要地位，并刻意的与其他民族拉开了距离。在这种情况下，国家建设进程与其说是在团结国民，不如说是在制造分裂。"②

（二）吉尔吉斯斯坦："玛纳斯"重生和社会分裂

吉尔吉斯斯坦的国家认同政策，起初显得相当谨慎，它有两个目标：加强吉尔吉斯人的文化认同和保护其他族群的合法权益。阿卡耶夫总统曾提出过这样的

---

① Schatz, Edward. 2000. "The Politics of Multiple Identities: Lineage and Ethnicity in Kazakhstan." Europe–Asia Studies 52 (3) (May1): 489–506.

② Antelaeva, Natalia. Kazakhstan's search for its identity. in BBC [database online]. 2008 [accessed 01/10 2012]. Available at http://news.bbc.co.uk/2/hi/asia-pacific/7265434.stm.

口号:"公民共识和民族团结——是""沙文主义、民族主义、极端主义——否"。尽管有这样的愿望,但事实上,吉尔吉斯斯坦政府在提升吉尔吉斯族的地位方面下了更大的力气①。阿卡耶夫政府意识到有必要支持吉尔吉斯语作为国家认同的主要标志。问题是,苏联解体前夕,吉尔吉斯语是在苏联使用人口最少的语言之一,绝大部分人能够用俄语读写。因此,阿卡耶夫政府在推行吉尔吉斯语的国语政策时相对谨慎。

吉尔吉斯斯坦政府构建民族国家主要从历史文化入手。吉尔吉斯族的形象在重编历史的时候被"高大化",吉尔吉斯人被塑造成"勇敢、强壮、尚武、尊重私产、热爱本民族""面对强敌,无畏护族,热爱自由和独立"② 的人们。于是,充满神话色彩的玛纳斯(Manas)成为"团结吉尔吉斯人而努力奋斗的古代战士",被赋予"民族之父"的光环,玛纳斯的形象遍布国家的各个角落:钞票、书籍、电影、歌剧院、香烟盒、饮料瓶。在围绕玛纳斯的神话和故事里,只有吉尔吉斯族的骄傲,却没有其他少数民族的身影。

国家建设过程中的另一个问题是,独立后,吉尔吉斯斯坦传统的部族主义再度抬头,并泛滥至社会的各个领域,成为"现代化的吉尔吉斯民族意识中的一个基本方面"。攀附于特定部落、地区或部族以谋得财富可以显示出一个人的身份地位,这种情况在苏维埃时代就一直存在。期冀获得更大政治影响力的政客们发现,与特定部族和家庭有血缘纽带,可以获得不少利益。在最初的吉尔吉斯宪法草案中,有人甚至建议总统职务应该为曾经在突厥斯坦获得过头衔的家族的人士保留。这一条在最终方案出台前被删除。然而,在吉尔吉斯人中,尤其是独立以后,部族之间的界限日益明显。

此外,还有"俄罗斯化"的北部地区与包括大量乌兹别克人的南部奥什州和贾拉拉巴德州之间,存在更为巨大的鸿沟。政治家争权夺利的背后总有南北部族之间的博弈。显然,吉尔吉斯斯坦构建统一国家的愿望很强烈,但受到了不同民族、地区、部族和家族等因素的束缚。

(三) 乌兹别克斯坦:帖木儿的继承者和"乌兹别克化"

脱离苏联后,乌兹别克斯坦面临着艰巨的任务,建设一个新的国家和新的国家意识形态。乌兹别克斯坦的国家意识形态建设是非常雄心勃勃的。伊斯兰·卡里莫夫总统宣布,"我们民族的民族精神、语言、习俗、古老传统……应该在未

---

① Huskey, E. 1993. Kyrgyzstan: The politics of demographic and economic frustration. In New States, New Politics: Building the Post Soviet Nations. , eds. I. Bremmer, R. Taras, 411. Cambridge: Cambridge University Press.

② Otorbaev, K. O., and A. Karypkulov. 1994. Kyrgyzstan. 46. Glavnaja Redaktsija Kyrgyzskoj Entsiklopedii.

来植入到我们心中的信念、仁慈、宽容、公正和对知识的强烈渴求中来。"[1] 但在现实中，与其他中亚共和国一样，乌兹别克斯坦的国家建设也采取以主体族群为基础路径，同样以强化乌孜别克族的语言、历史文化为国家建设的政治议程中的核心任务。

一如中亚其他国家，乌兹别克斯坦的国家建设以复兴乌孜别克族的认同为核心。在苏维埃时代被边缘化的乌兹别克语被新宪法赋予国语地位。乌孜别克族精英们相信，乌兹别克语地位的强化将在国家的"乌兹别克化"和巩固乌兹别克民族认同的进程中起着至关重要的作用。昔日的俄语命名的城市、街道、博物馆及其他地标性建筑无一例外地被乌兹别克名称所代替。为了突出乌孜别克族的民族特性，乌兹别克斯坦重编了国家和民族的历史，乌孜别克族被赋予了"热爱独立""对故土的责任""勇敢""荣誉""民族的团结"等一些新价值。帖木儿（1340～1405年）被尊为乌兹别克斯坦的国父。虽然他的乌兹别克血统在历史学家那里依然存在很大争议，但国家却将他拔高为乌兹别克族历史上的伟大领袖，其雕像随处可见。因此，其他少数民族在国家构建进程中完全被边缘化。以乌孜别克族为核心的国家认同建设并未得到占相当比例的少数民族的认可。

乌兹别克斯坦是一个多民族国家。虽然乌孜别克族在总人口中占多数，但还存在相当数量的其他族群。最大的少数民族是塔吉克族，在乌兹别克斯坦的数量据估计多于塔国的塔吉克人。虽然官方公布的塔吉克人人口约占5%，一些学者估计塔吉克人可能占乌兹别克斯坦总人口的25%～30%[2]。历史文化名城布哈拉和撒马尔罕的居民中有相当多的塔吉克人。随着新国家认同政策的出台，塔吉克人感到在自己的故土却被人为地当作外人。

（四）塔吉克斯坦：重新发现萨曼帝国

在所有中亚国家中，塔吉克斯坦国家建设过程也许是最复杂的一个，主要是因为其在1992～1997年的内战。与其他中亚国家一样，塔吉克斯坦按照其主体民族特性建立民族国家的认同。在塔吉克斯坦，占多数的塔吉克族和占少数的乌孜别克族有着明显的两极分化现象。在某种程度上，这是国家认同建设政策的后果之一。这一政策主要目的是，将塔吉克人从乌兹别克人中分离出来，以及如何在乌兹别克人的影响中保护塔吉克人的遗产。[3]

---

[1] Yalcin, Resul. 2002. Rebirth of Uzbekistan: Politics, Economy and Society in the Post–Soviet Era. 87. 1st ed. London: Ithaca.

[2] Foltz, Richard. 1996. The Tajiks of Uzbekistan. Central Asian Survey 15 (2): 213.

[3] Jonson, Lena. 2006. Tajikistan in the New Central Asia: Geopolitics, Great Power Rivalry and Radical Islam.

原生论（Primordialism）是塔吉克斯坦国家认同建设的主要手段。国家投入大量资源以证明塔吉克民族是有着悠久历史的古老民族，因此，寻找塔吉克族的历史根源具有极为重大的意义。塔吉克斯坦官方历史教材业已指出塔吉克斯坦是萨曼帝国（公元 9~10 世纪）的直接继承者。伟大的萨曼帝国君主伊斯梅尔·索莫尼是塔吉克民族之父。为了使强化索莫尼对于塔吉克斯坦的历史功绩，政府将现行货币命名为索莫尼，将境内的最高峰命名为索莫尼峰，在全国各地修建索莫尼的塑像。这些措施团结了塔吉克人，增强了其归属感，但疏远了其他少数民族。

塔吉克斯坦的戈尔诺—巴达赫尚自治区，约占塔吉克斯坦领土的一半。该地区多为山地丘陵，属帕米尔高原的一部分，居住着多个少数民族，这些族群大部分属于伊斯兰教什叶派的伊斯玛仪教派①。苏联解体后，地方当局试图脱离塔吉克斯坦，1992 年 4 月 11 日宣布成立帕米尔—巴达赫尚自治共和国，接着内战爆发，至此，种族问题和地区主义在塔吉克斯坦成为离心因素。

国家认同建设的另一个重要举措是塔吉克语官方语言地位的恢复。政治精英、知识分子、官员强烈鼓励使用塔吉克语，提升塔吉克语的使用范围。这种以主体民族为核心的政策直接造成了塔吉克人、乌兹别克人、俄罗斯人、土库曼人、帕米尔人之间的疏离。

（五）土库曼斯坦："民族复兴"

自 1991 年独立以来，土库曼斯坦总统尼亚佐夫（土库曼巴什），总是强调"民族复兴"而非"国家认同建设"，强调土库曼斯坦应该回到苏维埃时代的国家状态②，土库曼并入苏联后，土库曼国家和土库曼人的生存环境十分恶劣。被用来冠名民族的"土库曼"一词，其实是一个指代部落联盟的名词，这种部落联盟由一些有着不同传统、操不同语言，但又有共同族源和共同宗教信仰的部落组成。为了构建国家认同，政府强力推动一套土库曼民族、历史、语言、文化的概念。如同其他中亚国家，土库曼国家认同的构建模式也是以主体民族——土库曼族为核心的。土库曼斯坦构建国家认同的主要目标是创造共同的土库曼文化和其五个主要部落（Teke、Yomut、Ersary、Salyr、Saryk）③之间的团结，国家认同的每个要素都得到了充分强调。例如，土库曼斯坦的国旗上有五种不同的地毯装饰品、五颗星围绕着新月就象征着五个部落的团结统一。

---

① Hiro, Dilip. 2009. Inside Central Asia: A Political and Cultural History of Uzbekistan, Turkmenistan, Kazakhstan, Kyrgyzstan, Tadjikistan, Turkey and Iran. 325. New York: Overlook.
② Ministry of Foreign Affairs of Turkmenistan. 1996. Turkmenistan. 13. Ashkhabad: Turkmenistan.
③ Dünyedeki Türkmenler 1991. 15. Ashkhabat: Harp.

通用的土库曼语被视为"民族的黏合剂"得到极大的推广,旨在销蚀各种方言的不同之处,同时也起到了"去俄罗斯化"的作用。土库曼历史也被改写,以激励土库曼人的团结和统一。马赫图姆库里·费拉吉,一名生活在18世纪的诗人和社会活动家,被选为土库曼人的伟大历史人物,很大程度上是因为他在世时,长期致力于推动土库曼各部落的统一和团结。他关于"统一、团结是必须的和有利的"的一些诗句频频出现在土库曼的媒体、广告上,甚至被雕刻在纪念碑上。

土库曼斯坦的土库曼人占总人口的85%,因此,其他少数民族即便不满意国家认同的构建政策,但由于人口比例过小,也不会出现大的种族冲突。①

第二节 中亚的族际关系:多层利益的交织

在苏联时期,中亚地区的国家认同建设经历了由民族国家认同向苏维埃国家认同的转变。这种经过了几十年培育的苏维埃认同已深深植根于中亚人民的心中:共同的经历、共同的意识形态,集体主义和友谊思想,统一的教育体系,以及统一的娱乐形式。俄语也是塑造苏维埃认同的一个重要工具,广泛地在全联盟使用,成为全体苏联人民沟通交往的主要语言。随着苏联解体,曾经有强烈的联盟归属意识的中亚国家面临身份难题。这个难题给中亚国家带来了相似的后果。新生国家迫切需要建立新的国家认同,以获得合法性和权威性。虽然每个中亚国家都有各自的特点,如地理条件、民族构成、文化传统、资源禀赋条件等不同,但中亚国家面临的挑战却相似度很高。在全球范围内的第三次"民族主义浪潮"的冲击下,中亚的政治精英迈出了第一步,即建立以主体民族为核心的统一民族国家,从而产生了中亚族际关系的一些普遍性问题。

一、中亚族际关系中的普遍性问题及其表现

前苏俄时代,中亚一直是游牧民族和定居农民的汗国。中亚人群体意识的感知是在不同的地方有不同的形式,通过许多非民族的元素的交织和融合,但几乎

---

① CIA. Central Asia:Turkmenistan. 2012 [Accessed 2/10 2012]. http://www.cia.gov/library/publications/the-world-factbook/geos/tx.html.

没有一个国家层面的共识。其实，中亚人民自我认同首先是作为穆斯林，其次为一个特定的城市或地区的居民。属于一个特定的人或民族的想法是完全微不足道的。

中亚现实社会是多民族和多元文化的社会。虽然民族—国家主义提供了主体族群对国家的归属感、共同的价值观和目标，但在中亚国家传统中，人们的组织方式往往以种族、宗教、语言、出生地、社会地位为依据。由于忽视了本国社会多民族、多元文化这一基本事实，中亚国家采取以主体民族为基础的国家建设政策，使得少数民族感到其游离于国家建设之外，难以形成新的国家认同，同时，主体族群也意识到他们的优势，常常不能公正地对待少数民族。这往往是族群间的紧张和冲突的重要原因。

（一）普遍性问题

1. 主体民族与其他民族矛盾

苏联解体后，中亚五国从维护独立国家主权和统一出发，在国家和社会生活中有意突出主体民族的地位，主体民族享有一些特权，从而导致与其他民族发生矛盾。五国宪法均规定主体民族语言即哈萨克语、乌兹别克语、吉尔吉斯语、塔吉克语、土库曼语为本国国语，总统候选人的主要条件之一是必须通晓国语，而土库曼斯坦宪法还规定总统候选人的条件之一必须是土库曼族。同时，五国的国家机关部门的重要职位都由主体民族的人担任。例如，在哈萨克斯坦议会、总统办公机关、司法机关、国家安全机关等部门的重要岗位的负责人80%～90%由哈萨克人担任，而哈萨克人仅占全国人口的50%。1995年2月选出的吉尔吉斯斯坦议会78名议员中，吉尔吉斯族占90%，而当时吉尔吉斯人仅占全国人口的61.6%；其他民族的人尽管是本行业专家，也不能担任要职（最典型的例子就是曾任巴基耶夫政府总理的库洛夫，因为他精通俄语，却不会讲吉尔吉斯语，2011年总统选举被排斥在外）。哈吉两国抬高主体民族地位，排斥其他民族的政策，引起其他民族的不满。1992～1994年就有60多万俄罗斯人离开哈萨克斯坦，40多万俄罗斯人离开吉尔吉斯斯坦返回俄罗斯。

2. 主体民族与俄罗斯人之间矛盾

到20世纪80年代末，移居中亚地区的俄罗斯人有900多万，其中哈萨克斯坦最多，有620多万，占全国人口的37%；在乌兹别克斯坦有160多万俄罗斯人，占全国人口的8%；在吉尔吉斯斯坦有90多万俄罗斯人，占全国人口的14.6%；在塔吉克斯坦有38万多俄罗斯人，占全国人口的7.6%；在土库曼斯坦有38万多俄罗斯人，占全国人口的10%。除在塔吉克斯坦俄罗斯人为第三大民族外，俄罗斯人在其余四国中均为第二大民族。

在苏联时期，俄罗斯人居国家和社会生活的主导地位，他们在中亚地区大多生活在城市，在党政机关、经济、科研、文化教育机构、企业从事领导、管理和技术工作，生活优于当地民族，这早已引起当地民族的不满。而在苏联解体后，中亚俄罗斯人的地位发生了剧变，由原来享有特权地位的"老大哥"民族变成了外来的"少数民族"。这些俄罗斯人不愿意或者得不到所在国的国籍，基本上被排除在各级国家机关、经济、科研、文化教育机构之外，政治、经济和社会地位明显下降，甚至在就业和子女上学方面也受到歧视，因而引起他们对政府的不满，与当地主体民族时而发生矛盾。诸如，在国籍和俄语地位问题上，俄罗斯人与中亚国家主体民族发生冲突。在中亚的很多俄罗斯人要求保留俄罗斯国籍或保留双重国籍，要求俄语与当地主体民族语言处于平等地位，要求保护他们的切身利益。

3. 中亚国家内部不同地区之间的民族矛盾

塔吉克斯坦内战的爆发，一定程度上就是不同地区之间错综复杂的民族矛盾激化的结果。塔北方的粟特州人口最多，工农业发达，居民生活富裕，100多万乌兹别克人集中居住在这里。南方戈尔诺—巴达赫尚自治州和库利亚布州是山区，经济落后，居民生活贫穷，主要是塔吉克人居住地区。况且，在苏联后期和塔独立之初，共和国中央主要领导人大多来自北方地区，从而南北之间形成矛盾。塔内战之初，北方支持共和国政府，南方则是反对派的主要根据地，实际上内战也与错综复杂的民族矛盾有关。自拉赫蒙总统执政以来，国家中央机关中来自南方库利亚布州的干部占主导地位，又引起北方居民的不满。在吉尔吉斯斯坦北部俄罗斯人、白俄罗斯人等斯拉夫民族集中居住地区，经济和文化比较发达，而南部是吉尔吉斯人、乌兹别克人等中亚当地民族集中居住地区，南部各民族之间又存在着纠缠不清的历史恩怨，1990年和2010年两次爆发的吉乌两族之间的冲突就是集中体现。

4. 历史上遗留的跨境民族及民族矛盾复杂化

中亚国家独立后，因广泛存在跨境民族而产生的问题就显得比较突出。现在，不仅是中亚国家主体民族的居民跨境而居，还有许多其他民族的居民也跨境而居。在中亚国家主体民族形成和发展的过程中，民族界限原本并不严格。特别是20世纪20~30年代，在以民族区域自治为基础的苏联成立和发展过程中，苏联政府通过行政命令方式，在中亚以民族分布划分民族共和国的边界，但实际上形成更加复杂的跨境民族问题。具有多民族文化传统的费尔干纳盆地被分割给乌、吉、塔三国。由于劳动力过剩，耕地和水资源日益短缺，从而导致民族冲突。

(二) 几种表现

1. 主体民族（命名民族）的优先地位

在长期的历史中，中亚五国处于俄罗斯人的控制之下，民族要求自治的呼声在苏联解体中亚五国独立后演化成为了五国发展各自民族特点，保障主体民族利益的具体政策实施。他们突出构建本民族为代表的国家意识形态，建立以主体民族为核心的国家认同，企盼以此为基础建立和睦团结的民族关系，因此他们在多个方面采取方法来保证主体民族的优先。其一，法律上确定主体民族的优先地位，中亚的五国都无一例外地将单一制作为各自的国家结构形式。强调主体民族自决而不予以非主体民族任何自治是主体民族"优先"原则的最明确的表现。各国宪法均将主体民族为核心的单一制民族国家作为各自的国家体制。其二，政治领域的优先原则。实行干部"主体民族化"。中亚各国的政府、议会和地方政府的重要部门主要岗位均由主体民族公民担任。其三，文化领域的优先原则文化方面以主体民族为中心、弘扬主体民族的文化、建立以主体民族为中心的民族国家。

2. 语言的政治化问题

独立后的中亚各国政府为了强化主体民族的领导地位，中亚国家独立初期为了摆脱俄罗斯的影响不约而同地制定各自的语言法，确定主体民族语言为国语，还都规定只有熟练掌握国语的公民才有资格担任总统，国家机关各部门重要职务基本上由主体民族担任。各中亚国家希望借此恢复和强化本民族的历史、文化、传统纽带，刻意排斥包括俄罗斯族在内的少数民族参与国家事务。这是对苏联时期的"俄化教育"的强烈反弹。苏联时期，俄语一家独大，是官方语言。这种"主体民族化"政策自然引起其他民族的普遍不满，其中对原先占据国家和社会生活主导地位的俄罗斯人触动更大。

目前看来，将"语言问题政治化"的政策有些矫枉过正，犯了"幼稚病"，但一项"出格"的政策已然出台后，要重新校正过来所付出的代价必然是巨大的。哈萨克斯坦在这方面比较成熟，而且坚韧不拔，也引来很多不满。1989年9月哈萨克斯坦颁布的《语言法》，赋予哈语国语的地位。1993年通过的第一部宪法规定：哈萨克语是哈萨克斯坦的国语，俄语是族际交流语言。哈的这一语言政策具有浓厚的政治色彩，并涉及共和国所有居民的政治、文化和日常生活。它的强硬推行，首先遭到俄罗斯人强烈抗议，占共和国人口多数的操俄语居民也对此表达了程度不同的反对意见。当时有人提出俄语为"第二国语"的要求，引起一场激烈的争论。在这种情况下，政府虽然未接受"第二国语"的要求，但认真调整了过于激进的语言政策。1995年，对宪法进行修改。新宪法第 7 条第 2 款规定："在国家组织和地方自治机构中，俄语和哈语一样平等地正式使用。"事实上承认俄语的官方语言地位。此后，有关这一问题的对抗情绪大体平息，但争论仍在继续。哈萨克斯坦议会上院议长凯拉特·马米 2011 年 9 月 15 日在阿斯塔纳表示，哈议会不会对宪法中有关语言使用的条款做出修改。①

塔吉克斯坦政府 2009 年 10 月 7 日公布了新的《国家语言法》，规定塔吉克语是塔吉克斯坦的国语，塔公民有义务掌握该语言。根据新法，今后在国家立法工作、公文往来、居民注册、文化活动、科学研究、组织机构命名、广告宣传等活动中必须使用塔吉克语。新法最受关注的地方是，条款中取消了"俄语作为族际交际语言"的规定，这表明俄语在塔吉克斯坦法律地位的降低。

乌兹别克斯坦语言政策的核心是非俄语化。目前在乌兹别克斯坦从小学就开始用乌兹别克语教学。各大学已把俄语列为外语，并要求大学生必须学习乌兹别克语。在非俄语化方面的代表措施是乌兹别克斯坦实施用拉丁字母取代基里尔字母。苏联时期，苏维埃政府把乌兹别克语改用基里尔字母（俄文字母）拼写。从 2001 年起，乌兹别克斯坦开始用拉丁字母拼写乌兹别克语，到 2005 年已完全取代俄文字母。

2003 年 2 月吉尔吉斯斯坦通过了新的宪法草案，再次确定俄语作为官方语言使用。然而吉政府在对待本国乌孜别克族时，却没有显示出对俄语的"大度"，刻意减少用乌兹别克语讲课的时间，代之以吉尔吉斯语。

3. 俄罗斯族的双重国籍问题

双重国籍其主要是指生活在中亚各国的俄罗斯族的国籍问题。苏联解体后，中亚各国境内俄罗斯人为维护自己的民族权益，提出同时拥有中亚居住国和俄罗斯的双重国籍，并得到俄罗斯联邦政府的支持。土库曼斯坦、塔吉克斯坦和吉尔吉斯斯坦为保持与俄罗斯的关系、防止俄罗斯人才流出本国，在 1993 年 12 月同意本国俄罗斯人可拥有双重国籍。哈萨克斯坦政府起初明确拒绝接受俄罗斯人双重国籍方案，可在俄罗斯政府压力下，又不能无视这一问题。经过哈俄两国多次谈判，1995 年 1 月两国签订《哈俄关于哈常住俄罗斯的公民和俄常住哈的公民的法律地位条约》和《哈俄关于申请到对方常住手续的协议》，基本解决了俄、哈两族向对方移民的国籍问题，即居住在俄境内的哈萨克人和居住在哈境内的俄罗斯人可自由向对方国家迁徙，并应顺利得到对方的国籍，从而在相互妥协的基础上缓和了这一问题。不过，乌兹别克斯坦还是一直坚持自己的立场，拒绝俄罗斯人双重国籍要求。

---

① Language policy in the Republic of Kazakhstan, http://www.kazembassy.org.uk.

4. 哈萨克斯坦的"回归"政策

独立之初,哈萨克族人口在哈萨克斯坦不占多数,这对于弘扬、提升哈萨克族主体民族地位,是个大问题。因此,号召、动员国外哈萨克人"回归",成为哈萨克斯坦政府的重要国策。据哈萨克斯坦媒体报道,自 1991 年独立以来到 2009 年的 18 年间,由国外迁回哈萨克斯坦的哈萨克族人共有 192 390 个家庭、753 383 人①。每年哈国家财政为这些迁徙回来的哈族人提供的资助约为 170 亿坚戈(约合 1 亿多美元)②。根据哈萨克斯坦总统的指示,自 2009 年开始,每年国外哈萨克族人回迁的移民配额由 1.5 万个家庭提高至 2 万个。哈萨克斯坦的这种做法多少助长了哈萨克民族主义情绪,并且也给它的一些周边国家的社会安定带来一定的消极影响。

5. 费尔干纳谷地:中亚的火药桶

费尔干纳地区按照民族分布的原则为乌兹别克斯坦、吉尔吉斯斯坦和塔吉克斯坦三个民族共和国所分割,其间犬牙交错的边界当时只是苏联内部各加盟共和国的行政界线,而苏联解体后却成了三个主权国家的国界,由此而生成的民族间纷争,成为主权国家间冲突的重要方面。费尔干纳谷地人口稠密,有 1 000 多万人口,主要是乌兹别克人。由于不少"飞地"的存在和灌溉水源的不足,乌、吉、塔边境地区小规模的流血冲突时有发生。猖獗的走私活动和宗教极端组织的巨大影响,也给边界稳定带来很大压力,中亚国家因此经常相互封锁边界,甚至挖壕埋雷。

二、中亚民族冲突的典型:奥什骚乱

(一)国家层面:部落分歧与政治遗产

1. 南北部落的历史矛盾

作为中亚游牧民族之一的吉尔吉斯人,自发源地叶尼塞流域迁至今天的西天山地区后,各部落几百年来一直是分南北依天山而居。浩罕汗国时期,南部的吉尔吉斯各部落在其统治之下,其首领也参与到汗国王宫的政治生活之中。同时,经过长期的适应,部分吉族人逐渐弃牧而耕,变成了费尔干纳谷地农耕居民的一部分。但在北方,吉尔吉斯诸部落依然是过着游牧生活,虽然臣服于浩罕汗国,但汗国的管理实际上并没有像对南部吉尔吉斯人那样直接。随着 19 世纪中叶沙俄帝国的势力由北向南进入中亚,北部的吉尔吉斯人没有什么抵抗,很快就并入

---

①② The Future of Kazakhstan after the Presidential Election, http://www.jamestown.org.

了沙俄的管辖范围,而南部的吉尔吉斯部落在当时的首领——库尔曼江女王的领导下,起初对沙俄军队还有过相当激烈的抵抗,只是后来放弃了抵抗而选择顺并。

吉尔吉斯斯坦北部地区的几个州是以比什凯克为中心的经济发展布局,而南部的奥什州、贾拉拉巴德州,以及后来成立的巴特肯州(1999年发生了"巴特肯事件"迫使吉政府将奥什州的巴特肯区升格为州直接归中央政府管辖),则以奥什市为中心。南、北两地区除了空中航线外,只有一条穿越大山的公路干线连接。到了冬季,因数月受雪崩影响,该公路基本处于封闭状态,交通很不方便。南北两地区的经济联系也不密切,对外经济交往方面相对独立,形成了南部依赖乌兹别克斯坦、北部依赖哈萨克斯坦的经济格局。吉南部经济相对落后,加上交通不便,社会发展也相对封闭。

拿首都比什凯克和南部中心奥什相比,两个城市的发展水平相差较大。一方面,城市基础设施,如道路交通、通信、建筑,以城市保障等,奥什远远落后于比什凯克。另一方面,南部城市的教育也远远落后于北方,乡村更是落后。其中,南方居民,尤其是年轻人,特别是农村的年轻人,很少有会说俄语的。独立二十多年,正是一代人成长成人时期,但农村教育的落后和缺失,让不少人成了文盲。此现象南方较为普遍。正是因为官方基础教育的空白,加之宗教的泛滥,让宗教教育在南方尤其普遍。这其中,也让极端宗教的传播得到了机会。如今的吉尔吉斯斯坦,南北文化差异的主要表现是,北方人仍然相对平和,文化的倾向性除保持了俄罗斯化外,还有欧美西化的一些成分。而南部则相反,文化上更多是保守的和伊斯兰化的。相比之下,一些南部出身的政治人物的民族主义情绪更加浓厚。

吉尔吉斯斯坦独立的二十多年间,以首都比什凯克为中心的北部地区经济发展相对活跃,政府得到外国的援助和吸引来的外资,也基本都集中在北部,基础设施的建设、城市公共保障、社会经济发展水平都远远高于南部地区。南部人口相对较为稀密,土地少,失业状况较北部更为严重。在此背景下,有更多的南部农村居民向北部城市涌入。在国外(俄罗斯、哈萨克)打工者中,南部居民也占多数。据吉国内媒体报道,近年来从南方涌入首都比什凯克和楚河州的人口近百万,其中多数是南部奥什、贾拉拉巴德和巴特肯州的居民。迁移人口主要以吉尔吉斯族为主,其次是俄语居民等。2005年和2010年的两次"颜色革命",不同程度上加速了南部居民向北部的迁移。在比什凯克市郊、楚河州的一些地区,后来都发生过南方吉尔吉斯族人涌入擅自抢占土地的事件。吉尔吉斯斯坦各州、市、各民族人口情况见表8-1。

表 8-1　　　吉尔吉斯斯坦各州、市、各民族人口统计①　　　单位：人

	吉尔吉斯人	乌兹别克人	俄罗斯人	州/市总人口
巴特肯州	338 324	64 883	3 115	441 101
贾拉拉巴德州	746 284	257 989	8 176	1 036 644
伊塞克湖州	387 031	2 911	32 693	444 520
纳伦州	260 144	575	136	262 137
奥什州	774 228	318 393	1 400	1 130 887
塔拉斯州	214 360	1 751	3 929	231 819
楚河州	496 901	15 051	156 854	814 870
比什凯克市	586 864	12 129	182 847	859 795
奥什市	124 660	112 295	5 530	
全国总计	3 928 796	785 977	394 680	

2. 政治遗产

苏联时期，为保持吉尔吉斯苏维埃共和国内部的政治平衡，苏联中央政权在干部任用上，特别是对吉共中央第一书记的安排任用方面，基本上采取了南北干部轮用。吉国独立前，最后一任吉共第一书记马萨利耶夫是奥什人，而其前任乌苏巴利耶夫则是纳伦人。其中，乌苏巴利耶夫在任 24 年，在吉政治生活中占有很高的地位。而最后一任吉共书记马萨利耶夫是被北方人阿卡耶夫替换，阿氏当上了吉尔吉斯历史上的第一位总统。从 1990 年 12 月上台，到 2005 年 3 月下台，阿卡耶夫执政的近 15 年间，优先发展北部，南部居民，尤其是南部的政治精英们为此深怀不满。2005 年 3 月吉尔吉斯斯坦发生的"颜色革命"，就是从南部城市群众的街头抗议活动开始的。当时的反对派阵营中，像巴基耶夫这样出身南部的代表占了多数。2005 年"颜色革命"后，让南方出身的巴基耶夫走向政治权力的中心。但是，5 年过后，这位南方的政治精英被其国内的第二次"革命"赶下了台，原因是他不仅没有把握好国内的政治平衡，甚至也大搞贪腐，比前者阿氏有过之而无不及。巴基耶夫家族在短短的 5 年内，就将吉尔吉斯斯坦的政治和经济命脉全部掌控，国内干部政策几乎是向南方出身一边倒，任人唯亲大肆泛滥，而且还计划将总统权力搞世袭。这些均遭到北方反对派和国内多数群众的不满和反抗。

---

① 吉尔吉斯共和国国家统计委员会：吉尔吉斯共和国人口统计年鉴 2006 年至 2010 年，比什凯克，2011 年。

（二）奥什骚乱：族群矛盾与政治乱局共同"孕育"的结果

1. 起因

2010年4月在吉尔吉斯斯坦首都比什凯克，发生了一起旨在推翻巴基耶夫政权的政变，最初的起因是一系列的居民基本生活消费品价格的骤然提高，电力、燃气价格翻番。巴基耶夫之子马克西姆控制的手机运营商也提高了服务价格。巴基耶夫在反对派的冲击下黯然下台。巴基耶夫的下台造成了吉尔吉斯斯坦南部地区形成三足鼎立之势，即临时政府的支持者、巴基耶夫的支持者、乌兹别克族社区。为了稳定南部局势，吉临时政府寻求乌兹别克人的支持。卡迪尔扬·巴特依洛夫是当地乌兹别克人的政治领导人，与乌兹别克社区关系密切。

4月政变后的几天，巴特依洛夫发起的"乌兹别克人协商会议"召开会议，做出了对临时政府正式邀请的回应，此次会议提出了几个要求：（1）在乌兹别克人聚居的地区承认乌兹别克语的官方语言地位；（2）增加乌兹别克人在权力机构和强力部门，如警察局、税务监管部门、检察机关的代表权；（3）废除对乌兹别克语使用的限制。5月15日，巴特依洛夫发表演说敦促乌兹别克人参与到这一政治进程。无论其目的为何，他的讲话促使政治与民族混为一谈。这一信息被一些吉尔吉斯族领导人蓄意曲解为，乌兹别克人要自治，意味着乌兹别克人要联合起来反对吉尔吉斯人。乌兹别克人的集会继续进行，不断地重复着他们的诉求，在吉尔吉斯人为权力而争斗的同时，乌兹别克人却在试图获得更大的影响。

吉尔吉斯斯坦临时政府既没有重视南部发生的变化，也没有对这一地区采取有效的政治控制。面对5月巴基耶夫支持者们的反攻，临时政府求助于乌兹别克领导人的帮助。在当地吉尔吉斯人看来，乌兹别克人势力的兴起对吉尔吉斯国家而言是个威胁。而临时政府的公告又加重了这种担忧，临时政府将允许乌兹别克人在南部建立权力中心，而南部的吉尔吉斯人则被集体视为巴基耶夫的支持者。

在比什凯克，乌兹别克族问题成为"回到民主"计划的一部分。临时政府的修宪举措表达了与巴基耶夫的决裂，鼓励巴特依洛夫满足它的需要，但却没有意识到它与乌兹别克人之间的协议会在南部地区造成多大影响。相反，它把乌兹别克人视为与反对派争夺权力的第一个外部盟友。在巴基耶夫祖宅被烧后的乌兹别克人又成为临时政府转嫁矛盾的政治"替罪羊"。这一做法既激怒了乌兹别克人，也无法安抚当地的吉尔吉斯人，使得中央政府的威信在贾拉拉巴德州降至最低。巴特依洛夫无意在社会上制造分裂，区分出"我们"和"他们"的界限。巴特依洛夫口中的"我们"是指临时政府的支持者，"他们"是指由巴基耶夫支持者组成政治反对派。而在南部的吉尔吉斯人看来，"我们"和"他们"的潜在含义就是吉尔吉斯人和乌兹别克人。

2. 发酵：两个族群的对抗

位于吉尔吉斯斯坦南部的奥什州，在 1990 年的苏联解体前夕，就曾发生过乌兹别克人和吉尔吉斯人之间的流血冲突。时隔 20 年后，再次发生了规模和损失远高于前者的种族冲突，集中反映中亚民族间十分复杂的矛盾根源。

历史上，吉尔吉斯斯坦南部奥什地区和贾拉拉巴德地区的主要居民是乌兹别克人。直到 20 世纪 60 年代开始，吉尔吉斯人移居到南部的工业化城市。1991 年独立以后，新一轮移民浪潮开始。在苏联解体的负面影响下，社会福利迅速减少、向市场经济的转型、民族国家主义的兴起，使得吉尔吉斯斯坦南部局势日益混乱。在城市里，两个族群在为数不多的工作岗位和住宅方面存在竞争，在农村地区水源和土地方面的竞争导致了社会日益紧张。

吉尔吉斯斯坦南部的奥什州、贾拉拉巴德州、巴特肯州是苏维埃时代"民族—地区"理论实践的结果。城市及周边地区的行政区划是按照保证吉尔吉斯人和乌兹别克人大体平衡的原则形成的。在吉尔吉斯斯坦，55%的乌兹别克人住在奥什，另有 32%住在贾拉拉巴德。在北部地区乌兹别克人很少，许多都是最近移居北部地区的。

在奥什州，吉尔吉斯人占 68%，乌兹别克人占 28%。而在奥什市，吉尔吉斯人占总人口的 47%，乌兹别克人占 44%。[①] 20 世纪 80 年代末期，乌兹别克人建立了"公正运动"（Adolat）开始在吉尔吉斯斯坦南部地区争取政治权利。1990 年的骚乱后，乌兹别克人获得了一些"特权"。乌兹别克人建立了全国性的政治组织"乌兹别克民族文化中心"（Uzbek National Cultural Centre，UNCC），并在乌兹别克人分布的区域设有分支机构。这个中心成为作为少数民族的乌兹别克人进行需求表达与政治参与的唯一媒介。

在阿卡耶夫时代，乌兹别克人对本族群的权益要求不断发展。第一届乌兹别克人大会于 2006 年 5 月 28 日在贾拉拉巴德市召开。会议要求提高乌兹别克人在国家行政权、立法权、司法权和强力机关中的份额，并赋予乌兹别克语以官方语言地位。2008 年巴特依洛夫在该党领导人的竞选中获胜。巴特依洛夫的出现，缓和了 UNCC 内部的紧张关系，而他建立的人民友谊大学日益成为该党活动的主要场所，吸引了来自国内外的各民族的大学生。他逐步改变了 UNCC 过于温和的纲领。UNCC 的领导人开始在吉南部地区获得执政地位。2008 年阿赫迈德·拉基莫夫（UNCC 在奥什州的负责人）当选卡拉苏市长。

根据 2007 年选举法，吉尔吉斯斯坦应为少数族群保留一定数量的议会席位。

[①] 吉尔吉斯共和国国家统计委员会：吉尔吉斯共和国人口统计年鉴 2006 年至 2010 年，比什凯克，2011 年。

这一机制使乌兹别克人有可能在国家议会和南部立法会里获得一些议席。然而，乌兹别克人缺乏进入行政机构参与决策的渠道。扎法尔·哈基莫夫是最后的一位乌孜别克族内阁部长，1996年被阿卡耶夫免职。直至2010年6月的骚乱，乌孜别克族在最高行政机构没有一名代表。在警察部门、安全部门、军队，乌孜别克族官员有一定数量限制，乌兹别克人通常受到怀疑。而在司法和检察系统比例更低。在南部，28家法院的110名法官中，只有一名乌孜别克族法官。

在教育和文化方面，奥什市仍保存着苏维埃时代的遗产，奥什市仍然是南部地区的教育中心。两所国立大学由乌兹别克人担任校长，并用乌兹别克语授课。但这些政策在将来是否依然存在令人怀疑，因为教育部部长并没有任命乌兹别克人参与教育改革计划。

乌兹别克人在文化和历史遗迹方面也没有代表。奥什的博物馆里没有任何乌兹别克人的展品。只是在人口统计的一些条目中两次提及乌兹别克人，一次是20世纪30年代乌兹别克人参与游行，另一次是1990年的骚乱。在吉尔吉斯斯坦的历史课本里也没有提及乌兹别克人。这些遗漏，乌兹别克人无法做到视而不见。

2004年国家语言法修订，乌兹别克语受到排斥，甚至在乌兹别克语学校中排斥乌兹别克语教学。这部语言法将熟练掌握吉尔吉斯语与在政府部门任职相联系。乌孜别克族领袖们公开抗议这部法律削弱了他们在公共部门和行政当局中的地位。在语言法起草的过程中，乌孜别克族各社团曾联合起来提出乌兹别克语的地位问题，但毫无所获。

2007年的一份教育部政令规定，要求在乌兹别克语学校中，减少用乌兹别克语讲授"乌兹别克语言文学"课程的课时，同时增加用吉尔吉斯语讲授该课程的课时。这引起了乌兹别克人的不满。后来，这一条例因吉尔吉斯语教师及课本的不足而废止。① 在奥什州有413所吉尔吉斯语学校、59所乌兹别克语学校和7所俄语学校。2009~2010学年，在奥什市的学校，吉尔吉斯语学校和乌兹别克语学校数量大体相等。②

两个族群的文化背景有着显著区别，游牧生活方式是吉尔吉斯人的传统，而乌兹别克人则是定居生活方式，这些不同的历史文化，夹杂着利益方面的诉求，导致两个族群间的持续激烈的敌对情绪。乌兹别克人认为他们的族群是当地的原著民，是奥什文化的保护者，将吉尔吉斯人视为外来者。他们的生活模式很大程

---

① Linguistic policy of Kyrgyzstan, http：//www.aytmatov.org/tr/linguistic-policy-of-kyrgyzstan.
② Report of The Independent International Commission of Inquiry Into The Events in Southern Kyrgyzstan in June 2010, http：//www.kyrgyzmission.net/news/KIC% 20Report% 20and% 20Kyrgyz% 20Gov% 20Comments% 20 ~ % 20eng. pdf.

度上是自给自足的单一社会，乌兹别克人，作为一个群体，更富于创业精神，在贸易、餐饮、服务业、建筑业和小规模制造业方面占有主导地位，这一地位使他们认为，乌兹别克人应该在社会公共管理方面获得特有的权利。

而吉尔吉斯人认为，乌兹别克人作为外来者，对他们在吉尔吉斯斯坦获得的福利、对已经给予他们在文化上及其他方面的优待还不知足。吉尔吉斯人不理解为什么乌兹别克人在获得了相当的财富、学校、大学、议会席位、文化机构以及乌兹别克语媒体（国有的和私营的）后，还觉得自己受到了不公平的对待？故而形成了一种极端的想法，即乌兹别克人及其"外来的文化传统"对吉尔吉斯民族国家造成威胁，这就可以解释为什么吉尔吉斯人在所有公共部门中要占有绝对优势。很明显，这些看法和成见反映了一定现实，并继续膨胀，被一些民粹主义政客们所操纵。2010年6月，在吉尔吉斯斯坦南部的现实是，两个族群都认为在与对方的接触中，许多方面都遭到了剥夺和不公平的对待。在这方面，与1990年惊人的一致。如此的相互看法在直接对抗的关头迅速成型，并成为宣泄族群愤恨、加剧族群间紧张的帮凶。

第三节 民族因素对中国与中亚国家关系的影响

1991年苏联的解体，中亚国家"被迫"独立。政局的不稳、社会的动荡、经济的严重衰退使得中亚国家普遍存在"意识形态的真空"。国际上的民族主义、伊斯兰主义、自由主义等思潮迅速填补，并经中亚通过各种渠道传播至新疆地区，对新疆的少数民族群体造成了一定的思想上的冲击。一时间"民族独立""民族自决""建立本民族为主体的民族国家""回归祖国"等主张甚嚣尘上，中亚一些国家为了快速构建起现代国家，获得自身的认同感，以"主体民族主义"为号召，不顾现实大肆鼓动海外同胞"回归祖国"，给包括我国新疆在内的中亚周边国家和地区制造了很多问题。

关于民族因素对中国和中亚国家关系产生的影响，笔者认为主要表现为以下几个方面。

一、中亚的"民族独立"对中国新疆的"跨界冲击"

中国新疆的一些少数民族，如哈萨克、柯尔克孜（吉尔吉斯）、塔吉克与中亚地区国家的一些主体民族为同源跨界民族。20世纪90年代，中亚的这些相关的同源跨界民族取得独立,建有自己的民族国家,这是苏联解体的直接后果,同时对中国新疆发生"跨界冲击",既客观上推动了"东突"分裂活动,也对中国新疆的相关"跨界民族"的"国家认同"发生冲击。

二、中亚的"双泛"思潮泛滥对我国新疆稳定造成一定影响

中亚五国独立后都奉行民族复兴政策,特别是某些国家出于国内政治需要,提出"民族回归故乡"口号,相继召开世界哈萨克人大会、世界吉尔吉斯人大会、世界土库曼人大会,号召境外的哈萨克人、吉尔吉斯人、土库曼人回归故乡。哈、吉、塔三国政府为回归者提供优惠。这种做法无疑会对居住有跨境民族的国家带来问题,甚至会影响双边关系。由于民族主义在中亚各国的"复兴","双泛"思潮也乘虚而入,一度在中亚国家盛行,这些思潮的泛滥对我国新疆社会稳定造成一定影响。

(一)泛突厥主义

中亚五国除塔吉克斯坦外,其余四国的主体民族均属突厥语族,而塔吉克国内也有众多突厥语族,鉴于与土耳其人在血缘、地缘、宗教、文化和习俗上的密切联系,苏联解体后,他们纷纷寻祖觅根,民族认同感越发强烈。曾经是哈萨克斯坦三大民族主义组织之一的阿拉什就持有明显极端的泛突厥主义观点,宣称其宗旨是建立"伟大的突厥斯坦","成立独立的突厥国家联邦"。而独立伊始、正处转轨时期的中亚国家领导人也对土耳其的民主政治、政教分离和市场经济这套发展模式极感兴趣,一度实施积极向土耳其靠拢的政策。这与土耳其"希望利用苏联解体机会发挥地区性大国的作用",将中亚纳入其势力范围的雄心不谋而合。在1992年第一届突厥语国家首脑会议上,土耳其厄扎尔总统说:"我们有共同的根,是同一棵大树上的枝杈,是同一个家族的分支",强调要"使21世纪变成突厥人的世纪"。土耳其不仅积极宣扬突厥语国家联盟的构想,大力支持各种泛突厥语组织及以"泛突厥"为主题的国际会议,而且努力通过政治、经济、文化等各种渠道,扩展其在中亚的利益影响。

但是很快冷静下来的中亚各国从自身国家和民族利益出发,对泛突厥主义兴趣越来越弱。哈萨克斯坦总统纳扎尔巴耶夫就表示,绝不能接受建立突厥国家联合体的"理想",不希望刚摆脱一个"老大哥",又来一个新的"老大哥"。①而乌兹别克斯坦卡里莫夫总统也强调:"历史上我们属于突厥语大家庭,但我们的

---

① 纳扎尔巴耶夫,陆兵等译:《站在21世纪的门槛上》,北京:时事出版社1997年版,第151页。

人民坚决抛弃'大土兰'这一沙文主义思想"。①

　　冷战后特定的国际社会背景固然为泛突厥主义的复苏提供了一个有利氛围，但其制约泛突厥主义发展的各种因素在中亚也明显存在，诸如中亚诸国与俄罗斯难以割舍的密切联系，各国政府反对极端民族主义的基本国策，因此以实现中西亚地区突厥语国家政治统一为目标的政治泛突厥主义注定是"缥缈的梦幻"；但文化泛突厥主义在中亚突厥语族民族认同感上升、民族主义情绪增强，中亚国家加强相互间经济文化交流、推进地区一体化这一社会背景下，显然具有相当的发展潜力。

（二）泛伊斯兰主义

　　中亚五国独立后，与泛突厥主义在中亚地区同时掀起的还有另一股宗教民族主义潮流——泛伊斯兰主义。伊斯兰教在中亚已有1000多年历史，穆斯林人口约3850万，约占中亚地区人口的70%。1991年苏联的解体，使得中亚民众不由地产生一种强烈的失落和惆怅，与民族认同感相适应的伊斯兰教作为当地民族精神文化的重要遗产，正好用来寻求精神慰藉和寄托。而独立后的中亚国家领导人出于适应广大穆斯林的宗教热情和拓展对外交往与合作等考虑，不同程度地迎合了穆斯林的宗教要求。由此1991年中亚五国独立后，在中亚大地上出现了泛伊斯兰主义潮流，主要表现为：清真寺和伊斯兰经学院迅速增多，大量宗教书刊翻译出版，社会宗教活动明显加强，穆斯林人数增加并且有年轻化趋势，以及具有强烈参政意识的伊斯兰政治组织出现。

三、中亚地区的"东突"组织向我国新疆进行渗透

　　在苏联时期就流亡哈萨克斯坦、吉尔吉斯斯坦等国的"东突"组织，长期以来从事民族分裂活动。在20世纪80年代后期苏联解体过程中，这些人相继建立了"维吾尔人国际联盟""维吾尔斯坦解放组织""东突厥斯坦国际委员会"等组织，中亚国家独立后这些组织并未完全停止活动。

　　潘志平先生认为，"东突"势力的总体态势是：以西亚为大本营，以新疆周边的中南亚为桥头堡，以欧美为国际讲坛，以国外敌对势力为后台，以新疆为主战场，境外指挥，境内作案，制造了一系列的暴力恐怖事件。②"东突"不是中

---

① 卡里莫夫，王英杰译：《临近21世纪的乌兹别克斯坦》，北京：国际文化出版社1997年版，第112页。

② 潘志平、胡红萍：《"东突"产生和发展过程中的国际因素》，载于《西北民族研究》2011年第4期。

国新疆本土的原产物,如果把它比作 SARS 病毒,那么它就是从境外"输入""植入"新疆的。在它产生和发展过程中的不同历史时代有着不同的国际因素。就"东突"而言,国际因素在它的产生和发展过程中起着决定作用。①

根据哈国文化部族际关系研究中心的数据,哈萨克斯坦的维吾尔族裔有 23.14 万人,其中有 42 位教授、4 名院士、200 名博士、5 名艺术家、20 名政治活动家,有 393 名政府工作人员,其中 13 名政治人物。② 而在哈萨克斯坦活动的与"东突"势力有关联的维吾尔人组织则有十余家之多,他们不断以不同的合法身份与我国境内潜伏的"东突"分子发生联系,交换信息,提供资助和培训,实施渗透。

吉尔吉斯斯坦一直有维吾尔人的组织,它在一定程度上成为吉尔吉斯斯坦"东突"势力活动的基础。吉尔吉斯斯坦独立后,在民族复兴思潮影响下出现了一些民族文化组织。吉尔吉斯斯坦维吾尔人先后建立了天山(Tangritagh)、维吾尔商会(Uighur Merchants Association)、维吾尔团结协会、维吾尔文化中心等组织。哈萨克斯坦政治研究中心维吾尔问题专家维尼拉·朱玛塔耶娃在 1999 年 9 月出版的专项研究报告中提出,吉尔吉斯斯坦维吾尔族总人口大约 15 万人。吉尔吉斯斯坦的维吾尔人主要居住在首都比什凯克、卡拉库尔、奥什、卡拉巴勒塔、乌兹根和托克马克等城镇。在这些地方建立起 60 多个以维吾尔人为主的村镇。此外,吉尔吉斯斯坦维吾尔学者和维吾尔团结协会同年的调查报告中公布吉尔吉斯斯坦维吾尔族人口总计则为 25 万人。2003 年 3 月 11 日,吉尔吉斯斯坦维吾尔团结协会主席肉孜·穆罕默德·阿布都勒巴克耶夫(Rozmuhamet Abdulbakiev)接受《自由欧洲》电台记者采访时说:"据正式统计吉尔吉斯斯坦有 5 万维吾尔人。但据我了解实际上比这个还多"。"吉尔吉斯斯坦确实是一个民主国家。而乌兹别克斯坦的大部分维吾尔人至今隐瞒自己是维吾尔人。吉尔吉斯斯坦有公开的维吾尔人组织,有维语电视节目、广播和报纸等。在吉尔吉斯斯坦国立大学开设了维吾尔语系。比什凯克市有多家维吾尔人开的餐厅"。③

尽管目前中亚有关国家与中国建立了友好合作关系,正式表示不允许"东突"组织在其境内从事分裂中国的活动,但要中亚有关国家今后长期坚持这一政策,还要双方做出努力。

四、"划界"纠纷与"中国威胁论"

由于历史上的原因,中国与苏联中亚共和国之间存在着争议领土。中亚独立

---

① 潘志平、胡红萍:《"东突"产生和发展过程中的国际因素》,载于《西北民族研究》2011 年第 4 期。
② http://www.kazembassy.org.uk/uyghur_and_russian_diasporas_in_kazakhstan.html.
③ http://blog.sina.com.cn/s/blog_662c7f1701018h7g.html.

以后，从1992年开始，中国和吉尔吉斯斯坦、哈萨克斯坦、塔吉克斯坦展开了边界谈判。1994年起，经平等协商分别和三国达成多项协议，逐次完成谈判，彻底解决了与各国的领土争端问题。尽管中国和中亚国家在官方层面已经解决了这一问题，但受到激进媒体和反对派政客蛊惑煽动，中亚民间社会依然无法接受这一事实，致使中国与这些国家关系复杂化。

（一）中国与吉尔吉斯斯坦划界问题

中国和吉尔吉斯斯坦的边境共1 096公里，共有大的争议区四处，分别是汗腾格里峰争议区、英沿争议区、琼乌散库什河河源争议区、玛里他巴尔河争议区。1999年8月，江泽民主席再次访问吉尔吉斯斯坦时，双方签署边界补充协定，完全解决了边界问题。

吉尔吉斯斯坦国会下院外交事务委员会主席阿柏狄·莫鲁诺夫称，吉尔吉斯斯坦政府在1996年及1999年与中国签署的边界协定有割让国土之嫌，外交事务委员会将建议国会下院宣布所有协定作废。尽管吉尔吉斯斯坦外交部坚持最初在1996年与中国签署的边界协定，已获上届国会通过立法生效。但阿柏狄·莫鲁诺夫表示，国会外交委员会并未发现任何有关的书面文件或记录当时议会表决过程的录影带等证物。原外长伊玛纳利耶夫在国会答询说，双方在1999年8月签署补充协定，吉尔吉斯斯坦取得贝德争议区70%的土地，包括两处高地，另外30%则归中国。此外，乌真吉至库西争议区，约90万公顷土地，也划分给了中国。虽然中吉解决了边界问题，但此问题时不时被拿来用作其国内政治斗争的工具和反华、排华的招牌。在2001~2002年期间，吉尔吉斯斯坦国内集中爆发了连续的示威抗议，反对派指责阿卡耶夫政府的"罪名"有两条：一是腐败；二是与中国谈判划界中的"卖国"行为，这正是极端民族主义反政府煽动的惯用手法。中国在其国内政治斗争中躺着中枪的代价是，破坏了相关国家与中国的关系。

（二）中国与塔吉克斯坦划界问题

2011年1月12日，塔吉克斯坦议会下院批准了中塔划界协议，按照该协议，塔吉克斯坦应该退还中国1 000平方公里土地。协议生效意味着中国与所有苏联国家的领土划界问题已经解决完毕。据该国媒体报道，塔外交部长哈姆罗洪·扎里菲在议会上宣称，签署这一边界协议是塔国对中国外交的"重大胜利"，因为最初中国要求塔国更多的领土面积（显然，塔国外长未运用外交辞令）。随即，议会以99%的高票通过了该协议。而协议通过后，引起了塔国内舆论的热议。

塔国反对派（尤以"伊斯兰复兴党"最为积极）宣扬说，这是塔吉克民族和国家的巨大耻辱，认为划界协议违宪：宪法第七条规定，塔国领土是统一和不可分割的，反对"割地"给中国。一些反对派势力借机宣扬、渲染"中国威胁论"。其内容包括：转交中国土地是意料中的事情，而这只是中国在塔国扩张的第一步；由于塔国过分"好客"，大批中国人涌入塔国，中国政府就一石二鸟：既解决了国内人口过剩的问题，使他们有工作，而且还悄无声息地入侵了塔国；塔国已被"中国化"等。反对派为一己之利可肆意胡言乱语，结果是在不负责任地破坏塔中关系。

五、"回归"运动影响我国新疆稳定

中亚五国独立后都奉行民族复兴政策，特别是某些国家出于国内政治需要，为提高主体民族在本国人口所占比例而提出"民族回归历史故乡"的口号，为回归者提供优惠条件。移民潮对我国新疆的少数民族确有影响，这种做法，一是对居住有跨界民族地区带来边疆安全与稳定问题；二是对中国国内少数民族的心理，造成不负责任的心理蛊惑；三是明显或隐性地干涉了他国的民族关系，使民族分裂分子进行的犯罪活动有可乘之机，这方面的例子不胜枚举。

第九章

中国与中亚国家共同打击
"三股势力"研究

中亚位于欧亚大陆的"心脏地带"。它毗邻于一系列国际恐怖主义、民族分裂主义和宗教极端主义势力聚集的地区,包括阿富汗、克什米尔、高加索地区、中国新疆,以及邻近一些被美国怀疑支持伊斯兰激进势力和恐怖主义势力的国家,如伊朗、巴基斯坦、沙特阿拉伯等。从战略上看,中亚则居于欧洲与中国、俄罗斯与伊朗的中间地带。中亚在国际体系中的位置是非常特殊的,因而中亚的地区安全与中国长治久安有密切的关系。

中亚地区独特的地理位置使中亚地区成为各种极端势力猖獗的地区。阿富汗的伊斯兰极端主义以中亚为主要通道,恐怖分子以中亚的不稳定分子作为后备军和主要培训对象,与中亚的犯罪分子沆瀣一气,在中亚地区形成庞大的犯罪团伙。在中亚活动的"乌伊运""东突"、"伊扎布特"、基地组织残余等,不断进行力量聚集,其政治化特征极为明显。与此相关的贩毒、跨境贩卖走私活动猖獗,与极端势力结合组成了威胁中亚地区稳定的主要力量。他们在中亚地区不断制造的血腥事件已经证明了他们的犯罪目的。我国新疆作为中亚三国的直接邻居,也受到中亚地区存在的各种极端活动的影响。中亚地区的"三股势力"触角已经延伸到了我国新疆甚至是沿海地区。

第一节 中亚地区"三股势力"的现状

一、"三股势力"的概念

"三股势力"这一概念最早是在1999年8月25日"上海五国"元首比什凯克会晤期间提出的,具体指宗教极端势力、民族分裂势力与国际恐怖势力。2000年3月13日,俄罗斯《独立报》刊文《新世纪带来新挑战》。文章指出,"中亚目前正处在国际恐怖活动威胁的风口浪尖上。在这一地区,恐怖主义与宗教极端主义、民族分裂主义合为一体,兴风作浪,目标是使该地区民主过程倒转,推翻该地区的合法政府"。2001年6月5日,在上海合作组织成立大会上签署的《打击恐怖主义、分裂主义和极端主义上海公约》正式把打击恐怖主义、分裂主义和极端主义列为上海合作组织的重要工作日程,明确指出"三股势力"是中亚地区的主要威胁。从此,"三股势力"更加引起人们的关注。

"三股势力"确切的含义包括民族分裂主义、宗教极端主义和恐怖主义势力,它被国际社会公认为当今世界上的"三股邪恶的势力",频频出现于官方文件中,成为一种约定俗成的表达方式。三者不仅有时被冠以各种修饰性定语,如宗教极端主义等,而且经常合并在一起使用,如宗教极端型恐怖主义、民族分裂型恐怖主义等等。从当今世界发生的许多局部地区冲突和战乱的情况来看,这"三股势力"并非孤立存在,而是往往其中的某一股势力背后又有其他的两股势力在支持。通常,在某一地区兴起的某种政治运动很可能是民族分裂势力与宗教极端势力密切勾结,而且又常常以恐怖活动作为实现其政治目标的手段。在一定的条件下,民族分裂主义与宗教极端主义之间往往相互利用,并以此作为基础谋求共同的发展和扩大自身的生存空间。虽然他们之间存在着上述千丝万缕的联系和瓜葛,但是,它们在概念上和作用上还是有所区别的。

(一)民族分裂主义势力

所谓的民族分裂,是指"多民族国家内的非主体民族将现存的国家管辖权排除在己方民族成员所居住的区域范围之外的社会政治活动"[①]。民族分裂势力被

[①] 丁诗传、葛汉文:《对冷战后民族分裂主义运动的几点思考》,载于《现代国际关系》2000年第11期。

称为民族分裂势力或民族分立势力,是指多民族国家内要求以民族为单位与其他国家分裂,并建立以本民族为主体的独立国家的政治力量。民族分裂活动基本分为两大类型:一是个别民族从统一国家中脱离而出,单独建立本民族国家,如英国的北爱尔兰独立运动;或与跨居其他国家的同一民族联合建立独立的民族国家,如居住在土耳其、伊朗、伊拉克、叙利亚等的库尔德人建立"库尔德斯坦"、科索沃的阿尔巴尼亚族人与阿尔巴尼亚建立大阿尔巴尼亚等。二是某个统一的多民族主权国家以民族为单位的解体,如苏联一分为十五、南斯拉夫一分为六、捷克斯洛伐克一分为二等。

民族分裂主义是一个长期的历史现象,是政治思潮与政治运动的统一体,是冷战之后的第三次民族主义浪潮的产物。在英国的北爱尔兰地区、西班牙的巴斯克地区以及加拿大的魁北克地区很早以前就存在着民族分裂问题,但是以前民族分裂一直以来只是个别国家存在的问题,从未形成像现在这样的席卷全球的运动,产生全世界范围的广泛影响。但是,以20世纪80年代末90年代初的苏联解体、东欧剧变为开端,民族分裂运动狂飙突起,在极短的时间内席卷了苏联、东欧体系的每个角落,并迅速向全世界蔓延,至今余波未平。据统计,"目前世界上正在积极谋求分裂和有分裂倾向的民族达两千多个,几乎涉及现有国际社会的所有成员"[1]。民族分裂活动对国家的主权、领土完整、地区安全和正常的国际秩序都带来了严重的冲击。

当前民族分裂势力的基本特征是:(1)以种族或血统作为其思想意识基础。有的甚至自以为彼此的祖先是共同的,即使在外人看来根本没有什么种族关系,也要从宗教、文化中找出理由。(2)民族自我意识封闭。狂热追求民族自决甚至是民族分裂权,谋求建立单一制民族国家。(3)思维狭隘。视主体民族为本民族遭受灾难、贫困的"替罪羊"。自以为或故意宣扬只要能够实现自决、独立,就可以改变所有的这一切。(4)其基本政治信念,一是政治疆界应该与文化和语言疆界相吻合,二是处于少数的民族不愿意接受主体民族集团的"统治"。

正如有的学者指出的那样:"存在于现存主权国家内部的民族分裂主义势力,基本上属于非主体民族或少数民族中的极端民族主义势力。……由于非主体民族或少数民族在所在国中一般都属于'弱势群体',所以民族分裂主义势力除在少数国家中表现为通过政治机制实现独立目标外,基本上都是通过匿名的、地下的方式制造事端,诉诸暴力恐怖活动。"[2] 在现存的主权国家内处于弱势地位的民族分裂势力往往无法用政治解决、军事对抗的途径谋求分裂,为了扩大影响、胁

---

[1] 侯君雄:《当代世界热点问题大透析:战争阴霾》(第七卷),北京:光明日报出版社2002年版,第260页。

[2] 王逸舟:《国际恐怖主义溯源》,北京:社会科学文献出版社2002年版,第197页。

迫政府，他们通常都会采用恐怖活动的方式。此外，进行军事对抗的民族分裂主义势力也会辅以恐怖活动，尤其是当其军事对抗活动遭受沉重打击后往往便会选择恐怖活动为唯一的方式。因此，民族分裂主义与恐怖主义时常难以区分。

（二）宗教极端主义势力

宗教极端主义是把宗教和宗教利益视为至高无上，以世俗社会彻底宗教化为目的的一种社会政治主张、社会思潮和行动。随着全球化的发展，极端主义作为一种超常规的社会现象，也已经挣脱地域限制，成为跨越国界的国际浊流。[1] 宗教极端主义明确提出"宗教政治化，政治宗教化"的口号并坚决付诸实践，他们力图保持宗教意识形态的神圣不可超越性，改变现有世俗政权，以最终建立一个教权至上的政教合一的政体。[2] 同时，宗教极端主义也是宗教内部的一股极端思潮，它煽动宗教狂热，容易走向政治化、组织化甚至恐怖主义化。[3] 宗教极端主义经常被一些宗教组织利用来进行反对世俗国家的政治斗争，或者作为一种信仰压制其他信仰的工具。原教旨主义和宗派主义是现代宗教极端主义的两块基石。此外，宗教极端组织在推行其主张方面，往往主要借助于民众的情感和固有的观念，而不是理性，即通过宗教口号等的宣传手段激发民众本能的心理反应。

通常，各宗教内部大多有温和派和极端派之分。历史事实证明，无论是哪种宗教极端主义，都毫不例外地成了非宗教运动，均是披着宗教外衣为达到某种政治目的而从事极端活动的政治极端势力。宗教极端主义是转型时期社会危机的一种典型的表现形式。当极端分子在意识形态方面否定一切异己思想，恪守某种宗教信念，严格执行极端组织领导人任何哪怕是最荒谬的指令（例如，塔利班政权在 2000 年炸毁巴米扬大佛的行动），热衷于所谓宗教圣战之类的狂热行为之时，我们就可以将其视为宗教极端主义的追随者。在这里需要特别说明的是，宗教极端主义并不等同于宗教，正如联合国前秘书长安南所说的那样："宗教信仰千差万别，但是它们的共同之处都在于倡导慈悲为怀、宽容和解、与人为善。这些价值观念同样已根植于《联合国宪章》，根植于我们对世界和平的不懈追求。"而宗教极端主义则是"宗教黑暗的一面"[4]。我国学者吴云贵先生也精辟地指出："如果我们坚信宗教的本质是和平，是弘扬真、善、美的价值观，那么以宗教名义进行暴力恐怖活动，就偏离了宗教的善良宗旨，

---

[1] 王嘎：《极端主义对中亚政治稳定的影响》，载于《宁夏社会科学》2002 年第 5 期。
[2] 金鑫：《世界问题报告——从世界的视角观照中国》，北京：中国社会科学出版社 2002 年版，第 58 页。
[3] 陈联璧：《三个"极端主义"与中亚安全》，载于《俄罗斯东欧中亚研究》2002 年第 5 期。
[4] 《人民日报》2000 年 8 月 31 日。

就可以称为'宗教极端主义'。"①

伊斯兰宗教极端主义,它打着"振兴伊斯兰教"的幌子,大肆宣扬和鼓吹"圣战",排斥一切"异教徒"和世俗政权,企图建立以宗教领袖为首脑,以伊斯兰教法为基础的政教合一的政权,使一切社会生活都彻底伊斯兰化。历史上曾经有过各种形式的宗教极端主义和原教旨主义。当代伊斯兰宗教极端主义则是20世纪60~70年代在中东产生,并在1979年伊朗霍梅尼领导的伊朗"伊斯兰革命"中取得区域性胜利,而且至今仍在不断扩散的一种极端的政治主张、社会思潮和政治行动。

(三) 恐怖主义势力

恐怖主义是一种依靠使用或威胁使用暴力等极端手段来达到一定政治意图的政治传播方式。它是一定的社会政治组织、团伙或个人为达到某种政治目的而有组织、有计划地采取爆炸、暗杀、绑架、劫机、纵火、投毒等暴力手段,对特定或非特定的人、场所、设施等进行攻击、杀害、破坏,从而制造社会恐怖的一种极端政治主张和极端行为。单纯地使人产生震慑感的恐怖破坏行为并不能称为"主义",而只能归于刑事犯罪的范畴。恐怖之所以称为主义,主要在于它有明确的政治和社会目的、严密的组织性和高度的隐蔽性;其次是它不择手段,不受任何道德和法律的约束。如同极端主义的其他类型,恐怖主义也具有鲜明的反社会、反理性、反人性的特征,但它本身并不属于任何一种意识形态或社会运动。只有依附于一定的意识形态,恐怖才能由行为上升到主义。形象地说,恐怖主义如同行凶的刀剑,常常被握在各种形式的极端主义手中。这就使得恐怖主义注定要与极端主义纠缠在一起。因此,当今世界各个角落因民族、宗教等问题而爆发的激烈冲突无不伴随着恐怖主义的阴影。

应当指出的是,民族分裂势力、宗教极端势力和国际恐怖势力尽管分属不同的政治范畴,但在危害人民生命、破坏地区稳定和威胁国家安全方面,却有惊人的相似之处。它们在当今国际政治生活中往往有的是三位一体,即以宗教为旗号,以恐怖为手段,以分裂为目的,如俄罗斯车臣非法武装集团、乌兹别克斯坦伊斯兰运动;有的则是两位一体,即以建立政教合一政权或致力于民族分裂为目的,以恐怖暴力为手段。从目前"三股势力"在世界各地的活动情况来看,我们不难发现,它们的最终目的都离不开权力,三者背后均有某种利益集团。可以说,"三股势力"的活动都超出了民族、宗教和恐怖的本来领域,而成为政治极

---

① 吴云贵:《伊斯兰原教旨主义、宗教极端主义与国际恐怖主义辨析》,载于《国外社会科学》2002年第1期。

端势力操纵的工具。但是，从这三个概念的内涵来看，恐怖主义与极端主义、分裂主义又相互区别。三者从概念上看有交叉之处。其中，极端主义概念的内涵和外延最大；分裂主义概念的内涵和外延次之，是涉及各种民族、领土问题的极端主义的一种表现形式；恐怖主义则是各种极端主义的最极端的表现形式，如政治极端主义、宗教极端主义和分裂主义。如果它们以暴力为手段，追求恐怖效应，则演变为恐怖主义。三者的区别还在于，恐怖主义更强调手段恐怖性的一面，而极端主义、分裂主义则更强调行为的目的性的一面。就当今世界来看，极端主义、分裂主义往往以恐怖主义特别是国际恐怖主义的形式表现出来，这三者往往结合在一起，"三位一体"，成为一种跨国的地区性或国际性力量，其破坏性、危险性和危害性更大，如"基地"组织、"东突"势力等等。因此，在具体使用极端主义、分裂主义和恐怖主义的概念时，必须对这些概念的内涵与外延进行明确的限定，才能不致引起混乱。

二、中亚地区"三股势力"状况

1991年，伴随着苏联解体，中亚五国相继独立。然而，独立以来，中亚五国均程度不同地存在以取代当局或与当局分庭抗礼为目的、以民族和宗教为旗号、以恐怖暴力为基本手段的极端势力，其中尤以乌兹别克斯坦、塔吉克斯坦、吉尔吉斯斯坦境内居多。美国《外交政策》杂志在2009年发布的对世界上177个国家按不稳定指数排序的调查结果中，中亚的乌兹别克斯坦、塔吉克斯坦、吉尔吉斯斯坦分别被列到36位、38位和45位（排名按由高向低排列，名次越靠前，国家稳定程度越低）。原因是，这些地区存在严重的社会问题和民族矛盾，有爆发社会整体危机的可能。[①] 但是，中亚国家受到国际社会关注的原因并不仅仅在于发生在中亚的恐怖活动，而更重要的是在于中亚在世界恐怖主义问题中的地位、作用和特征。首先，中亚处于从东南亚到俄罗斯的恐怖主义弧形地带的枢纽地位，是世界恐怖活动链条中的一个重要环节。俄罗斯政治观察家瓦连京·库宁曾指出："高加索—中亚—阿富汗很可能形成一个不稳定的弧形地带，并且正在变成世界恐怖主义分子的训练中心。国际恐怖主义的主要策源地完全有可能从中东转移到此。"[②]；其次，中亚国家与阿富汗、中国和俄罗斯等国相邻，与这些国家的恐怖主义问题联系密切；再次，中亚恐怖主义问题与民族分裂主义和伊斯兰极端主义结合在一起，直接威胁国际社会的稳定，具有相当程度的复杂性；最

---

① 转引自商务部网站，http://www.mofcom.gov.cn. 2010.6.29.
② 马勇、王建平：《中亚的恐怖主义探源》，载于《世界经济与政治》2003年第2期。

后，中亚恐怖主义问题与毒品生产和运输等全球性问题结合在一起，是阿富汗毒品运往俄罗斯和中国的主要通道。这些原因使中亚国家的反恐怖活动尤其值得关注。"9·11"事件以后中亚在全球安全格局中的地位，正如哈萨克斯坦总统纳扎尔巴耶夫2005年1月26日在联合国召开的反对恐怖主义会议上所反复强调的："中亚应该被看作欧亚大陆安全不可分割的组成部分，中亚地区是全球与欧亚大陆安全体系中的一部分"。①

独立以来，中亚地区几乎每年都发生恐怖袭击事件。表9-1显示中亚国家面临的恐怖主义威胁的相对严重性。中亚地区的极端活动主要表现为宗教极端型的恐怖主义活动和极端民族主义性质的犯罪活动。近年来，伊斯兰宗教极端势力在中亚地区煽动民族感情，对一些极端犯罪的泛滥起到了推波助澜作用，在塔吉克斯坦、乌兹别克斯坦和吉尔吉斯斯坦等国家使用暴力手段，制造了一系列恐暴事件，向世俗国家政权发起了挑战。他们当中有的犯罪集团又与阿富汗的恐怖势力结合，不断地袭扰边境地区，威胁中亚地区的安全和社会稳定。

表9-1 中亚国家恐怖活动状况（1991~2007年）②

国别	恐怖事件数	受伤人数	死亡人数
哈萨克斯坦	5	1	1
吉尔吉斯斯坦	13	12	27
塔吉克斯坦	56	82	57
土库曼斯坦	1	1	1
乌兹别克斯坦	14	163	37
合计	89	259	123

乌兹别克斯坦独立不久，政府就遭到恐怖势力的挑战。1991年12月，以宗教组织为核心的极端势力在纳曼干市发动暴乱，占领了乌共州委员会大楼，要求建立伊斯兰国家。1997年12月中旬，在纳曼州，有4名警察被暗杀，尸体被肢解，挂在该市内务处官员的家门口③。1998年10月，纳曼干市发生暴力恐怖活动，伊斯兰极端势力公开声称"砍头和剁手是允许的，这是圣战！"④。

---

① Kazakhstan: UN Terrorism Committee Meets in Almaty Amid Warrnings Over Human Rights, http://www.rferl.org/featuresarticle/2005/l/3D2E23B4—B7DF—4374—B705—D0ACD1536940.html。
② 资料来源：http://www.tkb.org/terror/Incident Region Module.jsp，1991~1997年数据只包括国际恐怖活动。
③ 王智娟：《可能并非"瓦哈比"问题——中亚伊斯兰复兴透视》，载于《西北民族研究》2000年第1期。
④ 金宜久：《伊斯兰与国际热点》，北京：东方出版社2001年版，第647页。

塔吉克斯坦独立后不久也爆发了由宗教极端势力挑起的内战。1992～1997年，塔吉克内战导致 6 万人丧生，80 万人沦为难民，国民经济损失高达 100 亿美元，外债 8.6 亿美元。① 1998 年 11 月 4 日，塔吉克斯坦列宁纳巴德州苦盏市发生武装叛乱，叛乱分子共有 700 多人，11 月 6 日，塔吉克斯坦政府军平息了叛乱。

1997 年底和 1998 年初，吉尔吉斯斯坦宗教极端组织制造多起针对其国家安全官员的凶杀案。1998 年 5 月 30 日、6 月 1 日和 6 月 11 日，在吉尔吉斯斯坦奥什地区连续发生 3 次爆炸事件，有 4 人死亡、6 人受伤。②

1998 年起，在哈萨克斯坦南部地区和阿拉木图出现了由域外宗教组织资助开办的宗教学校。这些学校主要向学生灌输通过暴力来改变国家现行宪法制度的思想。在西部地区，宗教极端势力也在积极活动，频繁制造恐怖事件，如阿克莫林斯克州电站被炸、科克切塔夫州电站遭火箭筒袭击等。

1999～2000 年，极端主义组织的活动更加猖獗，对中亚安全已构成直接威胁。1999 年 2 月 11 日，恐怖分子在乌兹别克斯坦首都塔什干市中心制造了多起爆炸事件，企图谋害卡里莫夫总统。③ 7 月，一伙伊斯兰极端势力武装匪徒由塔吉克斯坦越境进入吉尔吉斯斯坦南部巴特肯地区，劫持 4 名政府官员，吉当局为赎回人质花费 5 万美元。同年 8 月上旬，大约有 1 000 名"乌伊运"武装分子由阿富汗经塔吉克斯坦窜入吉尔吉斯斯坦与乌兹别克斯坦接壤的巴特肯区和琼阿拉区，占据 5 个居民点，劫持 20 名人质。④ 恐怖分子凭有利地形和先进武器，与政府军对抗两个月之久。经中亚国家和国际社会共同努力，直到 10 月下旬被恐怖分子劫持的吉尔吉斯斯坦内卫部队司令沙姆盖耶夫和 4 名日本地质考察队员才被释放。据悉，日本方面为其 4 名日本人质向恐怖分子支付了 200 万美元。这就是震惊世界的"巴特肯人质危机"事件。尝到甜头的"乌伊运"武装分子活动更加猖獗。

2000 年 8 月 5 日，来自塔吉克斯坦的大约 100 名伊斯兰极端分子进入乌兹别克斯坦南部地区，占领乌、塔边界 15～20 公里处的几个村庄，企图建立恐怖活动基地，被乌兹别克斯坦政府军击毙十几人，其余武装恐怖分子逃走。8 月 11 日，约有 100 名武装恐怖分子进入吉尔吉斯斯坦南部巴特肯地区，与此同时，一股武装恐怖分子从阿富汗进入塔吉克斯坦，另一股武装恐怖分子在乌兹别克斯坦和塔吉克斯坦边境活动。9 月初，车臣恐怖主义首领之一哈塔卜潜入塔吉克斯

---

① 赵常庆主编：《中亚五国概况》，北京：经济日报出版社 1999 年版，第 93 页。
② 孙壮志：《中亚新格局与中亚安全》，北京：中国社会科学出版社 2001 年版，第 97 页。
③ 张森主编：《俄罗斯和东欧中亚国家年鉴（1999 年）》，北京：当代世界出版社 2000 年版，第 70 页。
④ 孙壮志：《中亚新格局与中亚安全》，北京：中国社会科学出版社 2001 年版，第 174 页。

坦，与中亚恐怖主义分子共谋反政府活动。①

在中亚国家共同防范和联合打击下，2001年极端主义者和恐怖主义者在中亚地区的活动有所削弱，尤其是基地组织及阿富汗塔利班把美国当成主要攻击的目标，因而中亚地区受到的恐怖主义威胁有所减少。不过，在伊斯兰极端势力较强的塔吉克斯坦还不时地发生恐怖活动。

2002年1月16日，哈萨克斯坦国家安全委员会主席杜特巴耶夫对外宣称，他们成功粉碎了国际恐怖分子暗杀总统纳扎尔巴耶夫的阴谋。2002年9月26日，吉尔吉斯斯坦国家安全委员会秘书和代理总参谋长阿希尔库鲁夫在返回他的寓所时，遭到几个不明身份者的袭击，阿希尔库鲁夫身受重伤。在土库曼斯坦，2002年11月25日，总统尼亚佐夫的车队在阿什哈巴德市中心遭遇袭击，数人受伤。

2003年2月，"乌伊运"与"中亚伊斯兰运动"建立恐怖组织网络，号召建立"哈里发国家"，主张袭击美国在中亚的军事基地。3月，美国发动伊拉克战争时，"伊扎布特"（"伊斯兰解放党"）在吉尔吉斯斯坦、塔吉克斯坦等地组织签名活动，散发传单，鼓励成立志愿军赴伊拉克援助反美圣战。5月8日，恐怖组织又在吉尔吉斯斯坦南部奥什地区一个货币兑换点制造了爆炸事件，5月15日凌晨，8名武装分子又在半小时内接连袭击了贾拉拉阿巴德市中心的两个警察哨所，抢走十几支冲锋枪和手枪。②

2004年乌兹别克斯坦连续遭受恐怖主义的袭击，极大威胁社会安定，一次是3月底到4月初，另一次是7月31日，导致超过50人的死亡。乌兹别克斯坦当局指责这一系列恐怖事件均与"伊扎布特"有关。2004年11月，哈萨克斯坦警方抓获了"基地"组织在中亚的分支机构"扎莫阿特"的十余名成员，缴获了大量宣扬恐怖主义的资料，其中包括本·拉登的讲话录音和录像带、假护照、爆炸装置、各种武器和弹药等。

2005年5月12日，乌兹别克斯坦安集延市发生了武装暴动。一群不明身份的武装分子袭击了乌兹别克斯坦东部城市安集延的警察岗哨和部队营房，抢劫了数十件武器。与此同时，他们还冲进安集延监狱，打开牢门，释放了2 000多名在押犯。随后，武装分子企图占领安集延州政府大楼和州安全局大楼，但被军警击退，造成了震惊世界的"安集延事件"。卡里莫夫在首都塔什干召开记者招待会，称安集延骚乱事件的策划者是"伊扎布特"的新分支组织"阿克罗米亚"。俄国际文传电讯社援引俄外交部和强力部门官员的话说，发动骚乱的武装分子既有土匪，也有极端分子，还有从阿富汗来的塔利班人员。他们事先在吉尔吉斯斯

---

① 陈联璧：《三个"极端主义"与中亚安全》，载于《东欧中亚研究》2002年第5期。
② 杨毅、王国强：《2003~2004 国际战略形势分析》，北京：国防大学出版社2004年版，第60页。

坦、乌兹别克斯坦和塔吉克斯坦三国边境交界处秘密集结,然后潜入乌兹别克斯坦捣乱。其目的是首先在安集延地区制造骚乱,进而将骚乱扩散到费尔干纳盆地和整个乌兹别克斯坦。①

2006年4月20日,哈萨克斯坦安全委员会宣布破获了一起在国外策划的针对国家基础设施进行恐怖活动的阴谋。② 2006年5月12日,吉尔吉斯斯坦官员说,一群来自塔吉克斯坦的武装人员当天越过边界进入吉尔吉斯斯坦境内,并打死3名吉尔吉斯斯坦边防军战士。6名主要被告均被怀疑属于极端组织"伊扎布特"和"乌兹别克斯坦伊斯兰运动"。③

面对恐怖势力的不断滋扰,中亚国家不断加强打击力度。1999年6月,乌兹别克斯坦最高法院对"2·16"爆炸事件进行公开审理,22名罪犯中6人被判处死刑,16人被判处10~20年的有期徒刑。另据国际文传电讯社报道,2000年10月30日,乌最高法院以实施恐怖活动罪对尤尔达什夫和纳曼加尼缺席判处死刑④。2003年,乌兹别克斯坦政府严厉打击宗教极端组织,在当地监禁了近7 000名犯人。其中1 600人是瓦哈比分子,650人是伊斯兰各种激进派别的拥护者,近200人是世俗反对派(即以前的统一和自由党)的代表,近4 500人是"伊扎布特"成员,包括2002年春天被捕的该党最高领导人艾米尔及其他头目。⑤ 同年,乌兹别克斯坦和吉尔吉斯斯坦政府认定"伊扎布特"是宗教极端组织,中亚其他国家也都不同程度地加强了对"伊扎布特"活动的限制和监控力度。

2002年1月14日,塔吉克斯坦共和国最高法院分三批,先后对国内"伊扎布特"成员28人进行司法审判。对在各地进行渗透活动的14人分别判处8~18年徒刑⑥。2002年12月,《乌兹别克斯坦共和国人权报告》指出,对在费尔干纳谷地、塔什干、安集延、布哈拉、纳曼干和花剌子模各州从事推翻国家现政权,危害人民生命安全,图谋在国内建立伊斯兰国家的"伊扎布特"成员分别判处16~18年徒刑⑦。2003年1月初,吉尔吉斯斯坦贾拉拉阿巴德州巴扎尔—果尔贡

---

① 引自新华网,http://www.xinhuanet.com/.2005年5月15日。
② Kazakhstan: Claims of Terrorist Network Unsettle Activists, http://www.rferl.org/featuresarticle/2006/4/E9A4C95D—5l6F—45FA—96B9—8F96F5077077.html.
③ Central—Asia: Suppressing Hizb ut—Tahrir Could Radicalize Youths, http://www.rferl.org/featuresarticle/2006/7/8B126BD9—4FD5—4D70—A42E——85E1CE7A5DE5.html.
④ [俄]《红星报》2000年11月25日。
⑤ [乌兹别克斯坦]祖拉布·陶杜阿:《激进伊斯兰在乌兹别克斯坦:形成阶段和发展趋势》,载于《中亚与高加索》2005年第1期。
⑥ 李琪:《"东突"分裂主义势力的思想体系和基本特征》,载于《西北民族论丛》(第三辑),北京:中国社会科学出版社2004年版,第94页。
⑦ 乌兹别克斯坦:2002年12月以来人权领域事件简评,载于《中亚信息分析》2003年1月13日。

地区法院以非法持有武器和爆炸物，判处"伊扎布特"成员托克托尔拜·托赫塔库罗夫两年半徒刑。1月9日，塔吉克斯坦内务部新闻局宣布，两名塔吉克斯坦公民因参加"伊扎布特"从事极端宗教思想传播活动而被塔警方逮捕。2003年4月，吉尔吉斯斯坦共和国总检察院对"伊扎布特"和恐怖主义组织"突厥斯坦解放组织""东突厥斯坦伊斯兰党""突厥斯坦伊斯兰党"正式启动了诉讼程序。11月20日，吉尔吉斯斯坦最高法院裁定，在境内活动的"伊扎布特"为极端组织，"突厥斯坦伊斯兰党""突厥斯坦解放组织"和"东突厥斯坦伊斯兰党"为恐怖组织，禁止它们在境内活动。

2005年5月26日，美国政府称已经将乌兹别克斯坦的"伊斯兰杰哈德组织"列入国际恐怖组织名单，该组织从"乌兹别克斯坦伊斯兰运动"中分裂出来，参与制造了多起炸弹袭击事件。2006年10月12日，哈萨克斯坦官方宣布12个与恐怖活动有关的被禁止的新的组织名单。其中包括"乌兹别克斯坦伊斯兰运动""伊扎布特""东突厥斯坦伊斯兰解放党""扎莫阿特"等组织①。2006年6月7日，塔政府判处2名"伊扎布特"成员入狱②。该年塔司法机关处理的有关"伊扎布特"的案件达60起，涉及人员61人。

2007年11月，哈萨克斯坦开庭审理了30名"伊扎布特"成员。2008年，哈萨克斯坦警方连续打掉多个传播宗教极端思想的地下组织，抓获"伊扎布特"成员13人。

2008年3月28日和29日，乌兹别克斯坦特警兵和警察开始对恐怖分子实施抓捕行动，恐怖分子与警察发生了激烈的交火，乌兹别克斯坦这两天死于暴力事件的人数已经突破了50人。

2009年5月15日塔吉克斯坦索格德州法院对七名"伊扎布特"成员进行了审判，分别判处3～10年刑期。2009年8月3日，乌兹别克斯坦卡什卡达里亚州首府卡尔希市审判了分属于"乌伊运""伊斯兰圣战"和"利比亚社会"三个恐怖组织的11名恐怖分子。③

2010年，中亚的恐怖分子又发起一些破坏活动，威胁中亚的稳定。2010年4月6日，包括首都比什凯克在内的吉尔吉斯斯坦多个城市和地区发生大规模骚乱。2010年8月22日，25名囚犯从塔吉克斯坦国家安全委员会直属的监狱逃脱，并打死5名看守。9月19日，塔强力部门在赶赴拉什特山谷拘捕越狱逃犯

---

① Kazakhstan Updates List of Banned Terrorist Groups, http://www.rferl.org/featuresarticle/2006/10/3F4E8CDE—2FED—43D0—9859—ED8CA700D3CA.html.

② Tajikistan Jails Two Alleged Hizb—ut—Tahrir Members, http://www.rferl.org/featuresarticle/2006/6/37CFBBA6—A6lB—493B—8837—A035B90C1963.html.

③ 吴宏伟：《2009年中亚政治经济形势与未来发展趋势》，载吴恩远主编：《俄罗斯东欧中亚国家发展报告（2010）》，北京：社会科学文献出版社2010年版，第84页。

时遭到一伙武装分子的袭击，造成 23 名军人丧生。塔国防部发言人说，实施这起恐怖袭击的是来自巴基斯坦、阿富汗和俄罗斯车臣地区的极端组织。2010 年 10 月 3 日，塔第二大城市苦盏的一处警务机构遭到恐怖袭击，造成 2 名警官死亡，25 人受伤。① 仅 2010 年，塔强力部门就逮捕和关押了超过 100 名极端分子。

2011 年，哈萨克斯坦政府破获以及成功制止的暴力恐怖袭击和涉恐案件为 11 起，到 2012 年则增加到 24 起。哈萨克斯坦副总检察长约翰·默克尔在首届哈萨克律师联盟和犯罪学家联盟国际会议上称，2012 年，哈萨克斯坦强力部门制止了 24 起恐怖袭击活动。他表示："2012 年前 10 个月，与恐怖主义和极端主义相关犯罪案件达 112 起。在过去 5 年中，40 名哈萨克斯坦国民因参与恐怖主义犯罪或参加非法武装组织在境外被捕。68 名国际恐怖主义和极端主义组织成员在哈萨克斯坦境内被捕。在被起诉的恐怖犯罪嫌犯之中，有 60% 的人年龄在 29 岁以下。"

2012 年 7 月 20 日，塔吉克斯坦内务部部长拉希莫夫称，2012 年上半年，塔政府对 80 多名恐怖分子和极端主义犯罪分子进行备案。在塔吉克斯坦活动的极端组织主要为"乌伊运"和"伊扎布特"。塔政府定期对"乌伊运"及"伊扎布特"组织成员开展打击。从所公布的案件看，"伊扎布特"和"乌伊运"在塔吉克斯坦活动有所增加，年轻成员人数比例增加。2012 年 4 月 19 日，塔吉克斯坦南部一个法院判处 34 名与"乌伊运"有联系的人员长期监禁。5 月 10 日，塔吉克斯坦警方抓获 3 名"乌伊运"嫌疑人，3 名嫌疑人都是哈特隆州库伯迪伊恩地区克孜尔尼尚村的居民。5 月 16 日，塔吉克斯坦粟特地区法院对 17 名"乌伊运"成员进行了不公开审判。7 月 20 日，塔吉克斯坦法院一次就审判了该地区的 54 名"乌伊运"组织成员。

2012 年一个危险的信号是塔吉克斯坦出现了新的极端组织。2012 年 8 月 30 日，塔吉克斯坦审判了 15 名安萨尔极端组织成员，15 名被告被指控有组织地进行恐怖活动。塔吉克斯坦安全机构称该组织接受了基地组织的资助。这是塔吉克斯坦首次审判安萨尔组织成员。该组织最初于 2011 年 9 月才在塔吉克斯坦被曝光，这个之前从不为外人所知的组织曾宣称对塔吉克斯坦南部粟特州的一起杀害 3 名警察的自杀式袭击事件负责。2012 年 5 月 3 日，塔吉克斯坦高级法院裁定安萨尔组织为恐怖主义和极端主义组织，禁止其在塔国境内活动。

针对国内宗教极端主义和恐怖主义思潮的蔓延，吉尔吉斯斯坦政府采取了一系列打击和预防对策。2012 年吉尔吉斯斯坦共取缔了 8 个宗教极端主义和极端民

---

① 梁宏志、齐云飞：《"三股势力"威胁中亚国家局势》，载于《半月谈》2010 年第 21 期。

族主义组织。① 2012 年 10 月 25 日，吉尔吉斯斯坦内务部发布报告称：2012 年前 9 个月，记录在案的极端主义犯罪案件有 193 起，其中已开庭审理 124 起。鉴于一些极端组织经常利用互联网传播信息招募成员，从 2012 年 4 月开始，吉尔吉斯斯坦政府一直密切跟踪监视极端组织的网上活动。

近几年，随着"伊斯兰国"组织的迅速崛起，中亚国家恐怖分子加入其中赴叙利亚等国参加圣战的新闻频繁见诸于各类新闻报道之中。吉尔吉斯斯坦情报部门于 2015 年 7 月 16 日展开一系列特别行动，消灭了一伙"伊斯兰国"武装分子，这些恐怖分子原计划于 7 月 17 日开斋节期间在比什凯克发动一系列恐怖袭击，并对俄罗斯驻吉尔吉斯斯坦坎特空军基地发动袭击②。塔吉克斯坦内务部部长拉希姆佐达曾称，2014 年塔内务部共抓获 53 名在伊拉克和叙利亚"参战"的恐怖分子，其中 12 人是为"伊斯兰国"打过仗后回国的。乌兹别克斯坦宗教委员会 2014 年 10 月 31 日发表声明谴责"伊斯兰国"。该委员会指出，"IS"在乌兹别克斯坦播放关于乌极端分子在叙利亚"打仗"的视频，企图以此招募"战斗人员"和破坏乌兹别克斯坦的稳定③。2014 年 2 月，四名男子在叙利亚境内参战之后，因恐怖主义罪名在哈萨克斯坦被审判④。中亚国家人员赴叙利亚参战情况见表 9 - 2。

表 9 - 2　　　　　　　　　中亚国家人员赴叙利亚参战情况⑤

国家	赴叙利亚的参战人数（人）	赴叙利亚参战者占其本国总人口的比值
土库曼斯坦	360	1/4 400
塔吉克斯坦	190	1/40 000
吉尔吉斯斯坦	100	1/56 000
乌兹别克斯坦	500	1/58 000
哈萨克斯坦	250	1/72 000

① 分别是基地组织、塔利班、东突伊斯兰运动、库尔德国民大会、东突厥斯坦解放组织、伊斯兰运动联盟、突厥斯坦伊斯兰党和伊扎布特等。
② 哈萨克斯坦国际通讯社：《吉尔吉斯斯坦总统：一伙"伊斯兰国"恐怖分子在比什凯克被消灭》，http：//www.inform.kz/chn/article/2798566。
③ 哈萨克斯坦国际通讯社：《媒体：IS 欲中亚开辟第二战线上合组织频反恐演练》，http：//www.inform.kz/chn/article/2817833。
④ 《受外国恐怖主义战斗人员影响的国家执行安全理事会第 2178（2014）号决议的情况》（第二份报告），联合国安全理事会。
⑤ 资料来源：Anna Dyner, Arkadiusz Legie, Kacper Rkawek. Ready to Go? ISIS and Its Presumed Expansion into Central Asia. No. 19（121），The Polish Institute of International Affairs，June 2015，P. 3，P. 11.

三、主要组织及其活动特点

(一) 中亚地区主要的极端势力

目前,中亚地区活跃着几十个恐怖主义组织,其中有影响较大的恐怖组织。

1. "乌兹别克斯坦伊斯兰运动"(Islamic Movement of Uzbekistan,IMU)

简称"乌伊运",1996年成立。其政治目标是通过"圣战"推翻现有的世俗政权,活动宗旨是反对乌兹别克斯坦现行的世俗政治体制,目的是在中亚所有穆斯林国家建立政教合一的伊斯兰哈里发国家。其雏形是宗教极端主义组织"阿多拉特",1992年被取缔,后在塔吉克斯坦北部设立总部。创立时期,其成员多来自20世纪90年代初期被乌兹别克斯坦政府取缔的"复兴伊斯兰党""伊斯兰战争"等宗教极端组织。后来,大批阿富汗、巴基斯坦、中东、克什米尔、车臣等国家或地区的恐怖分子加入到"乌兹别克斯坦伊斯兰运动"中,并经常流窜肆虐于塔吉克斯坦、吉尔吉斯斯坦和阿富汗,使"乌伊运"成为地地道道的国际恐怖组织。此外,"乌伊运"还在车臣建立了基地,称为"乌兹别克阵线",并取得塔利班和基地组织的支持。为达到其政治目的,"乌伊运"制造了多起暗杀、绑架等恐怖活动[①]。2000年9月,该组织又组织了700名武装分子试图通过吉尔吉斯斯坦境内进入乌兹别克斯坦制造混乱。此外,"乌伊运"热衷于参与周边地区的恐怖主义和极端主义活动。该组织曾参加过塔吉克斯坦内战和车臣战争,对中亚地区的安全构成了极大的威胁。

该组织与"基地"等恐怖组织联系也很密切。1999年初,本·拉登在阿富汗坎大哈会见了"乌伊运"代表。此后,"乌伊运"从"基地"和塔利班得到几百万美元的资金和大量的武器弹药援助。在"基地"和塔利班的支持下,"乌伊运"在阿富汗境内和塔吉克斯坦境内建立了两个重要的军事训练营,先后训练出几千名恐怖主义分子。塔利班时期,受到乌兹别克斯坦政府严厉打击的"乌伊运"被迫将其总部设在阿富汗的坎大哈。2000年"乌伊运"被美国国务院列入国际恐怖主义组织黑名单,在阿富汗战争中,在美军的打击下,有几百名"乌伊运"的恐怖分子被美军打死,丧失了后方基地和大本营。部分"乌伊运"分子或藏匿在阿富汗山区,与反美武装联合制造恐怖袭击事件,或逃往巴基斯坦与阿

[①] 中国现代国际关系研究所民族宗教研究中心:《世界宗教问题大聚焦》,北京:时事出版社2002年版,第562页。

富汗边界进行活动①。2005 年 5 月,乌兹别克斯坦安集延骚乱事件便有"乌伊运""基地"和车臣的恐怖分子卷入。据阿富汗安全部队 2015 年 3 月估计,在阿富汗仍活跃有大约 6 500 名外国恐怖主义战斗人员。其中大多数人与巴基斯坦塔利班运动有关联,200 人与乌兹别克斯坦伊斯兰运动有关联、150 人与东突厥斯坦伊斯兰运动有关联②。由此可见,乌兹别克斯坦伊斯兰运动仍在阿富汗活动,并且,乌兹别克斯坦伊斯兰运动于 2015 年春宣誓效忠于"伊斯兰国",根据乌兹别克斯坦国家安全委员会的消息,"乌伊运"的 5 000 名作战者已经加入伊斯兰国③。

2. "扎莫阿特—莫扎赫特"(Жамаат моджахеды Центральной Азии)

近年来,中亚地区还出现一些新兴的极端宗教组织,他们不仅与"基地"组织建立了紧密联系,而且还裹胁了一些平民。"扎莫阿特"便是其中之一。"扎莫阿特"(乌兹别克语,意为"社会""团体"),属伊斯兰激进派组织。2000 年一些穆斯林极端分子在乌兹别克斯坦的塔什干和布哈拉组建了一些"扎莫阿特"小组,其目标是推翻现政权,建立泛伊斯兰的"哈里发"国家。"扎莫阿特"的成员多为 20~30 岁的年轻人,其中包括许多妇女。该组织骨干曾在"基地"组织接受过训练,也有人在巴基斯坦接受过极端主义思想教育。还有一些成员在宗教学校当老师,煽动人们进行"圣战"。他们通过互联网和邮件传递信息,有计划、有组织地制造系列恐怖事件。乌兹别克斯坦境外的一些恐怖组织则向他们提供制造爆炸装置的技术和资金。近年来,该组织逐渐活跃,并与"乌伊运"相互配合,不断进行恐怖活动。乌兹别克斯坦检察院指控 2004 年 3 月末在塔什干和布哈拉州发生的连环爆炸案系该组织所为。2004 年 11 月,哈萨克斯坦国家安全委员会副主席弗·博日科宣布,哈警方日前抓获了"扎莫阿特"的十余名成员。引人注意的是,被抓获的这些成员尤其是妇女是接受了训练充当人体炸弹的。在这些恐怖分子的藏匿处缴获了大量宣扬恐怖主义的资料,其中包括本·拉登的讲话录音和录像带、假护照、爆炸装置、各种武器和弹药等。他们招募了近 50 名乌公民和近 20 名哈公民。

3. "突厥斯坦伊斯兰党"(Hezb-e-Islami of Turkestan)

该组织 2001 年在阿富汗成立,以"乌伊运"为基础,纠集了乌兹别克斯坦和吉尔吉斯斯坦的非法武装力量、塔利班残余以及部分"东突"组织混合而成。新名称的意图在于团结最广泛的操突厥语民族的穆斯林实现整个中亚地区和新疆

---

① 苏畅:《"9·11"事件后中亚宗教极端势力的重组》,载于《俄罗斯中亚东欧研究》2005 年第 2 期。
② 联合国安全理事会:《关于外国恐怖主义战斗人员全球威胁的分析和建议》。
③ Galiya Ibragimova. Central Asia turning to Russia and the US to combat ISIS. http://www.russia-direct.org/analysis/central-asia-turning-russia-and-us-combat-isis.

的伊斯兰化。其活动范围遍及整个中亚地区。它被俄罗斯媒体称为中亚地区当前最危险的伊斯兰宗教组织。该组织总部曾设在阿富汗马扎里—沙里夫南部的杰赫伊—达里城。其成员主要是乌兹别克人，还有车臣人、阿拉伯人、巴基斯坦人和维吾尔族人。"突厥斯坦伊斯兰党"是阿富汗境内伊斯兰极端分子的协调中心，在阿富汗反恐战争期间，他们曾同塔利班一起与北方联盟作战。

4. "中亚伊斯兰运动"（Islamic Movement of Central Asia，IMCA）

在阿富汗反恐战争中被重创的"乌兹别克斯坦伊斯兰运动"于 2002 年 10 月同"东突厥斯坦伊斯兰运动"等激进组织联合组成"中亚伊斯兰运动"（IMCA），重新恢复并扩展了"乌伊运"在中亚地区的网络[①]。该组织的目标沿袭了"乌伊运"的宗旨，仍是要建立伊斯兰国家，只是这个"国家"的疆域较以前的宗教极端组织目标要大得多，他们要在整个中亚地区包括我国的新疆实现伊斯兰化，在整个中亚和中国西北部建立原教旨主义国家。"乌伊运"的一名高级领导人说："我们的组织并不仅仅为了乌兹别克人的利益。我们是一个伊斯兰组织，成员包括吉尔吉斯人、哈萨克人甚至维吾尔人。"[②] 2003 年 11 月，据吉尔吉斯斯坦的安全部门称，"基地"组织和"乌兹别克斯坦伊斯兰运动"正从"伊斯兰解放党"组织中招募新成员。一些分析家认为，"中亚伊斯兰运动"同基地组织已达成了一些"合作备忘录"。[③]

5. "伊扎布特"（全称伊斯兰解放党，Hiz-ut – Tahrir）

"伊扎布特"，系阿拉伯语，译为"伊斯兰解放党"或"伊斯兰拯救党"，属逊尼派宗教政治组织。前身是"穆斯林兄弟会"巴勒斯坦分支机构，由"穆斯林兄弟会"的早期领袖之一、耶路撒冷伊斯兰教法官塔吉—纳巴尼—法拉斯蒂（1909~1979年）于 1952 年创建。他的早期著作构成了"伊解党"的理论基础。"伊扎布特"最初是以一种纯粹的宗教组织的形式登上历史舞台的，但是近几年来"伊扎布特"不仅出现了暴力化倾向，而且人数迅速扩大，成为中亚地区主要的恐怖势力。

"伊扎布特"的组织结构十分严密，等级划分也很细。"伊扎布特"组织有严密的组织体系。中央机构是"伊扎布特委员会"。基层一般分为若干小组，每个小组由 5~7 人组成。"伊扎布特"组织主要采取说教方式发展成员，程序十分严格。对愿意加入组织的人员，经过培训、考察后，符合条件的方能被吸纳为正式成员。该组织有严格的活动原则，下级必须绝对服从上级。组织成员往往改名换姓、

[①] 苏畅：《"9·11"事件后中亚宗教极端势力的重组》，载于《俄罗斯中亚东欧研究》2005 年第 2 期。

[②] 潘志平主编：《中亚的民族关系：历史、现状与前景》，乌鲁木齐：新疆人民出版社 2003 年版，第 106~107 页。

[③] 俄罗斯欧亚网 http：//www.eurasianet.org，2003 年 2 月 25 日。

隐瞒真实身份。其成员禁止使用现代通信工具，并且多以偏远出租房为活动据点。"绝大多数的伊解党成员是年轻人和失业人员，由于缺少经济发展机会，许多年轻人对社会产生了厌倦与不满，随之被伊解党吸引，该组织一名成员说，这个组织出现的正是时候，如果没有伊解党的出现，我们已经被其他组织吸引去了"。①

20世纪90年代，"伊扎布特"开始在中亚地区发展、蔓延，目前在全球40多个国家开展活动。另外，"伊扎布特"具有严密的组织和广泛的网络，它在欧洲、南亚等地建立了"伊扎布特"网站、"哈里发"网站等十几个网站，用英语、阿拉伯语、俄语、德语、乌尔都语等十几种语言向外界发布信息，还在英国、巴基斯坦、苏丹等国设立了公开的新闻发言人。

"伊扎布特"在中亚地区的发展可以分为三个阶段：（1）中亚国家独立后到1996年，完全的非暴力阶段。1995年，约旦人萨拉胡丁在乌兹别克斯坦首都塔什干成立"伊扎布特"第一个中亚分支机构②。该组织以乌、吉、塔3国为重点，成员遍布中亚各地。其活动仅仅是通过散发传单和清真寺里的阿訇传播宗教极端思想。（2）1996~2001年，非暴力与暴力并存阶段。"伊扎布特"在1996年分化成3个部分：赫兹布特—塔赫利尔（伊斯兰解放党）、赫兹班—努斯拉、阿克罗米亚。新分化出来的后两个分支组织的思想都极为激进。2000年9月，吉尔吉斯斯坦内务部长库图耶夫称，在巴特肯被击毙的7名恐怖分子身上发现伊扎布特的宣传单和小册子③。（3）2001年之后，该党逐渐向恐怖主义发展。吉尔吉斯斯坦国家安全部门除在2002年一年从"伊扎布特"分子手中缴获宣传极端宗教思想的书籍、录像带和传单之外，还缴获两支手枪、395发子弹和5枚手榴弹④。吉尔吉斯斯坦内务部认为，在吉境内的"伊扎布特"成员已经超过2 000人，而在乌兹别克斯坦的人数更多，活动也更隐蔽。2003年，乌兹别克斯坦"伊扎布特"的积极成员在3 000~5 000人的基础上发展到20 000多人。"伊扎布特"组织的成员在吉尔吉斯斯坦南部的贾拉拉巴德州和奥什州发展迅速，已经超过2 000人，并且还在继续增长。据吉尔吉斯斯坦《比什凯克晚报》的报道，"伊扎布特"组织的活动已经超出了南部的奥什州和贾拉拉巴德州，开始在伊塞克湖周围的北方城镇进行宣传、组织活动。

"伊扎布特"能够半公开地活动，甚至在街上散发传单，其成员被捕后，也敢于承认自己是"伊扎布特"组织成员。近年来，吉、乌、俄等国安全部门破获

---

① The IMU and the Hizb—ut—Tahrir: Implications of the Afghanistan campaign ICG Asia Briefing paper, No30, January 2002, http://www.icg.org/home/idex.cfm? id=1760&=1.
② 王冠宇：《中亚主要伊斯兰极端组织现状》，载于《国际资料信》2005年第5期。
③ 中国现代国际关系研究所民族宗教研究中心：《世界宗教问题大聚焦》，北京：时事出版社2002年版，第368页。
④ 吉尔吉斯斯坦阿基快报通讯社，http://www.akipress.org，2003年4月9日。

了多起"伊扎布特"案件,抓获了大批准备参加"革命"的"伊扎布特"武装分子,捣毁了其武器库,缴获了雷管、手榴弹、炸药和宣传品等。

1998年、2002年、2003年、2005年乌兹别克斯坦、塔吉克斯坦、吉尔吉斯斯坦、哈萨克斯坦先后宣布"伊扎布特"为宗教极端组织并禁止其在本国活动。由于国际上对"伊扎布特"的评价不一,美国等西方国家认为该党的主张虽然比较极端,但是并没有实施恐怖行动,未把这个组织列入暴恐黑名单,从而使该党在中亚地区的生存与活动空间得以拓展。"目前在这一地区有1.5万~2万名成员不时以更隐蔽的手法制造社会混乱,伺机夺取政权"。① 2005年2月,吉尔吉斯斯坦的"伊扎布特"组织代表威胁说:"如果吉尔吉斯斯坦当局不停止对'伊扎布特'的镇压,我们将于18日在奥什市举行抗议示威活动影响即将举行的议会选举。""伊扎布特"组织代表还要求当局释放目前被关押的"伊扎布特"成员。② 吉尔吉斯斯坦国家宗教事务委员会副主席娜塔丽亚·夏德罗娃表示:"已经被取缔的这些宗教组织的这种干预国家政治事务的做法很不好,我们尽量说服他们,同时要求人民不要受到他们的影响。"有些媒体称:"为避免'伊扎布特'在议会选举期间制造事端,吉尔吉斯斯坦当局已释放了部分'伊扎布特'成员。"引人注意的是,"伊扎布特"还试图与政治反对派结合,从事所谓"合法的政治斗争"。在2005年春季吉尔吉斯斯坦议会选举期间,"伊扎布特"分子利用政府集中精力防范"街头革命",对极端势力监控相对减弱的机会,公开露面,接受媒体采访,宣传极端思想。在当年7月总统选举前又号召民众拒绝参加投票。引人注目的是,大批"伊扎布特"的分支"阿克罗米亚党"成员越狱逃跑而继续从事恐怖活动,他们在2005年5月乌兹别克斯坦"安集延事件"中曾占据市政大楼,在此事件中大出风头。据报道,"伊扎布特"还不断利用互联网和其他媒体宣传其意识形态。

2012年5月21日,塔吉克斯坦司法部门起诉12名"伊扎布特"组织成员。6月26日又有12人被塔吉克斯坦最高法院判处4~14年不等的刑期,他们被指控的罪名为"号召推翻政府以及煽动宗教、民族仇恨"。11月26日,塔吉克斯坦当局在粟特州首府苦盏市的预审拘留中心开始审判包括3名妇女和1名未成年人在内的7名"伊扎布特"成员。根据粟特州检察官办公室的数据,在2012年上半年,共有56起涉及"伊扎布特"组织的案件被移送至法院。而吉尔吉斯斯坦强力部门也破获了由国内知名大学的尖子生组成的"伊扎布特"青年分支机构,并逮捕了1名在军队中散发传单的"伊扎布特"分子和1名属于"伊扎布

---

① Kyrgyz Court Sentences Three To Death Over Armed. Raid,http://www.rferl.org/featuresarticle/2006/10/C8B4D618—3A7A—4A4B——AE55—91597B28E9C7.html.

② BBC广播吉尔吉斯语报道,2005年2月10日。

特"成员的伊玛目。

(二) 中亚地区极端势力的特点

恐怖活动对人类社会来说并不是一个新的课题,自20世纪60年代末恐怖主义出现以来,它对人类社会所造成的灾难一刻都没有停止过,但恐怖主义活动在范围、手段、方式等方面都发生了深刻的变化。从恐怖主义出现到现在,其活动范围已跨越一国国界,涉及范围不断扩大。特别是在人员培训、筹划组织和袭击行动的具体实施等方面,正不断向国际化方向转化。恐怖分子在犯罪手段方面除了使用原始的暗杀、小规模爆炸或者绑架勒索以外,还利用现代高科技技术和信息时代的互联网等电子信息技术进行恐怖主义活动。20世纪90年代,国际恐怖主义的一个最为显著的特点就是犯罪分子都采取打了就跑的战术,并分散成若干小组,机动灵活,其隐蔽性较强。中亚恐怖主义犯罪除了具有上述国际恐怖主义犯罪的特点之外,还带有明显的中亚地区的地缘和人文特征。他们的活动范围超出一国的范围,遍及整个中亚和我国西北边疆地区。这些组织以政治、宗教宣传为主,同时伴以武装暴力行动,并与毒品走私、武器贩运等活动结合在一起,从事反政府颠覆活动。其组织结构和影响力在中亚社会各地、各阶层中不断蔓延、不断深入,成为影响整个中亚地区社会稳定和国家安全的主要威胁。其主要具有以下几个方面的特点。

第一,从恐怖主义组织的性质来看,中亚恐怖主义组织主要是由宗教极端主义和民族分裂主义构成的,它们之间相互交织。

中亚恐怖主义组织有很强的宗教色彩,它们打着宗教的旗帜,利用穆斯林人口的宗教感情和对政府的不满情绪来获得群众的支持。在一定条件下,民族分裂主义与宗教极端主义之间往往又是相互利用的关系,并以此为基础谋求共同发展和扩大生存空间。民族分裂主义与宗教极端主义的结合必将会产生出暴力恐怖主义。从目前中亚"三股势力"的活动情况来看,民族分裂主义、宗教极端主义和恐怖主义势力并非孤立存在,往往是其中某一股势力背后有其他两股势力在支持。

第二,极力反对现行的世俗政权,攻击目标直接针对中亚五国的合法政府和政府领导人。

中亚的恐怖活动大部分是针对该地区的各国政府的,中亚地区的恐怖主义从一开始就将矛头指向了中亚现有的世俗政权,甚至公然向政府宣战,攻击对象主要是警察、安全部官员直至国家总统等,同时也殃及无辜。从独立到现在塔吉克斯坦总统拉赫莫诺夫和乌兹别克斯坦前总统卡里莫夫就已经多次躲过了恐怖分子的暗杀阴谋,连纳扎尔巴耶夫和尼亚佐夫也成为了恐怖分子的暗杀对象。一些中亚政治家和政府官员因此而成为这一阴谋的牺牲品。

第三，中亚恐怖主义犯罪与毒品走私犯罪有紧密联系，并把毒品作为经济后盾。

毒品经济与那些通过发动武装冲突和恐怖袭击来攻击国家安全部门和国家权力机构的分子之间有必然的因果关系。① 阿富汗作为世界主要的毒品生产之地，不仅与中亚国家接壤，而且与阿富汗的恐怖分子、毒品分子和中亚极端势力、极端分子之间存在着密切的联系。毒品是阿富汗战争各方和中亚极端恐怖势力得以生存发展的主要财源。以阿富汗为基地的本·拉登为首的基地组织对毒品在阿富汗的泛滥起了加速剂的作用。拉登曾公开宣称毒品是"杰哈德"（圣战）的强大武器。"9·11"事件后，美国在阿富汗的军事行动虽然基本摧毁了该国的"恐怖"根源，但毒品和非法走私活动并未减少，仍然威胁着中亚的安全和稳定。2002 年 7 月塔吉克斯坦议会法制、国防和安全委员会主席伊斯马依洛夫说，"毒品与国际恐怖主义密切相连。2002 年上半年，来自阿富汗的毒品并没有减少，这意味着威胁地区安全与稳定的根源还未根除"。② 更为严重的是，近年来中亚伊斯兰极端势力的崛起进一步加深了中亚的毒品危害。据报道，每年有 100 吨毒品经中亚运出，正是利用贩毒得到的资金，恐怖分子才得以购买最现代化的武器，并为恐怖活动招募恐怖分子。中亚恐怖主义与贩毒组织相互勾结，不仅严重危害当地的政治稳定，同时，对当地经济的发展也产生了极为恶劣的影响。

第四，中亚各种恐怖组织之间相互联系，具有明显的国际化特点。

冷战后恐怖主义发展的一个最大特点就是高度的国际化。中亚恐怖主义犯罪组织的背景相当复杂，国内恐怖主义组织同本地区及国际恐怖主义组织关系日益密切，相互支持。中亚国内恐怖主义组织同本地区许多恐怖主义组织之间通过各种现代化通信工具和技术紧密协作，共同策划和实施爆炸训练、武器走私以及其他一些恐怖活动。

四、"东突"势力的罪恶活动

20 世纪 90 年代以来，"东突"势力在境内外猖狂活动，罪行累累。

（一）"东突"势力在境内新疆地区的犯罪活动

采用暴力恐怖手段分裂国家已经成为境内"东突"势力恐怖活动最为明显的

---

① Erica Marat：The State—Crime Nexus in Central Asia：State Weakness, Organized Crime, and Corruption in Kyrgyzstan and Tajikistan，美国约翰·霍普金斯大学中亚高加索研究所 2006 年报告。

② 夏勇敏：《塔吉克斯坦截获大批毒品》，载于《法制日报》2002 年 6 月 22 日第四版。

一个标志。据不完全统计,自 1990~2001 年以来,境内外"东突"恐怖势力在中国新疆境内制造了至少 250 余起恐怖暴力事件,造成 162 人丧生,440 多人受伤的严重后果①。仅 1992~1997 年,新疆维吾尔自治区公安机关就摧毁了境内的"东突"恐怖组织 30 多个,抓获恐怖分子数百人。从 1990~2000 年的 11 年间,新疆警方共打掉暴力恐怖组织、集团 487 个,破获"东突"恐怖分子制造的各类危害国家安全犯罪案件 1 034 起,其中有影响的重大暴力恐怖案件 253 起。其中,1996~2000 年发生的武力对抗案 50 余起,爆炸案 100 多起,暗(凶)杀案 70 余起,投毒案 30 起,纵火案 20 起。在维护稳定的斗争中,新疆有 170 名民警英勇牺牲,947 名民警受伤。②据不完全统计,1990~2009 年,新疆公安机关从"东突势力"手中收缴炸药 41 300 公斤、制爆原材料 4 150 公斤、爆炸装置 832 枚,手榴弹、手雷 6 540 多枚,雷管、拉火管 76 640 多个、震源弹 330 余枚,数量惊人。③ 1990~2001 年"东突"恐怖势力在人员伤亡方面给国家造成的直接经济损失达 9 739 万余元。④ 2013 年 10 月 28 日北京天安门"10·28"暴力恐怖袭击事件和 2014 年 3 月 1 日昆明火车站"3·1"严重暴力恐怖案的发生,标志着"东突"分子已将其罪恶活动引向我国的政治中心北京和内地大城市。

"东突"恐怖势力选择活动方式的一个重要的手段是"简单实用"。在所有的恐怖活动中,爆炸、暗杀、袭击、组织(策划)骚(暴)乱是"东突"恐怖势力最得心应手的几种手段,它们杀伤力极强、影响极大。

(二)"东突"势力在境外的犯罪活动

自 1997 年伊宁发生骚乱事件以来,新疆的恐怖活动进入了一个活跃期。"东突"势力不但在新疆制造血腥事件,一些恐怖活动甚至蔓延到我国驻外机构。主要的犯罪行为包括:袭击我国驻外机构和工作人员,暗杀、抢劫和杀害其他国家的公民,纵火、偷运武器等。20 世纪 90 年代至 2003 年"东突"势力在境外的主要恐暴活动见表 9-3。

---

① 国务院新闻办公室:《"东突"恐怖势力难脱罪责》,载于《人民日报》,2002 年 1 月 21 日。中国公安部反恐局副局长赵永琛 2005 年 9 月 5 日在北京举行的"世界法律大会"上提供的数据是:"最近十几年来,新疆地区的恐怖主义、分裂主义和极端主义势力在新疆境内外共制造了 260 多起恐怖事件,造成包括维吾尔族在内的无辜群众、基层干部和宗教人士等 160 多人丧生,440 多人受伤。"

② 聂勇:《民警聆听新疆公安报告会,英雄事迹感动听众》,天山网,http://www.ts.cn/GB/channe13/17/200410/19/116844.html。

③ 蒋新卫:《冷战后中亚地缘政治格局变迁与新疆安全和发展》,北京:社会科学文献出版社 2009 年版,第 206 页。

④ 刘汉太、都幸福主编:《为了至高利益:中国打击"东突"报告》,乌鲁木齐:新疆人民出版社 2003 年版,第 6 页。

表 9-3　20 世纪 90 年代至 2003 年"东突"势力在境外的主要恐暴活动

时间	事件	地点	主谋
1997	"东突解放组织"派员参加车臣战争	俄罗斯	"东突解放组织"
1998.3.19~3.22	"东突伊斯兰运动"与"东突解放组织"签署《联合宣言》,共同成立"东突伊斯兰圣战者联盟"	吉尔吉斯斯坦比什凯克	"东突伊斯兰运动"、"东突解放组织"
1998.5~6	实施爆炸	吉尔吉斯斯坦奥什州	"东突解放组织"
1998.6	杀人碎尸	哈萨克斯坦阿拉木图	"东突解放组织"
2000.3.28	枪击吉尔吉斯斯坦"维吾尔青年联盟"主席	吉尔吉斯斯坦	"东突解放组织"
2000.5	绑架、勒索、杀害新疆商人	吉尔吉斯斯坦	维吾尔解放组织
2000.5.18	武装抢劫阿拉木图世界银行,被查获	哈萨克斯坦	"东突解放组织"、哈萨克斯坦极端组织
2002.6.29	杀害中国驻吉尔吉斯斯坦外交官王建平	吉尔吉斯斯坦比什凯克	艾尔肯·亚合甫、热合木图拉·伊斯拉伊尔
2003.3.27	袭击从吉尔吉斯斯坦首都比什凯克开往新疆喀什的中国长途客车	吉尔吉斯斯坦比什凯克至吐尔尕特公路	阿布都纳比·阿布利亚托夫、吐尔逊·托合提

多年来,"东突"恐怖势力一直与国际恐怖组织相互勾结,先后有 100 多名"东突"恐怖分子接受了"基地"组织和塔利班政权的恐怖训练①。

五、"三股势力"对中国的影响

"东突"恐怖势力在国内外制造的血腥事件不仅影响驻在国的社会稳定,而且也严重影响了我国西北地区的政治安全和社会稳定。

---

① 熊光楷:《国际形势与安全战略》,北京:清华大学出版社 2006 年版,第 115 页。

中国是世界上陆海邻国最多的国家，这是中国周边安全环境最显著的特点。中国陆地边界 22 000 多公里，其中，中亚五国中的哈萨克斯坦、吉尔吉斯斯坦和塔吉克斯坦三国与中国的新疆地区直接接壤。中国是一个多民族的国家，跨境民族的存在已成为中国的一种特殊的国情。这种情况在新疆最为突出，新疆共有 47 个民族，新疆不少的民族在中亚各国跨界而居，跨界民族的存在使中亚国家人民与我国新疆各民族人民有了千丝万缕的联系，这种联系在加强中亚国家与中国在各个领域内的合作、促进双方的友谊的同时，也为中国的周边安全环境带来了不少消极的因素和负面影响。"冷战"结束后，中亚地区出现的分裂主义、极端主义和国际恐怖主义势力的影响不断扩大，已经给中国西北边疆带来了很大的压力。在此背景下，自 20 世纪 90 年代以来，中国新疆地区的分裂主义和宗教极端势力相结合，制造了一系列血腥事件，严重威胁中国的国家安全。中亚地区的一些犯罪分子充分利用新疆人文地理方面的特点，跨越国境从事恐怖袭击、贩卖毒品和武器等各种犯罪活动，严重危害了我国西北边疆地区的稳定和发展。

在中亚"三股势力"和国际恐怖活动的影响下，我国西部地区"东突"势力的恐怖主义犯罪活动开始抬头和蔓延。一是在"泛伊斯兰主义"和"泛突厥主义"的渗透和分裂势力的煽动下，日益增长的极端民族意识和情绪与宗教狂热相结合并趋向政治化，"宗教外衣"和"民族解放独立运动"成为分裂势力的精神支柱和理论武器。二是部分地区基层政权程度不同地受到民族分裂意识和宗教意识的侵蚀。三是境外分裂组织活动猖狂，加强了对新疆的渗透和策反，西方敌对势力和一些伊斯兰教国家的宗教势力也加大了对新疆的渗透与宣传。国际上的反华势力也积极扶植民族分裂主义分子，煽动和鼓噪"东突厥斯坦独立"，加紧进行旨在把新疆从中国版图分裂出去的阴谋活动。还有一些是 1962 年伊塔事件中逃到中亚的民族分裂分子，相对于其他在国外的民族分裂分子来说，他们熟悉新疆的情况，而且和新疆的一些人有千丝万缕的联系，便于向新疆渗透。中亚五国独立后，他们蠢蠢欲动，纷纷成立组织，从事分裂颠覆活动。民族分裂势力公开声称"中亚五国都能独立，我们新疆为什么不能独立？"，"民族独立运动是当今世界发展的一个潮流，新疆的独立是不以人们的意志为转移的"。[①] 在这种大背景下，分裂势力建立各种组织，并将暴力恐怖犯罪作为主要的手段，杀死无辜公民，破坏国家基础设施，攻击国家机关，在我国新疆和国外制造一系列的血腥事件，引起广大群众对他们的痛恨。

---

① 朱听昌：《中国周边安全环境与安全战略》，北京：时事出版社 2002 年版，第 24 页。

第二节 中亚地区"三股势力"泛滥的主要因素

中亚各国独立以来,随着社会政治、经济的巨大变化,"三股势力"犯罪活动也日益猖獗起来。究其原因,可以归纳为以下几点:

一、转型时期复杂的社会因素

中亚五国是在对苏联解体没有任何准备的情况下取得独立地位的,因而难以在短时间内形成其民族和国家特性。中亚各国在转轨过程中遇到的各种难题为恐怖主义在中亚的泛滥提供了理想的发展环境。第一,社会制度的变革,导致意识形态领域的"暂时真空"。中亚建立民族国家的曲折过程中,面临着新旧政治体制更迭、意识形态转换的艰难、激烈的冲突,容易引发社会动荡。第二,民族、宗教和社会问题交叉致使社情复杂化。第三,冷战的结束,原先被掩盖的地区政治、经济、宗教、民族和其他一些紧张因素凸显。第四,法制不健全,贪污腐败和其他犯罪猖獗。有专家指出,"四处蔓延的腐败让大量的民众感到失望,并不断疏离政府,已经成为恐怖组织'伊扎布特'(Hizb-ut-Tahrir)招募成员的口实"[1]。欧洲一家非官方机构——透明国际连续几年将乌兹别克斯坦、吉尔吉斯斯坦、塔吉克斯坦评定为世界最腐败国家的前10名也从另一个侧面证明了中亚国家内部存在的腐败问题。[2]

根据澳大利亚智库经济与和平研究所2012年6月12日发布的《2012年全球和平指数(GPI)》,该报告通过衡量当前的国内和国际冲突、社会治安、犯罪、民主、透明度、邻国关系以及军事化等(其中军费开支是其衡量的主要指标)23个指标对158个国家的和平程度进行排名,中亚5国的排名普遍都比较靠后,排名最靠前的塔吉克斯坦也只排名第99位。[3] 2012年12月24日,世界经济论坛发布了《2012~2013年全球竞争力报告》,在144个国家和地区中排名第127位的

---

[1] Templer, Robert. "Tough Lines in Central Asia" in Global Corruption Report 2003, Transparency International, 2003, P. 166.

[2] 清廉指数是对一个国家各类事务中腐败进行数量指标化分析的一种方法。清廉指数反映的是一个国家政府官员的廉洁程度和受贿状况,以企业家、风险分析家、一般民众为调查对象,该指数以各国际组织及智库收集的数据为依据,对各国政治家及公务员等的清廉度进行评分。2012年度的满分为100分,最高分为90分,最低分为8分。该年度透明国际组织共研究统计了176个国家和地区。2011年则对183个国家和地区进行了研究,满分为10分,其中最高分9.5分,最低分1分,分值越低,腐败越严重。

[3] 其他中亚国家的排名情况分别为:哈萨克斯坦第105位,乌兹别克斯坦第110位,土库曼斯坦第117位,吉尔吉斯斯坦第131位,http://www.visionofhumanity.org/wp-content/uploads/012/06/2012-2Global-Peace-Index-Report.pdf。

吉尔吉斯斯坦是中亚国家中排名最靠后的。① 尽管以上的这些排名不能说完全客观和准确，但至少在一定程度上反映了中亚国家存在比较严重的腐败问题。

二、民族分裂主义思潮和极端宗教势力的发展

民族主义是建立在民族这个特殊的人类利益共同体基础之上，并为谋求民族利益服务的一种社会思潮和实践活动。民族分裂主义是民族主义的极端表现形式之一，也是20世纪世界范围内民族问题形势中最为严重的现象之一。民族分裂主义活动是指在一个主权独立、领土完整的国家内部由于民族问题在内外因的作用下激化，进而造成通常表现为非主体民族或少数民族中某些极端势力要求建立独立国家的政治诉求、暴力活动，甚至军事对抗行动。民族分裂主义的理论依据主要是民族自决原则，并以人权为由加以渲染，由此谋求合法的政治地位和国际社会的支持，以实现其独立建国或高度自治的政治目标。

在中亚五国中，哈萨克族、乌孜别克族、吉尔吉斯族、土库曼族、塔吉克族和俄罗斯族六个民族占全区总人口的84%。哈萨克斯坦生活着130多个民族，其他中亚国家的民族构成也在80个以上。俄罗斯族是19世纪中叶进入中亚的最大的外来民族。苏联解体时，在中亚俄罗斯人已近1 000万，占全区总人口的20%。中亚五国独立以后都以主体民族命名，并实行保护主体民族利益的措施。中亚各国在理论上都强调境内各民族一律平等，可在实践中，各国的宪法事实上明确体现了主体民族的至高无上地位。

极端民族主义分子以大民族主义的利益立场出发，对历史上的民族关系做出敌对化解释，歧视和排斥其他民族，尤其是其他少数民族，造成民族关系紧张。苏联解体后，受"三股势力"的影响，乌孜别克族与当地其他民族固有的一些矛盾开始爆发，如20世纪90年代初在吉尔吉斯斯坦的奥什州发生的乌孜别克族和吉尔吉斯族的大规模流血冲突便是一例。2010年这一幕又一次重演。当年6月，比什凯克爆发大规模骚乱，导致90人死亡、1 500人受伤。这次骚乱是由于吉尔吉斯族和乌孜别克族男青年群殴的种族冲突引起的。据吉尔吉斯斯坦政治分析家负责人努尔·奥马罗夫说，在此骚乱中的实际死亡人数为2 000人左右，受伤人数为5 000～6 000人，逃至乌兹别克斯坦境内的难民人数为8万～10万人。②

---

① 其他中亚国家的排名情况分别为：哈萨克斯坦第51位，塔吉克斯坦第100位。而在2010～2011年排名中，哈萨克斯坦、塔吉克斯坦和吉尔吉斯斯坦分别排名第72位、第105位和第126位。乌兹别克斯坦和土库曼斯坦两国未被列入此次排名。
② 《吉尔吉斯斯坦爆发4月以来最严重骚乱，80死逾千伤》，http://www.chinadaily.com.cn/hqgj/jryw/2010-06-13/content_455179.html。

极端宗教思想是中亚恐怖主义犯罪的主要原因之一。中亚是一个传统的伊斯兰地区，伊斯兰教传入中亚地区已有1 000多年的历史，中亚居民的80%以上都是穆斯林，伊斯兰教的思想和传统早已融入中亚居民的日常生活和思维方式之中，成为其不可或缺的有机组成部分。加之中亚各国独立之后，信教人数猛增，教派林立，这就为宗教极端势力的生存和发展提供了深厚的社会文化土壤。其次，苏联在中亚执行了较为强硬的民族宗教政策，特别是在列宁逝世以后20世纪20年代末，苏联党和国家片面地看待社会主义制度下的不同世界观的对立，把宗教视为敌对的一方，严厉禁止包括伊斯兰教在内的所有的宗教活动，强制对教徒进行所谓的世界观的改造和无神论教育。这些错误的做法在20世纪50～60年代达到了顶峰，压抑了广大宗教徒正当的宗教感情。因此，当20世纪80年代戈尔巴乔夫上台推行所谓的"人道的、民主的社会主义"路线之后，长期以来悬在中亚广大穆斯林头上的达摩克利斯之剑瞬间消逝了，中亚地区形成了一个意识形态和权力的"真空"，陷入一片混乱之中。一些在中东地区活跃多年的伊斯兰极端组织便抓住中亚社会转型所提供的"契机"，不惜投入大量的人力和物力，加大极端主义思想对中亚社会的渗透力度，推动了中亚极端组织的活跃和发展。在中亚地区，大大小小打着伊斯兰旗号的极端组织约有上千个。这些组织利用各种手段和方式进行极端宗教思想的传播，甚至从事颠覆世俗政权的政治、军事活动。它们的活动范围超出了某一国家的疆域，甚至遍及整个中亚地区。这些组织的具体名称虽有区别，但基本政治纲领却大致相同。它们都主张推翻本国现行的世俗政权，建立一个囊括中亚所有穆斯林国家、政教合一的"大哈里发国家"，最终目的是要将整个伊斯兰世界都统一起来，重建"哈里发帝国"。为达到这些目标，这些组织利用中亚各国政权在某些地缘条件特殊地区影响力有限的机会，利用各种方式进行宗教极端主义宣传，同时伴以武装暴力行动，大肆从事颠覆现政权的政治、军事活动，严重威胁着所在国家和所在地区的稳定与安全。

三、贫困和失业等社会矛盾尖锐

伊斯兰激进主义往往植根于经济衰退的危机之中，也就是说，经济衰退和危机直接引发穆斯林大众的心理危机，这恰恰又为伊斯兰激进主义的孕育和发展培植了土壤。[1] 在中亚，经济发展缓慢且极不平衡，贫困问题的加重，既为"三股势力"的发展提供了看似合理的借口，同时也使"三股势力"在民众中获得了赖以存在的社会基础。

---

[1] 刘靖华、东方晓：《现代政治与伊斯兰教》，北京：社会科学文献出版社2000年版，第131页。

中亚五国在独立前一直是苏联经济中最不发达地区之一。这种状况在独立后不仅没有多少改变，相反，在国家内部出现了以当权者家族经济为中心的官僚经济，加剧了社会贫困，并导致民众的不满情绪不断升温。苏联解体后，中亚国家与苏联加盟共和国的经济联系遭到严重破坏甚至中断，联盟中央的巨额财政补贴丧失，经济普遍陷入困境之中。1993 年与 1990 年相比，中亚国家国内生产总值下降幅度分别是：哈 55%、吉 50%、乌 18%、塔 50%；工业总产值下降幅度分别是：哈 52%、吉 68%、塔 52%、土 35%；农业产值下降幅度分别是：哈 50%、吉 38%、塔 64%①。经济严重衰退，居民贫困状况加剧，失业人口迅速增加，综合经济指标大幅度下降。据联合国发展规划署 1993～2003 年世界各国人类发展指数报告的统计，中亚五国的人类发展指数都出现了程度不同的下降情况，哈萨克斯坦、土库曼斯坦、乌兹别克斯坦、吉尔吉斯斯坦和塔吉克斯坦的人类发展指数分别从 54、66、80、83、88 下降到 78、86、107、110、116。② 伴随经济形势的恶化，中亚各国的贫困人口也明显增加。1998 年，中亚国家的贫困人口总数为 2 800 万，超过居民总数的一半，其中乌兹别克斯坦和哈萨克斯坦的贫困人口占总人口的 30%～35%、土库曼斯坦为 50%、吉尔吉斯斯坦为 60%、塔吉克斯坦为 70%③。贫困问题一直是困扰塔吉克斯坦国内政治稳定与社会发展的重大问题。据世界银行 2005 年的报告，塔吉克斯坦有 80% 居民处于贫困状态，1/3 的人极端贫困，国家工作人员月工资仅有 3～5 美元，全国人口中有近 20% 人均月收入不到 1.075 美元。据联合国估计，仅在塔吉克斯坦和吉尔吉斯斯坦，有 70%～80% 的人口生活在贫困线下。总人口只有几百万的塔吉克斯坦则有 80 多万人被迫到国外打工谋生④。2002 年，国际货币基金组织和世界银行在伦敦讨论援助独联体 7 个贫困国家时，其中就有 3 个是中亚国家：乌兹别克斯坦、吉尔吉斯斯坦和塔吉克斯坦。2008 年，塔吉克斯坦全国贫困人口占总人口的 53%，极度贫困人口占总人口的 17%⑤。2009 年，吉国人均国内生产总值仅为 1 000 美元左右，吉国的人均月工资只有 130 美元左右，在全国 530 万人口中，有超过 1/3 的居民还生活在贫困线以下。⑥ 资料显示，吉尔吉斯斯坦有 70% 的乡村没有自来水，41% 的乡村没有医院和保健机构，41% 的乡村没有交通服务和公路，南部地区青年人

---

① 赵常庆：《中亚五国概论》，北京：经济日报出版社 1999 年版，第 21 页。
② 以上数据根据联合国发展规划署 1993～2003 年人类发展指数整理。
③ 孙壮志：《中亚地区的安全环境》，载于《东欧中亚市场研究》2001 年第 12 期。
④ 中国现代国际关系研究院：《国际战略与安全形势评估 2005/2006》，北京：时事出版社 2006 年版，第 184 页。
⑤ 邢广程：《塔吉克斯坦的现状与发展趋势》，载吴恩远主编：《上海合作发展报告（2009）》，北京：社会科学文献出版社 2009 年版，第 128 页。
⑥ 王向东：《探访"高山之国"》，载于《中亚信息》2010 年第 4 期。

的失业率高达50%，平均月工资只有10多美元。在俄罗斯打工的吉尔吉斯斯坦和乌兹别克斯坦移民已近百万①。乌兹别克斯坦失业率达20%，人均月工资不足30美元。②

失业是中亚国家独立后各国政府一直以来公开承认的问题。虽然中亚国家官方统计失业率不高（2001年哈萨克斯坦2.8%，乌兹别克斯坦0.5%，吉尔吉斯斯坦3.1%，塔吉克斯坦2.5%），③然而按国际组织在塔吉克斯坦的统计这个比例则高达33%。在乌兹别克斯坦、吉尔吉斯斯坦、塔吉克斯坦三国领土交界的费尔干纳盆地，失业率更是高达40%，"每月50美元的报酬与关于政府无能的宣传，就足以使当地青年加入到极端的伊斯兰组织中去"。④据哈萨克斯坦劳动与居民社会保障部提供的资料，到2005年底，登记在册的无业人员总共有9.4万。据2006年联合国毒品与犯罪控制办公室的研究人员所进行的调研，哈萨克斯坦2006年的失业率为7.4%，吉尔吉斯斯坦2004年的失业率为18%，塔吉克斯坦为12%，土库曼斯坦60%。⑤2009年底，哈萨克斯坦的失业率达6.3%。⑥2009年，吉尔吉斯斯坦比什凯克市登记的失业人数增长了14.3%。失业人员增加、居民收入下降导致社会不满情绪上升，"三股势力"借机抢占阵地、扩大影响，特别是盘踞在乌兹别克斯坦、吉尔吉斯斯坦、塔吉克斯坦交界的费尔干纳盆地的"伊扎布特"组织发展最快。吉尔吉斯斯坦警方估计，仅在贾拉拉巴德就有1.5万名"伊扎布特"成员。⑦2012年的前9个月，仅吉尔吉斯斯坦警方备案的犯罪案件就达24 571起。

四、中亚五国特殊的地缘政治环境

中亚位于欧亚大陆的腹地，自古以来就是东西方文化交流的桥梁，举世闻名的丝绸之路在推动中亚和欧亚经贸往来方面曾发挥过重要作用。在中亚各国之

---

① 中国现代国际关系研究院：《国际战略与安全形势评估2005/2006》，北京：时事出版社2006年版，第184页。
② 季志业、许涛等：《色彩革命及其地缘影响》，载于《现代国际关系》2005年第6期。
③ 独联体跨国统计委员会编.1994年独联体经济简明手册，第64页。
④ Farangis Najibullah, "Central Asia: In Tajikistan and Elsewhere, Islamic Groups Still on the Fringe", RFE/RL weekday Magazine, June 2, 2003.
⑤ An Assessment of Transnational Organized Crime in Central Asia 联合国毒品与犯罪控制办公室2007年报告。
⑥ 包毅：《哈萨克斯坦与上海合作组织》，载吴恩远主编：《上海合作组织发展报告（2010）》，北京：社会科学文献出版社2010年版，第118页。
⑦ 张宁：《2009年上海合作组织元首理事会会议》，载吴恩远主编：《上海合作组织发展报告（2010）》，北京：社会科学文献出版社2010年版，第28页。

间，漫长的边境线大多分布在地势险峻的崇山峻岭中，而各国多数民族跨界而居，使各国边防、内务、海关等部门很难实现对各自边境的有效控制。这种特有的地缘状况，成为形形色色恐怖组织活跃在中亚地区的重要生存条件。1999~2000年间，"乌伊运"在吉尔吉斯斯坦和乌兹别克斯坦两国边境地区持续作乱，就是利用这种独特的地理和人文条件流窜于国境线两侧的山区，以躲避军队和执法部门的围剿。中亚与处于内战当中的阿富汗为邻，在漫长的边界上，三国主体民族均跨界而居，塔吉克族还是阿富汗的第二大民族（人口约550万人，约占阿富汗总人口的30%，人数甚至比塔吉克斯坦共和国境内的塔吉克人还要多），构成了反塔利班的北方联盟的主体。而阿富汗从1979年"抗苏战争"起就是国际"圣战主义分子"的云集之地。这些极端分子偷越国境，在塔吉克斯坦等与阿富汗接壤的地区制造局势混乱，影响中亚的地区稳定。

五、复杂的国际大背景

首先，土耳其因为在族源、语言、文化、宗教上与中亚有着相当密切的联系，作为泛突厥主义最主要的倡导者，对中亚国家的伊斯兰教和政治经济发展表现出了强烈的兴趣，并借机推行它的大突厥斯坦的战略目标。泛伊斯兰主义主要是沙特阿拉伯、伊朗和巴基斯坦等国对中亚影响的手段。伊朗试图借助中亚国家增强其在穆斯林世界的影响，摆脱多年来在国际上的被动局面，因此成为较早介入中亚事务的国家之一。伊朗为了扩大在中亚的影响，实施了很多措施对中亚进行泛伊斯兰主义的渗透。例如，拨巨款协助发展中亚各国的伊斯兰教育、修建清真寺、吸引青少年到伊朗进行深造、免费资助塔吉克斯坦穆斯林到麦加朝觐等。巴基斯坦也不遗余力地支持中亚国家的伊斯兰复兴，其官方机构或民间组织，或明或暗，或直接或间接地支持中亚国家的政治反对派。乌兹别克斯坦外交部长曾公开指责巴基斯坦包庇致力于推翻乌政府的伊斯兰激进分子。塔什干官方指责巴基斯坦在其境内基地培训伊斯兰战斗队员并通过阿富汗、塔吉克斯坦及吉尔吉斯斯坦将其秘密送到乌兹别克斯坦。①

其次，阿富汗战争的影响及塔利班的支持。1979年，苏联入侵阿富汗，最初苏军主要是由中亚穆斯林组成的，但在阿富汗战争期间中亚士兵对阿富汗的同情使当局被迫调回中亚士兵，而伊斯兰圣战思想也随之进入中亚②。阿富汗战争不仅促进了中亚伊斯兰教的复兴，而且也加重了中亚的伊斯兰教的激进色彩，特

---

① ［俄罗斯］《莫斯科新闻周报》1998年5月12日。
② 赵常庆：《中亚五国概论》，北京：经济日报出版社1999年版，第176页。

别是伊斯兰圣战思想在中亚扎下了根。中亚的恐怖主义组织也积极谋求塔利班的支持,"乌伊运"等中亚恐怖主义组织也在阿富汗建立了自己的基地。

再次,车臣恐怖分子与中亚恐怖组织有着非常密切的关系。在20世纪90年代初,通过从乌兹别克斯坦逃到车臣的宗教极端分子,"乌伊运"分子开始与车臣非法武装分子建立联系。据俄罗斯的安全部门调查,车臣武装分子也参与了1999年2月的塔什干爆炸事件。1999年底,"乌伊运"在车臣建立了名为"乌兹别克阵线"的训练营[①]。据俄罗斯情报部门的消息,2000年9月初,来自车臣的非法武装首领哈塔卜潜入塔吉克斯坦,参与了中亚地区的武装颠覆活动[②]。由此可见,车臣恐怖主义组织不仅给中亚各国的恐怖主义组织起到了恐怖犯罪示范作用,而且还与他们紧密地勾结在一起,相互支持、相互提供资金及人员上的援助,大大增加了各国对中亚恐怖主义犯罪的打击难度。

最后,国际恐怖主义组织的支持。有证据显示,基地组织与中亚地区恐怖主义组织有着密切的联系。基地组织在塔利班控制的阿富汗境内建立的武装分子训练营,不仅"培训"了大量来自中亚五国的恐怖主义犯罪分子,而且还参与了中亚各国和邻近地区的一些反政府武装和颠覆破坏活动。基地组织不仅向中亚恐怖主义组织提供军事援助,还为他们提供大量经济援助。在基地组织的资助下,"乌伊运"成为了一支装备先进、武器精良的国际恐怖主义组织。在美国对阿富汗开展军事打击时,就有"乌伊运"成员参加到塔利班一方,充当了塔利班反美武装行动的马前卒。

第三节 中国与中亚国家打击"三股势力"的合作

一、打击"三股势力"国际合作基础

"三股势力"的活动早已跨越国界,因此,打击"三股势力"必须开展广泛的国际合作。目前,在全球控制"三股势力"活动中一共有三个层面:一是全球性的层面,由联合国主导;二是区域性的层面,如北约、上海合作组织、海湾国家合作组织、非盟等等;三是双边的层面,包括国与国之间。这三个层面的合作在有效打击"三股势力"方面起着不同的作用。

---

① 苏畅:《"乌伊运"与其他极端组织过从甚密》,载于《世界知识》2001年第22期。
② 孙壮志:《极端主义的国际土壤——周边环境与美国因素》,载于《世界知识》2001年第22期。

当今世界，恐怖活动已经不仅限于一国之内的活动，具有重大影响的恐怖组织，往往都具有跨国性质。中亚恐怖犯罪也不例外。恐怖活动危害的国际化，使得各国政府深感仅仅依靠本国法律手段已经力不从心。因此，寻求国际间的法律合作就成为各国打击恐怖犯罪一种广泛的共识。为了及时打击各种恐怖主义向中亚渗透，中亚各国积极参与反恐国际合作，加入各种反恐国际公约，不断加强自身的反恐能力。迄今为止，国际上生效的有关反恐怖主义犯罪的13部国际公约，中亚国家根据恐怖行为对本国危害的可能性程度和自己的需要选择性地进行了签署和加入，实现了国内的反恐法律与国际反恐公约的有机衔接，形成了统一的恐怖主义犯罪概念。这些构成了打击"三股势力"国际合作的坚实基础。见表9-4。

表9-4　　　　　中亚各国加入全球反恐公约情况①

公约＼国家	哈萨克斯坦	吉尔吉斯斯坦	塔吉克斯坦	土库曼斯坦	乌兹别克斯坦
《关于在航空器内的犯罪和犯有某些其他行为的公约》	1995.5.18	2000.2.28	1996.3.20	1999.6.30	1995.6.31
《关于制止非法劫持航空器的公约》	1995.4.4	2000.2.25	1996.2.29	1995.5.25	1994.2.7
《关于制止危害民用航空安全的非法行为的公约》	1995.4.4	2000.2.25	1996.2.29	1999.5.25	1994.2.7
《关于防止和惩处侵害应受国际保护人员包括外交代表的罪行的公约》	1996.2.21	2003.10.2	2001.10.19	1999.6.25	1998.1.19
《反对劫持人质国际公约》	1996.2.21	2003.10.2	2002.5.6	1999.6.25.	1998.1.19
《核材料实物保护公约》	2005.9.2	—	1996.7.11	2005.1.7	1998.2.9
《制止危及大陆架固定平台安全非法行为议定书》	2003.11.24	—	2005.8.12	1999.6.8	2000.9.25
《制止危及海上航行安全非法行为公约》	2003.11.24	—	2005.8.12	1999.6.8	1998.9.25
《关于制止危害民用航空安全非法行为、制止国际民用航空服务的机场上的非法暴力行为的补充议定书》	1995.8.15	2000.2.28	1996.2.29	1999.5.25	1994.2.7

①　http://treaties.un.org/Pages/ViewDetails.aspx?src=IND&mtdsg_no=XVIII-7&chapter=18&lang=en，根据联合国的网站上的资料整理。

续表

公约＼国家	哈萨克斯坦	吉尔吉斯斯坦	塔吉克斯坦	土库曼斯坦	乌兹别克斯坦
《关于在可塑炸药中添加识别剂以便侦测的公约》	1995.5.18	2000.7.14	2006.7.18	2005.1.14	1999.6.9
《制止恐怖主义爆炸的国际公约》	2002.11.6	2001.5.1	2002.7.29	1999.6.25	1998.11.30
《制止向恐怖主义提供资助的国际公约》	2003.2.24	2003.10.2	2004.7.16	2005.1.7	2001.7.9
《制止核恐怖主义行为国际公约》	2008.7.31	2007.10.2	—	2008.328	2008.4.29

二、中亚地区打击"三股势力"的国际合作

与本地区国家在反恐领域加强合作有利于保障整个中亚地区的安全与稳定。哈萨克斯坦战略研究所主任叶尔兰·卡琳（Erlan Karin）认为，极端主义（暴力形式与非暴力形式）产生的主要原因是地区政府层面缺乏合作和协作。因此，中亚国家和中国的决策者首先应该形成一种坚定的反恐意识，有效打击该区域内的暴力极端主义[①]。面对日趋紧张的地区形势，中亚各国进一步加强了相互合作。2000年4月21日，哈萨克斯坦、乌兹别克斯坦、吉尔吉斯斯坦和塔吉克斯坦四国总统在乌兹别克斯坦首都塔什干举行会晤，并签署了关于打击恐怖主义、政治和宗教极端主义、跨地区有组织犯罪和其他威胁地区稳定和安全行为的条约。四国安全条约要求中亚各国联合起来，采取及时有效的措施，打击破坏国家安全、挑起民族和宗教争端的活动，消除恐怖主义和极端主义的威胁，维护地区稳定和安全。条约呼吁中亚各国采取具体措施，确保不在本国建立恐怖主义基地和发生针对其他国家的恐怖主义行为。2000年8月，哈萨克斯坦、乌兹别克斯坦、吉尔吉斯斯坦和塔吉克斯坦等四国总统在比什凯克举行会晤并发表联合宣言，表示要在打击国际恐怖主义的斗争中更加紧密的合作。同年8月20日，哈、吉、塔、乌四国总统和俄总统特别代表、俄联邦安全委员会秘书伊万诺夫举行会晤，发表中亚各国将采取坚决措施打击恐怖主义的声明。2001年1月5日，中亚经济共同体四国元首在阿拉木图举行会议，讨论了中亚经济共同体成员国合作的

---

① Metin Gurcan. How the Islamic State is exploiting Asian unrest to recruit fighters. http：//www.al-monitor.com/pulse/originals/2015/09/turkey-china-xinjiang-uighurs-isis-prevent-extremism.htm.

现状和前景，一致主张采取积极措施，共同防止国际武装恐怖分子再度危害中亚。四国元首一致表示，安全问题是没有国界的，国家稳定是地区稳定的保障。中亚国家将与俄罗斯共同努力，采取具体行动，切实履行四国 2000 年在塔什干签署的地区安全条约，尽可能地防止国际恐怖主义势力第三次入侵中亚。

2002 年 6 月 4 日，"亚洲相互协作与信任措施会议"（"亚信"）成员国首次领导人会议在哈萨克斯坦的阿拉木图举行。来自阿富汗、阿塞拜疆、中国、埃及、印度、伊朗、以色列、哈萨克斯坦、蒙古国、俄罗斯、吉尔吉斯斯坦、巴基斯坦、巴勒斯坦、塔吉克斯坦、土耳其、乌兹别克斯坦等 16 个"亚信"成员国的国家元首、政府首脑或代表出席了这次领导人会议。部分"亚信"观察员也出席了会议。与会各成员国领导人签署并通过了旨在增进亚洲和平、安全与稳定的多边措施的《阿拉木图文件》和《关于消除恐怖主义和促进文明对话的宣言》。2006 年 6 月 17 日，在阿拉木图召开的亚信会议和 2008 年 8 月召开的亚信会议上，反恐、打击"三股势力"和禁毒成为会议的主要议题。

中亚国家通过双边协议，加大"三股势力"的打击力度。1995 年 4 月，德国总统赫尔佐克访问哈萨克斯坦，双方签署了打击有组织犯罪等几项协议。1995 年 11 月，乌兹别克斯坦总统卡里莫夫出访德国，双方签订两国共同打击有组织犯罪等协议。1998 年 2 月，赫尔佐克总统访问吉尔吉斯斯坦，签署了关于两国合作打击有组织犯罪、恐怖活动和其他恶性犯罪的协议等文件。中亚国家与其他一些欧洲国家，特别是东欧国家，也建立了在打击"三股势力"方面的联系。1993 年 5 月，印度总理拉奥访问乌兹别克斯坦，签订乌印两国关系原则与合作条约等文件。两国领导人还就共同打击恐怖活动和非法买卖毒品达成协议。1993 年 4 月，土耳其总统厄扎尔出访乌兹别克斯坦，签订关于两国共同反对恐怖活动、非法扩散武器和麻醉品的协议等多项合作文件。1995 年 6 月，乌克兰总统库奇马访问乌兹别克斯坦，与卡里莫夫总统就扩大和加深两国合作关系发表联合声明，签订两国在打击犯罪等领域进行合作的协议等文件。1998 年 4 月，哈萨克斯坦与捷克签署两国《关于在打击有组织犯罪、贩毒和恐怖活动方面进行合作的协定》。2000 年 10 月，土耳其总统塞泽尔访问中亚，在乌兹别克斯坦与卡里莫夫总统签署了一项联合声明，表示两国要合作打击恐怖主义、毒品走私和有组织犯罪。塞泽尔访乌期间，两国军事部门签署了军事合作协议。随后，塞泽尔在访问吉尔吉斯斯坦时，土吉双方签署关于同恐怖分子作斗争的联合声明，表示将合作打击恐怖主义、毒品走私和宗教极端主义。

中国已与 38 个国家缔结了 54 个司法协助条约、引渡和被判刑人员移管条约。其中，中哈、中吉、中塔与中乌双边刑事司法协助条约及双边引渡条约均已生效。从 1987 年 9 月~2004 年 12 月，中国先后与波兰、蒙古国、罗马尼亚等 41

个国家签订了 44 个司法协助的协定或条约。这些协定或条约主要是关于刑事司法协助的协定或条约。为了加强惩罚犯罪方面的国际合作，中国于 2000 年 12 月 28 日通过并公布了《中华人民共和国引渡法》；并且从 1994 年 3 月开始，先后同泰国、白俄罗斯、俄罗斯等国家签订了引渡条约。截至 2009 年 5 月，中国与外国签订了引渡条约 32 个。中国分别于 1992 年、1993 年、1996 年、1997 年和哈萨克斯坦、吉尔吉斯斯坦、塔吉克斯坦、乌兹别克斯坦缔结了双边民事和刑事司法协助条约；1995 年、1996 年、1998 年、1999 年和哈萨克斯坦、吉尔吉斯斯坦、塔吉克斯坦、乌兹别克斯坦分别签订了引渡条约；1992 年、1993 年、1999 年和哈萨克斯坦、吉尔吉斯斯坦、塔吉克斯坦、乌兹别克斯坦分别签订了警务合作协定。早在 1992 年的中国和吉尔吉斯斯坦联合声明中双方就表示，在与有组织的犯罪、国际恐怖活动、贩毒、走私和其他犯罪活动的斗争中加强合作。2002 年 12 月，中吉两国又签署了《关于打击恐怖主义、分裂主义和极端主义的合作协定》，界定了恐怖主义、分裂主义和极端主义的概念及其中吉在反恐领域的合作范围和程序。2006 年，中国和吉尔吉斯斯坦的联合声明中又一次强调两国执法部门将加强在反恐领域的协调和合作。2003 年 3 月，中国和乌兹别克斯坦签署了中乌关于打击恐怖主义、分裂主义和极端主义的合作协定。2004 年 6 月又签署了中乌政府关于禁止非法贩运和滥用麻醉药品和精神药物的合作协议。随后，中国和乌兹别克斯坦公检法机关之间的各种合作也不断开展。2003 年 9 月，中国与塔吉克斯坦签署了《中华人民共和国和塔吉克斯坦共和国关于打击恐怖主义、分裂主义和极端主义的合作协定》，将其作为上海公约的补充。① 该协定明确规定了恐怖主义、分裂主义和极端主义的概念、特征和行为方式以及中国和塔吉克斯坦在打击"三股势力"的程序和合作范围。2010 年 11 月 25 日，中国和塔吉克斯坦发表联合声明强调进一步深化两国执法安全部门在反恐领域的协调与合作，严厉打击跨国毒品犯罪活动。2009 年 4 月 16 日，在北京发布的中国和哈萨克斯坦联合声明中双方强调，严厉打击"三股势力"以及跨国有组织犯罪、毒品走私等活动，共同应对国际和地区安全威胁与挑战。中国已通过国际刑警组织发布的红色通缉令达 800 多份。从 1993 年到 2005 年 1 月，通过国际刑警组织的配合，中国已经先后将 230 多名外逃嫌疑人从 30 多个国家和地区缉捕回国，也将从外国潜逃至中国的嫌疑人遣送回其所在国。1997 年 8 月，在车臣战争中，被俄罗斯军俘虏的"东突"恐怖分子阿布力克木·库尔班被引渡回国。2006 年 3 月，乌兹别克斯坦警方逮捕了持加拿大护照的维吾尔族人侯赛因·塞利尔，

---

① 《中华人民共和国和塔吉克斯坦共和国关于打击恐怖主义、分裂主义和极端主义的合作协定》第一条规定，本协定是对《上海公约》的补充。

并将他引渡至中国。2006年以来，哈萨克斯坦、乌兹别克斯坦等国已向中国引渡、遣返了多名"东突"恐怖分子。

除了充分利用双边协议严厉打击"三股势力"，地区性组织对控制中亚"三股势力"方面也起到了很重要的作用。1992年5月15日，俄罗斯等独联体国家在乌兹别克斯坦首都塔什干签署了《独联体集体安全条约》。2002年5月14日，在俄罗斯总统普京的倡议下，独联体集体安全条约参加国（俄罗斯、白俄罗斯、哈萨克斯坦、吉尔吉斯斯坦、塔吉克斯坦和亚美尼亚）宣布升格为独联体集体安全条约组织，并成立联合军事管理机构，下设在俄军总参谋部内。普京总统表示，成立该组织的主要目的是同恐怖主义和毒品威胁作斗争。2002年3月，在俄罗斯的圣彼得堡市召开了由独联体议会和欧洲议会共同发起的国际议会反恐论坛。会议通过了《圣彼得堡宣言》，呼吁联合国尽快通过全球性公约，广泛打击恐怖主义。① 2002年10月7日，在摩尔多瓦首都基希纳乌举行的独联体国家首脑会议上俄罗斯、白俄罗斯、哈萨克斯坦、吉尔吉斯斯坦、塔吉克斯坦和亚美尼亚6国签署了《独联体安全条约组织宪章》和有关法律地位的文件。② 此外，在本次首脑会议上还签署了独联体国家联合反恐备忘录，通过了2003~2004年打击犯罪活动纲要以及同非法贩毒斗争的合作构想，并决定在中亚建立独联体成员国反恐中心分支机构。③

2003年4月28日，俄罗斯、白俄罗斯、哈萨克斯坦、吉尔吉斯斯坦、塔吉克斯坦和亚美尼亚六国领导人在塔吉克斯坦首都杜尚别市郊举行峰会，并签署了关于成立集体安全条约组织的20多个文件。此举标志着一个新的地区性军事政治组织正式成立。为充分发挥该组织的作用，在此次杜尚别峰会上六国领导人决定组建联合参谋部。目前，集体安全条约组织划分为三个地区和三个集体安全方向，即由俄罗斯和白俄罗斯组成的东欧方向，由俄罗斯和亚美尼亚组成的高加索方向，由俄罗斯、哈萨克斯坦、吉尔吉斯斯坦、塔吉克斯坦组成的中央—亚洲方向。为保证中亚各国的安全，集体安全条约组织决定在中央—亚洲方向组建集体快速反应部队。随着集体安全条约组织的成立，在中亚地区出现了独联体、集体安全条约组织和上海合作组织并存的局面。④ 2009年2月4日独联体集体安全条约组织成员国首脑在莫斯科举行的特别峰会上一致同意组建集体快速反应部队，其主要任务是抵御军事侵略、救灾、打击国际恐怖主义等。2009年5月，俄罗斯颁布的新版《俄联邦国家安全战略》明确提出，集体安全条约组织是"抵御军

---

① 《国际议会反恐论坛通过"圣彼得堡宣言"》，载于《法制日报》2002年4月1日。
② 吕岩松：《独联体推动一体化进程》，载于《人民日报》2002年10月13日。
③ 吕岩松：《独联体峰会闭幕》，载于《人民日报》2002年10月9日。
④ 韩庵：《独联体六国想建"小华约"》，载于《环球时报》2003年5月19日。

事政治性和军事战略性地区挑战和威胁的主要工具",主要任务是应对美国和北约在该地区的军事存在以及阿富汗战争对地区安全局势的影响,打击恐怖主义、极端主义和毒品走私。2009年10月16日,独联体集体安全条约组织在哈萨克斯坦举行了大规模军事演习。这是独联体集体安全条约组织组建快速反应部队后的首次军演。①

可以看出,这些地区性组织在打击"三股势力"方面所采取的措施在遏制"三股势力"方面起到了重要的作用。但是,我们还必须清醒地认识到在阿富汗问题还没有得到充分解决、中亚地区的恐怖势力和极端势力、贩毒分子等存在的基础没有被消除的情况下,中亚地区的国家还需要继续加强与国际社会的合作。在以后的反"三股势力"过程中,中亚国家要避免成为"三股势力"的受害国,必须尽快批准所有的反"三股势力"公约,并将其付诸实施。与此同时,中亚各国还需要加强与各种地区性组织的合作。集体安全条约组织的成员是原苏联的加盟共和国,成员国之间不仅有传统的友好交往,而且也存在着较强的相互信任。中亚国家应该紧紧抓住这些联系,进一步加强合作,把合作的范围从打击恐怖主义犯罪的领域扩展到遏制和打击各种形式的"三股势力",并在有可能的情况下尽量多地推出一些地区性反"三股势力"公约,协调各成员国之间打击"三股势力"的行动,相互交换有关"三股势力"动向的信息,跟踪各种形式的"三股势力"在各国的活动,从而形成打击"三股势力"的合力。

三、打击"三股势力"国际合作中存在的问题

上海合作组织在中亚打击"三股势力"的国际合作中起着举足轻重的作用。中亚地区目前的相对稳定已经很好地说明了这一点。但是,上海合作组织成员国之间因地缘、文化和社会环境等差异的存在,在打击有组织犯罪、恐怖犯罪和毒品犯罪的国际合作中也存在一些问题。

(一) 反恐程序与有关的规范性法律和公约的基本精神

2001年6月15日,上海合作组织成立当天,成员国即签署《打击恐怖主义、分裂主义和极端主义上海公约》,在国际上首次对恐怖主义、分裂主义和极端主义"三股势力"作了明确定义,并提出成员国合作打击的具体方向、方式及原则。在恐怖主义的概念问题上,《公约》采取了以列举的方式加以界定,从犯

---

① 吴宏伟:《2009年中亚政治经济形势与未来发展趋势》,载吴恩远主编:《俄罗斯东欧中亚国家发展报告(2010)》,北京:社会科学文献出版社2010年版,第85页。

罪的结果和行为方式阐述恐怖主义犯罪，回避政治目的的界定方式。这不得不说是打击恐怖主义犯罪的现实需要，符合中亚对恐怖主义犯罪进行惩治的要求。但是，这种界定方式仍然可能导致惩治恐怖主义犯罪的扩大化。此外，在程序上，上海合作组织成员国通过公约的方式对反恐的方式和内容做出规定，在《上海合作组织关于地区反恐怖机构的协定》中规定了地区反恐怖机构的职能包括：准备有关打击恐怖主义、分裂主义和极端主义的建议和意见；协助成员国打击"三股势力"；收集、分析并向成员国提供有关"三股势力"的信息；建立关于"三股势力"组织、成员、活动等信息的资料库；协助对"三股势力"活动进行侦查并对相关嫌疑人员采取措施等。然而，这些职能过于笼统，缺乏具体的操作性。例如，对于"协助对'三股势力'活动进行侦查并对相关嫌疑人员采取措施"这一职能，由什么机构进行侦查？以什么方式进行侦查？对相关嫌疑人员采取什么措施？是否涉及到成员国的管辖权问题？这些涉及具体操作及各成员国刑事司法协助的程序性问题，公约并没有细则予以规定。这将导致各成员国在实践中打击恐怖主义犯罪时出现分歧。

恐怖主义犯罪是一个有机的过程，恐怖组织为了实施犯罪，会进行招募人员、筹集资金、训练人员、制订计划等犯罪预备活动，最后实施犯罪是这些预备活动的最终结果。目前，上海合作组织对恐怖主义犯罪的打击基本上都是在犯罪发生之后，而缺乏对恐怖组织犯罪预备阶段的打击，这一点需要进一步深入考虑。

（二）对非法贩卖、贩运毒品、武器、弹药和爆炸物的管控措施

恐怖主义犯罪与毒品犯罪和贩卖武器犯罪紧密联系。恐怖分子靠贩卖毒品的资金来养活自己的恐怖活动。从阿富汗到中亚的乌兹别克斯坦、塔吉克斯坦和吉尔吉斯斯坦的毒品运输转运站，毒品分子和恐怖分子都有相互联系。在贩运毒品的过程中，贩毒分子在恐怖势力的武装保护下公开从事毒品和恐怖犯罪活动。上海合作组织成员国在2004年和2008年颁布了有关控制贩卖毒品、武器和爆炸物的协定。这些协定虽然提出了上海合作组织框架内各成员国合作的内容、原则和一些程序，但是，这些协定的具体实行和贯彻因为各国的经济实力和他们态度上的一些区别而未能得到充分落实，从而使其无法发挥自己应有的作用。这种情况从中亚国家之间以及中亚国家与中国之间逐年增加的毒品犯罪数量中已得到证明。

（三）在犯罪嫌疑人的引渡等刑事司法合作层面存在的问题

这有可能对相关合作方将来的合作带来困境。2013年3月26日，新疆喀

什地区、巴音郭楞蒙古自治州两地法院对利用互联网、手机及电子存储介质进行组织、领导、参加恐怖组织、寻衅滋事和煽动分裂国家的5起案件进行公开宣判，喀迪尔江·约麦尔等20名被告人分别被判处无期徒刑及有期徒刑。其中在艾合买提·艾海提等3人组织、领导、参加恐怖主义组织罪、偷越国境罪一案中有这样一个细节值得注意。本案中，被告人艾合买提·艾海提与麦合穆提·吐尔逊2011年4月非法进入哈萨克斯坦共和国境内，被哈国边防军抓获并被判处两年监禁。2012年2月，两被告因减刑被释放由哈国移交给我国警方。判决书中提到这两名被告因犯偷越国境罪，判处有期徒刑一年，并处罚金5 000元。我国《刑法》第三百二十二条规定，"违反国（边）境管理法规，偷越国（边）境，情节严重的，处一年以下有期徒刑、拘役或者管制，并处罚金。"从这一条规定可知，法院在判决时是按照情节严重来对两名被告人进行判决的。但是，我国《刑法》第九条同时规定，在外国已经受过刑罚处罚的，可以免除或者减轻处罚。因此，这一判决与刑法中的法律规定之间是存在一定的矛盾点的。此外，这两人是通过中哈之间的刑事司法协助的方式移交到我国的。按照我国政府加入的《联合国引渡示范条约》的相关规定，是禁止对被告人进行双重处罚的（"一事不再理原则"）。新疆是恐怖主义犯罪的一个高发地区，如果我们今后能够从工作中的每一个细小环节做起，严抓细扣，把司法实践中的差错、不足尽量减少到最小的话，不仅能够起到良好的对内对外宣传效果，而且也能够最大限度地避免因为不熟悉国际条约的相关规定而影响与相关国家今后开展进一步的刑事司法合作乃至因此而产生各类外交纠纷的问题。鉴于以上的原因，建议今后再遇到类似的犯罪情形，一定要充分考虑到被告人在外国已经受到过刑罚处罚的因素，能够严格按照我国刑法的相关规定最好是在刑罚最高刑期之下进行处罚。毕竟，恐怖主义这一类的案件被告人往往涉及多个罪名和数罪并罚的问题，我们完全可以不必担心是否会出现对被告人处罚过轻的问题。同时，也可以体现出我们的司法机关严格按照国际国内法律规范并积极践行宽严相济刑事政策的依法办事的职业素养。

第十章

中国与中亚国家禁毒合作研究

以阿富汗为中心的"金新月"地区是"世界毒瘤"和"渗透之源"。"毒品之殇"成为中亚国家独立以来发展道路上难以承受的"痛楚",严重威胁着国家的政治、经济和社会安全。谋求国际社会的支持,加强禁毒国际合作,一直都是中亚各国维护国家安全的基本国策。由于毗邻"金新月"毒源地,中国毒品问题日益复杂,堵源截流,将"金新月"地区毒品堵截在境外、查获在边境地区是解决我国现阶段毒品问题的有效途径之一。目前,在上海合作组织框架内开展与中亚国家间的禁毒合作已初见成效,尽管还存在诸多问题和困难,但广泛、深入地加强与中亚国家的禁毒合作是维护我国周边区域安全的重要保障,对于"构建和谐新疆,营造和谐周边"将起到深远的意义。

第一节 "金新月":中国与中亚国家共同面临的威胁与挑战

一、毒品之源:"金新月"

毒源地的形成一般需要具备一些条件。比如,适宜毒品原植物生长的自然条件;环境闭塞,交通不畅;种植区土地比较贫瘠、百姓生活水平比较低下,而且大多是几个国家的交界处（即"三不管地带"）。"金新月"毒源地就具备这样一些条件。地理上，"金新月"地区主要是指阿富汗、巴基斯坦和伊朗三国接壤的部分地区，三国交界的边境线长达3 000多公里，面积约20万平方公里。其中阿富汗占70%以上。因其形状近似伊斯兰教的"新月"且又盛产鸦片，故被称为"金新月"。"金新月"是世界四大毒源地之一，该地区包括了伊朗的锡斯坦省、巴基斯坦的俾路支和西北边境省及阿富汗的赫尔曼德、乌鲁兹甘、南格哈尔和法拉省等边境各省。

（一）毒品产出大膨胀

阿富汗是"金新月"地区毒品的主要生产地。近年来，以阿富汗为核心的"金新月"地区毒品产量逐年攀升，阿富汗已成为世界上最大的罂粟种植和鸦片生产国。20世纪90年代初，阿富汗的鸦片产量超过缅甸，成为世界最大的毒品产地。到1999年，阿富汗生产了世界3/4的毒品，鸦片产量创下4 565吨的纪录。而"9·11"事件之后美国发动的阿富汗反恐战争，不仅没有带来人们期盼的和平，却进一步催生了阿富汗毒品生产和贸易的"兴旺"。2002～2011年，阿富汗年度鸦片总产量一直保持世界总产量85%以上的份额，罂粟种植面积占世界总量的82%，鸦片产量更是占到90%以上。毒品成为阿富汗唯一具有出口"竞争力"的商品。"鸦片经济"深深根植于阿富汗社会，与阿富汗的政治、经济、社会等各方面紧密地联系在一起。阿富汗正在成为一个"毒品—恐怖"国家和世界的"毒瘤"。见图10-1、图10-2、表10-1。

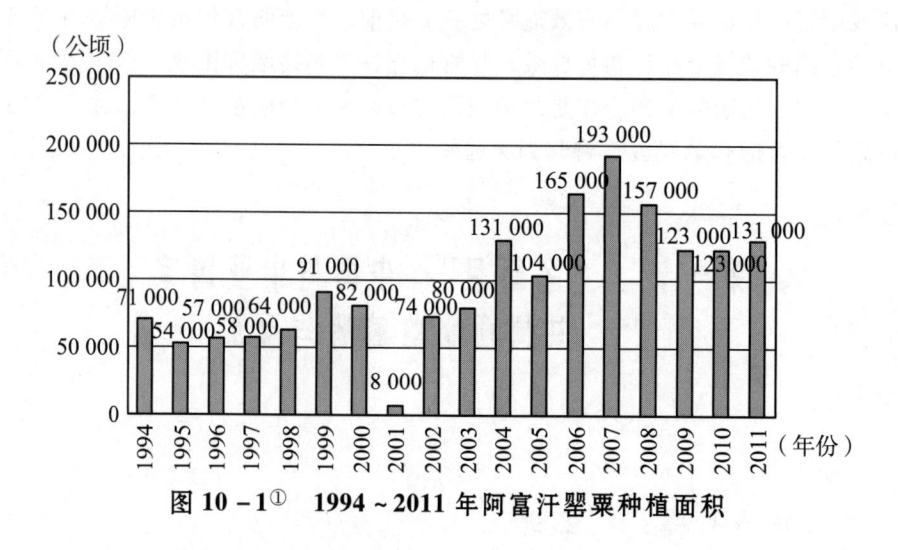

图10-1[①] 1994～2011年阿富汗罂粟种植面积

[①] 资料来源：UNODC and Afghanistan Ministry of counter narcotics: 2011 Annual Afghanistan opium sarvey report, pp. 8-9.

图 10-2 1994~2011 年阿富汗鸦片产量

资料来源：UNODC and Afghanistan Ministry of counter narcotics：2011 Annual Afghanistan opium sarvey report, pp. 8-9.

表 10-1　　　　　　　2011~2012 年阿富汗鸦片生产情况总览

	2011 年	2012 年	变化
罂粟种植面积（铲除后）	13.1 万公顷		+18%
无毒省份	17 个	17 个	—
种植罂粟省份	17 个	17 个	—
铲除罂粟面积	3 810 公顷	9 672 公顷	+154%
平均鸦片单产	44.5 千克/公顷	23.7 千克/公顷	-47%
预计鸦片总产量	5 800 吨	3 700 吨	-36%
鲜鸦片平均田间价	180 美元/千克	163 美元/千克	-9%
干鸦片平均田间价	241 美元/千克	196 美元/千克	-19%
阿富汗当前 GDP	163.4 亿美元	189.5 亿美元	+15.9%
鸦片田间价总值	14 亿美元	7 亿美元	-50%
鸦片田间价总值占 GDP 比例	9%	4%	-49%
每公顷鸦片总收入	10 700 美元	4 600 美元	-57%

资料来源：UNODC and Afghanistan Ministry of counter narcotics：2012 Annual Afghanistan opium sarvey report, pp. 11-13.

阿富汗毒品泛滥是在特定环境下由多种因素共同作用的结果。

一是阿富汗毒品经济所占比重很大，罂粟禁种困难重重。联合国毒品与犯罪问题办公室（UNODC）2011 年 7 月 28 日发布《全球阿富汗鸦片贸易报告》称，阿富汗仍然是全球鸦片和海洛因非法贸易的最大来源，2009年的非法贸易额高达680亿美元，超过了许多国家的国内生产总值。分析其中原因，一方面是受国际毒品市场的影响和刺激。因为毒品的主要消费者在西方国家，其价格的上涨、巨额的暴利极大地刺激了阿富汗毒品的生产。见图10-3。

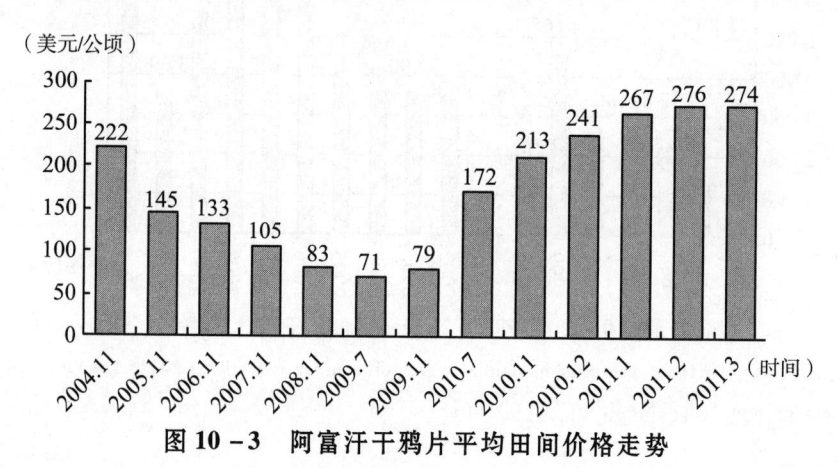

图10-3　阿富汗干鸦片平均田间价格走势

资料来源：UNODC and Afghanistan Ministry of counter narcotics：2011Annual Afghanistan opium sarvey report，pp. 8-9.

但另一方面，追本溯源，其实贫困是阿富汗普通农民种植罂粟的最根本动因。由于长期战乱的破坏、恶劣的自然环境以及缺乏完备的基础设施，导致种植传统农作物面临许多困难并且获利太少，而国际社会不断推高的鸦片价格，让阿富汗农民种植罂粟的收入比种植传统农作物高出10多倍，使他们能够在短时间内获得丰厚的回报。所以，鸦片不但为那些"圣战战士"、内战中的军阀以及塔利班政权提供收入来源，同时也为那些遭受持续战乱而极端贫困的阿富汗农民提供了维持生计的手段。2011年阿直接从事鸦片种植的家庭有51万余户，人口达330多万，占阿富汗总人口的14.3%。烟农鸦片收入和毒品走私收入分别达10亿美元、40亿美元，占阿GDP总额的13%、53%。①

二是"金新月"地区"毒品—恐怖主义"业已形成，助推鸦片走私贩运的泛滥。塔利班、"基地"组织残余和"乌兹别克伊斯兰运动"等恐怖组织的生存、发展都带有浓厚的毒品色彩。特别是塔利班为获取活动经费，支持掌控区内的农户种植鸦片，并收取20%的鸦片税。他们从农民和毒贩手中获得美元和黄金用于购买武器，提供高于政府军的军饷招募士兵。他们生存、发展的基础全部依靠毒品经济，通过恐怖活动实现其政治图谋，依赖毒品经济是一条简捷的途

---

① 资料来源：UNODC and Afghanistan Ministry of counter narcotics：2011Annual Afghanistan opium sarvey report，pp. 8-9.

径。毒品经济催生的毒品犯罪网络则紧紧依托着国际恐怖势力的组织、人员和信息网络。此外，地方军阀、部族势力也依赖毒品经济扩充实力，明里暗里支持罂粟种植。在阿富汗南部和东部地区，鸦片和海洛因生产和贩运主要由部落势力控制，而在北部则主要由地方军阀控制。

三是政府控制能力弱。在阿政府控制力较强和安全状况较好的中部、北部地区，罂粟种植持续减少，甚至一些省份连续多年出现零种植状况。而控制力弱的南部5省鸦片产量则占全国70%以上，其中赫尔曼德省产量约占一半。2011年，阿富汗南部地区鸦片产量最高，该地区所产鸦片占阿富汗鸦片总产量的85%，其次为西部地区（12%）。见表10-2。

表10-2　　　　　　　2010~2011年阿富汗各地区鸦片产量

地区	2010年产量（吨）	2011年产量（吨）	变化
中部	8	9	+13%
东部	56	166	+196%
东北部	56	39	-30%
北部	0	12	
南部	2 979	4 924	+65%
西部	478	685	+43%
总计	3 600	5 800	+61%

资料来源：UNODC and Afghanistan Ministry of counter narcotics：2011 Annual Afghanistan opium sarvey report，pp. 8-9.

据联合国毒品和犯罪问题办公室2012年11月20日发表报告称，2012年阿富汗全国罂粟种植面积为15.4万公顷，同比增加18%。而95%的罂粟种植田集中在安全形势较为恶劣的南部和西部，其中南部赫尔曼德、坎大哈、乌鲁兹甘、代孔迪和查布尔等省的罂粟种植面积占全国的72%。[①] 联合国毒品和犯罪问题办公室发布的《2008年阿富汗鸦片调查》中称，如果把阿富汗的赫尔曼德省看作是一个单独的国家，那它则是全世界最大的鸦片生产国。鸦片产量分布的这一特点表明，越是安全局势不稳定的地区，罂粟种植和毒品贩卖越猖獗。

四是国际社会在阿富汗禁毒问题上无法形成合力。阿富汗禁毒工作主要依赖国际社会，但主要援助国在禁毒战略、手段、方式、投入等方面分歧较大。美国曾主张采用"哥伦比亚模式"喷洒农药铲除罂粟，以求最短时间内获得最大效果；阿富汗政府则认为此举不但对生态破坏严重，更将激起烟农反抗，使更多烟

---

① 新华网2012年11月20日讯。

农倒向塔利班；英国考虑其驻军所在地为罂粟种植最为严重的赫尔曼德和坎大哈，担心农药铲毒造成烟农袭击驻军增多，明确反对极端方式铲毒；欧盟主张采用"土耳其模式"将毒品种植合法化，逐步改变农民种植习惯，削弱毒枭和塔利班势力；驻赫尔曼德省北约部队为减少与烟农正面冲突，公开表明只反恐、不铲毒。

五是美、俄等大国把阿富汗作为博弈争夺的交汇点。美英等国以塔利班为幌子，以反恐为名占据阿富汗，牵制俄罗斯和中国。在禁毒问题上，美英主张在"巴黎进程"机制内解决阿毒品问题；① 俄罗斯主张运用"独联体集体安全条约组织"堵截阿毒品外流；阿富汗邻国在帮助阿富汗禁毒问题上也各有打算和利益考量，致使区域合作特别是在切断毒品贩运链条上难见实效。

受上述政治、安全等错综复杂因素的影响，在政府无力、外力不合的情况下，阿富汗禁毒工作短期内难有明显起色，解决难度很大。特别是以禁种为前提解决毒品问题的难度很大，至少在当前和今后相当一段时间内，解决阿罂粟种植问题的时机和条件还不成熟，其鸦片产量还将在高位延续。

（二）毒品输出新态势

早在20世纪七八十年代，在阿富汗东部和巴基斯坦西部交界地区就已经为现今毒品贸易的通道打下了基础，90年代阿富汗成为鸦片生产"大国"后，毒品出境贩运一发不可收拾地发展起来，并出现了新的变化。

阿富汗毒品的出境路线主要是根据收缴的毒品数量加以确定的。现在大致可以确定的路线有四条：南部线、北部中亚线、北部黑海线和西部巴尔干线。

巴尔干线："金新月"地区—伊朗—土耳其—欧洲（此条线路又分为两条：一是经伊朗、土耳其、希腊、阿尔巴尼亚、意大利到西欧的巴尔干线；二是经伊朗、阿塞拜疆、亚美尼亚、格鲁吉亚、乌克兰、波兰到西欧的南高加索线。50%的"金新月"毒品通过此条路线流向欧洲）；

北部中亚线："金新月"地区—中亚—欧洲（即俄罗斯线，经土库曼斯坦、乌兹别克斯坦或塔吉克斯坦，再通过哈萨克斯坦流向俄罗斯和东欧地区；近20%的"金新月"毒品经由中亚流向俄罗斯和欧洲其他国家）；

黑海北部线："金新月"地区—里海—黑海—欧洲；

南部线："金新月"地区—巴基斯坦—中国（即巴基斯坦线，经巴基斯坦、印度从海路流向欧美等地；30%多的"金新月"毒品经巴基斯坦流出；少量毒品

---

① 2003年5月21~22日，欧洲各国与阿富汗及有关组织专门在巴黎举行了一次"中亚至欧洲毒品线路问题会议"，讨论了加强合作以阻断从阿富汗到中亚的鸦片与海洛因的非法生产和交易的途径，提出了"巴黎协定"。

经巴基斯坦或塔吉克斯坦、哈萨克斯坦等进入中国)。

二、毒品之殇：中亚国家难以承受的"痛楚"

作为邻近阿富汗的主要地区，中亚始终受着阿富汗毒品的影响，这种影响对整个中亚地区来说，逐渐成为了难以承受的"痛楚"。

(一) 毒品过境通道

在国际毒品贩运网络中，中亚地区的角色是阿富汗毒品贩运过境地区。近年来，阿富汗毒品过境中亚各国向俄罗斯和欧洲走私的势头有增无减。据联合国毒品与犯罪问题办公室在《2010年世界毒品报告》中估计，25%的阿富汗海洛因(约95吨)，走私进入中亚国家，其中70吨左右随后走私至俄罗斯，中亚国家自身消耗11吨左右，其余的要么被缴获，要么继续从中亚国家流出。除海洛因外，每年有120~130吨鸦片走私进入这一区域，主要供应中亚及俄罗斯市场。

北方路线是一条相对较新的路线，形成于20世纪90年代中期。当时苏联解体后，新成立的中亚国家由于普遍的贫困、容易渗透的边界和崎岖的地形、腐败的执法和政府机构以及语言和文化的亲缘关系，国际贩毒组织将目光更多地投向经过中亚到达俄罗斯和高加索地区的"北方路线"。

从阿富汗北上，毒贩会选择借道塔吉克斯坦、乌兹别克斯坦或者土库曼斯坦三条路线。

阿富汗和乌兹别克斯坦的边境线长137公里，边检严格。大部分毒贩会避开而选择绕道塔吉克斯坦、吉尔吉斯斯坦等国，但大型贩毒集团操控的长途货运走私还是会选择设施较为发达的阿乌边境的海雷敦港口，将大批毒品直抵俄罗斯。

阿富汗和土库曼斯坦的边境线长744公里，大部分被沙漠覆盖。走私进入土库曼斯坦的这条贩运路线一般由在赫拉特省、巴德吉斯省及法利亚布省生活的100多万土库曼族人经营。此外，据中亚地区禁毒信息协调中心(CARICC)相关数据显示，一条新的毒品走私线路即阿富汗—伊朗—土库曼斯坦—哈萨克斯坦—俄罗斯/中亚—欧洲已经出现。

阿富汗和塔吉克斯坦边境线长1387公里，由于以阿姆河为界，这里边境控制不力，毒贩常常可以淌水甚至划船穿越边境，一旦到达塔吉克斯坦，毒品就会从海、陆、空分散运输，大部分继续向北，穿越吉尔吉斯斯坦到达哈萨克斯坦。吉尔吉斯斯坦南部城市奥什被认为是这些毒品走私贩运的中转集散地。由于塔阿两国在民族、宗教、经济、文化等方面有诸多联系，特别是塔吉克人占阿富汗人口总数的约1/4(约725万人)，其中300多万人居住在与塔毗邻的东北地区，这成为两国关系中的一个特殊因素,也成为阿富汗毒品经塔吉克斯坦转运的一个难以改变的基础。据塔官方统计,自 2000~2012 年以来,塔吉克斯坦执法机构和安全力量共缴获 78 吨非法贩卖的毒品,其中包括 31 吨海洛因和 24 吨鸦片①。

总之,每年大约有近千吨的阿片类毒品和近百吨的海洛因通过这三个地区的边境线从阿富汗走私出境,其中大部分海洛因是通过阿富汗和塔吉克斯坦边境线走私的。这些海洛因一旦进入中亚国家,就可以通过发达的公路及铁路运输至任何目的地。

(二) 毒品消费群体

毒品的大量涌入使得中亚各国的吸毒人数急剧增加。目前该地区的吸毒人数已超过 28 万,其中青少年吸毒现象尤为突出,吸毒者年龄大多在 28~32 岁之间,大部分采用静脉注射的方式吸食。据统计,中亚一些国家吸毒人口数量占其人口比例已达 1.5%,同时还出现了吸毒现象由贫困地区向城市蔓延趋势。②

截至 2012 年 1 月 1 日,哈萨克斯坦正式统计在册的吸毒人员有 5 万人。而实际上,吸毒的人数有可能是这一数字的 10 倍。塔吉克斯坦是中亚五国中登记注册吸毒人数最多的③。塔吉克斯坦 2011 年新登记吸毒人数同比增加近 73%。据统计,2011 年塔吉克斯坦官方登记的吸毒人数为 657 人,而在 2010 年这一数字仅为 380 人。但是,与此同时,根据塔医疗机构的门诊记录,截至 2011 年 12 月底,塔吉克斯坦吸毒者就医人数为 7 117 人,比上年同期增加了 281 人。有专家分析指出,由于目前塔国在确定和登记吸毒人员方面存在着诸多问题,所以官方的统计未必能够反映出塔国内吸毒人数的真实情况。目前,塔吉克斯坦实际吸毒人数有可能是官方数字的 8~13 倍④。此类情况在中亚其他国家同样存在。

在哈萨克斯坦,社会普遍担忧的是吸毒者的年轻化。据统计,2008 年哈国每 10 万人中有大约 390 人沾染毒品。据哈国研究机构的统计,最近 10~15 年间,因毒品引发各类疾病的病例增加了 2.5 倍,其中 2/3 的吸毒者年龄都不到 30 岁。在哈国巴甫洛达尔州、卡拉干达州和哈最大城市阿拉木图,15~17 岁的青少年服用镇静剂和致幻觉药物的比例正在上升。目前阿拉木图的吸毒人数已经超过 8 000 人,年龄从 16~50 岁不等⑤。

---

① 亚心中亚网 www.xjjjb.com 2012-11-07:据塔吉克斯坦毒品监控处新闻办公室消息,近 12 年来塔吉克斯坦执法机构和安全力量共缴获 78 吨毒品。
② 国际在线 2009 年 6 月 26 日讯:中亚地区毒品形势堪忧。
③ 亚心中亚网 www.xjjjb.com 2012-6-25。
④ 国际在线 2012 年 1 月 12 日讯:塔吉克斯坦卫生部长萨里莫夫日前在新闻发布会上表示,塔吉克斯坦 2011 年新登记吸毒人数同比增加近 73%,而近年来,塔吉克斯坦一直在加大对贩毒活动的打击力度。
⑤ 国际在线 2009 年 6 月 26 日讯:中亚地区毒品形势堪忧。

(三) 严重的社会"疾病"

毒品贩运猖獗和吸毒群体的不断增加，给中亚各国带来了严重的社会问题。

中亚是毒品消费增长最快的地区——同时也是世界上艾滋病病毒传播增长最快的地区之一。静脉注射毒品是中亚地区艾滋病或艾滋病病毒传播的最主要原因。① 虽然在全球范围大约10%的艾滋病感染是由注射毒品引起的，但这种传染方式在中亚新的艾滋病病例中则占到60%～90%②。据塔吉克斯坦艾滋病预防和控制中心统计，2011年塔吉克斯坦共有3 846名艾滋病感染者，其中53.5%的人是吸毒感染的，而注射毒品又占总登记吸毒者的55%～60%。③

毒品走私带来的利润远远超过其他类型的犯罪，而且需要大量的人力、资金以及严密的组织。这也使得毒品犯罪在中亚地区成为最基本的有组织犯罪形态。④ 在20世纪90年代早期，中亚地区每23件犯罪中就有一件与毒品有关。但到了90年代末，每10件就有1件与毒品有关。在过去10年里，哈萨克斯坦毒品犯罪在所有犯罪中的比例已从3%上升到了12%。在1991～1999年间，毒品犯罪的数量增加了4倍之多。自1991年以来，相关毒品犯罪就从3%增加到了55%～60%。在某些地区，60%的强奸案与毒品有关，关在监狱中的1/3犯人是因为毒品犯罪而被逮捕的。2000年6月，哈萨克斯坦登记案件数量与1991年相比下降了19.8%，而与贩毒有关的案件却增加了4.3倍，与毒品有关的案件数量由2.9%增长到15.28%。⑤ 2003年，毒品相关犯罪率又上升了15%。从2009年初开始，阿拉木图发生了640多起涉毒刑事案件，比上年同期增加了将近20%⑥。

2010年，乌兹别克斯坦执法机关查获毒品犯罪案件8 854起，与上年的8 901起相比略有下降（见表10-3）。

---

① UNODC and The Paris Pact Initiative, Illicit Drug Trends in Central Asia, April 2008, pp. 16-20. 以2005年为例，通过注射毒品造成艾滋病感染的比例在哈萨克斯坦为76%、吉尔吉斯斯坦为79%、塔吉克斯坦为60%、乌兹别克斯坦为53%，土库曼斯坦缺乏可信的数据（Svetlana Ancker, "HIV\AIDS: Security Threatin Central Asia?", China and Eurasia Forum Quarterly, Volume 5, No. 3, 2007, P. 38）。

② See http://www.rferl.org/featuresarticle/2004/06/0761f337-a1de-4b7c-a5d0-bbdaeb20d5f1.html, 2005-05-22.

③ 亚心中亚网：www.xjjjb.com2012-11-07。

④ 但是，在中亚地区有组织的毒品犯罪并不同一些研究人员所描述的像辛迪加那样复杂。辛迪加是否支配着毒品贸易还不是很清楚。就塔吉克斯坦和土库曼斯坦而言，很明显涉及毒品贸易和被查获的犯罪集团是相当多的，还有高级官员卷入毒品交易的例子。但是哈萨克斯坦、吉尔吉斯斯坦和乌兹别克斯坦还没有哥伦比亚具有垄断性质的毒品辛迪加组织。See Kairat Osmonaliev, Developing counter-Narcotics Policy in Central Asia, Silk Road Paper, January 2005, P. 10.

⑤ 赵常庆编：《列国志哈萨克斯坦》，北京：社会科学文献出版社2004年版，第172页。

⑥ 国际在线2009年6月26日讯：中亚地区毒品形势堪忧。

表 10-3①   2009~2010 年乌兹别克斯坦查获毒品案件比较   单位：起

毒品案件类型	2010 年	2009 年
交易案件	4 471	4 551
非法持有	2 366	2 307
种植	1 491	1 508
走私	323	291
窝藏	203	244
合计	8 854	8 901

和毒品有关的案件平均占塔吉克斯坦总违法行为的 5%~6%，其中参与贩毒的 65%~70% 都是失业人员和没有社会地位的人。② 2011 年塔吉克斯坦登记的刑事案件共 9 820 起，其中毒品案件 576 起，约占 5.87%；2012 年上半年登记的刑事案件 9 404 起，其中，毒品案件 561 起，约占 5.97%。目前，塔吉克斯坦和吉尔吉斯斯坦的南部地区还有以财产甚至是家庭成员作为向毒枭担保的风俗。

持续增加的吸毒人数消耗着国家和自身所拥有的并不富裕的财富。一方面，与毒品相关的健康问题造成对医疗保健体系的压力和经济资源的消耗，导致国家不得不削减其他领域的投入；另一方面，毒品消费将更多的个人财富转移到那些控制毒品贩运和交易活动的犯罪组织手中，而这些财富最终被转移到本地区之外。洗钱犯罪数量的激增，使得从毒品贩运和交易中获得的利益成为合法经济的一部分，使犯罪组织和网络获得更加稳定的财富和权力来源。即使毒品贩运和交易为中亚国家的穷人提供了至关重要的生活来源，但是总体来说他们只能获得相对很少的利益，更多的则落入那些控制国际毒品贩运和交易活动的国际犯罪组织手中。更令人担忧的是，毒品经济逐渐渗透到中亚各国经济中，经济改革和建设受到损害。贩毒集团操纵的大量外汇对各国金融体制也形成了巨大冲击。独立后的中亚国家都面临着发展资金短缺的困难，而随着毒品的泛滥，大量资金进入地下毒品交易，其中很大一部分又流到境外，不能发挥社会效益，形成中亚国家经济发展的瓶颈。另外，越来越多的青少年吸毒，使人口素质和劳动力素质下降，劳动生产效率降低，患艾滋病等疾病的人数迅速上升，又大大增加了社会保障体系的压力。可以说，毒品犯罪严重干扰了中亚国家的正常经济秩序。

中亚各国腐败的根源中，毒品占据很大的比例。中亚国家独立后转而进入艰

---

① 公安部国际合作局编：《2010 年乌兹别克斯坦毒品情况分析》，载于《警务联络官工作》2011 年第 26 期。

② 亚心中亚网 www.xjjjb.com 2012-11-07：《近 12 年塔吉克斯坦执法机构和安全力量共缴获 78 吨非法贩卖的毒品，其中 31 吨海洛因和 24 吨鸦片》。

难的转轨时期，原先的制度荡然无存，新的制度尚待确立，法制建设严重滞后。在这种背景下，毒贩趁机向一些政府机构如海关、边防和安全执法部门的官员大肆行贿，而后者亦来者不拒，有的甚至直接参与毒品贸易，从中牟取暴利。而腐败作为一种支持或与犯罪相勾结的社会病理形态，反过来又促进了毒品交易的迅速增长，两者互为因果关系。

（四）步履艰难的禁毒之路

由于经济改革收效不大，进展缓慢，中亚各国居民生活水平普遍不高，失业率飙升，许多失业者迫于生计而从事毒品生意。据统计，在哈、吉、乌三国抓获的毒贩中，失业、失学人员分别占80%、95%和60%。当前，中亚各国经济都未摆脱困境，财政上捉襟见肘，无法投入有效的人力、物力，因而使禁毒工作困难重重。中亚各国边防、海关验毒设备普遍老化，禁毒方面的专家和技术人才缺乏。联合国开发计划署驻塔吉克斯坦代表处2012年5月30日发布的一份报告称，中亚国家对毒品走私打击不力。报告指出，每年经由中亚运往其他国家的海洛因约为90吨，占阿富汗毒品年产量的1/4，而其中只有不到3%的海洛因被中亚国家执法机关截获。90吨海洛因的利润高达14亿美元，这相当于塔吉克斯坦2012年国家预算收入的65%。①

除此之外，近年伊斯兰极端分子和暴力恐怖分子在中亚的活动刺激了毒品的泛滥。在中亚，毒品贸易早已成为极端宗教主义、民族分裂主义、恐怖主义分子的"钱袋子"。可以说，毒品犯罪滋养着恐怖主义活动，恐怖主义活动又为毒品经济提供保护和网络，两者相互嫁接、相互庇护，形成"以毒养恐，以恐保毒"的局面。过去几年里，西亚及中亚各国的伊斯兰极端分子在极力打通国际贩毒通道，以获取毒资作为活动经费。他们的武装贩毒活动不断升级，贩毒团伙武器精良、战术灵活、路线变化多端，令中亚各国政府军感到十分棘手。此外，宗教极端分子、恐怖分子大多自身就是不可救药的吸毒者，他们所到之处，或向当地居民低价售毒，或以毒品换衣食用品，在客观上助长了毒品的扩散。

三、深度渗透："金新月"地区毒品输出指向中国

近年来，在国内庞大毒品需求和巨额暴利的双重刺激下，"金新月"地区海洛因填补我国毒品市场短缺的迹象已经显现，一些国际贩毒组织在将"金新月"

---

① 《联合国称中亚国家对毒品走私打击不力》，新华网 news.xinhuanet.com/word/2012-05/31/c-123214488.htm。

地区毒品大量贩至欧洲的同时，不断通过公路、铁路、航空等渠道，从西部、南部对我国形成"多方向、立体化、大纵深"渗透态势，毒品走私入境案件频发。其中新疆是一条重要的渗透通道，新疆已成为"金新月"地区毒品过境中转站、集散地和消费地。

（一）"多方向、立体式、大纵深"入境渗透格局

1. "金新月"地区毒品向我国渗透呈现逐年快速增多的趋势

1991~2004 年，全国共破获涉"金新月"地区毒品案件 20 起，缴获入境毒品 127.6 千克。

2005 年，全国破获涉"金新月"地区毒品案件 12 起，抓获 29 人，缴获海洛因 25.1 千克；

2006 年，全国破获涉"金新月"地区毒品案件 97 起，抓获 161 人，缴获海洛因 125.9 千克。

2007 年，全国破获涉"金新月"地区毒品案件 158 起，抓获 208 人，缴获海洛因 325.5 千克。

2008 年，全国破获涉"金新月"地区毒品案件 234 起，抓获毒品犯罪嫌疑人 281 名，缴获海洛因 392.5 千克。

2009 年，全国破获涉"金新月"地区毒品案件 331 起，缴获"金新月"海洛因 1.5 吨。缴获量是前四年总量的 2 倍，占全国海洛因缴获量比重从 2008 年的 8.9% 上升到 29%。2008 年、2009 年两年破获的案件数和缴毒量则是前 3 年的 2 倍多。

2010 年，全国破获涉"金新月"地区毒品案件 172 起，抓获犯罪嫌疑人 207 名，缴获各类毒品 1 121.6 千克。

2011 年，全国破获涉"金新月"地区毒品案件 223 起，抓获犯罪嫌疑人 135 名；缴获各类毒品 830.6 千克。

2012 年，全国破获涉"金新月"地区毒品案件 98 起。①

与此同时，近年来巴基斯坦、阿富汗、中亚国家查获以我国为目的地的"金新月"毒品走私案件也急剧增多。②

"金新月"地区毒品渗透呈几何倍数增长的情况表明，该地区毒品对我国已由潜在威胁变为现实危害。

2. 广东、新疆、上海、北京等省市破获"金新月"地区毒品案件最多

自 2005~2010 年底以来，全国破获的 1 004 起"金新月"地区毒品案件主

---

① 资料来源：国家禁毒委员会编：《2013 年中国禁毒报告》。
② 2004 年、2005 年、2006 年，巴基斯坦分别查获此类案件 3 起、22 起、121 起，抓获犯罪嫌疑人 3 名、29 名、133 名。

要是在广东、新疆、上海、北京等地破获的。毒品最终要贩至广东的占绝大部分，广州为主要目的地。见图 10-4、图 10-5。

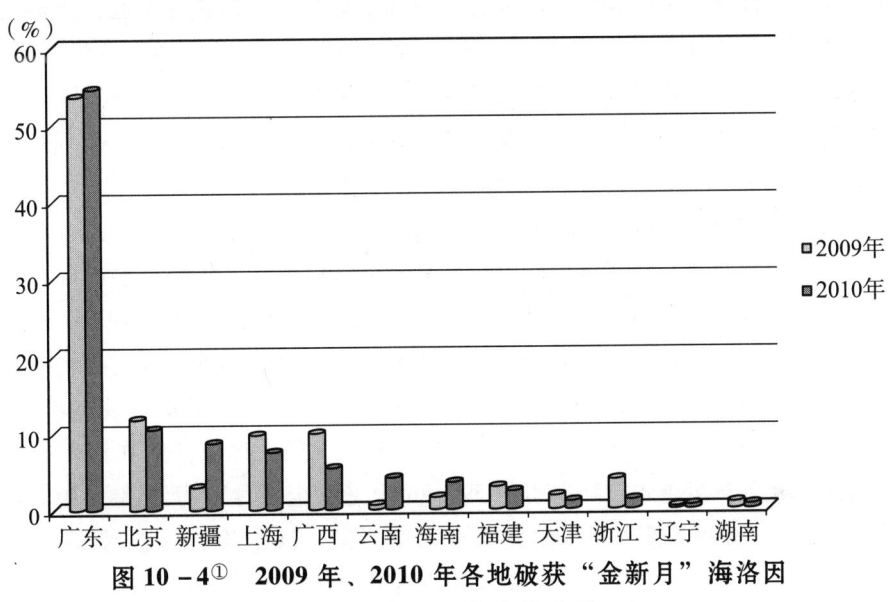

图 10-4① 2009 年、2010 年各地破获"金新月"海洛因案件占全国同类案件比重

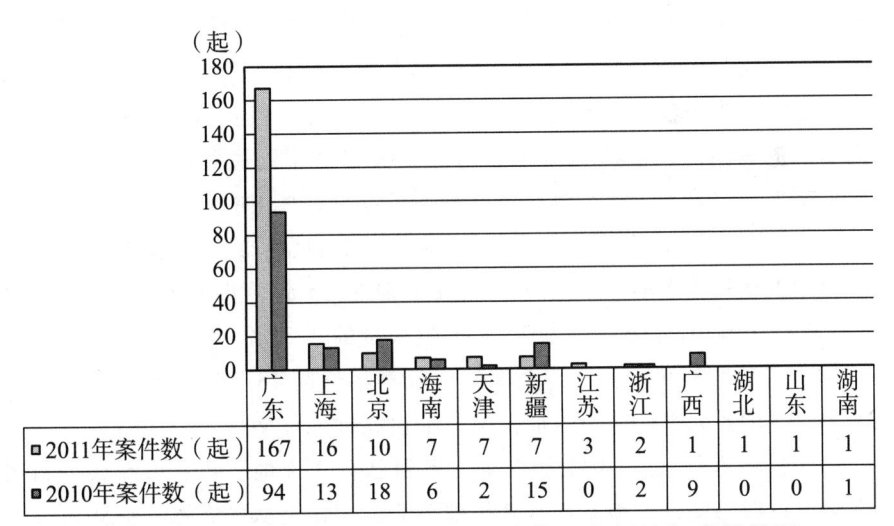

	广东	上海	北京	海南	天津	新疆	江苏	浙江	广西	湖北	山东	湖南
2011年案件数（起）	167	16	10	7	7	7	3	2	1	1	1	1
2010年案件数（起）	94	13	18	6	2	15	0	2	9	0	0	1

图 10-5② 2010 年、2011 年各地破获"金新月"案件情况

---

① 资料来源：公安部禁毒局禁毒情报中心编：《2010 年"金新月"地区毒品形势及向我国走私情况综述》。

② 资料来源：国家禁毒委员会办公室编：《2011 年"金新月"地区毒品形势及向我国走私情况综述》，载于《禁毒工作简报》毒情专刊 2012 年第 3 期。

3. 贩运渠道和贩运手法多样化

一是以航空渠道居多。贩毒组织根据我国警方调整查缉堵截重点方向情况而不断改变向我渗透入境的路线。除通过航空和国际货运、邮递等渠道，直接点对点地从境外走私贩运毒品到广州、上海、北京等地外，还时常经由昆明、成都、杭州等地中转，每次携带的数量相对较少，运毒人员往返频率高，打破了传统意义上堵源截流一线、二线、三线的概念，使部分内地城市成为堵截"金新月"地区毒品入境的前沿。

二是陆路渠道缴毒量最大。陆路则多从我国与巴基斯坦接壤的新疆喀什红其拉甫口岸、与哈萨克斯坦接壤的新疆伊犁霍尔果斯口岸和博尔塔拉蒙古自治州的阿拉山口边境口岸，通过随身携带、货物夹藏等方式贩运入境。2007年新疆警方破获的"10·30"案件，贩毒分子通过阿拉山口国际货物列车将毒品藏匿在纤维板中，警方一次缴获"金新月"毒品海洛因67.5千克，大麻脂4 848千克。2011年乌鲁木齐海关在红其拉甫破获的"8·02"案件，缴获藏匿在汽车货箱夹层暗箱内、准备转运吉尔吉斯斯坦的590.96千克"金新月"海洛因。2011年以来，"金新月"毒品案件主要以陆路渠道入境为主，21起案件中查明15起是通过陆路口岸入境的，占71.43%，多以涉外运输车队为掩护从红其拉甫、霍尔果斯、伊尔克什坦、吐尔尕特、阿拉山口和卡拉苏等重点陆路口岸进入新疆。

三是邮包贩毒案件数最多。近几年，"金新月"地区毒品通过邮寄渠道走私贩运的问题比较突出。目前，物流寄递业作为新兴行业，发展速度快，管理难度大，这种方法较为隐蔽，寄递路线相对固定。加之身份核实制度不健全，当场验视制度不规范等问题，使得夹藏毒品的邮件很容易蒙混过关，给公安机关的查缉、打击带来一定难度，往往难以抓获毒品买家或者真正的收货人。从破获的案件看，第一是利用物流寄递渠道贩毒活动发展趋势迅猛，缴毒量大幅增长。2011年，全国共查获邮路走私"金新月"海洛因案件115起，几乎为前一年案件数的4倍；缴获海洛因61.7千克，为2010年缴获量的2.8倍。115起邮包贩毒案件中，56起寄件地为马来西亚，占全部邮包贩毒案件的48.7%；36起寄件地为印度，占31.3%；8起寄件地为孟加拉国。邮包收件地址多位于广东省，尤以广州居多，案件数高达90起。2011年以来，新疆已有9个地、州、市破获了利用物流及寄递渠道贩毒案件，涉案地呈现扩散趋势。无论是从破案数、抓获人员数和缴毒量与往年相比都有大幅增长。其中，百克以上案件48起，占总数的84.2%；千克以上案件13起，占总数的22.8%；第二是收、发地点相对集中，海洛因案件上升趋势明显。破获寄递海洛因案件32起，占总数的56.1%，其中邮出地为广东16起，云南8起；第三是手法隐蔽，伪装方式多样化。毒贩想方设法将毒品夹藏在日用品、服装、家用电器、水果等货物中，再进行托运，若没有获取相关线索,即便是开包检查,也不易被发现;第四是反侦察能力强。毒贩一般躲在幕后,派人前往托运部探风查看情况或雇佣、指使不知情人员帮助收取交运单、包裹来逃避打击;第五是通过中小物流企业运输毒品案件突出。由于邮政等快递企业能够严格落实收发件"验视制度",贩毒分子将运毒渠道转向市场监管相对较松的一些中小物流企业,利用这些企业对收寄物品管理的薄弱环节进行毒品贩运活动。

(二) 贩运活动组织严密,国际化趋势日益凸显

通过破获和在侦案件明显可以看出,"金新月"地区毒品走私入境案件不是零星贩毒,而是国际贩毒集团有组织、有预谋地向我国走私贩运毒品。一些走私贩运"金新月"地区毒品的贩毒集团不仅具有明显的政府、军队、部落的背景,而且,毒品犯罪还与恐怖主义、黑恶势力相勾结。纵观这些案件,都明显呈现"计划严密、分工明确""两头在外、境外遥控"的特点。2005 年以来新疆地区破获的"金新月"毒品走私渗透案件中,共抓获涉及 23 个国家的百余名外籍犯罪嫌疑人,活动规律呈现出明显的组织化特征。一方面他们在多个国家设有办事机构,随时变换贩毒线路、人员和方式,构成了对我"多方向、立体式、大纵深"的渗透格局。在我查破的"金新月"海洛因案件中,毒品除了主要来自巴基斯坦、阿富汗、阿联酋等国家以外,还涉及卡塔尔、加纳、多哥、科特迪瓦等 10 余个国家。见图 10 - 6、图 10 - 7。

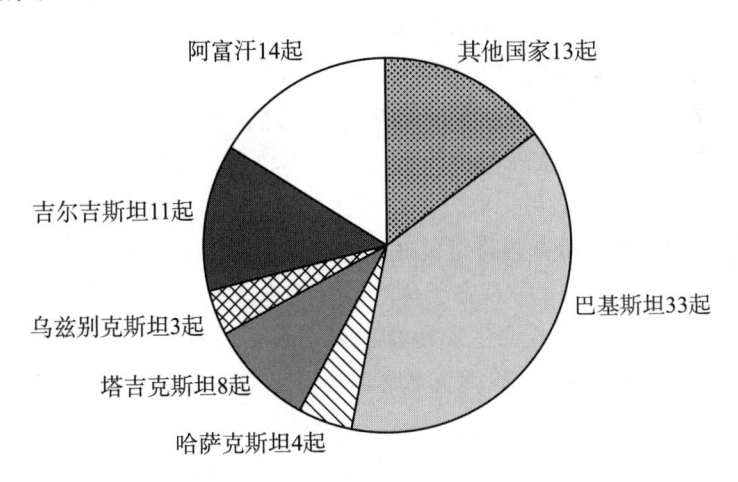

图 10 - 6① 2006~2010 年新疆破获"金新月"案件来源地情况

---

① 资料来源:新疆禁毒委员会办公室编:《2011 年新疆禁毒报告》。

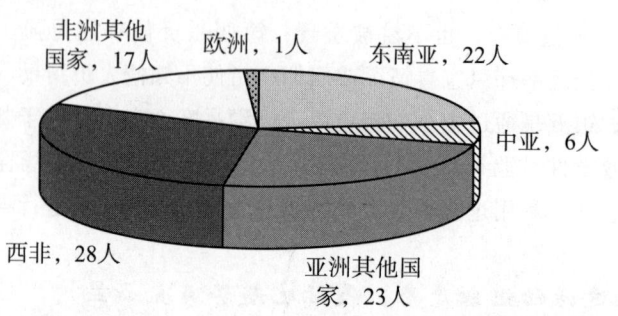

```
              非洲其他
              国家，17人   欧洲，1人   东南亚，22人

                                              中亚，6人

              西非，28人    亚洲其他国
                          家，23人
```

图 10 - 7① 2011 年"金新月"毒品犯罪嫌疑人国籍分布情况

另一方面，他们以经商为掩护，在新疆、广东、浙江等地建立了秘密据点，构建起我境内的贩毒网络，基本形成了"西进东出"的国际毒品走私贩运通道和"境外指挥、境外培训、境外交易、境内集散"的态势。

从境内看，新疆部分贩毒集团利用与中亚国家在民族、风俗、语言等方面相近的特点，与以塔吉克斯坦、吉尔吉斯斯坦为重点的中亚国家毒贩相勾结，已在新疆特别是边境地区形成了"贩、运、销"为一体的网络和一定的毒品消费市场，其运毒路线空、陆并进，通过涉外车队从新疆部分口岸入境或采用航空托运渠道向我渗透，更加剧了"金新月"毒品对新疆渗透的严峻态势。

毒资运作模式亦日益成熟。近年来，在新疆破获的"金新月"毒品案件中，公安、边防、海关虽查获大量毒品，但收缴的毒资却很少，每次只能在运毒人员的身上查获少量现金，而真正的毒品资金交易基本上是在境外完成。其毒资运作模式是：毒枭坐镇境外物色"马仔"，找到"骡子"（携毒者），将毒品走私入境，"骡子"找到住处后，通过电话告诉卖家。确认毒品成功入境后再寻找境外的"下家"，由"下家"安排其境内的人员负责接货、转运、交易等。当境外毒枭确认"下家"在境内交易完成，才在境外进行毒资结算，或者境外毒枭遥控其境内的接货人负责接货后，再将毒资通过地下钱庄将毒资转移出境。另外，毒贩还利用"哈瓦拉系统"（一种存在于传统银行渠道之外、建立在信任基础上的金融体系，使用者通过非正式交易商组成的网络便可实现资金在全球范围内的流转，无须实际转账或电汇），将毒资与毒品分开结算，加大了打击涉毒洗钱犯罪执法难度。

（三）毒品藏匿变化多端

境外贩毒组织在藏毒方式上，潜心策划、形式多样、变换频繁、伪装制式

---

① 资料来源：国家禁毒委员会办公室编：《2011 年"金新月"地区毒品形势及向我国走私情况综述》，载于《禁毒工作简报》毒情专刊 2012 年第 3 期。

化，贩运过程中少量多次、蚂蚁搬家方式与行李、货物大批量夹藏交替出现。除将毒品藏匿在人体、箱包、干果、工艺品、液体、板材中以外，还利用地毯、集装箱、车体、纸板等新的藏毒方式，发现和查缉难度日益增加。见图10-8。

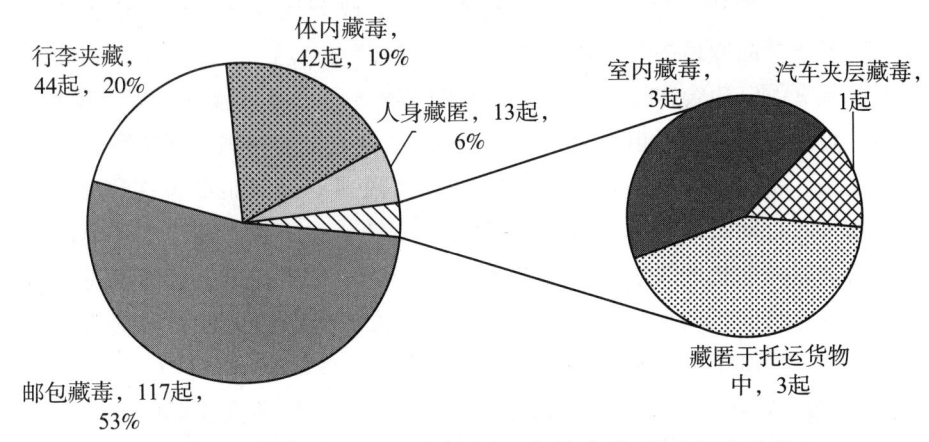

图10-8① 2011年"金新月"毒品案件藏匿方式分类

（四）境内外"三股势力"以毒养恐趋势愈加突出

新疆的毒品犯罪呈现出来的不仅仅是谋求经济利益问题，更多地表现为政治问题。在新疆周边地区，"以毒养恐，以恐保毒"的局面正在形成。阿富汗的贩毒集团主要由三部分构成：一是国际毒枭，他们有严密的网络；二是走私集团、黑恶势力团伙；三是"三股势力"。这三部分各自追求的目标虽有所不同，但依靠的经济基础是一样的，即养毒求生。"东突厥斯坦伊斯兰党""维吾尔人民党"等境内外"三股势力"过去靠塔利班组织毒品经济支持生存，现在直接贩毒获取高额利润。以毒养恐、以毒养政已成为境内外"三股势力"的主要生存手段或途径。他们一方面利用毒品和艾滋病问题制造攻击党和政府的口实，另一方面利用贩毒筹措资金，购买武器，以毒养恐，进一步加重了毒品形势的严重性和复杂性。

第二节 中亚国家禁毒合作现状

正如上文所述，中亚面临的毒品问题不仅事关该地区各国的稳定，也影响到

---

① 资料来源：国家禁毒委员办公室编：《2011年"金新月"地区毒品形势及向我国走私情况综述》，载于《禁毒工作简报》毒情专刊2012年第3期。

周边国家的安全,并进而影响到国际毒品形势的变化。正是认识到这一点,中亚国家才高度重视开展国际禁毒合作。

中亚各国独立以来,从维护中亚区域安全和社会稳定出发,相互之间开展了积极而富有成效的禁毒合作。1996年,中亚五国政府代表同联合国代表共同签署了合作打击毒品贩运的谅解备忘录。同年,哈萨克斯坦、吉尔吉斯斯坦和乌兹别克斯坦签署了三边合作协议,主要内容为三国之间禁毒情报共享等。2001年,塔吉克斯坦、吉尔吉斯斯坦、哈萨克斯坦和乌兹别克斯坦四国共同签署了《在打击恐怖主义、宗教极端主义和分裂主义、有组织犯罪以及其他危害签约国安全与稳定方面一致行动条约》[①]。另外中亚国家于2007年在阿拉木图建立了禁毒信息协调中心,以加强禁毒领域的情报交流共享。从2004年开始中亚国家还召开了一系列关于毒品问题的国际研讨会,力求从理论上找到解决毒品问题的有效途径。在具体案件协作中,中亚各国则开展了富有成效的联合执法行动。如2008年1月17日,哈萨克斯坦、乌兹别克斯坦、塔吉克斯坦和俄罗斯四国警方进行了代号为"台风"的联合缉毒行动,在乌兹别克斯坦首都塔什干成功破获了一个国际贩毒团伙。整个行动共收缴800多公斤海洛因和约100公斤鸦片,抓获42名贩毒嫌疑人。[②] 但受整体国力和经济实力等因素的制约,中亚国家目前还难以单独落实全面的禁毒项目,主要还是需要加强与国际社会的合作。

一、与俄、美等国的禁毒合作

长期以来俄罗斯一直在中亚地区拥有极大的影响力,并且中亚的毒品问题也危及到俄罗斯自身的社会稳定,因此中亚国家和俄罗斯都有积极推进国际禁毒合作的愿望与要求。

中亚国家同俄罗斯之间的禁毒合作可分为两类:在国际组织框架下的合作和双边及多边合作。

俄罗斯同中亚国家开展禁毒合作,主要是通过签署双边/多边协议、开展联合执法行动、情报共享等方式来实行。早在1998年,俄罗斯便与哈萨克斯坦签署了关于打击走私贩毒等四项协议[③]。同年1月,俄罗斯与中亚五国以及联合国在阿拉木图共同召开了《关于在管制麻醉药品方面合作的谅解备忘录》框架内的外长级会议,在会议上明确提出建立执法机构情报信息交流的程序以及在边境地

[①][③] 哈萨克斯坦禁毒署:http://narcopost.kz/ru/partner.html。
[②] 《哈乌塔俄警方联合破获国际贩毒团伙》,新华社阿拉木图2008年2月14日电。

区合作、开展联合执法行动①。1999年5月，俄罗斯同中亚五国等共同召开了国际研讨会"丝绸之路：中亚与毒品问题"，在研讨会上俄罗斯代表呼吁地区国家共同打击毒品犯罪。另外，俄罗斯还加入了"中亚地区禁毒信息协调中心"（CARICC）框架，加强同中亚国家之间的合作与信息共享。

除签署相关文件和召开国际会议之外，俄罗斯还每年与中亚国家共同举行代号为"通道"（Канал）的联合执法行动。"通道"行动主要的目的是杜绝来自阿富汗毒品向独联体国家走私的渠道，杜绝来自东欧的合成毒品向独联体国家的流入，杜绝非法易制毒化学品的流通。"通道"行动的成员国有亚美尼亚、白俄罗斯、哈萨克斯坦、吉尔吉斯斯坦、俄罗斯、塔吉克斯坦和乌兹别克斯坦等国家。值得注意的是，俄罗斯边防军长期驻守在塔吉克斯坦与阿富汗的边境，对控制毒品非法流入中亚起到了极为重要的作用。尽管2005年之后俄罗斯边防军已经将防务移交给塔吉克斯坦边防军，但是还一直承担塔边防军的部分业务培训。另外俄罗斯还对中亚国家禁毒人员进行培训。如2011年塔吉克斯坦禁毒总署和下属部门举办的有关禁毒工作人员培训班中，其中33名专业人员前往俄罗斯联邦多莫杰多沃地区内政部警官晋升高级培训学院和俄罗斯联邦圣彼得堡地区高级毒品药物管制局培训学院接受了培训。

俄罗斯同中亚国家之间的禁毒合作大多被放在了独联体集体安全条约组织（以下简称"集安组织"）、上海合作组织等国际组织框架下进行。俄政府主张利用"集安组织"组建的快速反应部队打击贩毒活动，并于2009年底正式启用独联体成员国缉毒部门联合数据库，以进一步加强各成员国在打击毒品犯罪和反恐等领域的合作。总体而言，俄罗斯在中亚地区的禁毒合作大多是在已签署的文件框架之下，着重于联合执法以及情报交流等方面。在合作中俄罗斯与中亚国家具有法律体系相似等优势，推进合作时比较便利，容易沟通。

在中亚地区的各种禁毒合作中，美国无疑是最为活跃的一支力量。美国同中亚国家在禁毒领域的合作一部分是由美国政府机构负责，而另一部分则是由美国的非政府组织负责。美国与中亚国家之间的禁毒合作项目内容大多是培训缉毒人员、进行技术协助等，而美国非政府组织则积极活跃于降低毒品危害和减少需求等领域。美国在中亚地区推进禁毒合作项目始于2001年，该年8月美国同乌兹别克斯坦签署了禁毒斗争协议②。接着2001年12月美国又与吉尔吉斯斯坦政府签订了一系列关于禁毒等相关领域的协议。除了签署协议之外，美国还在中亚地区展开了一系列合作项目，2002年美国便在中亚地区发起了"遏制行动"，该行

---

① 联合国网站：http://www.un.org/chinese/documents/decl-con/docs/a-52-791decl.pdf。
② 潘志平：《2003走出阴霾》，乌鲁木齐：新疆人民出版社2004年版，第215页。

动的主要目的是防止阿富汗毒品向外蔓延,哈萨克斯坦及土库曼斯坦积极加入了该计划。2003年美国又相继同塔吉克斯坦和哈萨克斯坦签署了禁毒合作协议,在相关人员培训和设备等方面对两国提供协助。美国在中亚地区不仅同中亚国家合作,也积极同其他国家在中亚地区开展禁毒项目合作。比如2009年美国与俄罗斯成立了"双边合作发展委员会禁毒工作组",工作组由美国国家禁毒政策办公室主任及俄罗斯联邦国家禁毒委员会主任共同领导,内容包括在中亚地区共同开展禁毒合作[①]。美国的非政府组织在中亚的禁毒领域也起到了一定的积极作用,在强力部门难以发挥作用的社会层面上做了一些具体工作,包括安全的注射器交换、艾滋病防治、美沙酮维持治疗等项目。其中比较有代表性的是索罗斯基金会在吉尔吉斯斯坦的活动,该基金会1999年在吉尔吉斯斯坦开展了安全的注射器交换项目。2000年吉尔吉斯斯坦在索罗斯基金会资助下成为中亚地区唯一一个在监狱开展注射器交换项目的国家。2002年吉尔吉斯斯坦又在中亚国家中率先开展了美沙酮维持治疗[②]。美国在中亚地区开展的禁毒合作一方面填补了该地区禁毒工作中的一些技术空白,在一定程度上弥补了资金的缺乏,推动了中亚各国缉毒能力的提高;另一方面,也给中亚国家提供了诸如减低危害等新的禁毒工作理念。但是应该明确,美国政府所开展的禁毒合作项目从属于其"大中亚战略",是为其国家利益服务的,经常会附加条件或与其他触及社会政治体制的项目共同实施,这使中亚国家在与其合作的过程中心存顾虑。美国与中亚国家的合作还会受到政治因素的影响,比如在"安集延事件"之后美国与乌兹别克斯坦之间的合作便几乎陷入停滞状态[③]。美国的非政府组织在乌兹别克斯坦开展工作也因此受到乌政府的严格限制。这些情况都对美国在该地区开展的禁毒合作项目产生了不利影响。

二、上海合作组织框架下的合作

自2001年上海合作组织正式宣告成立以来,上合组织逐渐成为成员国推动解决地区毒品问题的重要依托。面对共同的毒品威胁,各成员国不断加强沟通协调,在禁毒政策制定、减少毒品需求、缉毒执法、易制毒化学品管制等领域务实开展双边、多边合作,推动建立地区禁毒体系。据悉,自2009年上合组织推动

---

① 《美俄启动双边高层禁毒合作机制共同应对阿富汗毒品贩运挑战》,浙江禁毒网,2009年12月21日,http://www.zjjd.org/note/content/2009-12/21/content_666.htm。

② Daniel Wolfe:指明道路:吉尔吉斯共和国的减低危害措施.http://www.aizhi.net/UploadSoft/2005102694213550.pdf。

③ 美国驻乌兹别克斯坦大使馆 http://russian.uzbekistan.usembassy.gov/incsr_2009_ru.html。

建立领导人、高官、专家三级禁毒合作机制以来,成员国各方之间禁毒合作进入务实发展的新阶段。十多年来,上合组织成员国历届元首峰会高度重视加强成员国禁毒合作,禁毒始终是元首峰会通过的宣言和联合公报中的一项重要内容。2004年6月,上合组织成员国元首在塔什干峰会上签署了《上合组织成员国关于合作打击非法贩运麻醉药品、精神药物及其前体的协议》,自此拉开了上合组织禁毒合作序幕。2006年4月,上合组织成员国首次缉毒执法研讨会在北京召开,会议就建立禁毒情报信息交流机制、打击通过贩毒为恐怖主义融资的犯罪行为以及如何建立上合组织禁毒合作机制等问题进行研讨,确定了禁毒部门高官级定期会晤制度和联络员机制。2008年4月,上合组织成员国秘书处首次召集禁毒领域会议,就落实上合组织禁毒合作协议和在本组织框架内建立长效禁毒机制等问题进行了研讨。2010年3月在莫斯科召开了"上合组织成员国2010~2015年禁毒合作会议"。同年5月在北京举行了"上合组织成员国禁毒部门领导人会议"。2011年6月,上合组织成员国元首在阿斯塔纳峰会上批准了《2011~2016年上合组织成员国禁毒战略》及其《落实行动计划》,明确了成员国在应对阿富汗毒品威胁、禁毒预防教育、戒毒康复、国际合作等领域的相关措施及落实机制,为成员国禁毒合作指明了方向。2012年4月2日,上海合作组织成员国禁毒部门领导人第三次会议在北京举行。会议期间,各方就进一步完善三级禁毒合作机制、加强成员国禁毒领域务实合作、落实《2011~2016年上合组织成员国禁毒战略》及其《落实行动计划》等问题进行了讨论,并就赋予上合组织常设机构禁毒协调职能问题交换了意见、达成了共识。各方批准了《上合组织成员国禁毒部门高官会议工作规则》及法律基础、缉毒执法、易制毒化学品管制、减少毒品需求四个专家工作组工作规则。

近年来,上合组织成员国一直利用"上海合作组织—阿富汗"联络组这一便捷渠道,与阿富汗制订了一系列加强合作的具体措施和计划,取得了积极的成果。2009年3月27日,上合组织阿富汗问题特别国际会议在莫斯科举行,这是上合组织首次举行有关阿富汗问题的国际会议。会议的代表来自30多个国家或国际组织,除了上合组织成员国和观察员国之外,还有阿富汗、土库曼斯坦、英国、法国、美国以及联合国、欧盟、北约、独联体等国家和组织。与会代表的多样性充分体现了上合组织与国际社会共同协商解决复杂问题的意愿。会议发表了《上海合作组织成员国和阿富汗伊斯兰共和国关于打击恐怖主义、毒品走私和有组织犯罪的声明》和《上海合作组织成员国和阿富汗伊斯兰共和国打击恐怖主义、毒品走私和有组织犯罪行动计划》。根据上合组织各成员国与阿富汗商定的这份行动计划,各方将在禁毒、反恐、打击有组织犯罪这三个领域开展多项合作。在禁毒领域,上合组织成员国将与阿富汗开展部门间情报交流,实施联合行动，共同打击涉及毒品交易收入的洗钱活动，对禁毒部门人员进行培训，并完善各方打击毒品贩运的法律体系。

三、与联合国、欧盟、集安条约等国际组织的合作

（一）联合国在中亚实施的禁毒项目

在中亚地区最为活跃的国际组织是联合国，其负责禁毒的主要机构——毒品与犯罪问题办公室（UNODC），一直将中亚地区作为其禁毒工作的重要组成部分。1993年，UNODC在中亚地区成立了"中亚地区办公室"，负责该地区的国际禁毒合作项目的实施、毒情变化调查等工作。UNODC所实施的项目在中亚的禁毒工作中扮演着重要的角色，项目涵盖了中亚地区的各个国家，投入资金逐年加大，重点是加强各国情报交流和地区合作。主要项目有：

1. 中亚地区信息与协调中心项目（CARICC）

全称：Central Asia regional information and coordination centre，是《合作打击毒品贩运谅解备忘录》（MOU）机制的一部分，其成员国包括中亚五国及俄罗斯、阿塞拜疆。建设协调中心的想法是在2002年MOU会议上首次提出，经过一系列的工作，2006年最终完成了中心建设，办公地点设在阿拉木图。宗旨是为成员国执法机关提供禁毒情报支持，协调各方行动，共同切断毒品贩运渠道。2007年11月1日，该中心正式开始试运行。该中心筹建和前期运作的资金主要来自联合国毒品与犯罪问题办公室。[①]今后，在继续接受联合国毒品与犯罪问题办公室援助的同时，将考虑实行由成员国按比例出资的运作模式。中心主要开展了以下工作：

——建立法律基础。主要是协调各成员国制定、草签《中亚地区禁毒信息协调中心协议》和《中亚地区禁毒信息协调中心章程》，为中心今后的全面运作奠定法律基础。

——筹建禁毒信息数据库。中心在各成员国提供的禁毒信息的基础上正在筹建"中亚地区禁毒信息数据库"。

——筹备开展禁毒专业培训。为便于今后开展对各成员国缉毒专业人员的培训，中心目前正在组织力量开展培训教材的编撰工作。

——开展办案协作。据介绍，为提高缉毒效率，各成员国赋予派驻该中心的代表以直接指挥缉毒行动的权力，从而使其不仅仅是信息协调机构，而且具有实

---

① 中亚地区信息与协调中心网站：http://www.caricc.org/index.php?option=com_frontpage&Itemid=1。

战指挥职能。因此，中心从试运行开始就在办案协作方面取得了不小的成绩。根据中亚地区跨国走私毒品形势的变化和特点，从 2011 年初开始，由该中心牵头，协调并组织哈萨克斯坦、俄罗斯、吉尔吉斯斯坦、塔吉克斯坦、中国、意大利、土耳其、美国、国际刑警组织等 12 个国家和组织，针对中亚地区较活跃的西非裔贩毒团伙实施了代号为"黑色郁金香"的跨国执法合作行动。"中亚禁毒信息协调中心"为各参战国家提供了语音翻译、通讯话单分析、犯罪嫌疑人轨迹分析、出入境及人头资料核对等情报信息研判服务，为各国对该团伙开展进一步的侦控和经营工作提供了工作重点和行动建议。根据该中心提供的情报信息，哈萨克斯坦、塔吉克斯坦、吉尔吉斯斯坦等国破获了一批走私贩卖毒品案件，摧毁了一批西非裔贩毒团伙。

2. 中亚前体控制项目

该项目全称：Precursors control in Central Asia，它的起止年份为 2000 ~ 2008 年，该项目的目标是加强中亚国家在毒品前体控制方面的立法、监管能力，以及海关、执法机构和科研机构的相关人员的业务能力，并致力于推动相关国家之间的合作。项目内容包括增强执法机构查缉非法前体走私的能力，向海关及边防部门提供设备等①。该项目的实施极大地推动了中亚地区打击毒品前体制剂走私工作的开展。

3. 控制下交付技术发展援助项目

该项目全称：Assistance in developing controlled delivery techniques。"控制下交付"是国际禁毒执法合作当中的一种重要方式，在中亚地区实施该项目之目的在于提高各国合作打击贩毒网络的能力。"控制下交付技术发展援助项目"不仅涵盖中亚五国，也包括俄罗斯和阿塞拜疆，并且该项目同 CARICC 项目相辅相成，CARICC 向该项目提供情报信息及分析，而"控制下交付技术发展援助项目"则有助于大幅度提高各国执法机关的毒品案件侦办能力。

4. TARCET 行动

该行动全称：Targeted Anti – Trafficking Regional Communication，Expertise and Training，即有针对性的反贩运区域交流、专门知识和培训行动，它是在联合国毒品和犯罪问题办公室支持下开展的一项旨在控制易制毒化学品流入阿富汗用于制造海洛因的行动。TARCET 行动的总体目标是加强区域内及区域间的缉毒执法合作，帮助各国执法部门提高组织和开展以情报为导向的缉毒行动的战斗力。2007 年底，联合国毒品和犯罪问题办公室开始对阿富汗的禁毒执法人员就发现

---

① 联合国毒品与犯罪问题办公室网站：ongoing-http://www.unodc.org/centralasia/en projects/precursor-trafficking.html。

和截获易制毒化学品进行培训,并帮助他们使用现代化手段缉毒,这一行动目前已扩展到这一区域其他国家。这一行动在 2008 年和 2009 年付诸实施。2008 年 3～5 月的行动中,在巴基斯坦、伊朗和阿富汗分别收缴了 14 吨、5 吨和 500 公斤醋酸酐(又称醋肝、乙酊、乙酸酐)。此次行动还缴获了 27 吨其他化学物品,包括在吉尔吉斯斯坦缴获的 6.8 吨硫酸,乌兹别克斯坦缴获的 1.6 吨醋酸,伊朗缴获的 16 吨乙酰氯和阿富汗缴获的 3 吨各类化学品。联合国毒品和犯罪问题办公室为参与该行动的各国执法部门创建合作的平台、提供行动和技术支持,以帮助各国执法部门提高利用现代侦查手段(如倒查、控制下交付等)缉毒的能力。欧洲委员会、美国、加拿大为该行动提供了资金支持,法国、德国、意大利、俄罗斯、土耳其以及世界海关组织为该行动提供了技术支持和保障。

5. "巴黎进程"(The Paris Pact Process)

在联合国毒品和犯罪问题办公室倡议下,2003 年 5 月,从中亚到欧洲毒品运输线路沿线的 50 多个国家和国际组织在巴黎举行部长级会议。会议要求相关各国就边境控制与执法加强协调,并达成了协商一致的战略政策——《巴黎公约》。这一政策随后得到了八国集团和联合国安理会的支持。在操作层面,从 2003 年夏开始,"巴黎进程"专家圆桌会议就边境控制、反走私措施、地区与国际的合作新形式提出新的工作重点,然后由专门的政策小组从战略层面做出评估。专家圆桌会议讨论的成果与建议被汇总成一整套地区反毒品战略——"彩虹战略"。"彩虹战略"是由 7 个文件组成的战略规划,其中的红皮书就是"反毒品贩运地区信息沟通、技术指南和特别培训"(Targeted Anti-Trafficking Regional Communication, Expertise and Training)行动的专门文件。从联合国在中亚地区执行的项目来看,UNODC 较为注重加强中亚各国缉毒部门的业务能力和技术设备,在联合执法方面取得了较大成绩。

(二) 与欧盟的禁毒合作

欧洲是"金新月"毒品的主要消费市场,因此欧洲各国都极为重视中亚地区的毒品问题。欧盟是中亚禁毒领域的重要力量,其实施的计划主要有 CADAP 和 BOMCA。

1. "中亚毒品行动项目"

"中亚毒品行动项目"即 CADAP(The Central Asia Drug Action Programme)始于 2003 年,资金来自欧盟和联合国开发计划署,内容主要包括信息共享、司法合作等。自 2008 年之后进入第四阶段,该阶段同"欧盟反毒品战略 2005～2012 年"相配合,主要目的是降低中亚地区的毒品供应和需求。第四阶段包括四个基本项目:监测发布毒品滥用情况;监狱预防及治疗吸毒者;建立机场、火车站毒品查缉系统；媒体禁毒宣传①。

2. "欧盟中亚边境管理项目"

"欧盟中亚边境管理项目"即 BOMCA 项目始于 2003 年，包括 3 个阶段，目标是完善中亚各国法律制度、建设边境哨卡、训练边防人员等。该项目资金来自欧盟，由联合国开发计划署负责执行。该项目实施了五个具体的计划：哈萨克斯坦、吉尔吉斯斯坦和塔吉克斯坦的机制改革计划；加强中亚各国边防业务能力的训练计划；加强中亚地区贸易物流走廊地带边防基础设施建设计划；加强中亚边防缉毒能力计划；塔吉克斯坦—阿富汗边境戈尔诺—巴达赫尚地区协助安全计划②。

欧盟在中亚地区的禁毒合作项目成效比较显著，为中亚各国建立现代化的边防体制和毒品查缉系统提供了较大的帮助，其经验具有一定的借鉴意义。

（三）独联体集体安全条约组织框架下的禁毒合作

部分独联体国家于 1992 年 5 月签署集体安全条约。2002 年 5 月，独联体集体安全条约理事会会议通过决议，将该条约改为独联体集体安全条约组织。该组织成员国包括俄罗斯、哈萨克斯坦、白俄罗斯、亚美尼亚、乌兹别克斯坦、塔吉克斯坦和吉尔吉斯斯坦。作为中亚地区安全保障的重要机制之一，"集安组织"对于毒品犯罪等非传统安全问题非常关注，并将反恐、禁毒等工作纳入其工作目标之中。2002 年集体安全条约的参加国在比什凯克召开的安全委员会第五次会议上，签署了《共同打击非法毒品贩卖议定书》③。而在 2003 年集体安全条约参加国正式成立集安条约组织之后，更是将应对国际恐怖主义、毒品犯罪、武器走私及其他威胁作为该组织的重要工作领域④。

"集安组织"在中亚地区禁毒领域开展的合作大多采取的是联合执法、缉毒人员业务培训等形式。例如"集安组织"成员国在组织框架内每年都要举行一次代号为"通道"的联合缉毒行动。近几年来"通道"行动取得了极大的成绩，2007 年的"通道-2007"行动仅第一阶段就切断了 17 条毒品走私通道，缴获了 10 多吨毒品及 687 件武器⑤。在 2008 年的缉毒行动中第一阶段便缴获超过 946 公

---

① CADAP 网站：http：//cadap.eu-bomca.kg/。
② BOMCA 网站：http：//bomca.eu-bomca.kg/en/about。
③ 《关于共同打击国际恐怖主义的议定书已签署》，载于《中亚信息》2003 年第 1 期。
④ 集体安全条约组织网站：http：//www.odkb-csto.org。
⑤ 《独联体集体安全条约组织联合缉毒行动缴获 10 吨毒品》，http：//news.sina.com.cn/w/2007-09-05/000612507828s.shtml2007 年 9 月 5 日。

斤的海洛因及790公斤的鸦片①。在"通道-2009"行动中，来自"集安组织"成员国护法机构的总计139 000多名缉毒人员参与了此次打击非法贩毒的联合活动。在第一阶段行动中，共破获6 354起毒品犯罪活动，查获毒品28吨、大麻14.3吨、半成品麻醉剂573.8吨。②

但同时"集安组织"在中亚地区开展的禁毒合作也存在一些问题。"集安组织"是俄罗斯起主导作用的国际组织，经常被用来与西方进行地缘政治对抗，合作中也是虚多实少。在中亚的禁毒合作中，"集安组织"并无一个有条不紊的项目或规划，除了联合执法行动之外，其他合作方式时常流于形式。独联体国家间签署的打击犯罪执法合作协议和法律文件在部分成员国内部批准程序烦琐，导致这些已经签署的协议和文件在有些成员国得不到执行。已经签署和批准的合作协议和法律文件因缺乏制约力和相应的监督机制而得不到落实。

（四）其他一些合作形式

1. 与伊斯兰经合组织的合作

伊斯兰经合组织（ECO）是一个政府间组织，由伊朗、巴基斯坦和土耳其在1985年建立，目的是提供经济、技术和文化合作。1988年，ECO开始着手处理成员国之间有关毒品走私的安全合作问题，并很快将合作的范围扩大到共享反恐信息方面。1992年，中亚五国相继加入。1993年7月的特别会议上通过了伊斯坦布尔宣言，宣布在中亚地区优先考虑禁毒行动。1995年3月15日，伊斯兰经合组织和UNODC签署了禁毒的谅解备忘录。1996年的部长会议通过了伊斯兰经合组织在禁毒方面的行动计划，号召建立一个在秘书长领导下的禁毒协助小组，开展和实施有关加强国内执法机构的计划与项目，以便与UNODC和其他相关机构进行协商。1998年3月，伊斯兰经合组织和联合国在维也纳签署"帮助经合组织创建禁毒协调秘书处"条约。禁毒协调秘书处是中亚禁毒合作中最重要的机构，主张严厉打击贩毒和生产毒品，成员为阿富汗、伊朗、巴基斯坦、中亚五国、土耳其和阿塞拜疆。禁毒协调秘书处计划通过打击供需双方来建立围绕阿富汗的真正的安全地带。它于1999年7月25日开始运作，不同于中亚经合组织的国家间禁毒合作委员会，它是由联合国提供经费，因而禁毒协调秘书处有足够资源来开展相应活动，尽管如此，目前仅仅处于开始阶段，还没有具体的实施措施。

---

① http://news.sina.com.cn/o/2008-11-27/020614790079s.shtml, 2008年11月27日《独联体集体安全条约组织联合缉毒行动第二阶段结束》。

② 网易 http://news.163.com/09/1005/17/5KSM1AKT000120GU.html, 2009年10月5日《独联体集安组织"通道-2009"国际联合专项缉毒行动成果显著》。

2. "五国禁毒小组"

塔吉克斯坦是阿富汗毒品的一个重要过境国和中转国。近年来,塔吉克斯坦针对阿富汗毒品经塔北部向俄罗斯和欧洲贩运的 4 条线路,积极开展了区域合作。2010 年由塔国禁毒总署署长提议,塔吉克斯坦、吉尔吉斯斯坦、阿富汗、俄罗斯、美国五国共同参与的"五国禁毒小组"成立,其主要任务就是负责对这一地区的毒品进行清剿。

在"五国禁毒小组"的基础上,又建立了由俄罗斯、塔吉克斯坦、巴基斯坦、阿富汗参加的"四方禁毒联合集团",并于 2010 年 12 月 8 日在莫斯科举行了首次工作会晤;2011 年 9 月 5~6 日,四国禁毒机构的首脑在喀布尔进行了第二次工作会晤。会议围绕交换禁毒情报信息、交流禁毒经验与方法、设定禁毒计划与战略政策、在俄罗斯接受禁毒专业人员培训及减少地下制毒加工厂和毒品原植物种植等主题进行了协商。

在"五国禁毒小组"框架内,塔吉克斯坦禁毒总署与阿富汗禁毒执法当局在打击毒品非法贩运和禁毒警察培训领域的合作成效显著:截至 2012 年 6 月,塔国与阿富汗禁毒部门共实施了 183 次联合行动,共查获逾 11 吨毒品,其中包括海洛因 1 722.125 千克,生鸦片 9 382.815 千克,以及大量易制毒化学品和武器、弹药;摧毁了阿富汗东北部省份的 39 个地下海洛因制毒实验室;2012 年前 8 个月,塔吉克斯坦禁毒总署与阿富汗警方在阿北部巴达赫尚省、塔哈尔和昆都士等地区采取的 18 次联合行动中,摧毁了 26 公顷罂粟种植地;查获毒品 215.560 千克,其中海洛因 37.750 千克、鸦片 42.200 千克、大麻 135.610 千克。此外,还查获易制毒化学品 240 千克;自 2008 年开始,塔吉克斯坦禁毒总署还为阿富汗培训了大批禁毒警察。

四、中亚地区禁毒合作面临的困难

如上文所述,中亚地区现有的国际禁毒合作模式多种多样,提升了中亚国家禁毒能力,与世界上其他地区的禁毒合作模式相比,具有自身的特点和问题。

(一) 特点

首先,中亚地区国际禁毒合作模式呈现多样化的特征。从主导方来看,既有国际组织主导的合作项目,也有一些国家政府主导的合作项目,甚至还包括一些非政府组织出资的项目。从合作内容来看,涵盖了执法合作、情报交流、人员培训、减少危害、降低需求等所有禁毒及相关范围,使中亚各国在禁毒领域的工作能力得到比较全面的提升。

其次，中亚国际禁毒合作具有跨国性和跨地区性的特点。中亚地区是"金新月"毒品外流主要通道，这使该地区的禁毒合作项目不仅涵盖中亚五国，也包括其周边各个国家。

最后，国际禁毒合作项目得到中亚各国政府的普遍重视，为禁毒合作项目及机制在该地区运行创造了较好的条件，使其在中亚地区发挥了比较积极的作用。

（二）问题

但是，我们也应该看到，中亚地区禁毒国际合作也面临着一些问题。

第一，中亚各国之间在禁毒法律法规中的差异对该地区的禁毒合作造成了不利影响。中亚各国的法律体系虽然都脱胎于苏联的法律体系，但是毕竟在一些具体的法律条目，甚或于立法原则上存在明显的差异。比如说吉尔吉斯斯坦法律中对于毒品犯罪的最高刑罚为死刑，而哈萨克斯坦的最高刑罚为 20 年，这就导致吉尔吉斯斯坦和哈萨克斯坦在打击毒品犯罪的司法合作上存在困难和障碍，时常要面对复杂的死刑引渡问题。除此之外，在具体办理毒品案件的过程当中经常会遇到毒品的定性及定量问题，同样也是出于具体条规不同的原因，也时常造成司法合作时在量刑幅度上出现差异，给禁毒合作造成困难。

第二，中亚各国禁毒机构级别和职责不同给彼此合作带来现实的难题。有些中亚国家禁毒机构领导人是部长级别（如乌兹别克斯坦），有些国家则是较低的级别，比如哈萨克斯坦禁毒机构就隶属于内务部，级别差异导致具体合作，特别是中亚国家之间的合作当中因无法对等难以达成协议。除此之外，各国禁毒机构之间职责的差异也是一大问题，如乌兹别克斯坦毒品管制国家委员会并不涉及具体毒品案件的侦办，而哈萨克斯坦的禁毒委员会则隶属于内务部，直接负责毒品案件的查缉和侦办，这使得中亚地区进行执法合作时由于机构设置不同而出现困难和障碍。

第三，中亚地区所存在的大量禁毒合作机制有合作内容重复的问题。比如，联合国及"集安组织"的很多项目都致力于加强中亚国家间情报信息合作，重复的内容使大量的人力及财力资源被浪费，而各项目的信息并不能共享，导致了许多无效率的工作。

第四，中亚地区禁毒合作机制极易受到政治因素的影响。这在 2005 年"安集延事件"前后表现得非常明显。"安集延事件"之后，乌兹别克斯坦加大了对国内非政府组织的控制和管理，使许多美国非政府组织在该反毒品问题领域的活动受到限制。同时，美国也经常借禁毒合作之机向中亚国家"输出民主"，这使中亚各国产生戒备，甚或不满。相对于俄罗斯来讲，中亚国家对俄罗斯同样心存疑惑，担心俄罗斯借机扩大在中亚地区的影响力，将其再次变为"自家后院"，而俄罗斯经常流于"文牍主义"的态度也对二者之间的禁毒合作造成了负面影响。并且，中亚国家之间错综复杂的关系也为禁毒合作带来了困难，如乌兹别克斯坦和哈萨克斯坦都在力争主导中亚地区的禁毒合作，使这两个中亚地区的主要国家在毒品问题上难以形成合力。

第五，一些禁毒合作机制的行动力不强。哈萨克斯坦、吉尔吉斯斯坦和乌兹别克斯坦曾经提出要建立联合工作组来侦查毒品犯罪等跨国犯罪，至今这一决议仍只存留于文件之上。除此之外，"集安组织"成员国曾多次通过决议，要在中亚地区加大禁毒合作力度，扩大项目内容和规模，包括派遣缉毒人员互相学习经验，情报共享等，但迄今为止只有每年一度的联合缉毒行动落实了下来，其他则是"文件纸面内容"。这些大量的"文件机制"的存在，一方面削弱了禁毒合作的行动能力，另一方面也削弱了中亚国家参与这些机制的积极性。

第六，情报共享水平较低，甚至于出现较大的数据出入。中亚国家以及各合作机制成员之间互信程度低，至今并不能做到情报无障碍共享，而情报信息彼此之间的不透明，使禁毒合作中出现误差的现象时有发生。除此之外，一些国家对于毒品问题态度消极，如土库曼斯坦就对国内毒情讳莫如深，曾经多次因为消极对待国际禁毒合作，不公开国内毒情相关数据而招致国际麻醉品管理局的点名批评[①]。虽然联合国等都曾大力呼吁加强情报共享系统的建设，但是现在看来这项工作仍然前路漫漫。

第三节　中国与中亚国家禁毒合作现状

中亚各国与中国陆地边界线漫长，历史上曾是中国与欧洲之间陆路交通的重要枢纽，且直接影响中国西部地区的安全与稳定，战略地位非常重要。当前，中国与中亚区域间交往空前活跃，外来人口比重增大，人员流动频繁，交叉流动性增强，客观上为跨国犯罪提供了适宜环境与便利条件。就毒品犯罪而言，"金新月"及中亚地区的贩毒集团已将中国作为新兴的毒品消费市场及毒品外流的新通道，对中国的国家安全与社会稳定已经构成了威胁。在这一问题上中国与中亚各国拥有共同利益。并且，"金新月"毒品问题的解决无法单方依靠某一国的力量，在这种情况之下，加强同中亚国家之间的禁毒合作便成为必然趋势。

---

① http://www.incb.org/pdf/e/ar/2004/incb_report_2004_chinese.pdf.

一、主要合作形式与取得的成效

周边稳，则中国安；周边乱，则中国损。与周边国家开展警务执法合作，已成为我国周边外交的重要组成部分。

在合作机制方面，近年来，我国与中亚国家的禁毒执法合作以高层互访为龙头，以团组交流为载体，建立了相应的情报信息交流和定期工作会晤等合作机制。通过联合侦查、协同办案、跨境调查取证等措施，大力推动务实合作，成功破获了一批跨境毒品案件，打掉了一批国际贩毒团伙，维护了双方的共同利益和边境地区的安全与稳定。

在联络渠道方面，公安部已向包括哈萨克斯坦、吉尔吉斯斯坦、乌兹别克斯坦及塔吉克斯坦等中亚国家在内的周边 10 个国家的 11 个使领馆派驻了警务联络官，与周边主要国家的内政警察部门均设立了 24 小时警务联络热线。① 此外，近年来公安部、商务部以援外培训的方式为周边国家培训了大批中高级执法人员，培养了一批对华友好力量，建立了一批顺畅、有效的人脉关系。这些都为开展周边警务执法合作迈向新的广度和深度，提供了稳固的基础。

在签订合作协议方面，早在 1999 年 8 月 13 日，中国就同塔吉克斯坦签订了《中华人民共和国政府和塔吉克斯坦共和国政府关于禁止非法贩运和滥用麻醉药品、精神药物和管制化学品前体的合作协议》，正式确立了中塔两国在禁毒领域的合作关系，在协议中对情报交流、控制下交付、降低危害、缉毒人员培训等都作了明确规定。近几年来，随着中塔两国国际贸易的日益增长和人员交往的日趋频繁，塔吉克斯坦已成为"金新月"毒品向我国走私渗透的重要中转通道，是新疆地区"金新月"毒品渗透的第一道屏障和防线。为此，中塔之间开展禁毒合作的需求不断增长。2011 年 11 月 23 日，新疆公安厅禁毒总队接到我驻塔吉克斯坦大使馆转来的《塔吉克斯坦禁毒署长提出加强禁毒领域合作建议》，塔方向中方提出了更为具体的合作要求。近年来，中国与吉尔吉斯斯坦政府按照早先签订的禁毒合作协议，在上合组织框架下开展了富有成效的协作。2012 年 2 月 27 日至 3 月 5 日，以吉尔吉斯斯坦国家禁毒总局局长奥罗扎利耶夫（部长级）为团长的吉尔吉斯斯坦禁毒代表团访华，双方签署了《中华人民共和国公安部和吉尔吉斯共和国国家禁毒总局关于打击非法贩运和滥用麻醉药品、精神药物及易制毒化学品的合作协议》。2004 年中国同乌兹别克斯坦也签署了禁毒合作协议。

---

① 公安部自 1998 年开始向有关国家派驻警务联络官。目前，公安部共在 23 个国家、24 个驻外使领馆派驻了 38 名警务联络官。

需要指出的是，新疆公安厅与毗邻的中亚国家打击毒品犯罪的合作内容，许多都是以会谈纪要或互访考察的方式加以确定的。

2006年12月20日，新疆公安厅与塔吉克斯坦共和国戈尔诺—巴达赫尚州禁毒局在乌鲁木齐市举行了双方边境地区禁毒工作会议，双方签署了会议纪要，就加强禁毒情报信息的交流、共同打击跨国毒品犯罪等问题举行了工作会谈。双方达成了以下共识：一是双方建立新疆维吾尔自治区与戈尔诺—巴达赫尚州以及双方边境地区禁毒部门合作机制，确定双方联络员和联络热线，举行定期或不定期会晤，及时通报破获的走私、贩运毒品案件的相关信息，特别是针对对方公民所参与的跨国毒品走私、贩运毒品案件信息，共同研究分析跨国走私、贩运毒品活动的规律与特点，制订合作方案，联手打击通过中塔边境地区的跨国走私、贩运毒品活动。二是加强在缉毒领域的双边合作。双方可适时组织开展打击跨国毒品犯罪的联合行动，包括采取"控制下交付"的手段，加大案件侦查力度，提高办案效率。必要时互派侦查员协助案件调查、案情分析和抓捕犯罪嫌疑人。同时，为对方的引渡提供相应的便利与协助。

2007年10月，应塔吉克斯坦禁毒署邀请，新疆公安厅禁毒考察团对塔吉克斯坦进行了5天考察。通过考察交流，增进了双方的了解，加深了友谊，建立了新疆禁毒部门与塔吉克斯坦禁毒署之间的区域性禁毒协作协议，为双方堵截"金新月"毒品走私、贩运活动和今后开展禁毒合作奠定了良好的基础，并建立了良好的工作关系。

2006年11月8日，哈萨克斯坦阿拉木图州内务总局麦凯耶夫局长一行应新疆公安厅邀请，来新疆进行考察访问。会谈中，双方交流了减少毒品需求和打击有组织犯罪领域的经验和做法，探讨解决阿富汗毒品问题的新途径，研究边境地区情报交流、反洗钱等议题，确定双方进一步加强合作的重点领域等。

2007年5月30日至6月4日新疆公安代表团对哈萨克斯坦阿拉木图州等地进行工作访问。访问期间，双方就禁毒情报信息的交流与案件合作进行了广泛而深入的交流，并签署了会谈纪要。

上述双边协议和工作纪要的签署为新疆地区同中亚国家开展双边乃至多边禁毒合作搭建了法律框架，打下了深化合作与交流的基础。

在执法务实合作方面，中国同中亚各国的主要合作形式包括联合缉毒行动（控制下交付）、案件协助、情报交流等。2008年11月至2010年8月，在上合组织禁毒合作框架下，中国公安部协调指挥广东、新疆、北京等地公安禁毒部门与哈萨克斯坦国家安全委员会合作，4次实施跨国"控制下交付"行动并取得成功，共抓获在我境内实施毒品犯罪活动的外籍嫌疑人17名，缴获海洛因6.7千克、可卡因0.67千克。2008年11月，广东省公安厅同哈萨克斯坦国家安全委员会合作，采用控制下交付的手段切断了一条经哈萨克斯坦走私"金新月"毒品到广州的国际贩毒通道，缴获海洛因2.26千克，抓获外籍犯罪嫌疑人4名[①]。2008年我国公安机关根据哈萨克斯坦国家安全委员会提供的情报，在北京将毒枭哈利勒拉赫曼·阿卜杜拉·拉希姆（阿富汗籍）抓获。2009年，在公安部禁毒局统一协调和直接指挥下，新疆禁毒部门与哈萨克斯坦警方开展了3次国际禁毒执法合作，成功破获了3起"金新月"毒品走私入境案件，抓获犯罪嫌疑人10名，缴获毒品海洛因3 185.5克。2009年2月，在驻哈萨克斯坦使馆警务联络官支持下，中哈警方在广州成功实施联合"控制下交付"行动，抓获尼日利亚籍毒贩2名，缴获海洛因2千克。

中国与塔吉克斯坦、吉尔吉斯斯坦等国之间也多次成功联合实施"控制下交付"行动。2007年10月22日，在公安部禁毒局统一指挥协调下，新疆警方与塔吉克斯坦警方成功实施一起跨国"控制下交付"行动，共抓获犯罪嫌疑人3名（塔吉克斯坦籍1名）、缴获"金新月"毒品海洛因590克。这起案件是新疆警方与塔吉克斯坦禁毒总署首次开展禁毒执法合作，为中塔两国警方共同打击"金新月"毒品犯罪打下了良好的开端。

2007年10月30日，乌鲁木齐市公安局破获一起"金新月"毒品走私入境案件，抓获阿富汗籍犯罪嫌疑人1名，缴获毒品海洛因67.5千克，大麻脂4 848千克。经调查：该案毒品由国际铁路联运通过塔吉克斯坦，经吉尔吉斯斯坦和哈萨克斯坦运至我区，另有两名塔吉克斯坦籍人员涉嫌该案。经公安部禁毒局批准，2007年12月24～31日，新疆公安厅派工作组赴塔吉克斯坦对该案件开展调查取证工作。塔吉克斯坦禁毒署非常重视，大力配合，协助完成了调查取证工作。

在技术培训和经费设备援助方面，2007年以来，中国在上合组织框架下共为成员国举办多边、双边禁毒执法和易制毒化学品管制培训班11期，累计为成员国禁毒部门培训各类人员170余人。

2010年由中国商务部主办、公安部国际合作局承办的"亚洲国家禁毒执法研修班"项目首次邀请哈萨克斯坦、吉尔吉斯斯坦和乌兹别克斯坦三国的缉毒警官来华参训。[②] 自2007年以来，新疆警官高等专科学校（现为新疆警察学院）先后承办多期由公安部国际合作局、国家商务部主办的面向中亚国家的禁毒执法培训班。2009年6月2～9日，新疆警官高等专科学校承办了由商务部、公安部主办，新疆维吾尔自治区公安厅协办的"上海合作组织禁毒研修班"，来自哈萨

---

① 国家禁毒委：《2009年中国禁毒报告》。
② 商务部培训中心网站：http://pxzx.mofcom.gov.cn/aarticle/xxfb/s/j/201003/20100306834319.html。

克斯坦、吉尔吉斯斯坦、俄罗斯联邦、塔吉克斯坦和乌兹别克斯坦的 20 名学员参训。2011 年 9 月 6 日，为贯彻上合组织阿斯塔纳元首峰会批准的《2011 ~ 2016 年上海合作组织成员国禁毒战略》及其《落实行动计划》以及 2010 年 9 月上海合作组织成员国易制毒化学品管制专家工作组会议精神，在新疆警官高等专科学校举办了"上海合作组织易制毒化学品管制培训班"。俄罗斯联邦、塔吉克斯坦、乌兹别克斯坦和我国黑龙江、四川、新疆、云南、浙江五省公安机关的 15 名学员参加了培训。2011 年以来，新疆警官高等专科学校还先后承办了两期"塔吉克斯坦禁毒官员培训班"。

通过培训，进一步提高了成员国禁毒执法能力，加深了成员国禁毒部门相互的理解与认同。另外，培训班宣传了我国改革开放取得的成就，促进了我国与中亚国家之间的睦邻友好关系，扩大了新疆公安机关的影响。同时，也为我国开展区域禁毒执法合作搭建了一个新的平台。

为推动上合组织成员国开展务实高效的情报信息交流与联合执法行动，中国政府在力所能及的范围内，陆续为其他成员国提供毒品查缉技术和设备支持。2001 年以来，中央每年通过公安部向中亚国家提供警用物资和外援经费约 1 000 万元人民币。2008 年 8 月 18 日，公安部援助塔吉克斯坦内务部、国家安全委员会的警用物资交接仪式在新疆卡拉苏口岸举行，此次援助塔国的物资包括头盔、金属探测器、防弹背心、夜视仪及交通安检镜等警用装备，总价值近 500 万元人民币。2011 年 4 月 24 ~ 30 日，在哈萨克斯坦首都阿斯塔纳举行的上合组织成员国第二次公安内务部长会议和第六次安全会议秘书会议上，中国公安部分别与塔吉克斯坦签署了《中国公安部和塔国家安全委员会关于无偿提供警用物资的意向书》《中国公安部和塔内务部关于无偿提供警用物资的意向书》，将向塔提供价值共 900 万元人民币的警用物资。与吉尔吉斯斯坦签署了《中国公安部和吉国家安全委员会关于无偿提供警用物资的意向书》《中国公安部和吉内务部关于无偿提供警用物资的意向书》，将向吉提供价值共 400 万元人民币的警用物资。目前，这些外援经费和物资设备业已发挥了很重要的作用。尤其是中亚国家警方经济落后，给予其警用物资援助，调动其禁毒工作的积极性，为我打击跨国毒品犯罪服务。

总之，目前我国与中亚各国在禁毒方面合作呈现良好势头，形式更加多样，内容更趋务实，成果不断扩大，为合作的健康、可持续发展提供了有力保障。

二、上海合作组织框架下的禁毒合作

中国与中亚国家的禁毒执法合作更多的是在上合组织框架下开展。自 2001

年上海合作组织正式宣告成立以来，上合组织逐渐成为成员国推动解决地区毒品问题的重要依托。面对共同的毒品威胁，各成员国不断加强沟通协调，在禁毒政策制定、减少毒品需求、缉毒执法、易制毒化学品管制等领域务实开展双边、多边合作，推动建立地区禁毒体系。

上海合作组织成立之后，为中国参与中亚地区开展禁毒合作创造了条件。2003年上海合作组织成员国在杜尚别举行上合组织禁毒专家会议，与会各方就上合组织成员国多边禁毒合作协议文本草案达成基本共识，为上合组织禁毒协议的签署打下了基础。2004年6月在塔什干各成员国元首签署了《上海合作组织成员国关于合作打击非法贩运麻醉药品、精神药物及其前体的协议》，明确了禁毒合作的原则，并在《协议》当中明确了上合组织成员国应采取情报交流、应对方要求采取专业侦查措施、执法合作（包括控制下交付）、举办会议或研讨会以交流经验、交换禁毒法律法规及数据等相关材料、培训缉毒人员、提供物质及技术协助、共同开展相关领域科学研究、必要时交换麻醉品及其前体样品、司法协助、成立工作组或交换代表以协调工作、共同发展社会戒毒机构等方式在禁毒领域进行合作①。《协议》的签署标志着上合组织禁毒合作法律基础的完善。2006年上合组织成员国在北京召开了缉毒执法研讨会，会议上各国交流了缉毒执法中的成功经验，并一致认为需要进一步加强堵源截流，增设查缉点以加大查缉力度，在边境地区加强缉毒执法合作，加快情报交流机制的建设，并且确立了各国的缉毒执法联络员。2009年在莫斯科召开的上合组织成员国禁毒部门领导人会议上，与会各方决定建立上合组织成员国禁毒部门高官会议机制，在领导人会议框架内成立法律基础、缉毒执法、易制毒化学品管制及减少需求四个专家工作组，建立临时专家工作组制定《上合组织成员国2009～2014年禁毒战略草案》，同时商定要在上合组织框架内建立禁毒合作协调机制。同年在商务部和公安部的主办之下，在新疆召开了"上海合作组织禁毒研究班项目"，来自上合组织各成员国的禁毒官员共同参加了该项目。除此之外，上合组织还积极同阿富汗政府合作，成立了"上海合作组织—阿富汗联络小组"，并于2009年同阿富汗政府签署了《上海合作组织成员国和阿富汗伊斯兰共和国打击恐怖主义、毒品走私和有组织犯罪行动计划》，同阿富汗政府在这一框架内共同开展禁毒合作，以求更好地解决"金新月"毒品问题。2012年4月2日，上海合作组织成员国禁毒部门领导人第三次会议在中国北京举行。各方就进一步完善三级禁毒合作机制、加强成员国禁毒领域务实合作、落实《2011～2016年上合组织成员国禁毒战略》及其

---

① 全国人大网站：《上海合作组织成员国关于合作打击非法贩运麻醉药品、精神药物及其前体的协议》，http://www.npc.gov.cn/wxzl/gongbao/2005-02/24/content_5337666.htm。

《落实行动计划》等问题进行了讨论,并就赋予上合组织常设机构禁毒协调职能问题交换了意见、达成了共识。各方批准了《上合组织成员国禁毒部门高官会议工作规则》及法律基础、缉毒执法、易制毒化学品管制、减少毒品需求四个专家工作组工作规则。

经过多年的务实合作交流,中国与中亚国家之间在上合组织框架下进一步完善了禁毒合作机制,各方在诸多方面达成了共识:一是继续在重要国际场合加强沟通、协调和配合;二是推动落实《2011~2016年上海合作组织成员国禁毒战略》及行动计划;三是交流相关禁毒执法季度统计数据和毒情信息;四是加强对陆海空口岸港口的缉毒合作;五是联合打击跨国毒品犯罪网络;六是深化在毒品检测、戒毒康复等减少毒品需求领域的务实合作;七是继续开展边境地区缉毒联合行动等。

三、中国与中亚国家禁毒合作中存在的问题

从地区局势来看,中亚国家,有的政局不稳、毒品生产泛滥,有的禁毒不力、毒品犯罪猖獗,有的"三股势力"插手贩毒,形成复杂的国际背景。上述各种因素相互联系、相互影响,可能产生共振效应,存在导致中亚安全形势严重失控的危险性。这些都为我们建立稳定的禁毒国际协作造成困难。

从合作成效上看,首先合作机制还不完善,合作广度、深度还不够。虽然我国与中亚各国签有政府间禁毒协议,上海合作组织成员国也签有《关于合作打击非法贩运麻醉药品、精神药物及其前体的协议》,但与解决"金三角"地区毒品问题的合作机制相比,针对"金新月"地区毒品问题的合作起步较晚,中央、地方、部门之间禁毒合作机制原则性要求多,务实性措施少,深度合作缺少切入点和有利条件。加之中亚各国政治因素复杂,禁毒基础薄弱,执法人员素质和能力较低,不提供援助和培训难以有效开展合作。受这些因素影响,我国与中亚国家在联合查缉、执法办案、情报交流、易制毒化学品管制等方面的实质性合作还十分有限,案件的侦查取证具有较大难度,致使涉及中亚方向的毒品案件侦查和毒情分析还处于"浅尝辄止"的尴尬状态。近几年的禁毒合作实践表明,尽管我们与哈萨克斯坦、塔吉克斯坦等中亚国家建立了情报合作与交流机制,而且进行了多次国际禁毒执法合作,开展了多次跨国"控制下交付"行动。但是,这些行动都是低层次的、个案的合作,没有真正铲除其团伙、斩断其通道,缺乏有针对性的、国际层面的禁毒执法合作与交流。新疆侦办的"金新月"毒品案件,由于跨国贩毒"两头在外"特征明显,而我们查的多是中间环节,抓的多是"马仔",且缺乏乌尔都语、普什图语及非洲方言等相关语种的专业人员,抓获了运毒"马

仔"后无法就地突审，造成其同伙或复线人员脱逃，通风报信，致使案件难以延伸，无法实施精确打击，对境外毒枭的追捕和引渡还存在困难。2012年，我国与周边多个国家开展了跨国"控制下交付"联合行动，全国共破获跨国、跨境毒品犯罪案件5 000余起。其中与东南亚缅甸、老挝等国家联合侦破多起特大跨国毒品犯罪案件，从缅甸、韩国、柬埔寨等多个国家采用递解、移交等方式抓回外逃重大毒品犯罪嫌疑人30余名。① 而其中与中亚国家开展的禁毒执法合作所占的比例则很少。其次，当前我国同中亚国家在降低毒品需求和减少毒品危害方面的合作还没有实质性的合作项目。反观我国在推进东南亚缅北、老北地区的卫星遥感监测和以替代发展为核心的境外除源战略方面则取得了务实成果。截至2012年底，我国政府落实"金三角"地区境外替代种植发展专项资金3亿元，安排替代种植农产品返销计划419万吨，实施替代项目200多个，累计替代种植面积300多万亩，并向禁种烟农提供了大量粮食和药品援助，有效地巩固了该地区罂粟禁种成果，"金三角"地区罂粟种植面积连续多年保持历史较低水平，减轻了该地区毒品对我国的危害。② 借鉴我国治理"金三角"毒源地的经验可以看出，在降低毒品需求和减少毒品危害方面加大合作力度，不仅是从根本上解决境外毒源地毒品问题的主要途径，同时还对构建我国在周边国家形象产生正面的、积极的影响。最后，对中亚国家毒情信息还缺乏系统的调查研究。当前，国内对于中亚地区毒品问题的研究还比较滞后，无法适应实践的需要。从我国近几年破获的"金新月"毒品走私案件看，案件打掉的多是运毒"马仔"，对幕后组织指挥者和贩毒团伙未能造成实质性打击。而通过"马仔"了解的境外毒品犯罪信息就更少了，如境外国际贩毒集团的核心成员、具体运作模式、制造和贩运毒品的规模，以及境外的毒情和社情等，使我们难以根据已破获的毒品走私案件分析和推断出有价值的情报线索，进而做出一定的安排与部署。

从上海合作组织框架内的合作看，上合组织禁毒机制的建设经历了从无到有的过程，取得了较大的成绩，但是也存在一些不足之处。如上合组织禁毒合作机制落实到行动中的不多，大多停留在会议决议等文件之上。执行力的欠缺使上合组织禁毒合作机制的建立时常落后于毒情的发展，不利于各成员国之间更好地开展合作。资金投入上的短缺也在很大程度上制约了上合组织在中亚地区禁毒合作的开展。相比较我国加强"金三角"地区禁毒国际合作而言，目前我国与老挝、缅甸、泰国等东南亚国家在情报交流和执法合作机制方面不断完善。特别是2011

---

① 法制网北京2012年1月24日讯《全国共破获跨国、跨境毒品犯罪案件5 000余起》，http：//www. legaldaily. com. cn/zt/content/2012 - 01/24/content - 4152130. htm。
② 法制网北京2012年6月26日讯《我国禁毒国际合作取得务实成果》，http：//www. legaldaily. com. cn/index-article/content/2012 - 06/26/content - 3660565. htm。

年"10·5"案件发生后,我国积极倡导建立中老缅泰湄公河流域执法安全合作机制,联合开展专案侦办工作,成功抓获与该案有直接关联、涉嫌多起针对中国籍船只和公民抢劫杀人案的"金三角"地区大毒枭糯康及其团伙骨干,充分展示了加强国际执法合作、打击跨国犯罪的能力和水平,有力地震慑了境内外贩毒分子,有效地维护了湄公河流域安全稳定。

从刑事司法协助方面看,一方面是上合组织各成员国之间由于法制建设水平及司法理念上的种种差异,各国在刑事司法协助领域上的合作尚存在许多空白和不足。一是成员国之间刑事司法协助的形式有待于继续发展和完善。从1988年《联合国禁止非法贩运麻醉品和精神药物公约》开始,国际公约中关于刑事司法合作的内容不断扩充,从引渡、调查取证方面的司法协助,到合作追缴犯罪收益、刑事诉讼移管,从司法管辖的协调,到刑事判决的执行,逐渐形成了一种全方位的合作态势。特别是为强化同国际贩毒等有组织犯罪作斗争,协助调查证据、追查赃款赃物的去向已经成为日益普遍的协助形式。在我国与上海合作组织成员国的刑事司法协助条约中,① 对于协助形式仅局限在传统的几个方面,如送达文书和调查取证、赃款赃物的移交、刑事诉讼的通知和以往犯罪的情报等,形式比较单一,内容方面缺少对跨国毒品犯罪的查封、扣押、冻结、返还犯罪财产的原则和程序。二是信息交流和互换方面不够灵活,停留于一般性的司法协助方式。在协助中,缺乏一定的积极作为,对请求方提出的给予便利、帮助或合作的请求存在某种被动式的"容忍态度"。而在未收到查询的情况下主动向对方提供己方所获信息的则少之甚少。三是在上海合作组织框架内,虽然成员国之间在《上海合作组织成员国关于合作打击非法贩运麻醉药品、精神药物及其前体的协议》等相关文件中规定了诸多有关区域合作方面的内容。例如该《协议》第一条第二款中规定:"各方促进在针对非法贩运麻醉品及其前体和禁吸戒毒领域中的双边和多边国际合作的开展。"第四条第一款(十)中规定:"根据各方参加的国际条约的规定提供司法协助"。但是,这种规定大多只是在宏观上的一些框架性规定,没有真正提高到国家之间的刑事司法协助层面。四是在刑事司法协助区域化的大趋势下,上海合作组织作为区域性国际组织,在刑事司法协助方面,还没有完全发挥区域性国际组织的作用。目前,大部分的区域性国际组织在刑事司法协助领域都具有了一定的区域化现象。高度的刑事司法区域化,可以为组织内部打击和惩治跨国犯罪起到重要的保障作用。在上海合作组织的宗旨中也提到了成员国要共同致力于维护和保障地区和平、安全与稳定,但是在刑事司法协助

---

① 目前,我国已与哈萨克斯坦、塔吉克斯坦、乌兹别克斯坦、吉尔吉斯斯坦等中亚国家在内的47个国家缔结了双边刑事司法协助条约。

方面的发展水平却相对较低。

另一方面则体现在我国与中亚国家之间在法律方面存在的差异。一是在证据交换方面。由于法律方面的差异,根据我国法律规定制作的证据文本有时不能满足国外执法机关的需要。出现了诸如沟通不畅、耗时偏长、手续繁琐、证据移交困难等问题。如中亚国家执法机关往往请求我方在制作证据材料时,按照其国家采集证据的格式,填写宣誓书。但我国法律对此并无明确规定。从我国来讲,由于对中亚国家刑事诉讼制度不熟悉,一旦我们侦办的涉及中亚国家跨国毒品案件进入诉讼阶段,检察院提出,需要被请求国按照中国刑事诉讼的要求,在10天内提供涉案人员的审讯笔录复印件、扣押毒品清单、实物照片、鉴定材料、对方涉案人员采取强制措施的法律文书及其他与案件有关的材料时,如果被请求国不能按照上述要求及时传递上述证据材料,一方面我方办案人员无法进行及时调查、审讯,同时有可能造成我方对犯罪嫌疑人采取强制措施后,无法正常报捕,造成捕不能捕,放不能放的尴尬局面。二是在涉外调查取证方面,虽然我国与中亚各国的警务合作关系已经建立起来,但受两国司法制度差异,以及经费、语言、办理出境手续复杂等影响,涉外案件调查取证难的问题依然存在,案件侦办周期长,致使有些犯罪嫌疑人不能在法定期限内被依法移送起诉。三是死刑承诺问题仍为办理司法协助案件的重要制约因素。目前"死刑不引渡原则"已经成为国际法领域的一股潮流,但中国基于种种原因一直没有松动立场,尽管2000年12月我国颁布了《中华人民共和国引渡法》,规定了引渡的范围、条件和程序。但至今没有以法律明文规定"对被引渡人不执行死刑"。这使得中国在与不少国家开展引渡合作的过程中都遭遇困难。如俄罗斯、白俄罗斯、罗马尼亚和保加利亚等国在与我国缔结引渡条约过程中都明确提出了"死刑不引渡"的要求。目前,我国政府在实践中主要采取以下几种方式加以回避:第一,尽量说服对方同意不在双边条约中规定这一原则,如中国与哈萨克斯坦的引渡条约就是这一模式。第二,使用笼统的措辞以避免直接表述,仅将死刑不引渡作为不予引渡的情形之一,如中国与俄罗斯引渡条约就有类似的规定。第三,在正式条文中搁置,在会谈纪要中说明,例如中国与白俄罗斯引渡条约。从中亚各国来看,2008年1月1日乌兹别克斯坦正式废除死刑。之前,土库曼斯坦在1999年就废除了死刑。哈萨克斯坦则从2004年1月1日起实行死刑终身缓期执行制度。依此判断,今后我国在对中亚国家提出毒品犯罪嫌疑人引渡请求时,必然会遭遇被请求国以中国仍保留死刑并且所请求协助的犯罪可能被判处死刑为由拒绝向我国提供协助。而且一些国家在我国请求协助毒品案件调查取证时亦会要求我们承诺不判处死刑或不执行死刑。所以,死刑承诺问题已成为我公安机关办理涉外毒品案件司法协助、引渡案犯的制约因素。

从我国国际执法合作法律建设和执法机关自身素质来看，首先是国内法律基础尚不完善，影响了国际执法合作的成效。目前，中国公安机关开展刑事司法协助、执法合作的国内立法相对滞后，法律基础尚不完善，不能完全满足国际执法合作的需要，一定程度上造成了工作的被动。虽然我国已与50多个国家签署了双边引渡和刑事司法协助条约，且我国《刑事诉讼法》第十七条中规定"我国司法机关和外国司法机关可以相互请求刑事司法协助"，《中华人民共和国禁毒法》第五章第五十六条规定"国务院有关部门应当按照各自职责，加强与有关国家或者地区执法机关以及国际组织的禁毒情报信息交流，依法开展禁毒执法合作"，但我国至今尚未制定专门的司法协助法，《引渡法》也无实施细则，刑事司法协助工作缺乏系统性、规范性，国内法与国际法的衔接还不到位，造成公安机关在具体操作、执行中无章可循，难度大，势必影响打击跨国毒品犯罪的合作效率。① 目前，我们在办理涉外案件工作中，急需就工作程序、案件材料、证据标准等问题研究制定文件，进一步规范工作。严格地说，如果没有国内法律作为依据和基础，难以保证、巩固、延续国际执法合作的效果。其次我国公安机关对刑事司法协助在办理跨国案件中的作用还存在认识上的不足，认为其办理周期长、难度大、耗资多、效果差，总希望通过警方之间的合作来办理跨国案件。殊不知，对于调查取证、核查个人信息及调取资金账户等情况时，绝大多数国家通过警方合作渠道是无法办理的，必须通过司法协助渠道。长期以来，司法协助工作得不到足够重视，没有专门的人员、经费、技术作保障，缺乏专业性的规划、指导，缺乏司法实践经验，远不能适应我国有效打击跨国毒品犯罪需要。另外，刑事司法协助在实践中往往要涉及部内部外多个部门。在公安机关主要是部国际合作局（归口单位）、部相关业务局和序列局以及其下属的地方公安机关，在外主要涉及外交部、高法、高检、司法部等多个部门。例如，由于我刑事司法协助中央机关对外方的刑事司法协助请求书未做统一规范要求，因此我方接受外方的刑事司法协助请求书五花八门、各式各样。由于未制定相关制度性操作程序，往往采取一案一协调的方法，且由于牵涉多个部门，协调难度大，耗时长。最后，中国公安机关本身打击、控制跨国犯罪的执法水平有待提高。无论是组织机构、工作方式，还是警员素质，都还不能完全适应国际警务合作的需要。有些工作方式没有完成转型，还习惯于传统的工作思路；警务工作的科技含量不高，专业化执法能力和运用金融等专业知识技能进行侦查的能力还比较欠缺；在情报工作中，从情报意识、工作方式，到情报体制、处理水平等尚未现代化。我国公安队

---

① 据悉，为了进一步全面规范刑事司法协助活动，由司法部牵头起草的《中华人民共和国刑事司法协助法（草案）》已提交全国人大外事委员会，并已纳入2012~2013年立法规划。

伍中还相对缺乏胜任国内执法和国际执法、掌握涉外治安管理和涉外刑事司法管辖方法、通晓涉外法律知识的国际型执法人才。

总之，对于国家安全来说，与周边国家合作开展得好，周边就是战略缓冲地带；合作开展得不好，周边就成为战略高危地带。尽管我国与中亚国家开展禁毒合作还存在诸如上合组织成员国之间刑事司法协助有关协议需要各方磋商沟通、国内涉外法制体系需要统筹规划、执法人员办案素质有待提高等一些困难和问题。但实践表明，我们与中亚国家在情报交流、执法办案、技术培训等方面的务实合作空间还很大，前景还很广阔。

第十一章

中亚国家孔子学院发展研究

中外关系发展既需要政治互信、经贸合作，也离不开人文交流。中国与中亚国家拥有悠久的文化交流历史，中世纪沿丝绸之路所进行的人员流动与商贸活动曾是其交流最繁荣的时期。到了现代，新丝绸之路仍是中国与中亚地区经贸、社会与文化交流的重要渠道，这种交流既有多边性的特点，也有双边性的特点，即交流不仅在中国与作为整体的中亚地区之间，也在中国与中亚的某一国家之间进行。目前，中国与中亚地区的人文合作涉及多个领域，包括教育、科技、环境保护、旅游、各类艺术展会、体育比赛、艺术及青年团体交流等。

人文合作无疑是各国间文明对话的重要组成部分，也是"丝绸之路经济带"实现"人心相通"的重要方面。人文合作需要各方在平等基础上相互尊重、相互理解对方的民族特点、价值观、历史及对发展道路的选择，这是人文合作的基本原则。作为中国与中亚国家之间人文合作重要方面的教育领域的合作则主要表现在对对方民族语言、哲学、文学及艺术的学习与交流等。

在中亚建设的"孔子学院"，对帮助中亚地区提升汉语教育水平、传播中国文化、增进中国与中亚国家友谊的作用是显而易见的，它也可以看作是中国教育援外的一个重要项目，对提升相关院校的国际化水平、中国高校在中亚国家的影响力发挥着重要作用，它也为我国与中亚国家关系持续发展增添了不懈动力，使更多中亚国家普通民众受益，积累了民间正能量。

中亚地区孔子学院的快速发展不仅表现在学院数量上的增长与其规模的持续扩大，还表现在学院内涵建设取得的显著成果。孔子学院的发展，向中亚人民展示了我国求和平、谋发展、促合作、负责任的大国形象。当然，中亚孔子学院的发展与其他地区的孔子学院一样也遭遇了一些问题，甚至是阻力。但从长远发展来看，中国综合国力的提升及其国际形象的日益改善将为中亚孔子学院的开办奠定更加坚实的基础。同时，中亚孔子学院的健康发展也将为中国在该区域的发展及国际形象的进一步提升起到推进作用。因此，需要加快中亚地区以孔子学院为品牌的中国文化软实力的建设步伐。

第一节 中亚孔子学院概况

一、全球孔子学院发展现状

21世纪，经济全球化特征凸显，大国之间的博弈成为硬实力和软实力的综合博弈。综合国力的竞争和博弈决定一个国家在未来世界秩序中的排序。由于软实力在国际关系中的影响不断增强，世界主要大国在注重硬实力提升的同时，十分重视增强自身的软实力，各种软实力既相互竞争，又相互吸引、融合。

"软实力"的概念由哈佛大学政治学教授约瑟夫·奈在《软实力》一文中首次提出，并在2004年出版的《软实力——国际政治的制胜之道》一书中对软实力进行了较为完整的阐述。约瑟夫·奈将综合国力分为硬实力与软实力两种形态。简单地说，硬实力是物质力量，软实力是精神力量。硬实力，即支配性实力，包括基本资源，如土地面积、人口、自然资源、军事力量、经济力量和科技力量等，它通常迫使他国非自愿接受，具有直接、即时、集中、显性特征；软实力则是"一个国家由文化、政治观念和政策的吸引力在国际社会产生的感染效果，是一个国家通过非强制手段来获得认同与实现目的的能力。软实力包括五个核心要素：文化、观念、发展模式、国际制度和国际形象"[①]。软实力的力量源泉是基于一个国家在国际社会的文化认同感而产生的亲和力、吸引力、影响力和凝聚力，它依靠他国自愿认同，具有间接、历时、弥散、隐性特征。软实力一般包括政治力、文化力、外交力等软要素。

软实力概念有着强烈的国际竞争的现实背景，富有时代感与前瞻性、具有超强的扩张性和传导性，对人类的生活方式和行为准则产生着巨大的影响。对软实

[①] 约瑟夫·奈，吴晓辉、钱程译：《软实力——国际政治的制胜之道》，北京：东方出版社2005年版，第3页。

力问题的重视与研究，成为当今世界的一个重大课题。

随着人类经济和社会活动的全球化，作为软实力重要组成部分的民族文化及其跨文化传播不断走向常规化，世界语言文化推广机构在政府的主导下应运而生。事实上，一些国家在过去的文化外交实践中，已有不少以民族文化推广为主旨的"软外交"先例，例如法国的法语联盟、德国的歌德学院、英国的"英国文化协会"、西班牙的塞万提斯学院、葡萄牙的"卡蒙斯学院"、日本的"日本国际交流基金会"、韩国的"世宗学堂"等等，它们经过多则百年少则十几年的发展，在保护本民族语言安全，推广本土文化上取得了一定成就。

随着中国的快速发展和全球化的不断发展，中国与世界各国之间的联系越来越紧密，政治、经济、文化等领域的交流也日益频繁。中国对汉语与中华文化在世界的传播越来越重视，希望以语言文化为载体向世界其他国家宣传中国的传统文化，并在世界舞台上展示中国和平崛起的友好形象，于是孔子学院应运而生。孔子学院的诞生产生于各国对中国文化及其传播的需求，它的建设也必定在多文化交融中进行。

作为世界上历史悠久、发展最快的语言之一，汉语在国际上拥有较高的影响力及作用。汉语既是全中国的国家通用语言，也是联合国六大工作语言之一。随着中国经济的飞速发展和国际地位的日益提高，汉语的文化价值和实用价值也不断提升。因此，孔子学院的创立和发展具有重要的文化战略意义。

汉语与中华文化的传播并不是从设立孔子学院开始的。早在1987年已成立"国家对外汉语教学领导小组"（简称"汉办"），由教育部部长担任组长。以对外汉语教学为契机，开展对外多元文化交流，推广汉语，传播中华文化。从2002年开始，中国开始酝酿在海外设立汉语推广的教育机构。2004年，中国在借鉴德国歌德学院、西班牙塞万提斯学院、法国法语联盟等教育机构推广本民族语言经验的基础上，在海外设立了以教授汉语和传播中国文化为宗旨的非营利性公益机构。当时国务委员陈至立提议以中国儒家文化代表孔子的名字将其命名为"孔子学院"。虽以孔子学院命名，但孔子学院最大的功能并非宣扬孔子的思想，而是普及汉语和推广中华文化。

2005年7月，首届世界汉语大会在北京召开，这次会议标志着中国对外汉语教学事业向汉语国际推广的转变①。会后，根据党和国家领导人的批示精神，国家汉办制定了汉语加快走向世界的第一个五年规划。自此，我国在汉语国际推广这条路上从单一的"请进来"转为主动地"走出去"，汉办将加强孔子学院建设这一任务放在汉语国际推广工作中的首位。

---

① 许琳：《汉语国际推广的形势和任务》，载于《世界汉语教学》2007年第2期。

近年来，孔子学院建设快速发展，已成为世界各国人民学习汉语和了解中华文化的园地、中外文化交流的平台、加强中国人民与世界各国人民友谊合作的桥梁，受到各国人民的欢迎。海外汉语学习者人数越来越多，学习条件越来越好，学习目的趋于多样化。"汉语热"已成为全世界语言交际中的普遍现象之一。"如果你想领先别人，就学汉语吧！"美国《时代周刊》亚洲版对全球"汉语热"做出了独特的解释。

自2004年11月21日中国第一所海外孔子学院在韩国首尔正式挂牌成立以来，截至2015年12月1日，中国共与世界上134个国家合作建立500所孔子学院、1 000个孔子课堂。累计注册学员535万人。在孔子学院带动影响下，67个国家和地区将汉语教学纳入国民教育体系，170多个国家开设汉语课或汉语专业，全球汉语学习者达到1亿人。同时，孔子学院还努力促进中外文化交流，累计举办各类活动10万多场，受众6 000万人。仅2016年春节期间，就在100多个国家组织开展了2 300多场文化交流活动，① 成为中外人文交流的重要桥梁和纽带。

孔子学院，不是一般意义上的大学，而是推广汉语和传播中华文化和进行文化交流的机构，是一个非营利性的社会公益机构，一般都是下设在国外的大学和研究所之类的教育机构里。孔子学院开展汉语教学和中外教育、文化等方面的交流与合作。所提供的服务包括：开展汉语教学；培训汉语教师，提供汉语教学资源；开展汉语考试和汉语教师资格认证；提供中国教育、文化等信息咨询；开展中外语言文化交流活动。② 孔子学院最重要的工作是给世界各地学习汉语的人提供规范、权威的现代汉语教材；提供最正规、最主要的汉语教学渠道。

孔子学院办学最大的特点是由中国高校和外国大学合作。由外方先提出申请，中外双方在充分协商的基础上签署合作协议。孔子学院实行理事会领导下的院长负责制，理事会由中外双方代表参加。中外双方共同筹措办学经费。每所孔子学院配备中外方院长各一名。

中国国务院参事、国家汉办主任和孔子学院总部总干事许琳在谈到孔子学院的发展模式时，将其分为4类，最主要的一类是以教授汉语为主，同时培养本土汉语教师，举办汉语水平考试认证，并结合当地情况举办一些文化交流活动；第二类是在汉学研究基础比较好的地方建设以研究为主的孔子学院，振兴汉学；第三类是开办有特色的孔子学院，突出商务、中医、武术、艺术、烹饪等教学特色，侧重于东西方文化交流；第四类是实行汉语教学、文化交流和职业培训并

---

① 许琳：《孔子学院是世界认识中国的一个重要的平台》，http：//www.gov.cn/zhuanti/2016 - 03/07/content_5050374.htm? from = timeline&isappinstalled = 0。

② 《孔子学院章程》，http：//college.chinese.cn/article/2009 - 08/24/content_12165.htm。

举,侧重职业技能培训,以满足包括当地中资公司在内的社会用人需求①。

孔子学院秉承孔子"以和为贵"的理念,推动中国文化与世界各国文化的交流与融合,将建设持久和平、共同繁荣的和谐世界作为办学宗旨。致力于适应世界各国人民对汉语学习的需求,增进世界各国人民对中国语言文化的了解,加强中国与世界各国的教育文化交流合作,发展中国与其他国家的友好关系,促进世界多元文化发展,构建和谐世界。

从孔子学院的兴办可以感受到国家向外推广汉语与中华文化的努力,孔子学院在全球的升温主要源于中国传统文化具有的现代价值和以中国文化为主的东方文化的崛起。境外孔子学院以中国博大精深的传统文化来打造国家软实力,成为当代中国"走出去"的文化符号与不同文明间对话的桥梁。孔子学院已经成为中国最重要的文化品牌产品。

但孔子学院的发展并非一帆风顺,其发展中还存在一些问题。一直以来,国内对孔子学院的质疑不绝于耳:怀疑孔子学院是否能起到该有的作用;不认同孔子学院中国式求多求快的推广策略;分布区域不均匀;对孔子学院的牌匾上只写外方名字不写中方名字感到不公,中方大学与外方合作办学机构缺乏必要的沟通和协调,没有形成统一的合力;对孔子学院投入及产出的认识不清;语言教学、文化传播及经济交流等方面的关系尚未理顺,合作项目单一;教材不切合当地国家的实际情况;合格师资的大量缺乏;管理者的素质有待提高等。

探讨孔子学院的创建和发展过程中的不足,减少盲目性和合作过程中的被动性,针对目前存在的问题进行研究,系统、全面地分析并提出切实可行的解决方案和对策成为当前孔子学院发展迫切需要解决的问题。

二、中亚孔子学院概况

中国西北部与中亚地区山水相连,自古就有多方面的密切联系与交流,无论是从地缘政治,还是从经济、文化的角度考量,中国与中亚地区的稳定与和谐共处对各方都有重要意义。加大以孔子学院为品牌的中国与中亚地区的人文合作与交流,加深中亚社会对中国语言与文化的理解及认同,有利于扩大中国在中亚地区的影响,塑造中国的正面国家形象,这对维护西北边疆稳定同样具有重要意义。在中亚建立孔子学院,能推进中国与中亚地区的传统友谊,增进中国与中亚地区人民的相互了解和认识。

---

① 《加强培养海外本土教师是孔院发展的保障——访孔子学院总部总干事、国家汉办主任许琳》,新华网,2013 年 6 月 9 日,http://edu.people.com.cn/n/2013/0610/c1053-21809249.html。

基于上述认识，2008年孔子学院总部（国家汉办）在新疆维吾尔自治区设立了汉语国际推广中亚基地，充分利用上海合作组织的平台，发挥地缘和民族、语言、文化等相近的优势，鼓励新疆高校与中亚高校合作创办孔子学院，大规模开展"请进来、走出去"的汉语教学及文化推广，努力增强我国在周边国家的教育和文化影响力。

2010年6月，在汉语国际推广中亚基地揭牌仪式上，国家汉语推广办公室副主任、国家孔子学院总部副总干事赵国成对中亚孔子学院所应发挥的作用有高度的概括，即"在新疆成立汉语国际推广中亚基地是应需而设，应时而设，对于发展我国与中亚各国的友好关系具有重要意义。这个推广基地要成为调研咨询中心，要成为专项研究的中心，要完成前沿领域的重大课题，要成为汉语教学示范中心和人才培养中心。"①

自2005年5月中亚地区第一所孔子学院——乌兹别克斯坦塔什干孔子学院成立至今，已过去10年多的时间，中亚各孔子学院得到快速发展，已成为中亚地区各国人民学习汉语和了解中华文化的重要基地，中国与中亚文化交流的平台和加强中国人民与中亚各国人民友谊合作的桥梁，受到当地民众的普遍欢迎。但由于中亚国家的国情不同，中亚地区的孔子学院在建设和发展中面临的具体情况和问题有别于其他国家和地区的孔子学院，需要我们结合中亚各国政治、经济、社会、文化、历史发展规律等，探寻中亚孔子学院进一步发展的路径，为中亚孔子学院的建设和可持续发展提供一些有益的参考。

截至2015年底，中亚地区正式运营的孔子学院达到11所，乌兹别克斯坦有塔什干孔子学院、撒马尔罕国立外国语学院孔子学院；哈萨克斯坦有阿尔法拉比国立民族大学孔子学院、欧亚大学孔子学院、阿克托别朱巴诺夫国立大学孔子学院、卡拉干达国立技术大学孔子学院；吉尔吉斯斯坦有比什凯克人文大学孔子学院、国立民族大学孔子学院、奥什国立大学孔子学院；塔吉克斯坦有国立民族大学孔子学院、塔吉克斯坦冶金学院孔子学院（中国石油大学，2015年8月启动）。

目前中亚孔子学院的规模在一定程度上说明了中亚孔子学院取得的成绩，但是从区域分布及工作的深度来看，还需要创造发展动力以满足该地区日益增长的汉语学习需求，保障孔子学院的可持续发展。

（一）哈萨克斯坦孔子学院概况

自哈萨克斯坦独立以来，中国和哈萨克斯坦各方面的合作发展迅速，其广度

---

① 《汉语国际推广中亚基地成功举办揭牌仪式——国家级汉语国际推广基地落户新疆》，新疆维吾尔自治区教育厅网，2013年6月9日，http://www.xjedu.gov.cn/jyxw/tpxw/2010/27174.htm。

和深度不断延伸，这给双方，尤其是青年人带来许多新的机遇。中国，尤其是新疆学习俄语的人越来越多，而在包括哈萨克斯坦在内的中亚地区，学习汉语的人越来越多。对中亚的青年人来说，掌握汉语意味着增加了一项重要的工作技能。哈萨克斯坦在众多领域与中国的密切关系成为当地青年人学习汉语的重要动力。据悉，2014年哈萨克斯坦来华留学生达11 764人，与2005年相比增长了15.1倍，这对一个人口1 700万的国家来说相当可观。赴华留学归国的人才在哈政府和企业中很活跃，其中有些已经成为政府部门的骨干和行业精英。因此，无论是在孔子学院的数量上，还是在规模上，哈萨克斯坦在中亚地区都走在前列。目前，在哈萨克斯坦运营的孔子学院有四家，基本形成南、北、西、中的分布格局。

1. 国立民族大学孔子学院

哈萨克斯坦阿尔法拉比国立民族大学孔子学院于2009年2月23日正式揭牌，其前身是哈萨克斯坦国立民族大学"汉语中心"，于2002年11月由中国兰州大学与该校合作建立。该孔子学院总面积约800平方米。

哈萨克斯坦国立民族大学孔子学院自成立以来，按照孔子学院章程、签署协议中规定的学院任务，结合哈萨克斯坦，特别是阿拉木图及哈南部地区的汉语教学实际，积极认真地开展了各项工作，在对外宣传、队伍建设、硬件建设、管理制度、组织教学、活动开展等方面有了很大发展，扩大了孔子学院在阿拉木图及其周边地区的影响，获得了良好的办学效果。近年来，已为哈萨克斯坦培养各层次汉语学员3 000多人，向国内高校输送留学生1 000多人，成功举办了几届中亚汉语教师培训活动和哈萨克斯坦首届汉语教学公开课。

学院学员主要为哈萨克斯坦在校本科生、研究生、中学生、公司职员和社会其他人员，随着学院的不断发展，办学规模在不断扩大。在汉语教学之余，国立民族大学孔子学院积极开展了一系列丰富多彩的文化活动。还与文化界以及一些科研院所等单位建立了友好关系。教学之余的校际交流、学术讲座、文化活动等，扩大了学院在当地的知名度和影响力，也激发了哈萨克斯坦学生对中国文化的兴趣，提高了当地人民学习汉语的热情，为两国人民沟通与交流提供了一个良好的平台。

国立大学孔子学院的建设与开办的活动得到中国驻阿拉木图总领馆的大力支持。在2015年12月6日哈萨克国立民族大学孔子学院举办的新HSK考试中，共有700名来自阿拉木图及哈萨克斯坦南部大中专院校的学生、社会人士参加了2~5级的考试，参加考试人数创历史最高。这说明HSK考试在哈萨克斯坦越来越受到重视，成为汉语学习者检测自己汉语水平的重要手段，也是他们去中国留学深造及寻找到更好工作的必备条件。

2. 欧亚大学孔子学院

2005年7月，哈萨克斯坦共和国总统纳扎尔巴耶夫与胡锦涛主席会晤，提出加强哈中两国教育合作、在哈建设孔子学院的意向。为落实两国元首的意见，推进哈汉语教学发展，2006年12月20日，《中华人民共和国国家汉语国际推广领导小组办公室和哈萨克斯坦欧亚大学关于合作建设孔子学院协议》在北京签署。汉办授权西安外国语大学作为中方执行机构，与欧亚大学合作建设孔子学院。2007年12月5日，欧亚大学孔子学院举行了揭牌仪式，哈萨克斯坦教育部部长、中国驻哈萨克斯坦大使和欧亚大学校长共同为孔子学院揭牌。

孔子学院作为欧亚大学下属的学院，经费相对独立。欧亚大学为孔子学院提供3名专职工作人员，5间教室，共计约126平方米。另外还提供了部分办公和教学用品。孔子学院还有中方人员2人：中方院长兼汉语教师1人，汉语教师兼俄语翻译1人。其工作主要是汉语培训和推广，开设有3~4个水平层级的常规汉语教学班。

位于哈萨克斯坦首都阿斯塔纳，与哈国内著名的欧亚大学合作共建的欧亚大学孔子学院是哈萨克斯坦境内开办的第一所孔子学院，凭借着优越的地理与人文优势，其教学条件、发展趋势及其影响也相对较大。欧亚大学孔子学院受到中国驻哈萨克斯坦大使馆的大力支持，并于2013年3月13日与欧亚大学合作创办了"汉语体验中心"，中心可供学校师生收看中国国家汉语教学中心的视频教学节目，阅读中国图书、报刊、杂志，为在哈萨克斯坦的中国文化推广活动提供了有力的支持。

欧亚大学及其下属的孔子学院成为哈萨克斯坦北部地区汉语教学与中华文化推广的重要基地。

3. 阿克托别朱巴诺夫国立大学孔子学院

2010年10月24日，新疆财经大学与哈萨克斯坦阿克托别朱巴诺夫国立大学合建孔子学院项目获得国家汉办批准。2011年5月5日，该孔子学院举行首届汉语培训班开学典礼。2011年3月24日，孔子学院正式运营。这所孔子学院的开办为当地居民，特别是高校学生学习汉语、认知中国文化及了解中国的经济和社会发展提供了一个新的渠道。

阿克托别朱巴诺夫国立大学孔子学院位于哈萨克斯坦西部阿克纠宾州，该州面积约30万平方公里，人口70多万，是哈国第二大州和最大的石油基地，中国的哈萨克斯坦中石油基地建于该州，另有很多中国企业在当地投资并设立办事处。州首府阿克托别市是哈西部文化教育中心。阿克纠宾州与中国在教育、经济、文化领域的交流与合作具有独特的区位、人文优势和巨大的发展空间。哈萨克斯坦阿克托别朱巴诺夫国立大学孔子学院的建立，对增进哈西部人民对汉语言和中华文化的了解，满足哈西部人民学习汉语的需求以及了解中华文化具有重要的意义，它将为当地居民在中资企业就业提供更多的机会，为发展中哈两国的友好关系贡献力量。

该机构是新疆财经大学参与建设的第一所孔子学院，可以借助新疆财经大学的专业优势，将开展经济合作和文化合作结合起来。据悉，阿克托别朱巴诺夫国立大学孔子学院还与阿克托别拜什甫大学进行合作，在该校进行汉语教学。阿克托别朱巴诺夫国立大学孔子学院也举行HSK、HSKK等考试，其考生来自社会人员、大中小学学生、大学教师等。

4. 卡拉干达国立技术大学孔子学院

2010年10月，中国孔子学院总部与哈萨克斯坦卡拉干达国立技术大学就建立孔子学院达成协议，石河子大学授权成为中方具体执行机构。2010年12月16日，新疆石河子大学与哈萨克斯坦卡拉干达国立技术大学举行会谈，就两校共建孔子学院具体合作执行事宜达成协议，并于2011年初启动汉语教学工作。

这是石河子大学参与建设的第一所孔子学院，此前学校在对外汉语教学师资及教学经验等方面有了一定的积累，北京大学给予石河子大学大力的支持，为学校培养了首批40名对外汉语教学师资，这些老师被陆续派往卡拉干达国立技术大学的孔子学院进行教学工作。

2012年11月27日，卡拉干达国立技术大学孔子学院举行揭牌仪式，随后召开第一届理事会。包括两校领导、中国驻哈领事馆代表、哈国其他孔子学院院长及汉语爱好者等近300人参加了揭牌典礼。

卡拉干达国立技术大学孔子学院主要在哈萨克斯坦中部地区开展汉语教学，提供汉语教学资源，举办汉语考试和汉语教师资格认证考试，提供中国教育、文化等信息咨询、开展语言文化交流活动等服务。

（二）吉尔吉斯斯坦孔子学院概况

中国与吉尔吉斯斯坦相邻，拥有共同的边界线，两国在政治、经济、文化等各方面的交流日益频繁，学习汉语的人数也不断增长。这一方面源于吉国青年人对中国历史与现实的浓厚兴趣，另一方面则由于中国的快速发展为吉尔吉斯斯坦广大汉语人才提供的就业前景。近年来，随着中国经济的飞速发展，吉尔吉斯斯坦经济与中国经济的依存性越来越强，越来越多的青年和家长意识到，学习汉语是就业谋生的一个重要途径。在此刚性需求下，汉语俨然成为吉国最流行和最重要的外语之一。现在但凡有条件的院校都开始开设汉语课程，以满足学生学习汉语的需求。

据不完全统计，吉尔吉斯斯坦境内现有17所大学和将近20所中学开设了汉语课程。全国学习汉语的在校生超过3 000人，加上接受汉语非学历教育的学生，约13 000人在学习汉语。这对于总人口约550万（常住人口350万）的国家来说不是一个小数目。汉语专业毕业的学生,就业渠道十分广阔,有的就职于国家机关(如中国驻吉大使馆、吉驻华大使馆、吉尔吉斯斯坦外交部等),有的就职于吉尔吉斯斯坦各大高校中文系,有的就职于旅行社、中资企业、翻译公司等单位。如今,我国在吉尔吉斯斯坦正式运营的有 3 所孔子学院,分别是比什凯克人文大学孔子学院、吉尔吉斯国立民族大学孔子学院和奥什国立大学孔子学院。3 所孔子学院也分别在吉各州、市建立 17 个孔子课堂及汉语教学点等分支机构,带动着吉尔吉斯斯坦的汉语教学。2013 年 8 月吉尔吉斯斯坦议会教育、科学、文化委员会代表团在北京与孔子学院总部进行会谈,并提出鉴于吉尔吉斯斯坦不断增长的汉语需求,在贾拉拉巴德建立吉尔吉斯斯坦第四所孔子学院的请求[①]。

1. 比什凯克人文大学孔子学院

根据上海合作组织 2007 年比什凯克峰会上中吉两国国家元首达成的共识,2007 年 10 月 26 日,中华人民共和国驻吉尔吉斯斯坦特命全权大使张延年先生与比什凯克人文大学校长穆萨耶夫先生分别代表中吉双方在建设孔子学院的协议上签字。经过半年多的紧张筹备,在合作双方吉尔吉斯比什凯克人文大学和新疆大学的共同努力下,吉尔吉斯斯坦的第一所孔子学院在 2008 年上海合作组织成立七周年纪念日——6 月 15 日顺利揭牌。孔子学院的成立在吉尔吉斯斯坦国内产生了很大影响,吉媒体对此给予积极评价,中吉双方众多媒体进行了宣传,认为孔子学院的成立是吉中文化交流史上的一件大事,为吉中友谊掀开了新的一页。

作为中方合作院校的新疆大学是新疆唯一的省部共建"211"大学,具有 90 多年的历史,师资力量雄厚,学科门类齐全,教授汉语历史长达 50 多年,积累了丰富的经验。作为孔子学院承办方的比什凯克人文大学是吉尔吉斯斯坦著名学府之一,是吉尔吉斯共和国开设汉语专业历史最长、培养汉语人才最多的高校,目前该校仅汉语专业的学生就有 1 000 多人,该校培养的学生汉语水平在吉尔吉斯斯坦最高,多数毕业生就职于吉政府高层管理部门。

吉尔吉斯比什凯克人文大学孔子学院在建设过程中得到中吉双方的高度关注和大力支持,比什凯克人文大学提供孔子学院教学及办公用房共计 600 平方米,学校的俱乐部、演出大厅及课堂教室都可供孔子学院无偿使用。

比什凯克人文大学孔子学院的教学对象是吉尔吉斯斯坦社会各类、各阶层学习汉语的人员。教学内容主要为提供汉语培训,传播中国传统文化,开设继续教育类非学历、应用性质的汉语学习课程。提供的具体服务内容包括汉语教学(多媒体汉语教学课程和其他汉语教学课程)、汉语言水平考试和赴中国留学咨询、

---

① *Депутаты ЖК КР обсудили с гендиректором Штаб - квартиры институтов Конфуция перспективы сотрудничества.* 14. 08. 2013. http://www.kabar.kg/society/full/60878.

招生等。

2015年,该孔子学院有汉语教师16名,汉语教师志愿者41名,聘用本土教师4名。该孔子学院下设的孔子课堂已达9个,汉语教学点21个。2011~2015年,学院注册学员超过3万人。

国家汉办依托比什凯克人文大学及其所属孔子学院签署了为期五年的本科汉语师范专业培养计划,已于2013年起每年招收四年制本科汉语师范专业学生30人,以满足吉国对本土汉语教师的需求。现在该孔子学院的汉语教学已由非学历教育向学历教育发展,成为区别于其他孔子学院的特色之一。

2. 国立民族大学孔子学院

2007年8月27日中吉两国教育部签署《中华人民共和国教育部与吉尔吉斯共和国教育和科学部关于在吉尔吉斯斯坦建立孔子学院的议定书》,10月26日,中国驻吉尔吉斯斯坦大使张延年代表孔子学院总部与吉尔吉斯国立民族大学校长奥姆尔卡诺夫签署了孔子学院合作协议,具体执行方为新疆师范大学与吉尔吉斯国立民族大学。2008年3月孔子学院获得独立法人资格,2009年5月14日吉尔吉斯国立民族大学孔子学院正式揭牌。

国立民族大学孔子学院建筑面积2 100平方米,拥有语音室、多媒体室、多功能厅等现代化的教学设备和藏书10 000余册,音像资料30余种的图书资料室。具备承担各层次对外汉语教学和进行文化推广的能力。

国立民族大学孔子学院有汉语教师近50名,本土汉语教师20多名,形成了一支适应本土教学、教学能力强、具有良好敬业精神的师资队伍。

3. 奥什国立大学孔子学院

该孔子学院由新疆师范大学及奥什国立大学合作创办,于2013年1月24日启动。拥有汉语教室、汉语阅览室、多媒体电脑教室、中国文化体验中心等。

作为当今全球唯一一所以汉语本科教学为起点的孔子学院,奥什国立大学孔子学院开设了中国国学专业及汉语言翻译专业,共招收全日制本科生102名,为吉尔吉斯斯坦南部学习汉语者提供了优越的学习环境。

(三)乌兹别克斯坦孔子学院概况

乌兹别克斯坦现有孔子学院2所,即塔什干孔子学院和撒马尔罕国立外国语学院孔子学院。塔什干孔子学院建设协议是由中国领导人与乌兹别克斯坦国家元首签署的第一个相关协议,在整个对外汉语教学和中国文化传播事业的历史中,具有非常重大的意义。

乌兹别克斯坦有着较长的汉学研究和汉语教学历史,是中亚最早开设汉语教学的国家,苏联时期曾是中亚唯一进行汉语教学与培养汉学家的基地,因此,乌兹别克斯坦在中亚汉学界取得过显著成绩和领先地位。汉语是两国人民相互了解的桥梁，也是中乌友好的重要纽带。

乌兹别克斯坦政府对汉语推广和中乌文化交流给予高度重视，乌民众学习汉语的热情与日俱增。越来越多的乌兹别克斯坦年轻人热衷于学习汉语、了解中国文化。在中乌两国政府的重视和社会各界的共同努力下，汉语在乌推广工作不断取得新的成果。中国教育部和国家汉办派出众多优秀汉语教师来乌兹别克斯坦任教。当地民众对中国的语言、历史、文化表现出浓厚的兴趣，到中国留学的乌兹别克斯坦青年也越来越多，其中一部分已学有所成，为促进中乌两国的关系和进一步发展做出了贡献。

现在乌兹别克斯坦的汉语教学已经由塔什干延伸到撒马尔罕、费尔干纳地区。在校汉语学生总数已超过2 000人。

乌兹别克斯坦教育部正在对国民教育外语教学大纲进行修订，乌方把外语教学，尤其是把汉语教学大纲的修订也列入其日程中，表示出乌兹别克斯坦对汉语教学的重视，对汉语教学的进一步深化有重要意义。

1. 塔什干孔子学院

2004年6月15日，时任国家主席胡锦涛对乌兹别克斯坦进行国事访问期间，教育部长周济先生和乌兹别克斯坦高等教育部长代表两国政府签署建立塔什干孔子学院的协议。2005年5月7日，乌兹别克斯坦塔什干孔子学院举行建院仪式。该院由兰州大学和乌兹别克斯坦塔什干国立大学东方学院合作建设。塔什干国立大学东方学院已有50多年开设中文课程的历史，其汉语教学文化底蕴浓厚、汉语影响力很大。作为中方执行院校的兰州大学是中国"985"院校之一，在中文教学方面也有较丰富的交流与合作经验。因此，建院双方的合作基础坚实，优势较明显。

塔什干孔子学院是中亚地区第一所孔子学院。它坐落于塔什干市中心，交通便捷，环境优雅。目前学院拥有一间多媒体语音室、两间普通教室、一间办公室、一间微机室、一间图书馆兼活动中心。其中多媒体教室可同时供24名学生进行多媒体教学，同时也可以举办各种文化讲座。普通教室也配备有电视、录音机等音像视频设备，方便了教师的多样化教学。东方学院还建有微机室一间，已投入使用，可以向公众提供阅览书籍杂志，观看中央电视台节目，播放各种音像资料和广泛使用互联网的机会。图书馆目前馆藏国家汉办赠送的关于中国历史、政治、经济、文化、旅游等领域各类图书约2 000册，各类汉语教材约300册以及各类音像制品。馆内配备有现代化音像及视频设备，可以为各种文化宣传活动、中文竞赛和研讨会提供技术支持。

塔什干孔子学院主要为广大汉语爱好者提供初级、中级和高级汉语课程，同时也开设本地汉语教师培训班与儿童汉语班，举办 HSK 考试，召开乌兹别克斯坦汉语教学与汉学研讨会，至今已举办十多届。塔什干孔子学院也举办了一些中国文化传播活动，以提高在乌兹别克斯坦的影响力。如中国与乌兹别克斯坦在重要节日举办的相应的庆祝活动、"汉语桥"世界大学生中文比赛、夏令营、本土汉语教师培训班、趣味运动会、书法比赛、图书展等。在过去十余年的发展历程中，塔什干孔子学院积极开展汉语教学和文化交流活动，先后有 3 000 余名学员学习汉语。他们不但掌握了汉语，而且了解了中国的文化，其中不少人成为传播中乌友谊的使者，为增进中乌两国人民的相互了解和友谊发挥了重要作用。

塔什干孔子学院还为塔什干世界语言大学、国立民族大学、东方语言学院附属中学等汉语教学提供了一定的支持。

2. 撒马尔罕国立外国语学院孔子学院

2013 年 9 月 8 日国家主席习近平首次对乌兹别克斯坦进行访问，9 月 9 日中乌两国签署了 7 项双边合作文件，其中关于在乌兹别克斯坦历史名城撒马尔罕市建立孔子学院的协议是两国为战略伙伴关系发展夯实文化基础的具体体现。卡里莫夫总统与习近平主席共同出席了协议签字仪式。该协议中方执行方——上海外国语大学曹德明校长与国家汉办主任许琳女士一起访问了乌方执行方——撒马尔罕国立外国语学院，现场观看汉语教学和未来孔子学院的办公及教学场所，并与乌方共同确认了合作的重要性，表达了合作的意愿及在汉办及乌方高层支持下办好孔子学院的决心。

撒马尔罕国立外国语学院孔子学院在撒马尔罕开展汉语语言教学，并在此基础上将合作推广至文化交流层面。双方拟在汉语教师培养、两国经典作品互译与推广、合作开展中亚研究、合作出版学术刊物、加强教师和学生交流、联合培养人才等领域开展合作与交流。

撒马尔罕国立外国语学院孔子学院于 2014 年 11 月 7 日正式揭牌运行，至 2015 年底，培训学员 400 多人次。

借助于孔子学院的平台，撒马尔罕国立外国语学院和上海外国语大学两校间的各种科研合作项目顺利展开。

（四）塔吉克斯坦孔子学院概况

塔吉克斯坦汉语教学起步较晚，在孔子学院建立之前，其汉语教学缺乏专业指导，发展缓慢，仅在两所大学开设有汉语专业课程，中学汉语教学则处于空白。随着中国与塔吉克斯坦两国关系的不断发展，塔吉克斯坦青年学习汉语的热情不断高涨。孔子学院满足了塔人民的汉语学习需求，在中塔两国文化交流中发挥了积极作用。至 2015 年底，塔吉克斯坦建有孔子学院 2 所，孔子课堂 1 个。

1. 国立民族大学孔子学院

塔吉克斯坦民族大学孔子学院于 2008 年 8 月 27 日上海合作组织杜尚别峰会期间，由中国国家主席胡锦涛与塔吉克斯坦总统艾马利·拉赫蒙共同签署合作开办协议，同时举行了简短的揭牌仪式。2009 年 3 月正式运营，合作双方为塔吉克斯坦民族大学和新疆师范大学。塔吉克斯坦民族大学孔子学院现有办公室三间、教室三间，综合活动大厅一间，教学办公专用场地达 350 平方米左右，国立民族大学还有 800～1 000 平方米的两层楼教室可供学院教学兼用。作为塔吉克斯坦第一所孔子学院，它也是塔唯一的汉语水平考试（HSK/YCT）考点。截至 2012 年下半年，学院拥有 20 余名汉语教师，全年接受孔子学院汉语教学及培训的学员超过 2 000 人次。

目前，学院的汉语教学涉及大学、中学、小学、幼儿园、社会人士等各个层次，内容涵盖业余培训、专业学习、课程选修、中学辅导、小学汉语授课及幼儿汉语教学等等。目前，塔吉克斯坦 90% 以上的汉语教学均接受该孔子学院的指导与帮助，在塔确立了其汉语教学指导中心的地位。此外，学院还积极拓展社会办学、培训本土汉语师资、举办教材巡回展及汉语教学研讨会，并把文化传播和汉语学习相互结合起来。

学院组织有各类赴华项目，同时依托孔子学院开展中亚研究工作。由于塔吉克斯坦国立民族大学孔子学院办学双方通力合作，秉承孔子学院宗旨，积极在塔吉克斯坦开展汉语教学及各类文化交流活动，影响力不断扩大，成为中塔双边合作与交流中一股重要的推动力量，孔子学院正在逐渐成为塔吉克斯坦人，尤其是年轻人了解中国的平台和窗口，成为中塔双边教育学术及文化交流的平台，同时也正在成为服务于当地企业及各种中资企业的平台，在中塔文化教育交流等方面发挥了积极的作用。

2. 冶金学院孔子学院

2014 年 9 月 13 日，在国家主席习近平和塔吉克斯坦总统拉赫蒙的共同见证下，孔子学院总部总干事许琳与塔吉克斯坦教育科学部部长萨义德共同签署协议，合作设立塔吉克斯坦冶金学院孔子学院，由中国石油大学（华东）和塔吉克斯坦冶金学院两校共同建设。

2015 年 8 月 20 日，塔吉克斯坦冶金学院孔子学院签约和揭牌仪式在该校举行。根据执行协议，中国石油大学（华东）将向塔吉克斯坦冶金学院孔子学院派驻汉语教师，开展汉语教学，培训当地汉语教师、提供汉语教学资源，开展汉语考试，提供中国教育、文化等信息咨询服务，并开展中外语言文化交流活动等。

塔吉克斯坦冶金学院位于索格特州首府胡占德市，该市为塔吉克斯坦第二大城市，同时也是中亚最古老的城市之一，古丝绸之路上的重镇。中国的一些大型企业相继进驻该市投资设点,并雇佣大量塔吉克斯坦员工。定位为"有特色、高水平、开放型"的冶金学院孔子学院的成立,将推动塔吉克斯坦索格特州在教育、人文交流等领域中与中方的合作。通过孔子学院培养出既懂汉语,又掌握一定专业知识的人才,促进当地经济发展。

目前中亚地区运营的11所孔子学院中,新疆高校参建的有6所,兰州大学参建2所,西安外国语大学、上海外国语大学、中国石油大学各参与1所中亚孔子学院的建设。作为最早在中亚地区建设孔子学院的兰州大学与西安外国语大学在开办孔子学院之初均遇到了语言文化、工作方式、生活环境等方面的巨大差别带来的沟通、交流困惑。中亚国家之间既有共性,也有各自的特殊性,中外双方进行文化交流互动时有一定障碍也在情理之中。在中亚孔子学院建设过程中,中外双方能较充分估计问题和困难,在实际工作中进行阶段性的推进,不断克服前进中的困难,不断摸索探求,确保了建设工作的顺利进行。

根据中亚孔子学院目前的分布及建设情况看,新疆的高校发挥了重要的作用。新疆独特的地缘优势、学科优势、政策优势、文化优势等为新疆高校在中亚地区建设孔子学院提供了较有利的条件,孔子学院总部鼓励新疆高校在中亚地区进行汉语教学与中华文化推广也正是基于对新疆高校在地缘、民族、语言、文化等方面所具有的优势的认同。新疆在中亚建设的孔子学院基础较扎实,发展较迅速,相对而言其建设更符合当地国情及汉语学习的需求,现正逐步形成自己的办学特点,不断向内涵式发展。

另外,新疆高校参建的中亚孔子学院不仅在汉语教学方面表现出较高的专业化水平,而且在文化传播方面,不仅传播中国传统与现代文化,也推介了不少新疆的地域文化,用事实向中亚人民证明了中国所采取的开放、和谐的民族政策,并展示了新疆各民族团结、社会安定、和谐进步、繁荣发展、开拓进取的正面形象。新疆丰富的民族文化资源及其保护经常得到中亚有识之士的赞叹,从一定程度上化解了"中国威胁论""恐华症"等消极因素对一部分中亚民众的影响。

第二节 中亚孔子学院的发展

以汉语言和中华文化传播为主要职能的中亚孔子学院,与其他孔子学院一样获得孔子学院总部在政策、资金上的大力支持,这在其建设初期很大程度上保障了学院的运营和发展,且使其发展速度与规模惊人。但其发展并非一帆风顺,还在不断寻找各自的创新与特色发展之路。下面从中亚孔子学院开展的主要活动、存在的主要问题及发展建议三方面详细论述。

一、主要活动

（一）汉语教学

中亚孔子学院主要为广大汉语爱好者提供初级、中级和高级汉语课程教学。这是中亚孔子学院从事的最主要的活动。学员主要为在校中学生、大学生、研究生、公司职员及社会其他人员，已为中亚各国培养了一定规模的各层次汉语人才。除基础性成人汉语培训课程外，中亚孔子学院还以不同群体的汉语学习需求为导向，开设了针对不同人群的汉语教学，如吉尔吉斯斯坦比什凯克人文大学孔子学院为东干人开设了东干人专修班，为吉尔吉斯斯坦妇女联合会、吉尔吉斯斯坦国家缉毒工作中心开办汉语教学点等。乌兹别克斯坦塔什干孔子学院和塔吉克斯坦民族大学孔子学院为少年儿童开设了儿童汉语班等。

（二）中华文化推广

文化活动不仅是汉语教学的一个重要组成部分，也是宣传中华文化，加深中国与各国友谊的重要纽带。中亚各孔子学院在搞好汉语教学工作的同时，充分利用各种资源，积极开展各类中华文化推广活动，举办文化活动的次数不断增加。大部分孔子学院均设有书法、太极拳、剪纸、中国歌曲、中国舞蹈等文化课程，不定期举办各种中国文化讲座。此外，各孔子学院还充分利用一切机会和条件将各种文化活动与日常教学工作相结合。

近两年，中亚孔子学院接待、组织与安排的文化巡演、巡展及巡讲活动，在当地引起了较广泛的反响，有效地促进了中国与中亚国家间的文化交流。特别值得一提的是，2013年4月吉尔吉斯国立民族大学孔子学院主办了吉尔吉斯斯坦首届"孔子学院名人讲坛"，邀请中国及吉尔吉斯斯坦政治、经济、文化、教育等各领域的9位知名专家主讲，为吉尔吉斯斯坦民众带来文化、知识方面的收获，使吉尔吉斯斯坦民众对中吉两国建交20多年来在政治、经济、文化等方面的交流有了更全面深入的了解，并对中吉友谊发展做出了积极贡献。

各孔子学院开展的文化活动有力地促进了学员的学习积极性和汉语水平的不断提升，而且在所在地区赢得了一定的知名度。

（三）本土教师培养

针对中亚各国本土汉语师资力量薄弱的现状，各孔子学院积极举办当地的本土教师汉语强化培训,提高本土教师的汉语水平和教学能力。另外孔子学院还输送本土教师来国内各高校进行暑期集中培养。这些师资培训项目的实施提高了本土教师的汉语教学水平,改善了当地汉语教师的能力结构,得到了校方、教师本人及汉语学习者的肯定。

(四) 开发教学资源

中亚孔子学院除使用汉办提供的多种汉语教材外,还视学员的具体学习目的及特殊要求编写了相应教材及其他学习用书。如为了促进中国与哈萨克斯坦两国人民在各领域更深入的交流,2011 年哈萨克斯坦国立民族大学孔子学院编写了一本较为全面、详尽的分类外交词典《汉哈俄外交辞典》。塔吉克斯坦民族大学孔子学院与新疆教育出版社合作,将汉语推广中亚基地的系列汉语教材翻译成塔吉克文出版发行。

汉语推广中亚基地在国家汉办的大力支持下,结合中亚汉语教学的实际需要,会同一批中亚专家,研发了主要是面向中亚国家的多语种汉语系列教材,包括哈萨克斯坦、吉尔吉斯斯坦、塔吉克斯坦 3 个语种的幼儿、小学、中学、大学、大众、词典等四大类 9 种 84 册 "丝绸之路学汉语系列教材"。系列教材投入中亚后,广受好评。吉尔吉斯斯坦教育科技部已向该国开设汉语课程的各级各类学校推荐使用该教材。目前,中亚基地正在积极研发系列教材的第三册和第四册,以及配套的教师用书。这项工作填补了中亚本土语言注释的汉语教材空白,也为孔子学院汉语教学提供了一定的选择。

(五) 学术交流

中亚孔子学院在进行学术交流方面成果也较丰硕。如乌兹别克斯坦塔什干孔子学院每年举办一次全乌兹别克斯坦汉语教学研讨会,至今已召开了十余届汉学研讨会。年会成为乌兹别克斯坦汉学界的知名盛会,为乌兹别克斯坦与中国的相互信任、相互理解、相互交流架起了一道文化的桥梁。

吉尔吉斯斯坦比什凯克人文大学孔子学院为呼应中国 "一带一路" 倡议的提出,于 2014 年 7 月 3~4 日举办 "中吉丝绸之路经济带研讨会"。该国政府部门重要领导以及各界各高校领导人、部分外国驻吉使馆大使和政务参赞等共计 600 余人出席会议,来自中国高校和企业的高层领导人、学者专家、企业家共 31 人组成的中国代表团参加会议。这是比什凯克人文大学孔子学院成立以来举办的规模最大、影响最广的国际研讨会,为促进两国间的睦邻友好、增进两国间各领域的合作、弘扬丝绸之路精神起到重要的推动作用。

2015 年 6 月 3 日至 6 月 5 日哈萨克斯坦阿克托别朱巴诺夫国立大学孔子学院

举办"健康的生活方式:人类生态学问题"国际研讨会。

新疆参与中亚孔子学院建设的高校还依托孔子学院为中国高校开展中亚研究提供咨询与帮助。另外,中亚孔子学院也促成中亚地区相关学术人员与机构前往中国进行学术交流访问。借助孔子学院开展学术交流正在成为当前中国部分高校及中亚教育文化及学术界的共识。

(六) 其他活动

中亚各孔子学院还结合当地具体情况,不断拓展业务。哈萨克斯坦欧亚大学孔子学院、哈萨克斯坦国立民族大学孔子学院、吉尔吉斯斯坦比什凯克人文大学孔子学院、吉尔吉斯斯坦国立民族大学孔子学院、塔吉克斯坦国立民族大学孔子学院、乌兹别克斯坦塔什干孔子学院等均设有 HSK 汉语考试中心,每年为当地考生组织数次考试。中亚孔子学院还为国内高校输送了相当数量的留学生;哈萨克斯坦欧亚大学孔子学院及国立民族大学孔子学院、乌兹别克斯坦塔什干孔子学院等还依托汉办提供的图书及音像资源,建成了各自独立的、有一定规模的汉语图书资料中心,为汉语学习者提供图书阅览、卫星电视收视、音像资料播放、网络查询等服务。

吉尔吉斯斯坦国立民族大学孔子学院与当地电台合作,开设了每周半小时的汉语学习广播栏目,使汉语推广在形式上得到一定拓展。2015 年 6 月 11 日,由吉尔吉斯斯坦玛纳斯电视台教育频道与比什凯克人文大学孔子学院合作录制的《电视汉语》节目正式开播,填补了汉语教学在该国电视节目中的空白,也为该国偏远地区的观众和学生提供便利。

二、主要问题

中亚孔子学院在前期工作中取得了阶段性成绩,但目前的运营在办学定位、教学对象、教学方法和教材建设等方面也遇到了一些问题。一方面是孔子学院的高速发展,另一方面收到的实际效果还不够理想,因此要想孔子学院持续发展,需要给其合理定位,建立较完善的运营体制和制定中长期发展规划。根据笔者对中亚部分孔子学院的实地调查与访谈,认为中亚孔子学院在现阶段主要遇到以下问题:

(一) 目标定位问题

对于孔子学院来说,明确的定位是实现目标、减少误解的关键。与大部分孔子学院一样,中亚的孔子学院在开发目的、合作平台和运行机制上也是大同小异。虽然国家汉办对孔子学院确立有宏观目标、宗旨,但各国国情不同,具体到每个孔子学院也存在诸多差异。所以,各孔子学院还应在宏观目标指导下因地制宜,制定出符合自身实际的工作目标、任务,也就是要结合自身实际准确定位。不然,孔子学院千人一面,没有自己的特色,不利于长期发展。

另外,孔子学院的自身定位是比较明确的,即作为汉语教学机构和文化交流平台,旨在促进中外相互了解和友谊。但在实际操作中汉语教学与文化交流职责并重并不容易落实。中亚孔子学院因各种主客观原因往往偏重于汉语教学,甚或直接以汉语教学为目的,忽视文化交流的职能,使文化交流职能在孔子学院发挥的作用有限,当然这与中亚国家主要对汉语有旺盛的学习需求有关。

(二) 文化传播策略问题

中亚地处欧亚大陆的中部,是伊斯兰教、东正教、佛教等宗教文化发展、传播、碰撞的交汇区。突厥文化、伊斯兰文化及俄罗斯文化都对中亚各国产生过较大影响。进入现代,伊斯兰国家不断扩大伊斯兰教在中亚地区的传播范围和伊斯兰文化的影响;同时俄国和苏联时期的历史为当代中亚社会打上深刻的俄罗斯文化烙印;以美国文化为代表的西方文化也正通过多渠道的传播在中亚扩大影响。除了一些中亚高校开设的名称各异的俄语中心、德语中心、土耳其语中心、日语中心、韩语中心外,乌兹别克斯坦、哈萨克斯坦都建有独立的歌德学院,塔吉克斯坦与哈萨克斯坦建有韩国的世宗学堂。这些语言推广机构的工作方式各有所长,文化发展各有倾向,发展目标依各国国情而制,其成熟的经验值得借鉴。

以孔子学院为载体的中亚地区汉语教学与中华文化传播面临着激烈的竞争和复杂的局面。面对中国威胁论和差别较大的文化差异,中国如何创造并保持跨文化传播的吸引力并避免文化冲突、如何寻找适合中亚区情的文化传播策略、如何促进中国文化与当地文化的融合等是中亚孔子学院还未解决的问题。在工作中与所在国文化发生冲突并不是个例,个别人员维护中国文化的本位意识、只注重单一的中国语言与文化传播而不重视跨文化的对话与合作都可能引起当地民众的误解,甚至不满。

(三) 办学模式问题

在孔子学院建设过程中,始终实行外方为主,中方协助,当地政府和社会各界支持、积极参与的办学模式。没有照搬西方国家语言传播中的政府与政府合作模式。孔子学院可采取主要合作模式包括中国教育机构同国外教育机构合作;国内高校与国外社团合作；外国政府与我地方政府合作；企业与高校合作等①。

中亚孔子学院的办学模式比较单一，如上文所介绍，主要采取中国高校与中亚高校合作建设孔子学院的模式。从创办动机来看，中亚孔子学院合作高校的动机较复杂：一些孔子学院的合作高校主要是基于其国家层面加强和扩大与中国交流的需要，如哈萨克斯坦欧亚大学孔子学院、塔什干孔子学院；一些高校是出于学校自身的国际化需要；但也有一些高校有从众、攀比方面的考虑，甚至把孔子学院当作免费的汉语教学资源，更多关注的是中方的资金投入。因此，在选择国外合作院校方面应该有所甄别，为双方的合作打好基础。

国内高校合办孔子学院的主要动因首先是出于国家文化发展的战略需要，响应进行汉语国际推广的号召，为扩大中国文化在中亚地区的影响做贡献；其次是提高学校的国际知名度、加快学校国际化进程；最后是通过孔子学院扩大学校自身的留学生规模。但在建设过程中需要避免将建设孔子学院变成自己的政绩工程，也要避免把孔子学院变成校际交流的副产品，使孔子学院失去其相对独立性。

从资金来源上看，中亚孔子学院的经营模式为汉办项目型，还没有发展为产业经营型。中亚孔子学院主要接受政府资金的支持，自身的收入较低。没有汉办的扶持之后，在保障中亚孔子学院的正常运营、实现自负盈亏、拓展活动经费来源方面，中亚孔子学院还面临着实现突破的问题。

（四）运营机制问题

孔子学院非官方的对外文化机构，只是大学之间的合作办学，不涉及中外国家的教育主权，因而不受所在国家政府保护。2012年5月美国孔子学院的"签证风波"虽然得到迅速解决，但对其他国家产生了一定的负面影响。如俄罗斯在2012年底对位于其新西伯利亚地区的孔子学院进行了资质审查，并提出孔子学院有违反俄罗斯法律之嫌。俄罗斯将孔子学院认定为是"外国文化信息中心"，而非教学机构，它的设立没有通过俄罗斯教育部或者是所在高校学术委员会的审批；孔子学院的中方教师违反了劳动法，没有出具符合俄罗斯从业要求的学历证明等。② 众多方面效仿俄罗斯的中亚国家也不是没有提出相应要求的可能，而我们还没有做好相应的对策研究，对中亚媒体中的孔子学院形象还有待深入研究。

---

① 周志刚、乔章凤：《海外孔子学院合作办学模式探析》，载于《江苏高教》2008年第5期。
② 《Институт Конфуция или деятельность иностранного культурно-информационного центра в Новосибирске》. 27-12-2012. http://vadim-horin.livejournal.com/20132.html.

其次，由于孔子学院缺少师资、缺少完整的课程设置、没有统一的基础性教材和教学大纲，教授的课程一般由教师自行安排，其课程很难得到校方学术委员会的认可，也就没有学分，这意味着选这门课程要完全依靠学生的兴趣，造成选修汉语的学生有较高的弃学率，这也是中亚孔子学院发展中遇到的一个突出问题。

另外，中亚各孔子学院主要从事汉语言文化培训及文化推广工作，经营模式与当地高校汉语专业及其他汉语言教学机构有重合，存在一定程度的利益冲突。如果开设孔子学院的国外高校与中方的办学目标有分歧，就会使得合作从一开始就矛盾不断。国外高校更希望孔子学院的开设能为本校的汉语教学与研究提供更多支持，而不是与他们竞争，产生新的体制。孔子学院的目的也不应该是取代他们，在发展目标上应该处理好与当地其他汉语言文化机构的关系，加强与当地其他汉语言文化教育机构的合作。

（五）教学体系问题

中亚孔子学院的汉语师资主要靠中国派出，教材和教学法也主要沿用国内对外汉语教学体系，尽管绝大多数汉语教师具有扎实的中国语言文化知识功底，教学经验也比较丰富，但中亚地区与国内在教学环境、教学对象和教学方法等诸方面有着明显区别。对于中亚地区学汉语的特点以及语言环境掌握不够到位使这些汉语教师的教学模式难以得到当地学生的认同。

中亚孔子学院汉语教学多为分散的非学历教育，以短期培训为主，在语言教学上主要采取讲练模式，国内流行的听说读写分技能训练，不适合中亚学生的学习特点。大部分中国教师上课时主要采用汉语教学，不懂当地语言，使学生无法完全明白；部分教师不能针对学生特点灵活使用各种教学方法，仍以灌输式、教师为主的方法；一些教师采用给学生布置过多的家庭作业、经常组织考试等中国式的教学管理，这些都不能贴近中亚学生的思维和生活习惯，让他们难以适应和接受。因此，需要中亚孔子学院探索适合中亚区情的汉语教学体系，而目前仍处于摸索阶段。

（六）国别化教学资源问题

中亚孔子学院在开发教学资源，提供教材支持方面较薄弱。中国作为汉语教学的输出国，提供的教材应成为普遍使用的教材，但实际情况是国内编写的教材较难进入国外，包括中亚市场，进而占领中亚汉语教学市场，这些教材到了国外出现了不符合当地汉语教学实际的情况，使精心编写的教材受欢迎程度打了折扣。这就促使我们要反思，什么样的教材才是适应国外，包括中亚汉语教学的教材。

目前已开发的一些针对中亚的汉语教材虽然在教材本土化方面做了一些努力，但在编写上还是存在没有充分照顾到中亚国家的实际情况、没有很好地融合当地文化背景、注释语言不标准等问题。有针对性的国别化教材成为进一步提高汉语教学质量的瓶颈问题，应组织中外专家联合编写一批以多媒体为主的汉语教材和中华文化读物。中亚孔子学院在借助于国内合办学校的资源，在了解所在国汉语学习者需求和当地政府教学标准的基础上与当地高校合作编写教材方面仍需努力。

（七）师资缺口问题

汉语国际推广在中亚地区的迅速开展，使得能够胜任汉语教学的教师短缺问题凸显，特别是适合中亚地区汉语教学的教师缺乏。

在中亚地区创建孔子学院的中国高校自身汉语师资有限，一部分教师缺口只能在全校范围内靠招募汉语志愿教师来解决，而一些派往中亚孔子学院的汉语教师及志愿者没有受过专业的国际汉语教师教育，只经过短期的培训，对语言学习过程和学生在学习中遇到的问题没有经验。派往中亚孔子学院的师资仍然以志愿者教师及研究生为主，他们的服务年限一般是1~2年，服务期满后一般不会继续留任。这也使得孔子学院的师资流动性大，无法对其进行中长期的规划和培养，频繁地更换教师也影响学生的学习。

中亚本土的汉语教师有自身的优势与不足：虽然可能是毕业于汉语专业的，在了解本国文化方面具有明显优势，但迫于自身的汉语水平，汉语说、写欠流利，对中国文化的了解也有限。因此，进一步对本土汉语教师进行培训成为中国及中亚专家们的共识。为加大本土教师培养力度，一般通过邀请来华、派专家赴外等方式进行培训。在中亚地区，与当地有经验大学合作有针对性地培养培训汉语教师方面仍显不足。另外，在中亚国家缺乏汉语教师资格和教师水平的认证系统，使得本土汉语教师水平参差不齐。

三、发展建议

针对中亚孔子学院存在的主要问题，提出如下发展建议：

（一）明确定位，走特色发展道路

每一所孔子学院在建立之前都应根据市场原则、合作双方的办学特色、区域特征及受众心理对具体的学院进行定位与设计。只有定位准确，才能有发展的基础，才能使资金的投入与其他资源实现效益最大化。同时，应尽力取得所在国家官方的支持和其政策与法律的认可。

为此，需要改变目前中亚孔子学院偏重汉语教学的统一模式，遵循语言教学与文化推广的规律，有针对性地开展工作，改变边发展边摸索的现状，不断提升各孔子学院自身的"软实力"。可以探寻在同一国家不同的孔子学院进行协作分工。如果能对现有的中亚孔子学院进行协调统一管理，优化配置以提高办学效益，可能会对目前中亚孔子学院各自为政的状况进行一些改变。

在保证孔子学院质量的前提下，适度发展数量。现有的中亚孔子学院有11所，对于人口6 400多万的中亚地区应该是适宜的，而且孔子学院延伸的教学点较多，特别是在吉尔吉斯斯坦和塔吉克斯坦。大规模的覆盖，使人产生孔子学院大规模扩张的感觉，使一些中亚人感到不满，不利于汉语文化的推广与传播。因此，需要注重中亚孔子学院的合理布局，适当控制数量，提高教学质量，保证孔子学院的持续发展。

（二）加强文化传播创新，将中华文化传播推向新的高度

长期以来中外文化交流中，往往偏重于传统文化，如琴棋书画、四大发明、武术等，对中国当代文化创新成果的宣传和弘扬较为欠缺，使中亚受众对中国文明的了解多局限在过去的界限内，对中国的新形象认知甚少。因此，孔子学院在文化传播的过程中，既要深度挖掘传统文化，又要全方位展示中国当代文化的繁荣与成果，让中亚各国人民领略到中国文化魅力，使孔子学院成为展示中国悠久文化和当代中国发展成就的窗口，成为中国与世界沟通的文化桥梁。当然在教授中国当代文化的时候要注意回避所在国比较敏感的话题，以免引起猜疑。

在进行中国文化教学时，要关注各国学生对中国文化的态度，在教学中对中国文化的介绍要恰如其分。既要学习者领略到中国传统文化的永恒魅力，也要让其体会到当代中国文化的底蕴和现实，从而使中国文化真正深入人心，获得持久的共鸣与影响。要善于适应他国民众的认知习惯开展文化传播，不以硬性灌输和倾向性十足的方式表达，以免引起逆反和排斥心理，反而不利于文化的传播。中国教师对所在国家的文化也应进行适当的学习，并给予尊重，发现中外文化的异同，并能对中国文化与他国文化进行一定的对比分析，使欣赏差异性文化成为自己高度的文化自觉。

（三）加强中亚孔子学院理论研究

要顺利进行汉语教学与中华文化推广工作，就必须研究所在国的政治、经

济、文化发展等现状，特别是语言与外语政策，以符合中亚各国国家意志的形象建设及宣传自身，争取当地政府的支持，最大限度地利用当地教育资源。

其次，孔子学院在中亚地区还要面对其他国家语言文化推广机构的竞争，以及国外创办的各类大学。仅在吉尔吉斯斯坦，就有美国开设的吉美大学、俄罗斯开设的斯拉夫大学及土耳其开设的玛纳斯大学。这些大学每年提供各种类型的奖学金，规模和数量都比较可观。孔子学院要想在各国语言文化推广的竞争中胜出，也需要研究其他国家语言文化推广机构的发展现状和发展策略，做到知己知彼、取长补短。

最后，我们还需要总结中亚孔子学院的办学经验、研究解决办学中出现的各种问题，因此，加强对中亚孔子学院的理论研究支持，强化对其可持续发展及逐步本土化可能路径的战略研究，会为相关部门的决策提供支持。

不同的中亚国家开设孔子学院的高校对合办孔子学院有什么样的期待也是需要认真研究的一个问题。研究表明，大部分中亚高校还是希望孔子学院能展示孔子教育传统中具有全人类普遍价值的思想，使其能对开设孔子学院的中亚高校本身产生有益的教育影响。但是该如何使孔子学院融入合办高校的师生活动中去，但又不使孔子学院失去自身的特色、背离自己的宗旨？该如何促进孔子学院与合办高校形成有效的合作机制，而不与中亚高校的文化传统产生冲突？该如何使孔子学院适应需要在发展过程中不断产生出新的驱动力，从而使其长期健康发展？这些都需要合作建设孔子学院的中外高校深入进行合作研究。

（四）加强中亚地区汉语教学理论研究

汉语作为第二语言的教学理论，旨在为非母语环境下的汉语教学、学习和测试提供科学的理论依据，探寻其教学规律，推动对外汉语教学的规范发展，拓展汉语学习和汉语推广的市场，是具有前瞻性的课题。汉语短期强化速成教学模式研究也是对外汉语学科理论研究的重要内容，通过教学实验和理论总结，使汉语短期强化速成教学模式更加科学完善，从而具有广泛的适用性和推广价值，不仅能对国内留学生汉语速成教学起到规范指导作用，也能为国外孔子学院及大中小学汉语教学和各类汉语学习班提供可参鉴的教学范式。

对中亚孔子学院来说，孔子学院要承担汉语言教学与文化传播的两大职能，而其中的汉语教学任务显得尤为重要，甚至是必不可少，它也是做好文化传播的基础。中亚地区大规模的汉语教学历史较短，在教学理论研究方面还有许多空白。近几年国内，特别是新疆的对外汉语教师及汉语国际教育硕士在中亚学生汉语教学理论方面做了一些宏观研究，但在微观研究方面还有待深入。

应该承认，适宜国外学生的汉语教学方式的选择非常关键。中亚学生学习汉语有其特殊性，应充分考虑当地学习者的不同思维方式、风俗习惯、学习特点，在充分调查研究的基础上选择灵活多样、生动活泼的教学方式，使汉语语言及其文化更好地被中亚人所接受。在汉语教学沟通方式方面也要注意多样化，在注重师生面对面沟通的同时，还要在有条件的情况下进行第二课堂沟通、文字沟通、网络沟通等，让汉语学习者不论是课内还是课外都能高效地学习汉语语言与文化。因此加强基于中亚学生及汉语教学特点的理论研究实属必要，而相关部门应为中亚汉语教学及其文化推广者提供研究的平台。如设立相应的研究课题，提供研究经费，支持研究成果的转化等。

（五）加强各类师资培养

孔子学院总部自成立以来就对孔子学院的师资问题给予高度重视，认为优良的师资队伍将是孔子学院教学质量的重要保障，是孔子学院可持续发展的基础。中亚地区孔子学院的教师主要由汉语教师及志愿者组成，汉办的汉语教师主要是从国内各高校选派，一般是各高校的语言类教师，国家不仅要负担大笔费用，而且派出的师资因在当地语言和跨文化交往方面的先天不足，无法尽快适应工作。而汉语志愿者因为学业的原因，一般只服务一年，使孔子学院的中方教师流动性大。针对这种情况，首先应加大对汉语教师的选拔力度，培养一批精通汉语、中国文化与当地语言的教师，使其既能胜任汉语教学工作，也能承担文化传播的工作。在对汉语不同层次师资需求旺盛的国家，还应制定不同的教师标准及培训要求。尽快出台相关政策，招收聘用孔子学院专职教师，避免太大的教师流动，并使其全身心投入到孔子学院的教学工作。

此外，中亚的孔子学院今后也要加强本土师资的培训，逐渐实现师资的本土化，由当地师资承担起基础教学工作，而由国内公派教师提供咨询和指导工作。这样既可以节约国家投入，也可以发挥当地师资的语言文化特长，有利于孔子学院在中亚地区落地生根。

国内已有近百所高校招收培养中外籍汉语国际教育硕士。因此，对于教师缺口较大的国家，孔子学院总部在进行外籍汉语国际教育硕士招生时应给予一定的倾斜。应探索中国高校与中亚高校合作联合培养汉语专业本科及在职汉语国际教育硕士的培养模式，打造立体化、多层次的本土汉语教师培养体系。

（六）整合中亚汉语智力资源

近几年的中亚汉语教学成绩显著，中亚主要的高校均开设了汉语课程，培养了一批懂汉语、了解中国的汉学人才，再加上这几年大批毕业回国的来华中亚留学生不断扩充着中亚的汉语教学及中国问题研究人才队伍，其中不乏对汉语及现代中国颇有研究的高级人才。中亚还有一批老一辈的汉学人才，其中国问题研究及中外比较功底更加深厚。中亚孔子学院应该吸引、汇聚这些人才，积极与中亚汉学界互动，充分利用这些智力资源为我所用，为更多中亚人士了解与接受汉语提供良好的外部条件。在孔子学院的汉语教学与文化推广实践中，如果能与中亚的这部分汉学智力资源互动，更利于传播中国文化，更利于对外汉语的推广。对这些本土的汉学家来说，其人脉更广，也更适于以当地人的思维看孔子学院，看中国，可以为孔子学院的进一步发展提供切实可行的发展建议。

（七）加快区域性教材的研发

中亚孔子学院教授的对象是不同年龄、不同层次、不同需求的汉语学习者，教材的编写需要适应不同的学习者。在教材开发方面，由国家汉办和中亚汉推基地共同规划的《丝绸之路学汉语系列教材》于2009年启动编写，现已投入使用。教材编写者的积极努力使中亚汉语学习者第一次接触到以中亚各国主体民族的语言注释的汉语教材。但在实践中，教材使用者仍然反映教材编写在融合区域文化环境方面挖掘不足的问题。因此，加快开发适合中亚各个国家的区域性中文教材依然是孔子学院及其合作院校长期的一项任务。

为保障教材建设工作的针对性、有效性，应制定中亚汉语教材编写规划，实施中亚汉语教材工程。教材编写应整合国内外主要高校的师资力量，成立中外专家组成的汉语教材指导委员会和工作组。依托国内外基础较好、积极性较高的高校，开展中亚汉语教材的研发。与国内外出版社密切合作，打造编写、出版和发行一体化的教材供应体系。建立国际汉语教材资源库，为教学法研究和教材编写提供信息服务。

除教材外，同一国家的孔子学院应加强沟通与合作，考虑制定指导性的教材和教学大纲，应互通有无，形成合力。中亚一些国家正在制定汉语教学的国家标准，有条件的孔子学院完全可利用这个机会，参与到按照所在国家的标准编写相应的课程教材、配套用书、有声音像、多媒体课件等工作中，为以后孔子学院的教材及其课程进入所在国家国民教育体系做准备。

（八）开展学院建设评估

中亚孔子学院还需要做的重要课题是"中亚受众研究"和"中亚孔子学院效果研究"，以监测与评估孔子学院的建设质量与管理体系。

孔子学院的受众是中亚不同国别的民众，由于文化、地域的差异，他们对中国文化的认识也会不同，对中国文化的需求也存在差异。中亚孔子学院在进行对外传播的同时，要做好受众研究。学员在孔子学院学习后，取得怎样的效果，也需要进行效果分析。这些需要研究孔子学院的学者投入大量的精力，从学术的角度进行分析整理，提出有针对性的质量评估标准。

中亚孔子学院未来发展的重点应是提高学院的建设质量，那么制定一个目标明确、职权清晰、针对性强、操作性好，能根据各国的需要与政策差异较全面衡量孔子学院建设效益的质量评估体系成为当务之急。质量评估体系不仅应包括对孔子学院中外合作院校的认证，还应包括对管理、师资、财务、教材、教学内容、教学方法等方面的全面检查与评估。

第三节 中亚孔子学院文化软实力解读

一、中亚国家对孔子学院及其"软实力"的认识

经过近10年的发展，中亚孔子学院总体呈现出可持续发展的态势。不同中亚国家的孔子学院因为不同的国情与文化而呈现出不同的发展特点，但也有共性可循。中亚国家对孔子学院的认可程度与支持程度方面也表现出不同。这种外部环境对中亚各国孔子学院的发展至关重要。这里的外部环境包括孔子学院所在国有关部门及民众对孔子学院的认可度和支持度、合建孔子学院的外方对学院的支持度。中亚孔子学院目前所遇到的问题在一定程度上与所在国家的外部环境密切相关。

1991年随着苏联解体而独立的中亚各国，为保障国家独立，经济复苏，需要寻求国际合作伙伴。独立之初，它们热衷于与西方建立关系，但西方的遥远和冷漠令其失望。随着中国在政治及经济方面取得的巨大成绩及国际地位的不断提高，中亚国家对中国表现出极大的兴趣，再加上中国也非常重视中亚在政治和经济上对中国的重要战略意义，中亚与中国开始建立密切的合作伙伴关系。

中国与中亚国家发展双边关系有着得天独厚的有利条件，双方山水相依，人民血脉相连。独立25年来，中亚国家与中国在各个领域的合作关系发展都比较顺利，中国与中亚国家在边境地区裁军、相互信任、边界问题等方面取得许多共识，还大力发展了政治、经济和人文诸方面的合作交流。中国本着与邻为善，以邻为伴的精神，做中亚各国的好邻居、好伙伴、好朋友，得到中亚各国政府和人民的信任和好评。

中国和中亚国家在经贸合作方面拥有多种互补优势，发展潜力巨大。中亚五

国丰富的自然资源和中方在技术、产业和资金等方面的相对优势形成了较大的互补性，加之双方优越的地缘条件为相互合作奠定了坚实的物质基础，而上海合作组织也为中国与中亚国家长期互利合作提供了良好的平台。中国与中亚五国建交25年来，双边的经贸合作从无到有，发展迅速，取得了显著成就。

中国与中亚国家在各个领域的合作，特别是经贸往来催生出中亚地区的"汉语热"和中国特别是新疆的"俄语热"。中国与中亚地区的语言学习热，说明了双方看好进一步的合作关系，更说明了中亚国家对中国未来的信心，中国的发展将带动中亚国家乃至世界的发展。

近年来，中国与中亚国家的合作不断向广度和深度延伸，给双方的人民都带来了新的机遇。对中亚国家的国民来说，掌握汉语意味着多了一项重要的工作技能，因为很多机构、企业都与中国有了密切关系。在中亚的中资企业逐渐增多，职工本地化是必然趋势。很多中亚人以在中资企业工作为荣，这成为他们学习汉语的最直接动因。当然也有一些中亚的青年人对中国历史与现实有浓厚的兴趣，渴望了解中国。

汉语也是上海合作组织的工作语言，上合组织制定的文件使用俄语与汉语，所以对一些有更高追求的中亚青年人来说，学习汉语有了更深层的意义。就此哈萨克斯坦著名的汉学家克拉拉·哈菲佐娃认为"在中亚国家汉语变得越来越普及，越来越重要。甚至可以断言，在中亚国家，懂汉语与懂欧洲的语言一样对于中亚人学术与职业生涯的促进作用同样重要。"[①]

吉尔吉斯斯坦著名国际问题专家萨利耶夫的立场很能代表大多数吉尔吉斯斯坦学者的观点："今天，包括吉尔吉斯斯坦民众在内的中亚人对在中国接受教育的兴趣陡增。这当然主要是因为中国经济的迅猛发展和在国际舞台上不断增长的影响力。这些因素成为与中国合作国家的民众学习汉语的重要动因"[②]。中亚地区的汉语学习热与不断增长的中亚来华留学生数量都证明了巨大的汉语学习需求。从学习汉语的人数来看，哈萨克斯坦在中亚占第一位，之后是吉尔吉斯斯坦、塔吉克斯坦、乌兹别克斯坦、土库曼斯坦。

在此背景下，中亚"汉语热"持续升温，汉语教学大发展正逢其时。很多有条件的中亚院校都开始开设汉语课程，以满足学生学习汉语的需求。应该承认，中亚国家本身对汉语学习有巨大的需要，其不仅能够提高个人的生存竞争力，同

---

① Клара Хафизова, *Культурно-гуманитарное сотрудничество Китая и стран Центральной Азии*. http://www.kazenergy.com/ru/2-26-27-2009/1068-kultura.html.

② Салиева А. Л., 《*Китайский фактор*》 *во внешней политике Кыргызстана：двусторонний и региональный уровни（Учебник онлайн）*/Под общей редакцией к. п. н., 2008. http：//uchebnik-online.com/soderzhanie/textbook_194.html.

时也满足了部分中亚国家的战略部署。中国主动出资为这些中亚国家提供几乎是免费的汉语教育，当然能使在孔子学院学习汉语的中亚人获得实际的利益。这样的现实需求为孔子学院的发展提供了现实的动因。

中亚孔子学院的建设为中亚地区的汉语学习带来的巨大益处是显而易见的。从我们对中亚媒体较长期的观察来看，当地媒体对中亚孔子学院也基本是正面的报道。

2013年4月哈萨克斯坦总统参加博鳌论坛期间，哈萨克斯坦驻中国大使努尔兰·叶尔梅克巴耶夫在接受媒体采访时指出：" 中哈的贸易额由20世纪初的3.7亿美元达到了现在的230多亿美元的水平"，他非常看好2013年底哈"入世"后中哈经贸方面的进一步合作，举例说明经贸合作领域在不断扩大，除了原有的合作项目外，中资"正在投入建设的有阿克套地区的沥青厂、阿特劳州石油深加工综合体、希姆肯特石油加工厂的现代化改造"，而且中哈正筹划成立哈中商会等，这些项目的实施将会使哈萨克斯坦对汉语的需求进一步扩大，哈萨克斯坦现在运营的四所孔子学院，每年的大学生交换项目及目前哈萨克斯坦在华学习的8 000名留学生都是有力的说明①。

塔吉克斯坦共和国总统埃莫马利·拉赫蒙于2013年5月对中华人民共和国进行了国事访问并签署了《中国和塔吉克斯坦关于建立战略伙伴关系的联合宣言》，其中提到："双方对教育领域合作快速发展表示满意。中方欢迎塔方学生来华学习，将为塔优秀留学生提供中国政府奖学金，扩大在塔汉语教学规模，办好孔子学院"。② 这充分表达了塔政府对在塔进行汉语教学的大力支持。

吉尔吉斯斯坦教育与科学部部长卡纳特·萨迪科夫认为："孔子学院是教育体系（合作）中最有效的桥梁"，"孔子学院为教育体系整体的发展做了许多努力，但我还是希望未来能培养区域学人才，即不仅是懂汉语，同时又满足市场需求的专业人才"。③ 表达了吉方希望孔子学院能向更深、更宽领域发展的愿望。

当然，当地也有个别媒体对孔子学院有消极负面的报道与评论，认为中亚国家民众对中国的担忧程度要多于欢迎程度。其实吉尔吉斯斯坦这种情绪表现更明显。虽然吉尔吉斯斯坦高度依赖中国的进口，但当地属于中国商人的贸易中心及开矿生产近年来遭遇不断滑坡，当地怀有民族主义情绪的媒体文章也不时渲染着

---

① 《Казахстан придает важное значение развитию отношений всестороннего стратегического партнерства с Китаем－－посол Казахстана в Китае》，http：//russian.people.com.cn/31521/8194510.html.

② 《中国和塔吉克斯坦关于建立战略伙伴关系的联合宣言》，载于《中国中央人民政府网》，http：//www.gov.cn/ldhd/2013－05/20/content_2406817.htm.

③ 《Институт Конфуция-эффективный мост в системе образования，считает К. Садыков》，12－01－2011. http：//www.kabar.kg/rus/science-and-culture/full/22821.

对中国的担心[①]。

从我们对中亚孔子学院的部分外方管理者、学员、普通民众的访谈来看，大部分中亚国家主观上愿意接纳多元文化，而且对汉语有较大的消费需求，但客观上又对我国的意识形态及其孔子学院的办学目的存有顾虑。中亚国家及其民间对孔子学院的其他认识可从以下方面略见一斑。

（一）政治方面

中国作为一个经济高速增长的大国，无论是否有意于此，都在直接、间接地影响着世界，这一点是不以我们的意志为转移的。中亚国家认为中国因素对中亚安全的影响主要集中在中国为保障其在该地区的经济与能源利益而采取的相应政策，为强化在中亚地区的影响力而与俄罗斯、美国进行的竞争会日益增强[②]。他们普遍认为，中亚的稳定对中国极其重要，这关乎中国边境安全；能使来自中亚地区的极端主义与恐怖主义势力渗透威胁降低到最低限度；能将精力放在中国国内的建设上来，特别是与中亚接壤的中国西部相对落后且存在分裂主义倾向的地区的建设；可以保障中国在该地区的投资及经济项目，包括对能源领域的投资。这是对中亚稳定有正面影响的一面，但中国、俄罗斯、美国的大博弈有可能给中亚地区稳定带来负面的影响，所以，中亚存在"恐华症"（синофобия）。这对中国极力想与中亚国家构建的友好关系产生了一些障碍，但长远来看，中亚领导人应该尽力克服这种现象，而不是任由它发展。因为对于中亚国家来说，中国是个拥有巨大金融资本并极其关注区域稳定发展的强大邻居，中亚国家必须与中国合作，而且是发自内心的合作[③]。

中亚国家独立时间不长，各方面还处于转型期，中国在各方面的快速发展让中亚邻居既感到是机遇，又感到是种威胁，所以出现"中国威胁论""中国恐惧症"是可以理解的。对独立才25年的中亚国家来说，保持其独立性与地区的安全是其首要关心的问题。所以，即使中国不断表明其和平崛起的立场，但中亚国家及其民众仍警惕着中国。站在中亚国家的立场看，这对他们来说也属正常与必要。那么，当下在中亚地区建设孔子学院遭遇到一些政治误读也就不足为奇了。

（二）文化方面

经历过苏联式社会主义计划经济的中亚人，对中国的体制有某种亲切感，对

[①][③] 《Кыргызстан: Китай укрепляет свое влияние, студент за студентом》, 05 – 01 – 2012. http://russian.eurasianet.org/node/59096.

[②] 《Китайский фактор. Влияние Китая в Центральной Азии》, 12 – 09 – 2012. http://east.terra-america.ru/chinese-factor.aspx.

中国有某种向往，因而从对中国一无所知到逐渐产生了浓厚的兴趣。但实际上大部分中亚人对中国的了解并不深，这主要还是因为信息及宣传的不对等或沟通不畅。从文化渊源来看，中国与中亚国家历史发展不同，文化也存在较大差异，对相同问题因为视角不同也会产生不同认识。中亚民众知道中国政府在当地开设的孔子学院，知道一些受欢迎的中餐馆和大量到中亚经商的华侨、华商，但他们并不愿意看到大批中国人涌到中亚创业或定居。比起政治、文化交流，中亚国家更希望在经济方面保持与中国的往来。中亚大部分国家，如吉尔吉斯斯坦，其社会意识仍倾向于俄罗斯，吉社会精英让孩子接受教育首选欧洲、北美或者俄罗斯，之后才是中国[1]。中亚各国家的中产阶级在宗教、语言文化、生活习俗和价值观等方面更愿意把自己看作是"欧洲"的，但对中国经济和社会模式又充满好奇。

中国建立了数以百计的孔子学院，并在世界各地举办传统文化展览以及艺术演出，意在展示自己的传统文化，让世界了解中国的文化，通过文化、价值观体系和外交手段这些软实力资源不断塑造良好的国家形象和提升全球影响力。随着孔子学院数量的不断增加、学院由中国政府资助的模式、国家领导人在出国时访问当地孔子学院的活动、个别孔子学院发展中的过于高调等使孔子学院的政府色彩较浓厚，其正常的文化交流活动就很容易被误读，再加上西方及俄罗斯部分媒体对孔子学院的非议，甚至是排斥，使中亚地区也产生了孔子学院是否是中国对中亚地区进行"文化渗透"手段的猜测，使中亚少部分对中国不友好人士煽动的"中国文化渗透论""恐华症"有了一定的市场。一部分人认为，中国以孔子学院为平台，输入了中国的文化及意识形态，是对中亚本土文化及国家文化安全的一种威胁，中国欲借孔子学院及强大的财力引发中亚对中国及中国事物的好感。中亚国家也开始提出展示其文化特色、强化其国家在中国影响力的计划。中亚部分国家相继提出在中国建立其国家文化中心，如阿拜文化中心、吉尔吉斯斯坦文化中心等。乌兹别克斯坦则在北京举办过多场文化交流活动。

当然，中国支持这种双向的文化交流与共享，对彼此历史与文化的了解与认同、对彼此在价值理念和生活方式等方面差异的理解，都是构建合作双赢的重要基础。

1. 对受益者的认识方面

以汉语教学、中华文化传播为宗旨的孔子学院及其发展向世界证明了汉语的魅力、展现了中华文化的风采，同时提高了中国的软实力，以文化柔性的功能促进了中外友好关系，为中国在国际上掌握更多的话语权、得到更多的国际社会的

---

[1] 《Кыргызстан：Китай укрепляет свое влияние，студент за студентом》，05 – 01 – 2012. http：//russian.eurasianet.org/node/59096。

理解与支持助力。对于中国政府出资教当地学生学习汉语,中亚有一部分人不舒服,甚至排斥,但大部分人表示理解,"在全球化背景下,世界各国利益交融、兴衰相伴、安危与共,成为你中有我、我中有你的利益共同体和命运共同体,加强人文交流、促进文明互鉴势不可当。"① 任何主权国家都会采取符合自身利益的政策,希望自己的文化能被其他国家及其民众理解和尊重,借此提高国际地位。中亚人自然认为中国是建设孔子学院的最大受益者。孔子学院的目的就是动用中国国家力量对汉语教学与文化传播投入必要的资金支持,期望将来能在其他方面有所收获。

中亚国家教育的国际化进程促使其各高校加强与国外高校的联系。但选择哪些国家为重点因各个国家及各个学校而异。中亚新闻媒介对中国改革开放成就的正面报道逐日增多,使越来越多的中亚人意识到中国将是未来世界政治经济舞台上一股不可小觑的力量,许多中亚的政治家形成了必须重视对华关系的共识,加强了对中国的研究。尤其是重视让国家的青年一代为此做好准备,为他们创造了解中国的机会。双方的文化交流能增进相互了解,从而促进国家之间的合作,而不是敌对。虽然,中亚有一些介绍中国的文献,但要了解现代中国,这些远远不够。因此,要了解中国文化、了解现代中国,必须从学习汉语开始。现在在哈萨克斯坦、吉尔吉斯斯坦、塔吉克斯坦、乌兹别克斯坦,但凡有条件的高校均开设了汉语专业,东方学系的学生在众多东方语言中多选择汉语。如上文所述,虽然并不是所有学习汉语的中亚汉语学习者都在孔子学院学习,但它对汉语教学历史比较短暂的中亚来说,的确起到了一定的汉语教学指导与引领作用,使所在城市、地区更多的汉语学习者获益。

作为国外合作建设孔子学院的高校,如果能将孔子学院作为自己的事业来做,这对学校本身将带来最大的益处。孔子学院带来的是标准的汉语、比较先进的教学方法、地道的汉语教材及汉语最新的研究成果,孔子学院邀请众多国内外的专家学者介绍中国及其文化,使学员不出国门就能了解中国,这对所在学校汉语专业教学水平的提高无疑有重要的意义。在孔子学院学习的学员有更多的机会赴中国参加各种长短期的夏令营或者是学习,还有机会获得孔子学院奖学金。中国与中亚国家的经济贸易合作为很多在孔子学院学习过的学员带来了更多、更好的就业机会。更有一些孔子学院的学员获得了在孔子学院就业的机会。孔子学院为所在学校带来的益处是巨大的,孔子学院完全能成为其重要的品牌,吸引更多的学生来校学习。

---

① 《刘延东在第十届孔子学院大会开幕式上的致辞》,http://www.gov.cn/guowuyuan/2015-12/06/content_5020601.htm。

孔子学院帮助中亚国家民众更多、更深入地认识中国，让他们意识到中国不仅是一个经济不断腾飞的国家，也是一个具有深厚文化底蕴的国家，是一个热爱和平、寻求全世界和谐发展的国家。这种认识的确立也会给工作及生活在中亚的中国人带来益处。

2. 对"汉语热"的宣传及认识方面

仅从汉语学习角度来看，似乎可以用"热"来形容中亚的汉语学习场面。例如在吉尔吉斯斯坦，汉语已逐渐取代英语成为吉尔吉斯斯坦学习人数最多的外语之一，大部分中小学陆续开设汉语课。在哈萨克斯坦汉语成为流行的语言，学习汉语成为平常事，去中国接受教育成为中学毕业生的时尚追求[1]。近10年，由于中国经济发展迅速，对外交流频繁，汉语在中亚地区也渐渐走红、越来越热。

渐趋形成的汉语热，说明汉语作为一种商业语言的重要性在不断增加，这与中国经济的总量和增长速度直接相关，也与中国拥有巨大的潜在消费市场相关。而中国经济总量、增长速度、庞大的消费人群也与世界各国的贸易量和活跃度以及中国市场的开放度直接相关。中亚汉语热跟中国国家地位的提高密切相关。但一种语言能不能成为强势语言，是由多方面因素决定的。首先是国家实力。其次是教育和科技。只有当中国的教育和科技处于领先地位，并让汉语言文献成为学科领域研究中有所突破与发展必须要查阅的文献，那时汉语自然会成为一种强势语言。目前，中亚汉语学习者并不认为汉语已成为一种国际上通用的强势语言，对汉语的消费主要还是因为第一个原因。

语言和文化作为一种社会现象，其被接受和认可需要一个较长的时间。中亚国家在政治体制、社会形态、文化传统、价值观念、思维方式上都不同于中国，不可能形成我们所期望的全民学汉语的现象。孔子学院现已成为中亚各国学习汉语言文化、了解当代中国的重要窗口。作为主导方，我们可以借助国外媒体对孔子学院进行大力宣传、制造一些声势，以求孔子学院宣传功能的充分发挥。但限于国外媒体的主导权问题，我们在国外媒体的宣传还是相当不够的，更不用说对当地产生大的影响。中亚媒体对孔子学院的报道一般限于对举办的重大文化活动的客观介绍，且一般都有对方重要人物参与，少见对孔子学院对各国有益作用的报道。因此，我们在报道关于孔子学院及其所代表的文化软实力时，不能抱着过强的功利心，试图在短时间内就实现文化领域的全面突破，奠定中国传统文化的世界地位。而且，孔子学院的宣传也不宜局限于学院举办的活动，完全可以积极参与当地举办的其他社会文化活动，获得当地媒体直接、间接的宣传，并借此提

---

[1] 《В Казахстане вырос интерес к китайскому языку》，06 - 06 - 2012. http：//rus. azattyq. org/content/chinese-language-in-kazakhstan/24605815. html。

高孔子学院的声誉，这比简单地宣传孔子学院产生的影响更大，更易被当地人接受。

国内能够感受到国外的汉语"热"，主要是来自国内媒体的大肆宣传。孔子学院作为国家文化战略推出后，涉及孔子学院、汉语国际教育等方面的报道，大多以"热"为题，使我们感受并形成了"汉语热""孔子学院热"的意识，并相信大量外国人在热情、积极地学习汉语，热衷于中国传统文化。国家和政府领导人对汉语在全球推广的重视和参与，促使媒体加大报道力度。还没有哪个国家的领导人像中国政府一样，如此重视一种语言和文化的传播。而在领导者不断推动的基调下，国内媒体也有夸大其词制造汉语热声势之嫌。让来华留学生的外国人感到报道与现实的差距。

在"汉语热"宣传中，还存在偏重对汉语学习人数，而少有对汉语教学质量考察的倾向。从中亚各孔子学院的汇报可看出，HSK 在中亚各国开始逐渐受到重视，但并非想象中那种人数众多、广泛参与的情况，而且各个级别的通过率也少见报道。据统计，有几万中亚人在学习汉语，但其中大部分人的汉语水平还很有限，并且在孔子学院学习的也只是他们中的一小部分。如果不降低汉语教学任务和要求，很难保证现有的孔子学院学习汉语的人数。所以，关于如何看待汉语热的现象和问题，应该有清醒、客观的认识。

综上所述，孔子学院现在在国外的数量很多，但都是依托各国的主要大学进行汉语授课。虽然也举办一些文化活动，但数量和影响力有限。在开设了孔子学院的中亚国家，同样存在夸大当地学生和专家学者对汉语和相关文化课程需求的情况。如果要让孔子学院扎根于中亚各国，不是短时间内能够做到的，这是个渐进的文化工程，还需要从事汉语教学与中华文化推广的相关人员从长计议。

3. 中亚各国对"孔子学院"的基本态度

中国与中亚各国的友好关系正向纵深发展。现阶段中国致力于构筑周边安全带，中亚国家作为我国的近邻自然是外交工作的重点地区之一，而日益密切的经济合作及其深化也拉近了中国与中亚国家的距离，给中亚各国人民带来了实实在在的利益。中亚国家认识到中国在维护区域稳定发展、区域经济合作等关乎中亚国家核心利益问题上的重要作用，与中国的关系不断升温。但正如前文所做的分析，出于各国维护国家文化安全的需要及在中亚复杂的社会背景下产生的"恐华症"会影响各国对孔子学院的基本态度，使各国表现出不同的倾向。

哈萨克斯坦与乌兹别克斯坦官方对孔子学院给予较高的关注，在官方的正式与非正式的文件中均会提及在双方领导人的倡议下合作建设孔子学院及合作给双方关系的发展带来的益处。但在孔子学院的实际运行中，两国对孔子学院所开展的各项活动，尤其是文化活动，不排除在通过各种方式进行着意识形态方面的隐性调查。哈萨克斯坦及乌兹别克斯坦并不鼓励孔子学院开展中华文化推广活动，特别是对现代中国政治、文化、意识等方面的介绍。两国孔子学院的延伸教学点极其有限，从一定程度上反映出两国控制孔子学院规模的倾向。从现实的层面来看，哈萨克斯坦与乌兹别克斯坦国家及其民众无论是在国家经济基础方面，还是在汉语教学本土化程度方面都已具备足够的汉语教学条件与消费能力。两国期望孔子学院在其国内发挥的作用可控。

独立前，吉尔吉斯斯坦与塔吉克斯坦境内均没有教授汉语的教学机构。独立后才开始汉语教学。随着两国与中国各方面联系、合作的加强，汉语在两国的地位不断攀升。但两国本土的汉语教学条件，尤其是师资数量及质量有限；再加上两国的经济实力暂时无力保证汉语教学在数量与质量上的需求，原有的本土汉语师资流失也较严重，因而对孔子学院给予较大的期望。吉尔吉斯斯坦和塔吉克斯坦孔子学院的汉语教学吸引了当地众多追求高质量汉语教学的学员，使两国的汉语学习者人数后来者居上。两国的孔子学院所开设的汉语教学点不断增多，不仅满足了两国对汉语人才的强劲需求，也使开设孔子学院及其教学点的学校的教学条件得到改善。

吉尔吉斯斯坦、塔吉克斯坦、哈萨克斯坦、乌兹别克斯坦等中亚国家对孔子学院总体持欢迎态度。然而，孔子学院在土库曼斯坦则遭到冷遇。尽管近年来，随着中国与土库曼斯坦经贸合作的加强，两国的文化交流渐趋增强和深化，越来越多的土库曼斯坦人也开始对汉语及中国文化感兴趣，但是直至现在还没有建立孔子学院。这其中固然有上文所提及的"恐华症"因素的存在，但主要的还是土库曼斯坦国内对其他文化持有非常谨慎的态度。作为中亚地区唯一获得联合国承认的"永久中立国"，土库曼斯坦相对封闭。独立后，只有土耳其得以在其境内开设包括土库曼—土耳其国际大学在内的十多个两国合办教育机构。但由于土库曼斯坦境内的土耳其中学传播泛突厥主义思想，2011年8月土库曼斯坦关闭了除阿什哈巴德57中学以外的位于土库曼斯坦各州的所有土耳其中学。土库曼斯坦对其他国家的文化渗透防范意识不断加强，控制越来越严格。现在的土库曼斯坦高等教育也在很大程度上受制于其意识形态，受到国家的严格控制①。因此，要在土库曼斯坦开设孔子学院会遭遇到极大的困难和风险，而且会与其国家推行的相关原则相悖。如不了解土库曼斯坦的国情，而把孔子学院在土境内的覆盖作为发展目标在目前条件下未必现实。

---

① В Туркменистане высшее образование стало заложником идеологии, 31 – 03 – 2012. http://newizv.ru。

二、中亚孔子学院的文化外交功能

文化是一定社会的政治和经济的反映,又作用于一定的政治和经济。文化对人类产生的影响远比其他方面深刻。因此,目前在世界各地应运而生的孔子学院,具有一定的文化战略意义。文化外交是将文化和作为一种政治行为的外交结合而产生的一种新的外交手段,是主权国家利用文化手段达到特定政治目的及对外战略的外交方式。

文化外交的价值在于通过文化表现形式开展公关活动。孔子学院是我国在国外建立的汉语及中华文化教育基地,通过开展文化交流,促进中国与其他国家之间、人民之间的相互理解与信任,促进双方在政治、经济方面的和谐交流和合作发展。

在文化多元化、交流频繁的今天,本国文化能否占据世界文化主流的地位,将对一个国家的发展起到极其重要的作用。与经济、军事等"硬实力"相比,文化因素如果运用得当,能征服人的思想,产生持久的、更稳定的战略效果,从而提升国家的综合实力。如美国在吉尔吉斯斯坦建立的吉美大学,旨在吉尔吉斯斯坦培养"亲美派",通过教育和文化交流活动传播其思想、理念,它影响着发展中的吉尔吉斯斯坦国家文化的独立性。再如吉尔吉斯斯坦独立之初,土耳其趁其刚独立、面临经济困难的时机,向吉尔吉斯斯坦教育领域和社会生活方面进行渗透。土耳其在比什凯克人文大学设有土耳其语教研室、投资与吉尔吉斯斯坦合办玛纳斯大学、在纳伦州建吉尔吉斯—土耳其学校。土耳其开办的学校均以土耳其语作为教学语言,土耳其每年还给吉尔吉斯斯坦提供1 000名公费培养留学生的名额,这些使得土耳其语成为吉尔吉斯斯坦最重要的外语之一,极大地提高了土耳其语在吉尔吉斯斯坦的影响力。

因此,向世界以文化传播、交流与沟通的方式所展开的外交活动,是一种和平的、自然的方式。在传递本国文化信息和价值观念时,其效果明显,且能建构并优化国际认同的国家形象。在中国综合实力不断提高的同时,更需要高度重视并适时加快推广汉语的国际化进程,以利于提高中国的国际地位,从而帮助世界增强对中国的了解、认识与认同,扩大中国在国际事务中的话语权,使中国的声望和地位伴随着语言和文化的传播不断提升。

中亚孔子学院作为依托中华文化的恒久魅力,提升中国国家软实力的重要品牌、最有价值的产品,其独特的功能表现在:

（一）促进中华文化在中亚地区的传播及影响力

中亚孔子学院的宗旨是向中亚民众推广汉语、宣传中华文化。语言是文化的载体，汉语则是中华文化最重要的载体，有其丰富的文化和历史内涵。因此，汉语言的国际推广必然伴随着中国文化的传播。中国的传统文化，不仅具有民族性，更具有世界性，是世界宝贵的遗产。在世界经济全球化和文化多元化的今天，中华文化中优秀的传统和思想将起到积极的作用，将为包括中亚地区在内的世界的发展贡献力量。

实践证明，通过孔子学院的文化传播与交流让中国书法、绘画、戏曲、体育、中医等中华民族优秀的文化艺术产品流传至国外已不再困难重重。在中亚各孔子学院的努力下，能让更多的中亚人民接触到中国的传统文化，了解并体会中国传统文化的魅力，满足他们对了解中国传统文化的需求。孔子学院在让中亚各国共享中国的辉煌遗产和优秀成果、让他们了解和认识孔子思想以及背后所包含的优秀中国传统文化的同时，也增强了当地华裔华侨的民族自豪感和民族凝聚力。

（二）促进中国在中亚地区的国际形象塑造

孔子学院对促进中国与中亚地区的合作影响深远，推广汉语和中华文化有助于加深中亚国家对中国的了解，是提升中国在中亚地区国际影响力的有效途径。文化的和谐发展促进国与国之间外交的稳定局面。通过文化交流，让中亚国家了解中国，同时我们也从自身的角度观察和了解中亚国家的文化，达到相互了解、相互尊重、相互承认、相互接受对方的观点，促进相互之间的对话，这对于促进中国与中亚国家的友好关系及其地区多元文化的发展有极大的益处。

孔子学院既是学习汉语、传播中华文化的基地，又是中亚各国朋友了解中国悠久文化和当代中国发展成就的重要场所。孔子学院传播的孔子"以和为贵""和而不同"的理念，展示出中国求和平、爱和平的思想，有助于化解中亚地区存在的"中国威胁论""恐华症"，促进中国的外交发展，加强中亚各国与中国的合作，达到共赢的局面。我们要努力发展自身，以求强大和可持续发展，要在世界各国语言和文化的竞争中不断完善自己，并将自己最好的一面呈献出来。

前中国驻哈萨克斯坦共和国大使馆参赞于洪君在《哈萨克斯坦报纸上的中国》一文中曾提到"1996年夏季哈一民意调查机构在对居民进行抽样调查时，竟有46%以上的被调查者认为，中国将成为对人类社会的最大威胁。认为美国或俄罗斯将是人类社会最大威胁的人却只有25%和17%"[①]。2012年哈萨克斯坦

---

① 于洪君：《哈萨克斯坦报纸上的中国》，http://wenku.baidu.com/view/1ca9f9c75fbfc77da269b142.html。

斯坦政治决议研究所的调查显示，56.3%被调查的哈萨克斯坦人支持与中国的合作关系，27.7%的被调查者反对哈中关系，16%的被调查者表示不知如何回答该问题①。可见，哈萨克斯坦民众对中国的正面评价在上升，这与中国着力打造"软实力"，开始由"经济大国"向"文化大国"迈进不无密切关系。

（三）促进中国与中亚国家经济文化的发展

随着孔子学院在中亚地区的建设，我国需要输出大量的汉语教师及志愿者，并且在编写汉语教材及教学等方面形成相关的产业，这在一定程度上能解决一部分人员的就业问题，为经济发展产生新的增长点。《孔子学院发展规划（2012~2020年）》中提到"到2015年，全球孔子学院专兼职合格教师达到5万人，其中，中方派出2万人，各国本土聘用3万人"②。中亚孔子学院中外专兼职教师队伍的建设将极大提高与汉语教学相关专业，特别是国际汉语教育专业在中外的欢迎程度。此外，汉语与中华文化的推广增进了中亚各国人民对中国的了解，进一步加强了中国与中亚地区的经贸、文化交流和合作，增强了彼此的信任，促进了双方经济的发展。随着中亚更多的人学习汉语，了解中国，他们与中国的经济联系将日益紧密。

三、对提升新疆文化软实力的作用

随着汉语推广中亚基地的建立，新疆高校成为中亚孔子学院建设的主力军，新疆高校积极创建其国外文化阵地，在中亚地区参与共建的孔子学院达6所。近年来，新疆高校在中亚兴建的孔子学院取得了长足的发展。优质的汉语教学服务受到了当地人民的热烈欢迎，孔子学院举办的中国文学、中国饮食文化、中国书法艺术等讲座，开展的中国民乐、京剧、中华武术、舞蹈等交流演出活动，提升了新疆的文化软实力和国际影响力，真正做到了让新疆的地域文化随孔子学院"走出去"。

新疆丰富而厚重的历史文化遗产为新疆文化产业发展提供了丰富的资源和发展的基础，是具有独特魅力和国际竞争力的对外宣传与汉语教育资源。孔子学院在服务区域经济，增强地方文化软实力中发挥着重要的功用，在科学技术服务、

---

① В Казахстане вырос интерес к китайскому языку, 06 – 06 – 2012. http：//rus. azattyq. org/content/chinese-language-in-kazakhstan/24605815. html。

② 《孔子学院发展规划（2012~2020年）》，http：//www. hanban. edu. cn/article/2013 – 02/28/content_486129. htm。

文化引领、人才培养等方面提供实用、高效和先进的服务。新疆各高校兴建的孔子学院在以下各方面对提升新疆的区域文化软实力发挥着一定的作用：

（一）扩大新疆的国际影响力

新疆拥有得天独厚的自然与人文资源，如果能把新疆推向世界，让更多的人了解，将会对扩大新疆的影响起到举足轻重的作用，而上述这些目标都可以通过孔子学院的培训项目以及课程设置、教材建设和教师的具体教学实践得以实现。例如在教材编写时可以适时地增加新疆区域文化的介绍、展示新疆各主要城市的魅力；开设新疆地域文化讲座，大力宣传新疆独特古老的文化遗产；利用教师自身的人格魅力吸引越来越多的学生爱中国、爱新疆。借助孔子学院各种奖励计划的平台，对进入新疆各高校进行短期培训的来自世界各地孔子学院的优秀学员进行宣传，让他们亲身体验独具特色的新疆地域文化，从而吸引越来越多的国际人士关注新疆。

（二）促进新疆区域经济的发展

孔子学院是传播推广中国文化，包括中国地域文化的阵地。中华民族文化也必将伴随着汉语在国际上的广泛推广，被越来越多的国家和民族所了解和认同。由语言的认知到对国家、地区的认同是一个必然的发展过程。孔子学院向外国学生展示的新疆魅力在未来必将转化为潜在的旅游和合作的热情。在进行文化交流的过程中增进彼此的了解与信任，同时进一步促进新疆与中亚地区的经济、文化等方面的交流与合作，它所带来的间接收益是难以估量的。

在目前中国与中亚国家的经贸合作中，新疆占主要比重，因此，新疆也是中国与中亚地区进行经贸合作的最大受益者。

（三）增强新疆区域文化的传播能力

近年来，新疆更加注重文化建设和区域形象的提升，并取得了长足的进步，创造了令人瞩目的文化成就，也拥有了众多享有盛誉的文化名人。例如，新疆的丝绸之路文化品牌在旅游业、文化界都已经产生了广泛的社会影响；闻名世界的新疆木卡姆艺术以其高超的技艺征服了众多海内外的观众；已进入世界文化遗产名录的几十处名胜彰显了新疆的文化形象。在汉语的国际推广过程中，孔子学院可通过定期邀请地方文化团体出国公演、学生互换交流、举办系列文化活动等方式进一步推动新疆知名文化品牌走向中亚，走向世界，使得新疆多元的地域文化产生更大的影响。在新疆各高校的来华留学生及新疆高校参与建设的中亚孔子学院选手的才艺比赛展示都自然地融入了具有明显新疆地域特色的艺术形式和内容,对在国内外传播新疆地域文化发挥了相应的作用。

新疆高校在中亚地区开办孔子学院过程中应充分利用孔子学院的办学优势,通过突出地域文化的课程设置、文化会演、交流互访等手段,将新疆醇厚的历史文化资源打造成国际品牌,进而推动整个地区的文化软实力的传播具有广阔的发展空间。

(四) 加快新疆高校的国际化进程

中亚孔子学院促进了汉语与中华文化在中亚地区的传播,它是中国与中亚国家进行人文领域合作的重要形式之一,也是新疆与中亚地区高校合作的主要形式。当前,推进高等教育国际化是大势所趋,而扩大新疆高校与中亚地区高校的交流与合作成为新疆高校国际化进程中的重要步骤。以往的交流与合作多以"请进来"为主,而孔子学院的开办成为"走出去"合作办学的新模式,使中外交流与合作呈双向流动,将高等教育国际化发展与弘扬民族传统文化融合在一起,使中外交流更具有实效性、更有力度,促进了高等教育事业的良性发展。

首先,孔子学院有中方院长、汉语教师及汉语志愿者,他们工作在中亚各个国家汉语教学一线,他们不仅需要过硬的汉语知识、丰富的教学经验,还必须克服跨文化差异,学会不同文化间的交流合作,这些无疑对开拓他们的国际化视野、培养国际胸怀与爱国情怀产生重要影响,使他们成为派出高校的国际化人才。

其次,中亚孔子学院以汉语教学和推广中华文化为主要活动,并积极拓宽所承办中外高校之间教育合作的领域。中外合作双方以孔子学院为平台,在双方高校各层级领导互访、教师互派、学生互换、联合培养人才、组织科研合作、文化交流等方面发挥着越来越重要的作用,加深了双方的了解、增进了友谊。

再次,中亚孔子学院的建设也推动了我国高校留学生教育的发展。中亚国家是目前来华留学,特别是来新疆留学的主要生源地,中亚孔子学院为新疆及国内其他高校推荐并输送了大量留学生。

最后,我们的结论是:对一个国家来说,语言是其最重要的国家文化品牌,而旨在进行汉语教学与中华文化推广的孔子学院自然是中国"最妙的文化产品"。在数量上已经成绩斐然的孔子学院,未来的发展重点和其竞争力则体现在质量的不断提高方面。作为运作时间还不太长的中亚孔子学院在现时发展存在着所有孔子学院面临的共性与特殊性的问题,这对于正处于发展中的新生事物是正常的。作为汉语国际推广的参与者和研究者,我们有理由相信,孔子学院的管理、教学与运营一定会在与中亚各国的互动中不断创新、优化，中亚孔子学院的品牌效应会得到不断地提升。中国与中亚国家之间需要相互了解，相互支持，语言作为文化的载体和思维、交流的工具，是架起不同文化、不同文明之间对话的桥梁。无论是通过中国孔子学院在中亚地区进行汉语教学与中华文化推广，还是通过中亚国家未来在中国建设推广其本国语言与文化机构的活动，我们最终目标一致，即为促进中国与中亚不同文明之间的对话和促进地区的和谐发展承担应尽的义务与职责，切实促进中国与中亚国家双向交流的"民心相通"。

简短的结论

感谢课题组各位教授做出上述严谨而系统的研究。在此仅简短地说明,我们在这洋洋40多万字的专著里回答了什么主要问题。

第一,中亚是什么?

中亚是什么?本书首先让读者了解以下三点:

其一,欧亚地缘政治的枢纽。

关于"中亚",并没有统一的说法,不同政治或学术背景的人士都有不同的认识,本书所说的"中亚"为通常现代政治地理定义,指的是:哈萨克斯坦、乌兹别克斯坦、塔吉克斯坦、吉尔吉斯斯坦和土库曼斯坦五国。中亚从来就不是安静之地。早在100多年前,英人麦金德提出"心脏地带"(Heartland)、"世界岛"(World Island)和"枢纽地带"(Pivot Area)概念,构建了自己地缘政治的"陆权说"。此论经常被引用,以证明中亚地区的重要地位和阐述大国博弈的历史。如张文木先生近日撰文说:"中亚是世界地缘政治的中枢","也是世界霸权的坟墓"[①]。100多年前,在中亚博弈的大国是英俄。20多年前苏联解体,中亚国家获得独立,从此开始了新一轮的大博弈,最重要的主角是美俄。

其二,"丝绸之路经济带"的枢纽地带。

"丝绸之路经济带"的构建,由中国西去—出国门就是中亚国家,毋庸置疑,中亚地处这个经济带,是绕不过去的枢纽地带。因此,中国国家主席习近平出访中亚时提出这个经济带倡议,则在情理之中。

其三,"咫尺,天边"的邻国。

中亚地区是中国周边最重要的邻国,与这些国家的关系是中国外交的重要关系。近日读了北京几位重量级的中亚方向学者的笔谈,题目很好:"中亚,近在

---

① 张文木:《中亚地区何以成为霸权国家的坟墓》,载于《人民论坛学术前沿》2014年10月上期。

咫尺却又远在天边"。如乘南航由乌鲁木齐到中亚这些国家的首都和主要城市，也就一两个小时时程，比到北京还要近得多，但我们对这些国家的人和事究竟知道多少呢？如昝涛先生在笔谈中所言："我们与中亚似乎近在咫尺，但好像远在天边，这不只是指距离上的感受，而且还有到那里的难易程度，同时更是一种文化心态和文明上的隔阂"①。出访中亚国家，也会深感当地人几乎不大了解中国。这种文化和心态上的不通，是发展中国与中亚国家关系的重大障碍之一，也是当前我们倡议构建"丝绸之路经济带"的重大障碍之一。

正是由于以上三点，本课题"中国与中亚地区国家关系研究"本身，就有着非常重要的学术价值和实际意义。

第二，中亚有些什么问题？

中亚国家独立仅仅20多年，都是最年轻的国家，这些年的发展可以说取得十分明显的成绩，但还面临许多问题的挑战。

其一，政治及其体制发展问题。

中亚国家在没有民族国家的历史背景下白手起家建设一个现代国家，其探索之艰难，是不言而喻的。建设怎样的国家，或者说确立什么样的国家政治体制，这是中亚各国人民必须面对的重大课题：世俗化、伊斯兰化、西式民主、威权主义，还是无政府主义？中亚国家政治体制的选择仍在继续，适合中亚国情的民主模式还在艰难地探索之中。这里至少有两个问题：一是脆弱，如瑟罗耶日金（К. СЫРОЕЖКИН）指出的："吉尔吉斯斯坦的局势，让人觉得，任何政权都是可以更替的，任何权力更替都是自发的。我认为其他四个中亚国家也会得出同样的结论。这相当重要"。二是须注意到，中亚一个地区五个国家发展已渐行渐远，各有特点，也各有一本难唱的经，概括地说：乌兹别克斯坦——历史的荣耀与面临的挑战；哈萨克斯坦——"争霸"的短板崛起与发展的软肋；塔吉克斯坦——世俗政府面临原教旨主义的渗透；吉尔吉斯斯坦——主体民族内部的部族问题；土库曼斯坦——永久中立与相对的封闭。

其二，经济及其体制发展问题。

中亚国家告别了苏联，也告别了苏联模式的经济制度和体制，经济发展是新独立的中亚国家政府必须面对的另一不可回避的重大课题。中亚国家大小不一，更重要的是经济发展条件大不一样：哈萨克斯坦、土库曼斯坦和乌兹别克斯坦油气资源丰富，而塔吉克斯坦、吉尔吉斯斯坦，国小且十分缺少油气。20多年来，哈萨克斯坦依托油气资源发展迅速，人均GDP号称过万美元，而塔吉克斯坦、

---

① 许涛、孙壮志、昝涛、孙力等：《中亚，近在咫尺却又远在天边》，载于《世界知识》2015年第17期。

吉尔吉斯斯坦已沦入非常贫困境地。总的看来,中亚国家共同的问题是除了基础设施落后外,就是经济结构还存在着严重畸形。多年来,中国与中亚国家经济合作过程中能源合作和经贸合作成绩喜人。但如果合作不能给当事国百姓民生予以看得见的实际好处,势必不可持续。时至今日,边境小额贸易仍占半壁江山就大有问题。总之,需要在观念上创新。要双赢、多赢,不要零和,我们应更多地考虑:

一是在获取当地的资源之时还能为当地提供什么?

二是在大张旗鼓地进行油气合作的同时,能否为当地最希望的非资源性合作做点什么?

三是经贸合作是否就是单纯地推销中国产品,是否能将经贸从贸易为主适度转向资本、技术投资,以造福"丝绸之路经济带"相关国家人民的民生?

其三,非传统安全。

美国的一份安全报告将中亚地区列入"十大冲突"地区,认为:自苏联解体该地区的一些国家基础设施濒临崩溃,政治体制为腐败所侵蚀,公共服务几乎不复存在。更重要的是,如今面临着国内与外部的叛乱组织的日益严重的安全威胁,几乎毫无遏制能力。中亚国家的安全主要表现在"三股势力"、民族冲突、水资源纠纷、边界争端和毒品及跨境犯罪等非传统安全问题。

经过20多年的民族国家建设,中亚国家的治理已相对成熟,社会矛盾也不是特别尖锐。可能有些腐败问题,但是不是外界说得那么大,还是个问题。最重要的是,在相当长时间内,在中亚地区国家还不大会成长出西方所熟悉的"人权斗士",目前美国只能尽心于"亚洲再平衡"和愈演愈烈的"中东局势",基本上无暇于中亚事务,因此,笔者认为,中亚地区国家过去没有严格意义上的"颜色革命",短期内也不会爆发"颜色革命"。

第三,我们在中亚将遇到什么问题?

中亚国家独立迄今20多年,也是中国与中亚地区国家关系不断深入推进发展的20多年,是目前中国与周边邻国双边关系中最好的。同时应看到,外部势力进入中亚地区并成为影响中亚地区安全稳定的长效重要因素之一,美、俄势力介入、地区性强国、中亚国家内部的权力关系,构成了中亚地区复杂的复合权力结构,利益关系空前复杂。中国对此应该有清醒的认知。总之,中国与中亚地区国家关系还存在一些问题和隐忧,但还不是结构性矛盾,是可以化解的。因此,国家主席习近平在出访中亚时郑重提出共建"丝绸之路经济带"的倡议。问题是,在与中亚各国共建"丝绸之路经济带"过程中将会遇到什么最重要的问题?

其一,对接与合作。

100 多年前，中亚成为俄罗斯帝国的领地，后来又成为苏联的一部分，中亚"五斯坦"独立建国已 20 多年，但俄罗斯的许多政治家还情不自禁地以为那是他们的"后院"。与美国和欧盟不同，俄罗斯在这里有许多抓手和可操作的平台：独联体（СНГ）、独联体集体安全组织（СНГ，ОДКБ），还有由"欧亚经济共同体"（ЕврАзЭс）经"俄白哈关税同盟"（ТСРБК），到 2015 年 1 月 1 日正式启动"欧亚经济联盟"（ЕАЭС）。吉尔吉斯斯坦于 2015 年 5 月加入，塔吉克斯坦也将加入。因此，我们在构建"丝绸之路经济带"之时，一出国门便踏入"欧亚经济联盟"地盘，这就首先须与俄罗斯处好关系。

中国的"丝绸之路经济带"构想提出之初，俄罗斯朝野质疑声不绝于耳。直至索契奥运会期间习近平与普金的会晤，方得到俄罗斯方面的谅解。2015 年 5 月 8 日，中俄两国元首发表了关于丝绸之路经济带建设和欧亚经济联盟建设对接合作的《联合声明》，并以上海合作组织为合作的第一平台。尽管有了这份文件，但中俄方面的理解还是有差异的，比如"对接"，文件上用的是"сотрудничество, сопряжение"（合作搭配）。普京说："欧亚经济联盟与丝绸之路经济带的合作将导致一个共同的经济空间"，强调的是"сотрудничество"（合作）[1]。中国国际广播电台俄文稿强调的是：стыковка（对接）[2]。

应承认，完全开放包容的"丝绸之路经济带"与明显排他的"欧亚经济联盟"具体如何顺畅对接，是摆在我们面前的一道难题。中俄方面都开始这方面的研究。如伊万·茹延科（Иван Зуенко）认为的，这是对俄罗斯的当代挑战。[3] 目前，就道路相通的铁路建设而言，如何便利通过俄式宽轨区还是个不大不小的问题。现在还真没什么好答案，希望能通过认真研究，务实地解决这些问题。

其二，相关国家、人民的复杂心态。

目前，中国与"丝绸之路经济带"相关国家的关系向好，但主要还体现在高层政府层面，求共同发展是一种美好的心愿，但对高速发展的中国存有相当的戒心。"中国威胁论"特别在哈萨克斯坦、吉尔吉斯斯坦大有市场。造成这种心态有多方面的因素：一是苏联时代的反华宣传影响至今。二是反对派攻击政府最热衷的除了腐败就是"卖国"，政府与中国的合作，往往被毫无根据地指责：为贪腐而出卖国家利益。反对派借此既为难政府，又蛊惑民众，以扩大自己的影响

---

[1] Путин：*Сотрудничество ЕАЭС и 《Шелкового пути》 ведет к общему экономическому пространству*. Источник：Взгляд 2015 – 05 – 08.

[2] *Стыковка экономического пояса Шелкового пути и ЕАЭС способствует формированию общества общей судьбы и сообщества интересов*. Международное радио Китая 2015 – 12 – 11 17：02：05 russian. cri. cn？841/2015/12/11/1s568543. htm.

[3] Иван Зуенко：*Подключение Евразийский экономический союз и Шелковый путь экономического пояса：Современные проблемы и вызовы для России*URL：http：//www. vb. kg/318922.

力。三是西方的和本土主流媒体，对中国的发展成就熟视无睹，但对中国的负面新闻却津津乐道。土耳其应是"丝绸之路经济带"上的重要枢纽国家，与我国政府关系尚好，但那里的"东突"势力影响深远，1995 年，老牌东突头目艾沙死于土耳其，号称有百万人为其送葬。

其三，共建在于相互理解。

中国与中亚地区国家共建"丝绸之路经济带"，重在相互理解。比如，中吉乌铁路早在 1997 年就确定的事，但好事多磨，一直久拖 18 年还未开工。问题主要出在吉尔吉斯斯坦，除了资金、技术标准外，还有其国内发生两次"颜色革命"动乱。其实，最重要的还有吉尔吉斯斯坦对修路的总体考虑：它的最大需求是解决南北交通问题，号称"南都"重镇奥什，与北部首都地区的交通如得不到解决，国家在经济甚至政治上都面临南北分裂的危机。而中吉乌铁路仅在其南部过路，无法解决它的这个最大需求。因此，中吉乌铁路势必与其南北铁路综合考虑，方能取得吉尔吉斯斯坦的全力支持。也就是说，在建成中吉乌铁路的同时，开建其北南铁路，以形成"一纵两横"的全国统一的铁路网，从而根本解决其国内的交通难题。

其四，极端宗教的威胁。

极端宗教问题是"丝绸之路经济带"启动的最现实的"拦路虎"。从中亚到中东都是穆斯林聚居的伊斯兰国家。近 30 多年来，由"伊斯兰革命"发端，阿富汗塔利班、基地组织、巴基斯坦塔利班，以至甚嚣尘上的 IS，这些组织一个比一个极端。极端宗教是中亚地缘政治的重大问题，如未有明显改善，丝绸之路经济带的构建将举步维艰。

参考文献

第一章

（著作）

1. 魏源：《圣武记》卷四，清道光刻本。
2. 钟广生：《新疆志稿》卷二。
3. 左宗棠：《左文襄公全集》（奏稿卷50）。
4. 曾问吾：《中国经营西域史》，乌鲁木齐：新疆地方志办公室铅印本，1986年版。
5. 陈序经：《匈奴史稿》，北京：中国人民大学出版社2005年版。
6. 林承节：《殖民统治时期的印度史》，北京：北京大学出版社2004年版。
7. 潘志平：《浩汗国与西域政治》，乌鲁木齐：新疆人民出版社2006年版。
8. 苏北海：《西域历史地理》，乌鲁木齐：新疆大学出版社2000年版。
9. 王治来：《中亚史》，北京：人民出版社2005年版。
10. 向达：《唐代长安与西域文明》，石家庄：河北教育出版社2001年版。
11. 许建英：《近代英国和中国新疆（1840～1911）》，哈尔滨：黑龙江出版社2004年版。
12. 杨连陞：《中国制度史研究》，南京：江苏人民出版社1998年版。
13. [美]费正清等编，中国社会科学院历史研究所编译室译：《剑桥中国晚清史（1800～1911年）》，北京：中国社科出版社2005年中译版。
14. [俄]维·维·巴尔托里德著，耿世民译：《中亚简史》，北京：中华书局2005年中译版。
15. [俄]威廉·巴尔托里德，罗政平译：《中亚突厥史十二讲》，北京：中国社会科学出版社1985年中译版。
16. [美]巴菲尔德，袁剑译：《危险的边疆：游牧帝国与中国》，南京：江苏人民出版社2011年中译版。
17. [俄]A.H.库罗帕特金，中国社会科学院近代史研究所编译：《喀什噶尔》，北京：商务印书馆1982年中译版。

18. ［法］加文·汉布里，吴玉贵译：《中亚史纲要》，北京：商务印书馆1994年中译版。

19. ［美］W. M. 麦高文，章巽译：《中亚古国史》，北京：中华书局2004年中译版。

20. ［美］弗雷得里克·斯塔尔主编：《新疆中国穆斯林聚居的边陲》，新疆社会科学院铅印译本2004年版。

21. ［日］松田寿男，陈俊谋译：《古代天山历史地理学研究》，北京：中央民族学院出版社1987年中译版。

22. ［美］拉铁摩尔，唐晓峰译：《中国的亚洲内陆边疆》，南京：江苏人民出版社2005年版。

23. ［美］拉铁摩尔：《亚洲腹地之商路》，载魏长洪、何汉民编，田嘉绩译：《外国探险家西域游记》，乌鲁木齐：新疆人民出版社1994年中译版。

24. ［日］羽田亨：《中亚文明史》，耿世明译，北京：中华书局2005年中译版。

25. ［美］James A. Millward（2007），*Eurasian Crossroads*: *A History of Xinjiang*, London: Hurst & Company.

26. ［美］Owen Lattimore（1950），*Pivot of Asia, Sinkiang and the Inner Asian Frontiers of China and Russia*, Boston: Little, Brown and Company.

（论文）

27. 包奕诚：《从贸易到征服——论1813年以前英国东印度公司的殖民活动》，载于《南亚研究》1989年第3期。

28. 黄达远：《试论清代哈密回旗》，载于《新疆大学学报》（社会科学版）2001年第2期。

29. 侯丕勋：《哈密国"三立三绝"与明朝对吐鲁番的政策》，载于《中国边疆史地研究》2005年第4期。

30. 贾建飞：《浅析乾嘉时期中亚与南疆的贸易》，载于《敦煌学集刊》2005年第2期。

31. 李伯重：《"道光萧条"与"癸未大水"——经济衰退、气候剧变及19世纪的危机在松江》，载于《社会科学》2007年第6期。

32. 李干芬：《略论历代封建王朝的"以夷制夷"政策》，载于《广西社会科学》1992年第4期。

33. 林孝庭：《朝贡制度与历史想象：两百年来的中国与坎巨堤（1761～1963）》，载于《近代史研究所集刊》2011年第74期。

34. 潘志平:《"东突厥斯坦独立""维吾尔斯坦解放":民族分裂的黑蠹》,载于《西域研究》2004年第3期。

35. 潘志平:《长龄、那彦成与南疆之乱》,载于《中国边疆史地研究》1991年第2期。

36. 潘志平:《地区史或区域史研究的考察——以中亚史为例》,载于《史学集刊》2011年第2期。

37. 沈志华:《中苏结盟与苏联对新疆政策的变化(1944~1950)》,载于《近代史研究》1999年第3期。

38. 杨连陞:《从历史看中国的世界秩序》,载费正清编《中国的世界秩序——传统中国的对外关系》,北京:中国社会科学出版社2010年版。

39. 朱振杰:《中国历史上和亲的类型及作用》,载于《新疆大学学报》1987年第4期。

40. [伊朗]穆罕默德·巴格尔·乌苏吉,林喆译:《波斯文献中关于喀什噶尔在丝绸之路上的地位的记载》,载于《新疆师范大学学报》2012年第6期。

41. [法]莫理斯·古朗:《17世纪和18世纪的中亚细亚:是卡尔梅克帝国还是满洲帝国》,载于《蒙古族厄鲁特历史资料译文集》(第14集)。

(网络文章)

42. 袁剑:《西人新出的一部新疆史专著——简述米华健〈欧亚十字路口:新疆历史〉一书》,载中国社会学 http://www.sociologyol.org/yanjiubankuai/fen-leisuoyin/fenzhishehuixue/lishishehuixue/2008-08-27/5968.html。

43. 昝涛:《地缘与文明:建立中国对中亚的常识性认知》,载 http://www.guancha.cn/zan-tao/2011_10_07_69695.shtml。

第二章

(著作)

1. 陈联壁等:《中亚民族与宗教问题》,北京:中央民族大学出版社2002年版。

2. 赵华胜:《中国的中亚外交》,北京:时事出版社2008年版。

3. 孙壮志:《中亚五国对外关系》,北京:当代世界出版社1999年版。

4. 黄维民:《中东国家通史·土耳其卷》,北京:商务印书馆,2007年版。

5. 上海社会科学院上合组织研究中心:《"上海五国"——上海合作组织资料汇编》(1996.4~2003.8)2003年版。

6. [美]兹比格纽·布热津斯基,中国国际问题研究所译:《大棋局——美国的首要地位及其地缘战略》,上海:上海人民出版社1998年版。

7. [美]胡曼·佩马尼,王振西主译:《虎视中亚》,北京:新华出版社2002年版。

8. ［美］玛莎·布瑞尔·奥卡特，李维建译：《中亚的第二次机会》，时事出版社 2007 年版。

9. Е. Примаков. Годы в большой политике. – Москва，1999 год。

（论文）

10. 石泽：《中亚"逆一体化"给上合带来挑战》，载于《环球时报》2013 年 5 月 9 日。

11. 胡梅兴：《中亚水资源纠纷由来与现状》，载于《国际资料信息》2009 年第 9 期。

12. 徐海燕：《中国与中亚国家边界演变与思考》，载于《当代世界》2010 年第 8 期。

13. 李垂发：《我国与中亚国家经贸合作稳步发展》，载于《经济日报》2012 年 6 月 6 日。

14. 曾向红：《欧盟在中亚地区所面临的挑战解析：欧盟新中亚战略出台背景透视》，载于《世界经济与政治论坛》2007 年第 6 期。

15. Abbas Maleki：*Iran and Central Asia Iran*，*Central Asia and Afghanistan*：*Recent evelopments* April 5，2006 http：//www.caspianstudies.com/Foreignpolicy/my%20new%20article/IranandCentral Asia.pdf.

16. *A Farewell to Flashman*：*American Policy in the Caucasus and Central Asia*，Deputy Secretary Talbott Address at the Johns Hopkins School of Advanced International Studies Baltimore，Maryland July 21，1997.

17. *A Strategy for Central Asia*，Daniel Fried，Assistant Secretary for European and Eurasian Affairs Statement Before the Subcommittee on the Middle East and Central Asia of the House International Relations Committee，Washington，DC，October 27，2005.

18. *Central Asia*：*Regional Developments and Implications for U. S. Interests* Jim Nichol Specialist in Russian and Eurasian Affairs January 3，2012.

19. *Central Asia*：*An Overview*，Richard Boucher，Assistant Secretary for South and Central Asian Affairs Statement Before the House Committee on Foreign Affairs，Subcommittee on Asia，the Pacific and the Global Environment Washington，DC April 8，2008. http：//www.state.gov/p/sca/rls/2008/104042.htm.

20. 93108：*Central Asia's New States*：*Political Developments and Implications for U. S. Interests* Updated December 19，1996 Jim Nichol.

21. Council of the European Union，"European Union and Central Asia：Strategy for a New Partnership"，Oct. 2007，http：//eeas.europa.eu/central_asia/docs/2010_

strategy_eu_Centralasia _en. pdf.

22. CRS Issue Brief for Congress: Central Asia's New States: Political Developments and Implications for U. S. Interests Updated May 18, 2001 Jim Nichol.

23. G. M. Winrow. *Turkey and Central Asia*, in edited by R. Allision and L. Jonson, Central Asia Security, The New International Context, Washiongton, 2001, P. 201.

24. Fiona Hill. The Caucasus and Central Asia: How the United States and Its Allies Can Stave off a Crisis, http://www. rrookings. edu/papers/2001/05 asia-hill. aspx.

25. Fact Sheet on New Silk Road Ministerial 22 September 2011 U. S. DEPARTMENT OF STATE Office of the Spokesperson September 22, 2011 http://www. state. gov/p/sca/index. htm.

26. Jim Nichol. *Central Asia: Regional Developments and Implications for U. S. Interests*. Update Jun 11 2008. CRS Report for Congress, Order Code.

27. Joshua Kucera. USAID official Outlines Plan to Build Central – South Asian Electricity*Links*, www. eurasianet. org/departments/business/articales/ear050406. shtml.

28. "House Authorizes Expanded Aid to Countries Along Silk Road, *CQ Daily Monitor*, August 2, 1999.

29. Nasuh Uslu. *Turkish Foreign Policy In The Post – Cold War Period*, Nova Science Pubish, Inc. 2003.

30. *Obama's New Central Asian Strategy and its Impediments*By Richard Weitz (01/25/2012 issue of the CACI Analyst) http://www. cacianalyst. org/? q = node/5700.

31. U. S. interests in Central Asia: policy priorities and military roles/Olga Oliker, David Shlapak. p. cm. "MG – 338." Includes bibliographical references. ISBN 0 – 8330 – 3789 –7 (pbk.) http://www. rand. org/paf.

32. U. S. Senate. Committee on Foreign Relations. Subcommittee on Central Asia and the South Caucasus. The U. S. Role in Central Asia. *Testimony of B. Lynn Pascoe, Deputy Assistant Secretary for European and Eurasian Affairs*, June 27, 2002.

33. *U. S. Policy in Central Asia: Balancing Priorities* (Part II), Richard A. Boucher, Assistant Secretary of State for South and Central Asian Affairs Statement to the House International Relations Committee Subcommittee on the Middle East and Central Asia, April 26, 2006 http://www. state. gov/p/sca/rls/rm/2006/65292. htm.

34. *U. S. Engagement in Central Asia Testimony* Robert O. Blake, Jr. Assistant Secretary, Bureau of South and Central Asian Affairs House Foreign Affairs Committee,

Subcommittee on Europe and Eurasia Washington, DC July 24, 2012 http://www.state.gov/p/sca/rls/rmks/2012/195500.htm.

35. RL33458 *Central Asias New States: Political Developments and Implications for U. S. Interests Updated*August 30, 2007, Jim Nichol.

36. *Strategy Paper 2002 – 2006 & Indicative Programme 2002 – 2004 for Central Asia*http://eeas.europa.eu/central_asia/rsp/02_06_en.pdf.

37. The U. S. – Kazakhstan Relationship, Evan A. Feigenbaum, Deputy Assistant Secretary of State South and Central Asian Affairs Press Roundtable Astana, Kazakhstan November 20, 2007 http://www.state.gov/p/sca/rls/rm/2007/95676.htm.

38. Turning the Page-in U. S. – Turkmenistan Relations, Evan A. Feigenbaum, Deputy Assistant Secretary of State South and Central Asian Affairs Prepared Remarks The Carnegie Endowment for International Peace, Washington, DC September 17, 2007 http://www.state.gov/p/sca/rls/rm/2007/92861.htm.

39. Third Meeting of the Central Asia Trade and Investment Framework Agreement (TIFA) Council, http://www.state.gov/p/sca/rls/fs/91384.htm.

40. *The Central Asia Counternarcotics Initiative* http://www.state.gov/j/inl/rls/fs/184295.htm.

41. Парамонов/В. Строков: Этапы внешней политики России в ЦентрАзии. 2008 – 07 – 18. http://www.centrasia.ru/newsA.php? st = 1216360440.

42. Владимир Парамонов: *Внешняя политика России в Центральной Азии: взгляд из Центральной Азии*. http://viperson.ru/wind.php? ID = 588332.

43. М. Шибутов: *Дипломатия Блейка против дипломатии Путина. Центральноазиатские игроки и сценарии*. 2012 – 10.

44. Л. Арон. Внешнеполитическая доктрина посткоммунистической России и ее внутри-политический аспект/Журнал США и Канада (Россия). – Москва, № 2, 1999 год.

第三章

（著作）

1. 斯大林：《马克思主义与民族殖民地问题》，北京：人民出版社 1953 年版。
2. 赵常庆：《十年巨变 中亚高加索卷》，北京：东方出版社 2008 年版。
3. 杨恕：《转型中的中亚和中国》，北京：北京大学出版社 2005 年版。
4. 陈连璧等：《中亚民族与宗教问题》，北京：中央民族出版社 2002 年版。
5. 潘志平：《中亚的地缘政治文化》，乌鲁木齐：新疆人民出版社 2003 年版。
6. 潘志平主编《中亚的民族关系历史现状与前景》，乌鲁木齐：新疆人民出版社 2003 年版。

7. 陈建民主编：《俄联邦军事基本情况》，北京：军事科学出版社 2004 年版。

8. 赵常庆主编：《"颜色革命"在中亚——兼论与执政能力的关系》，北京：社会科学文献出版社 2011 年版。

9. 赵华胜：《中国的中亚外交》，北京：时事出版社 2008 年版。

10. 王沛主编：《中亚五国概况》，乌鲁木齐：新疆人民出版社 2005 年版。

11. 中国军控与裁军协会编：《SIPRI 年鉴：2003 年军备、裁军和国际安全》，北京：世界知识出版社 2004 年版。

12. 任允正等：《独联体国家宪法比较》，北京：中国社会科学出版社 2001 年版。

13. ［法］汉布里：《中亚史纲要》，北京：商务印书馆 1994 年版。

14. ［巴基斯坦］阿赫迈德·拉什德：《中亚的复兴》，兰州军区政治部联络部铅印译本，1997 年。

15. ［英］阿尔弗雷德·斯特潘：《后共产主义的欧洲》，载［日］猪口孝等主编，林猛等译：《变动中的民主》，长春：吉林人民出版社 1999 年中译版。

16. ［美］亨廷顿，刘军宁译：《第三波》，上海：上海三联书店 1998 年中译版。

17. ［乌兹别克斯坦］伊斯拉姆·卡里莫夫，王英杰译：《临近 21 世纪的乌兹别克斯坦》，北京：国际文化出版公司 1997 年中译版。

18. ［乌兹别克斯坦］伊·卡里莫夫：《乌兹别克斯坦沿着深化经济改革的道路前进》，北京：国际文化出版社公司 1996 年中译版。

19. ［哈萨克斯坦］纳扎尔巴耶夫：《在历史的长河中》，北京：民族出版社 2006 年版。

20. ［哈萨克斯坦］努·纳扎尔巴耶夫，陆兵等译：《站在 21 世纪门槛上》，北京：时事出版社 1997 年中译版。

21. ［美］玛莎·布瑞克·奥卡特，李建伟译：《中亚的第二次机会》，北京：时事出版社 2007 年中译版。

22. ［土库曼斯坦］萨·阿·尼亚佐夫，赵常庆等译：《永久中立，世代安宁》，北京：东方出版社 1996 年中译版。

23. ［巴基斯坦］阿赫迈德·拉什德：《中亚的复兴》，兰州军区政治部联络部铅印译本，1997 年。

24. А. А. Гордиенко, *Создание советской националъной государственности в Средней Азии*, Москва, 1959 г.

25. Аскар Акаев: Откровеннвый разговор, Москва, Совершенно секретно,

1998 г.

（论文）

26. 潘志平：《中亚国家政治体制的选择》，载于《俄罗斯东欧中亚研究》2011年第1期。

27. 王智娟：《中亚民族共和国的组建》，载于《东欧中亚研究》1998年第2期。

28. 常庆：《中亚五国经济体制与发展模式探讨》，载于《新疆社会科学》，2001年第1期。

29. 薛衔天：《试论俄罗斯民族主义与苏联解体》，载于《东欧中亚研究》1995年第3期。

30. 包毅：《简析中亚国家政治转型中的部族政治文化因素》，载于《俄罗斯中亚东欧研究》2009年第5期。

31. 胡梅兴：《当前塔吉克斯坦面临的困局及前景》，载于《国际资料信息》2011年第8期。

32. 焦一强：《影响吉尔吉斯斯坦政治转型的部族主义因素分析》，载于《俄罗斯中亚东欧研究》2010年第3期。

33. 马凤强等：《中亚热点问题及其对中国的影响》，载于《新疆师范大学学报》2011年第1期。

34. 杨雷：《论哈萨克斯坦三玉兹的关系》，载于《俄罗斯东欧中亚研究》2011年第1期。

35. 萧芦：《2010年世界石油探明储量产量及在产油井数》，载于《国际石油经济》2011年第1~2期。

36. 徐晓天：《"民主孤岛"的悲剧》，载于《和平与发展》2010年第4期。

37. 赵会荣：《2011年中亚国家形势述评》，2012年2月中国社科院俄罗斯东欧中亚研究所。

38. 何希泉：《国际公害：三股极端势力》，载于《时事报告》2001年第4期。

39. 中国驻哈萨克斯坦使馆经商参赞处：《2003~2011年哈萨克GDP增长情况》，2012年2月28日。

40. 中国驻哈萨克斯坦使馆经商参赞处：《哈萨克斯坦人口状况》，2012年3月21日。

41. 埃莱娜·C. 唐科斯：《苏联政府无法走出民族困扰的死胡同》，载于《民族译丛》1980年第2期。

42. ［苏］尼基福罗夫：《哈萨克共和国城市人口和民族成分的变化》，载于《中亚研究》1989年第3期。

43. ［俄］伊尔纳扎罗夫：《哈萨克斯坦和乌兹别克斯坦独立以来的转型战

略:悖论和前景》,载于《俄罗斯研究》,2009年第4期。

44. [美]格劳迪亚·麦克艾尔洛伊:《吉尔吉斯斯坦的乌兹别克人》,载于《基督教科学箴言报》1998年4月5日。

45. [美] World Economic Forum, *The Global Competitiveness Index* 2011~2012 *rankings*. www.weforum.org/gcr.

46. [俄] Сергей Расов: *Центральная Азия: итоги года.* Экспертный Центр ICES. 31 декабря 2009 http://www.elections-ices.org/russian/publications/textid:2700/*Вестник юстиции Узбекистан*а,1924г. No 1.

第四章

(著作)

1. 吴恩远、吴宏伟主编:《上海合作组织发展报告》,北京:社会科学文献出版社2010年版。

2. 邢广程主编:《上海合作组织发展报告》,北京:社会科学文献出版社2009年版。

3. 潘光、胡键:《21世纪的第一个新型区域合作组织》,北京:中共中央党校出版社2006年版。

4. 李葆珍:《上海合作组织与中国的和平发展》,北京:新华出版社2011年版。

5. 肖德:《上海合作组织区域经济合作问题研究》,北京:人民出版社2009年版。

6. 陈玉荣(执行主编):《上海合作组织研究报告2009/2010》,北京:世界知识出版社2010年版。

7. 赵华胜:《中国的中亚外交》,北京:时事出版社2008年版。

8. 李敏伦:《中国"新安全观"与上海合作组织研究》,北京:人民出版社2007年版。

9. 邢广程、孙壮志主编:《上海合作组织研究》,长春:长春出版社2007年版。

10. 冯绍雷:《上海合作组织发展报告》,上海:上海人民出版社2012年版。

11. 郑雪平:《上海合作组织区域经济合作研究》,大连:东北财经大学出版社2007年版。

12. 外交部欧亚司编:《上海合作组织文件选编》,北京:世界知识出版社2006年版。

(论文)

13. 陈玉荣:《上海合作组织在中亚的地位与作用》,载于《中亚区域区域合作机制研究》,北京:世界知识出版社2009年版。

14. 赵华胜:《上海合作组织的机遇和挑战》,载于《国际问题研究》2007

年第 6 期。

15. 李进峰：《上海合作组织扩员：挑战与机遇》，载于《俄罗斯东欧中亚研究》2015 年第 6 期。

16. 刘莹：《上海合作组织安全合作的理念基础与转型》，载于《亚非纵横》2015 年第 2 期。

17. 薛志华：《巴基斯坦加入上海合作组织的原因、挑战及前景分析》，载于《东南亚研究》2015 年第 4 期。

18. 杨恕、蒋海蛟：《欧安组织在中亚的活动及评价》，载于《新疆师范大学学报》2015 年第 2 期。

19. 曾向红、李廷康：《上海合作组织扩员的学理与政治分析》，载于《当代亚太》2014 年第 3 期。

20. 刘华芹：《深化上海合作组织区域经济合作的构想》，载于《俄罗斯东欧中亚研究》2014 年第 1 期。

21. 富育红：《上海合作组织介入阿富汗：背景、问题与方式》，载于《俄罗斯研究》2014 年第 6 期。

22. 杨恕、王琰：《论上海合作组织的地缘政治特征》，载于《兰州大学学报》2013 年第 2 期。

23. 许勤华：《后金融危机时期上合组织框架内多边能源合作现状及前景》，载于《俄罗斯中亚东欧研究》2012 年第 4 期。

24. 赵杰：《美国的中亚政策对上海合作组织的制约分析》，载于《法制与社会》2012 年第 33 期。

25. 余建华：《阿富汗问题与上海合作组织》，载于《西亚非洲》2012 年第 4 期。

26. 张国俊：《上海合作组织经济合作发展回顾与思考》，载于《理论观察》2012 年第 4 期。

27. 郭晓琼：《世界经济危机深化背景下的上海合作组织》，载于《俄罗斯中亚东欧研究》2012 年第 5 期。

28. 吴龙：《试比较分析中俄两国在上合组织框架内的战略诉求》，载于《法制与社会》2010 年第 28 期。

29. 林珉璟、刘江永：《上海合作组织的形成及其动因》，载于《国际政治科学》2009 年第 1 期。

30. 霍孟林：《上海合作组织未来发展需要解决的几个问题》，载于《新疆社会科学》2008 年第 5 期。

31. 史亚军：《上海合作组织的未来发展》，载于《俄罗斯研究》2006 年第 2 期。

32. 冯玉军：《继往开来务实合作：上海合作组织迈上新台阶》，载于《国际石油经济》2006年第6期。

33. 潘光：《论"上海精神"》，载于《人文社会科学与当代中国——上海市社会科学界2003年度学术年会文集》2003年。

34. Germanovich, Gene. *The Shanghai Cooperation Organization: A Threat to American Interests in Central Asia?*. China and Eurasia Forum Quarterly. 2008.

35. Murphy Tim. *East of the Middle East: The Shanghai Cooperation Organization and U. S. Security Implications*. www. sdi. org. 2006.

36. Cohen, Ariel, Ph. D. The Dragon Looks West: China and the Shanghai Cooperation Organization. 2007.

37. Ariel Cohen. "*The Dragon Looks West: China and The Shanghai Cooperation Organization*". 2006.

38. Matthew Oresman. "*Catching the Shanghai Spirit*". Foreign Policy. 2004.

39. Gregory Gleason. *Inter–State Cooperation in Central Asia from the CIS to the Shanghai Forum*. EUROPE–ASIA STUDIES. 2001.

40. Kazakh paper questions Turkey's motives in seeking ties with SCO. http://www. accessmy library. com/article – 1G1 – 293538515/kazakh-paper-questions-turkey. html. 2012.

41. Stephen Aris. *The Shanghai Cooperation Organisation*: "*Tackling the Three Evils*". *A Regional Response to Non-traditional Security Challenges or an Anti–Western Bloc? Europe–Asia Studies*. 2009（3）.

42. Marc Lanteigne. "In Medias Res": The Development of the Shanghai Co-operation Organization as a Security Community. Pacific Affairs. 2006.

43. Panda J. P. Beijing's perspective on expansion of the Shanghai cooperation organization: India, south asia, and the spectrum of opportunities in China's open approach. Asian Perspective. 2012.

44. Alyson J. K. Bailes, Pal Dunay, Pan Guang, Mikhail Troitskiy. Shanghai Cooperation Organization. SIRI Policy Paper No. 17. 2007.

45. Putin, V. "SCO: A New Model of Successful International Cooperation". http://www. Kremlin. ru/eng/sdocs/speeches. shtml. 2006.

46. Alexandroff, Alan S, Andrew F Cooper. Rising States, Rising Institutions: Challenges for Global Governance. 2010.

47. Bailes, A. J. K, Cottey, A. "Regional security cooperation in the early 21st century". SIPRI Yearbook 2006: Armaments, Disarmament and International Security. 2006.

48. Weitz R. Shanghai Cooperation Organization: A new force in asian security?. Korean Journal of Defense Analysis. 2011.

49. Marketos, Thrassy N. "China's Energy Geopolitics: The Shanghai Cooperation Organizati on and Central Asia". 2010.

50. Craig, Timothy. "The Shanghai Cooperation Organization: Origins and Implications". 2003.

51. Aris, Stephen. "Eurasian Regionalism: The Shanghai Cooperation Organisation". 2011.

第五章

1. 钱学文等：《中东、里海油气与中国能源安全战略》，北京：时事出版社2007年版。

2. 季志业主编：《俄罗斯、中亚"油气政治"与中国》，哈尔滨：黑龙江人民出版社2008年版。

3. 徐洪峰、李林河：《美国的中亚能源外交（2001～2008）》，北京：知识产权出版社2010年版。

4. 柴莉：《中国与中亚国家能源合作对策研究》，北京：社会科学文献出版社2013年版。

5. ［美］玛莎·布瑞尔·奥卡特，李维建译，《中亚的第二次机会》，北京：时事出版社2007年版。

6. О. И. Егоров, О. А. Чигаркина, А. С. Баймуканов. *Нефтегазовый комплекс Казахстан*: проблемы развития и эффективного функционирования, Алматы: 2003 – 536с.

7. Под раед. С. В. Жукова. *Центральная Азия*: роль в перестройке мировых рынков нефти и природного газа, – М: ИМЭМО РАН, 2014, 104с.

8. В. В. Бушуев, А. М. Мастепанов, В. В. Первухин, Ю. К. Шафраник: 《*Глобальная энергетика и геополитика*（Россия и мир）》, ИД《Энергия》2015 – 88с.

9. Вагит Алекперов. *Нефть России. Прошлое, настоящее и будущее*, ИД Креативная экономика, 2011 – 488с.

10. Ахмед Рашид: *Талибан, Ислам, нефть и новая большая игра в Центральной Азии*, ИД *Русская книга*, 2004.

11. D. Victor, A. Jaffe, M. Hayes. *Natural Gas and Geopolitics*: From 1970 to 2040, Eds.; Cambridge University Press, 2006, pp. 122 – 168.

12. 哈萨克斯坦能源和矿产资源部 http: //www. memr. gov. kz/。

13. 哈萨克斯坦油气综合体联合会 http：//www.kazenergy.com/。

14. 乌兹别克斯坦地矿委员会 http：//www.uzgeolcom.ux/。

15. 土库曼斯坦油气工业和矿产资源部 http：//www.oillgas.gov.tm/。

16. 吉尔吉斯斯坦工业、电力和燃料资源部 http：//www.mpe.gov.kg/。

17. 英国 BP 公司《BP 世界能源统计年鉴》http：//www.bp.com/。

18. 美国《油气杂志》http：//www.ogj.com/index.cfm。

第六章

1. 张芸等：《"一带一路"战略：加强中国与中亚农业合作的契机》，载于《国际经济合作》2015 年第 1 期。

2. 李豫新等：《农业"走出去"背景下中国与中亚五国农业合作前景分析》，载于《农业经济问题》2010 年第 9 期。

3. 赵明昭等：《中国与中亚地区农产品贸易的深化——以"一带一路"战略为背景》，载于《人民论坛》2015 年第 36 期。

4. 彭文进：《中国与中亚国家农业合作的潜力》，载于《俄罗斯中亚南欧市场》2012 年第 1 期。

5. 张飘洋、秦放鸣：《中国与中亚国家农业合作研究：一个国内文献综述》，载于《安徽农业科学》2015 年第 36 期。

6. 胡小龙、布娲鹣·阿布拉：《中国与中亚五国纺织纤维贸易增长分析——基于 CMS 的视角》，载于《价格月刊》2014 年第 1 期。

7. 章庆慧、蔡畅：《"丝绸之路经济带"构想下的"无差异空间"与区域合作——论中国与中亚的交通运输合作》，载于《欧亚经济》2014 年第 6 期。

8. 车探来：《论中国与中亚国家的交通合作与发展》，载于《俄罗斯中亚东欧市场》2011 年第 4 期。

9. 孙玉琴、姜慧：《我国对中亚交通基础设施投资发展、问题及应对策略》，载于《中国经贸》2015 年第 8 期。

10. 毕艳茹、秦放鸣：《中国与中亚国家交通运输合作探析》，载于《新疆大学学报》2008 年第 5 期。

11. 高国珍等：《中国与中亚国家双边经贸合作潜力分析》，载于《世界经济与贸易》2015 年第 8 期。

12. 李豫新等：《中国新疆与周边国家信息通信合作前景分析》，载于《俄罗斯中亚东欧市场》2008 年第 3 期。

13. 李琪：《中国与中亚创新合作模式、共建"丝绸之路经济带"的地缘战略意涵和实践》，载于《陕西师范大学学报》2014 年第 4 期。

14. 袁胜育、汪伟民：《丝绸之路经济带与中国的中亚政策》，载于《世界经济与政治》2015 年第 5 期。

15. 高志刚、柴利:《基于三类模式的中国新疆与中亚次区域经济合作平台构建》,载于《全国经济地理研究会第十二届学术年会暨"全球化与中国区域发展"研讨会论文集》,广州:全国经济地理研究会,2008 年。

16. 毕艳茹:《中国与中亚国家产业合作研究——基于产业结构国际化视角》[D]. 新疆大学,2010 年。

17. 陈俭:《中国与中亚五国农业经贸合作模式研究》[D]. 新疆农业大学,2014 年。

18. 夏蒙蒙:《丝绸之路经济带背景下中国纺织业对外转移研究》[D]. 兰州大学,2014 年。

19. 章庆慧:《中国与中亚国家交通运输合作研究》[D]. 华东师范大学,2015 年。

20. Song Guoyou. The Strategic Vision of the "Belt and Road" and a New Development of China's Economic Diplomacy [J]. Peace, 2015（4）:15–23.

21. Lu Rucai. China and Central Asia: Bright Prospects for Economic Cooperation [J]. China Today, 2014（1）:27–30.

22. Mambetalieva Asel. China's Foreign Policy in Central Asia: Current Situation, Challenges and Prospects [D]. Shandong University, 2011.

第七章

（著作）

1. 秦放鸣:《中国与中亚国家区域经济合作研究》,科学出版社 2010 年版。

2. 须同凯:《上海合作组织区域经济合作》,北京:人民出版社 2010 年版。

3. 赵华胜:《上海合作组织评析和展望》,北京:时事出版社 2012 年版。

4. 邢广程、孙壮志:《上海合作组织研究》,长春:长春出版社 2007 年版。

5. 何曼青、马仁真:《世界银行集团》,北京:社会科学文献出版社 2011 年版。

6. 亚洲开发银行编写组:《亚洲开发银行》,北京:中国金融出版社 1989 年版。

7. 林伯强、黄光晓:《能源金融》,北京:清华大学出版社 2011 年版。

8. 郭新明:《经济互补的金融思考》,乌鲁木齐:新疆人民出版社 2009 年版。

9. 柴利:《中国与中亚国家能源合作对策研究》,北京:社会科学文献出版社 2013 年版。

10. 俞新天:《在和平、发展、合作的旗帜下——中国战略机遇期的对外战略纵论》,北京:中共中央党校出版社 2005 年版。

11. Nahlik. "Project finance" in Rutterford and Montgomerie (eds.) [M]. Handbook of oK Corporate Finance, 2nd edn. Butterworths, London. 1992.

（论文）

12. 李永刚：《美国量化宽松货币政策影响及中国对策》，载于《财经科学》2011 年第 4 期。

13. 张新存：《对中哈两国贸易采用人民币结算的设想》，载于《东欧中亚市场研究》2002 年第 8 期。

14. 李石凯等：《金融危机冲击下的人民币贸易结算与人民币国际化》，载于《广东金融学院学报》2009 年第 3 期。

15. 邢辉等：《从阿拉山口口岸跨境货币流通看本币结算的可行性》，载于《中国金融》2009 年第 14 期。

16. 玉素甫·阿布来提：《中国与中亚五国对外贸易中本币结算问题研究》，载于《新疆财经》2008 年第 3 期。

17. 薛炜：《中国（新疆）边境贸易发展与跨境人民币结算问题研究》，载于《金融发展评论》2012 年第 2 期。

18. 刘丹梅：《构建人民币离岸金融市场研究：新疆霍尔果斯视角》，载于《南方金融》2013 年第 7 期。

19. 张晋莲：《国外产业投资基金发展研究和对我国的启示》，载于《金融与经济》2013 年第 3 期。

20. 陈家洪：《风险投资基金的风险分析与决策》，载于《统计与决策》2005 年第 11 期。

21. 李延均：《发展我国风险投资基金的几点思考》，载于《华东经济管理》2000 年第 6 期。

22. 萧端、熊婧：《政府创业引导基金运作模式借鉴——以以色列 YOZMA 基金为例》，载于《南方经济》2014 年第 7 期。

23. 孙欣睿：《我国创业风险投资在投资阶段的倾向性变化及其原因》，载于《经营与管理》2014 年第 6 期。

24. 李春艳、徐喆：《引导基金促进战略性新兴产业发展的机制和政策研究》，载于《求是学刊》2014 年第 1 期。

25. 张迎红：《欧盟风险资本市场政策及对上海的启示》，载于《上海商学院学报》2014 年第 1 期。

26. 朱聆溪：《中国风险投资问题及对策研究》，载于《经济研究参考》2012 年第 65 期。

27. 华蓉晖：《美国、英国和以色列三国风险投资业的比较与启示》，载于

《上海金融学院学报》2013年第1期。

28. 江薇薇：《我国政府引导基金发展模式研究》，载于《西部论坛》2012年第1期。

29. 龙云凤：《日本风险投资发展模式及其对广东的启示》，载于《科技管理研究》2012年第13期。

30. 李忠民等：《东西部构建区域金融中心的比较研究》，载于《西部金融》2010年第5期。

31. 史娇蓉、廖振良：《欧盟可交易白色证书机制的发展及启示》，载于《环境科学与管理》2011年第9期。

32. 佘升翔等：《能源金融的发展及其对我国的启示》，载于《国际石油经济》2007年第8期。

33. 何凌云等：《产业共生视角下的能源金融内涵及架构》，载于《生产力研究》2010年第12期。

34. 刘传哲等：《能源金融：内涵及需要研究的问题》，载于《中国矿业大学学报》2008年第3期。

35. 何志成：《试析我国现代国际能源金融化之路径》，载于《现代物流报》2012年11月12日。

36. 丁敬雯：《我国发展碳金融的路径选择》，载于《江苏商论》2010年第10期。

37. 魏芸：《西部地区碳金融发展路径探析》，载于《西南金融》2013年第3期。

38. 吴寄南：《日本规避能源风险的战略及其前景》，载于《当代石油石化》2004年第10期。

39. 王淑贞等：《基于AR和模糊综合评价的中国能源风险预警研究》，载于《上海管理科学》2011年第3期。

40. 秦放鸣、张飘洋、孙庆刚：《基于经济周期同步性的中国与中亚国家金融合作可行性研究》，载于《新疆师范大学学报》2015年第2期。

41. 陈秋强等：《商业银行在合同能源管理中的融资模式分析》，载于《煤炭经济研究》2010年第4期。

42. 王军、宋岭：《乌鲁木齐构建中亚金融中心的策略研究》，载于《新疆大学学报》2009年第4期。

43. 秦放鸣等：《从投资角度看中国与中亚国家区域经济合作》，载于《开发研究》2012年第2期。

44. 王海燕：《金融危机前后中亚国家经济形势对比与前景分析》，载于《新疆师范大学学报》2013年第7期。

45. 孙庆刚：《金融危机在全球的传导及中国对策分析》，载于《金融发展评论》2010 年第 2 期。

46. 闫午：《俄罗斯中亚东欧经贸动态》，载于《俄罗斯中亚东欧市场》2009 年第 4 期。

47. 郑旭东等：《加强与中亚五国金融合作支持向西开放战略的实施》，载于《新疆金融》2008 年第 9 期。

48. 高志刚：《中国新疆参与中亚次区域经济集团的条件、模式与对策》，载于《国际贸易问题》2005 年第 7 期。

49. 王海燕：《上海合作组织金融领域的制度安排与功能合作》，载于《国际贸易》2010 年第 2 期。

50. 姜睿：《上海合作组织成员国金融合作：新进展与前景展望》，载于《上海金融》2012 年第 8 期。

51. 张茉楠：《构建新型能源金融体系的"战略图谱"》，载于《发展研究》2009 年第 4 期。

52. 李嘉晓：《我国区域金融中心发展研究》［D］. 西北农林科技大学，2007 年。

53. Buckley. *International Capital Budgeting* ［J］. Prentice Hall Englewood Cliffs, NJ. 1996.

54. Jyoti P Gupta, Anil K Sravat. *Development and project financing of private power projects in developing countries-a case study of India* ［J］. International Journal of Project Management. Vol. 16, No. 2, pp. 99 – 105, 1998.

55. Gerald Pollio. *Project finance and international energy development* ［J］. Energy Policy, Vol. 26, No. 9, pp. 687 – 697, 1998.

56. Joanna I. Lewis. *The evolving role of carbon finance in promoting renewable energy development in China* ［J］. Energy Policy 38 （2010） 2875 – 2886.

57. Robin Jacobssona, Staffan Jacobssonb. *The emerging funding gap for the European Energy Sector—Will the financial sector deliver* ［J］. Environmental Innovation and Societal Transitions 5 （2012） 49 – 59.

58. Subhes C. Bhattacharyya. *Financing energy access and off-grid electrification – A review of status, options and challenges* 2013 ［J］. Renewable and Sustainable Energy Reviews 20 （2013） 462 – 472.

59. Johnson B, Sogomonian A. *The US power market. London：Risk Publications* ［J］. Electricity futures. 1997：83 – 98.

60. Mehdi Sadeghi, Saeed Shavvalpour. *Energy risk management and value at risk modeling* ［J］. Energy Policy, Volume 34, Issue 18, December 2006, 3367 – 3373.

61. Nadejda Komendantova et al. *Perception of risks in renewable energy projects*：*The case of concentrated solar power in North Africa* ［J］. Energy Policy，Volume 40，January 2012：103 - 109.

62. J. P. Painuly，H. Park，M K. Lee，J. Noh. *Promoting energy efficiency financing and ESCOs in developing countries mechanisms and barriers* ［J］. Journal of Cleaner Production 11（2003）：659 - 665.

63. Paolo Bertoldi and Silvia Rezessy. *Tradable white certificate schemes-fundamental concepts* ［J］. Energy Efficiency（2008）1：237 - 255.

64. Marcella Pavan. *Tradable energy efficiency certificates-the Italian experience* ［J］. Energy Efficiency（2008）1：257 - 266.

65. Konstantinos D. Patlitzianas，Kolybiris Christos. *Sustainable energy investments in Hellenic urban areas - Examining modern financial mechanisms* ［J］. Renewable and Sustainable Energy Reviews 15（2011）：5186 - 5193.

第八章

（著作）

1. 潘志平：《中亚的地缘政治文化》，乌鲁木齐：新疆人民出版社2003年版。

2. 潘志平主编：《中亚的民族关系历史现状与前景》，乌鲁木齐：新疆人民出版社2003年版。

3. ［哈萨克斯坦］纳扎尔巴耶夫，陆兵等译：《站在21世纪的门槛上》，北京：时事出版社1997年版。

4. ［乌兹别克斯坦］卡里莫夫，王英杰译：《临近21世纪的乌兹别克斯坦》，北京：国际文化出版社1997年版。

5. Republic of Kazakhstan Statistical Agency：*Census for the Republic of Kazakhstan*，Astana. 2009.

6. Huskey E. *Kyrgyzstan*：*The politics of demographic and economic frustration*，Cambridge University Press，1993.

（论文）

7. 王智娟：《中亚民族共和国的组建》，载于《东欧中亚研究》1998年第2期。

8. 潘志平、胡红萍：《"东突"产生和发展过程中的国际因素》，载于《西北民族研究》2011年第4期。

9. Akiner，Shirin. *Melting Pot，Salad Bowl - Cauldron? Manipulation and Mobilization of Ethnic and Religious identities in Central Asia.* Ethnic and Racial Studies 20（2）：103.

10. Tillet，Lowell. *The great friendship*：*Soviet historians on the non - Russian na-*

tionalities. The Annals of the American Academy of Political and Social Science 392 (1).

11. Schatz, Edward. *The Politics of Multiple Identities*: *Lineage and Ethnicity in Kazakhstan*. Europe – Asia Studies 52 (3) (May 1). 2000.

12. Antelaeva, Natalia. *Kazakhstan's search for its identity*. http://news.bbc.co.uk/2/hi/asia-pacific/7265434.stm.

13. Russia Today. *Kyrgyzstan reveals riots death toll*: *At least 893 victims*. 2010 Available at http://rt.com/news/kyrgyzstan-riots-death-toll/.

14. Otorbaev, K. O. and A. Karypkulov. *Kyrgyzstan*. 1994.

15. Yalcin, Resul. *Rebirth of Uzbekistan*: *Politics, Economy and Society in the Post – Soviet Era*. 1st ed. London: Ithaca. 2002.

16. Foltz, Richard. *The Tajiks of Uzbekistan*. Central Asian Survey 15 (2). 1996.

17. Jonson, Lena. *Tajikistan in the New Central Asia*: *Geopolitics, Great Power Rivalry and Radical Islam*. 2006.

18. Hiro, Dilip. *Inside Central Asia*: *A Political and Cultural History of Uzbekistan, Turkmenistan, Kazakhstan, Kyrgyzstan, Tajikistan, Turkey and Iran*. New York: Overlook. 2009.

19. Ministry of Foreign Affairs of Turkmenistan. *Turkmenistan*. Ashkhabad: Turkmenistan. 1996.

20. CIA. *Central Asia*: *Turkmenistan*. 2012, https://www.cia.gov/library/publications/the-world-factbook/geos/tx.html.

21. *Language policy in the Republic of Kazakhstan*, http://www.kazembassy.org.uk.

22. *The Future of Kazakhstan after the Presidential Election*, http://www.jamestown.org.

23. *REPORT OF THE INDEPENDENT INTERNATIONAL COMMISSION OF INQUIRY INTO THE EVENTS IN SOUTHERN KYRGYZSTAN IN JUNE* 2010, http://www.kyrgyzmission.net/news/KIC%20Report%20and%20Kyrgyz%20Gov%20Comments%20-%20eng.pdf.

24. *Linguistic policy of Kyrgyzstan*, http://www.aytmatov.org/tr/linguistic-policy-of-kyrgyzstan.

25. *Uyghur and Russian Diasporas in Kazakhstan*, http://www.kazembassy.org.uk/uyghur_and_russian_diasporas_in_kazakhstan.

第九章

（著作）

1. ［哈萨克斯坦］纳扎尔巴耶夫，陆兵译：《站在 21 世纪的门槛上》，北京：时事出版社 1997 年版。

2. ［乌兹别克斯坦］卡里莫夫，王英杰译：《临近 21 世纪的乌兹别克斯坦》，北京：国际文化出版社 1997 年版。

3. Republic of Kazakhstan Statistical Agency：*Census for the Republic of Kazakhstan*，Astana. 2009.

4. Huskey. E. *Kyrgyzstan*：*The politics of demographic and economic frustration*，Cambridge University Press，1993.

（论文）

5. 王智娟：《"中亚民族共和国的组建"》，载于《东欧中亚研究》1998 年第 2 期。

6. 潘志平、胡红萍：《"东突"产生和发展过程中的国际因素》，载于《西北民族研究》2011 年第 4 期。

7. Akiner，Shirin. *Melting Pot，Salad Bowl – Cauldron? Manipulation and Mobilization of Ethnic and Religious identities in Central Asia.* Ethnic and Racial Studies 20 (2)：103.

8. Tillet，Lowell. *The great friendship：Soviet historians on the non – Russian nationalities.* The Annals of the American Academy of Political and Social Science 392 (1).

9. Schatz，Edward. *The Politics of Multiple Identities：Lineage and Ethnicity in Kazakhstan.* Europe – Asia Studies 52 (3) (May 1). 2000.

10. Antelaeva，Natalia. *Kazakhstan's search for its identity.* http：//news. bbc. co. uk/2/hi/asia-pacific/7265434. stm.

11. Russia Today. *Kyrgyzstan reveals riots death toll：At least 893 victims.* 2010 Available at http：//rt. com/news/kyrgyzstan-riots-death-toll/.

12. Otorbaev，K. O. and A. Karypkulov. *Kyrgyzstan.* 1994.

13. Yalcin，Resul. *Rebirth of Uzbekistan：Politics，Economy and Society in the Post – Soviet Era.* 1st ed. London：Ithaca. 2002.

14. Foltz，Richard. *The Tajiks of Uzbekistan.* Central Asian Survey 15 (2). 1996.

15. Jonson，Lena. *Tajikistan in the New Central Asia：Geopolitics，Great Power Rivalry and Radical Islam.* 2006.

16. Hiro，Dilip. *Inside Central Asia：A Political and Cultural History of Uzbeki-*

stan, *Turkmenistan*, *Kazakhstan*, *Kyrgyzstan*, *Tajikistan*, *Turkey and Iran*. New York：Overlook. 2009.

17. Ministry of Foreign Affairs of Turkmenistan. *Turkmenistan*. Ashkhabad：Turkmenistan. 1996.

18. CIA．*Central Asia*：*Turkmenistan*. 2012，https：//www. cia. gov/library/publications/the-world-factbook/geos/tx. html.

19. *Language policy in the Republic of Kazakhstan*，http：//www. kazembassy. org. uk.

20. *The Future of Kazakhstan after the Presidential Election*，http：//www. jamestown. org.

21. *REPORT OF THE INDEPENDENT INTERNATIONAL COMMISSION OF INQUIRY INTO THE EVENTS IN SOUTHERN KYRGYZSTAN IN JUNE* 2010，http：//www. kyrgyz-mission. net/news/KIC% 20Report% 20and% 20Kyrgyz% 20Gov% 20Comments% 20 － % 20eng. pdf.

22. *Linguistic policy of Kyrgyzstan*，http：//www. aytmatov. org/tr/linguistic-policy-of-kyrgyzstan.

23. *Uyghur and Russian Diasporas in Kazakhstan*，http：//www. kazembassy. org. uk/uyghur_and_russian_diasporas_in_kazakhstan.

第十章

1. 联合国毒品与犯罪问题办公室与阿富汗禁毒部联合发布的《2011年阿富汗鸦片调查报告》。

2. 赵常庆编著：《列国志哈萨克斯坦》，北京：社会科学文献出版社2004年版。

3. 国家禁毒委：《中国禁毒报告》。

4. 新疆禁毒委员会办公室编：《新疆禁毒报告》。

5. 潘志平：《2003 走出阴霾》，乌鲁木齐：新疆人民出版社2004年版。

6. 中亚地区信息与协调中心网，http：//www. caricc. org/index. php? option = com_frontpage&Itemid = 1。

7. 联合国毒品与犯罪问题办公室网站：/ongoing-http：//www. unodc. org/centralasia/en projects/precursor-trafficking. html。

第十一章

1. 李智：《文化外交——一种传播学的解读》，北京：北京大学出版社2005年版。

2. 王建勤：《全球文化竞争背景下的汉语国际传播研究》，北京：商务印书馆2015年版。

3. 张西平、柳若梅：《世界主要国家语言推广政策概览》，北京：外语教学与研究出版社 2008 年版。

4. ［美］约瑟夫·奈著，吴晓辉、钱程译：《软实力——国际政治的制胜之道》，北京：东方出版社 2005 年版。

5. ［俄］Богатурова. А. Д.：*Международные отношения в Центральной Азии. События и документы*. М. Аспект Пресс, 2011г.

6. 崔景明、王建：《"一带一路"：中国外交大战略》，载于《时事报告》2015 年第 1 期。

7. 郭琼：《中国在中亚地区国家形象塑造的实践、挑战及建议》，载于《新疆社会科学》2014 年第 1 期。

8. 郭宪纲、姜志达：《"民心相通"：认知误区与推进思路——试论"一带一路"建设之思想认识》，载于《和平与发展》2015 年第 5 期。

9. 李建军：《中国与中亚的文化交流力建构》，载于《中南民族大学学报》2013 年第 1 期。

10. 刘晓黎等：《世界其他语言文化推广机构发展模式对孔子学院可持续发展的启示》，载于《长江学术》2012 年第 3 期。

11. 聂莺：《孔子学院文化品牌形象解读》，载于《工会论坛》2012 年第 1 期。

12. 王建勤：《语言安全化与国家安全语言战略》，载于《语言教学与研究》2011 年第 6 期。

13. 萧婕：《中国文化公共外交的新机遇》，载于《党政论坛》2012 年 11 月。

14. 许利平：《中国与周边国家的人文交流：路径与机制》，载于《新视野》2014 年第 5 期。

15. 许琳：《汉语国际推广的形势和任务》，载于《世界汉语教学》2007 年第 2 期。

16. 姚小平：《欧洲汉语教育史之缘起——早期传教士的汉语学习和研究》，载于《长江学术》2008 年第 1 期。

17. 于淼：《从孔子学院看汉语言文化推广的模式与效果》，载于《武汉大学学报》2010 年第 6 期。

18. 张晓云：《人文合作与"丝绸之路经济带"建设——以俄罗斯中亚为案例的研究》，载于《俄罗斯东欧中亚研究》2014 年第 5 期。

19. 郑定欧：《汉语国际推广三题》，载于《汉语学习》2008 年第 3 期。

20. 周志刚，乔章凤：《海外孔子学院合作办学模式探析》，载于《江苏高教》2008 年。

21. *В Казахстане вырос интерес к китайскому языку*, 06 – 06 – 2012. ht-

tp: //rus. azattyq. org/content/chinese-language-in-kazakhstan/24605815. html.

22. *Институт Конфуция или деятельность иностранного культурно-информационного центра в Новосибирске.* 27 – 12 – 2012. http: //vadim-horin. live-journal. com/20132. html.

23. *Китайский фактор. Влияние Китая в Центральной Азии*, 12 – 09 – 2012. http: //east. terra-america. ru/chinese-factor. aspx.

24. Клара Хафизова: *Культурно-гуманитарное сотрудничество Китая и стран Центральной Азии.* http: //www. kazenergy. com/ru/2 – 26 – 27 – 2009/1068 – kultura. html.

25. *Кыргызстан: Китай укрепляет свое влияние, студент за студентом*, 05 – 01 – 2012. http: //russian. eurasianet. org/node/59096.

26. Морозов Ю. В. *Сотрудничество стран ШОС в гуманитарной области: существующие российские проблемы и возможные пути их решения*http: //www. ifes-ras. ru/attaches/conferences/2009_round_table_shoss/morozov. pdf.

27. Руслан Изимов: "*Мягкая сила*" *Китая-на прицеле Центральная Азия.* www. regnum. ru/news/1759411. html.

28. Салиева А. Л. ,《*Китайский фактор*》*во внешней политике Кыргызстана: двусторонний и региональный уровни (Учебник онлайн)*/Под общей редакцией к. п. н. , 2008. http: //uchebnik-online. com/soderzhanie/textbook_194. html.

后 记

本书为新疆大学课题组承担的2010年度教育部重大攻关项目"中国与中亚地区国家关系研究"（10JZD0050）的最终研究成果。课题组集中了疆内外从事中亚研究的教授和科研人员，主要成员为：

黄达远：陕西师范大学中亚研究所　教授（本书第一章）

韩隽：新疆大学政治与行政管理学院　教授（本书第二章）

艾莱提：海南省国际文化交流中心　副主任（本书第三章）

焦一强：兰州大学中亚研究所　副教授（本书第四章）

胡红萍：新疆社会科学院中亚研究所　副研究员（本书第五章）

李金叶：新疆大学经济研究所所长　教授（本书第六章）

秦放鸣：新疆大学经济与管理学院　教授（本书第七章）

文丰：新疆社会科学院中亚研究所　副研究员（本书第八章）

阿地力江：新疆大学政治与行政管理学院　教授（本书第九章）

张昆：新疆警察学院　教授（本书第十章）

海力古丽：新疆大学国际交流学院院长　教授（本书第十一章）

此外，李如东、苗笋、再米娜分别为本书第一章、第三章、第四章做出贡献。

本课题自2010年12月立项，2015年1月完成初稿上报送审，2015年11月4日通过专家鉴定。2015年12月16日获教育部社会科学司颁发结项证书。

本书根据教育部科教司"关于反馈重大攻关项目专家鉴定意见并进一步做好后续工作的通知"（教社科司〔2015〕282号）要求，进行必要修改而成本书。

本人撰写本书的"导论"和"结论"，并全书统稿。

课题负责人、首席科学家潘志平。

教育部哲学社会科学研究重大课题攻关项目成果出版列表

序号	书　名	首席专家
1	《马克思主义基础理论若干重大问题研究》	陈先达
2	《马克思主义理论学科体系建构与建设研究》	张雷声
3	《马克思主义整体性研究》	逄锦聚
4	《改革开放以来马克思主义在中国的发展》	顾钰民
5	《新时期　新探索　新征程——当代资本主义国家共产党的理论与实践研究》	聂运麟
6	《坚持马克思主义在意识形态领域指导地位研究》	陈先达
7	《当代资本主义新变化的批判性解读》	唐正东
8	《当代中国人精神生活研究》	童世骏
9	《弘扬与培育民族精神研究》	杨叔子
10	《当代科学哲学的发展趋势》	郭贵春
11	《服务型政府建设规律研究》	朱光磊
12	《地方政府改革与深化行政管理体制改革研究》	沈荣华
13	《面向知识表示与推理的自然语言逻辑》	鞠实儿
14	《当代宗教冲突与对话研究》	张志刚
15	《马克思主义文艺理论中国化研究》	朱立元
16	《历史题材文学创作重大问题研究》	童庆炳
17	《现代中西高校公共艺术教育比较研究》	曾繁仁
18	《西方文论中国化与中国文论建设》	王一川
19	《中华民族音乐文化的国际传播与推广》	王耀华
20	《楚地出土戰國簡册［十四種］》	陈　伟
21	《近代中国的知识与制度转型》	桑　兵
22	《中国抗战在世界反法西斯战争中的历史地位》	胡德坤
23	《近代以来日本对华认识及其行动选择研究》	杨栋梁
24	《京津冀都市圈的崛起与中国经济发展》	周立群
25	《金融市场全球化下的中国监管体系研究》	曹凤岐
26	《中国市场经济发展研究》	刘　伟
27	《全球经济调整中的中国经济增长与宏观调控体系研究》	黄　达
28	《中国特大都市圈与世界制造业中心研究》	李廉水

序号	书 名	首席专家
29	《中国产业竞争力研究》	赵彦云
30	《东北老工业基地资源型城市发展可持续产业问题研究》	宋冬林
31	《转型时期消费需求升级与产业发展研究》	臧旭恒
32	《中国金融国际化中的风险防范与金融安全研究》	刘锡良
33	《全球新型金融危机与中国的外汇储备战略》	陈雨露
34	《全球金融危机与新常态下的中国产业发展》	段文斌
35	《中国民营经济制度创新与发展》	李维安
36	《中国现代服务经济理论与发展战略研究》	陈 宪
37	《中国转型期的社会风险及公共危机管理研究》	丁烈云
38	《人文社会科学研究成果评价体系研究》	刘大椿
39	《中国工业化、城镇化进程中的农村土地问题研究》	曲福田
40	《中国农村社区建设研究》	项继权
41	《东北老工业基地改造与振兴研究》	程 伟
42	《全面建设小康社会进程中的我国就业发展战略研究》	曾湘泉
43	《自主创新战略与国际竞争力研究》	吴贵生
44	《转轨经济中的反行政性垄断与促进竞争政策研究》	于良春
45	《面向公共服务的电子政务管理体系研究》	孙宝文
46	《产权理论比较与中国产权制度变革》	黄少安
47	《中国企业集团成长与重组研究》	蓝海林
48	《我国资源、环境、人口与经济承载能力研究》	邱 东
49	《"病有所医"——目标、路径与战略选择》	高建民
50	《税收对国民收入分配调控作用研究》	郭庆旺
51	《多党合作与中国共产党执政能力建设研究》	周淑真
52	《规范收入分配秩序研究》	杨灿明
53	《中国社会转型中的政府治理模式研究》	娄成武
54	《中国加入区域经济一体化研究》	黄卫平
55	《金融体制改革和货币问题研究》	王广谦
56	《人民币均衡汇率问题研究》	姜波克
57	《我国土地制度与社会经济协调发展研究》	黄祖辉
58	《南水北调工程与中部地区经济社会可持续发展研究》	杨云彦
59	《产业集聚与区域经济协调发展研究》	王 珺

序号	书　名	首席专家
60	《我国货币政策体系与传导机制研究》	刘　伟
61	《我国民法典体系问题研究》	王利明
62	《中国司法制度的基础理论问题研究》	陈光中
63	《多元化纠纷解决机制与和谐社会的构建》	范　愉
64	《中国和平发展的重大前沿国际法律问题研究》	曾令良
65	《中国法制现代化的理论与实践》	徐显明
66	《农村土地问题立法研究》	陈小君
67	《知识产权制度变革与发展研究》	吴汉东
68	《中国能源安全若干法律与政策问题研究》	黄　进
69	《城乡统筹视角下我国城乡双向商贸流通体系研究》	任保平
70	《产权强度、土地流转与农民权益保护》	罗必良
71	《我国建设用地总量控制与差别化管理政策研究》	欧名豪
72	《矿产资源有偿使用制度与生态补偿机制》	李国平
73	《巨灾风险管理制度创新研究》	卓　志
74	《国有资产法律保护机制研究》	李曙光
75	《中国与全球油气资源重点区域合作研究》	王　震
76	《可持续发展的中国新型农村社会养老保险制度研究》	邓大松
77	《农民工权益保护理论与实践研究》	刘林平
78	《大学生就业创业教育研究》	杨晓慧
79	《新能源与可再生能源法律与政策研究》	李艳芳
80	《中国海外投资的风险防范与管控体系研究》	陈菲琼
81	《生活质量的指标构建与现状评价》	周长城
82	《中国公民人文素质研究》	石亚军
83	《城市化进程中的重大社会问题及其对策研究》	李　强
84	《中国农村与农民问题前沿研究》	徐　勇
85	《西部开发中的人口流动与族际交往研究》	马　戎
86	《现代农业发展战略研究》	周应恒
87	《综合交通运输体系研究——认知与建构》	荣朝和
88	《中国独生子女问题研究》	风笑天
89	《我国粮食安全保障体系研究》	胡小平
90	《我国食品安全风险防控研究》	王　硕

序号	书 名	首席专家
91	《城市新移民问题及其对策研究》	周大鸣
92	《新农村建设与城镇化推进中农村教育布局调整研究》	史宁中
93	《农村公共产品供给与农村和谐社会建设》	王国华
94	《中国大城市户籍制度改革研究》	彭希哲
95	《国家惠农政策的成效评价与完善研究》	邓大才
96	《以民主促进和谐——和谐社会构建中的基层民主政治建设研究》	徐 勇
97	《城市文化与国家治理——当代中国城市建设理论内涵与发展模式建构》	皇甫晓涛
98	《中国边疆治理研究》	周 平
99	《边疆多民族地区构建社会主义和谐社会研究》	张先亮
100	《新疆民族文化、民族心理与社会长治久安》	高静文
101	《中国大众媒介的传播效果与公信力研究》	喻国明
102	《媒介素养：理念、认知、参与》	陆 晔
103	《创新型国家的知识信息服务体系研究》	胡昌平
104	《数字信息资源规划、管理与利用研究》	马费成
105	《新闻传媒发展与建构和谐社会关系研究》	罗以澄
106	《数字传播技术与媒体产业发展研究》	黄升民
107	《互联网等新媒体对社会舆论影响与利用研究》	谢新洲
108	《网络舆论监测与安全研究》	黄永林
109	《中国文化产业发展战略论》	胡惠林
110	《20世纪中国古代文化经典在域外的传播与影响研究》	张西平
111	《国际传播的理论、现状和发展趋势研究》	吴 飞
112	《教育投入、资源配置与人力资本收益》	闵维方
113	《创新人才与教育创新研究》	林崇德
114	《中国农村教育发展指标体系研究》	袁桂林
115	《高校思想政治理论课程建设研究》	顾海良
116	《网络思想政治教育研究》	张再兴
117	《高校招生考试制度改革研究》	刘海峰
118	《基础教育改革与中国教育学理论重建研究》	叶 澜
119	《我国研究生教育结构调整问题研究》	袁本涛 王传毅
120	《公共财政框架下公共教育财政制度研究》	王善迈

序号	书名	首席专家
121	《农民工子女问题研究》	袁振国
122	《当代大学生诚信制度建设及加强大学生思想政治工作研究》	黄蓉生
123	《从失衡走向平衡：素质教育课程评价体系研究》	钟启泉 崔允漷
124	《构建城乡一体化的教育体制机制研究》	李 玲
125	《高校思想政治理论课教育教学质量监测体系研究》	张耀灿
126	《处境不利儿童的心理发展现状与教育对策研究》	申继亮
127	《学习过程与机制研究》	莫 雷
128	《青少年心理健康素质调查研究》	沈德立
129	《灾后中小学生心理疏导研究》	林崇德
130	《民族地区教育优先发展研究》	张诗亚
131	《WTO主要成员贸易政策体系与对策研究》	张汉林
132	《中国和平发展的国际环境分析》	叶自成
133	《冷战时期美国重大外交政策案例研究》	沈志华
134	《新时期中非合作关系研究》	刘鸿武
135	《我国的地缘政治及其战略研究》	倪世雄
136	《中国海洋发展战略研究》	徐祥民
137	《深化医药卫生体制改革研究》	孟庆跃
138	《华侨华人在中国软实力建设中的作用研究》	黄 平
139	《我国地方法制建设理论与实践研究》	葛洪义
140	《城市化理论重构与城市化战略研究》	张鸿雁
141	《境外宗教渗透论》	段德智
142	《中部崛起过程中的新型工业化研究》	陈晓红
143	《农村社会保障制度研究》	赵 曼
144	《中国艺术学学科体系建设研究》	黄会林
145	《人工耳蜗术后儿童康复教育的原理与方法》	黄昭鸣
146	《我国少数民族音乐资源的保护与开发研究》	樊祖荫
147	《中国道德文化的传统理念与现代践行研究》	李建华
148	《低碳经济转型下的中国排放权交易体系》	齐绍洲
149	《中国东北亚战略与政策研究》	刘清才
150	《促进经济发展方式转变的地方财税体制改革研究》	钟晓敏
151	《中国—东盟区域经济一体化》	范祚军

序号	书名	首席专家
152	《非传统安全合作与中俄关系》	冯绍雷
153	《外资并购与我国产业安全研究》	李善民
154	《近代汉字术语的生成演变与中西日文化互动研究》	冯天瑜
155	《新时期加强社会组织建设研究》	李友梅
156	《民办学校分类管理政策研究》	周海涛
157	《我国城市住房制度改革研究》	高 波
158	《新媒体环境下的危机传播及舆论引导研究》	喻国明
159	《法治国家建设中的司法判例制度研究》	何家弘
160	《中国女性高层次人才发展规律及发展对策研究》	佟 新
161	《国际金融中心法制环境研究》	周仲飞
162	《居民收入占国民收入比重统计指标体系研究》	刘 扬
163	《中国历代边疆治理研究》	程妮娜
164	《性别视角下的中国文学与文化》	乔以钢
165	《我国公共财政风险评估及其防范对策研究》	吴俊培
166	《中国历代民歌史论》	陈书录
167	《大学生村官成长成才机制研究》	马抗美
168	《完善学校突发事件应急管理机制研究》	马怀德
169	《秦简牍整理与研究》	陈 伟
170	《出土简帛与古史再建》	李学勤
171	《民间借贷与非法集资风险防范的法律机制研究》	岳彩申
172	《新时期社会治安防控体系建设研究》	宫志刚
173	《加快发展我国生产服务业研究》	李江帆
174	《基本公共服务均等化研究》	张贤明
175	《职业教育质量评价体系研究》	周志刚
176	《中国大学校长管理专业化研究》	宣 勇
177	《"两型社会"建设标准及指标体系研究》	陈晓红
178	《中国与中亚地区国家关系研究》	潘志平
	……	